KB128995

ABNORMAL PSYCHOLOGY

DSM-5에 의한

2판

최신 이상심리학

이우경 저

학지사

💡 2판 머리말

『DSM-5에 의한 최신 이상심리학』 초판을 쓴 지 5년이 지났다. 그 사이에 인간의 정신건강을 위협하는 많은 일이 일어났다. 가장 대표적인 것이 2019년 말부터 시작된 COVID-19일 것이다. 코로나 사태로 인해 우리나라는 물론이고 전 세계적으로 여태껏 경험해 보지 못한 사회문화적 현상을 겪고 있다. 이로 인해 코로나 블루라는 신조어가 생기고, 코로나 백신처럼 사람들의 힘든 마음을 어루만지기 위한 각종 대응책이 나오고 있다.

아직 『정신질환의 진단 및 통계편람 제5판(DSM-5)』 개정판은 공식적으로 나오지 않았지만 이상심리 분야의 새로운 트렌드를 반영하는 개정판이 곧 나올 것으로 예상된다. 본 개정판은 초판과 크게 다르지 않다. 하지만 몇 가지 사항을 관심 있게 다루었다. 성인 ADHD, 정신과 환자의 보호입원 제도, 자타해 위험에 대한 판단 근거, 정신사회재활모델, 우울증의 행동활성화 치료, 양극성장애를 치료하기 위한 근거기반치료, 심리부검, 청소년 자해 등이 새롭게 추가되었다. 또한 외상 후 스트레스 관련 치료 문헌에서 자주 등장하고 있는 신체경험(Somatic Experience: SE) 기법과 지속성 복합 애도장애(Persistent complex bereavement disorder)와 관련된 이론을 추가하였다. 한편, 최근 들어 코로나의 영향으로 온라인 매체를 활용한 디지털치료, 원격 심리상담 등 비대면 심리치료에 대한 내용도 포함하였다. 마지막으로, 오래된 뉴스 기사는 비교적 최신 것으로 교체하였고, 최신 참고문헌을 일부 수록하였다.

책을 낼 때마다 많은 관심과 격려를 아끼지 않으시는 학지사 김진환 사장님께 깊은 감사를 드리고 싶다. 또한 세밀하게 교정 작업을 해서 가독성 높은 책으로 엮어 주신 편집부 김진영 차장님께 감사드린다. 초판과 마찬가지로 이 개정판이 상담심리 관련 학부생과 이상심리학을 처음 접하는 인접 분야의 대학원생들에게 유용하게 읽히기를 기대한다. 2판에 머물지 않고 앞으로 DSM-5가 개정되고 새로운 이상심리 관련 임상 자료가 축적됨에 따라 이 책의 내용을 계속 개정해 나갈 것이다.

2021년 8월
무네미 동산에서
저자 이우경

💡 1판 머리말

우리나라는 몇 년째 OECD 국가 중에서 자살률 1위라는 오명을 갖고 있는 데다가 최근 들어 묻지마 범죄와 충동조절의 어려움을 지닌 사람들이 보이는 문제 행동이 연일 뉴스에 보도되고 있다. 이상심리는 더 이상 정신의학이나 임상심리학을 전문 영역으로 하는 정신건강 전문가들의 전유물이 아니며, 일반인 역시 이상심리 현상에 대한 관심이 어느 때보다도 높은 상태다.

이상심리학은 이상한 행동을 하는 사람들의 행동 특성을 기술하고 문제행동의 원인을 밝히며, 나아가 이들을 도와줄 수 있는 방법을 연구하는 분야로 심리학 중에서도 가장 흥미로운 영역 중 하나다. 이상심리 혹은 심리장애는 유전적 요인이나 환경적 요인 하나만으로는 설명하기 어렵고, 이 둘 간의 상호작용에 의해 발생한다고 알려져 있다. 유전적 요인이 심리장애의 발현에 영향을 미치기도 하고 심리적·사회적 요인 역시 신경전달물질의 기능이나 유전적 표현에 지대한 영향을 미치기 때문에, 심리장애를 이해하고 치료하기 위해서는 생물·심리·사회적 접근이 필요하다. 이런 통합적 접근이야말로 복잡한 사회에 살고 있는 현대인의 복합적인 정신병리를 포괄적으로 이해할 수 있는 방법이다.

임상심리전문가로서 10여 년간 정신병원에서 일하면서 이상심리를 보이는 수많은 환자를 만났고, 2010년부터 지금까지는 학부와 대학원에서 이상심리학을 가르치면서 이상심리와 관련된 임상 경험과 연구 활동에 매진해 왔다. 이미 이상심리학과 관련하여 훌륭한 저역서들이 있음에도 불구하고 이 책을 쓰게 된 것은, 지난 20여 년간의 임상 현장 경험과 강의 경험을 살려 조금 더 쉽게 쓰인 이상심리학 교재를 만들어 보자는 판단에서였다. 이 책은 2013년 5월 출간된『정신질환의 진단 및 통계편람-제5판(DSM-5)』(APA)을 기본으로 하여 정리하였고, 이해를 돕기 위해 임상 현장에서 쉽게 볼 수 있는 사례들을 실었다. 학습자의 혼란을 줄이기 위해 DSM-5의 국내 번역본을 참고하여 가급적 우리말의 진단명과 주요 용어들을 통일시켰다. 또한 DSM-5에 따른 새로운 진단체계와 더불어 이상심리 현상에 대한 학습 동기 및 흥미를 고취시키기 위해 언론에 보도된 이상심리 관련 뉴스와 최신 연구 동향을 추가 리딩 팁(reading tip)으로 제시하였다.

새로운 책을 낼 때마다 많은 관심과 격려를 아끼지 않으시는 학지사 김진환 사장님께 깊은 감사를 드리고 싶다. 또한 세심하게 교정 작업을 해 주시고 가독성이 높은 예쁜 책으로 엮어 주신 편집부 이지에 님께 감사드린다. 모쪼록 이 책이 학부생은 물론이고 대학원에서 처음으로 이상심리학을 접하는 학생들에게 유용하고 흥미로운 정보가 될 수 있기를 기대해 본다. 과학은 끊임없이 진화하고 있고, 이상심리학 역시 우리의 사고방식을 바꿀 수 있는 획기적인 일들이 많이 일어나고 있는 대표적인 분야다. 따라서 초판본에 머물지 않고 앞으로 DSM-5가 개정되고 진화되는 것에 발맞추어 이 책의 내용도 계속 개정되고 진화될 것이다.

끝으로 늘 한 권의 책이 나올 때마다 함께하는 시간이 부족함에도 불구하고 불평하지 않고 각자 자신의 일을 자율적으로 실행하고 있는 두 딸 현지와 태연에게 한없는 고마움과 애틋함을 전한다.

2016년 8월
무네미 동산에서
저자 이우경

♀ 차례

제1장

이상심리학의 기초

제2장

신경발달장애

제8장
신체 증상 및 관련 장애/급식 및 섭식 장애/배설장애

제9장
수면-각성 장애 및 성 관련 장애

제10장
물질 관련 및 중독 장애

제11장
성격과 성격장애

제12장
파괴적 충동조절 및 품행장애/신경인지장애

제13장
이상심리의 최신 동향

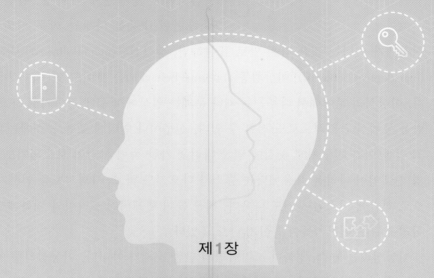

제 **1**장

이상심리학의 기초

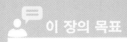 **이 장의 목표**

- ▣ 이상심리학의 학문 영역을 이해한다.
- ▣ 이상심리를 판별하는 기준을 이해한다.
- ▣ 이상심리의 역사적 관점과 현대의 흐름에 대해 이해한다.
- ▣ 이상심리학의 주요 주제를 알아본다.
- ▣ 이상심리를 설명하기 위한 주요 모델과 치료를 이해한다.
- ▣ 이상심리를 분류하는 진단 체계를 이해한다.

이상심리학은 정신장애의 특성, 원인 및 치료와 관련된 내용을 다루는 학문 영역이다. 정신장애가 있다는 것은 다른 말로 표현하면, 정신질환(mental illness), 부적응 행동(maladaptive behavior), 이상행동(abnormal behavior)을 보이고 있다는 것을 의미한다. 이상심리 분야에서 다루는 주제나 문제는 일상에서 쉽게 접하기도 하고 주변 사람을 통해서 간접적으로도 접할 수 있다. 신문이나 인터넷 포털 뉴스에는 헤어지자고 말한 여자 친구에게 홧김에 염산 테러를 가한 폭력 사건이 보도되기도 하고, 유명 연예인이 마약을 복용했다는 뉴스가 나오기도 하고, 사회지도층 인사가 노출증으로 검찰에 기소된 사건도 나온다. 최근 들어 텔레비전 드라마와 영화에서도 이상심리를 다룬 이야기들이 쏟아져 나오고 있다.

이상심리는 뉴스, 영화나 드라마만의 단골 소재가 아니다. 이상심리를 처음 공부하는 학생은 자신의 가까운 가족이나 주변 사람 중에 한두 명쯤 이상심리에 노출된 사람이 있다는 사실을 새롭게 인식하기도 한다. 무용을 전공하는 가까운 사촌이 살찌는 것이 두려워 굶기를 밥 먹듯이 한다는 이야기를 듣고 섭식장애를 떠올릴 수 있다. 할머니가 알츠하이머 증상으로 요양원에 가셔야 한다는 이야기를 들을 수도 있고, 조기 유학을 갔던 초등학교 동창생이 코카인에 중독되어 약물중독 치료를 받아야 한다는 이야기를 듣고 물질장애를 떠올리며, 친척 중 누군가가 카지노 도박으로 가지고 있는 재산을 다 잃었다는 이야기를 듣고 도박중독자가 의외로 주변에 많다는 사실에 놀라기도 한다. 또한 지하철 안에서 허공에 대고 소리를 지르거나 혼잣말을 하는 사람을 보면서 환청과 망상을 보이는 조현병을 떠올릴 수 있다. 이처럼 이상심리는 누구나 인생에서 한 번쯤은 직접 경험하기도 하고, 주변의 가까운 지인 혹은 우연히 마주치는 사람을 통해 간접 경험하기도 한다.

'이상심리를 보이는 사람은 왜 그런 이상한 말과 행동을 하는 것일까?' 하는 호기심과 의문이 자연스럽게 생기게 된다. 왜 어떤 사람은 섭식장애나 알코올 중독 또는 약물 중독에 빠지게 될까? 왜 어떤 사람은 쓰지도 않는 물건을 집 안에 쌓아 두고 몇 년씩 치우지 않고 집 안을 쓰레기장으로 만들까? 왜 어떤 사람은 스트레스를 받으면 집에서 나오지 않고 우울해할까? 이런 의문을 풀기 위해 이상심리학 분야에서는 이상행동의 기저에 있는 원인을 알아내려는 노력이 계속되어 왔다. 인간에 대한 호기심, 정확하게 말해서 인간의 이상행동에 대한 호기심은 이상심리를 공부할 때 가장 필요한 부분이다. 심리학은 매력적인 학문 분야이고, 그중에서 이상심리학은 가장 흥미로운 영역 중 하나다. 모든 심리학도가 이상심리학을 훈련받는 것은 아니지만, 이상심리학과 가장 밀접한 관련이 있는 심리학 분야는 임상심리학이다. 임상심리학자는 이상행동을 보이는 내담자 혹은 환자가 왔을 때 면담과 심리평가를 통해 이상행동의 원인을 밝히고, 그 사람의 심리적 문제를 가장 잘 도와줄 수 있는 치료적 접근법이 무엇인지 고민하게 된다.

1. 이상심리를 판별하는 기준

이상심리가 무엇인가에 대해 단 하나의 공통된 정의는 없다. 비정상적인 행동, 즉 이상행동이나 이상심리를 정의하기 어려운 이유는 누군가를 이상하다고 보기 위해서는 단일한 행동만이 아닌 여러 요소를 복합적으로 고려해야 하기 때문이다. 이상행동인지 아닌지 판별하기 위한 기준은 여러 가지가 있지만, 다음의 5가지를 우선적으로 고려해 볼 수 있다(권석만, 2013; Butcher et al., 2013).

첫째, 주관적인 고통(suffering)을 꼽을 수 있다. 수능 시험을 앞두고 있는 수험생이 불안해하는 것, 또는 원하는 직장을 얻지 못한 구직 청년이 잠시 우울해하는 것에 대해 주관적 고통이 어느 정도 있다고 볼 수 있으나, 그렇다고 이들이 모두 심리장애를 가지고 있다고 판단하기는 어렵다. 그러나 어떤 수험생이 시험을 앞두고 너무 불안해서 공부에 집중도 안 되고 잠도 오지 않고 하루 종일 아무것도 할 수 없다면 주관적인 정서적 고통이 매우 심하다고 볼 수 있다. 또한 실직 상태가 오래 지속되면서 식욕이 떨어지고 우울해서 종일 누워서 잠을 자고 아무런 의욕이 생기지 않는 상태라면 심리장애가 심각하다고 볼 수 있다. 이런 경우는 우울증 진단을 내릴 정도의 정서적 고통이 심한 상태라고 할 수 있다.

그러나 주관적으로 심한 정서적 고통을 느껴야 한다는 점에서 정상과 이상을 판단하는 데에는 한계점이 있다. 어떤 경우는 주관적 고통이 심하지 않게 보이는 심리장애도 있기 때문이다. 예컨대, 조증과 같이 기분이 아주 좋은 상태(high)라면 정서적 고통을 별로 느끼지 않는다. 사기나 폭력으로 교도소를 들락거리는 사람은 주관적 고통을 별로 느끼지 않지만 반사회성 성격장애라는 심리장애를 가지고 있다. 따라서 주관적인 고통은 이상심리를 판별하는 데 있어서 충분한 조건이 아니며 단지 하나의 판별 기준에 불과하다.

둘째, 심리적 부적응(maladaptiveness)이라는 관점에서 이상행동을 판별할 수 있다. 사람들은 누구나 태어나서 발달적으로 성장함에 따라 동화(assimilation)와 조절(accomodation)을 통해 자기가 처한 환경에 나름대로 적응해 나간다. 그러나 인생의 어느 시점에서 특별히 적응이 어려운 경험을 하는 사람이 있다. 예컨대, 초등학교에 입학한 아동이 학교에 적응하지 못하고 등교를 거부하거나, 입대한 군인이 병영 생활에 적응하지 못해 우울해하면서 자신에게 주어진 임무를 수행하지 못한다면 이는 부적응 상태에 있는 것이다. 이와 같이 부적응적인 행동들은 주관적인 안녕감을 해치고 직업적 기능과 관계를 맺을 수 있는 능력을 방해한다. 그렇다고 해서 모든 심리장애가 부적응적인 행동을 의미하지는 않는다. 흔히 정신병질자, 즉 사이코패스(psychopath)라고 불리는 사람은 한 개인의 부적응이라는 관점에서는 이상하다고 판단할 수 없으나 사회에 위협이 된다는 점에서는 이상행동에 속한다. 한편, 심리적 부적응이라는 이상심리 판별 기준 역시 어느 정도의 부적응을 겪어야 심리장애로 판단할 수 있을지 객관적으로 판단하기 어렵다는 점에서 한계점을 갖고 있다.

셋째, 통계적 일탈(statistical deviancy) 관점에서 이상심리를 판별해 볼 수 있다. '이상'이라는 말 자체가 정상에서 벗어난 것을 의미하기 때문에 이상행동을 보이는 사람은 평균적인 사람들과는 다른 생각과 감정, 행동을 보이는 사람이라고 볼 수 있다. 그러나 단순히 통계적으로 드물게 일어나는 행동을 했다고 해서 모두 이상으로 볼 수는 없다. 통계적인 관점에서 보아 바람직한 방향과 바람직하지 못한 방향으로 편포되어 있을 때 가치 판단에 따라 정상이 될 수도 있고 이상이 될 수도 있기 때문이다. 흔히 통계적인 관점에서는 평균에서 ± 2표준편차 떨어지면 비정상으로 간주한다. 예컨대, [그림 1-1]과 같이 지능검사는 평균이 100이고 표준편차가 15이기 때문에 IQ 70 이하와 IQ 130 이상이 통계적으로는 이상에 속한다. IQ 130 이상의 최우수 지능에 속하는 사람은 통계적으로 보면 평균에서 많이 일탈되어 있지만 그렇다고 비정상이라고 보기는 어렵다. IQ가 매우 높다는 것은 평균에서 벗어나 있기는 하지만 바람직한 방향으로 벗어나 있다는 것이기 때문이다. 반면, IQ 70 이하의 지적장애는 바람직하지 못한 방향으로 떨어져 있어 통계적인 관점에서 볼 때 정상에

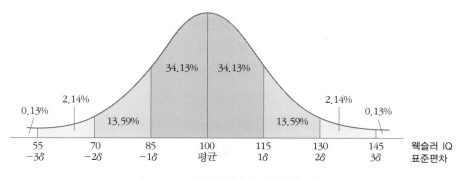

[그림 1-1] 지능검사의 평균과 표준편차

서 벗어난 이상으로 간주할 수 있다.

넷째, 사회적·문화적 규준의 위반이라는 관점에서 이상심리를 정의할 수 있다. 모든 문화는 그 문화 특유의 규칙과 규범을 가지고 있는데, 이 사회적·문화적 규범에서 벗어난 행동은 이상으로 볼 수 있다. 그러나 사회적·문화적 관점에서 이상심리를 판별하는 것 역시 문화적 상대성으로 인한 한계를 갖고 있다. 어떤 문화권에서는 특정 행동을 정상으로 보지만 다른 문화권에서는 이상으로 간주할 수 있기 때문이다. 예컨대, 어떤 문화권에서는 누드촌을 허용하고 있어서 알몸으로 돌아다니는 것이 지극히 정상적인 행동이다. 하지만 그렇지 않은 문화권에서는 성인이 알몸으로 돌아다니는 것을 정상으로 볼 수 없다. 또한 어느 시대는 특정 행동이 이상으로 판단되었지만 다른 시점에서는 정상으로 간주되기도 한다. 예컨대, 과거에는 동성애를 이상행동으로 여기고 금기시했지만 요즘에는 문화권마다 다소 차이는 있지만 대체로 이상행동보다는 성적 지향으로 간주하고 있다.

다섯째, 위험성(dangerousness)의 관점에서 이상행동을 판단할 수 있다. 자신 혹은 타인에게 위해를 가할 가능성이 지속적으로 제기된다면 그 사람은 심리적으로 정상이 아닐 가능성이 높다. 실제로 자해를 하고 자살을 할 가능성이 높거나 타인을 죽이겠다고 말하는 사람은 비정상적인 심리 상태에 있어서 자신과 주변 사람들에게 해를 끼칠 수 있다. 그러나 정상과 이상을 나누는 다른 기준들이 그렇듯이 위험성만 가지고 이상이라고 규정하는 것은 한계가 있다. 예컨대, 정치적 목적이나 조국을 지킬 목적으로 전투에 나가 싸우고 있는 군인이 스스로를 위험에 빠뜨린다고 해서 비정상이라고 규정하지는 않는다. 또한 스카이다이빙이나 자동차 경주와 같은 극한 스포츠를 좋아하는 사람이 위험한 행동에 몰두한다고 해서 비정상적이라고 규정할 수는 없다. 또한 타인에게 위해를 가하는 모든 사람이 정신장애 진단을 받지는 않는다. 때로는 정신적으로 아픈 사람들이 타인을 해치는 범죄를 저지르기도 하지만 정신장애가 없는 일반인도 심각한 범죄를 저지를 수 있기 때문에 타인에게 해를 가한다고 해서 이것이 반드시 정신질환의 징후가 되지는 않는다.

이와 같이 정상과 이상을 나누는 여러 기준이 있지만 각각은 장점과 한계를 갖고 있다. 이 기준들이 완벽하게 정신질환이나 심리장애를 판단해 주지 않기 때문에 한 사람에 대해 심리장애가 있다고 진단을 내리거나 판단하기 위해서는 앞에서 살펴본 내용 외에도 비합리성이나 예측 불가능성, 심리사회적 스트레스 요인, 생물학적 지표 등 개인 내적 요인과 개인 외적 요인을 비롯한 여러 가지 복합적인 요인을 모두 고려해야 한다.

2. 이상심리의 역사와 현대의 흐름

이상행동을 이해하기 위한 노력은 선사시대 이후 지속되어 왔는데, 어떤 것은 현대인이 보기에는 우스꽝스럽기도 하고 어떤 것은 비극적인 면도 있다. 넓게 보면 이상행동을 이해하기 위한 인류의 역사는 미신이나 마술에 의지하던 무지한 시기에서 현대의 과학적 접근에 이르기까지 변화무쌍한 진화의 과정을 겪었다(Butcher et al., 2013).

1) 고대 사회의 관점과 치료

선사시대 사람들은 주변 사람이나 자신의 내부에서 일어나는 모든 일이 마술적 존재의 힘에서 비롯된다고 믿었다. 그 때문에 몸과 마음이 병든다는 것은 외부에 존재하는 선과 악의 세력 싸움 때문이라고 보았다. 누군가가 이상행동을 하는 것은 악령이 승리한 것이고, 따라서 이상행동을 치유하기 위해서는 악령을 몸과 마음에서 몰아내야 한다고 믿었다. 이상행동에 대한 이런 견해는 약 50만 년 전 석기시대까지 거슬러 올라간다. 유럽과 남아메리카에서 발굴된 석기시대 유골 중 일부에는 트

[그림 1-2] 트레핀과 천공술

레핀(trephine)이라는 돌로 두개골을 둥글게 절개하는 천공술을 실시한 흔적이 남아 있다([그림 1-2] 참조). 두개골을 절개하는 시술의 목적은 악령을 몰아내기 위한 것으로 추정되고 있다(Selling, 1943). 이집트, 중국, 이스라엘의 고대 문헌에서도 이상행동을 악령이 씌운 것으로 설명하고 있다. 그렇기 때문에 고대인은 시끄러운 소음을 내면서 주문을 외우고 신에게 기도하거나, 대변과 와인을 섞은 이상한 맛의 혼합물을 먹이는 등의 퇴마의식(exorcism)을 통해 정신질환을 극복하려고 노력하였다(Butcher et al., 2013).

2) 그리스 로마 시대의 관점과 치료

그리스와 로마 시대에는 주로 철학자와 의사들이 이상행동을 연구하였다. 현대 의학의 아버지로 불리는 히포크라테스(Hippocrates, B.C. 460~377)는 정신질환의 발생에 악령이 개입한다는 것을 부인하였고, 정신장애 역시 다른 신체질환과 마찬가지로 자연적인 원인에 의해 발생한다고 보았다. 특히 이상행동은 일종의 뇌질환으로 다른 질병과 마찬가지로 4가지 체액(humors), 즉 흑색담즙, 황색담즙, 점액 및 혈액의 불균형에서 생긴다고 보았다. 예를 들어, 황색담즙의 과다는 격앙된 활동의 원인으로, 흑색담즙의 과다는 슬픔의 근원으로 보았다. 히포크라테스는 모든 정신장애를 3개의 일반적인 범주, 즉 조증(mania), 울증(melancholia) 및 열병(phrenitis)으로 분류하였다. 또한 히포크라테스는 사람이 잘 때 꾸는 꿈을 통해 그 사람의 성격특성을 이해할 수 있다고 주장하여 현대 정신분석 치료의 기본 개념을 최초로 제시한 인물로 평가되고 있다. 한편으로는 규칙적이고 조용한 생활, 채식, 운동, 금욕, 채혈 등으로 우울 증상이 호전될 수 있다고 믿었고, 환경의 중요성을 강조하면서 가족으로부터 환자를 분리하여 치료해야 한다고 주장하였다. 정신적인 질병의 자연적인 원인과 임상 관찰, 뇌의 병리를 강조한 히포크라테스의 이런 관점은 정신병리 관련 역사에서는 획기적이었다. 그러나 히포크라테스 역시 생리적 지식이 부족했기 때문에 히스테리아(hysteria)는 자궁이 요동쳐서 생기는 병이라고 해석하면서 결혼이 처방이라고 하는 등 어쩔 수 없는 시대적 한계를 드러냈다(Butcher et al., 2013).

이후 그리스 철학자 플라톤(Plato, B.C. 429~347)은 영혼의 문제가 신체장애를 유발하기 때문에 정신적으로 혼란스러운 상태에서 저지른 범죄에 대해서는 처벌보다는 지역사회에서 치료를 받게 해야 한다고 주장하면서 내적인 상태, 즉 심리적 현상을 강조하였다. 또한 그의 제자 아리스토텔레스(Aristotle, B.C. 384~322)는 영혼과 정신에 영향을 미치는 논리(logic)를 강조하여 이성과 합리적인 사고를 중요시하는 현대 인지치료의 토대를 마련해 주었다. 그리스의 의사 갈렌(Galen, 130~200)은 심리장애의 원인을 신체적인 것과 정신적인 범주로 나누고 머리의 상해, 알코올의 지나친 사용, 충격, 두려움, 생리적 변화, 경제적 어려움, 사랑의 상처 등이 정신장애를 일으킨다고 보았다. 한편, 로마의 의학은 실용적인 특성을 가지고 있어서 따뜻한 마사지나 목욕을 시켜 환자를 편안하게 하는 것을 강조하였고, '극과 극은 통한다.'는 생각에서 따뜻한 욕조에서 차가운 와인을 마시게 하는 치료법을 사용하기도 했다(Butcher et al., 2013).

3) 중세 시대의 관점과 악마론의 재등장

중세(A.D. 500~1500년대)에는 그리스도교의 힘이 커지면서 미신적이고 악마론적인 종교적 믿음이 다시 살아나기 시작했다. 이 시기에는 전쟁과 민란, 흑사병과 같은 역병으로 인해 스트레스와 불안이 만연하였고, 심리적 문제를 다시 악마의 탓으로 돌리는 등 이상행동에 대한 과학적인 연구에 제동이 걸렸다. 심리적으로 혼란된 사람을 미신적인 행위나 종교 의식으로 고칠 수 있다고 믿는 분위기가 팽배하자 집단적으로 터무니없는 잘못된 믿음을 공유하면서 집단 광기(mass madness)가 유행하였다. 이 가운데 무도병(tarantism, 성비투스 춤)이라고 알려진 춤이 성행하여 사

[그림 1-3] 마녀사냥

출처: http://salem.wikia.com

람들이 갑자기 펄쩍펄쩍 뛰거나 춤을 추면서 발작을 일으키기도 했다(Comer et al., 2011). 또한 고립된 농촌 지역에서는 늑대나 다른 동물에 씌운 것처럼 행동하는 리칸트로피(lycanthropy)가 성행하였다. 특히 중세는 정신병에 걸린 사람을 마녀에 사로잡힌 것이라고 보고 온몸을 묶고 물속에 오래 담가 두거나 화형으로 죽이는 마녀사냥이 성행하는 등 정신장애를 가진 사람에 대한 비인간적인 태도가 극에 달한 시기였다([그림 1-3] 참조).

4) 르네상스 시대와 수용소

중세 이후에 악마론이 시들해지면서 스위스 의사인 파라셀수스(Paracelsus, 1490~1541)는 정신장애를 악마에게 사로잡혀 생기는 것이 아니라 과학적으로 연구해야 할 질병으로 이해해야 한다고 주장하였다. 문화적·과학적 활동이 융성했던 르네상스(1400~1700년대) 시대에 들어와서 이상심리에 대한 악마론이 퇴보하면서 최초의 정신질환 전문의사이자 작가인 독일의 요한 웨이어(Johann Weyer, 1515~1588)는 몸과 마찬가지로 마음도 병에 걸리기 쉽다고 하였고, 현대적인 의미의 정신병리학의 창시자가 되었다. 이후 정신질환자를 돌보는 방식도 점점 개선되어 유럽 곳곳의 성당에서 정신질환자를 인도적인 사랑으로 돌보게 되었다. 그러나 16세기 중반에 들어오면서부터 지역사회 주거시설에서 받아들일 수 있는 인원을 초과하여 받다 보니 병원과 수도원이 더 많은 환자를 돌보기 위한 수용소(asylum)로 전환되었다. 환자가 넘쳐 나면서 수용소는 점차 열악한 환경으로 바뀌었고, 결국은 치료보다는 보호나 격리가 우선인 감옥처럼 변해 갔다.

5) 19세기의 도덕치료 시대

1800년대에 들어오면서 다시 정신질환자를 위한 치료가 개선되기 시작하였다. 프랑스혁명 중인 1793년 프랑스 의사 피넬(Pinel, 1745~1826)은 환자를 쇠사슬과 매질이 아닌 온정과 친절로 돌봐야 한다고 주장하였고, 이것이 도덕치료의 시작이 되었다. 피넬의 영향으로 정신질환자는 병원을 마음대로 자유롭게 돌아다니게 되었고, 어두운 동굴 같은 곳에 격리되어 있던 환자들이 햇볕이 잘 드는 병실로 옮겨져 심리 지원을 받으면서 상태가 호전되어 퇴원하게 되었다. 영국에서는 퀘이커교도인 튜크(Tuke, 1732~1819)가 비슷한 개혁을 시행해서 전원 단지에 30명 정도의 정신질환자를 묵게 함으로써 휴식을 주고 대화, 기도, 노동을 통해 이들을 치료하였다(Comer, 2017).

피넬과 튜크의 도덕치료는 유럽과 미국 전역에 확산되어 미국의 의사 러시(Rush, 1745~1813)가 정신질환자를 돌보기 위한 도덕적이고 인도주의적인 접근을 채택하였다(Rush, 2010). 또한 이 시기에 정신질환자를 인도적으로 잘 돌봐야 된다고 주장하면서 사회적 관심을 끈 사람은 보스턴의 교사 딕스(Dix, 1802~1887)였다. 그는 주 의회와 하원을 돌며 수용소의 끔찍한 실상을 알리면서 개혁을 설파하였고, 정신질환자의 치료적 개선을 위한 법안이 마련되도록 애썼다. 그 결과 미국 전역에 주립 병원이 세워졌고, 유럽 전역에도 비슷한 병원들이 만들어졌다. 그러나 19세기 말이 되어 정신병원의 수가 급증하면서 비용과 인력 문제가 심해졌고, 그에 따라 도덕치료가 쇠퇴하기 시작했으며 수많은 환자가 대형 정신병원에 수용되었다.

한편, 19세기 말부터 이상행동의 주요 원인이 심리적인 것에서 비롯된다는 견해가 대두하였다. 그 계기는 분트(Wundt)와 윌리엄 제임스(William James) 같은 초기

심리학자들이 인간 행동을 객관화하고 수량화하면서 실험을 위주로 하는 심리학 분야를 개척한 것이었다. 분트의 제자인 크레펠린(Krepelin)은 신체장애를 분류하듯 정신장애를 분류하였고, 주의력 실험, 단어 연상 실험 등의 실험법을 통해 정신장애를 이해하려는 노력을 시작하였다. 크레펠린은 조발성 치매(dementia praecox)라는 용어를 제시하면서 정신장애가 뇌의 장애이며, 외인성/내인성 원인에 의해 생긴다고 주장하였다. 19세기 말 갈톤(Galton)은 우생학을 연구하면서 지적 능력을 변별할 수 있는 검사를 개발하여 이후 심리검사의 발전을 촉진하였다.

6) 20세기 초에서 현대에 이르기까지

20세기 초에 들어오면서 히스테리 장애를 연구하던 브로이어(Breuer, 1842~1925)는 환자가 최면 상태에서 힘들었던 일을 이야기하고 나면 전환 증상이나 심리 증상이 없어지는 것을 발견하였고, 이어서 오스트리아의 의사 프로이트(Freud, 1856~1939)는 브로이어의 연구에 동참하여 정신분석이라는 이론을 발전시켰다. 그는 무의식적인 심리 과정이 심리 증상의 기저에 깔려 있다고 믿었고, 이를 토대로 자유연상 기법을 개발하여 대화를 통해 무의식적 심리 과정에 대한 통찰을 얻는 정신분석 기법을 발전시켰다. 20세기 초반에는 정신분석 이론과 정신분석에 기반을 둔 치료법이 서구 전역에서 널리 사용되었고, 21세기인 오늘날에도 널리 사용되고 있다.

1950년대 이후에는 정신약물학과 심리치료 영역이 발전하기 시작하였다. 이 시기에는 실험과학과 심리적 접근을 통합하려는 움직임이 활발해졌고, 1960년대와 1970년대에 걸쳐 인본주의, 행동주의, 인지행동 기반 치료법이 개발되었다. 특히 정신약물학 분야에서는 1950년대 들어 새로운 약들이 개발되어 대형 정신병원에 수용되어 있던 만성 정신질환자들이 탈수용화, 탈시설화를 통해 지역사회로 복귀하게 되었다. 혼란되고 왜곡된 사고와 망상을 보이는 정신증 환자를 위한 항정신병약물, 우울한 사람의 기분을 좋게 해 주는 항우울제, 긴장과 걱정, 불안을 감소시켜 주는 항불안제 등이 차례로 개발되었다.

미국에서는 심리치료를 원하는 사람이 많아지면서 민간 보험회사들이 환자에 대한 보험 적용 범위를 바꾸었다. 그 결과 미국의 주류 의료보험 형태는 보험회사가

치료자를 선택하고 치료 회기 비용 및 지불 가능한 최대 회기를 결정하는 관리 의료 프로그램(managed care program) 체제를 갖추게 되었다(Butcher et al., 2013). 관리 의료 프로그램하에서는 장기적인 심리치료보다는 단기 심리치료가 많이 이루어지다보니 만성 정신질환을 가진 환자는 지속적인 심리치료 서비스를 받는 것이 어려워졌다. 우리나라는 차상위 계층이나 기초생활수급대상자의 경우 국가에서 비용을 지불해 주는 의료보호 체계를 이용할 수 있고, 그 외의 경우에는 의료보험 적용을 받는다. 최근 들어 심리치료를 담당하는 민간 심리상담 기관이 늘어나면서 의료보험이나 의료보호 적용이 되지 않는 민간 심리치료 서비스도 활발하게 이루어지고 있다.

3. 이상심리학의 주요 주제

1) 이상행동의 발견과 기술

이상심리학의 주요 주제로는 먼저 이상행동의 발견과 기술을 들 수 있다. 이 분야는 다른 말로 하면 기술정신병리학(descriptive psychopathology)이라고 부른다. 기술정신병리학은 이상심리 징후와 증상을 기술하는 것과 관련이 있는 학문 분야다. 징후(sign)는 객관적으로 드러나기 때문에 임상가의 관찰만으로 파악이 가능하다. 예컨대, 어떤 사람이 흥분해서 왔다 갔다 하는 것은 임상가가 관찰할 수 있다. 반면, 증상(symptom)은 우울한 기분을 느끼는 것과 같이 주관적인 측면에서 파악할 수 있다. 정신과적인 징후나 증상은 의학적 징후나 증상처럼 뚜렷하게 구분되지 않고 중첩되기도 한다. 그래서 이런 일련의 증상과 징후들이 섞여서 집합체를 이루고 있는 것을 증후군(syndrome)이라고 한다. 조현병(schizophrenia)이라는 진단은 특정 장애를 의미하기도 하지만 여러 증상과 징후가 복합적으로 이루어진 증후군으로 볼 수 있다. 따라서 DSM-5에서는 조현병이라는 단일한 진단 외에 조현병 스펙트럼장애라는 포괄적인 범주를 채택하고 있다.

징후와 증상은 수년간 유지되기도 하고 어떤 것들은 금방 없어지기도 한다. 현재 미국의 정신질환의 진단 및 통계 편람(Diagnostical Manual of Mental Disorders: DSM)

을 살펴보면, 어떤 용어는 유지되지만 어떤 용어는 진단 체계가 개정되면서 사라지기도 한다.

2) 이상행동에 관한 연구

이상심리학의 또 다른 주제는 이상행동에 대한 연구로, 대표적인 연구 주제는 심리장애의 유병률과 발생률에 관한 연구다. 또한 심리장애의 증상이 만성인지 급성인지, 그리고 주요 심리장애와 그에 수반된 문제 및 결함을 연구할 수 있다. 더불어 심리장애의 원인을 연구하기 위해 특정 장애의 병인론(etiology)을 이해하려고 하며, 심리장애를 가진 사람에 대한 치료법을 고안해 내고 효과 연구를 할 수 있다.

이상심리를 연구하기 위해 정보를 얻는 원천은 여러 가지다. 우선 사례연구(case study)가 있다. 우리 주변에는 많은 사람이 살고 있고 저마다 다른 행동을 하기 때문에 주변을 주의 깊게 관찰해 보면 이상심리에 대한 통찰을 얻을 수 있다. 특히 초기 이상심리 관련 지식은 특정한 개인을 상세히 기술한 사례연구에서 나왔다. 초기 정신병리학자였던 에밀 크레펠린(Emil Kraepelin, 1856~1926)과 스위스 정신과의사 유진 블로일러(Eugen Bleuler, 1857~1939)도 조현병이나 조울증 사례를 자세히 관찰하고 기술하면서 오늘날 정신병리 연구의 기초를 마련하였다. 사례연구는 관찰하는 임상가의 주관적 판단에 의해 자신이 중요하다고 생각하는 정보만을 선택하기 때문에 관찰자 편향이 작용할 수 있고 다른 사례로 일반화하기 어렵다는 단점이 있으나, 자연 환경에서 관찰한 자료를 제시해 주고 새로운 아이디어와 연구를 자극할 수 있다는 장점이 있다.

이상심리의 원인을 밝히기 위해 보다 엄격하게 자료를 모으고 싶다면 자기보고(self-report)를 이용할 수 있다. 자기보고식 검사에서 피검자는 일련의 질문지를 작성하여 자신의 증상에 대한 정보를 연구자에게 알려 준다. 물론 자기보고 자료는 때로는 잘못된 방향으로 정보를 이끌 수 있다. 어떤 사람은 자신의 문제에 대해 통찰이 없어 자기보고 질문지에 자기 상황이나 성향과 맞지 않는 답을 체크하기도 한다. 예컨대, 반사회성 성격장애를 가진 사람에게 자신의 문제에 대해 자기보고를 하게 하면 통찰 능력이 떨어져서 자신은 전혀 문제가 없는 사람으로 보고할 수 있다. 또한 면담에서 자신을 매우 사교적으로 표현하고 있지만 실제 관찰에서는 전혀 사교적이지 않고 은둔형일 가능성도 있다.

또 다른 정보의 원천은 직접 관찰(direct observation)이다. 공격적인 아동의 행동 빈도와 강도는 실험실이나 상담실보다는 자연스러운 생활환경에서 관찰하는 것이 더 효과적이다. 이 아동이 다른 사람을 밀고 때리고 발로 차는 것을 직접 관찰하여 공격적인 행동의 빈도와 정도를 객관적으로 평가할 수 있다.

연구란 연구자가 알고 싶은 것에 대한 질문을 하고 답을 얻는 과정이다. 이상행동을 이해하기 위해 연구자는 가설(hypothesis)을 만든다. 가설이란 어떤 것을 설명하고 예측하고 탐색하는 것이다. 과학자는 가설을 세우고 알고자 하는 사실을 정교한 절차를 거쳐 검증한다. 이런 점에서 과학적인 가설과 모호한 추정은 차이가 있다. 예를 들면, "과거 양육자와 불안 애착을 맺은 사람들이 우울증에 더 빠지기 쉽다."라는 가설을 검증하기 위해서 과학자는 표집(sampling)을 통해 피험자들을 모으고 자기보고 검사를 실시한 다음 통계적인 방법으로 가설을 검증할 수 있다. 또한 가설을 검증하기 위해 비교집단(comparison group) 또는 통제집단(control group)을 사용할 수 있다. 우울증 집단과 조현병 집단 그리고 정상 통제 집단 중에서 사회적 결함이 가장 높은 집단이 어느 집단인지 알아보기 위해 이와 같은 비교집단 설계를 사용할 수 있다.

이상행동 관련 연구에서 다루기 위해 가장 많이 쓰이는 연구 설계로는 상관연구가 있다. 예컨대, 반추경향성이 높은 사람들이 우울증을 많이 보인다면 반추경향성과 우울은 상관이 매우 높을 것이다. 연구자가 원인이 되는 요인(독립변인)을 의도적으로 변화시켜 결과 요인(종속변인)이 예상한 대로 변화되는지 인과적 관계를 규명하는 실험연구와 달리 상관연구에서는 변인들에 조작을 가하지 않는다. 상관연구를 통해서는 변인들 간의 인과적 관계를 알기 어렵기 때문에 요즘에는 독립변인과 종속변인의 관계에서 영향을 미치는 제3의 변인, 즉 매개변수(mediator)를 살펴보는 연구가 많아졌다. 중요한 시험에 실패한 사람들이 무조건 우울해지는 것이 아니라 시험 실패가 자존감의 저하를 가져와서 우울감을 느낀다고 가정한다면, 여기서 자존감이라는 제3의 변인이 독립변인과 종속변인을 연결시키는 매개변수가 된다.

또한 이상행동의 원인을 파악하고 미래 행동을 예측하기 위해 시점을 달리한 회고적(retrospective) 연구와 전향적(prospective) 연구를 할 수 있다. 경계선 성격장애(borderline personality)를 가진 사람들은 아동기에 성폭행을 당했거나 신체 및 정서 학대를 당한 경우가 많다. 그래서 과거를 되돌아보는 회고적 연구를 통해 과거 외상과 경계선 성격장애의 관련성을 연구할 수 있다. 반면, 전향적 연구는 앞으로 일어날 일에 대해 살펴보는 것이다. 장애의 원인이 되는 변수가 앞으로 결과변수에 어떤 영향을 미칠지 가설을 세우고 시간을 두고 추적해 보는 것이다. 만일 주의력결핍 과잉행동장애를 가진 아동이 10년 뒤에 어떤 적응 상태를 보일지 궁금하다면 이처럼 전향적인 장기 추적연구를 할 수 있다. 이때는 종단적인 연구 방법을 사용해서 두 시점 간에 시간차를 두고 자료를 수집하여 인과관계를 밝힐 수 있다.

추가 학습

유병률과 발생률

얼마나 많은 사람이 심리장애 진단을 받는지는 매우 중요한 통계다. 이 정보를 통해 정부는 정신건강 서비스 관련 정책을 펴기도 한다. 또한 정신장애 빈도를 알아내면 원인과 치료법을 개발하는 데도 도움이 된다. 이와 관련된 것이 역학연구(epidemiology)다. 역학연구란 질병, 장애, 건강 관련 행동이 특정 인구 집단에서 발생하는 비율을 연구하는 것을 말한다. 정신장애 발생 빈도를 결정하는 방법으로는 유병률(prevalence)과 발생률(incidence)이 있다. 유병률은 주어진 시간 동안 인구 집단에서 양성으로 판명된 사례 수를 말한다. 대개 장애를 가지고 있는 인구의 %로 수량화된다. 시점 유병률은 1월 1일처럼 특정 시점에 우울증을 보이는 사람들의 비율을 말한다. 1년 유병률은 우울을 경험한 사람들이 1년 내내 어느 정도였는지를 구하는 것인데, 대체로 DSM에서는 이 1년 유병률을 제시하고 있다. 평생 유병률은 말 그대로 평생에 걸쳐 우울증을 앓은 사례 수를 추정하는 것이며, 현재 아프거나 회복된 사람 모두를 포괄해서 보기 때문에 다른 유병률보다 높다. 반면, 발생률은 주어진 시간, 대개 1년 동안 발생한 새로운 발병 사례 수를 말한다. 기존에 발생했던 사례는 배제되기 때문에 통상적으로 유병률보다 낮다. DSM-5에 나오는 정신장애에 대한 평생 유병률 추정치는 아직 개정된 지 얼마 되지 않아서 정확하게 추정하기는 어렵고 DSM-IV에 따른 통계가 제시되고 있다.

4. 이상심리를 설명하는 모델과 치료적 개입

1) 생물학적 이론

　생물학적 관점에서는 의학적 모델에 따라 이상행동을 유기체 일부의 기능장애로 인한 질병으로 보고 있다. 이 접근에서는 보통 뇌의 해부학적 구조나 화학 과정에서의 문제를 이상행동의 원인으로 규정한다. 뇌는 뉴런(neuron)이라고 부르는 약 1,000억 개의 신경세포로 구성되어 있다. 뇌에는 신경세포군들이 별개의 뇌 영역을 형성하고 있다. 뇌 정수리 쪽에는 피질, 뇌량, 기저핵, 해마, 편도체를 포함하는 대뇌 영역이 있다([그림 1-4] 참조).

　뇌의 표면층은 대뇌피질이며, 뇌량은 뇌의 두 반구를 연결해 준다. 기저핵은 운동을 계획하고 실행하는 역할을 하고, 해마는 정서와 기억의 통제를 지원하고, 편도체는 정서기억을 처리한다. 최근 들어 뇌 특정 부위의 결함과 특정 심리장애의 관련성을 밝혀내려는 연구가 활발해지고 있다. 뉴런에서 뉴런으로 전달되는 전기 자극을

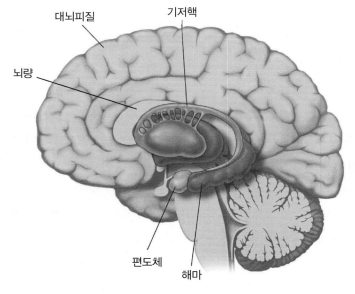

[그림 1-4] 뇌 영역

출처: Gazzaniga (2006).

통해 정보가 뇌 전체에 전달되는데, 일차적으로는 뉴런 한 끝의 안테나처럼 생긴 수상돌기에서 정보가 수신되어 거기에서 뉴런에서 뻗어 나간 긴 신경섬유인 축색을 따라 내려가고, 자극은 축색의 끝에 있는 신경종말을 통해 다른 뉴런들의 수상돌기로 전달된다. 뇌 과학자들은 뉴런 간에 이루어지는 이러한 신호 전달의 문제가 심리장애를 일으킨다고 보고 있다(Barlow et al., 2017).

연구자들에 따르면 뇌에는 수십 가지의 신경전달물질이 있으며, 각 뉴런은 특정 신경전달물질만을 이용한다. 예컨대, 심리장애 중에서 우울증은 세로토닌과 노르에피네프린이라는 특정 신경전달물질의 활동 수준 저하와 관련이 있다(Comer, 2017).

뉴런과 신경전달물질 외에도 신체 전반에 위치한 내분비샘 역시 심리장애를 일으킬 수 있다. 내분비샘은 뉴런과 함께 생식, 생장, 성행위, 심장박동, 체온, 에너지, 스트레스 반응 등 주요 활동을 통제한다. 내분비샘에서 호르몬(hormones)이라고 하는 화학물질을 혈관 속으로 분비하고 이 화학물질들은 신체기관을 움직이게 한다. 스트레스를 받으면 신장 위에 있는 부신이 코르티솔(cortisol)이라는 호르몬을 분비하게 되는데, 이 코르티솔 분비 이상이 불안장애, 기분장애와 관련이 있다.

최근 들어 정신질환의 원인을 밝히기 위한 유전연구가 활발해지고 있다. 사람의 뇌와 신체 세포에는 23쌍의 염색체가 있고, 각 쌍의 염색체는 부모로부터 물려받는다. 각 염색체에는 물려받은 특성이나 특질을 통제하는 수많은 유전자(genes)가 있다. 각 세포에는 총 3~4만 개의 유전자가 있다. 요즘은 유전자 검사만 해도 심장병, 암, 당뇨병의 취약성을 알 수 있을 정도로 유전자 연구가 많이 진일보하였고, 정신장애에도 이러한 기술이 적용되고 있다. 2000년대에 인간 게놈 프로젝트가 완성되면서 여러 유전자가 정신장애를 일으킨다고 밝혀졌고, 이는 향후 유전자 치료에도 영향을 미칠 전망이다.

생물학적 이해를 바탕으로 한 생물학적 치료법으로 대표적인 것이 약물 치료다. 항불안제, 항우울제, 항정신병제, 항조울제 등과 같은 약물이 개발되면서 정신장애에 대한 치료가 획기적으로 개선되었다. 그러나 이런 약물 치료는 부작용이 심하게 나타나기도 하고, 어떤 환자에게는 치료 효과가 잘 나타나지 않는다. 예컨대, 일부 항정신증 약물은 심한 떨림, 근긴장, 무도증, 극도의 안절부절못함과 같은 추체외로 증상(extrapyramidal symptoms)이라는 부작용을 발생시킨다.

약물 치료 외에 심한 우울증 환자에게 사용되는 전기충격요법(Electroconvulsive Therapy: ECT)도 있다. 이 치료 방법은 이마에 전극을 붙이고 65~140볼트의 전류를 아주 짧은 순간 뇌에 흐르게 하면 전류가 몇 분 동안 경련을 일으키는 것으로, 2~3일 간격으로 7~8번 정도를 하면 우울 증상이 훨씬 감소되기도 한다. 우울증 환자 중 다른 치료에서 효과를 크게 보지 못한 환자들이 이 ECT를 받고 있다(Comer, 2017). 그 밖에 뇌수술, 정신외과술(psychosurgery) 혹은 신경외과술(neurosurgery)이 있지만 이러한 방법은 위험도가 크기 때문에 조심스럽게 사용되고 있다.

2) 심리학적 접근

(1) 정신분석 모델과 치료

정신분석 모델은 이상심리를 설명하는 심리학적 모델 중에서 가장 대표적인 이론이며 가장 많이 알려진 접근법이다. 정신분석가들은 인간의 행동은 정상이든 비정상이든 의식적으로 인식하지 못하는 무의식적 작용에 의해 결정된다고 보고 있다. 정신분석 이론에 따르면 내적·심리적 에너지는 상호작용한다는 의미에서 역동(dynamic)이라고 불리며, 이러한 심적 에너지 간의 갈등의 결과 이상행동이 발생한다(Luborsky et al., 2008). 20세기 초반에는 프로이트가 비정상적인 인간의 심리 기능을 설명하기 위해 만든 정신역동 이론과 이에 기반을 둔 정신분석 치료가 매우 우세하였다. 프로이트 외에도 칼 융(Carl Gustav Jung, 1875~1961)의 분석심리학과 알프레드 아들러(Alfred Adler, 1870~1937)의 개인심리학도 이상심리를 설명할 수 있는 영향력 있는 이론적 모델이다.

특히 프로이트가 개념화한 정신분석 또는 정신역동 이론은 이상심리뿐만 아니라 문학, 예술 등의 분야에도 큰 영향을 주었다. 그는 본능의 욕구와 추동, 충동을 의미하는 말로 원초아(id)라는 용어를 사용하였는데, 이 원초아는 쾌락 원칙에 따라 작동한다. 모든 원초아 추동은 성적인 특성을 가지고 있고, 수유, 배변, 자위행위 등을 통해 쾌를 추구한다. 프로이트는 사람들의 리비도, 즉 성적 에너지가 원초아의 에너지원이라고 보았다. 자아(ego)는 원초아와 마찬가지로 무의식적으로 쾌락 충족을 원하지만 원초아의 추동을 있는 그대로 표출하는 것이 어렵다는 것을 알고 현실 원칙을 따르며 이성을 통해 언제 충동을 표현해야 하는지 혹은 언제 충동을 표현하면

안 되는지를 알게 해 준다. 초자아(superego)는 원초아의 충동이 모두 충족될 수 없다는 것을 부모나 윗사람들로부터 배우고 무의식적으로 그러한 부모나 사회의 가치를 내면화하면서 발달한다. 내면화된 부모의 기준으로 자신을 판단하여 부모의 가치를 잘 지키면 기분이 좋고, 부모의 가치를 지키지 못하면 초자아 불안과 두려움을 느끼게 된다. 프로이트는 성격의 세 부분인 원초아, 자아, 초자아는 갈등 상태에 있을 수밖에 없고 이 3가지 에너지 간에 타협이 잘 이루어지면 건강한 상태를 유지하지만, 그렇지 않고 갈등이 심해지면 심리장애를 겪는다고 보았다(Butcher et al., 2013).

오늘날에도 정신분석 이론은 여전히 영향력이 있고 환자의 역동을 이해하는 데 도움을 주고 있다. 프로이트의 정신분석, 융의 분석심리학, 아들러의 개인심리학 외에도 자아심리학, 자기심리학, 대상관계 이론 등 정신분석 이론은 계속 진화되고 있다. 자아심리학에서는 자아의 역할을 강조하며, 프로이트가 초기에 주장한 것보다 자아 기능이 더 독립적이고 힘이 있다고 본다. 자기심리학에서는 통합된 성격체인 자기의 역할을 강조하며 인간의 기본 동기는 온전한 자기를 공고히 하는 것이라고 본다. 대상관계 이론에서는 타인과 관계를 맺으려는 욕구를 인간을 움직이는 힘으로 보며, 부모-자녀 관계를 포함해서 대인관계 갈등을 폭넓게 다루고 있다. 이처럼 정신역동 이론에 기반을 둔 정신분석 치료는 프로이트의 정신분석에서부터 자기 이론이나 대상관계 이론에 토대를 둔 현대의 치료법까지 매우 다양하다(Goodwin, 2011).

정신분석을 기반으로 한 심리치료에서는 자유연상을 시켜 환자가 이야기하는 것에서 단서를 찾고 환자에게 저항, 전이, 꿈의 해석을 통해 자기 문제에 대한 통찰을 갖게 한다. 최근 들어 명확한 치료 목표를 가진 단기 치료에 대한 수요가 많아지면서 정신분석 치료는 단축된 형태로 진행되는 경향이 있다. 그러나 복합적이고 오래된 문제를 가지고 있는 환자의 경우에는 장기적인 정신분석이 더 효과적이다(Comer, 2017).

정신분석 치료는 개념들이 너무 추상적이어서 측정하기 어렵고 사례 위주의 효과 연구가 많아서 치료 효과를 일반화하기가 어렵다는 반론이 꾸준히 제기되었다. 그럼에도 불구하고 정신분석은 사람의 행동의 기저에 있는 무의식적 동기와 갈등을 들여다보게 함으로써 심리치료 역사에서 매우 중요한 영향을 미쳤다. 정신분석은 생물학적 치료가 아닌 심리치료가 인간의 행동과 감정을 변화시킬 수 있다는 것을 알게 해 주었고, 이후에 생긴 수많은 심리치료의 시발점이 되었다.

(2) 행동주의 모델과 치료

1950년대에 들어서면서 정신역동 모델이 시들해짐에 따라 학습 원리를 심리적 문제의 연구와 치료에 적용하기 시작했고 이상심리를 설명하기 위한 행동주의 모델이 등장하게 되었다. 행동주의자는 행동이 경험에 의해서 결정된다고 본다. 여기서 행동은 외적일 수도 있고 내적인 생각과 느낌일 수도 있다. 행동주의에 기반을 둔 연구자는 인간의 행동이 환경, 학습에 대한 반응으로 변화할 수 있다는 과정 원리를 기반으로 이상행동을 설명하고 치료하였다.

행동주의자는 인간의 이상행동과 정상행동을 모두 조건형성을 통해 설명하고 있다. 조작적 조건형성(operant conditioning)은 사람과 동물이 특정한 방식으로 행동할 때 만족스러운 보상이 주어지면 그 행동 방식을 학습하는 것을 말한다. 모델링(modeling)은 다른 사람을 관찰하고 그 사람의 행동을 모방하여 특정한 반응이 일어나는 것을 의미한다. 고전적 조건형성(classical conditioning)은 두 개의 사건이 시간적으로 연속해서 일어나면 그 사건들이 연합되어 두 사건에 동일하게 반응하게 되는 것을 의미하는 것으로, 유명한 러시아의 생리학자 이반 파블로프(Ivan Pavlov, 1849~1936)의 실험에서 비롯되었다. 파블로프는 개 앞에 고기 그릇을 놓아 침을 흘리게 한 뒤 종소리와 고기 접시를 같이 제시하는 것을 몇 번 연합하였다. 그 후 개가 종소리만 들어도 침을 흘리는 것을 보고 중립적 자극인 종소리가 고기와 연관된 조건자극이 되어 침을 흘리는 반응을 일으키는 것이라고 보았으며, 이를 조건반응이라고 하였다. 이상행동도 이와 같은 고전적 조건형성을 통해 습득될 수 있다. 아이들이 큰 개를 보면 놀라고 두려워하는 것도 이런 조건형성 반응에 의한 것이다.

행동주의 이론에 입각한 행동치료에서는 문제의 원인이 되는 행동을 밝혀서 고전적 조건형성, 조작적 조건형성, 모델링 원칙을 적용해 문제행동을 소거시킨다. 예컨대, 고전적 조건형성 원리를 이용한 치료를 통해 특정 자극에 대한 부적응적인 반응을 바꿀 수 있다. 이 방법 중의 하나인 체계적 둔감화(systematic desensitizations)는 불안의 위계를 정해 단계적으로 내담자가 무서워하는 상황에 대해 점차로 불안 반응을 감소시키는 것이며(Wolpe, 1990), 공포증 완화에 효과적인 것으로 알려져 있다. 엘리베이터를 두려워하는 사람에게 체계적 둔감화를 적용한다면 우선 다음과 같이 공포 위계가 만들어진다. 엘리베이터 그림 보기-엘리베이터 근처에 가 보기-엘리베이터 타 보기-엘리베이터를 타고 2층에 올라가 보기-엘리베이터를 타고 고층에 올라갔다가 내려오기 등 낮은 것에서 높은 것에 이르기까지 단계적으로 불안 위계가 세워진다. 그런 다음 내담자로 하여금 긴장을 풀게 하고, 불안 위계 목록을 하나씩 상상하거나 실제로 그것에 부딪히게 해 본다. 이 치료법에서는 두려워하는 것과 긴장이 이완된 상태를 연합시켜 두려워하는 대상을 점차로 극복해 나가는 것이 기본 원칙이다. 공포증의 치료에는 체계적 둔감화와 같은 고전적 조건형성을 이용한 기법이 효과적인 것으로 밝혀졌다(Parsons & Rizzo, 2008).

그 밖에 수많은 행동치료 기법이 개발되었는데, 이 기법은 전통적인 정신분석에 비해 치료 기간이 짧고, 자극-반응-보상과 같이 관찰 가능하고 측정이 가능하다는 장점이 있다. 임상 장면에서는 특정공포증, 강박증, 사회공포증, 지적장애 등에 행동 기법의 효과가 입증되어 있다(Wilson & Hayward, 2005).

행동주의 모델에 입각한 행동치료의 단점은 치료 장면에서 증상이 호전되었다고 해서 현실에서 반드시 치료 효과가 일반화되는 것은 아니라는 점이다. 또한 인간의 행동과 심리적 과정은 매우 복합적이어서 단순히 자극-반응-보상만으로 설명하기 어렵다는 한계가 있다. 이 때문에 겉으로 드러나지 않는 내적 · 인지적 과정이 중요하다는 관점이 대두되면서 인지모델이 각광을 받게 되었다.

(3) 인지모델과 치료

1960년대 초반 알버트 엘리스(Albert Ellis, 1962)와 아론 벡(Aaron Beck, 1967)은 인지 과정이 인간의 행동과 사고, 정서의 핵심에 있다고 보았다. 인지이론가들은 사람의 지각에 영향을 미치는 가정과 태도, 자동적으로 스치는 생각, 그것들이 이끌어 내는 역기능적인 결과들을 탐색하였다. 인지 오류나 역기능적인 신념이 이상행동의 원인이 될 수 있다는 사실이 밝혀졌고, 우울증의 경우 비논리적이고 역기능적인 신념이 부정적인 감정과 행동을 유발한다는 것이 입증되었다. 사소한 사건에 대해서 부정적인 생각과 모든 것이 잘 안 될 것 같다는 재앙적인 사고 및 파국화적인 해석이 우울증을 더 심화시킬 수 있다. 인지이론가들은 이상심리 유형에 따라 인지 결함과 왜곡이 달라지므로 증상에 따른 다양한 치료적 전략이 필요하다고 보았다.

벡의 인지치료에서는 우울증을 겪고 있는 내담자에게 우울하게 만드는 부정적인 사고, 왜곡된 인지, 논리적 오류를 인식하도록 도와준다. 인지치료자는 내담자가 이러한 역기능적인 사고에 도전하고 좀 더 긍정적이고 문제해결에 도움이 될 만한 사고로 전환할 수 있도록 도와준다. 이후 인지치료를 받은 많은 우울증 환자가 증상이 호전되면서 인지치료는 임상 장면에서 각광을 받게 되었다(Clark & Beck, 2010).

현재 인지모델과 이 모델에 입각한 인지치료는 임상에서 가장 널리 쓰이는 심리치료 기법이 되었다. 인지모델이 이렇게 각광을 받게 된 것은 우선 이 모델이 인간의 사고 과정이라는 내적 과정에 초점을 맞추고 있다는 점 때문이다. 다양한 이론적 배경을 가진 임상가들이 정상과 이상행동의 주요 원인을 생각에서 찾고자 하였다. 또한 인지이론을 적용한 치료법들은 전통적인 정신분석에 비해 연구가 매우 수월하다. 엄격하게 통제된 연구들에서 인지치료와 인지행동치료는 공황장애, 사회공포증, 우울증에 매우 효과적인 것으로 나타났다(Clark & Beck, 2010).

그러나 인지모델에도 단점이 있다. 인지 왜곡, 역기능적 사고가 여러 가지 이상행동을 일으키기는 하지만 이러한 인지 왜곡이 심리장애의 원인이 아니라 결과일 수 있다는 점이다. 예컨대, 부정적인 생각을 많이 해서 우울하게 된 것이 아니라 우울한 기분을 느끼니까 부정적인 생각을 더 많이 하는 것일 수 있다. 더구나 단순히 생각을 바꾸는 것이 이론적으로는 쉬워 보여도 역기능적인 사고가 뿌리 깊고 증상이 심한 경우에는 이러한 생각을 바꾸는 것이 쉽지만은 않다.

이런 제한점으로 인해 최근 들어 인지치료의 제3동향이라고 하는 새로운 치료법들이 등장하고 있다. 마음챙김 인지치료(Mindfulness Based Cognitive Therapy: MBCT)와 수용전념치료(Acceptance and Commitment Therapy: ACT) 같은 새로운 접근법에서는 잘못된 생각을 판단하거나 의식적으로 바꾸려는 노력보다는 상황을 있는 그대로 적극적으로 수용하는 것이 변화를 가져올 수 있다고 보았다(Kabat-Zinn, 1990, 1994). 마음챙김을 기반으로 하는 이러한 치료들은 기본적으로 생각이란 단순히 하나의 생각일 뿐이고 사실이 아니라는 가정을 하고 있으며, 그렇기 때문에 생각과 감정이 머릿속에 떠오르면 그냥 있는 그대로 인식하고 알아채는 것이 그 생각과 감정에 매이지 않을 수 있게 하는 방법이라고 강조한다. 수용을 기반으로 한 제3동향의 인지치료는 우울증과 불안장애를 비롯하여 조울증 및 정신증 환자에게도 매우 효과적이라는 연구가 축적되고 있다(Williams, 2008).

(4) 가족–사회–문화적 모델과 치료

가족–사회–문화적 모델은 개인에 대해 미시적 관점에서 설명하고 있는 전통적인 심리치료 모델과는 달리 한 개인을 둘러싸고 있는 가족–사회–문화적 관점을 폭넓게 적용해서 이상행동을 이해하자는 입장을 가지고 있다. 이 모델에서는 그 사람이 속한 사회나 문화의 규범이 어떤지, 사회적 환경에서 어떤 역할을 하고 있는지, 어떤 형태의 가족 구조와 문화적 배경에서 성장하고 현재 속하고 있는지 등에 대한 정보를 중요하게 생각한다. 가족–사회–문화적 모델에는 크게 가족–사회적 관점과 다문화적 관점이 있다.

가족의 구조를 설명하기 위한 가족체계 이론에서는 가족 구성원이 일관성 있게 상호작용하며 가족 고유의 가족 체계를 따른다고 본다. 가족체계 이론을 선호하는 임상가는 가족의 구조와 의사소통 양상이 이상행동을 일으킨다고 본다. 상호 간의 경계가 매우 경직되어 있는 가족에서 성장한 사람은 다른 사람과 서로 호혜적인 관계를 맺기가 어렵다. 가족–사회적 관점에서 집단치료, 가족치료, 부부치료 등 다양한 치료적 접근이 출현하였다. 가족치료는 1950년대에 처음 소개되었는데, 가족 중 한 사람만이 임상 진단을 받아도 온 가족을 치료의 단위로 본다. 치료자는 모든 가족 구성원과 만나서 문제가 되는 행동과 가족 간의 상호작용을 확인하고 역기능적인 상호작용의 고리를 바꾸도록 한다.

우리나라에서는 정신적인 문제에 대한 편견이 강해 아동이나 청소년이 문제가 될 경우 치료자가 가족치료를 권하더라도 부모의 반대로 가족치료가 원활하게 진행되지 않을 때가 많다. 그러나 한 개인의 문제는 그 개인만의 문제가 아니라 그 개인이 속한 가정에서 비롯된다는 것은 많은 임상 사례에서도 반복적으로 드러나고 있다. 최근에는 가족치료 외에 부부치료도 널리 사용되고 있다. 우리나라에서도 늘어나고 있는 이혼율을 떨어뜨리기 위해 이혼을 앞두고 있는 부부들에게 숙려 기간을 주어 부부 상담 및 치료를 받게 하는 제도가 시행되고 있다.

최근 들어 문화적 다양성이 점차 화두가 되고 있고, 이에 따라 다문화적 관점, 문화다양성 관점에서 치료법이 등장하고 있다. 다문화심리학자는 문화, 인종, 성별 집단이 심리장애에 어떤 영향을 미치는지, 서로 다른 문화, 인종, 성별 집단이 심리적으로 어떤 차이가 있는지 이해하려는 노력을 기울이고 있다. 다문화 집단, 소수 민족 내담자를 보다 잘 치료하기 위해서는 문화적 이슈에 대한 감수성이 중요하다. 문화민감치료(culture sensitive therapy)에서는 문화적 소수 집단의 고유 문제를 다루려는 시도를 하고 있다. 우리나라도 결혼이주민, 북한이탈주민 등 다문화 문제가 사회적인 이슈가 되고 있고, 2008년 이후 「다문화가족지원법」의 제정으로 다문화 상담 및 치료가 활발해지고 있다. 다문화 상담과 치료에서는 부적응이나 심리장애를 단순히 개인의 문제가 아니라 사회문화적 시각으로 확장하고 통합해서 봐야 한다고 주장한다(Sue & Sue, 2012).

지금까지 상담 및 임상 장면에서는 400가지가 넘는 심리치료 도구가 개발되었지만 임상 장면에서는 여러 심리장애에서 효과가 입증된 인지치료가 대세다. 과연 심리적으로 문제가 있는 사람이 약물 혹은 심리 치료를 받았을 때 얼마나 효과가 있을지 궁금해하는 사람들이 많다. 각 치료가 제대로 효과를 발휘하고 있는지, 특정한 치료 방법이 정신적 문제를 극복하는 데 정말로 도움이 되는지 한마디로 대답하기는 쉽지 않다. '좋아졌다'는 것을 어떻게 정의하느냐에 따라 치료 효과는 다르다. 어떤 사람은 아침에 일어나면 우울한 기분 대신 뭔가 새로운 어떤 것을 할 생각에 설레고 기대된다는 사실만으로 좋아졌다고 할 수 있을 것이다. 또 어떤 사람은 직장에서 적응을 잘하지 못했는데 치료를 받고 한 직장에 오래 다니게 된 것만으로 좋아졌다고 할 수 있을 것이다. 상태가 좋지 않을 때는 사람들을 만나면 피하고 긴장하던 사람이 치료를 받고 긴장이 풀어지고 좀 더 편안하게 대인관계를 맺고 있다면 치료 전에 비해 상태가 좋아졌다고 할 수 있을 것이다. 그러나 주관적으로 좋아졌다는 긍정적인 변화를 어떻게 객관적으로 측정할 수 있는가? 이것이 심리치료 효과연구에서 관건이다. 아동 · 청소년의 경우에는 자기보고의 신뢰도가 떨어져서 가족이나 친구, 친척 혹은 교사의 보고나 평가를 추가적으로 받아야 할 수도 있다. 심리평가 도구나 행동 평정표, 관찰보고 혹은 자기보고 검사를 사용해서 치료 효과를 평가할 수도 있다.

이처럼 치료 효과를 평가할 때 가장 큰 문제가 되는 것은 치료의 다양성과 복잡성이다. 환자 혹은 내담자마다 갖고 있는 문제, 대응 방식, 치료 동기가 다르다. 심리치료를 하는 치료자 역시 이론적 지향과 치료 경험, 치료자로서의 기술이나 성향이 다르다. 또한 치료 기법마다 이론이나 치료 형식, 치료적인 개입 방식이 다르다. 심리치료에는 내담자 변인, 치료자 변인, 상황 변인 등 복합적인 요인이 작용하기 때문에 그 효과를 평가하기가 쉽지 않다. 메타분석(metaanalysis)에 따르면 치료를 받은 사람이 치료를 받지 않은 사람보다 증상이 대부분 개선되기는 하지만, 한편으로는 치료를 받고 약 5~10%의 환자들이 오히려 더 악화되었다고 보고되고 있다(Lambert & Ogles, 2005). 심리치료를 받고 증상이 더 악화되거나 치료 효과를 보지 못한다면 실패감, 죄책감, 자존감 저하, 좌절감 등의 또 다른 감정적인 어려움을 보일 수 있다. 이 때문에 심리치료 효과에 대한 체계적인 연구가 필요하다.

치료자의 훈련 배경, 경험, 이론적 방향, 성격, 태도 등이 다르기 때문에 모든 치료가 일률적으로 같다고 보기도 어렵고, 또 모든 치료가 효과적이라고 보기도 어렵다. 특정 심리치료 효과 연구에 따르면, 특정 심리치료가 다른 치료에 비해 더 효과적이라는 증거는 나타나지 않았다. 하지만 치료적으로 가장 중요한 공통 요인은 치료자의 특정 이론적 지향과 상관없이 환자에게 적절한 피드백을 주고, 환자 스스로 자신의 생각, 감정 그리고 행동을 성찰하고 조절할 수 있게 도와주는 치료자의 능력이다(Luborsky et al., 2003).

서로 다른 장애를 가진 사람들은 다양한 형태의 치료에 각기 다르게 반응한다. 그래서 치료 효과에 대해 "누가(whom) 실시한 어떤(what) 치료법이 어떤 환경(which set)에서 어떤 특정 문제(what specific problem)를 가진 사람에게 가장 효과적인가?"라는 질문이 제기되었고 연구를 통해 큰 차이점이 발견되었다. 이를테면 공포증에는 행동치료가 효과적이고(Wilson, 2008), 조현병 치료에는 약물이 첫 번째 선택(first choice)이어야 한다는 것이다. 또한 심한 우울증에는 약물 치료와 인지치료를 병합하였을 때 가장 효과적이라고 알려져 있다.

5. 이상행동의 분류 및 진단 체계

식물이나 동물을 분류하듯이 이상심리 영역에서도 다양한 심리장애와 부적응적인 행동을 분류하려는 노력이 있었다. 이상심리를 정의하고 분류하는 것은 논쟁적이고 매우 어렵지만, 계속해서 이런 시도는 발전하고 있다. 생물학에서 종을 분류하고 화학에서 주기율표가 분류되어 있듯이, 심리장애의 명명법(nomenclature)은 인간의 심리적 어려움과 부적응에 대한 구조적 정보(structure information)를 제공해 주고 있다. 이상심리, 즉 정신장애를 분류해서 같은 분류 체계 안에서 정보를 조직화하게 되면 같은 장애를 가진 사람들의 특성을 이해하고 서로 다른 장애들과 어떻게 구분하는지 그리고 어떤 치료법이 효과적인지 체계적인 연구가 가능해진다. A라는 사람이 우울증을 갖고 있다고 진단을 내리고 분류하는 것은 조현병 진단을 가진 B라는 사람과는 다른 치료를 해야 하고 치료 예후가 다를 것으로 예측하게 해 준다. 진단 및 분류 체계를 통해 정신건강 전문가 사이에 효과적인 의사소통을 가능하게 해 준다는 점도 진단 분류의 장점이라고 볼 수 있다. 그 밖에 보험의 보상 범위에 적용될 것인가 말 것인가와 같은 경제적이고 실용적인 문제도 진단 분류 체계의 장점 중 하나다.

물론 이렇게 이상심리를 분류하고 진단을 내리는 것의 단점도 있다. 우선 진단을 내리게 되면 중요한 개인적 정보가 없어질 수 있다. 진단적 범주는 "이 환자는 우울증을 가지고 있다."와 같이 간단한 형태로 정보를 제공하여 자칫 한 개인이 가지고 있는 다양성과 복합성을 무시할 수 있기 때문이다. 한 개인은 독특한 개인력, 성격 특성, 가족관계, 장단점 등 다양한 정보를 가지고 있지만 진단을 내리게 되면 이런 개인적 세부 사항을 놓치게 된다. 더구나 진단을 내리게 되면 낙인(stigma)을 찍는 효과가 있다. 요즘 정신건강의학과와 심리상담센터의 문턱이 많이 낮아졌다고 하지만, 여전히 많은 사람이 정신건강의학과와 심리상담센터에 가는 것을 꺼린다. 그 이유 중의 하나는 고혈압이나 당뇨병과 같은 신체 질환과 달리 정신적 문제가 있다고 하면 차별을 받고 사회적·직업적으로 불이익을 당하거나 심지어 보험 가입 시 불이익이 있지 않을까 하는 염려를 갖기 때문이다.

우리나라는 정신장애에 대한 낙인이 서구 사회보다 더 강하게 작용하는 문화권이라고 볼 수 있다. 낙인과 관련된 문제는 편견(stereotyping)이다. 편견은 최소한의 정보에 근거해서 다른 사람에 대해 자동적으로 갖고 있는 믿음이다. 정신장애와 관련된 낙인은 종종 명명(labeling)의 문제로 인해 지속된다. 조현병, 우울증 등의 정신장애 진단을 받게 되면 한 사람의 자기개념(self-concept)이 직접 영향을 받는다. 정신과적 질환에 대한 사회적 낙인이 자기개념에 영향을 미쳐 자기낙인(self-stigma)을 갖게 되면 나중에 정신질환에서 회복되더라도 낙인으로부터는 벗어나기 어려울 수 있다.

그래서 편견과 낙인을 연구하는 임상가들은 진단 분류란 사람을 분류하는 것이 아니라 그 사람이 가지고 있는 장애를 분류하는 것으로 이해해야 한다고 주장한다. 최근 들어 미국을 비롯한 서구 국가에서는 편견을 조장하는 정신분열병 환자(schizophrenic), 조울증 환자(manic-depressive)라는 말 대신 조현병을 가진 사람(person with schizophrenia), 조울증을 가진 사람(person with manic-depression)으로 개념화하면서 정신장애를 가진 사람들에 대한 편견과 낙인을 없애기 위한 캠페인을 활발히 벌이고 있다. 우리나라의 경우에도 정신분열병이라는 용어(진단명)가 환자나 그 가족에 대한 낙인을 조장한다는 인식하에 조현병이라는 순화된 용어로 바뀌었고, 매년 4월에 정신장애인의 날을 정하여 정신장애 편견 해소 캠페인을 벌이고 있다.

🏮 이상심리 프리즘: 문화와 이상심리

문화는 정신장애 혹은 정신질환에 지대한 영향을 미친다. 아메리칸 인디언의 일부 종족에게는 우울하다는 단어가 없다고 한다. 대신에 이들은 우울한 기분을 신체적인 증상으로 표현한다. 예를 들어, 잠을 잘 못 자고, 수시로 깨고, 아침 일찍 깨어서 일어나기도 싫고, 잘 먹지도 못하고, 너무 피곤하고, 몸이 힘들다는 등의 신체적인 증상으로 표현한다. 문화 특이적인 심리장애의 예를 들면, 타이진 쿄후쇼(taijin kyofusho)라는 장애는 일본에서 잘 발생하는 불안장애 증후군으로 가해 염려형 사회공포증에 해당한다. 이 장애는 사회적 관계 속에서 자신의 외모와 행동이 다른 사람에게 불쾌감을 줄 것이라는 생각과 느낌 때문에 대인관계를 기피하거나 불안한 성향을 보이는 문화적 증후군이다. 우리나라의 대인공포증과 비슷하다고 볼 수 있다. 타이진 쿄후쇼를 가진 사람은 자신의 증상과 행동이 타인에게 미치는 영향에 초점을 두고 있고, 하위 유형으로는 얼굴 붉히기(적면공포증), 불쾌한 냄새를 갖는 것(신체악취 공포증), 부적절한 응시, 경직되거나 어색한 표정 혹은 신체 움직임(예: 떨림), 신체변형에 대한 걱정을 보인다. 간음한 여자와 남자를 그 가족이 명예살인하는 파키스탄의 카로카리(karo-kari) 같은 풍습도 서구인이나 다른 문화권에서 볼 때는 성에 기반을 둔 폭력이자 문화권 특유의 이상행동이라는 견해도 있다.

6. 정신장애의 공식 진단 분류 체계

현재까지 2개의 주요 정신장애 진단 분류 체계가 있는데, 하나는 WHO에 의해 공인된 국제질병분류(International Classification of Disease: ICD)이고, 다른 하나는 미국정신의학회에서 만든 정신질환의 진단 및 통계 편람(Diagnostic and Statistical Manual of Mental Disorder: DSM)이다. ICD는 주로 유럽 등에서 사용되고 있고, 현재 11판까지 나온 상태이다. DSM은 미국과 우리나라에서 주로 사용하고 있다. 두 체계는 유사하면서도 다른 분류 체계를 보이고 있는데, 현재 우리나라의 정신의학 분야와 임상심리 분야는 미국의 DSM 체계를 따르고 있기 때문에 이 책에서는 주로 DSM에 따른 진단 분류를 기술할 것이다.

1952년에 DSM-I이 처음 나온 이래 새로운 연구 결과와 임상적인 증거가 쌓일 때마다 개정판이 나왔다. DSM-II는 전후 연구 노력과 임상 경험을 토대로 1968년에 개정되었으나, DSM에 기술된 진단 기준이 너무 모호해서 임상가들 사이에 진단 일치도가 낮아 신뢰도가 떨어진다는 비판이 제기되었다. 또한 장애 간에 중첩되는 임상적 특징들이 많아 한 사람이 한 가지 이상의 심리장애를 동시에 갖는 공존병리(comorbidity) 문제가 있다. 1980년에 나온 DSM-III와 2000년에 나온 DSM-IV-TR은 이런 문제점을 염두에 두고 수정을 거듭하여 정신장애 진단을 더 명확하게 하려는 노력을 하였다. 2013년 5월에 개정된 DSM-5는 기존의 것(DSM-IV)과 연속성을 유지하면서 그간의 연구 결과에 의해 새로운 장애들이 추가되었고, 일부 장애의 진단 기준은 변경되었다. DSM-5에서는 정신장애를 인지, 행동, 정서 조절 면에서 임상적으로 유의한 장해를 나타내는 증후군으로 정의하는 등 지금까지의 DSM 개정판 중 진단에 관한 사고가 가장 획기적으로 바뀌었지만 동시에 가장 많은 논쟁을 불러일으켰다.

DSM의 초기 판들은 DSM-IV처럼 로마 숫자를 사용하였지만 5판에서는 아라비아 숫자 5를 쓰고 있는데, 그 이유는 DSM-5.1, DSM-5.2처럼 개정을 더 편하게 만들기 위해서라고 알려져 있다. DSM-5에는 20개 범주와 약 400여 개 이상의 정신장애가 있다. 그리고 각 장애마다 진단을 위한 기준과 주요 임상적 특징이 기술되어 있다. 또한 기본적인 임상적 특징 외에도 그동안 연구를 통해 축적된 정보, 즉 연령,

문화, 성별, 위험 요소, 경과, 합병증, 유전 및 가족 패턴과 같은 추가 정보를 제공해
주고 있다.

DSM-5를 통해 적절한 진단을 내리기 위해서는 범주와 차원 정보를 구분할 필요
가 있다. 범주란 내담자 혹은 환자의 증상에 따른 범주 이름을 말한다. 차원적 정보
는 같은 진단 내에서도 증상이 얼마나 심각하고 역기능적인지의 정도를 나타낸다.
범주적 진단 체계는 DSM 진단 체계가 갖고 있는 특징이었다. 범주적 진단 체계에
서 불안장애와 우울장애는 구별되는 별개의 장애다. 그러나 불안장애와 우울장애
의 특성이 한 환자에게서 같이 나타나는 경우가 많다. 예컨대, 우울장애가 있지만
걱정, 불안, 특정 상황, 물건, 활동에 대한 공포증을 추가적으로 보이는 사람이 있
고, 불안장애가 주된 진단이지만 우울 증상을 부가적으로 보이는 사람도 많다.

이런 점을 염두에 두고 DSM-5에서는 기존의 진단적 범주 외에 차원적 진단 체
계가 새로이 도입되었다. 지금까지는 환자가 어느 진단적 범주를 갖느냐가 중요했
다면, 새로운 체계인 DSM-5에서는 진단적 범주 외에도 각 증상이 내담자에게 어
떤 장해를 일으키는가를 평정하여 같은 우울장애라도 심각도와 기능 수준에 따라
얼마나 다른지 차원적으로 분류할 수 있게 되었다. 예컨대, 주요우울장애의 정도
는 질병 심각도 평정 척도(severity of illness rating scale)를 사용하여 평가할 수 있다.
DSM-5는 진단을 내릴 때 차원 정보와 범주 정보까지 고려하는 첫 번째 진단 체계
라고 볼 수 있다.

심리장애 진단 기준을 변경하고 새로운 것을 만드는 과정은 과학이 진보하는 한
계속 발전할 것이다. 뇌 회로, 인지 과정, 행동에 미치는 문화적 요인에 대한 새로운
연구 결과들이 이러한 진단 체계를 바꿔 가고 진화시키고 있다. 새로운 장애가 추
가되고, 기존 장애들이 서로 다른 영역에 분류되고 묶이는 등 여러 가지 변화가 있
기는 하지만 DSM-5는 DSM-IV와 근본적으로 다르지 않다. 진단적 범주 간에 중
첩되는 공존병리 문제 외에 진단 간의 모호한 경계 문제, 기저의 원인 연구 등 진
단 범주의 타당성을 높이는 노력은 앞으로도 계속될 것이다. 또한 현재의 DSM 진
단 범주는 치료 특정성이 부족하다는 평가를 받고 있다. 예컨대, 인지행동치료나 특
정 항우울제는 서로 다른 진단적 범주에 속하는 많은 환자에게 똑같이 효과적이다
(Durand & Barlow, 2015). 그렇기 때문에 특정 진단에 맞는 특정 치료법에 대한 연구
가 지속될 필요가 있다.

표 1-1 DSM-5의 주요 진단 범주와 주요 하위 장애

범주	하위 장애	범주	하위 장애

신경발달장애	지적장애
	의사소통장애
	자폐스펙트럼장애
	주의력결핍 과잉행동장애
	특정학습장애
	운동장애
	  틱장애
	  발달적 협응장애
	  상동증적 운동장애
		수면-각성 장애	불면장애
			과다수면장애
			기면증
			  기타 수면장애
			  호흡 관련 수면장애
			  일주기 리듬 수면-각성장애
			  사건수면

조현병 스펙트럼 및 기타 정신병적 장애	조현병 조현정동장애 조현양상장애 망상장애 단기정신병적장애	성기능부전	사정지연 발기장애 여성극치감장애 여성 성적 관심/흥분장애 성기-골반 통증/삽입장애 남성성욕감퇴장애 조기사정
양극성 관련 장애	I형 양극성장애 II형 양극성장애 순환성 장애	변태성욕장애	관음장애 노출장애 마찰도착장애 성적피학장애 성적가학장애 소아성애장애 물품음란장애 복장도착장애
우울장애	주요우울장애 지속성 우울장애 파괴적 기분조절 부전장애 월경전 불쾌감장애		
		성별 불쾌감	성별 불쾌감
불안장애	분리불안장애 선택적 함구증 특정공포증 사회공포증(사회불안장애) 공황장애 광장공포증 일반화된 불안장애	파괴적 충동조절 및 품행장애	적대적 반항장애 간헐성 폭발장애 품행장애 병적방화 병적도벽

강박 및 관련 장애	강박장애
	신체변형장애
	저장장애(수집광)
	털뽑기장애(발모광)
	피부뜯기장애
	  아편계사용장애
	  흡입제 관련장애
		물질 관련 및 중독 장애	물질관련장애
			  알코올사용장애
			  알코올 중독
			  알코올 금단
			  카페인 관련 장애
			  대마 관련 장애
			  환각제 관련 장애

		배설장애	유뇨증
	흡입제 관련 장애		유분증
	아편계 관련 장애	신경인지장애	주요 또는 경도 신경인지장애
	진정제, 수면제 또는 항불안제 관련 장애		알츠하이머병으로 인한
	자극제 관련 장애		전두측두엽
	담배 관련 장애		루이소체
	도박장애(비물질 관련 장애)		혈관성
외상 및 스트레스 관련 장애	적응장애		외상성 뇌손상으로 인한
	외상 후 스트레스 장애		물질/약물 치료로 유발
	급성스트레스장애		HIV 감염으로 인한
	반응성 애착장애		프라이온병으로 인한
	탈억제성 사회적 유대감 장애		파킨슨병으로 인한
해리장애	해리성 정체성 장애		헌팅턴병으로 인한
	해리성 기억상실증	성격장애	편집성 성격장애
	이인증/비현실감 장애		조현성 성격장애
신체 증상 및 관련 장애	신체증상장애		조현형 성격장애
	전환장애		반사회성 성격장애
	질병불안장애		경계선 성격장애
	인위성장애		연극성 성격장애
급식 및 섭식 장애	신경성 식욕부진증		자기애성 성격장애
	신경성 폭식증		회피성 성격장애
	폭식장애		강박성 성격장애
	기타 급식장애		의존성 성격장애
	되새김장애		
	이식증		
	회피적/제한적 음식 섭취 장애		

DSM-5에서는 생물학적·심리적 특성이나 차원을 공유하는 장애군을 기술하기 위해 스펙트럼(spectrum)이라는 용어가 사용되었다. 아스퍼거 장애가 자폐스펙트럼에 묶인 것이 그 예다. 성격장애 역시 진단 간에 질적으로 명확히 구분되지 않기 때문에 공통적인 성격 특성의 부적응적인, 극단적인 변형으로 보고 차원 모델을 적용해야 한다는 견해가 제기되면서 앞으로 DSM 개정판에서 더 정교화될 전망이다. 우울장애와 불안장애 역시 공통점이 많은 장애여서 부정적인 정서의 연속선상의 어느 지점을 나타내거나 정서장애 스펙트럼으로 분류될 가능성이 있다(Brown & Barlow, 2009).

　　뇌 구조나 기능과 관련된 신경과학 분야의 새로운 연구 성과와 발전은 심리장애의 특성에 대한 중요한 정보를 가져다줄 것으로 예상되며, 이러한 정보는 심리적ㆍ사회적ㆍ문화적 정보와 통합되어 진단 체계에 반영될 전망이다. 현재 DSM-5의 진단 범주와 주요 하위 장애는 〈표 1-1〉과 같다.

판	년도	페이지
DSM-I	1952	132
DSM-II	1968	119
DSM-III	1980	494
DSM-III-R	1987	567
DSM-IV	1994	886
DSM-IV-TR	2000	943
DSM-5	2013	947

*Not including other specified and unspecified disorders.

[그림 1-5] DSM의 역사

출처: Black & Grant (2014), p. xxiii.

추가 학습

정신건강(mental health)의 정의와 범위(보건복지부)

- 정의: 세계보건기구(WHO)에서는 정신건강을 "개인이 자신의 능력을 인지하고 일상생활의 스트레스에 대처하며 생산적으로 일할 수 있고 자신의 사회에 기여할 수 있는 웰빙 상태"로 정의(WHO, 2018)
- 범위: 「정신건강복지법」 제3조 제1항에 "정신질환자"란 망상, 환각, 사고(思考)나 기분의 장애 등으로 인하여 독립적으로 일상생활을 영위하는 데 중대한 제약이 있는 사람을 말하는 것으로 정의되어 있으며, 「정신보건법」 제3조 제1항에 "정신질환자"라 함은 정신병ㆍ인격장애ㆍ약물중독 등 기타 비정신병적정신장애를 가진 자를 말하는 것을 의미

이상심리 프리즘: 이상심리 분야의 정신건강전문가

미국에서는 1950년대 이전에는 의과대학을 졸업하고 3~4년간 심리치료 수련과정을 마친 정신과의사만이 심리치료를 할 수 있었다. 그러나 제2차 세계대전 이후 미국과 유럽에서 수백만 명의 참전 군인이 제대하면서 정신건강 서비스 수요가 급상하였고 이를 감당하기 위한 전문가 영역이 부상하였다. 이에 대학원 과정에서 이상심리와 그에 대한 치료법을 공부한 임상심리학자, 상담심리학자, 교육 및 학교 심리학자, 사회복지사, 결혼상담사, 가족치료사, 정신전문간호사 등이 정신건강전문가라고 할 수 있다.

미국의 정신건강전문가

	학위	활동 시작 시기
정신건강의학과 의사	M.D/Ph.D	1840년대
심리학자	Ph.D, Psy.D. Ed. D	1940년대 후반
사회복지사	M. S. W	1950년 초반
상담가	다양	1950년대 초반

우리나라에서는 이상행동을 치료하기 위한 최초의 정신병원이 1945년에 청량리뇌병원이라는 이름으로 개원하였고, 1982년에는 청량리정신병원으로 바뀌었다. 이어서 1971년에 용인정신병원과 같은 대형 정신병원이 개원하였다. 심리학 분야에서는 1964년에 이상행동과 가장 밀접한 관련이 있는 임상심리학회가 한국심리학회 산하 임상심리분과학회로 발족하였고, 1976년에 한양대학교 정신과에서 공식적인 임상심리전문가 수련 과정이 개설되었으며, 현재는 전국적으로 101개의 수련 과정이 개설되어 임상심리전문가와 정신건강임상심리사 1급, 2급을 양성하고 있다. 임상심리전문가와 정신건강임상심리사는 현재 대학교의 심리학과, 의과대학, 병원, 지역정신건강복지센터, 교육시설, 경찰청, 국방부, 법원, 재활센터, 건강관리기관, 기업체 상담시설, 개인 치료 센터 등 다양한 곳에서 이상심리 관련 서비스를 제공할 수 있게 되었다.

이 장의 요약

1. 이상심리학은 이상행동과 심리장애를 과학적으로 연구하는 학문이며, 이상행동을 판별하는 기준에는 정서적 고통, 부적응, 통계적 일탈, 사회적 규준의 위반, 위험성과 같은 측면이 있지만 각각의 판별 기준은 장점과 한계점을 갖고 있다.

2. 이상심리를 이해하기 위한 인류의 역사는 미신이나 마술에 의지하던 무지한 시기에서 현대의 과학적 접근에 이르기까지 다채로운 진화의 과정을 겪어 왔고 현재에도 계속 변화와 발전을 거듭하고 있다.

3. 이상심리학의 주요 주제로는 먼저 이상행동을 발견하고 기술하는 것을 들 수 있다. 이 분야는 다른 말로 하면 기술정신병리학이라고 부른다. 또한 이상행동의 빈도를 알아내기 위해 유병률·발생률과 같은 역학연구를 하고 있다. 이상행동의 또 다른 연구 주제는 이상행동의 원인을 연구하는 것과 이상행동을 치료하고 연구하는 것이다.

4. 이상행동을 설명하는 이론으로는 생물학적 접근, 정신분석적 이론, 행동주의 이론, 인지이론, 가족-사회-문화적 관점이 있으며, 각각은 약물 치료, 정신분석, 행동치료, 인지치료, 다문화치료 등으로 적용되고 있다.

5. 현재 이상행동에 대한 진단 분류 체계로는 미국의 정신질환의 진단 및 통계 편람(Diagnostic and Statistical Manual of Mental Disorder: DSM)이 가장 널리 사용되고 있다. DSM은 치료에 대한 정보를 포함하고 있지 않지만 임상가가 환자에게 가장 적합한 치료를 선택하도록 정확한 진단을 내릴 수 있게 비교적 명확한 정보를 주고 있다.

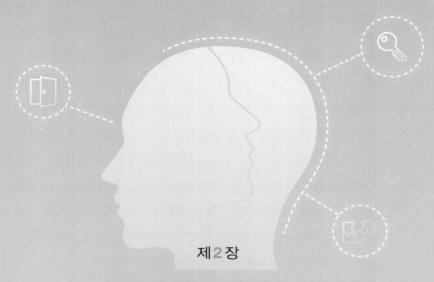

제 **2** 장

신경발달장애

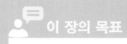 **이 장의 목표**

- ▣ 신경발달장애를 이해한다.
- ▣ 지적장애의 임상적 특징을 이해한다.
- ▣ 의사소통장애의 임상적 특징을 이해한다.
- ▣ 자폐스펙트럼장애의 임상적 특징을 이해한다.
- ▣ 주의력결핍 과잉행동장애의 임상적 특징을 이해한다.
- ▣ 특정학습장애의 임상적 특징을 이해한다.
- ▣ 운동장애의 임상적 특징을 이해한다.

신경발달장애는 유아 및 아동의 발달 시기에 시작되는 장애들로, DSM−IV에서는 아동·청소년기에 시작되는 장애로 분류되다가 DSM−5에서 새로운 진단 범주로 묶인 장애들이다. 신경발달 결함의 범위는 학습이나 실행 기능 문제와 같은 제한적인 손상부터 사회기술 결함이나 지적장애처럼 전반적인 손상에 이르기까지 다양하다. 신경발달장애는 신경학적인 기초를 가진 장애로 이해할 수 있다. 대부분 유아기와 아동기 혹은 청소년기에 처음 진단되는 장애다. 생후 몇 년 동안 뇌 변화와 성장이 극적으로 일어나기 때문에 유아기와 아동기는 특히 중요하다. 초기에 보이는 특정 기술의 부족 혹은 결함이 이후의 삶에 어떤 영향을 미칠 것인가, 발달 시기 중 언제 이런 문제가 나타나는가, 이 장애가 앞으로 영구적으로 나타날 것인가, 아니면 치료가 가능할 것인가가 신경발달장애 영역에서 중요한 문제다.

또한 영유아기나 아동기는 인지 발달이나 사회성 발달, 정서 발달 그리고 그 외의 다른 중요한 영역의 발달이 일어나는 시기다. 이러한 발달적 변화는 특정한 패턴을 따르는데, 한 가지 영역에서 기술이 획득되어야 다른 영역의 기술 획득이 가능해진다. 만일 한 영역에서 지체나 결함이 나타나면 이후의 발달에 문제를 일으킬 수 있다. 예컨대, 유아기에 의사소통 문제가 생기면 나중에 또래관계나 사회성에 문제가 올 수 있다. 만일 자폐스펙트럼장애를 가진 아동이라면 초기 사회성 발달에 문제가 생기고 나중에는 자신의 부모를 포함해서 사회적 관계를 정상적으로 맺어 나가기가 어렵다(Durand & Barlow, 2015). 발달적으로 볼 때 초기에 의미 있는 관계를 형성하지 못한다는 것은 심각한 결과를 초래한다. 주의력결핍 과잉행동장애를 가진 아동도 충동성과 과잉활동성 때문에 또래관계를 유지하는 것이 어렵고, 집중력이 떨어져서 학업수행이 저조하다. 그렇기 때문에 신경발달장애는 조기에 발견하고 적절한 개입을 하는 것이 가장 중요하다.

현재 DSM−5에 들어 있는 신경발달장애의 하위 장애는 〈표 2−1〉과 같다.

표 2-1 신경발달장애의 하위 장애와 특징

하위 장애	특징
지적장애	지적장애를 가진 사람들은 IQ 70 미만으로, 학업을 비롯한 대부분의 적응 활동에서 부진을 보임
의사소통장애	말이나 언어 사용에 결함이 있는 경우로, 언어장애, 말소리장애, 아동기발병 유창성장애, 사회적(실용적) 의사소통장애로 구분
자폐스펙트럼장애	DSM-IV의 자폐증, 아스퍼거장애, 소아기붕괴성장애, 레트장애, 광범위성 발달장애를 아우르는 장애로, 사회적 의사소통이 부족하고, 제한되고 반복적인 행동을 보임
주의력결핍 과잉행동장애	주의집중의 어려움과 산만함, 충동성, 과잉행동을 보이는 장애
특정학습장애	지능은 정상적이지만 지능 수준에 비해 읽기, 쓰기, 산술 계산과 같은 영역에서 학습부진을 보임
운동장애	연령이나 지능 수준에 비해 운동 능력이 현저하게 미숙하고 부적응적인 움직임을 반복하는 것으로, 틱장애, 발달적 협응장애, 상동증적 운동장애가 있음. 틱장애에는 뚜렛장애, 지속성(만성 운동 또는 음성) 틱장애, 잠정적 틱장애 등이 있음

1. 지적장애

　민지는 맞벌이 부모 사이에서 태어나서 2년간 시골의 외가에 맡겨졌다. 또래에 비해 발달이 늦어 앉고 서고 말하기가 떨어졌으나 학력 수준이 낮은 외할머니는 그냥 늦된 아이라고 생각하고 조금 더 크면 나아지겠지 하는 마음으로 기본적인 양육에만 신경을 썼다. 4세 무렵 부모가 사는 서울로 오게 되어 어린이집을 가게 된 민지는 또래에 비해 언어발달과 인지 기능이 크게 떨어지자 어린이집 교사의 권유로 발달장애 클리닉에서 언어치료와 인지 요법을 받게 되었다. 그러나 지적 자극을 주려는 부모와 치료사의 갖은 노력에도 불구하고 언어발달과 인지발달이 크게 개선되지 않았고, 현재 초등학교 6학년인 민지는 구구단을 외우지 못할 뿐 아니라 간단한 덧셈, 뺄셈도 어려워하고 있다. 인지 기능이 떨어져서 학교에서 친구나 교사가 말하는 내용을 잘 이해하지 못해 수업시간에 멍하게 있거나 쉬는 시간에도 또래와 어울리지 못했다. 중학교 진학을 앞두고 지능검사를 받은 결과 IQ가 60으로 나왔다.

1) 지적장애의 임상적 특징과 경과

DSM-5에서는 기존에 사용되던 '정신지체'라는 용어가 '지적장애(지적발달장애, Intellectual Developmental Disorder)라는 용어로 바뀌었다. 지적 결함(Intellectual Disability)이라는 용어도 낙인 효과가 덜하다고 해서 지적발달장애와 같은 의미로 사용되고 있다. 지적장애는 성별, 연령, 사회문화적 배경이 같은 또래에 비해 정신 능력에서 전반적으로 결함이 나타나고 일상 적응 기능에 손상을 보이는 장애로 발달 초기에 시작된다는 특징이 있다.

정신능력이라 함은 추론 능력, 문제해결, 계획력, 추상적 사고 기능, 판단력, 경험을 통한 학습, 실질적인 이해와 같은 지적 기능을 말한다. 여기에는 언어이해, 작업 기억, 인지 추론, 양적 추론, 추상적 사고, 인지적 효율성 등이 포함된다. 지적장애 진단을 내리려면 지능과 적응 기능에 대한 표준화된 검사 결과가 있어야 한다. 지능은 신뢰도와 타당도가 확보된 표준화된 지능검사를 토대로 측정해야 하는데, 오차 범위를 포함해서 대략 평균에서 2표준편차 이하로 나올 경우에 지적장애로 평가한다. 웩슬러 지능검사는 평균이 100이고 표준편차가 15이기 때문에 IQ 70을 기준으로 지적 기능 결함을 진단내릴 수 있다. 지능검사는 개념적 기능을 측정하기 때문에 실제 생활에서 추론 능력과 실제적 과제 숙달을 평가하기는 충분하지 않다. IQ 70을 가진 사람이 그보다 낮은 IQ 60을 가진 사람에 비해 사회적 판단, 사회적 이해, 적응 능력이 반드시 더 좋다고 하기가 어렵기 때문이다.

적응 기능은 〈표 2-2〉와 같이 3가지 영역, 즉 개념적·사회적·실행적 영역에서 얼마나 잘 기능하는가를 나타낸다. 적응 기능평가는 임상 심리평가와 개별적으로 실시되어야 하며, 심리측정적인 면에서 안정적이고 믿을 만한 검사를 가지고 판단해야 한다. 국내에서는 지적장애를 판단할 때 지능검사 외에 사회성숙도를 가지

표 2-2 적응 기능의 의미

개념적 영역	사회적 영역	실행적 영역
언어, 기억, 읽기, 쓰기, 수학적 추론, 문제해결, 새로운 상황에서의 판단력	타인의 생각, 감정, 경험을 인식하는 능력, 공감 능력, 의사소통 기술, 친교 능력, 사회적 판단력	학습과 개인적 관리, 오락, 자기 행동, 직업적 책임의식, 행동 관리, 업무 관리 등

고 적응 기능을 평가한다. IQ 60이라는 같은 지적 기능을 갖고 있어도 사회성숙도는 사람마다 다를 수 있다. IQ에 비해 사회적 능력이 좋은 사람이 있고, IQ는 높지만 이에 비해 사회적 능력이 떨어지는 사람도 있어서 개인차가 크다.

지적장애의 진단 기준(DSM-5)

발달 시기에 시작하여 개념 · 사회 · 실행 영역에서 지적 기능과 적응 기능 모두 결함이 있다. 다음의 3가지 진단 기준을 충족해야 한다.

A. 임상 평가와 표준화된 개별 지능검사에서 지적 기능(추론, 문제해결, 계획, 추상적 사고, 판단, 학습 능력, 경험을 통한 학습)의 결함이 있다.
B. 적응 기능의 결함으로 인해 개인의 독립과 사회적 책임감에 필요한 발달적 · 사회문화적 기준을 충족시키지 못한다. 주변의 지속적인 지지나 도움 없이는 가정, 학교, 일터, 지역사회와 같은 다양한 환경에서 한 가지 이상의 일상 활동(의사소통, 사회적 참여, 독립적인 생활) 기능에 결함이 있다.
C. 지적 결함과 적응 기능의 결함이 발달 시기 동안에 시작된다.

※심각도: 경도, 중등도, 고도, 최고도

일반 인구에서 지적장애 유병률은 대략 1% 정도이며, 고도의 지적장애 유병률은 대략 1,000명당 6명 정도다(APA, 2013). 전반적으로 여성보다 남성에게서 더 흔하게 나타난다. 지적장애는 매우 이질적인 상태로 사회적 판단, 위험 평가, 행동과 감정의 자기조절, 대인관계 기술, 학교나 작업 환경에서의 동기 등의 어려움이 뒤따른다. 지적 결함이 나타나면 의사소통 기술이 부족하여 파괴적이고 공격적인 행동으로 이어지기도 한다. 사회적 상황에서 잘 속는 경향이 있으며, 위험에 대한 인식이 부족하고, 순진한 행동으로 인해 다른 사람에게 쉽게 끌려 범죄에 연루될 수 있다. 여성 지적장애인의 경우 성학대나 신체 학대 등의 위험에 노출될 수 있다. 지적장애와 정신질환이 동반될 경우 자살 위험이 높기 때문에 평가 과정에서 자살사고에 대한 선별검사가 필요하다.

지적장애 판정 기준(보건복지부 고시 제2019-117호, 2019. 6. 24.)

1) 판정 절차

(1) 지적장애는 웩슬러 지능검사 등 개인용 지능검사를 실시하여 얻은 지능지수 (IQ)에 따라 판정하며, 사회성숙도 검사를 참조한다. 지능지수는 전체 검사 지능지수를 말하며, 전체 지능지수가 연령별 최저득점으로 정확한 지능지수 산출이 어려운 경우에는 GAS 및 비언어적 지능검사도구[시각–운동통합발달 검사(VMI), 벤더게슈탈트검사(BGT)]를 추가 시행하고, 검사내용, 검사결과 에 대한 상세한 소견을 제출한다.

(2) 만 2세 이상부터 장애 판정을 하며, 유아가 너무 어려서 상기의 표준화된 검사 가 불가능할 경우 바인랜드(Vineland) 사회성숙도검사, 바인랜드 적응행동검 사, 또는 발달검사를 시행하여 산출된 적응지수나 발달지수를 지능지수와 동 일하게 취급하여 판정한다.

(3) 뇌손상, 뇌 질환 등 여러 가지 원인에 의하여 성인이 된 후 지능 저하가 온 경 우에도 상기 기준에 근거하여 지적장애에 준한 판정을 할 수 있다. 단, 노인성 치매는 제외한다.

장애 등급 기준

장애 정도	장애 상태
장애의 정도가 심한 장애인	1. 지능지수가 35 미만인 사람으로 일상생활과 사회생활의 적응이 현저 하게 곤란하여 일생 동안 타인의 보호가 필요한 사람 2. 지능지수가 35 이상 50 미만인 사람으로 일상생활의 단순한 행동을 훈련시킬 수 있고, 어느 정도의 감독과 도움을 받으면 복잡하지 아니 하고 특수 기술을 요하지 아니하는 직업을 가질 수 있는 사람 3. 지능지수가 50 이상 70 이하인 사람으로 교육을 통한 사회적·직업적 재활이 가능한 사람

2) 지적장애의 원인

지적장애의 원인으로는 우선 유전자 이상이 제기되고 있다. 특히 지적발달장애를 일으키는 염색체 장애에는 다운증후군(Down Syndrome)이 있다. 다운증후군은 1,000명의 신생아 중 1명꼴로 발병률이 낮으며, 나이 든 산모일 경우에 크게 증가한다. 21번째 염색체가 통상의 2개가 아닌 3개이며, 이들의 지능지수는 평균적으로 IQ 35~55이고, 40세 이상에 치매를 보일 수 있다(Butcher et al., 2013).

지적발달장애를 유발하는 두 번째 요인은 취약X염색체 증후군(fragile X syndrome)이다. 취약 X염색체를 가지고 태어난 유아는 경도에서 중등도 수준의 지적 기능 문제와 언어 손상을 보인다. 임신 중 태내 환경에 이상이 있거나 산모가 술을 많이 마시면 낮은 지능과 정신적인 문제가 동반된 치명적 알코올 증후군(fetal alcohol syndorme)을 가진 아이가 태어날 수 있다. 임신 과정에서 산모의 풍진, 매독 등의 감염 및 출산 과정의 이상이 원인이 될 수도 있다. 출생 후 요인으로는 저산소성 허혈성 손상, 외상성 두부 손상, 감염, 탈수초성 질환, 발작장애, 심각한 사회적 결핍, 독성 대사 증후군, 중독(납, 수은) 등이 있다.

3) 지적장애의 치료

지적장애는 사실상 치료가 어렵다. 1960년대 이전에는 중증 지적장애를 가진 대부분의 사람이 시설에서 거주하였고, 이후부터는 탈시설화하여 가정과 지역사회 주거시설에서 거주하기 시작하였다. 지적장애는 치료가 불가능하지만 조기 개입이 매우 중요한데, 조기에 발견하여 특수교육이나 통합교육을 받게 한다면 최소한의 기능 수준을 유지할 수 있다. 특수교육은 지적발달장애 아동을 위해 특별하게 설계된 교육 프로그램이며, 통합교육은 정상적인 아동과 정규 교실에서 함께 생활하는 것이다. 어떤 지적장애 아동은 통합교육이 더 나을 수도 있고, 또 어떤 아동은 특별분리교육이 더 나을 수도 있다.

이들에게는 일상생활에 필요한 적응 기술을 학습시키고 재활 프로그램을 적용할 필요가 있다. 지적장애인도 정서 및 행동 문제를 경험하며, 지적장애 외에 다른 심리장애를 가질 수 있다(예: 충동조절장애, 조울증). 경도의 지적장애일 경우 직업 훈련을 통해 보호작업장(sheltered workshop)에서 일할 수 있으며, 이들은 적절한 훈련과 연습을 통해 사회성, 성, 결혼에 대한 지식을 습득하여 제한적인 범위의 삶을 영위할 수 있다. 그러나 심한 지적장애를 가진 경우에는 자조 기술이 부족해서 누군가의 도움을 받아야 생활할 수 있다.

서구에는 지적장애인을 위한 훈련 프로그램이 많이 개발되어 있지만, 우리나라에서는 아직 부족한 실정이다. 경계선 지능인 IQ 71~84의 범위에 있는 사람들도 독립적인 기능과 적응에 문제가 있지만 이들을 위한 시설은 매우 부족해서 대부분 정규 교육을 마치면 집에서 아무것도 하지 않고 방치되어 있는 경우가 많다.

추가 학습

느린학습자–경계선 지능

느린학습자는 표준화된 지능검사상 평균에서 −1SD(표준편차)에서 −2SD(표준편차)에 속하며 IQ가 71~84 정도에 해당된다. 전체 인구에서 13.5%의 인구 분포를 보이며 '경계선 지능을 가진 느린학습자'(이하 느린학습자)라고 불린다(강옥려, 2016). IQ 70 이하의 지적장애에 대해서는 제도적 장치가 마련되어 있지만 경계선 지능을 가진 느린학습자를 양육하는 부모들의 양육 부담과 돌봄 부담이 매우 심한 상태이다. 최근 들어 국내에서도 느린학습자 부모들이 연대하여 지원 정책 수립을 위한 활발한 활동을 벌이고 있다. 느린학습자가 성인기에 접어들면 직업과 사회적 부적응이 더 심해지고 부모에게 전적으로 의존할 수밖에 없어서 부모들도 심리적 · 경제적 · 사회적 어려움에 처하는 경우가 많다. 따라서 학교와 사회에서 적응의 한계를 지니고 있는 이들 느린학습자에 대해 생애주기별 관심과 지원이 절실하다.

---

2. 의사소통장애

의사소통장애는 말이나 언어 사용에 결함이 있는 경우로, 언어장애, 말소리장애, 아동기발병 유창성장애, 사회적(실용적) 의사소통장애 등이 있다. 이 중 사회적 의사소통장애는 DSM-5에 처음 들어온 장애다.

1) 언어장애

언어장애를 가진 사람은 어휘, 문장 구조, 언어 이해와 생성 결함으로 인해 언어 습득과 사용에 어려움을 겪는다. 이들은 말로 하는 의사소통, 글로 하는 의사소통이나 몸짓 언어에서 장애가 분명히 나타난다. 언어 학습과 사용에는 수용성 기술과 표현성 기술이 필요한데, 수용성 언어 능력은 언어의 의미를 이해하고 수용하는 과정이고, 표현성 언어 능력은 어휘, 몸짓, 언어적 신호를 만들어 내는 것을 의미한다. 표현성 언어는 심각하게 손상되지만 수용성 언어는 정상적인 경우도 있다.

언어장애는 주로 어휘와 문법에 영향을 미쳐 대화, 즉 담화 능력을 제한한다. 이들의 언어표현을 살펴보면, 어휘의 양이 적고 다양하지 못하며 문장 사용 시 과거 시제와 관련된 문법 오류가 많고 단순하다. 새로운 단어를 습득할 때 새로운 소리의 순서를 기억하기 어렵고, 핵심적 사건에 대해 적절하게 정보를 제공하는 능력과 논리정연하게 이야기를 서술하는 능력이 부족하다.

언어장애는 4세 정도까지는 잘 드러나지 않으나 그 이후에 나타나서 성인기까지 지속된다. 수용성 언어 문제를 보이는 아동이 표현성 언어 문제를 가진 아동보다 예후가 좋지 않다고 알려져 있다. 수용성 언어 결핍이 있는 경우에는 독해가 어렵고 치료도 더 어렵다. 이 장애는 유전적 경향이 매우 강한 질환이어서 가족 구성원도 언어 손상을 가지고 있을 확률이 더 높다(APA, 2013).

2) 말소리장애

말소리를 생성하려면 음소를 또렷이 소리 내어 구어를 조합해야 하는데, 이 영역에 장애를 보이는 사람은 이것이 어렵고 언어 명확성이 떨어지며 의사소통 전달이 잘 안 된다. 말소리장애에는 음성학적 장애와 조음장애가 있다. 말을 할 때 소리 생성이 연령과 발달단계에서 기대되는 수준에 맞지 않고 이러한 결함이 신체적·구조적·신경학적 또는 청력 손상의 결과로 생긴 것이 아닐 때 진단된다. 표현성 언어 결함은 말소리장애와 동반되어 나타나기도 한다.

말소리 조음은 발달 양상을 따르며 표준화된 검사의 연령 표준에 반영되어 나타난다. 발달적으로 보면 정상적인 아동의 경우 3세 무렵에는 발음 생성 기술을 습득해서 대부분 이해할 수 있게 말할 줄 안다. 그러나 말소리장애가 있는 아동은 같은 연령대의 대부분의 아동이 단어를 명료하게 발음할 수 있는 시기에도 음성학적으로 미숙하게 단순한 말만 한다. 7세 무렵이면 대부분의 말소리가 명료하게 나와야 되고 단어를 정확하게 발음해야 하지만, 이들은 혀 짧은 발음을 하는 등 분명하게 발음을 하지 못한다. 말소리장애는 치료에 대한 반응이 좋고 시간이 흐를수록 개선되어 평생 지속되지 않는 경우가 많다. 그러나 언어장애가 함께 있으면 예후가 좋지 않고 학습장애도 동반된다(APA, 2013).

3) 아동기발병 유창성장애(말더듬)

흔히 말더듬증이라고 알려져 있는 아동기발병 유창성장애(childhood onset fluency disorder) 또는 말더듬(stuttering)은 연령에 맞지 않게 말의 유창성이나 말의 속도에 장애를 보이는 것을 말한다. 이 장애를 가진 아동은 음이나 음절을 자주 반복하거나 길게 하는 특징이 있다. 깨어진 단어(한 단어 내에서 멈춤), 소리를 동반하거나 동반하지 않는 말 막힘, 돌려 말하기, 즉 문제가 되는 단어를 피하기 위해 단어 대치, 과도하게 힘 주어 말하기, 단음절 단어의 반복(예: "나-나-나-나는 먹기 싫어요.")이 나타난다.

노래하거나 소리 내어 읽거나 애완동물과 이야기할 때는 이런 장애가 나타나지 않기도 한다. 아동기발병 유창성장애의 80~90%는 6세 무렵에 나타나고, 발병 연령대는 2~7세다(APA, 2013). 서서히 발병이 시작되거나 갑작스럽게 나타나기도 한다. 장애가 진행됨에 따라 비유창성이 더 빈번해지고, 이는 가장 의미 있는 단어나 구에서도 나타난다. 아동이 스스로 말하기 문제를 의식하게 되면 청중 앞에서 말하는 것을 피하거나 감정 반응을 피하기 위해 되도록 짧고 간단히 말하는 것을 개발하기도 한다. 종단연구에 따르면, 아동기발병 유창성장애의 약 65~86%는 회복될 수 있다고 알려져 있다. 약 8세 무렵에 아동기발병 유창성장애의 심각도를 통해 앞으로 회복될지, 청소년기 이후까지 지속될지를 예측할 수 있다. 아동기발병 유창성장애가 있는 사람의 생물학적 일차 친족에서 말더듬 위험이 일반 인구에 비해 높은 것으로 알려져 있다. 스트레스나 불안에 의해 비유창성이 더 악화될 수 있고, 사회적 기능의 손상이 동반될 수 있다(APA, 2013).

4) 사회적(실용적) 의사소통장애

사회적(실용적) 의사소통장애(pragmatic communication disorder)는 실용성 또는 언어 및 의사소통의 문제가 특징적으로 나타난다. 사실적 문맥에서 언어적 · 비언어적 의사소통을 할 때 사회적인 규칙을 이해하고 따르는 데 있어서 문제가 있고, 듣는 사람 혹은 상황적 요구에 따라 말을 바꾸며 대화를 나누고 이야기 규칙을 따르지 못하는 등의 장애를 나타낸다. 이 장애로 인해 효과적인 의사소통, 사회적 참여, 사회적 관계, 학업 성취, 직업 수행의 문제가 생길 수 있다.

흔히 4세 이상이 되면 적절한 언어 능력을 갖게 되기 때문에 이 연령이 되어야 사회적 의사소통의 특정한 결함을 인지할 수 있다. 경미한 사회적 의사소통장애는 언어 및 사회적 상호작용이 보다 복잡해지고 미묘해지는 초기 청소년기까지 분명히 감지되지 못할 수도 있다.

자폐스펙트럼장애, 의사소통장애, 특정학습장애의 가족력이 사회적 의사소통장애의 위험을 증가시킨다. 일부 아동은 시간이 흐르면서 나아지지만 성인기까지 문제가 지속되는 경우도 있다(APA, 2013).

3. 자폐스펙트럼장애

민수는 현재 6세 남아로 영아기부터 어머니가 가까이 가도 안아 달라고 보채지 않고 전혀 반응을 보이지 않았다. 어려서는 고무젖꼭지를 좋아했지만 시간이 지나면서 장난감에는 거의 관심을 보이지 않았다. 어머니가 어떤 물건을 가리켜도 쳐다보지 않았고 소리에도 반응하지 않았다. 대부분의 시간을 혼자 자기만의 세계에 빠져 있는 것 같아 보였고 같은 행동, 예컨대 식탁을 반복적으로 탁탁 두드리는 행동을 보였다. 세 살 무렵에는 사람을 보고도 거의 반응을 하지 않았고 몇 시간이고 같은 물건을 가지고 놀았다. 또한 물건을 한 줄로 세워 놓고 놀다가 누군가가 방해하면 심하게 고함을 지르며 울기 시작했다. 있던 물건이 그 자리에 없으면 괴성을 지르며 한바탕 난리를 피웠다. 질문을 하면 대답을 하기보다는 질문을 반복하기도 하였고, 말을 이해하는 것 같기는 하였지만 구어체가 자연스럽지 못하였고 자발적으로 말하는 경우가 거의 없을 정도였다. 사회성을 길러 주기 위해 또래와 어울리게 하여도 상호작용 대신 혼자서 조용히 자신의 관심사에만 몰두하는 모습을 보였다.

1) 자폐스펙트럼장애의 진단

DSM-5에서의 자폐스펙트럼장애는 과거의 유아기 자폐증, 아동기 자폐증, 고기능 자폐, 달리 분류되지 않는 전반적 발달장애, 아동기 붕괴성 장애, 아스퍼거장애(Asperger disorder) 등을 아우르는 진단이다. 자폐스펙트럼장애의 필수적 증상은 사회적 의사소통과 사회적 상호작용의 손상이 심하다는 것이다. 이들의 의사소통과 사회적 상호작용의 손상은 전반적이고 지속적이다. 사회적 의사소통에서 언어적·비언어적 결함이 연령, 지적 수준, 언어 능력에 따라 다양하게 나타난다. 자폐스펙트럼장애를 가진 아동은 말을 전혀 못하는 경우도 있고, 언어 지연과 이해력의 부족, 반향 언어, 부자연스럽고 문자 그대로의 언어를 보인다. 어휘, 문법이 손상되어 있지는 않아도 사회적 의사소통에서 사용하는 언어가 손상된 경우가 많다. 사회적·감정적 상호작용 결함으로 인해 부모를 비롯한 타인과 사회적 상호작용을 먼저 시작하지 않고, 정서적 소통이 되지 않으며, 상호성이 결여되어 있고, 자기 의견을 말하거나 감정을 공유하거나 대화를 나누지 못한다. 비언어적 의사소통 결함이 나타나서 눈 맞춤이 없고 이상하며, 몸짓, 표정, 말하는 억양 등이 특이하다.

자폐스펙트럼장애는 합동 주시(joint attention) 능력의 결함으로 처음 발견되는 경우가 많다. 합동 주시 능력이란 타인과 관심사를 공유하기 위해 물건을 가리키거나 보여 주고 가져오는 행동, 다른 사람이 손가락으로 가리키거나 바라보고 있는 것을 함께 바라보는 행동을 말하는데, 자폐스펙트럼장애 아동은 합동 주시 능력이 개발되지 않는다.

이들은 사회적 관심이 부족해서 타인을 거부하고 수동적으로 반응하며, 공격적이고 파괴적인 방식으로 부적절하게 표현하고, 사회적 놀이나 모방이 잘 안 되고 고정된 규칙을 고집하기도 한다. 이들은 제한적이고 반복적인 행동 양식과 흥미, 활동을 보이는데, 상동증적이거나 반복적인 행동으로는 단순운동 상동증(예: 손을 퍼덕거리기, 손가락 끝으로 가볍게 두드리기), 물건을 반복적으로 사용하기(예: 동전 돌리기, 장난감 줄을 배열하기), 언어 반복(예: 반향어, 들었던 말을 앵무새처럼 따라 하기, 자기 자신에게 '너'라고 말하기, 단어, 문구, 운율을 상동적으로 사용하기) 등이 특징적이다.

　이들은 변화를 거부해서 좋아하는 음식 등의 겉모습이 바뀌면 고통스러워하고 같은 것을 고집한다. 반복적인 질문을 하고 주변을 서성이면서 비언어적 · 언어적으로 의례적인 행동을 자주 보인다. 특정 소리와 질감에 과잉 반응을 하고, 물건의 냄새를 심하게 맡거나 만지며, 빛이나 회전 물체에 매료되기도 하고, 통증, 열감, 차가운 느낌을 주는 감각에도 무관심하고 무감각한 반응을 보인다.

　대부분의 경우 자폐스펙트럼장애는 생애 첫 해 또는 두 번째 해 내에 나타난다. 흔히 지적 손상, 언어 손상이 동반되어 자폐증이 있는 아동의 절반 정도는 지적장애를 보인다. 자폐증의 약 80%가 남자아이에게서 발생한다. 일부 자폐증 환자는 기계적 기억(rote memory)이 뛰어나고 '파편적 기술(splinter skills)'을 보인다. 예컨대, 몇 년 후 몇 월 며칠이 무슨 요일인지를 알아맞히는 능력이 있어 '달력 계산기'로 불리기도 한다. 대화에 느리게 반응하거나 언어 표현에 비해 언어 이해력이 떨어진다. 평균 이상의 지능을 가지고 있어도 지적 능력이 고르지 못한 경우가 대부분이다. 기이한 걸음걸이(예: 까치발로 걷기)를 보이고, 자해(예: 머리 박기, 손목 물기)가 나타난다. 다른 신경발달장애에 비해 자폐스펙트럼장애 아동에게서 파괴적 · 저항적 행동이 더 흔히 나타난다. 청소년이나 성인이 되면 불안하고 우울해 보일 수 있다. 유병률은 전체 인구의 1%에 달하며, 남성이 4배 이상 더 많다(APA, 2013).

자폐스펙트럼장애의 진단 기준(DSM-5)

A. 다양한 분야에서 사회적 의사소통, 사회적 상호작용의 결함이 지속적으로 나타난다.

　1. 사회적 · 정서적 상호작용의 결함을 보인다(예: 비정상적인 사회적 접근, 정상적인 대화를 하지 못함, 흥미나 정서를 교류하지 못하고, 사회적 상호작용을 개시하거나 적절하게 반응하지 못함).

　2. 사회적 상호작용에 필요한 비언어적 의사소통에 결함을 보인다(예: 언어적 · 비언어적 의사소통이 불완전하고, 비정상적인 눈 맞춤과 몸짓 언어를 보이고, 몸짓을 이해하고 사용하는 데 있어서 결함을 보이고, 표정, 비언어적 의사소통이 전반적으로 결여됨).

3. 관계를 발전시키고 유지하고 이해하는 데 있어서 결함을 보인다(예: 다양한 사회적 맥락에 맞게 적응하는 것이 어렵고, 상상 놀이를 하거나 친구를 사귀는 것이 어렵고, 또래에 대한 관심이 없음).

B. 제한적이고 반복적인 행동이나 관심, 활동이 다음 항목들 가운데 적어도 2개 항목으로 표현된다.

1. 상동증적이거나 반복적인 운동 동작, 물건의 사용과 말하기[예: 단순 상동증적 움직임, 장난감을 배열하기, 반향 언어(echolalia), 독특한 문구 반복하기]

2. 같은 것을 고집함, 일상적인 것에서 융통성 없는 집착, 의례적인 언어적 · 비언어적 행동 양상(약간만 바뀌어도 극심하게 고통스러워하고, 변화를 어려워하고, 사고방식이 경직되어 있고, 같은 길을 고집하고, 같은 음식을 먹고, 의례적인 인사 등을 보임)

3. 강도나 초점에 있어서 비정상적인 매우 제한되고 고정된 흥미를 보임(예: 특이한 물체에 강한 애착과 집착을 보이고 지나치게 제한적이고 고집스러운 흥미를 보임)

4. 감각 정보에 대한 과잉 또는 과소 반응, 감각 영역에 대한 특이한 관심(통증, 온도에 대한 무관심, 특정 소리나 감촉에 대한 부정적 반응, 과도하게 냄새 맡기, 물체 만지기, 빛이나 움직임에 대해 시각적으로 매료되기)

C. 이러한 증상이 반드시 초기 발달 시기부터 나타나야 한다.

D. 이러한 증상은 사회적, 직업적 또는 다른 중요한 기능 영역에서 임상적으로 유의한 고통이나 손상을 초래한다.

※ 다음의 경우 세분화할 것
- 지적 손상을 동반하는 경우 또는 동반하지 않는 경우
- 언어 손상을 동반하는 경우 또는 동반하지 않는 경우
- 알려진 의학적 · 유전적 상태 또는 환경적 요인과 연관된 경우
- 다른 신경발달, 정신 또는 행동장애와 연관된 경우
- 긴장증 동반

2) 자폐스펙트럼장애의 원인과 경과

생물학적으로 살펴보면 쌍생아의 경우 유전성은 37~90% 이상이다. 자폐스펙트럼장애의 약 15%가 특정 유전자의 복제수 변이나 돌연변이와 같은 유전적 변이와 연관되어 있다고 알려져 있다. 또한 소뇌(cerebellum)가 비정상적으로 발달하여 주의력을 조절하고, 언어나 표정 단서를 파악하고, 사회적 정보를 처리하는 데 어려움을 갖는다(Teicher et al., 2008). 기능적 자기공명영상(fMRI) 연구 결과, 뇌용량과 백질이 증가되거나 뇌 변연계, 뇌간핵과 편도핵에 구조 이상이 있다고 밝혀졌다. 언어 및 운동 과제를 수행할 때 뇌 측두엽과 전두엽 활동이 감소된다(Escalante, Minshew, & Sweeney, 2003).

처음에 연구자들은 사회문화적 원인으로 역기능적인 가족과 사회적 스트레스를 생각하였다. 특히 자폐증의 권위 있는 연구자인 카너(Kanner, 1943)는 똑똑하지만 차가운 '냉장고 부모(refrigerator parents)'가 자폐증 아이를 만든다고 보았다. 물론 이 주장은 경험적 지지를 그다지 얻지 못했다.

자폐증을 가진 사람은 정상적인 의사소통과 상호작용을 불가능하게 하는 지각 및 인지 문제를 갖고 있다고 알려져 있는데, 가장 영향력 있는 이론 중의 하나가 마음이론(theory of mind)이다. 마음이론이란 자신의 의도, 신념, 정신 상태에 의거해서 타인의 마음을 이해하는 것을 말한다(Jones & Jordan, 2008). 대략 3~5세가 되면 아동은 다른 사람의 입장을 고려하며 그 사람이 무엇을 할지 예상할 줄 알게 된다. 어느 정도 다른 사람의 마음을 읽는 법을 배우는 것이다. 연구에 따르면, 자폐증을 가진 사람은 마음이론을 발달시키지 못해 일종의 마음 맹목(mindblindness) 상태가 되어 다른 사람의 관점을 잘 이해하지 못하고, 가상놀이나 관계를 맺고 상호작용하는 능력을 획득하지 못한다.

3) 자폐스펙트럼장애의 치료

약물 치료는 자폐스펙트럼장애를 가진 사람의 사회적 상호작용 결함이나 의사소통 문제를 전혀 해결해 주지 못한다(Durand & Barlow, 2015). 정서적인 흥분을 가라앉히기 위해 안정제나 선택적 세라토닌 재흡수 억제제(Selective Serotonin Reuptake

Inhibitorr: SSRIs)를 사용하는 것이 때로는 효과적일 수 있다. 최근 들어 임상가들은 자폐스펙트럼장애를 근본적으로 해결할 수는 없더라도, 이들이 보이는 특정 행동이나 증상을 개선하기 위해 가장 적합한 약물이 무엇인지에 초점을 두고 연구하고 있다(Durand & Barlow, 2015).

조기 발견과 개입을 하게 되면 자폐스펙트럼장애가 지적장애로 이어지는 비율을 감소시킬 수 있는데, IQ는 자폐를 가진 사람의 기능적 성과를 예측해 준다. 자폐 아동의 발달 기술의 핵심적인 측면인 인지 능력, 의사소통 능력, 실제 생활 기능, 삶의 질과 학습에 영향을 미치는 기능적인 측면을 다루기 위해서는 다학제적(multi-disciplinary) 임상팀(심리학자, 언어병리학자, 소아 전문 정신과 의사, 소아과 의사 등)의 협조 체제가 필요하다. 이때 임상 및 발달 심리학자들은 행동치료를 통해 부정적이고 역기능적인 행동을 줄여 주고 언어 능력, 사회기술, 교실 활동, 자조 기술 등을 적절하게 가르쳐 주어야 한다. 가장 많이 사용되는 기법이 행동주의 이론에 근거한 모델링과 조작적 조건형성이다. 행동주의 치료에서는 바람직한 행동을 시연하고 따라 하게 해서 특정 행동 기술을 배우게 할 수 있다. 조작적 조건형성 원리를 이용한 개입에서는 학습해야 할 행동을 단계별로 나누어 각 단계를 학습하면 분명하고 일관성 있게 보상해 줌으로써 습득해야 할 행동을 완성시켜 준다.

주목할 만한 성과를 이룬 프로그램은 취학 전 자폐 아동을 위한 학습 체험 대체 프로그램(Learning Experiences an Alternative Program: LEAP)이다. 이 프로그램에서는 일반 아동으로 하여금 모델링과 조작적 조건형성을 통해 자폐 아동에게 사회성, 의사소통, 놀이 등의 기술을 가르치게 하였다. 그 결과, 이 프로그램을 마친 자폐 아동의 인지 기능이 의미 있게 향상되었고, 사회성, 또래 상호작용, 놀이 행동이 향상되었다(Campbell et al., 2008). 그 밖에 그림이나 상징을 사용한 의사소통 판이나 컴퓨터 같은 보완적 의사소통 시스템을 사용하여 이들의 의사 표현을 도와줄 수 있다. 자폐 아동의 욕구에 초점을 맞춘 아동 지향 개입은 이처럼 자발적 의사소통, 언어발달, 사회적 상호작용을 돕는다.

자폐스펙트럼장애를 가진 아동을 둔 부모를 위한 교육도 필요하다. 자폐 아동의 부모 역시 엄청난 양육 스트레스를 겪기 때문에 부모 자신의 감정과 욕구를 보살피도록 하는 정서적 개입도 필요하다. 자폐 아동을 양육하는 부모들의 자조 모임 역시 양육 과정에서 생기는 스트레스를 해소시켜 주고 부모들 간에 정서적 지지를 얻게 하며 이들에게 실질적 도움을 줄 수 있는 유익한 방법이다. 자폐증은 완치가 어렵기 때문에 자폐스펙트럼장애를 가진 아동이 성장하게 되면 지역사회에서 통합되어 살아 나갈 수 있도록 주거 문제와 직업 문제를 다루어 줄 필요가 있다. 이들의 인지 기능과 사회적 기능은 개인차가 매우 크기 때문에 어떤 사람은 자신의 집에서 최소한의 도움을 받으면서 살 수 있지만, 어떤 사람은 인지 결함이 있거나 사회적 능력이 매우 손상되어 지역사회에서 살아가려면 더 광범위한 돌봄 서비스가 필요할 수 있다.

🔔 언론에 비친 이상심리: 서번트 증후군

인기리에 방영되었던 드라마 〈굿 닥터〉에는 서번트 증후군(Savant syndrome)을 가진 주인공이 등장한다. 주인공은 어린 시절에 자폐증 3급과 서번트 증후군 진단을 받았지만 천재적인 기억력과 공간지각능력을 발휘해 소아외과 의사로 성장해 나간다. 서번트 증후군을 보이는 사람은 전반적인 지적 능력이 떨어지지만 특정한 좁은 영역에서 비범한 능력을 보여 준다. 이들은 수십 년 전은 물론 수 년 뒤의 특정 날짜의 요일을 단 몇 초 만에 정확히 맞히는 능력을 갖고 있다. 또 지하철 노선을 통째로 외워 수백 개의 역 이름을 줄줄이 읊어 대기도 한다. 이들의 능력은 음악, 미술, 달력 계산, 수학(소수 계산 등), 공간지각력(길 찾기 등) 등 크게 5개의 범주로 나눌 수 있다. 자폐증을 다룬 영화 〈레인맨〉의 모델이기도 한 킴 픽은 9,000권의 책을 통째로 외우고 있는데, 한 페이지를 읽는 데 8~10초 정도 걸린다고 한다. 한마디로 살아 있는 스캐너인 셈이다. 서번트 증후군 연구의 권위자인 미국 위스콘신 의과대학의 대럴드 트레퍼트 교수는 서번트 증후군을 보이는 사람들의 절반은 자폐 증상을 보이고 나머지 절반도 뇌질환이나 선천성 이상 등을 갖고 있다고 설명했다. 트레퍼트 교수를 비롯한 과학자들은 여러 서번트의 뇌를 연구했는데, 이들이 공통적으로 좌뇌에 문제가 있거나 좌뇌와 우뇌의 연결이 끊어져 있다는 사실을 발견했다. 그 결과 좌뇌의 지배에서 벗어난 우뇌가 능력을 발휘해 서번트 증후군으로 나타난다는 것이다. 개체 발생은 계통 발생을 따른다는 원리에 따라 좌뇌는 우뇌보다 늦게 발달하기 때문에 그만큼 더 취약하다. 어떤 이유에서인지 태아의 뇌가 남성호르몬인 테스토스테론에 과도하게 노출되면 특히 좌뇌가 손상을 입는다.

그 결과 자폐아나 지적장애아가 태어날 수 있다. 테스토스테론은 남성호르몬이므로 이런 현상은 남아에게서 더 많이 일어난다. 때문에 자폐증은 남성이 여성보다 4배 더 많다고 알려져 있다.

출처: 강석기(2013. 9. 18.).

4. 주의력결핍 과잉행동장애

동수는 초등학교 1학년의 남자아이로, 아기였을 때부터 지나치게 활동적이어서 걷자마자 뛰어다녔던 것으로 어머니는 기억하고 있다. 침대에서도 늘 뛰어서 침대 나사를 자주 조여 주어야 했다. 5세 무렵에는 옆집에 사는 또래들과 어울리면서 아파트 난간 위에도 자주 올라가서 동수의 친구 부모들이 같이 놀면 위험하다고 자기 아이들과 어울리지 못하게 할 정도였다. 모터가 달린 것처럼 빠르게 움직여서 물가에 내놓은 아이처럼 늘 부모가 지켜봐야 했다. 유치원에 가면서부터 유치원 교사들이 동수 때문에 수업이 방해받거나 다른 아이들이 힘들어한다고 수시로 부모에게 말하였지만 부모는 크게 신경을 쓰지 않았다. 동수는 교사의 허락 없이 교실을 돌아다니거나 옆에 앉은 아이들에게 말을 걸고 물건을 만지는 등 부산한 행동을 보였다. 교사가 선생님 말을 잘 들으라고 해도 동수는 듣지 않고 몸을 움직였다. 가만히 앉아 있게 하면 연필로 책상을 두드리거나 앞에 앉은 아이의 등을 툭툭 치기도 하였고, 수업에는 전혀 주의를 기울이지 않았다. 초등학교 1학년에 들어가면서 증상은 더 심해져서 담임교사는 동수의 행동을 통제할 수 없다고, 정신건강의학과에 데리고 갈 것을 부모에게 권하였다. 수업에 집중하지 못해 한글 맞춤법을 떼지 못하였고 새로운 개념을 배우게 되면 매우 지루해하며 어려움을 보였다. 수업 시간에 부적절할 정도로 돌아다니거나 교탁 위까지 기어오르는 행동을 하였고 수다스럽게 말을 하였다. 차례를 지켜야 하는 상황에서도 기다리지 못하고 다른 사람을 제치고 앞에 나가려고 하였고, 묻는 말이 채 끝나기 전에 말을 가로채기도 하여 또래들도 힘들어하고 동수와 대화하는 것을 어려워하였다.

1) 주의력결핍 과잉행동장애의 진단

주의력결핍 과잉행동장애(Attention Deficit/Hyperactivity Disorder: ADHD)의 필수 증상은 부주의 · 과잉행동 및 충동성인데, 과제를 수행하지 않고 돌아다니거나 인내심이 부족하고, 집중력이 저하되고 무질서한 모습 등으로 발현된다. 이들은 상황에 맞지 않게 부적절하게 뛰어다니고 꼼지락거리는 행동을 보이거나 수다스러운 모습을 보일 수 있다. 성인의 경우 과잉행동은 과도한 좌불안석으로 나타날 수 있다. 충동성은 심사숙고하지 않고 성급하며, 즉각적인 욕구 만족을 위한 행동으로 나타난다. 또한 타인의 행동을 방해하거나 장기적인 결과를 예측하지 않고 중요한 결정을 내리는 등의 모습으로 표현된다.

ADHD는 12세 이전에 나타나며, 장애의 발현은 가정, 학교, 직장에서 모두 나타난다. 흔히 언어 · 운동 · 사회성 발달 지연이 동반된다. ADHD 아동은 욕구 좌절에 대한 인내력이 낮고, 과민성, 불안정한 기분을 특징적으로 보인다. 이들은 특정학습장애 진단을 받지 않아도 학업 및 직업 수행에서 손상이 발생한다.

ADHD는 아동의 약 5%, 성인의 약 2.5%에서 나타난다(APA, 2013). 여성보다 남성에게서 약 2:1의 비율로 더 많이 나타난다. 4세 이전에는 주의력결핍 과잉행동과 정상적인 행동을 구별하기가 어렵기 때문에 유치원이나 초등학교에 입학했을 때 이런 증상이 잘 드러난다. 그러다가 초기 청소년기를 지나면서 뇌의 자연 성숙으로 증상이 개선되지만 일부 아동의 경우 반사회적 행동으로 바뀌기도 한다. 나이가 듦에 따라 뇌가 자연적으로 성숙하면서 과잉행동은 줄어들지만 좌불안석, 부주의, 계획성 부족, 충동성은 성인기까지 지속되는 경우도 많아서 최근에 와서는 성인 ADHD에 대한 관심이 증대되고 있다. 상당수의 아동은 성인기까지 증상이 개선되지 않아 일상적 · 직업적 기능이 손상된다.

ADHD의 진단 기준(DSM-5)

A. 기능이나 발달을 저해하는 지속적인 부주의 증상과 과잉행동-충동성이 다음 증상 1과 2의 특징을 갖는다.

1. 부주의(다음 9가지 중 6가지 이상이 적어도 6개월 동안 발달 수준에 적합하지 않고 사회적·직업적 활동에 부정적인 영향을 미칠 정도로 지속됨)

   a. 종종 세부적인 면에 대해 면밀한 주의를 기울이지 못하거나 학업, 작업 또는 다른 활동에서 부주의한 실수를 저지른다.

   b. 종종 과제를 하거나 놀이를 할 때 지속적으로 주의를 집중할 수 없다(강의, 대화, 긴 글을 집중해서 읽기 어려움).

   c. 종종 다른 사람이 직접 말을 할 때 듣지 않는 것으로 보인다(주의를 방해하는 자극이 없는데도 마음이 다른 곳에 가 있는 것처럼 보임).

   d. 종종 지시를 완수하지 못하고, 학업, 잡일, 작업장에서의 임무를 수행하지 못한다(과제를 하다가 주의력이 떨어지면서 곁길로 샘).

   e. 종종 과업과 활동을 체계화하지 못한다(물건을 정리하지 못하고 순차적인 과제 처리가 어려움, 정신이 없고 체계적이지 못한 작업, 시간 관리를 잘하지 못함, 마감 시간을 잘 지키지 못함).

   f. 종종 지속적인 정신적 노력을 요구하는 과업(학업 또는 숙제 같은)에 참여하기를 피하고, 싫어하고, 저항한다(예: 학업 또는 숙제, 후기 청소년이나 성인의 경우 보고서 준비, 서류 작성, 긴 서류 검토가 어려움).

   g. 종종 활동과 과제에 꼭 필요한 물건들(예: 학습 과제, 연필, 책, 도구, 지갑, 열쇠, 서류, 안경, 휴대폰)을 잃어버린다.

   h. 종종 외부 자극에 의해 쉽게 산만해진다.

   i. 종종 일상적인 활동을 잊어버린다(예: 심부름, 전화 회답하기, 청구서 지불, 약속 지키기).

2. 과잉행동 및 충동성(다음 9가지 중 6가지 이상이 적어도 6개월 동안 발달 수준에 적합하지 않고 사회적·직업적 활동에 부정적인 영향을 미칠 정도로 지속됨)

   a. 종종 손발을 가만히 두지 못하거나 의자에 앉아서도 몸을 꼼지락거린다.

b. 종종 일정 시간 앉아 있어야 하는 교실이나 다른 상황에서 자리를 떠난다.

　c. 종종 부적절할 정도로 지나치게 뛰어다니거나 기어오른다(청소년 또는 성인에서는 주관적인 좌불안석으로 국한).

　d. 종종 조용히 여가 활동에 참여하거나 놀지 못한다.

　e. 종종 '끊임없이 활동하거나' 마치 '브레이크 없는 자동차'처럼 행동한다(예: 음식점이나 회의실에 장시간 가만히 앉아 있지 못하고 불편해함).

　f. 종종 지나치게 수다스럽게 말을 한다.

　g. 종종 질문이 채 끝나기 전에 성급하게 대답한다(다른 사람의 말을 가로챔, 대화 시 차례를 기다리지 못함).

　h. 종종 차례를 기다리지 못한다(줄 서 있는 동안).

　i. 종종 다른 사람의 활동을 방해하고 침범한다(대화나 게임, 활동에 참견함, 다른 사람의 허락을 구하지 않고 다른 사람의 물건을 사용함).

B. 몇 가지 부주의 또는 과잉행동-충동성 증상이 12세 이전에 나타난다.

C. 몇 가지 부주의 또는 과잉행동-충동성 증상이 2가지 이상의 환경에서 존재한다(예: 가정, 학교나 직장, 친구들 또는 친척들과의 관계, 다른 활동).

D. 증상이 사회적, 학업적 또는 직업적 기능의 질을 방해하거나 감소시킨다는 명백한 증거가 있다.

※ 다음 중 하나를 명시할 것
　• 부주의 혹은 과잉행동-충동성 증상이 12세 이전에 나타난다.
　• 세부 진단(혼합형, 부주의 우세형, 과잉행동-충동 우세형)

2) 주의력결핍 과잉행동장애의 원인

　기질적인 원인으로는 행동 억제 능력의 부족, 조절력과 통제감 부족, 부정적 정서성과 연관이 있지만, 환경적으로는 극소 저체중(1,500g) 출생 아동에게서 ADHD 위험이 2~3배 크다고 보고되고 있다. 또한 아동학대, 방임, 위탁 양육을 경험한 아동에게서 많이 나타난다.

출생 시 미세한 뇌손상(minimal brain dysfunction)이나 출생 후의 고열, 감염, 독성 물질(예: 납), 대사장애, 외상 등으로 인한 뇌손상, 태아기 알코올 노출과 관련이 있을 수 있다. 도파민과 같은 신경전달물질의 비정상적 활동과 뇌의 전두-선조체 영역의 비정상도 밝혀졌다(Julien, 2008). 가계 연구에 따르면, 가정 내의 환경적 스트레스도 ADHD와 관련성이 매우 높다. ADHD는 만성적인 장애이기 때문에 전반적인 기능 영역에 영향을 미치며, 학업 수행, 또래 관계, 부모-자녀 관계에 어려움을 초래한다.

3) 주의력결핍 과잉행동장애의 치료

ADHD 아동의 상당수는 약물 치료를 받고 있다. 메틸페니데이트(상품명: Ritalin)라는 약이 ADHD 아동을 조용하게 하는 데 효과가 있고, 복잡한 과제를 해결하고 공격성과 충동성을 통제하는 데 도움이 된다고 알려지면서 약물 사용이 엄청나게 증가하였다. 그러나 약물 부작용으로 식욕 저하가 나타나고, 장기 복용을 하게 되면 부작용이 생길 수 있다. 우리나라에서는 이 약이 ADHD가 없는 아동·청소년에게 '공부 잘하는 약'이라고 알려져 남용되고 있다는 우려도 있다.

심리치료로는 주로 행동치료가 사용된다. 행동치료는 조작적 조건형성 원리나 사회학습 이론에 기초를 두고 있다. 강화를 받은 행동은 빈도가 더 많아지고, 강화를 받지 못하거나 처벌을 받은 행동은 소거가 되는 원칙에 근거해서 ADHD 아동이 보이는 바람직하지 못한 행동을 소거시킨다. ADHD 진단을 받은 대부분의 아동이 학업 수행에서 어려움을 겪기 때문에 학습치료가 병행된다. 인지치료와 부모교육을 병행하는 것도 매우 효과적이다.

소리 내어 생각하기(think aloud)와 같은 인지치료 프로그램은 문제해결을 도와주기 위한 방법으로, ADHD 아동이 처하는 여러 가지 문제에 대해서 스스로 언어화할 수 있도록 함으로써 자기 행동을 적절하게 조절할 수 있게 해 준다. 치료자의 인지과정을 모델링하게 함으로써 문제해결 능력을 향상시켜 주고, 사고 과정을 스스로 통제할 수 있게 해 주어 일상생활이나 학업 또는 대인관계 상황에서 충동적으로 행동하기 전에 잠시 멈추고 생각하는 능력을 가르쳐 준다. 이렇게 함으로써 ADHD 아동은 스스로 생각하여 문제를 해결하는 방법을 배우고, 문제해결 능력 및 자기 통제력을 향상시킬 수 있다(Corcoran, 2011).

이상심리 프리즘: 성인도 ADHD 진단을 받을까요?

ADHD 증상은 주로 아동이나 청소년기에 나타나지만, 자연적인 뇌성숙과 치료 개입이 없는 경우에는 그 증상이 성인기까지 유지될 수 있다. 성인기에 ADHD가 지속될 경우 심리적 어려움뿐만 아니라 사회생활 및 직업 기능의 어려움을 유발할 수 있다. 성인 ADHD의 경우 아동에게서의 현저한 충동성이나 과잉행동보다는 부주의 양상이 두드러진다고 보고되고 있다. 성인 ADHD가 있는 경우 일상 생활에서 수행해야 하는 과제나 업무 처리에 있어 부주의하고 산만한 모습을 보일 수 있다. 이로 인해 저조한 업무 성취를 보이며, 대인 관계 내에서도 상대방의 말을 주의 깊게 듣지 못하는 등의 문제로 인해 관계 갈등이 유발될 수 있다. 사회적 관계나 직업적 장면에서 개인의 효능감, 자존감 등이 저하되고 불안이나 우울 등의 심리적 어려움을 유발할 수 있다. ADHD 성향을 보이는 성인의 경우 주의력을 유지하거나 철회하는 조절 능력이 부족하며, 정서를 조절하는 데도 어려움을 보이는 등 전반적으로 억제 기능이 원활하지 않다고 알려져 있다. 성인 ADHD를 치료하는 방법으로는 약물 치료와 전통적인 인지 행동치료(CBT)가 효과적이다. 최근에는 마음 챙김 명상에 기반을 둔 심리치료 등이 활용되어 스트레스 수준을 낮추고 실행 기능을 높여 개인이 스스로를 억제하고 조절하는 능력을 향상시키고 있다(박지연 외, 2018; 신주영, 김정민, 2018).

5. 특정학습장애

1) 특정학습장애의 진단

특정학습장애(specific learning disorder)는 생물학적 근원이 있는 신경발달장애로, 인지 능력 이상이 이 장애의 행동 징후와 연관이 있다. 언어적·비언어적 정보를 효과적으로 인지하고 처리하는 뇌의 능력에 영향을 줄 수 있는 유전적·후생적(epigenetic)·환경적 요인이 복합적으로 상호작용하여 발생한다. 필수적인 증상은 핵심적인 학업 기술을 취득하는 데 지속적인 어려움을 보인다는 것이다. 핵심 학업 기술에는 단어를 정확하고 유창하게 읽고 쓰고 이해하는 능력과 철자, 산술 계산, 수학적 추론이 포함된다. 학습장애는 부족한 학습 기회 또는 부적합한 교육에 따른 결과가 아니고 핵심 학업 기술을 획득하지 못해 다른 과목의 학습이 어려운 것으로, 난독증(dyslexia)이 가장 대표적이다. 학습장애의 또 다른 증상은 보유한 학습 기술에 대한 개인의 수행이 연령 평균보다 낮다는 것이다. 낮은 학업 기술은 학업 수행에 방해가 되며, 이는 교사 평가에서도 드러난다. 성인인 경우 학업 기술이 요구되는 활동을 회피한다. 또한 학습 기술이 부족해서 직업 수행이나 일상 활동에서 어려움을 겪을 수 있다.

학습장애 진단을 위해서는 포괄적인 평가가 필요하기 때문에 정규 학습 과정이 시작된 후에 진단될 수 있다. 개인의 의학력, 발달력, 가족력, 교육력, 학습 곤란에 대한 과거력과 현 시점의 발현, 학업적 및 직업적 기능, 과거와 현재의 학교 기록, 학업 기술이 요구되는 작업에 대한 포트폴리오, 교육과정 중심 평가, 임상 면담, 과거나 현 시점의 학업성취도에 대한 표준화된 검사 결과 등을 종합하여 진단을 내릴 수 있다. 여자아이보다 남자아이에게서 2:1 정도의 비율로 더 흔하다(APA, 2013).

2) 학습장애의 원인과 치료

학습장애의 원인으로는 출생 전후의 외상이나 생화학적 또는 영양학적 요인에 의한 뇌손상이 인지처리 과정의 결함을 초래한다. 뇌의 좌-우반구의 불균형, 산모의 알코올·담배·약물 복용 등도 위험 요인으로 지적되고 있다. 여러 정보를 통합하고 처리하는 작업기억(working memory)의 용량이 부족해서 장기기억에 정보를 저장하는 것이 어렵다는 가설도 있다.

치료적으로는 읽기·쓰기·산술 과제를 해결하는 데 필요한 구체적 학습 기술을 체계적으로 가르치는 것이 필요하다. 정리하고 계획하기, 주의력과 듣기 능력 향상시키기, 시간 관리하기가 필요하다. 지시를 내릴 때에는 짧고 분명하게 하고 과제를 부분으로 쪼개어서 하도록 하며, 조금씩 자주 공부하게 하는 것도 한 가지 방법이다. 학습장애와 ADHD는 공존하는 경향이 있으므로 ADHD가 공존한다면 약물을 복용하게 하고 자존감과 자신감을 키워 주는 것이 필요하다.

6. 운동장애

1) 틱장애

초등학교 4학년인 민수는 이전까지는 별다른 문제가 없이 학교에 잘 다녔으나 최근 한 달 전부터 친구들이 민수의 틱 증상을 보고 자꾸 놀린다며 학교에 가기 싫어한다. 초등학교 저학년까지는 민수의 학업에 관심을 보이지 않던 아버지가 4학년이 되자 갑자기 민수의 공부에 관심이 많아졌다. 퇴근 후 아버지가 직접 민수의 공부를 봐주기 시작하면서 민수가 제대로 하지 못하면 아버지는 심하게 야단을 쳤다. 그러자 얼마 전부터 민수에게 눈을 깜박거리고 어깨를 들썩이는 습관이 생겨나더니 아버지가 저녁에 퇴근하면 이런 증상이 더 심해졌다. 학교에서도 교사가 야단을 칠 때나 시험을 볼 때 이런 행동이 나타나곤 해서 주변 아이들에게 놀림을 받기도 한다. 최근에는 갑자기 고개를 확 젖히거나 팔을 심하게 흔드는 행동을 보이기 시작했다. 친구들은 이런 민수의 행동을 따라 하면서 놀리기 때문에 민수는 학교에 가기 싫어 아침에 일어나는 것도 싫어한다. 민수의 아버지는 민수가 틱 행동을 할 때마다 회초리로 때렸고, 이를 말리는 어머니에게도 폭력을 휘둘렀다. 민수의 치료를 위해서는 아버지의 강압적인 양육 태도를 바꾸어야만 하지만 아버지는 자신은 문제가 없다면서 상담을 받으려 하지 않았다. 아버지가 퇴근해서 집에 있는 저녁이나 주말에 민수의 증상은 더욱 심해졌고 결국 담임교사의 권유로 놀이치료를 받게 되었으며, 민수의 어머니 역시 부모교육을 받았다.

틱장애의 진단 기준(DSM-5)

• 뚜렛장애

A. 여러 가지 운동 틱과 한 가지 또는 그 이상의 음성 틱이 장애의 경과 중 일부 기간 동안 나타나지만, 2가지 틱이 반드시 동시에 나타나는 것은 아니다.
B. 틱은 좋아졌다가 나빠졌다가 하지만 첫 발병 이후 1년 이상 지속된다.
C. 18세 이전에 나타난다.

• 지속성(만성) 운동 틱 또는 음성 틱 장애

A. 한 가지 혹은 여러 가지 운동 틱 또는 음성 틱이 장애의 경과 중 일부 기간 동안 나타나지만 2가지 틱이 모두 나타나지는 않는다.

B. 틱은 좋아졌다가 나빠졌다가 하지만 첫 발병 이후 1년 이상 지속된다.

C. 18세 이전에 나타난다.

(1) 틱장애의 임상적 특징

틱장애(tic disorders)는 운동 틱 또는 음성 틱의 존재 유무, 틱 증상의 기간, 발병 연령에 근거하여 진단을 내릴 수 있다. 틱 증상은 갑작스럽게 나타나고, 반복적이고 비율동적인 운동 또는 음성 형태로 나타난다. 눈을 깜박이거나 헛기침을 하는 것이 가장 흔한 틱 증상이다. 틱은 대개 불수의적으로 나타나지만 다양한 시간 동안 자발적으로 억제되기도 한다.

틱은 단순 운동 틱, 복합 운동 틱으로 나타난다. 단순 운동 틱은 짧은 시간(1/1,000초) 동안 지속되며, 눈 깜박임, 어깨 움츠리기, 팔다리 뻗기 등이 이에 해당된다. 복합 운동 틱은 초 단위로 지속되며, 머리 돌리기와 어깨 움츠리기가 동시에 나타난다. 복합 운동 틱은 성적이고 외설적인 행동이나 몸짓으로 표현되고, 타인의 행동을 모방하는 반향운동증처럼 목적이 있는 행동으로 보이기도 한다. 단순 음성 틱으로는 헛기침하기, 킁킁거리기, 꿀꿀거리기 등이 있다. 복합 음성 틱은 소리나 단어를 반복하기, 마지막에 들은 단어나 구를 반복하기(반향언어증), 민족적·인종적·종교적 비방이나 외설적인 말을 하는 욕설증도 있다. 욕설증은 갑작스럽고, 날카롭게 짖어대고 꿀꿀거리듯 소리를 낸다.

운동 또는 음성 틱은 다음의 몇 가지로 구분할 수 있는데, 뚜렛장애(Tourette's disorder)는 운동 틱과 음성 틱이 모두 나타나야 하는 반면, 만성 운동 또는 음성 틱 장애는 운동 틱이나 음성 틱 중 하나만 있으면 된다. 잠정적인 틱장애는 한 가지 또는 다수의 운동 틱 또는 음성 틱이 있으면 진단할 수 있다. 이 중 뚜렛장애는 단순한 형태로 발병하는데, 주로 5~7세 무렵에 아동의 얼굴(일반적으로 눈 깜박이기)에 영향을 미치는 일과성 운동 틱과 같은 단순 틱으로 시작해서 시간이 지남에 따라 얼굴의 다른 영역까지 퍼지며 머리, 목, 팔 등 더 낮은 말단으로 내려간다.

틱은 일시적으로 나타나며, 학령기 아동 1,000명당 3~8명이 틱 장애를 지닌 것으로 추정된다. 틱장애는 여자아이보다 남자아이에게서 더 흔하다. 전형적으로 4~6세에 시작되며, 10~12세에 가장 심하고, 이후 점점 감소하다가 성인기에는 증상이 없어지는 경우가 많다(APA, 2013).

(2) 틱장애의 원인과 치료

이 장애는 유전적인 영향이 크다고 알려져 있다. 특히 뚜렛장애를 가진 어머니의 아들에게서 나타나는 비율이 높다. 뚜렛장애는 ADHD, 강박장애와 관련성이 높아서 공통적인 유전 요인이 관여하는 것으로 알려져 있다. 도파민 억제제가 틱 증상을 억제하는 것으로 보아 도파민 과잉 활동이 원인으로 제기되고 있고, 기저핵의 이상으로 운동장애가 나타난다는 가설도 있다.

틱장애가 심할 경우 도파민계에 작용하는 전형적 항정신병 약물인 할로페리돌(haloperidol), 피모짓(pimozide), 플루페나진(fluphenazine)이 효과적이다. 행동주의 치료로는 습관 반전 훈련(Habit Reversal Training: HRT)이 효과적이다. 습관 반전 훈련은 자각 훈련과 이완 훈련으로 시작하고, 양립하기 어려운 반응을 고안하게 해서 이후에 인지치료와 전반적인 행동 양식을 수정하는 방향으로 진행된다(Chang, Piacentina, & Walkup, 2007). 자각 훈련의 처음에 하는 반응묘사 단계에서는 틱 움직임을 묘사하는 법을 배우고, 거울을 보며 재연을 한다. 치료 프로그램 회기 내에서 틱 증상이 발생할 때 치료자가 즉각적으로 지적해 줌으로써 환자가 틱을 탐지할 수 있도록 돕고, 초기 경고, 즉 틱이 발생할 것 같은 신호를 감지하는 법을 배운다. 상황 자각 훈련으로 틱이 가장 잘 일어나는 고위험 상황을 확인하는 것이 중요하다. 틱을 자각한 다음에는 경쟁반응 연습으로 틱 반응과 반대되는 신체 반응을 하도록 가르친다. 예컨대, 고개를 좌우로 흔드는 틱 반응에 대해 턱을 가슴 쪽으로 끌어당기는 것이 도움이 된다. 인지치료에서는 자기 이미지에 대한 완벽주의적인 기대가 틱 증상을 유발할 수 있기 때문에 인지재구성을 통해 수정해 준다. 또한 환경적으로 또래나 부모가 틱에 대해 부정적으로 반응할 수 있으므로 이 행동을 보다 수용적으로 받아들일 수 있도록 또래나 부모를 교육한다.

2) 발달적 협응장애

발달적 협응장애(developmental coordination disorder)는 과거력, 신체 검진, 학교 또는 직장에서의 보고, 표준화된 심리검사들을 통합하여 진단을 내린다. 이 장애를 가진 아동의 경우 발달적 이정표의 성취가 지연된다. 앉기, 기어 다니기, 걷기, 계단 오르내리기, 페달 밟기, 단추 잠그기, 퍼즐 맞추기 등이 지연되고, 습득이 되더라도 또래에 비해 움직임이 서투르고 느리고 정확성이 부족하다.

발달적 협응장애의 유병률은 5~11세의 아동에게서 5~6%로 보고된다(APA, 2013). 여성에 비해 남성에게서 더 흔하다. 장기적으로는 호전을 보이기도 하지만 아동의 약 50~70%에서 운동 협응 문제가 청소년기까지 지속되기도 한다. 발병은 아동기 초기에 시작되며, 운동발달 과제의 지연 또는 칼과 포크 쥐기, 단추 끼우기 또는 공놀이와 같은 동일한 동작을 시도할 때 처음으로 인지되기도 한다. 중기 아동은 퍼즐 맞추기, 모형 만들기, 공놀이, 손 글씨 쓰기, 소지품 정리하기와 같은 운동 순서와 협응 능력이 요구되는 운동 영역에서 어려움을 보이고, 성인은 운전이나 도구 사용과 같은 복잡하고 자동적인 운동 기술이 요구되는 과제에서 수행의 어려움을 보인다(APA, 2013).

3) 상동증적 운동장애

상동증적 운동장애(stereotypic movement disorder)는 반복적이고, 억제할 수 없고, 목적 없어 보이는 운동 행동을 반복하는 것이 특징적이다. 목적 없이 머리, 손 또는 몸을 율동적으로 움직이며, 이러한 운동은 멈추려는 노력에 반응하지 않을 수도 있고 반응하기도 한다. 반복 행동에 주의를 집중하거나 아동의 주의를 분산시키면 그 행동이 중단된다. 상동증적 행동은 다양해서 비자해적 상동증적 운동의 경우 몸 흔들기, 양손 퍼덕거리기 또는 돌리기, 얼굴 앞에서 손가락 튕기거나 펄럭이기, 팔 흔들거나 퍼덕거리기, 고개 끄덕이기가 있다. 또한 자해적 상동증적 행동의 예는 반복적으로 머리를 벽에 박기, 얼굴 때리기, 눈 찌르기, 손이나 입술 또는 신체 부위를 물어뜯기 등인데, 하루에도 여러 차례 나타나고 몇 초에서 수 분 혹은 그 이상 지속된다(APA, 2013).

단순한 상동증적 운동(예: 흔들기)은 흔히 발달기의 어린 아동에게서 나타나고, 복합적 상동증적 운동은 더 드물게 일어난다. 지적장애가 있는 사람의 약 4~16%가 상동증과 자해를 보인다. 심한 지적장애가 있거나 시설에 거주하는 지적장애가 있는 사람의 10~15%에서 자해를 동반한 상동증적 운동장애가 나타난다. 대개 생후 첫 3년 내에 시작되며, 단순한 상동증적 운동은 영아기에 흔하고, 복합 운동 상동증을 보이는 아동의 80%가 24개월 이전에 증상을 보인다. 전형적인 발달 과정을 보이는 아동은 대부분 시간이 지나면 이러한 움직임이 감소되거나 억제될 수 있다. 지적장애가 있는 경우 상동증적 자해 행동은 수년간 지속될 수 있다. 사회적 고립 상황에서 이러한 증상이 나타날 수 있고, 사회적 스트레스가 상동증적 행동을 촉발할 수 있다. 공포 상황이 생리적 상태를 변화시켜 이로 인해 상동증적 행동 빈도가 증가할 수 있다.

지금까지 비교적 어린 시기에 나타나는 신경발달장애에 대해 알아보았다. 신경발달장애는 치료하기 매우 어려운 장애다. 그렇기 때문에 장애를 예방하기 위한 노력이 매우 중요하다. 예컨대, 환경적 · 문화적으로 열악한 상황에 처한 아동을 위한 헤드스타트(head start) 운동에서는 교육적 · 의학적 · 사회적 지원을 통해 아동과 그 가족을 도와주어 신경발달장애를 예방하고 조기 개입하고 있다. 앞으로 유전자 치료가 가능해질 전망이어서 태내에 있을 때 신경발달장애와 같은 유전적인 장애의 치료가 활발해질 것으로 기대된다(Durand & Barlow, 2015). 그러나 생물의학이 발전하여 유전자 치료가 가능해지더라도 생물학적인 문제가 인지 · 정서 · 행동 발달이나 결함에 어떤 영향을 미치는지 알아보기 위한 심리학적인 개입과 노력 역시 중요할 것이다.

1. 신경발달장애는 주로 유아 및 아동의 발달 시기에 시작되는 장애로, 신경발달 결함의 범위는 학습이나 실행 기능 문제와 같은 제한적인 손상부터 사회기술 결함이나 지적장 애처럼 전반적인 손상에 이르기까지 다양하다.

2. 지적장애를 가진 사람들은 IQ 70 미만으로 학업을 비롯한 대부분의 적응 활동에서 부 진함을 보인다. 성별, 연령, 사회문화적 배경이 같은 또래에 비해 정신 능력에서 전반 적인 결함이 나타나고 일상 적응 기능에 손상을 보인다. 또한 행동적·정서적 문제를 악화시킬 수 있는 착취나 학대를 받을 위험이 높다.

3. 의사소통장애는 말이나 언어 사용에 결함이 있는 경우로, 언어장애, 말소리장애, 아동 기발병 유창성장애, 사회적(실용적) 의사소통장애 등이 있다. 이 중 사회적 의사소통장 애는 DSM-5에 처음 들어온 장애다.

4. 자폐스펙트럼장애는 DSM-IV의 자폐증, 고기능 자폐, 달리 분류되지 않는 전반적 발달 장애, 아동기 붕괴성 장애, 아스퍼거장애 등을 아우르는 진단으로, 사회적 상호작용과 의사소통장애를 나타낼 뿐만 아니라 관심과 흥미 범위가 제한되며 상동증적인 행동을 반복적으로 나타낸다.

5. 주의력결핍 과잉행동장애는 주의집중의 어려움과 산만함, 충동성, 과잉행동을 보이는 장애다. 자연적으로 증상이 없어지기도 하지만 성인기까지 지속되어 기능의 어려움이 발생할 수 있다.

6. 특정학습장애는 지능은 정상적이지만 지능 수준에 비해 읽기, 쓰기, 산술 계산과 같은 영역에서 학습 부진을 보이는 경우를 말한다.

7. 운동장애는 연령이나 지능 수준에 비해 운동 능력이 현저하게 미숙하고 부적응적인 움 직임을 반복하는 것으로, 틱장애, 발달적 협응장애, 상동증적 운동장애가 있다.

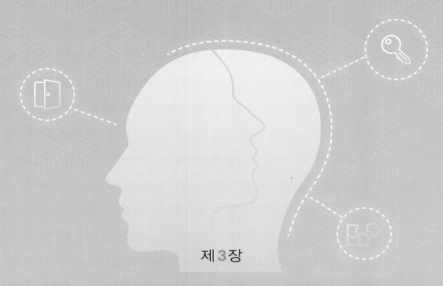

제 3장

조현병 스펙트럼 및 기타 정신병적 장애

23세의 준영 씨는 고등학교 때까지는 눈에 띄지 않는 평범한 학생이었다. 졸업 후에 대학 입시에 실패하고 난 뒤 군대에 갔고 군대에 가서 처음에는 적응에 어려움을 겪었으나 이후 별다른 문제없이 제대하였다. 제대 후 다시 수능 공부를 시작하겠다고 지방에서 서울로 올라와 재수학원에 다니기 시작했다. 몇 개월간은 아침 일찍 학원에 나가서 밤늦게까지 공부에 몰두하였으나, 점차 이상한 행동을 나타내기 시작했다. 거리를 나가면 모두 자신을 쳐다보며 수군거린다는 생각에 사람들의 시선을 신경쓰게 되었고, 학원에서 만나는 친구들이 말을 걸어 와도 모두 한통속이 되어 자신을 놀리는 것 같은 생각이 들었다. 한밤중에는 윗집에서 몰래카메라를 천정에 설치해 놓고 자신을 감시하는 것 같다고 느꼈다. 가끔씩 참을 수 없어 하면서 윗집에 가서 문을 심하게 두드리고 윗집 사람들에게 몰래카메라를 치워 달라고 항의하는 등 횡설수설하는 모습을 보이기도 했다. 인터넷을 켜면 자신이 하는 생각이나 말이 다른 사람들에게 모두 퍼지고 있다고 생각하였다. 걱정이 된 어머니가 고향에 데리고 가서 병원에 가자고 하였으나 병원에 가는 것을 한사코 거부하였다. 사람을 기피하면서 눈 맞춤을 제대로 하지 않았고 어머니가 식탁에 밥을 차려 놓고 먹으라고 하면 밥에 독이 들어 있다고 먹지 않기 시작했다. 가끔씩 혼자 허공을 보고 히죽히죽 웃는 모습을 보여 급기야 가족에 의해 정신건강의학과에 의뢰되었다.

인간의 사고 기능은 여러 포유류 중에서 인간을 가장 인간답게 만드는 고차원적인 기능이다. 한 개인이 태어나서 정상적인 발달을 겪는다면 아동기와 청소년기를 거치면서 사고 능력은 훨씬 더 성숙하고 정교화된다. 그러나 이 사고 기능 영역에서 이상을 보이는 사람들이 있다. 앞의 사례에서 보는 것처럼 윗집에서 몰래카메라를 설치해 놓고 감시하고 있다는 생각은 정상적인 사고 기능에서 많이 벗어나 있다. 이와 같은 사고장애를 대표하는 정신질환이 조현병 스펙트럼장애에 속하는 장애들이다. 이 중에서 조현병은 망상과 환각, 혼란스러운 언어와 행동을 보이는 심한 정신질환이다. 조현병과 같은 사고장애의 가장 중요한 특징은 현실 접촉을 상실하고 현실에 대한 판단력이 저하되는 것으로 흔히 정신증(psychosis)이라 불린다. 같은 정신증을 가진 사람이라고 하더라도 증상의 심각성, 지속 기간, 기능 저하 등에 따

하위 장애	특징	진단 부합 기간
조현병	망상, 환각, 와해된 언어, 밋밋하거나 부적절한 정서, 긴장증과 같은 다양한 정신증적 증상	6개월 이상
조현정동장애	사고장애와 주요우울 삽화 혹은 조증 삽화 혼재	6개월 이상
조현양상장애	망상, 환각, 와해된 언어, 밋밋하거나 부적절한 정서, 긴장증과 같은 다양한 정신증적 증상	1~6개월
망상장애	한 가지 이상의 망상 지속, 색정형·과대형·질투형·피해형·신체형 망상 등이 있음	1개월 이상
단기정신병적장애	망상, 환각, 와해된 언어, 긴장증과 같은 다양한 정신증적 증상	1일 이상 1개월 이내

표 3–1　조현병 스펙트럼 및 기타 정신병적 장애의 하위 장애와 특징

라 다양한 스펙트럼상에 분류될 수 있다. 현재 DSM–5에서는 조현병 스펙트럼장애 (schizophrenia spectrum disorder)로 지칭하고 있다. 조현병 스펙트럼 및 기타 정신병적 장애에 속하는 하위 장애는 〈표 3–1〉과 같다.

1. 조현병

　조현병(schizophrenia)이 최초로 임상적으로 알려지게 된 것은 1810년 런던의 베들렘(Bethlem) 병원의 약제사였던 존 하슬람(John Haslam)에 의해서였다. 이후 독일의 정신병리학자인 에밀 크레펠린(Emil Kraepelin, 1856~1926)이 조현병을 가진 사람들이 초기에 정신 기능의 손상을 보인다고 해서 조발성 치매(dementia praecox)라고 부르기 시작했고, 우리가 지금 알고 있는 조현병의 양상을 가장 특징적으로 묘사하였다. 크레펠린은 조현병 환자는 주변 사람을 의심하고, 자신의 음식에 독이 들어 있다고 이야기하고, 누군가 쫓아오거나 자신의 몸이 영향을 받고 있다고 느끼고, 다른 사람들이 자신을 조롱하고 공격할지도 모른다고 두려워한다고 기술하였다. 또한 조현병 환자는 환각을 보이고, 무감동을 보이고, 위축되고 철수된 행동을 하며, 일상적인 일을 규칙적으로 할 수 없다고 기술하는 등, 오늘날 조현병 환자가 보이는 임상 양상을 최초로 정확하게 포착하였다.

이후 스위스의 정신과 의사인 유진 블로일러(Eugen Bleuler, 1857~1939)는 이러한 환자들이 특징적으로 사고 과정의 이상 및 혼란을 보이고, 생각과 감정의 불일치를 보이며, 현실 감각이 없어지는 것과 관련하여 이들에게 '균열'을 의미하는 그리스어 'schizo'와 '마음'을 뜻하는 그리스어 'phren'을 합성하여 schizophrenia라는 명칭을 사용하였다. 우리나라에서는 오랫동안 정신분열병이라는 용어로 사용되다가 2011년 대한신경정신의학회에서 이 용어가 편견과 낙인을 조장한다고 하여 조현병으로 명칭을 바꾸게 되었다. 조현병의 조현(調絃)은 '현악기의 줄을 조율한다.'는 뜻이다. 이 말은 『조현지법(調絃之法)』에 나오는 내용으로, 부처가 거문고 줄을 고르는 법에 비유해서 "정진도 너무 조급히 하면 들떠서 병나기 쉽고, 너무 느리면 게을러지게 된다."고 제자를 가르쳤다는 데서 나온 내용이다. 현악기의 줄이 적당히 팽팽한 긴장을 유지해야 제 기능을 발휘하듯 인간의 정신도 적절하게 조율이 되어야 기능이 유지된다는 의미다.

1) 조현병의 임상 양상과 부수적 특징

조현병은 다양한 인지 · 행동 · 정서적 기능 부전을 포함하기 때문에 장애 특유의 단일한 증상은 없다. 조현병 진단을 내리려면 직업 및 사회 영역의 기능 손상과 관련된 징후와 증상군을 면밀히 살펴봐야 한다. 조현병은 상당히 이질적인 임상 증후군이어서 같은 진단을 받는 사람들일지라도 세부적인 증상과 특징은 상당히 다르다.

조현병을 가진 사람은 전형적으로 3개의 증상, 즉 양성 증상, 음성 증상, 정신운동 증상을 보인다. 먼저, 양성 증상(positive symptoms)은 없어야 할 것이 있다는 의미로 병적으로 과도하거나 괴상한 증상이 나타나는 것이다. 망상, 와해된 언어와 사고, 고양된 지각 및 환각, 부적절한 정서가 흔히 양성 증상이라고 알려져 있다. 망상(delusion)이란 본질적으로 분명히 모순적인 증거에도 불구하고 확고하게 믿고 있는 잘못된 믿음이며, 사고 내용(content)의 장애에 속한다. 이런 망상은 90% 이상의 조현병 환자들에게 나타난다(Cutting, 1985). 가장 흔한 것이 피해망상인데, 피해망상을 가진 사람은 자신이 음모에 빠져 있거나 감시당하고 있고, 피해를 당하거나 공격 받고, 고의적으로 누군가에 의해 희생되고 있다고 믿는다. 또한 이들은 관계망상(delusion of reference)을 보여 다른 사람들의 행동이나 다양한 대상, 사건에 대해 특별하고 개인적인 의미를 부여하며 자기와 연관시켜 해석한다. 거리의 신호등이나 화살표가 자기에게 갈 방향을 가르쳐 준다고 하고, 지나가는 사람들이 이야기하는 것이 자기에 대해 말하는 것 같다고 하고, 텔레비전이나 인터넷 뉴스에서 아나운서가 말하는 것이 자신에 대해 이야기를 하고 있다고 믿는 것이 대표적인 관계망상이다. 과대망상(grandiose delusion)도 조현병에서 흔히 볼 수 있다. 과대망상은 자신에 대해 과대하게 지각하는 것으로, "나는 종교적으로 특별한 인물, 즉 하나님의 아들이다."라고 이야기하거나, 초등학교 졸업자이면서 유명 대학 교수라고 말하는 것들이 해당된다. 애정망상은 유명한 사람, 주로 연예인이나 유명한 아나운서가 자기 애인이라고 믿고 있는 것이며, 신체망상은 자기 뇌가 썩고 있다는 등 자신의 몸에 대해 심각한 질병이 있다고 믿는 것이다.

또 다른 핵심적인 양성 증상은 환각이다. 외부 자극이 없는데도 지각 현상이 발생하는 것을 환각(hallucination)이라고 한다. 가장 흔히 나타나는 것이 환청(auditory hallucination)인데, 이것은 외부에서 사물의 소리와 사람의 소리를 듣는 것이다. 환청의 목소리는 직접 환청을 듣는 사람에게 어떤 명령을 내리거나 위험에 대한 경고를 주거나 옆에서 엿듣는 것처럼 경험된다. 간혹 지나가는 사람에게 흉기를 휘두르며 해코지를 하는 조현병 환자는 그 순간 "저 사람을 죽여라."라는 환청의 지시를 받고 하는 경우가 많다. 환청을 들을 때 청각 중추의 뇌 표면 근처의 활동이 증가된다는 연구 결과들을 볼 때, 이러한 환자들이 뇌에서 소리 신호를 방출하고 그것을 듣고 그 소리가 외부에서 온 것이라고 믿는다는 것이 밝혀졌다(Jardre et al., 2011). 또 다른 형태의 환각은 환시(visual hallucination)인데, 이는 시각적 형태의 환각 경험이며 환청 다음으로 자주 나타난다. 흔히 초발 조현병 환자는 귀신이나 검은 물체가 보인다고 말하기도 한다. 환후(olfactory hallucination)는 후각적인 환각으로, 냄새 자극이 없는데도 냄새를 맡는 것이다. 조현병 증상 발병 초기에 자기 몸에서 냄새가 난다고 하면서 몇 시간 동안 목욕을 하는 증상으로 나타날 수 있다. 환촉(tactile hallucination)은 "피부에 벌레가 기어간다."고 하는 것과 같이 실제 자극이 없는데도 촉각을 느끼는 것이다. 환각과 망상은 함께 일어나는 경우가 많다. 명령하는 환청을 듣는 환자는 그 명령을 누군가가 자기 머릿속에 집어넣은 것이라는 사고 주입 망상을 가지고 있다. 피해망상을 가진 사람은 윗집에서 도청장치를 설치해 놓고 음파를 보내고 있다는 환청을 듣기도 하고, 음식에서 독극물 냄새를 맡는 환후를 보이기도 한다.

또한 조현병 환자는 논리가 부족하고 부적절하며 와해된 사고와 언어를 보일 수 있는데, 사고 내용 장애인 망상과 달리 와해된 사고와 언어는 형식 사고 장애(formal thought disorder)라고 불린다. 연상의 이완(loosening of association)이나 사고 탈선(derailment), 극단적으로는 앞뒤가 전혀 맞지 않는 지리멸렬한(incoherent) 언어 표현을 보인다. 또한 일부 조현병 환자는 신조어(neologism)를 사용하는데, 이것은 오로지 자신만이 의미를 알 수 있는 단어다. 예컨대, '이순신 특장'이라고 표현하는 한 환자는 특장의 의미를 자신만이 이해할 수 있는 특별한 장군이라는 뜻이라고 하였다. 조현병을 지닌 사람은 흔히 상황에 맞지 않는 부적절한 정서(inappropriate affect)를 보인다. 자신의 아버지가 방금 돌아가셨다는 연락을 받았다는 슬픈 이야기를 하면서 히죽히죽 웃거나 행복한 순간에 부적절하게 화를 내는 등 상황에 맞지 않게 기분 변화를 보이기도 한다(Vahia & Cohen, 2008).

다음으로, 조현병의 음성 증상(negative symptoms)은 있어야 할 것이 없다는 의미로 무엇인가 결핍되고, 병리적인 결함이 있는 것이다. 흔히 나타나는 음성 증상은 언어 표현이 빈곤하고, 감정 표현이 둔화되고 밋밋하며, 동기나 의욕이 부족하고 사회적으로 철수되어 있는 것이다. 음성 증상은 양성 증상보다는 증상이 덜 심해 보이지만 사회적 기능을 저하시켜 사회 적응을 어렵게 만든다. 조현병 환자가 많이 보이는 언어 빈곤은 말수나 말의 내용이 매우 줄어드는 현상, 사고나 언어 자체가 매우 적은 것이 특징이다. 또한 이들은 둔화된 정서(blunted affect)를 보여 화, 슬픔, 기쁨 등의 복합적인 감정들을 잘 드러내지 않는다. 감정이 전혀 나타나지 않기도 하고, 밋밋하게도 표현된다. 표정이 거의 없고, 눈 맞춤도 안 되고, 목소리도 단조롭다. 기쁨, 환희 등의 쾌 정서도 드러나지 않아 무쾌감증(anhedonia)을 보이기도 한다. 조현병 환자는 무의욕증(avolition) 혹은 무감동(apathy)을 경험하여 일상적인 목표를 추구하기 어렵고 에너지와 흥미가 없어 어떤 의미 있는 활동을 시작하지 못한다. 또한 양가성(ambivalence)을 보여서 옷을 입고 벗는 일상적인 활동도 어려울 때가 많다. 또한 이들은 사회적 환경에서 스스로를 고립시켜 자신의 생각과 환상에만 자폐적으로 몰두한다. 생각이 비논리적이고 혼란되어 있고 현실감이 떨어진다. 사회적 고립이 길어지다 보면 원래는 사회기술을 갖고 있었더라도 다른 사람의 욕구와 감정을 정확하게 인식하는 능력이 점차로 떨어지게 된다.

　　마지막으로, 정신운동 증상으로는 이상한 모습으로 움직이거나 반복해서 입을 썰룩거리거나 괴상한 자세를 취하는데, 가장 심한 형태가 긴장증(catatonia)이다. 긴장성 혼미가 심할 경우 반응하지 않고 움직임 없이 가만히 서 있거나 아무 말도 하지 않는다. 긴장성 강직을 보이는 사람은 침대에서 몇 시간 동안 괴상한 자세를 취하면서 움직이지 않는데, 보통 사람이라면 불편해서 몇 초 내지는 몇 분 안에 자세를 바꿔야 하는 그런 자세를 경직되고 우스꽝스러운 모습으로 장시간 유지한다. 긴장성 흥분을 보이는 사람은 흥분한 상태로 팔이나 다리를 거칠게 흔든다.

　　조현병은 원래 편집성, 혼란형, 긴장성 등의 하위 유형으로 구분되었지만, 유형별로 병인론이나 치료 방법에서 별다른 차이가 없어 DSM-5에서는 이런 하위 유형의 구분이 없어졌다.

　　조현병의 평생 유병률은 인종, 국가 및 문화에 따라 다르지만 대략 0.3~0.7%로 보고되고 있다(APA, 2013). 성차를 살펴보면 음성 증상과 장애 지속 기간이 길어지는 좋지 못한 치료 예후를 보이는 경우는 남성에게서 더 높게 발생하는 반면, 기분 증상과 발현 징후가 더 짧은 면을 감안하면 남녀의 발병 위험률은 비슷하다.

　　조현병은 전형적으로 10대 후반과 30대 중반 사이에 나타나며, 청소년기 이전과 40대 이후에 처음으로 발병하는 경우는 매우 드물다. 첫 번째 정신병적 삽화 발병의 정점 연령은 남성의 경우 20대 초반이나 중반, 여성의 경우 20대 후반이다. 발병은 급작스럽게 나타나기도 하고 점차 진행성으로 나타나기도 한다. 발병 연령이 어릴수록 치료 예후는 좋지 않은 것으로 알려져 있다. 병전 기능이 나쁘고 교육 수준이 낮고 음성 증상이 뚜렷하며 인지 손상이 심한 경우 그리고 남성인 경우 치료 예후가 좋지 못하다. 인지 손상은 정신병 삽화 발생 중에 나타날 수도 있고, 정신병 출현 전에 선행해서 나타나기도 하며, 발병 후 성인기를 거치면서 지속적으로 나타나기도 한다. 또한 정신병적 증상이 없어진 후에 인지 결함이 지속되기도 한다. 조현병의 기능적 성과를 살펴보면 환자의 약 20%는 양호한 수준으로 좋아지고, 일부는 완전 회복된다. 그러나 많은 조현병 환자는 활성기 증상의 악화와 관해(완화)를 반복하면서 만성화되고 일부는 점진적으로 정신적인 황폐화 경과를 밟는다.

조현병의 진단 기준(DSM-5)

A. 다음 증상 중 2가지(또는 그 이상)가 1개월 중 상당 기간 동안 존재해야 하며, 이들 중 최소한 하나는 1 혹은 2 혹은 3이어야 한다.

　1. 망상

　2. 환각

　3. 와해된 언어(예: 빈번한 탈선 또는 지리멸렬한 언어)

　4. 극도로 와해된 행동 또는 긴장성 행동

　5. 음성 증상(예: 감정 표현의 감소 혹은 무의욕증)

B. 장애가 발병한 이후 상당 시간 동안 일과 대인관계 또는 자기 관리와 같은 주요 영역 중 한 가지 이상에서 기능 수준이 발병 전 성취 수준 이하로 현저히 저하된다(혹은 아동기나 청소년기에 발병하는 경우, 기대 수준의 대인관계, 학문적·직업적 기능을 성취하지 못함).

C. 장애의 지속적 징후가 최소 6개월 이상 계속된다.

D. 조현정동장애와 정신병적 증상을 동반한 우울 또는 양극성장애는 배제된다.

E. 장애가 물질(예: 약물, 치료약물)의 생리적 효과나 다른 의학적 상태로 인한 것이 아니다.

증상 탐구

카프그라스 증후군

　부모나 친구 혹은 배우자 등 가까운 가족의 얼굴이 똑같이 닮은 다른 사람이라고 믿는 망상을 말한다. 흔하지는 않지만 어떤 조현병 환자는 집에 있는 어머니가 자신의 어머니를 똑같이 닮았지만 사기꾼이고 가짜이며 공문서를 위조해서 진짜 어머니로 둔갑해 있는 것이라고 믿고 공문서 위조로 어머니를 고소하기도 한다. 가족이나 주변의 친구와 같은 익숙한 얼굴을 인식하기 위해서는 시각 경로를 통해 들어온 얼굴 자극과 상이 뇌의 측두엽에서 호의적인 감정 반응을 일으키는 편도체를 활성화시켜야 한다. 그러나 이 카프그라스 증후군(capgras syndrome)이 있을 경우

뇌의 손상으로 인해 시각적 자극이 정상적으로 처리되지 않으면서 진짜가 아닌 다른 사람으로 믿는 현상이 생긴다. 심지어 자기가 살고 있는 집도 위치는 같지만 가짜라고 믿기도 한다. 기억 착오와도 관련이 있어 보이지만, 이 증상의 대상이 되는 인물과의 갈등적인 역동이 심리적인 요인으로 작용할 수 있다.

2) 조현병의 원인

(1) 생물학적 요인

가족 연구나 양자 연구를 살펴보면 조현병 발생에 대한 유전과 환경의 상대적인 기여를 알 수 있다. 조현병 가계에서 조현형 성격장애가 유난히 많은 것 역시 이 장애가 유전적인 공유인자가 있다는 것을 밝혀 주고 있다. 조현병의 원인에 대해서는 한 가지 특정 염색체에 작용하는 변이된 유전자로만 설명할 수는 없고, 수많은 유전자가 질병에 취약하게 작용하는 것으로 봐야 한다. 연구자들은 분자유전학(molecular genetics)을 통해 조현병에 관여하는 유전자를 밝혀내려고 애써 왔다. 연구자들은 같은 염색체에 몰려 있는 유전자들은 유전 정보가 붙어 있어서 조현병이 기존에 알려진 DNA 특성 지표(traits marker)들과 함께 발생하는 경향이 있는지 살펴보았다. 최근 들어 분자유전학 분야의 발달과 연관분석(linkage anaysis) 같은 기법의 도입으로 조현병을 일으키는 1, 6, 8, 13, 15, 18, 22번 염색체에 관심이 모아지고 있다(Karoutzou et al., 2008).

조현병 발병과 관련된 생화학적 이상으로는 1960년대 이후 '도파민 가설(dopamin hypothesis)'이 지지되어 왔다. 이 가설에 따르면, 신경전달물질인 도파민을 사용하는 어떤 뉴런이 너무 자주 점화되면서 지나치게 많은 메시지가 전달되어 조현병이 발현된다. 파킨슨 병을 앓는 사람이 도파민 수준을 올리는 약인 L-도파를 사용하자 조현병과 유사한 증상을 보여서 이에 대한 가설이 입증되었다(Grilly, 2002). 특히 정신약물학자들은 D-2 수용기라는 도파민 수용기로 뉴런 메시지가 아주 쉽게 그리고 자주 전달된다는 사실을 확인하였다. 그러나 전통적인 약물과 달리 최근 개발된 비전형 항정신병 약물은 D-2 외에 D-1 수용기와도 결합하여 세로토닌과 같은 다른 신경전달물질 수용기와 결합한다는 사실이 밝혀지면서 조현병은 도파민 활동뿐만

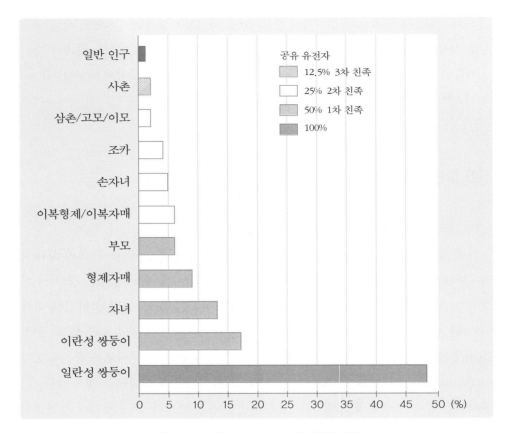

일반 인구

사촌

삼촌/고모/이모

조카

손자녀

이복형제/이복자매

부모

형제자매

자녀

이란성 쌍둥이

일란성 쌍둥이

공유 유전자
12.5% 3차 친족
25% 2차 친족
50% 1차 친족
100%

0   5   10   15   20   25   30   35   40   45   50 (%)

[그림 3-1] 유전적 관계로 본 조현병 발병 위험률

출처: Gottesman (1991).

아니라 세로토닌의 비정상적 활동이나 상호작용과 관련되어 있다고 추정되고 있다.
이 밖에 출생 전후의 생물학적 환경, 즉 태내에 있을 때 어머니의 외상, 영양실조, 감
염, 중독 등의 태내 환경, 출생 시 외상, 산소 결핍, 감염 등의 문제, 출생 직후 감염,
영양 부족 등의 문제도 조현병 취약성 발현 요소로 알려지고 있다.

(2) 구조적 · 기능적 뇌 이상

양전자 단층촬영(Positron Emission Tomography: PET)이나 자기공명영상(Magnetic
Resonance Imaging: MRI) 혹은 정교한 뇌영상 기술이 발달하면서 조현병 환자의 발
병과 관련하여 뇌의 기능적 · 구조적 측면의 이상에 대한 증거들이 늘어나고 있다.
어떤 조현병 환자는 뇌척수액이 들어 있는 뇌실이 더 크며, 이런 환자는 양성 증상

은 적지만 병이 발생하기 전에 사회 적응이 더 어렵고 인지적인 문제도 더 크게 나타난다(Cahn et al., 2002). 뇌실 확장은 뇌 일부가 적절하게 발달하지 못했거나 손상을 입었다는 신호일 수 있다. 또한 일부 조현병 환자의 경우 측두엽과 전두엽이 보통 사람보다 더 작고 회백질 양이 더 적으며 뇌 혈류도 비정상적으로 감소되거나 항진되어 있다.

이 외에도 조현병 환자는 정상 통제집단에 비해 광범위한 신경인지 기능에서의 결함을 보인다고 알려져 있다. 조현병 환자의 신경인지 결함은 장기 입원이나 약물 복용 때문만이 아니라 발병 이전부터 이미 기능 이상이 발견된다는 연구 보고들이 나오고 있다. 조현병 집단은 지속적 주의력 검사(Continuous Performance Task: CPT; Cornblatt et al., 1989)에서 정상 통제집단보다 수행이 떨어지며, 정신적 칠판이라고 할 수 있는 작업기억에서도 손상이 일관성 있게 보고되고 있다(Barch, 2005).

조현병과 신경인지 결함의 강한 증거는 P50이라고 불리는 정신생리 측정치다. 청각적 자극을 받으면 뇌는 양전자 반응(positive electrical response)을 하는데, 대개 청각적 신호를 받으면 두 번째 클릭에서 반응이 꺾이지만 조현병 환자는 그렇지 않다는 것이다. 이것을 P50 억제라고 하는데, 조현병 환자의 직계 가족에서도 P50 억제 문제가 있다고 알려져 있다. 이러한 억제 결함은 측두엽의 해마 부분의 특정 수용체 결함의 결과로 해석되고 있다. 해마는 조현병에서 특히 손상되어 있는 뇌 영역이다. 이런 취약성 때문에 조현병 환자는 주의 자원을 기능적으로 할당하는 것이 어렵고 외부 자극이나 요구에 잘 집중할 수 없게 된다. 이 때문에 주의력 결함은 조현병의 생물학적 지표로 간주된다(Sporn et al., 2005).

(3) 소질 스트레스 모델

조현병의 병인론에는 생물학적 요인이 크게 작용하지만 뇌발달의 주요 시기 동안에 일어나는 스트레스와 같은 환경적 요인의 영향을 받는다. 좋은 환경은 유전적 소인을 갖추고 있더라도 조현병 발병율을 낮출 수 있다.

조현병을 일으키는 원인에 대해 분명한 것은 없고, 매우 복잡한 요인에 의해 발병한다는 것이 정설이다. [그림 3-2]와 같이 소질 스트레스 모델에서는 유전적인 소질과 환경적 스트레스, 예컨대 출생 전 혹은 출생 과정이나 출생 후에 노출된 스트레스와 상호작용하여 조현병이 생긴다고 본다. 결과적으로 뇌 경로가 이상하게 발

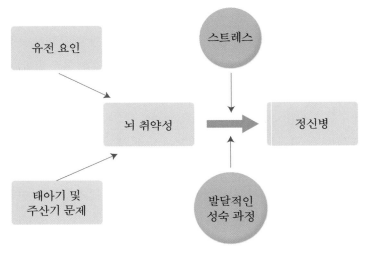

[그림 3-2] 소질 스트레스 모델

출처: Butcher et al. (2013).

달하며 같은 경로들이라고 해도 수많은 방식으로 손상이 일어날 수 있다. 자동차 엔진 결함이 연료 부족이나 잘못된 연료의 주입, 냉각제의 부족 등 다양한 원인에 의해 나타나듯이, 조현병이라는 결과에는 수많은 요인이 기여할 수 있다. 그렇기 때문에 조현병을 일으키는 단일 요인을 찾기가 쉽지 않다는 것이 연구자들의 입장이다.

(4) 심리학적 요인

1950년대와 1960년대 들어 항정신병 약물이 개발되면서 조현병의 약물 치료와 발맞추어 생물학적 요인과 유전적 요인을 규명하는 많은 노력이 있었다. 조현병은 기본적으로 유전적 이상과 생물학적 이상이 기저에 있는 장애이므로 약물 치료가 우선적으로 고려되어야 하기 때문에 다른 장애에 비해 심리학적 원인을 규명하는 노력은 부족하다. 그러나 인간은 생물학적 존재이기도 하지만 심리적·사회적·정서적 존재이기도 하므로 조현병과 같은 정신증의 발병에 심리학적 원인이 작용한다.

조현병의 원인에 대한 가장 유력한 심리학적 설명은 정신분석적 설명이다. 프로이트는 조현병이 2가지 과정에 의해 일어난다고 믿었다. 첫 번째는 자아 이전 단계로 퇴행하는 것이고, 두 번째는 자아 통제를 재정립하려는 노력이다. 예컨대, 부모가 양육을 잘하지 못하면 초기 발달단계로 퇴행하여 일차적인 자기애 상태에 머무르며 자신의 욕구만을 인식하고 충족한다는 것이다. 퇴행의 결과 자기의 중요성을 과장되게 지각하는 과대망상과 같은 자기중심적 증상이나 신조어 같은 증상이 나타날 수 있다는 설명이다. 이렇게 유아기로 퇴행하게 되면 자아 통제를 다시 획득하고 정립해서 현실과 접촉하려는 노력을 하게 된다는 것이다. 이런 관점에서 보면 환청은 현실감 상실을 보상하려는 무의식적 시도라고 볼 수 있다.

　조현병에 대한 정신분석학적 설명이 광범위한 지지를 얻지는 못하고 있지만, 실제 환자들의 망상 내용을 보면 무의식적 보상 기제가 작용한다는 것을 이해할 수 있다. 예컨대, 남편의 실직으로 경제적 어려움을 겪던 한 50대 여성 환자는 미국의 오바마 대통령이 자신에게 수십억 원을 송금해 주기로 했다는 망상을 보였는데, 망상 내용이 자신이 겪고 있는 경제적 어려움을 해결하는 쪽에 초점이 맞추어져 있는 것을 볼 때 무의식적 보상 작용이나 유아기적 환상이 작용하고 있다고 해석해 볼 수 있다.

　인지적 관점에서 볼 때 환상과 지각적 어려움을 경험하면서 조현병에 걸린 사람의 뇌에서는 실제로 괴상하고 비현실적인 감각이 발생하며, 이 비정상적인 감각을 스스로 이해하려는 과정에서 현실과 괴리된 부적절한 해석을 할 수 있다. 이는 '미친 행동으로 이어지는 합리적 경로'를 갖는다는 것인데, 환청이나 감각적 이상을 경험하면 스스로 이상한 경험과 지각을 어떻게든 설명하고 이해하고자 피해망상이나 신념을 만들어 낸다는 것이다(Butcher et al., 2013).

　인지모델(Morrison & Baker, 2000)에 따라 매우 종교적이고 과잉보호하는 편집증적인 부모를 둔 고위험군의 한 아동이 학교에서 괴롭힘을 당한 후 정신병으로 발병하는 과정을 살펴보면 다음과 같다. 우선 자신이 괴롭힘을 당한 것(경험 및 환경)에 대해 분노와 슬픔(기분 및 생리적 변화)을 느끼고 애들을 피하기 위해 뒷자리에만 앉고, 고개를 숙이고 다니고, 다른 애들이 자신에 대해 뭐라고 하는지 신경을 쓰고(인지 및 행동 반응), 자신은 괴롭힘을 당할 만한 사람이고 다른 사람이 자신을 해치려고 하니 스스로를 지켜야 한다고 생각하고(잘못된 자신 및 사회적 지식), 모든 주변 사람이 자기 욕을 하는 것이라고 믿고(문화적으로 수용할 수 없는 해석), 거리의 수근거리는 사람들을 피하고, 이웃이 뭐라고 하는지 엿듣는 등의 행동을 보이게 된다(의식으로의 침투).

　인지모델은 정신병으로 발병하는 데 있어서 인지 왜곡이 큰 영향을 미친다는 것

SBS 드라마 〈괜찮아, 사랑이야〉(2014)   영화 〈뷰티풀 마인드(A Beautiful Mind)〉(2001)

[그림 3-3] 조현병을 지닌 주인공이 등장하는 드라마와 영화

을 단적으로 보여 주고 있다. 인지행동치료는 개인의 비합리적인 사고에 대해 단계별로 구체화함으로써 정신병으로 전환되는 것을 조기에 발견하고 예방하는 데 도움이 될 수 있다.

3) 조현병의 치료 및 임상적 결과

(1) 약물 치료

1950년대까지는 조현병에 걸리면 정신병원에 장기 입원하여 시설 밖으로 나오지 못하였다. 그러나 1950년대에 항정신병 약물이 개발되면서 획기적인 변화가 일어났다. 조현병에 걸린 지 15~25년 정도 지난 환자들을 대상으로 한 임상 연구 결과들에 따르면(Harrison & Weinberger, 2005), 38% 정도는 병전 기능 수준으로 완전히 회복되지는 않지만 증상이 상당히 호전되고, 12% 정도는 만성으로 정신병원에 입원하며, 대략 1/3 정도는 음성 증상이 지속되기도 한다. 조현병 환자의 사망률을 살펴보면 일반 인구 집단에 비해 15년 정도 빨리 사망하는데, 그 이유는 항정신병 약물을 오랫동안 복용하였기 때문이거나 비만, 과도한 흡연, 다이어트 조절의 실패, 신체 활동의 부족 등에 기인한다.

조현병은 약물 치료가 우선적이다. 그동안 60개 이상의 항정신병 약물이 개발되었고 대부분의 약물은 도파민 D2 수용체를 차단하는 기능을 가지고 있다. 1세대 항정신병 약물인 클로르프로마진(chlorpromazine)과 할로페리돌(haloperidol)은 망상과 환청 같은 정신병적 증상을 목표로 개발되었다. 1950년대에 이 약물이 개발되었을 당시 조현병 치료의 획기적인 전환점이 되었고, 후에 나오는 2세대 약물과 구분하여 1세대 정형 항정신병 약물(typical antipsychotics)이라고 불렀다. 이런 1세대 약물은 환자의 증상 회복에 많은 도움을 주었고 효과성과 효용성이 입증되어 왔다. 대개 약을 복용한 지 첫 24시간 이내에 임상적인 효과가 나타나며, 수 시간 안에 도파민 차단이 시작되면서 도파민이 D2 수용체에 전달되는 것을 방해한다. 그러나 임상적인 유용성이 최대가 되기 위해서는 수 주 혹은 수 개월이 걸리기 때문에 특정 약물을 2~4주 이내에 어떻게 복용하는지에 따라 전반적인 치료 효과가 달라질 수 있다.

1세대 항정신병 약물은 조현병의 양성 증상에 효과적인 것으로 보고되고 있다. 그러나 환청과 망상 같은 양성 증상이 개선되는 효과가 있지만 졸림, 입 마름, 체중 증가와 같은 부작용도 만만치 않다. 특히 추체외로 부작용(Extrapyramidal side effects: EPS)이 심해 근육 경련, 강직, 떨림과 같은 불수의적 운동장애 같은 것이 동반되기도 한다. 또한 약물을 10년 이상 장기 복용하게 되면 복용 경과 중이나 중단 혹은 감량을 계기로 지연성 운동장애(tardive dyskinesia)가 나타나서 입술, 혀, 아래턱 등에 불수의적 운동장애가 생긴다.

2세대 항정신병 약물은 1980년대 이후에 개발된 비정형 약물(atypical antipsychotics)로 클로자핀(clozapine), 리스페리돈(risperidone), 올란자핀(olanzapine), 쿠에타핀(quetiapine), 아리피프라졸(aripiprazole) 등이 있다. 이 중 클로자핀이 가장 널리 사용되고 있고, 다른 약물에 잘 반응하지 않던 환자에게도 효과가 입증되고 있다. 2세대 약물은 추체외로 부작용 같은 것이 기존 1세대 약물에 비해 적고 운동장애 등도 적게 나타나지만 졸림과 체중 증가가 공통으로 나타나고 있다. 클로자핀 같은 약물의 경우 드물게 백혈구 수치를 떨어뜨려 생명을 위협할 수 있기 때문에 장기 복용 시 정기적으로 피검사를 받아야 한다.

최근 들어 여성이 남성에 비해 조현병이 늦게 발병하고 증상도 덜 심한 점을 감안하여 에스트로겐 같은 여성호르몬이 조현병의 치료에 효과적인지 알아보는 연구가 진행되어 왔다. 연구 결과 에스트로겐 패치를 착용한 여성이 1개월 뒤에 양성 증상이 감소한 것으로 나타나 에스트로겐의 항정신병 효과에 대해 추가 연구가 계속 진행되고 있다(Kulkarni et al., 2008).

임상 실제

정신과 환자의 보호 입원 제도(「정신건강복지법 시행규칙」 제43조 제2항)

'보건복지부령으로 정하는 기준에 해당되는 위험'은 다음 각호의 어느 하나에 해당되는 경우를 말한다. 이 경우 해당 위험 기준을 판단할 때는 정신질환자의 질병, 증상, 기왕력, 행의의 성격 또는 건강이나 안전에 미치는 영향을 종합적으로 고려하게 되어 있다.

- 본인 또는 타인의 건강 또는 안전에 중대하거나 직접적인 위해를 가하는 경우
- 본인 또는 타인의 건강 또는 안전에 중대하거나 직접적인 위해를 가할 개연성이 높다고 인정되는 경우
- 본인 또는 타인의 건강 또는 안전에 상습적인 위해를 가하는 경우
- 본인의 건강이나 안전에 중대하거나 급박한 위험이 있는 경우
- 본인의 건강이나 안전에 중대하거나 급박한 위험의 개연성이 높다고 인정되는 경우

→ 위 항목 중에 하나만 해당되어도 자·타해 위험이 있다고 판단되어 보호의무자 2인 이상 신청(후견인 우선)에 의해 '보호입원'을 시킬 수 있다. 보호자가 없는 경우 지자체장의 의뢰에 의한 '행정입원'이 가능하다.

※ 자·타해 위험에 대한 판단 예시(입원적합성 심사위원회 심사 가이드북, 보건복지부, 국립정신건강센터, 2020)

(1) 자살 또는 자해 시도가 임박하거나 잠재적인 위험의 예시
　　－지난 1년 이내의 자살이나 자해 시도 경험이 있음
　　－명료하고 구체적인 자살이나 자해 시도 계획이 있음
　　－지속적인 자살 생각이나 자해 충동에 몰입하고 있음

(2) 증상의 악화로 인한 건강의 중대하거나 급박한 위험의 예시

　－치료가 필요한 증상이 있음에도 불구하고 병식의 부재, 치료 환경의 미흡 등의 사유로 증상이 심각한 수준으로 악화되는 경우

　－정신질환으로 인해 재산의 탕진, 신체 건강을 돌보지 않음, 위생 및 청결의 문제로 인한 감염성 질환의 위험 증가

　－정신질환에 대한 치료에도 불구하고 난치성 증상의 지속 및 현실검증력과 판단력에 심각한 장애가 지속되는 경우

　－정신질환으로 인하여 본인의 신체 건강 관리를 포함한 기본적인 자기 관리 능력에 심각한 장애를 보이는 경우

(3) 자·타해 위험 개연성의 예시

　－과거 자해나 자살 시도 또는 폭력 행동(기물파손 포함), 과소비 등의 증상을 보였던 정신질환자가 투약을 중단하거나 경조증 등의 증상이 나타나는 경우

(4) 중독성 약물의 과도한 복용으로 인한 건강이 중대하거나 급격한 위험의 예시

　－제어되지 않는 갈망 등 중독의 문제로 야기되는 정신 및 신체 건강의 위험성

　－의식장애, 혼미, 금단 증상 등으로 인한 자해 위험성 증가 및 타인에 대한 공격적 행동 위험

　－술에 취해 자신 또는 타인의 생명, 신체, 재산에 위험을 끼칠 위험

(5) 타인에 대한 신체적 가해 행위나 위협 행위, 성적 문제 행동 등의 타인의 신체나 생명, 성적 자기결정권을 침해하거나 그 위험이 있는 경우

(6) 방화, 기물파손, 모욕이나 명예훼손 등 타인의 재산, 명예를 침해하거나 그 위험이 있는 경우

(2) 심리사회적 접근

조현병을 치료하기 위해서는 약물을 우선적으로 고려해야 하지만, 약물 치료가 유일한 치료법은 아니며 지금까지 다양한 심리사회적 기법이 개발되어 왔다. 1950년대 이전만 해도 조현병의 원인으로 좋지 못한 가족 배경을 꼽았다. 특히 '조현병을 일으키는 엄마(schizophrenogenic mother)'라는 개념이 매우 영향력이 있었다(Fromm-Reichmann, 1943). 이 개념은 냉담하고 적대적이며 의도적으로 자녀를 거부하고 양육을 잘하지 못하는 어머니가 자녀의 조현병을 초래한다는 것이었다. 그러나 이 개

넘은 정신병을 앓고 있는 자녀를 둔 부모에게 감당하기 어려운 죄책감과 심리적 부담감을 주는 용어가 되었고, 요즘은 더 이상 근거가 없는 개념으로 여겨지고 있다. 이 외에도 이중 구속 가설(double-bind hypothesis; Bateson, 1960, 1995)도 조현병과 연관이 있다. 이중 구속이란 모순적이고 갈등적인 메시지를 주는 것으로, 자식을 사랑한다고 하면서도 자식이 다가가면 귀찮아하고 밀어내는 식으로 이중 메시지를 주는 것을 말한다.

가족 간에 정서적인 표현이 매우 거칠고 혼란스러운 특성이 조현병을 일으킬 수 있다는 연구들도 지지를 받았다(Brown, 1985). 비교적 최근에 와서는 표현된 정서(Expressed Emotion: EE)가 조현병 재발의 주요 원인으로 밝혀지고 있다. EE 하위 척도 중에서 환자를 비난하고 적대적이며 정서적으로 과잉 개입(Emotional Overinvolvement: EOI)을 하는 것이 환자의 증상 악화를 촉진한다는 연구 결과들도 있다. 최근 들어서는 기능적 자기공명영상(fMRI)을 사용해서 EE를 연구 중인데, 비난을 듣거나 정서적으로 과잉 개입하는 말을 듣게 될 때 정신병리에 취약한 사람은 뇌 활성화 패턴이 정상인과 다르다고 보고되고 있다(Hooley et al., 2009). 조현병 환자의 재발과 높은 EE가 상관이 높다는 연구들이 제기되면서 높은 EE를 다루어 주기 위한 가족교육이 활발하게 이루어지고 있다.

① 인지교정 또는 인지재활

1980년대에 들어오면서 조현병의 핵심 증상으로 망상과 환청 외에 인지 결함이 주목을 받았다. 인지 기능의 손상이 병전부터 발생해서 증상이 가라앉은 후에도 지속되어 사회적 기능을 저해하는 요인으로 지적됨에 따라 인지 기능을 좋게 하는 약물도 개발되었고, 인지 결함을 수정하려는 치료 프로그램들도 개발되었다. 인지재활(cognitive rehabilitation) 프로그램은 보상 전략을 사용하여 조현병 환자가 기억력, 주의력, 변별력, 실행 기능 등의 결함을 향상시킬 수 있도록 도와준다. 조현병 환자의 인지 기능의 향상이 대화 기술, 자기보호, 작업 기술 등과 연결되는지 알아보기 위한 연구들도 활발하게 이어졌다. 인지 훈련은 주의력, 기억력, 실행 기능 등을 향상시키는 것으로 드러났고, 직업재활 시 작업 능력의 향상을 가져왔다. 인지재활을 받은 환자는 사회 기능에서도 향상을 보였다. 특히 만성화된 조현병 환자의 경우 이러한 치료 접근에서 도움을 얻는 것으로 보고되고 있다(Lee, 2013; Wykes et al.,

2011). 인지재활 훈련은 기존의 다른 재활치료, 특히 직업 기술 전략과 함께 사용될 때 만성 조현병 환자에게 효과적이다.

② 인지행동치료

인지치료는 원래는 우울, 불안, 강박증, 공황장애 등에 적용되어 오던 치료법으로, 정신증에는 잘 적용되지 않았다. 그러나 인지치료는 조현병의 망상과 같은 양성 증상을 감소시키고 재발을 줄여 주며 사회적 무능력을 감소시키는 것으로 드러나고 있다. 인지치료에서는 조현병 환자가 가진 망상이나 환청의 주관적인 특성을 탐색하고 그것이 사실인지 증거를 찾게 하며, 왜곡된 망상적 신념에 대한 현실검증력을 강화시킨다. 그러나 사고 능력이 떨어지는 심한 조현병 환자에게는 인지치료가 적합하지 않다. 조현병 환자가 만성화되어 음성 증상이 심한 경우에는 인지 왜곡을 다루는 인지치료보다 인지 결함을 다루어 주는 인지재활 기법이 더 효과적일 수 있다.

③ 환경치료와 토큰 경제

1950년대 이후 수용시설에 거주하였던 만성 조현병 환자를 위한 획기적인 치료는 환경치료였다. 환경치료(milieu therapy)는 인본주의 원칙에 입각한 것으로, 1953년 영국의 정신과의사 맥스웰 존스(Maxwell Jones)가 병원에 최초의 환경치료를 적용하면서 시작되었다. 환경치료의 원칙은 정신병원과 같은 시설 혹은 기관에서 입원환자에게 활동을 강화하고 자기책임감을 갖도록 해 주어 사회적 분위기나 환경에 적응해 나가도록 도와주자는 것이다. 환경치료의 영향으로 수동적으로 시설에 수용되던 만성 정신질환자가 스스로의 삶을 이끌어 가며 자기결정력을 회복할 수 있게 되었다. 환경치료 병동에서는 병실 생활을 병동 밖과 유사하게 계획하고, 환자의 여가 시간을 존중하고, 규칙을 세우고, 벌칙을 정하여 이를 따르게 하였다. 우리나라에서도 1980년대에 들어와서 대형병원인 용인정신병원을 중심으로 환경치료 병동이 세워졌고, 환자와 직원 간의 상호작용이 보다 좋아졌으며 환자 스스로 성취할수 있다는 기대감을 고취시켜 주었다. 오늘날 중증 만성 정신장애인을 위한 반거주시설(halfway house), 주거시설, 그 밖의 다른 지역사회 프로그램은 환경치료 원리에 따라 환자의 책임감과 자기결정력을 강조하고 있다.

또 다른 치료적 변화는 행동주의 원리에 입각한 토큰 경제(token economy) 프로그램이다. 이 프로그램은 만성 환자가 정신의료시설에 오랫동안 수용되면서 점차로 악화되는 문제행동 영역에 대해 개별적으로 보살핌을 제공하고, 환자의 자기상을 개선하는 데 도움을 주었다. 토큰 경제는 행동주의 원칙에 의해 조작적 조건형성을 체계적으로 적용한 기법이다. 토큰 경제 원칙을 적용해서 환자는 적절한 행동에 대해 보상을 받고, 그렇지 않을 때는 보상을 받지 못한다. 여기서 적절한 행동에 대한 즉각적 보상은 나중에 퇴원, 면회, 담배, 휴식, 음식 등의 특권과 교환할 수 있는 토큰이다. 적절한 행동으로는 자기 물건을 잘 관리하기, 직업재활 프로그램에 들어가기, 정상적으로 말하기, 행동 규칙 따르기 등이 있다.

④ 개인치료 및 심리교육적 접근

1960년대 이전에 조현병 환자에게 가장 적합한 심리치료는 프로이트의 정신분석 이론이었다. 그러나 1980년대쯤에는 상황이 많이 바뀌었다. 정신분석치료가 어떤 경우에는 환자의 증상을 더 악화시킨다는 연구 결과(Mueser & Berenbaum, 1990)들이 나오면서 정신분석 기반 개인 심리치료는 점차로 덜 선호하는 치료가 되었다. 최근에 들어서는 조현병 환자를 위한 '개인치료(personal therapy)'로 불리는 치료법이 시행되고 있다. 개인치료는 다양한 대처 기법과 기술을 가르치는 비정신분석 접근이다(Butcher et al., 2013). 이 치료는 환자의 회복 과정에서 단계별로 진행되며, 초기 단계에서는 증상과 스트레스 수준 간의 관계에 대해 인식하는 것을 배우고 이완 훈련과 인지 기법을 배운다. 후반에는 사회기술이나 직업재활 기술에 초점을 둔다. 전반적으로 이런 개인 맞춤식 치료는 조현병 환자의 사회 적응을 끌어올리고 퇴원 후 사회적 역할 수행을 도와주고 있다. 이 밖에 심리교육(psychoeducation)을 통해 환자가 자신의 질병의 과정과 치료에 대해 교육을 받는다. 표준적인 치료 외에도 약물 교육이나 증상 교육과 같은 심리교육을 받은 환자의 재발율이 떨어지고 입원율이 감소하였다. 이런 심리교육들은 치료 과정에 환자를 포함하는 것이 중요하다는 것과 질병에 대한 지식 및 이해를 증진시키는 것을 목표로 하고 있다.

⑤ 사례관리

환자가 지역사회에서 보다 잘 기능하게 하기 위해서는 사례관리가 필수적이다. 사례관리자는 환자에게 필요한 서비스, 예컨대 주택, 치료, 고용 등의 서비스를 잘 받을 수 있도록 연계해 주는 역할을 한다. 주장적 지역사회 치료(Assertive Community Treatment: ACT) 프로그램은 이런 특별한 목적을 위해 만들어진 방법이다. 우리나라에서는 정신건강의학과 의사, 정신보건 임상심리사, 정신보건 사회복지사, 정신보건 간호사들이 다학제적 사례관리를 하고 있다. ACT는 입원 기간을 단축시켜 주고 지역사회에서 기능하는 데 필요한 여러 가지 서비스를 환자에게 맞춤식으로 제공해 주기 때문에 비용 효과적이다.

⑥ 사회기술 훈련

　망상이나 환청을 보이는 조현병 환자는 약물로 증상이 통제되어도 직업을 구하거나 대인관계를 맺거나 일상생활을 스스로 이어 나가기가 어려운 경우가 많다. 임상적인 증상은 호전되지만 기능적인 결과(functional outcome)를 향상시키기 위해서는 사회기술 훈련(Social Skill Training: SST), 대인관계 훈련 같은 프로그램들이 필요하다. 특히 만성 조현병 환자는 대인관계 기술이 부족하므로 대인 상황에서 의사소통할 수 있는 능력, 사회적·정서적 단서를 파악하는 능력 등 일상적인 기술을 사회기술 훈련에서 배울 수 있다. 사회기술 모듈에는 대화 기술, 직업 기술, 약물 및 증상 관리 기술 등이 포함된다. 예컨대, 대화 기술 훈련에서는 눈 맞춤하는 요령과 보통의 목소리 톤으로 언어를 표현하는 기술을 배우고, 치료자로부터 교정적인 피드백을 받고, 역할 연기를 통해 새로운 기술을 회기 내에서 연습하고, 자연스러운 일상 환경에서 적용하는 것 등을 훈련한다. 사회기술 훈련 효과에 대해서는 엇갈린 연구 결과들이 있지만 대체로 이 훈련을 받게 되면 환자가 새로운 사회기술을 획득하고, 자기 의견을 더 잘 피력하게 되고, 전반적인 사회 기능이 향상되는 것으로 보고되고 있다. 사회기술 훈련을 받은 환자의 경우 재발률이 낮고 입원 치료율이 줄어든다(Kurtz & Mueser, 2008).

⑦ 정신사회 재활

　전통적인 의학적 모형은 병리적인 것에 초점을 두고 증상을 줄이려는 목적을 가지고 있는 반면, 재활 모형은 건강한 면에 초점을 두고 주어진 환경 안에서 만족스럽고 보람된 삶을 살도록 하는 데 목적을 두고 있다. 정신재활 분야의 기원은 도덕적 치료 시대인 19세기로 거슬러 올라간다. 이 시기에 들어오면서 정신질환을 앓고 있는 사람에게 보다 인간적인 치료를 해야 한다고 주장하는 사람들이 등장하면서 치료 목표를 "환자의 상태가 허용할 수 있는 데까지 치료해야 하며, 환자가 건강한 정신 기능을 계속 유지하도록 하고 환자의 상태를 가능한 한 안락하게 만들어 주는 것"으로 설정하였다. 도덕적 치료를 시행하기 위해서는 무엇보다도 정신장애인의 작업 기술, 오락 활동, 사회적 활동에 대한 보다 포괄적인 평가가 우선되어야 한다. 도덕적 치료에서는 체계적이고 조직적인 활동을 통해 환자를 치료할 수 있다고 생각하였다. 이러한 관점은 오늘날의 정신재활과도 일치된다. 1943년 미국에서 정신장애인에게도 재정적 지원과 직업재활 서비스를 제공해야 한다는 조항이 「직업재활 법률」에 추가되었고, 같은 시기에 영국에서도 비슷한 법률이 제정되었다. 환자의 능력에 맞게 조정된 직업재활이야말로 장기간 정신질환을 앓는 환자가 사회로 복귀할 수 있도록 돕는 지역사회 치료의 가장 중요한 초석이다.

1950년대와 1960년대에 미국과 유럽 각국에서 정신과 환자 및 지적장애인에게 지역사회에 바탕을 둔 치료를 제공해야 한다는 법률이 제정되면서 지역사회 정신보건운동이 시작되었다. 지역사회 정신보건운동은 환자가 살고 있는 지역사회에서 그들이 가능한 한 정상적인 생활을 유지할 수 있도록 도움을 주어야 한다는 새롭고 근본적인 이념을 제시하였다. 이것을 실현하기 위해 각 지역마다 지역사회 정신보건센터가 개설되었다. 지역사회 정신보건센터의 설립과 함께 시작된 탈수용화 운동은 환자가 사회에 정착하기 위해서는 무엇보다 직업 훈련이 중요하다는 사실을 다시금 일깨워 주었다. 지역사회 정신보건운동이 내세운 이념 중 현재의 재활 이념과 일치하는 것으로는 환자에 대한 서비스가 포괄적이고 지속적이어야 하며, 환자와 그 가족이 그것을 이용할 수 있어야 한다는 점이다.

만성 정신질환자가 정상적인 사회 활동에 완전히 복귀한다는 것이 거의 불가능하다는 사실이 경험적으로 밝혀짐에 따라 지역사회에서 어느 정도 생활을 할 수 있도록 환자가 필요로 하는 영역에 집중하는 편이 더 효과적이라는 견해가 제기되었다. 초기에는 자조모임으로 시작했다가, 이것을 시발점으로 보다 포괄적이고 다양한 서비스를 제공하기 위한 정신사회 재활센터들이 연이어 설립되었다. 정신사회 재활센터는 환자를 도와 바람직한 역할을 할 수 있는 기회를 제공하고, 스트레스 요인을 다루어 주고 주택과 직장을 알선해 줌으로써 환자가 실제 생활에서 부딪히는 문제들을 극복할 수 있도록 도왔다.

우리나라에서도 1990년대 중반 이후 대형 정신병원을 중심으로 조현병 환자의 사회적 기능을 회복시키기 위한 정신사회재활 서비스가 진행되고 있다. 정신사회재활 서비스를 이용하게 됨으로써 만성 조현병 환자는 지역사회로 나가서 직업재활 프로그램을 통해 사회 복귀를 하는 것이 더 용이해졌다.

2. 기타 조현병 스펙트럼장애

1) 조현정동장애

사고장애가 주로 나타나는 조현병과 달리 조현정동장애(schizoaffective disorder)는 사고장애와 기분장애를 동시에 보이는 장애다. 조현정동장애 진단을 내리려면 우선 조현병 진단 기준 A가 충족되어야 하며, 그 기간 동안 우울 및 조증 삽화가 있어야 한다. 핵심적인 증상으로는 기분 증상이 전 유병 기간 동안에 충분히 있어야 한다.

조현정동장애의 유병률은 조현병의 1/3 정도다. 평생 유병률은 0.3%로 추정되며(APA, 2013), 남성보다 여성에게서 더 높게 발생하고, 여성의 경우 우울형이 더 많다. 이들은 주요우울 삽화 발병 전에 약 2개월 동안 환청과 피해 망상을 갖고 있다. 정신병적 증상과 완전한 주요우울 삽화가 그다음 3개월 동안 나타나며, 이후 기분 삽화에서 회복되더라도 정신병적 삽화가 1개월 더 지속되다가 사라진다. 총 유병 기간은 대개 6개월이며, 처음 2개월은 정신병적 증상만, 다음 3개월은 우울 및 정신병적 증상 모두, 마지막 1개월은 정신병적 증상만 있다가 사라지는 경우가 전형적이다. 이 경우 우울 삽화 지속이 정신병적 장애의 총 지속 기간에 비해 짧지 않기 때문에 조현병보다는 조현정동장애가 더 적합하다.

전체 과정을 보면 정신병적 증상은 가변적이다. 우울증 또는 조증 증상이 정신병 발병 이전, 급성 정신병적 삽화 동안, 잔류기 그리고 정신병 종결 이후에 일어날 수 있다. 진단에 중요한 것은 정신병적 증상과 기분 증상이 동시에 발생하는 것이다. 조현정동장애 양극형은 초기 성인에게서 더 많이 나타나고, 조현정동장애 우울형은 나이 든 성인에게서 더 흔하다. 그러나 실제 임상에서 조현병, 조현정동장애 그리고 정신병적 양상을 동반한 양극성장애 및 우울장애를 구분하는 것이 쉽지는 않다. 이 경우 가장 정확한 진단을 위해서는 병의 경과를 살펴봐야 하며 약물 반응도 고려해야 한다. 처음에 조현병을 진단받은 사람이 조현정동장애 진단으로 바뀌기도 하고, 조현정동장애에서 조현병 진단으로 바뀌기도 한다. 조현정동장애를 가진 사람은 사회적·직업적 기능 문제를 보이지만 진단 기준에는 이 기준이 들어가 있지 않으며, 환자마다 상당히 다양한 기능적인 결과를 보인다.

조현정동장애의 진단 기준(DSM-5)

A. 조현병의 연속 기간 동안 조현병의 진단 기준 A와 동시에 주요 기분(주요우울증 또는 조증) 삽화가 있다.

B. 평생의 유병 기간 동안 주요 기분(주요우울증 또는 조증) 삽화 없이 망상이나 환각이 2주 이상 존재한다.

C. 주요 기분(주요우울증 또는 조증) 삽화의 기분에 맞는 증상이 병의 활성기 및 잔류기의 지속 기간 동안 대부분 존재한다.

※ 다음 중 하나를 명시할 것
- 양극형: 조증 삽화로 발현될 경우 적용됨. 주요우울 삽화도 일어날 수 있음
- 우울형: 주요우울 삽화로 발현될 경우 적용됨

표 3-2 조현병, 조현정동장애, 정신병을 동반한 조울증/우울장애의 감별 진단 포인트

조현병	조현정동장애	정신병을 동반한 조울증/우울장애
망상, 환각이 기분 삽화와 상관이 없음	주요 기분 삽화 증상이 전체 지속 기간 중 대부분 존재하며 기분 삽화 없이 최소 2주간 분명한 망상, 환각이 존재함	기분 삽화 동안에 망상, 환각이 존재하며, 기분 삽화가 없어지면 망상, 환각도 없음

2) 조현양상장애

조현양상장애(schizophreniform disorder)는 조현병과 동일하지만 증상 지속 기간이 6개월 미만일 경우 진단 내려진다. 전조기, 활성기, 잔류기를 포함하여 전체 지

속 기간은 1개월 이상 6개월 미만이다. 첫 진단을 받고 약 1/3 정도는 6개월 이내에 회복된다. 나머지 2/3는 조현병이나 조현정동장애로 발전한다. 적응 기능 문제가 심해서 학교나 직장, 대인관계, 자기관리 능력이 떨어진다. 조현병 진단에 요구되는 6개월 지속 기간 내에 장애에서 회복될지는 명확하지 않기 때문에 진단은 '조현양상장애(잠정적)'라고 붙인다.

조현양상장애에는 다른 정신병적 장애와 달리 사회적·직업적 기능의 손상을 요구하는 기준이 없다. 잠재적으로 그런 손상이 있을 수도 있지만 조현양상장애의 진단에 필수는 아니다. 유전적·생리적 위험 인자를 살펴보면 조현양상장애가 있는 사람의 친척에서 조현병 위험 요인이 높은 것으로 알려져 있어 조현병과 유전인자를 공유하고 있는 것으로 추정된다. 조현양상장애에서 회복된 사람은 조현병보다는 더 예후가 좋지만 조현병으로 이어지는 경우에는 기능적 결과가 좋지 못하다.

조현양상장애의 진단 기준(DSM-5)

A. 다음 증상 중 2가지 이상이 상당한 시간 동안 존재하고, 이들 중 최소한 한 가지는 1 또는 2 또는 3이어야 한다.
　1. 망상
　2. 환각
　3. 와해된 언어(예: 빈번한 탈선 또는 지리멸렬)
　4. 극도로 와해된 행동 또는 긴장증적 행동
B. 장애 삽화의 지속 기간이 최소 1개월 이상, 6개월 이내로 지속된다.

증상 탐구

산후정신증

2001년 미국의 36세 여성인 안드레아 예츠는 5명의 자녀를 모두 욕실에서 익사시켰다. 그녀의 병명은 산후정신증(postpartum psychosis)이었다. 우리나라에서도 이런 사례가 심심찮게 발생하고 있다. 32세의 한 여성은 아이를 낳자마자 자신이 살고 있던 농가 앞에 있는 웅덩이에 아이를 빠뜨려 죽였다. 산후정신증은 1,000명의 여성 중에 2명꼴로 영향을 미친다고 알려져 있고, 출산 후 거대한 호르몬 변화로 일어난다고 알려져 있다. 아이를 낳은 후 며칠 혹은 몇 달 동안 자신의 아이가 악마라고 믿는 망상을 보이기도 하고, 환청을 호소하며, 극도의 불안, 혼란과 지남력 상실, 수면 곤란, 비논리적 사고(예: 자기 아이가 살해될 것 같다는 느낌) 등의 현실감을 상실한 모습을 보인다. 산후우울증을 치료하지 않을 경우 산후정신증으로 발전할 수 있다. 산후정신증은 드문 질환이지만, 출산 후 나타날 경우 현실과 단절감을 느끼고 영아 살해와 자살 충동이 동반될 수 있다. 조울증, 조현병, 우울증 병력이 있는 여성은 산후우울증이나 산후정신병으로 발전할 위험이 높다. 대부분의 산모는 '산후우울감'에서 오는 약간 멍한 것 같은 느낌과 급작스러운 감정 변화에서 회복되지만, 증상을 가볍게 볼 경우 영아 살해 등 매우 비극적인 문제로 발전될 수 있다(Comer, 2017).

3) 망상장애

57세의 회상 씨는 회사원으로 근무하다가 2년 전에 명예퇴직했다. 직장을 다시 구하려고 애썼으나 경기 불황으로 재취업할 수 없었고, 명예퇴직 시 받은 퇴직금으로 조그마한 치킨 가게를 운영하였으나 그마저도 장사가 잘되지 않아 가게를 내놓은 상태다. 경제적으로 어려워지자 살림에 보태기 위해 아내가 보험회사에 들어갔는데, 아내의 퇴근 시간이 늦어지면서 회상 씨는 아내의 외도를 의심하기 시작했다. 아내가 집에 돌아오면 핸드폰이나 핸드백을 조사하기 시작하였고, 아내가 핸드폰 문자를 확인하는 것을 보면 집 밖에 외도를 하는 상대 남성이 와 있다고 의심하면서 아파트 베란다를 서성이는 모습을 보이기 시작하였다. 급기야는 아내의 통장 내역과 휴대폰 통화 내역을 조사하기 시작하였고, 아내의 이메일 아이디와 비밀번호를 알아내어 이메일까지 조사하는 모습을 보였다. 견디다 못한 부인이 남편의 정신적인 문제에 대해 상담을 요청하였고, 부부상담을 하기 위해 정신건강의학과에 내원하였다.

망상장애의 주요 특징은 조현병의 다른 특징이 없는데도 현실에 맞지 않는 지속적인 믿음을 가지고 있는 것이다. 앞의 사례처럼 아내의 정절을 의심하는 경우 질투형 망상장애에 해당된다. 한 직장 여성이 특별한 증거 없이 회사의 동료들이 자신을 모함하고 괴롭히고 있고 자신을 몰아내려 한다고 믿고 있다면 피해형 망상장애일 가능성이 높다. 이 장애는 다른 심각한 정신증이나 뇌 발작과 같은 기질적인 문제는 없지만 지속적인 망상을 특징적으로 보인다. 조현병보다는 기괴하지 않은 망상이 최소 1개월 동안 지속된다. 망상장애를 가진 사람은 조현병에서처럼 무쾌감, 둔화된 정동 등의 음성 증상을 보이지는 않지만 다른 사람을 의심하기 때문에 사회적으로 고립을 좌초한다.

망상장애의 하위 유형인 색정형은 어떤 사람이 자신을 사랑한다고 믿는 것으로, 대개 유명인이나 직장 상사, 낯선 사람이 그 대상일 수 있다. 과대형은 자신이 굉장한 재능을 가지고 있다고 확신한다. 종교에 몰두하고 있는 사람의 경우 종교망상으로 표현될 수 있다. 질투형은 매우 흔한 유형인데, 배우자의 정절을 의심하는 것이 특징이다. 이들은 부정확한 추론에 근거하여 의심의 증거를 쌓아 놓고 상대방을 괴롭힌다. 피해형 망상을 가진 사람은 자신이 음모를 당하고 있고 누군가가 자기를 미행하며 비난하고 있다고 의심한다. 이들은 자신을 괴롭힌다고 믿는 상대방에게 폭력을 가하기도 해서 법적인 문제에 휘말리기도 한다. 신체형 망상을 가진 사람은 자신의 몸에서 악취가 난다고 믿거나 피부 위나 속에 벌레가 있다고 믿고, 내장에 기생충이 있다고 믿거나 신체의 특정 부분이 기형이거나 흉하게 생겼다고 믿는다. 망상이 심해지면 부부 문제 또는 직장 문제가 발생한다. 망상적 믿음에 따라 과민하고 불쾌한 기분이 동반된다. 특히 피해형 망상장애가 있는 사람은 소송을 일삼거나 적대적인 행동에 빠진다. 어떤 환자는 정부나 공공 기관 등에 수백 통의 민원을 제기하기도 하고 법적으로 어려운 일에 말려들기도 한다.

망상장애는 상대적으로 드문데, 정신병적 장애를 가진 사람들에서는 2~8% 정도 되는 것으로 보고된다(Vahia & Cohen, 2008). 그러나 이들이 정신건강 진료를 받지 않으려고 하기 때문에 정확한 유병률은 파악하기가 쉽지 않다. 1년 유병률은 0.2%로 추정되며, 가장 흔한 것이 피해형 망상장애다(APA, 2013). 질투형 망상장애는 여성보다 남성에게서 흔히 나타나지만 남녀 차이는 전반적으로 볼 때 크지 않다.

망상장애 환자의 친척에게서 의심, 질투, 비밀스러운 행동이 많이 나타나는 것으로 보아 이런 성향이 유전되는 것으로 추정되나 명확한 원인을 찾기는 어렵다. 암페타민이나 알코올, 코카인 같은 것이 망상을 유발할 수 있고, 뇌종양, 헌팅턴 병, 알츠하이머가 망상을 일으킬 수 있으므로 진단을 내리기 전에 이런 장애를 먼저 고려해야 한다. 망상장애의 전반적인 기능은 조현병보다 양호하지만 일부 망상장애는 조현병으로 발전하기도 한다. 망상장애는 조현병 활성기 증상이 없다는 점에서 조현병과 구분된다.

망상장애의 진단 기준(DSM-5)

A. 한 가지 이상의 망상이 1개월 이상 지속된다.

B. 조현병의 진단 기준 A에 맞지 않는다.

C. 망상의 영향이나 파생 결과를 제외한다면 기능이 현저하게 손상되지 않고 행동이 뚜렷하게 이상하거나 괴이하지 않다.

D. 조증이나 주요우울 삽화가 일어난다면, 망상 지속 기간에 비해 상대적으로 짧다.

※ 다음 중 하나를 명시할 것
- 색정형: 망상의 중심 주제가 또 다른 사람이 자신을 사랑하고 있다는 것일 경우 적용
- 과대형: 망상의 중심 주제가 어떤 굉장한(확인되지 않은) 재능이나 통찰력을 갖고 있다거나 어떤 중요한 발견을 하였다는 확신일 경우 적용
- 질투형: 망상의 중심 주제가 자신의 배우자나 연인이 외도를 하고 있다는 것일 경우 적용
- 피해형: 망상의 중심 주제가 자신이 음모, 속임수, 염탐, 추적, 독극물이나 약물 주입, 악의적 비방, 희롱, 장기 목표 추구에 대한 방해 등을 당하고 있다는 믿음을 수반한 경우 적용
- 신체형: 망상의 중심 주제가 신체적 기능이나 감각을 수반한 경우 적용
- 혼합형: 어느 한 가지 망상적 주제도 두드러지지 않은 경우 적용

2. 기타 조현병 스펙트럼장애   105

4) 단기정신병적장애

단기정신병적장애(brief psychotic disorder)의 임상적 특징은 별다른 전조 증상 없이 갑작스럽게 비정신병적 상태에서 정신병적 상태로의 변화가 2주 이내에 나타나는 경우다. 이 장애는 최소 1일 이상 최대 1개월간 지속되다가 병전의 기능을 회복한다.

단기정신병적장애가 있는 사람은 대개 정서적 고통이나 혼란을 경험하며 강렬한 정동 상태를 왔다 갔다 한다. 비록 장애 지속 기간이 짧기는 하지만 정신증적 상태에서는 심각한 기능 손상이 동반된다. 판단력이 떨어지고 영양 및 위생 관리가 잘 안 되고 인지 기능의 손상이 일어나며 망상에 기초한 행위 등이 나타날 수 있다. 급성 삽화 동안에 자살 위험이 증가하기도 한다. 남성보다는 여성에게서 2배 이상 더 흔하게 나타난다. 대개 30대 중반에 나타나지만 그보다 더 이른 청소년기나 더 늦은 인생 후반에 나타날 수도 있다.

어떤 사람은 며칠 만에 정신증적 에피소드가 끝날 수도 있다. 기존에 성격장애가 있을 경우, 특히 조현형(schizotypal) 성격장애, 경계선(borderline) 성격장애나 지각 조절 곤란 같은 정신병적 경향성(psychotic proneness), 부정적 정서성(negative affectivity)과 같은 특질이 있을 경우 이 장애의 발병에 취약하다.

단기정신병적장애의 진단 기준(DSM-5)

A. 다음 증상 중 하나 혹은 그 이상이 존재하고, 이들 중 최소한 하나는 1 내지 2 혹은 3이어야 한다.

 1. 망상

 2. 환각

 3. 와해된 언어(예: 빈번한 탈선 또는 지리멸렬)

 4. 극도로 와해된 행동 또는 긴장증적 행동

B. 장애의 삽화가 최소 1일 이상 1개월 이내이며 증상이 사라지면 병전 수준으로 기능이 완전히 회복된다.

3. 조기 정신병

조기 정신병(early psychosis)이란 정신병이 뚜렷하게 발병하기 전 단계인 전구기(prodromal phase)와 첫 발병한 초발환자(First-Episode Psychosis: FEP)를 포함하는 개념으로, 정신병 첫 발병 후 5년 이내로 보고 있다. 조기 정신병과 조기 개입이라는 개념은 최근의 것은 아니다. 초고위험군(ultra high-risk group)을 찾아내고 치료를 한다는 개념은 1927년에 이미 설리반(Sullivan)이 "정신분열병의 초기 단계라면 현실과의 효과적인 연결이 완전히 끊어지고 요양시설에의 장기입원이 필요해지기 전에 막을 수 있을 것으로 확신한다."라고 하였다.

예방에 대한 관심이 높아지면서 1990년대에 들어와 미국, 호주, 캐나다, 독일 등에서 조기 정신병 운동이 일어났고, 2004년에 조기 정신병 아시아 네트워크가 결성되었다. 일본에서는 2006년 도야마 대학병원이 도야마 도립정신건강센터와의 공동협력으로 주로 청년층에게 조기 중재 목적의 정신건강 서비스를 제공하기 위해 상담 서비스를 시작하였고, 우리나라에서는 서울대학교병원 정신건강의학과를 필두로 2004년 10월부터 14~30세의 젊은 층을 대상으로 정신건강 문제를 조기 평가하고 중재하고 있다.

조기 정신병 연구가 필요한 것은 치료를 받기까지의 기간(Duration Untreated Period: DUP)이 중요하기 때문이다. 발병에서 치료까지 걸리는 시간을 줄여야 하는 이유는 정신병이 발병해서 시간이 지나면 만성화될 가능성이 높기 때문이다. 우리나라의 경우 1970년대와 1980년대만 하더라도 정신병에 대한 부정적인 인식 때문에 증상이 발병하고 한참이나 지난 뒤에 정신병원에 오는 등 증상을 더욱 악화시키는 경우가 많았다. 그러나 최근 들어 정신병에 대한 인식 개선과 함께 정부 차원에서도 적극적으로 정신병을 조기에 발견하자는 취지의 다양한 캠페인을 벌이고 있다. 특히 정신질환의 주요 초발 연령이 주로 10대 후반부터 20대이기 때문에 전구기 증상을 조기 발견하여 개입할 수 있도록 정신건강증진센터와 각급 학교 등의 유기적인 연계가 필요하다. DUP를 줄이기 위해서는 예방 교육이 필요하고, 학교에서는 보건교사의 역할이 매우 중요하며, 각 동사무소 사회복지과에서 취약군의 사례를 발굴하는 것이 중요하다. 이 밖에도 대중매체에서의 정신건강에 대한 홍보, 정부의 정책적인 결정과 예산 배정 등 포괄적인 정신건강 관리체계가 필요하다(정영철, 2008).

추가 학습

정신사회재활 모델

정신재활 개념을 미국에서 처음 보급한 심리학자 윌리엄 안토니(William Anthony)는 정신재활의 사명은 "장기적인 정신과적 증상으로 적응이 어려운 만성 정신질환자들이 스스로 선택한 환경 내에서 최소한의 전문적인 개입을 받으면서 성공스럽고 만족스럽게 살 수 있도록 도와주는 것"이라고 정의하였다. 정신사회재활이 필요한 주요 집단은 조현병, 조울증, 알코올 중독을 가진 사람들이다. 정신사회재활은 만성 정신질환자들의 증상을 제거하기보다는 질환이 있음에도 불구하고 재기(recovery)를 도와주어 삶을 영위할 수 있도록 필요한 기능을 증진시키는 것을 목적으로 한다.

정신사회재활 모델에서는 정신장애가 진전되는 과정을 손상(impairment), 능력장애(disability), 불이익(handicap)의 세 가지 단계로 설명하고 있다. 이 세 단계 외에 네 단계로 구분할 때에는 기능 저하(dysfunction)가 포함될 수 있다. 기능 저하는 정상적인 활동 수행 능력이 한정되거나 부족한 상태로 직무적응기술 부족, 사회기술 부족, 일상생활 수행 능력 부족을 의미한다(신성만 등, 2018).

단계	손상(impairment)	능력 장애(disability)	불이익(handicap)
정의	심리적·생리적·해부적 구조 또는 기능에 있어 상실이나 이상이 생긴 상태	인간으로서 정상적이라고 할 수 있는 범위와 방식으로 행동을 수행하는 능력의 손상으로 인하여 제한되고 결핍된 상태	특정 개인이 손상이나 능력 저하로 인해 불이익을 겪게 되는 것으로, 그 개인이 정상적인 역할 수행에 제한이나 장애가 가해지는 상태
예	환각, 망상, 우울	직무 능력, 사교 능력, 일상생활의 유지 능력의 부족	취업이 안 되는 것, 거주지가 없는 것
대표적 서비스	장애의 제거나 경감에 초점을 둔 임상적 치료	개인의 능력과 환경적 지원의 개발에 초점을 둔 임상적 재활	그 개인이 생활하고 있는 사회 체계의 변화에 초점을 둔 사회 구조적 재활

이 장의 요약

1. 조현병 스펙트럼장애는 심각한 사고 장애를 보이는 장애로, 이 중 조현병은 가장 심각한 부적응적 양상을 나타내는 정신장애로서 망상, 환각, 와해된 언어, 심하게 와해된 행동이나 음성 증상을 보인다.

2. 조현병의 주요 증상 중의 하나인 망상은 본질적으로 분명히 모순적인 증거에도 불구하고 확고하게 믿고 있는 잘못된 믿음이며 사고 내용 장애다. 환각은 외부 자극이 없는데도 지각 현상이 발생하는 것으로 대표적인 것이 환청이며, 이것은 외부에서 사물의 소리와 사람의 소리를 듣는 것을 말한다.

3. 생물학적 입장에서는 조현병을 뇌의 장애로 보고 있고, 가장 관련이 있는 신경전달물질은 도파민과 세로토닌이다. 정신분석적 입장에서는 조현병의 근원을 강한 심리적 갈등으로 인해 초기 단계의 미숙한 자아 상태로 퇴행하는 것이라고 보고 있다. 인지적 입장에서는 망상과 환각을 경험하면서 비현실적인 감각을 스스로 이해하려는 과정에서 장애가 발생한다고 보고 있다.

4. 조현병 환자는 약물 치료를 포함한 통합적인 치료가 필요하다. 심리사회적 접근으로는 가족교육, 사례관리, 사회기술 훈련, 인지재활, 환경치료, 정신사회재활이 있다. 이 중 정신사회재활은 만성 조현병 환자의 사회적 기능을 도와주기 위한 통합적인 접근이다.

5. 기타 조현병 스펙트럼장애에는 망상장애와 조현정동장애, 조현양상장애, 단기정신병적장애가 있다. 망상장애는 한 가지 이상의 망상을 1개월 이상 보이는 것으로 과대형, 질투형, 피해형, 신체형, 색정형 등이 있다. 단기정신병적장애는 망상, 환각, 와해된 언어, 긴장증 같은 정신증적 증상이 1개월 미만으로 나타난다. 조현양상장애는 조현병과 같은 증상이 6개월 이하로 지속될 경우 진단을 내리며, 조현정동장애는 조현병 증상과 우울 또는 조증 삽화가 같이 나타나는 장애로 조현병과 함께 증상이 심한 장애에 속한다.

6. 조현병 스펙트럼장애는 정신장애 중에서 가장 심한 장애이기 때문에 조기에 발견하여 개입하는 것이 매우 중요하다. 최근 들어 우리나라에서도 조기 정신병 사업을 통해 발병 이후 방치되는 기간을 줄이려는 노력을 하고 있다.

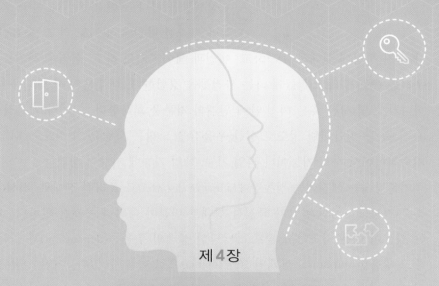

제 4장

기분과 관련된 장애

💬 **이 장의 목표**

▣ 기분장애의 특징적인 증상을 이해한다.

▣ 우울장애의 임상적 특징을 이해한다.

▣ 양극성 관련 장애의 임상적 특징을 이해한다.

▣ 자살의 특성과 원인을 이해한다.

일상생활을 하다 보면 가족이나 친구, 직장 동료와 사소한 마찰을 빚기도 하고, 중요한 시험이나 승진 시험에 실패하기도 하고, 애인과 헤어지기도 하고, 실직을 하기도 하는 등 우리를 슬프게 하고 힘들게 하는 사건들을 경험한다. 대부분의 사람은 우울감을 느끼다가도 몇 시간 혹은 며칠 안에 원래의 기분을 회복한다. 그러나 기분장애(mood disorder)를 진단내릴 정도로 심한 우울감을 느끼는 사람은 그 강도가 더 강렬하고 지속적이어서 사회 기능이나 직업 기능, 학업 기능에 지장이 생긴다.

기분장애는 예전에는 정동장애(affective disorder)로 불리던 장애로, 정서(emotion) 혹은 정동(affect)의 변화가 극심한 형태로 번갈아 나타나는 것을 말한다. 기분장애는 기분이 매우 저조하고 슬프고 낙담한 상태인 우울증(depression)과 기분이 너무 좋고 황홀한(euphoria) 상태인 조증(mania)으로 나눌 수 있다. 어떤 사람은 우울한 기분만 지속되고, 또 어떤 사람은 우울한 기분과 조증 기분이 번갈아 나타나는 조울증을 보인다. 만일 우울증 삽화만 보인다면 단극성 우울장애(unipolar depressive disorders)로 진단을 내릴 수 있고, 조증과 우울증 삽화가 혼재되어 나타난다면 양극성 관련 장애(bipolar and related disorders)로 진단할 수 있다. DSM-5에서 기분장애는 크게 양극성 관련 장애와 우울장애라는 각각 다른 진단 범주로 분류된다. 이 장에서는 우울장애와 양극성 관련 장애의 임상적 특징과 원인 및 치료법에 대해 기술하고자 한다.

우울장애

미진 씨는 32세의 여성으로 약 5개월 전에 7년간 다니던 직장에서 불미스러운 일로 권고사직을 당한 뒤 무력한 기분과 거의 매일 우울하고 슬픈 기분을 느끼고 있다. 여러 군데 경력을 살려 재취업을 하려고 했으나 번번이 실패하면서 지금은 아무런 의욕이 느껴지지 않는다. 설상가상으로 3년간 사귀던 남자 친구와도 결별하게 되면서 앞날이 깜깜하고 '이렇게 살면 뭐하지?' 하는 생각과 함께 죽고 싶다는 생각이 하루에도 몇 번씩 일어난다. 밤에 잠을 이룰 수 없고, 어떤 때는 새벽에 겨우 잠이 들어 정오까지 잠을 자는 등 수면 습관이 바뀌었다. 늘 피로감이 느껴졌고 온몸의 세포에서 기운이 빠져나가는 기분이 들었다. 스스로 생각해도 한심하게 느껴졌고 집안의 장녀인데 사업을 하다가 신용불량 상태가 된 부모에게 힘이 되어 주지 못한다는 생각에 죄책감도 들고, 자신이 형편없다는 느낌, 무가치하다는 느낌이 든다. 집 밖에 나가서 일자리를 알아봐야겠다는 생각도 하고 있지만 몸이 마음처럼 움직여 주지 않는 느낌이 들었고, 앞으로 어떻게 해야 할지 막막하기만 하고 그 어떤 결정도 내릴 수 없는 상태가 되었다.

우울증은 매우 흔한 장애이면서 동시에 매우 이질적인 장애다. 같은 우울증 진단을 받았다고 하더라도 증상의 범위와 강도가 매우 다양하다. 현재 DSM-5에서 우울장애(depressive disorder)는 주요우울장애(major depressive disorder)와 기분부전장애(지속성 우울장애; persistent depressive disorder, dysthymia), 파괴적 기분조절부전장애(disruptive mood dysregulation disorder), 월경전 불쾌감장애(premenstrual disorder)로 구분된다. 특히 파괴적 기분장애는 아동ㆍ청소년에서 양극성장애가 과잉 진단되고 있다는 우려 때문에 DSM-5에 새로이 들어온 장애로, 극단적인 행동 조절의 곤란이나 지속적인 과민성을 보이는 18세까지의 아동ㆍ청소년에게 적용될 수 있다. 또한 DSM-IV까지는 연구 진단에 들어갔던 월경전 불쾌감장애가 DSM-5에서는 정식 진단으로 들어오게 되었다. 우울장애의 하위 장애와 특징은 〈표 4-1〉과 같다.

표 4-1   우울장애의 하위 장애와 특징

하위 장애	특징
주요우울장애	2주 정도 거의 매일 우울한 기분을 느끼고 거의 모든 활동에 있어 흥미나 즐거움의 상실을 보임
지속성 우울장애 (기분저하증)	2년(아동ㆍ청소년의 경우 1년) 동안 우울한 기분이 없는 날보다 있는 날이 더 많으며 우울감이 지속됨
파괴적 기분조절부전장애	만성적이면서 지속적으로 과민성을 특징적으로 보임
월경전 불쾌감장애	불안정한 기분, 과민함, 불쾌감, 불안 증상을 특징적으로 보이며 월경 주기 전에 시작되어 월경 시작 시 혹은 직후에 사라짐

1. 우울장애의 종류

1) 주요우울장애

(1) 임상적 특징과 경과

주요우울장애는 앞서 제시한 사례처럼 2주 정도 거의 매일 우울한 기분을 느끼고 거의 모든 활동에 있어 흥미나 즐거움의 상실을 보이는 것이 특징적이다. 식욕과 체중 변화, 수면의 질 저하, 정신운동 활동의 변화, 에너지 저하, 무가치감이나 죄책감, 집중력의 저하와 결정하기의 어려움, 죽음에 대한 반복적인 생각 또는 자살 생각이나 계획 및 시도 등이 나타난다. 이런 증상으로 인해 사회적·직업적 기능의 손상이 임상적으로 뚜렷하게 나타날 때 주요우울장애 진단을 내릴 수 있다.

주요우울 삽화에서 기분은 우울하고 슬프고 절망스럽고 실망스러우며 의기소침한 것으로 기술될 수 있다. 학력이 낮거나 노인일수록 슬픈 기분을 부인하는 경우가 많아 정교한 면담을 통해 우울 증상이 감춰진 것은 아닌지 탐색하여야 한다. 만사가 귀찮고 아무런 감정이 느껴지지 않는다고 말하고 있는 경우에도 우울한 기분은 표정과 태도를 통해 추정될 수 있다. 신체적 불편감을 호소하거나 과민함을 보이고 화를 내거나 분노를 터뜨리거나 타인을 비난하고 공격적으로 반응하는 경우에도 우울 증상이 위장된 것일 수 있다. 아동·청소년의 경우는 슬프고 낙담스러운 정서보다는 민감하거나 까다로운 기분 상태를 보이는 경향이 있다. 우울증이 심한 사람은 이전에 관심을 가졌던 취미나 관심사에 대해 흥미가 현격하게 감소하고 매사에 즐거움을 잘 느끼지 못한다. 또한 성적 관심과 흥미가 상당히 줄어든다. 식욕의 감퇴 혹은 증가를 보이고 이에 따라 체중 감소 혹은 증가가 뒤따른다. 수면 곤란 등의 증상이 있고 과다수면이 발생하기도 한다. 초조하거나 정신운동 지체가 나타나서 말이나 생각이 느리고 몸의 움직임도 느리며 말의 양이 감소한다. 에너지 저하가 심하며 피곤하고 나른한 느낌을 자주 호소한다.

아침에 일어나서 씻고 옷을 입는 것이 힘겹게 느껴지는 한 우울증 환자는 "아침에 눈을 뜨면 딱 죽었으면 좋겠다는 생각이 든다. 아침에 눈을 뜨지 않았으면 좋겠다."라는 말을 하기도 한다. 스스로에 대한 무가치감, 죄책감이 심하며 자신의 가치에 대한 비현실적인 부정적 평가를 하고, 과거에 실패했던 사소한 일에 대한 집착이나 반추(rumination)를 보인다. 심지어 죄책감이 너무 심하면 망상 수준으로 발전하기도 한다.

(2) 유병률과 경과

주요우울장애의 유병률은 약 7%이며, 18~29세 집단에서 60세 이상의 집단보다 3배 이상 높다(APA, 2013). 초기 청소년기부터 여성이 남성보다 1.5~3배 정도 높다고 알려져 있다. 우울증은 어느 연령대에서나 발병할 수 있지만 사춘기 무렵이 되면 발병 가능성이 점차로 높아진다. 우울 증상은 회복되면 기능 수준이 병전으로 완전히 되돌아가기도 한다. 우울증과 함께 성격장애, 불안장애, 물질사용장애를 가지고 있을 경우에는 증상이 만성화될 가능성이 높다. 주요우울장애로 진단받는 사람들 중 상당수는 나중에 양극성장애로 진단되기도 한다. 특히 사춘기에 발병하거나 정신병적 양상 혹은 양극성장애 가족력이 있을 경우 발병 초기에는 주요우울증 진단을 받았다가 이후에 양극성장애로 발전할 가능성이 높다.

주요우울 삽화 동안 자살 행동 가능성이 높은데, 가장 위험한 요인은 과거 자살 시도력이다. 과거에 자살을 시도한 사람은 또 자살을 감행할 가능성이 매우 높다. 또한 남성이고 미혼인 경우, 절망감이 심하면 자살 시도 위험성이 높다. 성격장애 중에서 경계선 성격장애가 동반된 경우에도 자살을 시도할 가능성이 높다.

주요우울장애의 진단 기준(DSM-5)

A. 다음의 증상 중 5가지 이상이 거의 매일 적어도 2주 이상 지속된다.

  1. 하루 중 대부분 거의 매일 우울한 기분이 지속(아동 · 청소년의 경우 과민한 기분으로 나타남)

  2. 대부분 일상 활동에 대한 흥미나 즐거움이 현저히 감소

  3. 다이어트를 하지 않아도 체중이 현저히 감소(1개월 동안 5% 이상의 체중 변화)하거나 증가, 거의 매일 식욕의 감소나 증가가 나타남

  4. 거의 매일 불면증이나 과다수면

  5. 거의 매일 정신운동성 초조나 지체

6. 거의 매일 피로나 에너지 상실

7. 거의 매일 무가치감과 부적절하거나 지나친 죄책감

8. 거의 매일 사고력·집중력의 감소 또는 우유부단함

9. 반복적으로 죽음에 대한 생각을 하거나 구체적인 계획 없이 반복적인 자살 사고 또는 자살 시도나 자살 수행에 대한 구체적인 계획

B. 증상이 사회적, 직업적 또는 다른 중요한 기능 영역에서 임상적으로 유의한 고통이나 손상을 초래한다.

(3) 세부 유형

주요우울장애는 다음과 같이 세부 유형으로 구분할 수 있다.

표 4-2 │ 주요우울장애의 세부 유형과 특징

세부 유형	특징
멜랑콜리	• 거의 모든 활동에서 즐거움 상실 혹은 즐거움을 주는 자극에 대한 반응 결여 • 다음 중 3가지 이상: 낙담, 절망, 공허감이 주로 혼재된 우울 기분, 아침에 더 심해짐, 아침에 일찍 깸, 정신운동 초조 또는 지연, 식욕 부진이나 체중 감소, 과도하거나 부적절한 죄책감
정신병적 양상 동반	• 기분과 일치하는 망상이나 환청, 죄책감 혹은 기분과 일치하지 않는 망상이나 환청, 죄책감 동반
비전형	• 기분의 반응성(실제 혹은 잠정적인 긍정적 사건에 반응하여 기분이 좋아짐) • 다음 중 2가지: 체중 증가나 식욕 증가, 과다수면, 연마비(팔다리가 납같이 무거운 느낌), 대인관계에서 거절 민감성
긴장증	• 삽화 대부분 기간 동안 긴장성 양상이 존재 • 몸을 움직이지 않고, 무언증, 경직성 등 정신운동 활동에 문제가 생김
주산기	임신 기간 중 또는 출산 후 4주 이내 발병할 때 적용
계절성	지난 2년간 주로 가을이나 겨울에 우울 증상이 나타나고 봄에는 증상이 개선됨

우울 증상의 문화적 차이

우리나라의 우울증 환자는 우울감, 슬픔, 낙담, 공허감 등의 정서적 우울을 호소하기보다는 신체 증상, 호흡 곤란, 각종 통증, 특히 두통을 많이 호소한다. 한국인이 서양인에 비해 우울증을 보일 때 유난히 신체 증상을 더 많이 호소하는 이유는 우선 우리나라 특유의 유교 문화의 영향과 감정을 인식하고 자유롭게 표현하는 것을 권장하지 않는 사회문화적 요인을 꼽을 수 있다. 특히 노년기의 사람들은 감정을 억압하고 표현하지 않는 것이 일상화되다 보니 정서적으로 우울하고 슬프다는 기분을 인식하지 못하고 감정을 신체적 채널, 즉 몸을 통해 간접적으로 표현하는 경향이 강하다. 이러한 경향성은 나이가 많고 학력이 낮은 노인 여성으로 갈수록 더 심하고, 중년 이후의 남성 역시 감정을 제대로 인식하고 표현하는 것이 익숙하지 않아 음주, 흡연에 몰두하거나 우울 증상을 몸으로 표현하는 경향이 있다.

2) 지속성 우울장애(기분저하증)

지속성 우울장애는 2년(아동 · 청소년의 경우 1년) 동안 우울한 기분이 없는 날보다 있는 날이 더 많으며 우울감이 지속되는 장애다. DSM-IV의 만성 주요우울장애와 기분부전장애가 통합된 것이다. 주요우울장애가 지속성 우울장애에 앞서 나타나거나 지속성 우울장애 기간 중에 일어난다면 주요우울장애와 지속성 우울장애가 모두 있는 것으로 이중우울(double depression) 진단을 내린다.

지속성 우울장애의 1년 유병률은 약 0.5%이고, 만성 기분저하증의 1년 유병률은 약 1.5%다(APA, 2013). 대부분 생애 초기 아동기, 청소년기, 성인기 초기에 발병하며 서서히 만성적인 경과를 거친다. 조기 발병일 경우 경계선 성격장애나 물질사용장애 같은 것이 동반될 수 있다. 기능 수준은 다양하지만 만성화를 밟기 때문에 삽화로 끝나는 주요우울장애보다 예후가 더 좋지 않을 수 있다.

지속성 우울장애의 진단 기준(DSM-5)

A. 적어도 2년 동안 하루의 대부분 우울한 기분이 있고, 우울 기분이 없는 날보다 있는 날이 더 많고 이러한 증상을 주관적으로 보고하거나 객관적으로 관찰할 수 있다(아동 · 청소년은 기분이 과민한 상태로 나타나며 기간은 1년 정도).

B. 다음 중 2가지 이상의 증상이 나타난다.
   1. 식욕부진이나 과식   2. 불면증이나 과다수면
   3. 기력 저하나 피로감   4. 자존감의 저하
   5. 집중력의 감소나 우유부단   6. 절망감

C. 2년(아동 · 청소년은 1년) 동안 2개월 연속 진단 기준 A와 B의 증상이 존재하지 않았던 경우가 없었다.

D. 주요우울장애 진단 기준을 만족하는 증상이 2년간 지속적으로 나타날 수 있다.

---

3) 파괴적 기분조절부전장애

파괴적 기분조절부전장애를 가진 사람은 지속적으로 과민성을 특징적으로 보인다. 과민한 기분은 좌절에 대한 반응으로 일어나는 것으로, 언어적 · 행동적으로 강렬한 분노 발작을 표현하며 가정과 학교에서 1년 이상 나타나고 발달 수준에 맞지 않아야 한다. 과민한 기분의 또 다른 징후는 만성적이고 지속적으로 과민하고 화난 기분이 있다는 점이다. 예전에는 극도로 심한 비삽화성 과민 기분을 보이는 아동 · 청소년에게 아동기 양극성장애 진단이 남발되어 이에 따라 전형적인 삽화성 양극성장애와 비삽화성 과민한 기분 양상을 구분할 필요성이 대두되면서 파괴적 기분조절부전장애가 DSM-5에 새로이 추가되었다.

이 장애는 소아에게서 흔히 나타나며 6개월~1년 유병률은 2~5%로 추정된다(APA, 2013). 남자 아동과 학령기 아동게에서 더 높은 비율로 나타난다. 이 장애는 10세 이전에 시작되지만 6세 미만인 경우에는 진단을 내릴 수 없다. 심각한 비삽화성 기분 과민성이 양극성장애로 악화되는 비율은 낮지만, 추적 연구를 해 보면 단극

성 우울장애와 불안장애로 이환될 위험이 높은 것으로 알려져 있다.

파괴적 기분조절부전장애를 보이는 대부분의 아동은 적대적 반항장애 진단 기준을 만족시키지만 두 장애의 가장 큰 차이는 파괴적 기분조절부전장애에서 나타나는 기분 증상이 적대적 반항장애에서는 상대적으로 드물다는 것이다. 파괴적 기분조절부전장애는 간헐적 폭발장애와 증상이 비슷하기도 하지만 간헐적 폭발장애는 급성 증상 기간이 3개월 이내이고, 파괴적 기분조절부전장애는 12개월 정도 지속된다는 점에서 차이가 있다.

이 장애에서 나타나는 만성적인 과민성은 아동의 가족이나 또래관계를 해칠 뿐만 아니라 학교에서의 수행 능력을 떨어뜨린다. 좌절에 대한 내성이 낮아 사소한 스트레스 상황에서도 잘 적응하지 못하며 또래와 즐거운 활동에 참여하지 못하고 친

파괴적 기분조절부전장애의 진단 기준(DSM-5)

A. 분노 발작이 언어(폭언), 행동(사람, 사물에 대한 물리적 공격성)으로 나타나며, 상황이나 촉발 자극에 비해 강도나 지속 시간이 매우 비정상적이다.

B. 분노 발작이 발달 수준에 맞지 않는다.

C. 분노 발작이 보통 일주일에 3번 이상 발생한다.

D. 분노 발작 사이에 기분이 지속적으로 과민하거나 거의 매일, 하루 중 대부분 화가 나 있으며 부모나 교사, 또래 집단이 객관적으로 관찰할 수 있다.

E. 위의 증상이 12개월 이상 지속되며 증상이 없는 기간이 연속 3개월 이상 되지 않는다.

F. 위의 증상 중 A와 B가 가정, 학교, 또래 집단 중 최소 2가지 이상에서 나타나며 최소 한 가지 이상에서 증상이 매우 심하다.

G. 6세 이전 또는 18세 이후에 처음으로 진단될 수 없다.

※ 이 진단은 적대적 반항장애, 간헐적 폭발장애, 양극성장애와 동반이환될 수 없으나 주요우울장애, 주의력결핍 과잉행동장애, 품행장애, 물질사용장애와는 동반이환될 수 있다. 만일 적대적 반항장애 진단 기준을 모두 만족시킨다면 파괴적 기분조절부전장애만 진단내린다. 조증 또는 경조증 삽화를 경험했다면 파괴적 기분조절부전장애 진단을 내릴 수 없다.

한 관계를 맺는 것도 어려울 수 있다. 위험한 행동, 자살 사고, 자살 시도, 공격성 등으로 인해 입원 치료가 필요한 경우도 있다.

4) 월경전 불쾌감장애

월경전 불쾌감장애의 필수 증상은 불안정한 기분, 과민함, 불쾌감 그리고 불안 증상이다. 월경 주기 전에 시작되어 월경 시작 시 혹은 직후에 사라진다. 증상은 월경 시작 전에 최고조에 달했다가 월경 시작 후 난포기에는 대부분 사라진다. 필수 증상에 기분과 불안 증상이 포함되며 행동 및 신체 증상이 동반된다.

월경을 하는 여성에서의 유병률은 1.8~5.8%다(APA, 2013). 초경 이후 언제든 시작되며 폐경에 가까울수록 증상이 악화된다고 보고되고 있다. 폐경 이후 증상이 호전되지만 주기적으로 여성호르몬 치료를 받는 경우에는 증상이 재발될 수 있다. 임상적으로 의미 있는 고통이 수반되며 부부 불화나 자녀 혹은 또래와의 문제 등으로 나타날 수 있다.

월경전 불쾌감장애의 진단 기준(DSM-5에서의 새로운 진단)

A. 대부분의 월경 주기에서 월경 시작 일주일 전에 다음 B와 C 진단 준거 5가지 이상이 시작되어 월경이 시작되고 수일 안에 증상이 좋아지며, 끝나면 증상이 약화되거나 없어진다.

B. 다음 중 적어도 한 가지 이상은 포함되어야 한다.
   1. 매우 불안정한 기분(갑자기 울고 싶거나 슬퍼지거나 거절에 대해 민감해짐)
   2. 뚜렷한 과민성, 분노, 대인 갈등이 증가
   3. 뚜렷한 우울 기분, 절망감, 자기비난적인 사고
   4. 뚜렷한 불안, 긴장, 신경이 곤두서는 느낌, 과도한 긴장감

C. 다음 중 한 가지 이상이 추가적으로 있어야 하며, 진단 기준 B 증상과 더불어 총 5가지 증상이 있어야 한다.
   1. 일상 활동 시 흥미 저하(직업, 학교, 또래 집단, 취미)
   2. 집중이 어렵다는 주관적인 느낌

3. 기면, 쉽게 피곤함, 무기력감

4. 식욕 변화, 과식이나 특정 음식의 탐닉

5. 과다수면 또는 불면

6. 압도되거나 통제력을 잃을 것 같은 주관적 느낌

7. 유방의 압박감, 부종, 두통, 관절통, 근육통, 체중이 증가된 느낌 등의 신체적 증상

※ 주의점: 진단 기준 A~C에 해당하는 증상이 전년도 대부분의 월경 주기에 존재

D. 증상이 직업이나 학교, 일상적인 사회 활동과 대인관계를 유의하게 저해한다.

추가 학습

산후우울증과 산후조증

아이를 낳는 일은 대부분의 여성에게는 즐겁고 행복한 사건이지만, 어떤 여성은 출산 후 우울증을 경험한다. 산후우울증(postpartum blues)은 자녀 양육에 부정적인 영향을 미친다. 산후우울증은 기분 변화, 자주 울기, 피곤함, 짜증, 불면, 불안, 슬픔 등의 증상을 동반하며 출산 후 10일 이내에 약 50~70%의 여성에게서 나타난다고 보고되고 있다(Nolen-Hoeksema & Hilt, 2009). 출산 후 경미한 산후조증을 경험하는 여성도 있다(Sharma et al., 2009). 그러나 산후조증보다는 산후우울증이 더 빈번하게 나타난다. 산후우울증이 심해지면 정신병적 양상을 동반하면서 영아 살해를 하는 경우도 있다. 출산을 하게 되면 호르몬의 변화가 생기게 되는데, 특히 에스트로겐과 프로게스테론 호르몬 수준이 정상보다 50배 정도 높아졌다가 출산 후 떨어지는 호르몬 재적응 과정에서 생기는 것으로 추정된다. 세로토닌계와 노어아드레날린의 기능 변화 때문이라는 생물학적 입장도 있지만 남편과의 불화, 시댁과의 불화, 원가족, 특히 친정어머니와의 갈등 등 관계 스트레스와 역할 변화 등이 원인일 수도 있다. 출산 전에 있던 개인 혹은 가족의 우울증 과거력이 출산 스트레스 상황에서 더 악화된다(Collins et al., 2004). 최근 여성의 사회 진출이 높아지면서 출산 후 경력 단절로 인한 스트레스도 산후우울증을 촉진할 수 있고, 기질적으로 까다로운 자녀를 둔 어머니들도 심리적 압박감을 겪는다. 예방과 치료를 위해서는 자기 자신은 물론 가족의 관심과 사회적 지지가 가장 중요하다.

2. 우울장애의 원인

1) 생물학적 요인

가계연구, 쌍생아 연구, 분자생물학 유전자 연구에 따르면, 우울증을 보이는 사람은 유전적으로 소인을 물려받는다. 분자생물학 분야의 처리 기술을 이용해서 특정 유전자 이상이 우울증과 관련이 있는지 살펴본 연구에 따르면, 우울한 사람은 5-HTT 유전자 이상이 있다고 한다. 이 유전자는 17번 염색체에 있고 세로토닌 신경전달물질의 활동을 책임지고 있어(Carlson, 2008), 세로토닌의 낮은 활동이 우울증과 관련이 있다는 가설이 받아들여지고 있다. 또 다른 신경전달물질인 노르에피네프린의 낮은 활동은 단극성 우울증과 관련이 있다. 또한 신체의 내분비체계가 우울증에 역할을 하는 것으로 알려져 있는데, 코르티솔 수준이 우울하지 않은 사람보다 우울한 사람에서 비정상적으로 높다. 코르티솔은 스트레스 기간 동안 부신에 의해 방출되는 호르몬이다. 코르티솔 외에 멜라토닌이라는 호르몬은 어두울 때 방출된다고 하여 드라큘라 호르몬으로 알려져 있는데, 겨울마다 재발하는 우울증을 경험하는 사람은 긴 겨울에 멜라토닌을 더 많이 분비하는 것으로 알려져 있다(Kasof, 2009). 이런 호르몬의 문제에는 광치료(light therapy)가 효과적이다.

또한 뇌영상 연구 결과, 우울증은 전전두엽피질, 해마, 편도체, 대상피질이라고 부르는 브로드만 영역 25를 포함하는 회로에 문제가 있다고 알려져 있다. 우울증을 보이는 사람은 전전두엽피질의 특정 부분에서 활동성과 혈류가 낮으며 해마의 크기도 보통보다 작다. 우울한 사람의 경우 이 브로드만 영역 25가 더 작고, 더 활동적이며, 우울 증상이 없어지면 이 영역의 활동이 상당히 감소한다(Comer, 2017).

2) 심리적 요인

우울증을 일으키는 심리적 원인에 대해서는 많은 연구가 진행되어 왔다. 조현병이나 불안장애 등도 심리사회적인 스트레스가 작용하지만, 우울증은 특히 다른 질병에 비해 심리사회적 요인이 많이 작용한다. 특히 젊은 성인 여성의 경우 남성에 비해 스트레스-우울 관계가 더 심하게 나타난다고 알려져 있다(Harkness & Monroe, 2002; Harkness & Lumley, 2008). 우울증을 유발하는 스트레스 생활 사건으로는 사랑하는 사람의 상실, 친밀한 관계나 직업상 문제, 경제적 어려움, 건강 문제 등이 있다. 죽음이나 이혼을 통해 사랑하는 사람과 헤어지는 것은 우울증과 강한 상관관계가 있다.

스트레스 생활 사건은 크게 2가지로 나눌 수 있다. 하나는 독립적인 생활 사건(independent life events)인데, 그 사람의 행동이나 성격과 무관하게 일어나는 사건으로 회사가 갑자기 문을 닫게 되어 직장을 잃는 것, 홍수가 나서 집이 떠내려가는 것과 같은 일들이다. 다른 하나는 종속적인 생활 사건으로, 우울한 사람의 행동이나 성격과 관련이 있다. 예컨대, 우울한 사람은 대인관계 기술이 미숙해서 관계에서 문제를 야기하고, 그것 때문에 또 우울해지기도 한다. 연구에 따르면, 독립적인 생활 사건보다는 종속적인 생활 사건이 주요우울증 발병에 더 강력한 역할을 한다(Hammen, 2005).

또한 스트레스 사건은 정도에 따라 주요 사건과 사소한 사건으로 구분할 수 있는데, 사소한 사건은 우울증 발병과 별 상관이 없고 주요 사건이 우울증 발병과 상관이 높다고 알려져 있다. 그러나 사소한 사건은 초기 우울 삽화보다는 재발 삽화와 관련이 있다고 알려져 있다(Segal et al., 2002). 가랑비에 옷 젖듯이 사소한 사건도 누적되면 우울증이 재발되기 쉽다는 것이다.

스트레스 사건 자체보다는 스트레스에 대한 반응과 취약성이 우울증 발병에 기여한다. 개인의 취약성 변인으로는 성격과 인지적 소인을 들 수 있다. 특히 신경증(neuroticism)은 우울증 발병의 취약성 요인이다(Kotov et al., 2010). 신경증의 하위 영역 중에서 부정적 정서성(negative affectivity)은 부정적인 자극에 기질적으로 민감한 특성을 의미한다. 기질적으로 부정적 정서성이 높은 성격 특성을 가진 사람은 스트레스 자극에 더 예민하다. 기질적으로 내성적인 사람, 즉 낮은 긍정 정서를 가진 사람도 우울에 취약한 것으로 알려져 있다. 긍정 정서성은 즐거움을 느끼고, 에너지가 넘치고, 대담하고, 자부심이 강하고, 열정적이고, 자신감 있는 기분을 느낄 줄 아는 성향이다. 그렇기 때문에 긍정 정서를 많이 느끼지 못하는 기질이나 성향이 우울증에 취약한 요인이 된다. 계절도 기분 변화에 큰 영향을 미칠 수 있다(Kosof, 2009).

우울증의 원인에 대한 주요 심리학적 이론들은 다음과 같다.

(1) 정신분석 모델

정신분석 모델에서 프로이트의 제자 아브라함(Abraham, 1916, 1911)은 임상적 우울과 사랑하는 사람을 상실한 사람들의 애도 간에 관련성이 있다고 주장하면서 사랑하는 사람이 죽었을 때 무의식적 과정이 작동한다고 보았다(Feusner et al., 2010). 처음에는 상실을 받아들일 수 없어서 구강기 발달단계로 퇴행하고, 상실한 사람의 정체성과 자신의 정체성을 결합하고, 사랑하는 사람을 상징적으로 되찾으려는 시도에서 우울증이 발생한다는 것이다. 사랑하는 대상을 향한 슬픔과 분노 등 복합적인 감정이 자신을 향하게 되면 우울감이 심해진다. 애도를 경험한 대부분의 사람에게서 나타나는 이런 반응은 일시적이지만 어떤 경우에는 지속적으로 악화되면서 우울해진다(Greenberg & Mitchell, 1983). 사랑하는 사람을 실제가 아닌 상상 혹은 상징적으로 상실할 경우에도 같은 기제가 작용한다. 예컨대, 공부를 잘했을 때만 부모의 사랑을 확인할 수 있었던 아동은 공부를 못하거나 시험에 실패할 경우 부모의 애정 상실을 경험할 수 있다. 관계를 강조하는 프로이트 이후의 대상관계 이론에서도 우울증은 주변 사람과의 관계가 안정적이지 못한 데서 비롯된다고 본다.

행동주의자인 마틴 셀리그만(Martin Seligman)은 개가 통제할 수 없는 상황에서 흥미로운 정서적 반응을 하는 것을 보았다. 개가 전기 충격을 간헐적으로 받으면 지렛대를 누르는 등의 행동을 통해 쇼크를 피할 수 있다. 그럼에도 불구하고 아무것도 할 수 없다는 것을 학습하게 되면 궁극적으로는 무기력해지고, 포기하고, 우울한 징후를 보인다. 셀리그만은 인간 역시 우울하고 불안할 때 이런 무력감을 학습하는 것을 보고 학습된 무기력 이론(learned helplessness theory)을 만들어 냈다. 우울하게 되면 힘든 사건을 통제할 수 없다는 절망감이 뒤따른다(Seligman, 1971, 1974, 1975).

귀인양식(attributional style)도 우울증과 관련이 있다. 귀인양식은 부정적인 사건을 내적(예: "이건 내 잘못이야."), 안정적(예: "나쁜 일이 또 일어날 것이고 이건 내 잘못 때문이야.") 또는 전반적 원인(예: "나는 모든 일이 잘 안 풀려.")에 돌림으로써 우울증에 더 취약하게 만든다(Abramson et al., 2002). 그러나 우울증에 적용되던 귀인이론은 불안장애나 다른 장애에서도 발견되었고, 연구자들은 이 귀인이론을 수정하여 부정적인 귀인의 영향을 덜 강조하게 되었고, 우울증 발현에는 오히려 절망감이 더 중요하다고 보았다. 불안장애와 우울장애 환자 모두 무기력을 느끼지만 유독 우울증 환자는 통제력을 회복하기 어렵다고 느끼고 절망하는 것이 큰 차이점이라는 것이다(Klonsky et al., 2012).

(2) 인지모델

1967년 이래 벡의 인지모델은 우울증을 설명하고 치료하는 데 있어서 가장 영향력 있는 모델이 되었다. 우울증 증상은 대부분 정동(affective) 혹은 기분(mood) 증상이지만, 벡은 인지가 선행해서 정서 및 기분 증상을 일으킨다고 보았다. 예컨대, 자신이 실패자라고 혹은 못생겼다고 생각한다면 그런 생각이 우울한 기분을 낳는다는 것이다. 인지이론가들은 우울증 발병에 이와 같은 부정적인 인지가 핵심적인 것이라고 보았는데, 기저에 있는 역기능적인 신념, 즉 우울 도식(depressogenic schema)이 지나치게 극단적이고 경직되고 비생산적으로 작동해서 우울한 기분이 초래될 수 있다는 것이다(Abramson et al., 2002).

역기능적인 신념은 스트레스로 인해 활성화되고 유지된다. 우울을 유발하는 부정적이고 역기능적인 신념은 하루아침에 생기는 것은 아니고 어린 시절 부모나 다른 주요 인물과 부정적인 경험을 하면서 생기게 된다. 그렇기 때문에 이런 역기능적인 사고는 우울증을 유발하는 기저의 인지적 취약성, 소질이라고 할 수 있다. 역기능적인 신념은 수면 아래에 있다가 현재의 스트레스에 의해 활성화되고 부정적인 자동적 사고(negative automatic thoughts) 패턴을 가속화시킨다(Clark et al., 2010). 이 부정적인 자동적 사고는 자각하지 못한 상태로 있다가 불쾌하고 비관적인 예측을 하게 한다.

우울을 불러일으키는 데에는 인지 삼제(cognitive triad)가 작용한다. 인지 삼제는 자기(예: "나는 바보 같아." "나는 쓸모없어." "나는 실패자야."), 세상(예: "아무도 나를 좋아하지 않아." "사람들은 나에게 잘 대해 주지 않아.") 또는 미래(예: "내 인생은 앞으로도 이렇게 잘 안 풀릴 거야." "앞으로 내 삶은 절망적이야.")에 대해 부정적인 생각을 하는 것을 말한다. 시험에서 낮은 점수를 받은 사람이 '나는 바보 같아.'라고 자신에 대해 부정적인 자동적 사고를 가진다면 우울해질 수밖에 없다. 반면, 긍정적인 자동적 사고를 가진 사람은 '선생님이 시험 문제를 어렵게 내셨으니 더 열심히 하면 다음에는 시험을 더 잘 볼 수 있을 거야.'라고 생각한다. 이것이 우울한 사람과 그렇지 않은 사람을 구분하는 생각의 차이다.

가정의 해체, 부모의 정신병리, 신체적·정서적·성적 학대 등 거칠고 강압적인 양육과 같은 초기 역경이 우울증에 취약하게 만든다. 이런 환경이 스트레스에 대한 개인적 취약성과 맞물려 성인기 우울을 예측해 준다(Slavich et al., 2011). 초기 환경적 역경의 장기 효과는 생물학적 변인, 즉 시상하부-뇌하수체-스트레스 반응 체계(hypothalamic pituitary stress response systems)의 조절 변화와 낮은 자존감, 불안 애착, 또래 갈등, 비관적인 귀인 등에 의해 매개된다(Goodman & Brand, 2009). 그러나 초기 역경을 경험한 사람들 모두가 우울해지는 것은 아니므로 역경을 겪었다고 하더라도 심리적 탄력성이 있는 사람은 우울증에 저항력이 있다. 한편으로는 역경을 겪었다고 하더라도 그다지 심하지 않고 적절하다면, 마치 예방 접종 효과처럼 스트레스 접종 효과가 일어날 수 있다. 베란다에 있는 화분의 화초보다는 땅에 심은 화초가 비바람을 맞더라도 적절할 경우 더 튼튼하게 자라는 것과 마찬가지 이치다.

(3) 애도와 우울

사랑하는 사람의 예기치 않은 죽음은 남아 있는 사람에게 큰 슬픔과 비탄, 절망감, 허망감, 정서적 고통을 야기한다(Harlow & Zimmermann, 1996). 어떤 사람은 우울 증상과 비슷한 증상을 경험하기도 하고, 또 어떤 사람은 정신병적 특징이나 자살 사고와 같은 심각한 증상을 동반한 주요우울 증상을 보여 치료를 요하기도 한다. 그렇기 때문에 사랑하는 사람의 죽음을 정서적으로 잘 처리해야 한다. 지구상에 존재하는 많은 종교와 문화권에서는 장례 의식을 통해 죽은 이를 잘 보내 주고 정서적인 처리 과정을 도와주는 의식을 한다. 대체로 이런 의식을 통해 대부분의 사람은 비탄과 슬픔에서 벗어나지만, 어떤 사람은 6개월, 1년이 지나도 여전히 슬픔에서 벗어나지 못하기도 한다. 급성의 비탄 과정을 거치고 죽음을 받아들이면서 죽은 사람에 대해 좋은 기억으로 통합하는 과정을 통합된 애도(integrated grief)라고 한다. 반면, 복합 애도(complicated grief)를 보이는 사람들은 증상이 오래 지속된다. 복합 애도는 주요우울증과 다르다는 견해도 있다. 복합 애도에서는 죽은 사람에 대한 강렬한 갈망이 도파민 신경전달물질 체계를 활성화시키는 반면, 주요우울증에서는 감소시킨다는 차이점이 있다(O'Connor et al., 1998).

DSM-IV까지는 사랑하는 사람의 사망 후 2개월 안에 지속되는 우울 증상에는 주요우울 삽화 예외 기준(애도 반응 제외)이 적용되었다. 그러나 이 예외 조항이 DSM-5에서는 제외되었는데, 그 이유는 어떤 사람에게 사별은 고통, 무가치감, 자

살 사고, 건강 악화, 대인관계 악화와 기능 저하 등을 특징적으로 보이는 주요우울
삽화를 촉발할 수 있는 심각한 심리적 스트레스 요인이 될 수 있다는 인식 때문이
다. 이에 더하여 애도 과정은 전형적으로 2개월 정도만 지속되기보다는 1~2년 이
상 지속될 수도 있기 때문에 이 제외 기준이 삭제될 필요가 있다고 여긴 것이다. 진
단 기준상의 이러한 변화에 대해 정상적인 애도 반응을 보이는 사람에게도 주요우
울장애 진단을 내릴 수 있다는 점에서 논란이 있었다. 앞으로 DSM이 어떤 식으로
개정될지 주목할 부분이다.

3. 우울장애의 치료

1) 생물학적 치료

우울증 치료에서 가장 논란이 된 생물학적 치료는 전기충격요법(Electroconvulsive
Therapy: ECT)이다. ECT는 2개의 전극을 머리에 부착하고 65~140볼트의 전기를
0.5초 동안 뇌로 흘려 보내면 수십 초에서 몇 분간 뇌발작을 일으키는데, 2~4주 정
도 간격으로 6~12회 반복하면 효과가 있다(Medda et al., 2009). 특히 이 절차는 망
상이 동반된 심한 우울증 환자에게 효과적이라는 연구 결과가 있지만(Rothschild et
al., 2004), 국내에서는 잘 사용되지 않는다.

1950년대에 개발된 모노아민 옥시다제(MAO) 억제제와 삼환계는 우울 증상을 감
소시키는 1세대 약물들이다. 삼환계를 복용한 환자의 60~65%에서 증상이 개선되
었다. 그러나 증상이 완화된 후 약을 끊으면 1년 이내에 재발할 확률이 높아진다.
그래서 우울 증상이 사라진 후에도 적어도 5개월 정도는 약을 복용하게 하는 것이
치료 효과 유지에 중요하다. 삼환계 우울증 약은 신경전달물질의 '재흡수' 기제에
작용해서 우울증을 감소시킨다(Julien, 2005). 재흡수 과정은 신경전달물질이 시냅
스 공간에 오래 남아 있는 것을 통제하고 수용 뉴런을 과도하게 자극하지 못하게 한
다. 그러나 어떤 사람은 재흡수가 너무나 잘 되어서 노르에피네프린이나 세로토닌
활동이 쉽게 감소하여 메시지가 수용 뉴런에 도달하지 못해 임상적인 우울증이 생
길 수 있다. 삼환계는 이 재흡수 과정을 차단해서 신경전달물질의 활동을 증가시켜

준다(Comer, 2017).

MAO 억제제나 삼환계와는 다른 2세대 항우울제인 선택적 세로토닌 재흡수 억제제(SSRIs)는 노르에피네프린이나 다른 신경전달물질에는 영향을 주지 않고 세로토닌의 활동만을 증가시킨다. SSRIs에는 플루옥세틴(상품명: 프로작), 설트랄린(상품명: 졸로프트) 등이 있다. 이러한 2세대 항우울제는 입마름, 변비, 식욕 저하 등의 부작용은 없지만, 일부 환자는 성욕 저하나 체중 증가 등의 부작용을 경험할 수 있다.

경두개 자기자극법(Transcranial Magnetic Stimulation: TMS)은 전기충격 요법과는 달리 큰 외상 없이 우울한 사람의 뇌를 자극하는 방법이다. TMS는 전기 마그네틱 코일을 환자의 머리 위에 두면 코일이 전류를 전전두엽피질로 보내는 것으로, 2~4주 정도 실시하면 전두엽 기능이 좋아지며 우울증이 완화된다(Carlson, 2008). 이 밖에 약에 잘 반응하지 않는 우울증 환자를 대상으로 뇌심부 자극(Deep Brain Stimulation: DBS) 등이 사용되고 있으나 그 효과에 대해서는 아직 체계적인 연구가 없다.

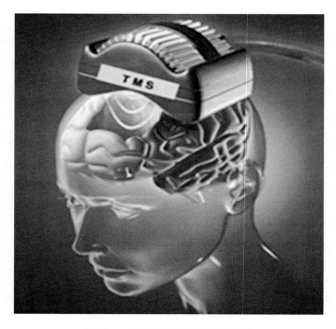

[그림 4-1] 경두개 자기자극법(TMS)

출처: http://tmssandiego.com

2) 심리적 개입

우울증을 치료하기 위한 심리치료 개입으로는 정신분석, 행동주의, 인지모델이 대표적이다. 정신분석가는 내담자 또는 환자가 자유롭게 연상하게 하고 연상, 꿈, 저항, 전이 등을 해석한 후 과거의 갈등적인 사건과 현재 느끼는 감정을 연결시켜 재검토하도록 한다. 그러나 우울증이 심한 환자는 장기간의 정신분석 치료에 잘 반응하지 못하기 때문에 약물과 함께 단기적으로 적용하는 것이 더 효과적이다.

행동치료에서는 환자의 긍정적 행동을 증가시키기 위한 다양한 전략을 고안한다 (Farmer & Chapman, 2008). 환자가 즐겁다고 생각하는 활동을 선택하게 하고 긍정적인 활동 목록을 작성하도록 한다. 환자가 즐거운 활동을 경험하면 다양한 행동을 보상받을 수 있다. 행동주의 이론에 따르면, 우울해지면 과거를 반추하고, 불평 혹은 자기비난을 하다 보면 사람들과 멀어지고 보상을 얻을 기회와 상호작용 기회가 없어진다. 그래서 행동주의 치료자는 바람직한 행동에 대해 보상을 해 주고 우울한 행동을 체계적으로 무시한다. 또한 사회기술을 통해 우울한 사람의 사회적 능력을 향상시킬 수 있다(Segrin, 2000).

우울증의 심리적 접근으로는 지금까지 개발된 것 중에 효과가 가장 잘 검증된 것이 인지행동치료와 대인관계치료다. 벡의 인지치료에서는 우울증을 유발하는 것이 깊게 자리 잡은 부정적인 사고라고 강조한다(Beck, 1967, 1976; Young et al., 2014). 따라서 인지행동치료를 받는 환자는 자신의 역기능적 사고 과정을 검토하고 우울을 촉발하는 사고 오류를 알아차리게 된다. 그러나 많은 생각이 자동적으로 일어나기 때문에 뿌리 깊은 만성 우울증을 가진 사람은 이를 알아채고 수정하기가 쉽지 않다. 인지행동치료 기법 중에 소크라테스식 대화는 치료자가 질문을 하는 과정에서 내담자가 스스로 잘못된 신념을 인식하고 수정하게 하는 기법이다(Ellis, 1962, 1989).

인지행동치료 기법 예시

소크라테스식 대화

치료자: 지난주에 이런 슬픈 기분이 들었을 때 어떤 생각이 스쳐 지나갔나요?

내담자: 글쎄요, 왜 내 인생은 이럴까, 항상 이런 나쁜 일이 일어나나 하는 생각이 들었어요.

치료자: 인생이 자꾸 안 풀리는 것 같고 나쁜 일만 일어난다는 생각이 들었군요.

내담자: 네.

치료자: 그럼 지금은 어떤 생각이 드나요?

내담자: 아무것도 내 힘으로 바꿀 수 있는 게 없다, 끝났다, 희망이 없다, 절망적이다, 앞으로 나는 뭐를 어떻게 해야 하나. 이런 생각이 들어요.

치료자: 그러니까 아무것도 바꿀 수 없고, 상황이 나아지지 않을 것 같다는 그런 생각을 하고 있군요.

내담자: 네.

치료자: 그런 생각을 완전히 믿고 있는 것 같군요.

내담자: 네. 가끔 언뜻 희망이 보이기도 하지만 대체로 늘 음울한 기분만 들어요.

치료자: 지금 자신의 삶에서 가장 바라고 기대할 수 있는 것이 있다면 어떤 것이 있을까요?

내담자: 가족이 나한테 좀 더 관심을 가져 주고 같이 시간을 보내 주었으면 좋겠어요. 너무 외롭고 힘들어요.

(후략)

대인관계치료(Interpersonal Psychotherapy: IPT) 역시 우울증에 효과적인 것으로 알려져 있다. 이 기법에서는 기존의 관계 갈등을 해결하고 새로운 중요한 인간관계를 형성하는 기술을 가르친다. IPT는 인지행동치료처럼 매우 구조화되어 있고, 15~20회기 정도 단기적으로 실시한다(Joiner, 2002). IPT에서는 우울을 촉발하는 생활 스트레스를 확인한 다음, 치료자와 환자가 대인 문제에 초점을 둔다. 예컨대, 결혼 갈등과 같은 대인 간 역할 논쟁 다루기, 사랑하는 사람의 죽음과 관련된 비탄 등 관계 상실에 적응하기, 결혼하거나 전문적인 관계를 맺는 등 새로운 관계를 맺

기, 중요한 관계를 시작하고 유지하는 것을 가로막는 문제가 무엇인지 확인하고 사회기술 익히기 등이 포함된다.

가령, 부부가 사춘기 아들 문제로 싸우고 있는 상황에서의 IPT 개입의 구조를 살펴보면 다음과 같다.

- 협상 단계: 부모는 사춘기 아들과 겪고 있는 문제와 관련된 논쟁을 인식하고 재협상하려고 한다.
- 곤경 단계: 표면 아래에서 여러 가지 복합적인 감정이 올라오고 논쟁이 일어나지만 각자 문제를 해결하려는 노력을 하지 않고 교착 상태에 빠진다.
- 해결 단계: 문제에 대한 특정한 행동을 취하고 갈등을 해결한다.

대인관계 치료자는 환자가 논쟁을 분명하게 정의하고 그것을 해결하기 위한 전략을 세우도록 도와준다. 우울증이 심할 경우 약물 치료와 함께 대인관계치료, 인지행동치료와 같은 심리치료를 결합할 때 훨씬 더 효과적이다.

최근 들어 인지행동치료의 제3동향인 마음챙김 기반 인지치료(mindfulness based cognitive therapy; 이우경 외, 2018; Williams et al., 2007)가 우울증 치료에 많이 사용되고 있다. 이 접근은 원래는 재발 방지용으로 개발되었으나, 요즘에는 반복적인 우울 삽화와 약물에 잘 반응하지 않는 심한 우울증에도 효과가 입증되고 있다(Wenzel et al., 2015).

보다 최근에는 우울한 환자에게 에어로빅이나 피트니스와 같은 신체 활동을 강조하는 것이 자기개념을 향상시키고 우울감을 약화시키는 데 효과적이라고 보고되고 있다. 특히 우울 증상이 생기게 되면 반추(rumination)와 같은 부정적 생각의 고리에 빠지게 되고 일상 활동에서 위축되고 회피적인 대처로 일관할 수 있다. 우울 증상을 보이는 사람들의 사회적 위축과 반추 등의 회피적 대처 전략을 차단시키기 위해 최근 우울증 회복을 위한 행동 활성화(Behavioral Activation: BA) 치료가 활발하게 적용되고 있다. BA 치료 초반에는 무기력한 우울증 환자들에게 행동 활성화를 통해 증상이 좋아질 수 있다는 희망을 고취시키는 것이 좋다. 또한 활성화시킬 행동 목록을 정하기 위해 삶의 가치를 찾게 하고, 우울한 기분을 유발하는 맥락을 파악하고 일상 활동 중에서 행동 수행 가능성을 높일 수 있는 전략을 수립한다. 치료 중반 이후에는 활동 위계를 정해서 본격적으로 행동을 활성화하고 기분 수준에 어떤 영향을 미치는지 반복적인 모니터링을 하는 것이 좋다(Ekers et al., 2014; Santos et al., 2021; 이가영 외, 2016).

마음챙김 기반 인지치료, 호흡 명상 예시

3분 호흡 명상

• 1단계: 자각하기

바르고 위엄 있는 자세를 취하고 현재 순간에 머문다. 가능하다면 눈을 감고 다음과 같은 질문을 한다.

"나는 지금 이 순간 어떤 경험을 하고 있는가? 생각은, 감정은, 신체 감각은?"

• 2단계: 집중하기

부드럽게 호흡에 주의를 돌려 호흡에 따라 각각의 들숨, 날숨에 집중한다. 호흡은 현재 순간에 머물게 하고 자각과 고요한 상태를 가져다준다.

• 3단계: 확장하기

호흡을 느리고 깊게 하면서 자세나 표정 등 몸의 감각으로 확장하여 주의를 집중한다.

모든 감정과 생각, 몸의 감각 등은 하늘에서 일어나지만 하늘 그 자체에는 영향을 미치지 않는 날씨와 같다. 구름, 바람, 눈, 비는 왔다 갔다 하지만 하늘은 항상 그 자체로 이런 지나가는 현상을 담는 '그릇'과 같다. 마음은 하늘과 같고, 마음속에 일어나는 여러 감정, 생각, 충동, 감각은 시시각각 변하는 날씨처럼 일어났다 사라지는 특성이 있다. 그저 호흡에 집중하면서 마음속에 들고 나는 생각, 감정, 충동, 감각에 휩쓸리지 않고 균형과 중심을 유지하면서 지켜보게 되면 평정심을 유지할 수 있다.

양극성 관련 장애

37세의 순영 씨는 소아과 의사로 개원하여 병원을 잘 운영하던 중 약 6개월 전부터 남편이 외도한 사실을 알게 되면서 한동안 우울한 기분이 들었다. 남편과 이혼 이야기가 오고가다가 급기야는 남편에게 애들을 맡기고 이혼하였다. 이혼 후 친정 부모와 함께 살던 순영 씨는 과거를 잊고 열심히 살겠다고 가족에게 다짐을 하더니, 최근 2주 전부터 잠을 자지 않고 갑자기 말이 많아지기 시작했다. 밤 12시에 병원을 확장 이전하겠다면서 사업 투자자를 만나야 한다며 돌아다니고, 이를 말리는 가족에게 폭언을 하거나 폭행을 하기도 했다. 환자를 진료하다가 갑자기 바쁜 일이 생겼다고 병원을 나가는 모습을 보이고, 하룻밤 사이에 불필요한 물건을 인터넷으로 수천만 원어치나 구입하기도 했고, 하루 중 어떤 때는 기분이 들떠 있다가 어떤 때는 심하게 침울한 모습을 보이기도 하였다. 아무런 자극 없이 갑자기 흥분하면서 초조해하기도 하고, 버럭 소리를 지르며 화를 내기도 하는 등 감정이 매우 불안정한 모습을 보였다.

1. 양극성장애의 종류

양극성장애는 앞의 사례처럼 기분의 변동이 매우 심한 장애다. 양극성장애는 DSM-IV까지는 기분장애에 속했으나 DSM-5에 들어오면서 우울장애와 별도의 장애로 범주화되었다. 양극성장애의 종류와 특징은 〈표 4-3〉과 같다.

표 4-3 양극성장애의 하위 장애와 특징

하위 장애	특징
I형 양극성장애	조증 삽화 기준 충족
II형 양극성장애	1회 이상의 주요우울 삽화와 경조증 삽화가 번갈아 나타남
순환성 장애	2년간 경조증 기간과 경미한 우울증 기간이 혼재함

1) I형 양극성장애

양극성장애의 조증 삽화의 핵심적 특징은 기분의 불안정성이다. 기분의 불안정성은 너무 들떠서 비정상적으로 보이고, 기분이 매우 과민하며 '정상에 올라간 느낌'과 '고양되고 즐거운 상태'를 경험한 뒤 심하게 우울해하는 극단적인 모습으로 나타난다. 기분이 고조된 상태에서 성적인 면과 직업적인 면에서 과도하게 의욕적으로 행동할 수 있다. 공공장소에서 낯선 사람에게 쉽게 접근하여 말을 하거나 짧은 기간 동안 기분이 급변해서 다행감(euphoria)과 행복한 기분을 느끼다가도 곧 과민한 반응을 보여 주변 사람도 이런 기분의 변화를 쉽게 눈치챌 수 있다. 조증 삽화 동안에 새로운 사업을 한다면서 여러 가지 사업을 동시에 벌이고 밤잠을 안 자고 설치면서 일에 몰두하기도 한다. 자존감이 팽창하여 자신에 대해 과대하게 지각하고 '신의 아들이다' '대통령의 아들이다' 등의 과대망상을 보이며 유명 정치인이나 유명 연예인과 잘 알고 있고 특별한 관계를 맺고 있다는 등의 터무니없는 망상에 몰두하기도 한다. 이들은 수면 욕구가 감소하여 거의 잠을 자지 않거나 전혀 자지 않음에도 불구하고 에너지가 충전되었다고 생각한다. 수면 곤란이 심할 경우 며칠간 전혀 잠을 자지 않고도 피곤함을 느끼지 않는다. 이처럼 잠을 잘 자지 않는 증상이 조증 삽화의 징후가 될 수 있다.

사고 흐름이 너무 빨라 말의 표현보다 사고가 더 빠르게 떠오르기 때문에 사고의 비약(flight of idea)이 자주 나타나서 한 주제에서 다른 주제로 갑작스럽게 전환된다. 또한 마치 가속기를 단 것처럼 끊임없이 연상이 이어지고 말이 빠르고 목소리가 크고 중단하기가 어렵다. 다른 사람의 시선에 상관하지 않고 끝없이 이야기하며 남의 말에 자꾸 끼어들고 맥락과 상관없는 이야기를 늘어놓는다. 농담, 말장난, 엉뚱한 말, 우스갯소리, 과장된 제스처를 보이거나 극적인 언어 표현을 보인다. 조증 상태에서는 주의산만이 특징적으로 나타나서 이성적인 대화가 곤란하며 상대방의 지시나 요구에 잘 따르지 못한다. 또한 목표지향적 활동이 증가되어 여러 가지 일을 벌이고 성적 욕구와 성적 환상이 증가되어 성적으로 충동적인 행동이 자주 나타난다. 예전 지인을 찾아가거나 심지어 잘 모르는 사람에게도 전화하는 등 사교성도 증가되며 타인의 일이나 관계를 방해한다. 심할 경우 정신운동 초조, 좌불안석 등이 나타나기도 한다.

증상이 심한 환자의 경우 자신의 증상에 대한 통찰 능력이 떨어져 치료에 저항적이다. 여성 환자는 화장을 요란하게 하고 외모를 유혹적이고 화려한 스타일로 꾸미며 치료자를 성적으로 유혹하려고 하는 등 충동 통제가 어렵다. 타인에게 적대적이고 신체적 위협을 가하며 망상이 동반될 경우 공격적으로 행동하거나 자살 시도를 하기도 한다.

I형 양극성장애의 12개월 유병률은 0.6%이고, 남녀에 따른 평생 유병률은 1.1:1로 남녀 차이는 별로 없다(APA, 2013). I형 양극성장애가 처음 발병하는 연령은 약 18세로 알려져 있다. 아동을 비롯해서 어떤 연령에서도 발병할 수 있지만, 아동의 경우에는 생활연령과 발달연령이 다르므로 특정 시기의 어떤 행동이 '정상' 또는 '기대되는 수준'인지 정확히 정의하기 어려워 진단을 내리기 쉽지 않다. 중년 혹은 노년기에 조증 증상이 발병하는 경우는 드물기 때문에 증상이 발생할 경우 전두측두엽 신경인지장애, 물질 섭취 혹은 금단 증상의 가능성을 함께 고려해야 한다. 조증 삽화의 약 60%가 우울 삽화 바로 전에 발생하며, 1년 동안 4회 이상의 기분 삽화(주요우울증, 조증, 경조증)를 겪는 I형 양극성장애는 '급속 순환성 동반(rapid cycler)'을 표시한다.

I형 양극성장애의 진단 기준(DSM-5)

I형 양극성장애 진단을 위해서는 다음과 같이 조증 삽화의 진단 기준을 만족시켜야 한다. 조증 삽화는 경조증 혹은 주요우울증 삽화에 선행하거나 혹은 뒤에 나타날 수 있다.

〈조증 삽화〉

A. 비정상적으로 들떠 있거나, 의기양양하거나, 기분 과민, 목표지향적 활동, 에너지 증가가 최소한 7일간 거의 매일 나타난다.

B. 다음 중 3가지 이상을 보이며, 평소에 비해 변화가 뚜렷하고 심각한 양상으로 나타난다.

  1. 자존감이 증가하거나 과대감을 느낌

  2. 수면 욕구 감소

  3. 말이 많아지거나 끊을 수 없을 정도로 말을 계속함

4. 사고 비약, 사고가 **빠른** 속도로 꼬리에 꼬리를 무는 듯한 경험

5. 주의산만이 지나쳐 주관적으로 보고하거나 객관적으로 관찰 가능

6. 목표지향적 활동 증가, 정신운동 초조

7. 과도한 쇼핑, 과소비, 무분별한 성행위, 어리석은 사업 투자 등 지나친 활동

C. 기분장애가 사회적 · 직업적 기능의 뚜렷한 손상을 초래할 정도로 심각하거나, 자해나 타해를 예방하기 위해 입원이 필요하다. 또는 정신병적 양상이 동반된다.

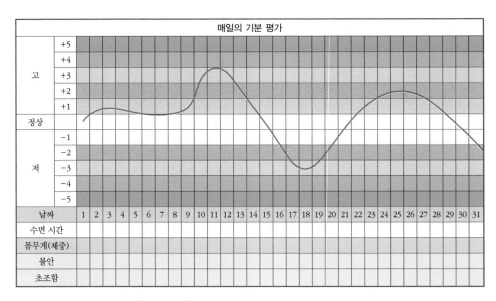

[그림 4-2] 조울증 환자를 위한 기분차트의 예시

2) II형 양극성장애

II형 양극성장애는 적어도 1회의 주요우울 삽화와 적어도 1회의 경조증 삽화가 혼재되어 나타나는 것이다. 주요우울 삽화는 최소 2주 이상 지속되며, 경조증 삽화는 최소 4일간 지속된다. 경조증 상태에서는 상담이나 정신과적 치료를 잘 받지 않으며 주요우울 삽화 동안에 치료를 찾는 경우가 많다. 경조증 상태는 기능의 저하를 가져오지 않지만 주요우울 삽화를 보이다가 갑자기 예측 불허의 기분 변동이 심해 사회적 · 직업적 기능의 저하가 올 수 있다. 자기 자신이 인식을 하지 못해 친구나

가족 등 주변 사람의 객관적 정보가 진단을 내리는 데 유용할 수 있다.

I형 양극성장애가 경미한 형태로 나타날 때 II형 양극성장애로 오진할 수 있는데, 두 진단의 차이점은 II형 양극성장애는 만성적이며 평균적으로 우울 삽화 기간이 더 길기 때문에 더 심각하고 많은 장애가 발생한다는 점이다. 이 장애는 여성에게서 더 흔하게 나타나고, 경조증 삽화 중에 우울 증상이 동반되거나 우울 삽화 중에 경조증 증상이 함께 나타나기도 한다.

국제적으로는 II형 양극성장애의 12개월 유병률이 0.3%로 나타나고 있다. 미국의 경우에는 0.8%다(APA, 2013). 이 장애는 청소년기에도 발병할 수 있지만 I형 양극성장애와는 달리 평균 발병 연령은 20대 중반으로 조금 늦게 나타난다. 주요우울증 진단을 받은 사람들의 약 12% 정도가 나중에 II형 양극성장애로 진단이 전환되기도 한다. 시간이 지날수록 우울 삽화가 더 오래 지속되지만 한 번이라도 경조증 삽화가 나타나면 II형 양극성장애 진단을 내린다. 1년에 4번 이상의 기분 삽화(경조증 삽화와 우울 삽화)를 보인다면 '급속 순환성 동반'이라고 명시한다. 5~15%의 환자들의 경우 경조증이 조증 삽화로 바뀔 수도 있는데, 이때에는 I형 양극성장애로 진단이 바뀐다.

급속 순환성 양극성장애는 예후가 더 좋지 않다고 알려져 있다. I형에서는 여성과 남성의 성차가 없지만, II형은 여성에게서 더 빈번하게 나타난다. 여성은 남성에 비해 혼재성 우울 증상이 있는 경조증과 급속 순환성 경과를 보고하는 경우가 많다. 또한 산후 경조증은 출산 후 산욕기에 '고양감(high)'을 경험하는 여성의 약 절반에서 자주 나타나는 우울증의 전조 증상일 가능성이 높다. II형 양극성장애 역시 자살 위험이 높다고 알려져 있다. I형 양극성장애와 II형 양극성장애의 자살 시도 평생 유병률은 각각 36.3%, 32.4%로 비슷하다(APA, 2013). 그러나 치명적인 자살 완수는 II형이 높다고 알려져 있다. II형 양극성장애는 I형 양극성장애에 비해 삽화가 끝나면 완전하게 기능이 회복되기도 하지만, 약 15%는 삽화 간에 사회적 · 직업적 기능의 문제가 지속되며 직업적 기능 회복에 더 오랜 시간이 걸린다(APA, 2013).

II형 양극성장애의 진단 기준(DSM-5)

II형 양극성장애 진단을 위해서는 다음과 같이 경조증 삽화 진단 기준을 만족시켜야 한다. 동시에 현재 또는 과거의 주요우울 삽화 진단 기준을 만족해야 한다.

〈경조증 삽화〉

A. 비정상적으로 들떠 있거나, 의기양양하거나, 기분 과민, 목표지향적 활동, 에너지 증가가 최소한 4일간 거의 매일 나타난다.

B. 기분장애 및 에너지 증가 및 활동을 보이는 기간 중에 다음 증상 가운데 3가지 이상을 보이며 평소에 비해 변화가 뚜렷하고 심각하다.

　1. 자존감이 증가하거나 과대감을 느낌

　2. 수면 욕구 감소

　3. 말이 많아지거나 끊을 수 없을 정도로 말을 계속함

　4. 사고 비약, 사고가 빠른 속도로 꼬리에 꼬리를 무는 듯한 경험

　5. 주의산만이 지나쳐 주관적으로 보고하거나 객관적으로 관찰 가능

　6. 목표지향 활동이 증가, 정신운동 초조

　7. 과도한 쇼핑, 과소비, 무분별한 성행위, 어리석은 사업투자 등 지나친 활동

C. 삽화는 증상이 없을 때와 다른 명백한 기능 변화를 동반한다.

D. 기분장애와 기능 변화가 타인에 의해 관찰된다.

E. 사회적·직업적 기능의 현저한 손상을 일으키거나 입원을 요할 정도로 심각하지는 않다.

---

3) 순환성 장애

　순환성 장애는 기분의 불안정성, 변동성을 특징적으로 보이는 만성적인 기분장애로 경조증 기간과 우울증 기간이 혼재되어 있다. 경조증 증상은 경조증 삽화 기준을 완전히 충족시키기에는 빈도와 심각도 기간이 충분하지 못하고 광범위하며 우울 증상 역시 주요우울장애 진단 기준을 완전히 충족시키지 못한다. 처음 2년간 증상이 지속적이고, 증상이 없는 기간이 2개월을 넘지 않아야 한다. 순환성 장애가 발

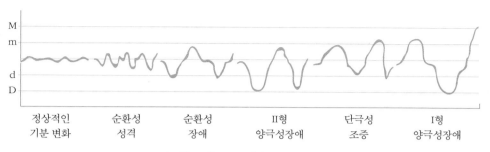

[그림 4-3] 조증-우울증 스펙트럼

출처: Frederick, Goodwin, & Kay (2009).

병하고 2년(아동·청소년의 경우 1년)이 지난 후 주요우울증, 조증, 경조증 삽화가 발생하면 진단은 주요우울장애, I형 양극성장애, 달리 명시된 또는 명시되지 않은 양극성 관련 장애 등으로 바뀐다.

　순환성 장애의 평생 유병률은 0.4~1%이며, 남녀 비율이 비슷하다(APA, 2013). 그러나 여성이 남성보다 치료를 받으러 오는 경우가 더 많기 때문에 여성에게서 발병 빈도가 높다는 의견도 있다. 보통 청소년기나 성인기 초기에 시작되고 기질적 소인이 작용하기도 한다.

순환성 장애의 진단 기준(DSM-5)

• 적어도 2년(아동·청소년은 1년) 동안 경조증 삽화의 진단 기준을 충족하지 않는 경조증 기간과 주요우울 삽화 진단 기준을 충족하지 않는 우울증 기간이 있다.
• 2년 이상의 기간 동안 경조증 기간과 우울증 기간이 절반 이상을 차지하고, 증상이 없는 기간이 2개월 이상 지속되지 않는다.
• 주요우울 삽화, 조증 삽화 또는 경조증 삽화가 존재하지 않는다.

2. 양극성장애의 원인

20세기 중반까지만 해도 양극성장애의 원인에 대해서는 알려진 바가 없었다. 최근 들어 정신생물학과 약물학이 발달하면서 몇 가지 원인이 제기되고 있는데, 신경전달물질의 활동, 이온 활동, 뇌 구조 및 유전적 요인에 대한 연구가 활발하다. 우울증과 양극성장애 모두 세로토닌과 관련이 있는데, 세로토닌의 낮은 활동과 노르에피네프린의 활동 수준이 기분장애의 형태를 결정할 수 있다. 노르에피네프린의 낮은 활동에 수반되는 세로토닌의 낮은 활동은 우울증을, 세로토닌의 낮은 활동과 노르에피네프린의 높은 활동은 조증을 야기할 수 있다(Comer, 2017). 신경전달물질은 뉴런 간의 소통에 영향을 미치지만, 전기로 충전된 이온은 뉴런 내 메시지를 전달하는 역할을 한다. 이온은 각각의 축색돌기가 신경말단까지 메시지를 전달하도록 돕는데, 이때 뉴런을 따라 이동하여 '점화'시키는 전기 활동의 파장이 시작된다. 이온 수송 시 이상이 생겨 뉴런이 너무 쉽게 점화하면 양극성장애가 생기고, 점화가 잘되지 않으면 우울증이 생긴다(Manji & Zarate, 2011).

양극성장애를 가진 사람의 뇌 구조를 살펴보면 기저핵과 소뇌가 다른 사람보다 작고, 편도체, 해마, 전전두엽피질에 이상이 나타난다. 그러나 이러한 구조적 이상이 어떤 역할을 하는지 분명하지는 않다. 또한 많은 연구자는 양극성장애는 우울증이나 다른 여타의 장애에 비해 유전성이 높다고 보고 유전 연관성 연구와 분자생물학 기법을 통해 유전적 요인을 조사하고 있다. 연구 결과 양극성장애는 특정 염색체(1, 4, 6, 10, 11, 12, 13, 15, 18, 21, 22번)에 있는 유전자와 관련이 있는 것으로 밝혀졌다(Schulze & McMahon, 2009). 쌍생아 연구에서도 양극성장애의 유전적인 특징이 지지되고 있다.

심리적 원인 중에는 단연 심리적 스트레스가 발병 원인으로 꼽힌다. 흔히 부정적인 생활 사건은 우울증을 일으키지만 긍정적인 스트레스는 조증을 불러일으킬 수 있다(Alloy et al., 2012). 박사학위를 받고, 직업을 갖고, 승진을 하고, 결혼을 하는 것, 사업투자나 경제적인 성공과 같이 목표지향적인 경험이 조울증을 불러일으킬 수 있다(Alloy et al., 2012). 어떤 사람은 조증 상태가 수면 부족과 관련이 있고, 또 어떤 사람은 산후 기간과 관련이 있다. 또는 비행기 시차 때문에 조증이 발생할 수도 있다. 대부분 조울증은 재발이나 회복에 스트레스 사건이 영향을 미친다. 물론 스트레스를 경험한

다고 해서 모든 사람이 우울증이나 조증을 보이는 건 아니기 때문에 조울증의 발현에
는 스트레스와 유전적인 취약성이 상호작용한다는 것이 정설이다(Alloy et al., 2012).

3. 양극성장애의 치료

1950년대 후반까지 양극성장애를 가진 사람은 정서적인 롤러코스터를 타며 위
태롭게 삶을 살 수밖에 없었지만, 1970년대에 리튬(lithium) 같은 기분 안정제(mood
stabilizer)가 사용 승인을 받으면서 극적으로 바뀌게 되었다. 리튬은 자연계에 존재
하는 순수 천연 소금에서 발견되는 은색의 약 성분이다. 양극성장애 환자의 경우 항
간질 약물인 카르바마제핀(상품명: 테그레톨), 벨프로에이트(상품명: 데파코트)와 같은
다른 기분 안정제를 혼합하여 먹을 때 더 효과적이다. 조증 환자의 약 60% 이상은 리
튬 복용으로 증상이 호전되지만 기분 안정제 복용을 중지하면 재발 위험이 약 28배
더 높은 것으로 보고되고 있다(Gao et al., 2010).

양극성장애를 가진 사람은 약물 치료가 우선적인 선택이지만 환자의 약 30% 이
상은 리튬이나 다른 기분 안정제에 잘 반응하지 않거나 복용 중에 재발 위험이 높
다. 또한 환자들의 많은 수가 약 복용을 임의적으로 중단한다. 이 때문에 임상가는
기분 안정제와 같은 약물 외에 개인심리치료, 집단치료 또는 가족치료를 병행한다.
최근 들어 마음챙김 기반 인지치료 등과 같은 보조 심리치료는 약물 치료 순응도를
높이고 증상으로 인해 나타나는 직업, 학교, 가정에서의 문제를 다루도록 도와준다
(Perich et al., 2013).

조울증 환자를 위한 인지행동치료는 정신건강 교육적인 측면과 인지치료적인 측
면 등 2가지로 이루어진다. 정신건강 교육에서는 장애의 특성에 대한 내용과 전구
증상과 위험을 감지하는 방법을 훈련시킬 수 있다. 불안 통제 기법으로 이완 연습,
호흡 훈련이 도움이 될 수 있다. 전통적인 인지행동치료에서는 생각, 감정, 행동의
관계에 대한 교육과 초기 기분 변화 경고 신호를 감지하고 모니터링하는 방법을 가
르쳐 줄 수 있다. 자기감찰, 인지 재구성, 수면 위생, 왜곡된 생각을 바꿔 주는 인지
행동치료(CBT) 기법이 조울증 환자에게 효과적일 수 있다. 이 밖에 사회기술 훈련
(자기주장 훈련, 비언어적 소통, 의사소통 기술, 대화 기술, 칭찬 주고받기, 부탁하기 등)도

도움이 될 수 있다.

전통적인 인지행동치료 외에도 조울증 환자에게 적용할 수 있는 치료 방법으로는 대인 및 사회적 리듬 치료(InterPersonal and Social Rhythm Therapy: IPSRT)라는 것이 있다. 이 치료법은 식사 및 수면 주기나 다른 일상적인 활동들을 잘 조절하고 대인 문제와 같은 스트레스 생활 사건에 더 잘 대처할 수 있게 도와준다. 연구에 따르면, 표준적인 임상 관리를 받은 환자에 비해 IPSRT를 받은 환자의 재발률이 떨어지고 치료 효과가 더 오래 지속된다(Frank et al., 2005).

생각해 보기

양극성장애를 위한 근거 기반 심리치료

근거 기반 치료(Evidence-Based Treatment: EBT)는 의료보건 분야에서 최선의 과학적 기반에 따라 임상적 판단이 이루어져야 한다는 근거 기반 운동의 영향으로 생긴 개념이다. EBT는 과학적으로 입증 가능한 증거에 따라 근거 기반이 강한(strong) 치료, 근거 기반이 어느 정도(moderate) 되는 치료, 논쟁의 여지가 있는 치료(controversial)로 구분될 수 있다. 미국 심리학회나 한국임상심리학회에서도 심리치료에 이런 기준을 적용하고 있다. 양극성장애의 치료는 약물 치료가 효과적이지만 심리치료 효과에서도 근거 기반이 축적되고 있다. 대표적인 심리사회적 개입으로는 심리교육(PsychoEducation: PE), 가족중심치료(Family Focused Therapy: FFT), 인지행동치료(Cognitive Behavioral Therapy: CBT), 대인관계 및 사회적 리듬 치료(InterPersonal and Social Rhythm Therapy: IPSRT)가 있다. 심리교육에서는 탈이론적(atheoretical) 입장에서 양극성장애의 약물 치료 비순응 문제를 주로 다루고 있다. FFT의 경우 조현병 가족에 적용하던 것을 변형해서 양극성장애 환자들의 가족을 위한 개입으로 적용되고 있다. 특히 가족내 표현된 정서(expressed emotion)가 증상 재발에 영향을 미칠 수 있으므로 이에 대한 교육과 의사소통 증진, 문제해결 훈련을 강조하고 있다. 인지행동치료에서는 전조 증상을 감지하고 심각한 기분 삽화로 이어지지 않도록 행동 수정 기술을 사용한다. IPSRT에서는 대인관계 갈등에 대한 문제해결 전략을 가르치고 사회적 리듬 차트(social rhythm metric) 기록과 자기모니터링을 통해 하루 일과의 규칙성을 유지하게 돕는다(김빛나, 2019).

창조성과 기분장애

예술가와 작가들이 일반인에 비해 정신장애, 특히 기분장애를 더 많이 겪고 있는 것으로 알려져 있다. 유명한 음악가 로베르트 슈만은 자신의 피아노 스승인 비크의 집에 기거하게 되면서 비크의 딸 클라라와 사랑에 빠져 우여곡절 끝에 결혼을 하고 8남매를 두었다. 하지만 자살 충동으로 라인강에 뛰어들었다가 구조되고 정신병원에서 자살로 생을 마감하였는데, 그는 경조증 시기에 많은 작업을 했다고 한다. 그러나 심한 우울증과 조증 시기에는 작업을 전혀 할 수 없었다고 한다.

빈센트 반 고흐도 "그림을 그리지 않았더라면 지금보다 더 불행했을 것이다."라는 말을 했고, "인생의 고통이란 살아 있는 그 자체다."라고 말하며 권총 자살로 생을 마감하였다. 작품보다도 박인환 시인의 〈목마와 숙녀〉 속에 나오는 여류 작가로 잘 알려진 버지니아 울프는 어린 시절 성폭행과 같은 외상 경험을 했고, 성장해서 작품 활동을 하다가 자살하였다.

우울, 조증과 같은 기분의 변화와 기복이 창조적인 작업에 긍정적인 영향을 미친다는 분석도 있다. 분석심리학자 칼 융은 예술가가 무의식이라는 보고에서 창의성(예술)을 길어 올린다고 보았다. 창의적인 사람은 이상심리의 가족력을 가진 경우도 많다. 시인, 화가, 작가, 배우의 세계에서 정서 표현과 개인적인 혼란은 영감과 성공의 원천으로 가치를 갖기도 한다. 그러나 심리적인 혼란 혹은 심리장애가 창의성에 반드시 필수조건은 아니다. 경미한 기분 증상은 창의적인 작품 활동에 도움이 될 수 있지만, 심리적 갈등이나 심한 기분의 혼란은 예술 작품에 몰두하기 어렵게 만들기 때문에 창의적인 작품 활동에 해가 된다.

자살

자살은 여타의 다른 동물과는 달리 유일하게 고등동물인 인간만이 할 수 있는 것으로 삶을 끝내려는 명확한 목적과 의도가 있는 행동이다. 자살은 더 크게는 사회적 환경에서 발생하기 때문에 문화권 혹은 국가마다 자살률을 비교하는 것은 의미가 있다. 우리나라, 일본, 러시아, 헝가리, 독일, 오스트리아, 핀란드, 덴마크, 중국은 자살률이 매우 높다고 알려져 있다. 종교적 차이도 자살률의 차이를 가져오는데, 대부분의 국민이 가톨릭이거나 유대인 또는 회교도인 국가의 자살률이 낮다. 그러나 예외적으로 국민 대다수가 로마 가톨릭 교도인 오스트리아는 세계에서 자살률이 매우 높은 국가 중 하나다.

우리나라의 자살률은 1990년대 초까지는 인구 10만 명당 10명 이하였으나 2010년 들어 33.5명으로 증가하였고, 이어서 2014년에는 조금 줄어들어 27.3명(통계청, 2015)이지만 여전히 우리나라가 OECD 국가 중 1위를 차지하고 있어 자살공화국이라는 오명에서 벗어나지 못하고 있다. 자살은 여러 가지 심리장애 중 우울증과 관련이 높아 우울증 환자 3명 중 2명꼴로 자살을 생각하며, 상당수의 우울증 환자가 결국 자살을 시도한다. 자살의 성차를 살펴보면, 여성은 자살 시도를 남성보다 3배 이상 많이 하지만 남성은 더 치명적인 방법을 사용하기 때문에 자살 완결률은 남성이 여성보다 더 높다.

1. 자살의 원인

자살의 원인에 대해서 사회학자 에밀 뒤르켐(Emile Durkheim, 1951)은 다음의 4가지로 자살을 분류하였다. 첫째, 공식화된 자살은 고대 일본의 관습인 하라키리(hara-kiri)와 같이 자신이나 가족에게 불명예를 가져온 사람을 칼로 자결하게 만드는 것이다. 뒤르켐은 이것을 이타적인 자살(altruistic suicide)이라고 불렀다. 이타적 자살은 개인이 사회나 집단에 과도하게 통합되어 결속력이 너무 강하고 개인적인 가치보다 사회나 집단의 가치를 더 중요하게 여기는 문화권에서 많이 발생한다. 둘째, 이기적인 자살(egoistic suicide)은 사회적 통합 정도가 낮고 개인이 속한 집단에 대한 결속이 약하거나 깨져서 고립될 때 나타난다. 예컨대, 노인이 가족이나 친척과 접촉이 끊어진 후 스스로 목숨을 끊는 것과 같은 자살을 말한다. 셋째, 아노미적 자살(anomic suicide)은 사회적 규제가 부족하고 사회의 급격한 변화와 불안정으로 인해 혼란과 무규범 상태로 빠져드는 상황, 즉 아노미적 상황에서 발생하는 자살을 말한다. 아노미적 자살은 우리나라에서 1990년대 후반 IMF 같은 사태를 겪으며 높은 사회적·경제적 지위에 있던 사람이 하루아침에 사업체나 직장을 잃고 나서 혼란감을 느끼며 무너지는 예에서 찾아볼 수 있다. 넷째, 숙명론적 자살(fatalistic suicides)은 개인이 사회로부터 과도하게 규제나 통제를 받을 때 자신의 운명에 대한 통제력을 상실함으로써 발생한다. 개인에 대한 억압이나 통제는 운명 혹은 사회 앞에서 무력감을 느끼게 만들기 때문이다.

자살에 대한 거시적인 시각을 강조한 뒤르켐과 달리, 프로이트는 미시적 관점에서 자살 행동은 무의식적 적대감이 자신을 화나게 한 사람이나 상황이 아닌 자기에게로 향한 것이라고 보았다. 프로이트를 비롯한 많은 정신분석가는 사랑하는 사람의 실제적 또는 상징적 상실을 경험하면 무의식적으로 그 사람을 자신의 정체감의 일부로 여기고 그 대상에 대해서 느끼듯 자신에 대해서도 그렇게 느낀다고 보았다. 사랑하는 대상을 향한 분노는 자신을 향한 강한 분노로 바뀌어 우울하게 되고 결국 자살을 하게 된다는 것이다. 한편으로 프로이트는 인간은 타나토스(Thanatos)라는 죽음의 본능을 갖고 있는데, 일반적인 사람들은 이 죽음의 본능이 타인을 향해 있는 데 반해 자살한 사람은 타나토스가 자기를 향한다고 보았다. 어쨌든 프로이트의 견해를 지지하는 증거로 실제 자살한 사람의 가족사를 살펴보면 부모의 사망과 이혼, 별거가 많고 어린 시절 부모로부터 거부당하거나 방치되었던 경우가 많다(Roy, 2011). 자살 희생자는 심리적으로 자신을 거부하고 상처를 준 타인을 '처벌'하기 위해 자살을 감행한다고 보는 입장도 있다.

자살한 사람의 부모와 가까운 친척을 살펴본 결과, 자살한 사람의 가계에 유독 자살자가 더 많은 것을 볼 때 자살에도 생물학적 소인이 작용한다고 간주되고 있다(Roy, 2009). 또한 자살한 사람은 세로토닌의 활동 수준이 낮은 것으로 나타나, 낮은 세로토닌의 활동이 자살 사고 및 행위에 취약하게 만드는 공격성과 충동성을 일으킬 수 있다고 해석된다(Comer, 2017).

자살의 위험 요인을 개념화한 심리학자인 슈나이드먼(Edwin S. Shneidman)은 '심리부검(psychological autopsy)'이라는 용어를 처음 사용하였다. 심리부검은 죽은 사람이 죽기 전에 무슨 생각을 했는지 사망 전에 알고 지내던 사람들과 인터뷰하여 그의 삶의 방식을 재구성하는 방식을 통해 자살한 사람의 특성을 파악하는 것을 말한다. 이런 심리적 부검을 통해 밝혀진 자살 위험 요인은 여러 가지가 있다. 우선, 가족력이 중요하다. 만일 가족 중 누군가가 자살을 했다면 나머지 가족도 자살을 할 가능성이 높다(Nock et al., 2011). 한 연구에서도 우울한 사람들 중에서 자살 사고가 높은 사람의 경우 가족 중에 자살한 사람이 있는 경우가 많았다. 이들이 자살을 더 많이 하는 것은 이전에 자살한 가족과 같은 익숙한 문제해결 방식을 단순히 채택하는 것일 수도 있고 충동성과 같은 성격 요인이 유전되어서 그럴 수도 있다. 입양한 사람의 자살 행동도 생물학적인 가족이나 친척의 자살 행동에 의해 예측할 수 있다는 연구 결과를 보면(Brent & Mann, 2005) 유전적인 소인이 있는 것은 분명하다.

심리장애 역시 자살 행동을 예측해 준다. 자살을 시도한 사람들의 약 80%는 우울 장애, 물질장애, 충동통제장애 등과 같은 심리장애를 경험한다(Nock et al., 2010). 이 중 가장 관련이 높은 것이 우울증이다. 그러나 기분장애를 가진 모든 사람이 자살 시도를 하는 것은 아니고, 자살 시도를 하는 사람들의 전부가 기분장애를 가지고 있는 것도 아니다. 우울장애와 자살의 관계를 살펴보면 우울증의 한 요소인 절망감이 자살을 가장 잘 설명해 주는 것으로 밝혀졌다. 우울증 진단을 받지 않아도 절망감을 가진 사람은 자살 가능성이 높다(Klonsky et al., 2012).

자살에 관한 대인 이론(interpersonal theory of suicide)에 따르면, 타인에게 자신이 짐이 된다고 지각하는 것과 소속감의 약화가 절망에 따른 자살을 강력하게 예측해 준다(van Orden et al., 2010). 특히 노인의 경우 알츠하이머 신경인지장애나 파킨슨병 같은 진단을 받은 후 가족에게 짐이 되고 싶지 않아 자살을 하기도 한다.

대학생과 청소년 중에서는 알코올 사용이 자살과 관련이 있다. 특히 약물 외에 충동통제 문제가 있을 때 자살 시도를 더 많이 할 수 있다(Woods et al., 1997). 감각 추구(sensation seeking) 성향도 기분장애, 물질사용과 더불어 10대 자살을 가장 잘 예측해 준다(Ortin et al., 2012). 경계선 성격장애를 가진 사람도 충동성이 강해 타인을 조종하기 위한 수단으로 자살 시도를 많이 하며, 그러다가 실수로 자살을 완수하는 경우도 있다.

스트레스 생활 사건 역시 자살의 주요 원인이다. 자살을 유발하는 즉각적인 스트레스 사건에는 사랑하는 사람의 사망, 이혼이나 별거 등의 상실 경험, 실직, 자연재해 등이 있다. 큰 생활 사건도 자살에 취약하게 만드는 스트레스이지만, 작은 스트레스가 누적될 경우에도 장기간의 스트레스에 대한 반응으로 자살 시도가 많이 발생한다. 사회적 고립 역시 자살을 불러일으키는데, 사회적 지지가 없는 사람은 자살 사고와 행동에 취약하다. 인간은 사회적 동물이라 사람들과 어울리면서 소속감을 느끼며 살아가야 하는데, 혼자 사는 사람, 다른 사람과 지속적인 갈등을 겪고 있는 사람은 소외감으로 인해 자살할 가능성이 높다. 또한 노인의 경우 건강상의 문제가 발생할 때 자살 가능성이 높고, 벗어날 희망이 없는 혐오적이거나 열악한 환경에 노출된 사람 역시 자살 시도에 취약하다. 자살을 시도하는 많은 사람은 문제와 해결책을 골몰하다가 마치 셰익스피어의 비극 〈햄릿〉의 유명한 대사 "죽느냐 사느냐, 그것이 문제로다."와 같은 이분법적인 사고에 빠져 생사의 갈림길에서 극단적인 선택을 한다(Shneidman, 2005).

2. 모방 자살

주변 사람의 자살은 전염력이 있다(Shneidman, 1989). 일명 베르테르 효과라고 알려져 있다. 가족이나 친구의 자살, 유명인의 자살, 대중에게 널리 알려진 자살, 직장 동료나 동기의 자살은 촉발 요인이 될 수 있다. 특히 유명인의 자살은 일반인에게 자살만이 인생의 문제에 대한 가능한 해결책을 주는 것처럼 보일 수 있고, 자살을 허용하고 자살을 행동으로 옮기도록 설득하는 것처럼 보일 수 있다. 우리나라에서도 대중적으로 유명한 배우의 죽음 뒤에는 항상 많은 사람이 모방 자살을 시도하는 것으로 보고되고 있다. '저렇게 유명한 연예인(사람)도 자살을 하는데……. 나 같은 사람은 더 이상 살 가치가 없다.'는 인지적 왜곡이 유명인의 자살 후 모방 자살을 불러일으킬 수 있다.

용어 이해

자살과 관련된 용어

- 완결된 자살(completed suicide): 자살에 성공해서 목숨을 잃게 됨
- 자살 시도(suicidal attempt): 죽으려는 목적으로 자행된, 잠재적으로 자신에게 상해를 입힐 만한 행동을 함
- 준비 행동(preparatory behavior): 특정 자살 수단을 구비하거나 삶을 마감하는 준비를 하는 식으로 자살을 준비하려는 의도로 행하는 행동. 자살 욕구 및 의도와 관련된 시도를 계획하는 정신활동도 포함됨

- 자살 사고(suicidal ideation): 의도적으로 자신의 삶을 끝내고자 하는 어떤 생각 이나 신념 또는 의견
- 자살 양가성(suicidal ambivalence): 자살 사고와 동반되는 감정. 어떤 사람은 정 말로 죽으려는 의도를 가지기보다는 단지 자신의 고통에 대해 타인에게 극적인 메시지를 전달하고 싶어 함. 약물 복용처럼 별로 치명적이지 않은 방법으로 자살 을 시도하고, '죽는다면 갈등이 해결되겠지만 만일 살아난다면 그럴 만한 의미가 있을 것이다.'라고 생각함

3. 자살의 예방과 개입

자살을 예방하는 것은 매우 어렵다. 우울하거나 자살을 생각하는 사람은 자신의 사고가 제한적이고 매우 비합리적이며 도움을 필요로 하고 있다는 것을 인지하지 못하는 경우가 많다. 주변에 도움을 요청하더라도 가족이나 주위에 있는 사람은 이 를 무시하는 경우도 많다.

자살은 크게 다음의 3가지 방향으로 예방 프로그램이 이루어진다.

첫째, 기존에 갖고 있는 정신장애를 치료하는 것이다. 우울증이 심한 경우 약물을 먹게 하거나, 조울증의 경우 리튬 같은 것을 사용해서 기분을 가라앉히는 것이 도 움이 된다. 인지행동치료도 자살 시도를 한 사람에게 매우 효과적이며, 1년 반 이후 추적하였을 때 자살 시도율이 50% 감소하였다(Brown et al., 2005).

둘째, 위기 개입으로, 자살 시도를 한 사람에게 현재의 심리적 위기로 인해 상황 을 객관적으로 바라보고 있지 않다는 것을 강조하며 문제를 다루는 더 좋은 방법이 있음을 보게 한다. 위기 개입의 예로 미국에서는 자살 핫라인(suicide hotline)이 가 동되고 있고, 우리나라에서도 중앙자살예방센터와 지방자살예방센터가 운영되고 (www.spckorea.or.kr) 있다. 또한 서울시 정신건강브랜드 블루터치 홈페이지(http:// www.blutouch.net)와 24시간 운영되는 자살 예방 및 정신건강상담 전화 등이 개설 되어 있다.

24시간 전화상담의 예

- 자살예방상담 전화(1393)
- 청소년상담 전화(1388)
- 정신건강상담 전화(1577-0199)
- 한국생명의 전화(1588-9191)

셋째, 고위험 집단에 대해 자살 예방 프로그램을 실시하는 것이다. 사회경제적 취약 계층, 왕따 청소년, 노인 등이 목표 집단이 될 수 있다. 특히 노인 인구가 늘어나면서 우리나라에서도 경제적·정서적으로 취약한 노인의 자살이 해마다 증가하고 있는 실정이다. 자살을 예방하기 위한 게이트키퍼(gatekeeper) 프로그램도 도움이 된다. 게이트키퍼가 하는 일은 자살 위험 대상자를 조기에 발견해서 전문 상담 기관에서 상담 및 치료를 받을 수 있도록 연계해 주고, 위기 상황에서 자살 고위험군의 자살 시도를 방지하기 위해 관리하고 지원하는 프로그램이다. 게이트키퍼는 주로 자살 위험이 있는 사람과 접촉할 확률이 높은 사람을 말한다. 게이트키퍼가 필요한 이유는 자살 고위험군에 속한 사람은 스스로 도움을 요청하지 않기 때문이다.

임상심리학자인 폴 키네트(Paul Quinnett)가 만든 자살예방교육 프로그램인 QPR(Question, Persuade, and Refer)은 자살 위험으로부터 생명을 구하는 3단계를 의미하며, 자살 위기의 경고 신호를 인지하고 적절한 질문과 설득 그리고 의뢰를 하는 방법을 훈련하는 프로그램이다. QPR은 일종의 심폐소생술(Cardio Pulmonary Resuscitation: CPR)과 유사하다.

자살 행동을 예방할 수 있는 최선의 방법은 정확한 진단과 적극적 치료다. 자살은 매우 복잡한 행위이고 개별 사례를 예측하기 어렵다. 자살 치료의 핵심은 절망에 빠진 사람의 이야기에 공감적으로 귀를 기울이고 희망을 고취시켜 주는 것이다. 자살 대상자를 효과적으로 상담하기 위해서는 자살과 관련된 문화적 코드와 언어를 이해하는 것이 필요하다. 예컨대, 미국에서 10대 소녀들은 '숲 속의 잠자는 미녀 플랜'(약물을 과다복용하고 잠이 드는 자살)이라는 환상을 가지고 있다고 한다. 인터넷 문화가 발달한 우리나라에서도 인터넷이나 SNS를 통해 동반 자살을 모의하거나 감행하는 경우가 심심찮게 발견되고 있어 이에 대한 관심과 주의가 필요하다.

자살 위험군에게 생명을 살릴 수 있는 개입을 하려면 자살을 불러일으키는 생각과 감정을 누군가와 솔직하게 이야기하도록 해야 한다. 자살 예방에서 고려해야 할 사항은 연령이 증가하면서 자살 위험성이 증가하기 때문에 노년층 내담자와 작업할 때에도 특별히 자살의 언어에 민감해야 한다는 것이다. 노인의 경우 자살 생각과 감정에 대해 잘 이야기하지 않고 계획 자살을 하는 경향이 있기 때문에 노인 자살 위험군과 상담할 때에는 보다 직접적으로 개입해야 한다. 또한 자살을 구체적으로 언급하지 않더라도 극심한 정서적 고통을 경험하고 있는 사람이라면 이들이 자살을 최선의 방법으로 생각할 수 있다는 점을 감안해야 한다.

🔦 이상심리 프리즘: **심리부검**

심리부검(psychological autopsy)은 자살로 생을 마감한 사람의 유족들과 정신건강 전문가의 면담을 통해 사망에 영향을 미쳤을 다양한 요인을 살펴보는 작업을 말한다. 한 사람이 자살을 하게 되면 혈연, 혼인 관계 외에도 고인의 지인, 친구, 동료 등에게 심리적 고통을 초래하는 등 평균적으로 115명 정도에게 영향을 미친다고 한다. 이 중 53명은 일시적 또는 지속적인 심리적 혼란에 빠지며 자살 유족의 자살 가능성은 일반인 대비 8~9배 높게 나타나고 있다(중앙심리부검센터).

자살 유족 혹은 자살 생존자(suicide survivor)는 스스로 목숨을 끊은 사람의 남겨진 가족뿐만 아니라 생물학적인 관계나 결혼, 입양, 기타 관습 등으로 친척의 지위를 얻은 친족 집단의 일부를 의미한다. 최근에는 이 범위를 확장하여 고인의 친구나 직장 동료, 교사, 서비스를 제공했던 전문가 등도 유족의 범주에 포함시키고 있다. 자살은 가족들에게 상실감, 슬픔, 분노 등 평생 지속될 수 있는 복합적인 감정을 남긴다. 국내에서는 2021년 4월 중앙자살예방센터와 중앙심리부검센터가 확대 개편되어 '한국생명존중희망재단'이 출범하였고, 여기에서 심리부검 등 국가 자살예방 정책 및 사업이 진행되고 있다.

'심리부검'을 통해

- 건강한 애도를 위한 첫 걸음이 될 수 있다.
- 다른 사람에게 털어놓지 못했던 이야기를 함으로써 심리적으로 어려움을 덜 수 있다.
- 고인을 객관적으로 바라보고, 이를 통해 고인의 삶을 통합적으로 받아들일 수 있다.
- 정신건강 관련 기관 혹은 전문가에 대한 안내와 도움을 받을 수 있다.
- 자살로 인한 또 다른 슬픔이 반복되지 않도록 국가 자살 예방 정책을 수립하는 데 기여할 수 있다.

출처: 한국생명존중희망재단(www.kfsp.org), 중앙심리부검센터(www.psyauto.or.kr)

1. 기분장애는 가장 흔한 심리장애이며 대표적인 것이 우울장애다. 우울장애에는 주요우
  울장애, 지속성 우울장애, 파괴적 기분조절부전장애, 월경전 불쾌감장애가 있다. 주요
  우울장애는 2주 이상 심한 우울 증상이 지속되는 장애이며, 지속성 우울장애는 2년 이
  상 경한 형태의 우울증이 지속되는 것이다. 파괴적 기분조절부전장애는 아동기의 양극
  성장애 진단 남발을 막기 위해 DSM-5에 새로 등장하게 된 장애로 지속적인 과민성과
  분노발작이 두드러진다. 월경전 불쾌감장애는 월경 전 불안정한 기분, 과민성, 불쾌감,
  불안 증상을 특징적으로 보인다.

2. 주요우울장애는 우울증의 대표적인 형태로 체중 변화와 자살 사고를 제외하고는 거의
  매일 존재하여야 하고 우울 기분이 하루 중 대부분, 거의 매일 있어야 한다. 특히 우리
  나라 사람들은 우울한 기분을 정서적으로 인식하고 표현하는 것이 서툴러 불면이나 피
  로감, 신체 증상을 호소하는 경우가 많다. 이 경우에는 우울한 기분을 신체 증상으로
  대치하여 표현하는 것이므로 이런 신체 증상이 우울 증상을 가리키고 있는지 잘 살펴
  봐야 한다.

3. 우울 장애의 원인으로는 생물학적·심리적·사회적 요인을 모두 고려해 볼 수 있으며,
  그중 인지모델은 벡이 주장한 것으로, 우울한 기분을 일으키는 역기능적인 신념, 부정
  적인 자동적 태도에 주목하게 만들었다.

4. 양극성장애는 유전적 영향을 많이 받는 정신장애로 I형 양극성장애, II형 양극성장애,
  순환성 장애가 있으며, 약물 치료가 우선이다. 양극성장애 환자를 위한 인지치료는 정
  신건강 교육적인 측면과 인지치료적인 측면 등 2가지로 이루어진다. 인지적 접근으로
  는 생각, 감정, 기분, 활동의 관계에 대해 배우고 초기 경고 신호를 감지하고 모니터링
  하는 방법을 배운다. 전통적인 심리치료 외에 대인 및 사회적 리듬 치료를 통해 식사
  및 수면 주기나 다른 일상적인 활동들을 잘 조절하고 대인 문제와 같은 스트레스 생활
  사건을 다루게 해 주는 것도 도움이 된다.

5. 현재 우리나라는 자살공화국이라고 할 정도로 10대부터 노인에 이르기까지 자살 발생률이 높다. 자살은 기분장애와 가장 관련성이 높지만 다른 장애가 없는 상태에서 충동적으로 일어나기도 한다. 자살 행동을 이해하기 위해서는 자살 사고, 자살 계획, 자살 시도 등과 같은 용어를 이해할 필요가 있다. 자살의 원인을 이해하기 위해 심리부검이 행해지고 있고, 이는 자살을 예방하기 위한 단서로 활용되고 있다. 자살 행동을 예방할 수 있는 최선의 방법은 정확한 진단과 적극적 치료다. 자살은 매우 복잡한 행위이고 개별 사례를 예측하기 어렵기 때문에 절망에 빠진 사람의 이야기에 귀를 기울이고 그들을 안내하고 그들에게 희망을 주는 것이 필요하다.

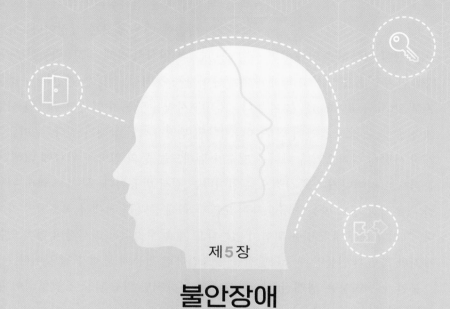

제5장

불안장애

불안과 두려움은 진화심리학적 관점으로 보면 인간의 생존에 매우 필요한 감정이다. 시험을 앞둔 학생이 적당히 불안해하면 시험 준비를 더 열심히 하게 되고, 위험한 사람이 나타나면 두려움을 느끼고 경계태세에 들어가는 것처럼, 적당한 불안과 두려움은 생존 가치(survival value)를 높여 준다. 그러나 시험을 앞둔 수험생이 필요한 시험 준비에 집중할 수 없고 불안이 너무 지나치다면 부적응적인 상태가 된다. 두려움은 총을 가진 사람이 다가오거나 사나운 맹수가 덤벼드는 등의 임박한 위협에 대해 거의 자동적으로 일어나거나 즉각적으로 일어나는 정서 반응이다. 두려움 역시 위험에 대한 원초적인 경보 반응을 유도하여 도망가게 해 준다는 점에서 적응적인 가치가 있다. 그러나 외부에 분명한 위협이 없는데도 계속 두려워하고 사람이 많이 있는 곳에 가기만 하면 대인불안과 공황발작을 일으킨다면 적응에 문제가 될 것이다.

불안과 두려움은 생래적으로 타고나기도 하지만 학습되고 조건형성이 될 수도 있다. 이전에는 중립적인 자극(조건 자극)이었지만 반복적으로 연합되면 다양한 종류의 생리적 반응과 심리적 외상(무조건 자극)이 되어 두려움과 불안(조건 반응)을 유발한다. 조건형성은 지극히 정상적이고 적응적이며 특정한 신호에 의해 두려운 사건이 일어나는 것을 예상하게 해 준다. 그러나 정상적이고 적응적인 과정이 어떤 경우에는 임상적으로 유의할 만한 수준의 불안이나 두려움 반응을 유발할 수 있다. 어두운 골목을 걸어가다가 수염을 기른 남자가 뒤를 쫓아오는 경험을 몇 번 반복적으로 했다면 수염을 기른 남자만 봐도 기겁을 하거나 도망가려는 반응이 나타날 수 있다. 또한 아버지가 집에 들어오면 어머니를 때리는 것을 자주 봤다면 아버지가 집에 들어오는 발소리만 들어도 불안 반응이 생기고 심하면 아버지를 생각하기만 해도 불안 반응이 유발될 수 있다.

DSM에서 불안장애는 임상적으로 의미 있는 두려움과 불안이라는 명확한 증상을 공유한다. 불안장애는 여성에게 가장 흔한 장애이며, 남성에게도 두 번째로 흔한 장애다. 이 장에서는 심한 불안과 두려움을 특징적으로 보이는 불안장애들에 대해 다룰 것이다. DSM의 불안장애 범주에는 다음과 같은 하위 장애들이 있다.

표 5-1 불안장애의 하위 장애와 특징

하위 장애	특징
분리불안장애	집이나 애착 대상과 분리되는 것에 대해 과도하게 공포와 불안을 느낌
선택적 함구증	대부분 정상적인 언어 능력을 갖추고 있지만 먼저 말을 꺼내지 못하거나 사람들이 질문해도 답하지 않음
특정공포증	공포와 불안이 특정 상황과 대상에만 국한됨
사회불안장애(사회공포증)	한두 가지 특정 사회적 상황을 두려워하는 것이 특징적임
공황장애	반복적으로 예기치 못한 공황발작이 일어나는 것
광장공포증	다양한 상황에 실제로 노출되거나 노출이 예상되는 상황에서 현저한 극도의 공포와 불안이 유발되는 것
범불안장애	많은 사건이나 활동에 대해 과도하게 불안해하고 걱정함

추가 학습

불안과 두려움의 차이

불안과 두려움을 구분하는 가장 공통적인 방법은 대부분의 사람에게도 실제적인 것으로 여겨지는 분명하고도 명백한 위험 요인이 있느냐의 여부다. 뱀을 두려워하듯이 위험의 원천이 분명하게 있다면 이것은 두려움에 해당된다. 그러나 막연히 부모의 건강 상태가 걱정되는 것처럼 외부의 위험이 무엇인지 분명하게 특정하기 어렵다면 그것은 불안에 해당된다. 불안은 미래 위험에 대해 걱정하는 전반적인 느낌을 말하며, 두려움은 즉각적인 위험에 대한 놀람 반응이다. 불안과 두려움은 반응 패턴에서 근본적으로 차이가 있다(McNaughton, 2008). 예컨대, 두려움은 많은 동물도 느끼는 기본 감정이고 자동신경 체계의 '싸움-도주(fight-or-flight)' 반응을 활성화시킨다. 즉각적으로 나타나는 두려움이나 공황발작과 달리 불안은 보다 미래 지향적이고 산만하며(diffuse) 불쾌한 정서 및 인지의 혼합물이다(Barlow, 2002). 불안은 두려움처럼 싸움-도주 반응을 유발하지 않지만 미래의 예상되는 사건이 일어나면 도주하거나 싸울 태세를 갖추게 한다. 두려움처럼 도망가게 하는 즉각적 행동 반응을 일으키지는 않아도 상황을 피하려는 속성을 가지고 있다(Grillon, 2008).

1. 분리불안장애

7세 재연이는 2세 무렵 부모가 이혼하는 바람에 어머니와 둘이 살고 있다. 서너 살까지 어머니와 떨어지려고 하지 않아 다른 아이들과 달리 놀이방에 보내지 않고 있다가 5세가 되면서 집 근처 어린이집에 보냈다. 그러나 재연이는 아침에 어린이집에 데려다줄 때마다 어머니와 떨어지는 것을 고통스러워하고 아파트 콘크리트 바닥에 드러누워 안 가겠다고 발버둥을 치곤 해서 어머니는 매일 아침이면 전쟁을 벌여야 했다. 재연이는 자기가 어린이집에 가 있는 동안 어머니에게 나쁜 일이 생길까 봐 두렵다고 하고, 어머니와 떨어져야 하는 상황이면 공포감과 두려움을 느꼈다. 어머니는 하는 수 없이 직장을 그만두고 재연이를 집에서 돌보고 있지만, 어머니가 안 보이면 과도하게 불안해해서 재연이 때문에 어머니는 아무것도 할 수 없는 상태가 되어 극심한 양육 스트레스를 호소했다.

1) 분리불안장애의 임상적 특징과 경과

불안과 관련된 장애는 대개 아동기에 처음 발생하는데, 불안장애 중에서 아동기와 가장 밀접한 관련이 있는 것이 분리불안장애다. 분리불안장애는 DSM-Ⅳ까지만 해도 아동·청소년 관련 장애로 분류되다가 DSM-5에서는 불안장애 안에 포함되었다. 분리불안장애가 아동기에만 생기는 것이 아니고 전 생애에 걸쳐 일어날 수 있으며 독특한 양상을 보인다는 판단하에 DSM-5에서 불안장애에 속하게 된 것이다.

분리불안장애는 집이나 애착 대상과 분리되는 것에 대해 과도하게 공포와 불안을 느끼는 장애다. 분리불안장애를 가진 아동은 자신의 부모나 중요한 사람에게 뭔가 안 좋은 일이 일어날 것 같아 두려워하고 부모나 중요한 사람과 떨어지게 되면 자신에게 좋지 않은 일이 생길 것 같아 불안해한다. 때문에 아동은 학교에 가는 것을 두려워하고 집을 떠나기 싫어한다. 이들은 주요 애착 대상과 분리되면 사회적으로 위축되고 슬픈 기분을 느끼며 무감동하거나 일 또는 놀이에 집중하기 어려워한다. 또한 동물, 괴물, 어둠, 강도, 도둑, 납치범, 교통사고, 비행기 사고 등 자신이나 가족에게 해가 될 것으로 생각되는 상황을 두려워한다. 분리불안장애 아동은 등교 거부를 자주 하기 때문에 저조한 학업 성취와 사회적 고립을 겪는다.

미국 내에서 분리불안장애의 12개월 유병률은 0.9~1.9%이며(APA, 2013), 아동에서 청소년에 걸쳐 지속되다가 성인이 되면 대체로 증상이 완화된다. 12세 미만의 아동에서 가장 흔한 불안장애의 한 유형이며, 질병 유병률에서 남녀 차이는 없지만 지역사회에서는 여아에게서 더 많이 발견되고 있다. 여아가 남아에 비해 집을 떠나는 것을 더 싫어하거나 회피한다. 아동기에 치료가 되지 않으면 성인기에도 분리불안장애가 지속될 수 있다. 성인의 경우에는 자녀와 배우자에 대해 지나치게 걱정하며 가족과 분리되어 있는 동안 심한 정서적 고통을 겪는다. 분리불안장애를 가진 성인도 분리해 있는 동안 사랑하는 사람에게 해로운 일이 생길까 봐 지나치게 염려하는 모습을 보인다.

2) 분리불안장애의 원인

분리불안장애의 원인으로는 유전적 요인보다 심리적 요인이 더 크게 작용한다. 이 장애는 친척이나 애완동물의 죽음, 전학, 부모의 이혼, 이사, 이민, 애착 대상으로부터의 분리 경험과 같은 스트레스 상황 이후에 발생할 확률이 높다고 알려져 있다. 초기 성인의 경우 부모의 집을 떠나거나 연애를 하거나 부모가 되는 것 등이 스트레스 상황이 될 수 있다. 부모의 보호와 간섭이 지나치면 아동의 경우 혼자 자는 것을 어려워하고 집을 떠나서 학교에 가는 것을 힘들어한다. 대학생이라면 부모의 집을 떠나는 것을 힘들어하고 집을 벗어나 여행 가는 것을 싫어하는 것으로 나타날 수 있다.

분리불안장애의 원인에 대해서는 애착 이론을 적용해서 설명할 수 있다. 애착 이론을 만들어 낸 존 볼비(J. Bowlby)에 따르면, 애착 인물에게 다가가는 것은 타고난 행동 패턴으로 동물의 생존에 중요하고, 일생을 통해 지속된다(Bowlby, 1959, 1980). 아기 원숭이나 다른 척추 동물들을 대상으로 모성 박탈을 연구한 결과, 초기에 모성 결핍을 경험하게 되면 분리나 상실 시기에 애착 인물에 대한 분리불안 행동이 모든 종에 걸쳐 일관성 있게 나타난다(Harlow & Zimmermann, 1958). 애착 이론에 따르면, 유아는 출생 직후부터 돌보는 사람과 애착이 서서히 형성되어 생후 5~6개월 무렵에는 애착이 공고화되며, 생후 10개월을 전후로 주요 애착 인물과 분리될 경우 떨어지지 않으려고 한다. 그러다가 애착이 안정적으로 형성되는 생후 30~36개월 정도쯤에는 애착 인물과 분리되어도 잘 견딜 수 있게 된다. 그러나 부모와 안정적인 애착관계를 맺지 못한 아동은 타인과 관계를 맺는 것을 어려워하고 독립적으로 주변을 탐색하기가 어려워진다. 애착 이론에 따르면, 부모와 같은 주요 애착 인물에게 다가가려고 하는 근접성(proximity) 추구는 심리적 혹은 신체적 위협을 받으면 활성화되는 생존 기제다. 그러나 반복적으로 애착 대상과 분리되거나 버림받을 위험에 처하게 되면 불안 반응이 심하게 나타나며 역기능적인 상태가 된다(Mikulincer & Shaver, 2007).

3) 분리불안장애의 치료

분리불안장애는 아동기에는 학교 거부증, 분리에 대한 악몽, 두통, 복통 등 다양한 신체 증상을 동반하기 때문에 치료적 개입이 필요하다. 성인인 경우 인지행동치료가 효과적이지만 어린 아동일 경우 부모와의 상호작용을 도와주는 놀이치료가 효과적이다(Schneider et al., 2011). 분리불안을 치료할 때는 아동의 경우 부모를 치료에 포함시켜 아동이 느끼는 불안에 대해 부모의 반응 양식을 다루어 주어야 한다. 이런 치료들에서는 부모가 이어폰을 끼고 치료자의 모니터링을 받으면서 아동이 부모와의 분리를 힘들어하고 저항할 때 어떻게 반응하는 것이 좋은지 지도를 받는 실시간 코칭 기법 형태로 진행된다.

분리불안장애의 진단 기준(DSM-5)

A. 애착 대상과 분리되는 것에 대한 공포나 불안이 발달 수준에 비해 부적절하고 지나치며 다음 중 3가지 이상을 보인다.

1. 집 또는 애착 대상과 떨어져야 할 때 과도한 고통을 반복적으로 경험함
2. 주요 애착 대상을 잃어버리거나 질병, 상해, 재앙 혹은 죽음과 같은 해로운 일이 애착 대상에게 일어날까 봐 지속적으로 불안하고 두려워함
3. 길을 잃어버리거나 납치를 당하거나 사고를 당하거나 아프게 되는 것 등 안 좋은 일이 발생하여 주요 애착 대상과 떨어질까 봐 지속적으로 염려함

4. 분리에 대한 공포 때문에 집 외에 학교, 직장 혹은 다른 장소로 나가는 것을 거부하거나 거절함

5. 집이나 다른 장소에서 주요 애착 대상 없이 혼자 있는 것에 대해 지속적으로 과도하게 두려워하거나 거부함

6. 집을 떠나 잠을 자는 것이나 주요 애착 대상이 없는 곳에서 자는 것을 과도하게 거부하거나 거절함

7. 분리 주제와 연관된 악몽을 반복적으로 꿈

8. 주요 애착 대상과 분리될 때 두통, 복통, 구토와 같은 신체 증상을 반복적으로 호소함

B. 공포, 불안, 회피 반응이 아동·청소년은 4주 이상, 성인은 6개월 이상 지속된다.

C. 장애가 사회적, 직업적 또는 다른 중요한 기능 영역에서 임상적으로 유의한 고통이나 손상을 초래한다.

2. 선택적 함구증

초등학교 6학년 여자아이인 윤서는 초등학교 저학년 때부터 학교에 가면 말을 하지 않았다. 수업 시간에 교사가 질문을 해도 말을 하지 않고, 쉬는 시간에 친구들과도 대화를 하지 않는다. 그러나 집에 오면 부모와 말을 하고 여동생과 간간이 대화를 나누기도 한다. 지능검사에서 평균적인 언어 능력을 보이는 것으로 나타났고 언어 이해나 언어 표현력에는 전혀 문제가 없지만, 말을 잘하지 않는 것으로 인해 친하게 지내는 친구도 별로 없다. 또래 남자아이들이 말을 안 하는 윤서에게 쉬는 시간마다 쫓아다니면서 말을 하라고 놀려대도 윤서는 대꾸조차 하지 않는다. 학교에서 말을 하지 않다 보니 수업 시간에 모둠 활동을 할 때 다른 친구들이 불편해하고 학업 수행 면에서 적극성이 부족하다는 평가를 받는다. 집에 와서 부모나 동생 등 가족과 말을 하더라도 보통의 아이들처럼 많이 하지는 않는다. 학교에서 이런 태도가 심해지자 담임교사를 통해 상담에 의뢰되었다.

1) 선택적 함구증의 임상적 특징과 경과

선택적 함구증이 있는 사람은 대부분 정상적인 언어 능력을 갖추고 있지만 먼저 말을 꺼내지 못하고 질문해도 답하지 않는다. 앞의 사례처럼 집에서 가까운 가족과는 말을 하지만 친구나 조부모, 사촌 등과 같은 친척 앞에서도 말을 잘하지 못한다. 사회불안이 높아 학교에서 말하기를 거부해서 학업 영역에 지장이 있다. 중얼거리기, 쓰기, 가리키기 등을 통해 소통을 하려고 하지만 거의 말이 없어서 사회적 상호작용에 지장이 생긴다. 집과 같은 친숙한 환경에서는 말을 하기 때문에 선택적 함구증이라고 불린다.

진단 기준을 충족하려면 한 달 이상 말을 하지 않아야 하는데, 이때 학교에 들어간 첫 달은 해당되지 않는다. 선택적 함구증에는 과도한 부끄러움, 당황스러운 상황에 대한 공포, 사회적 고립과 위축, 매달리기, 거부증, 분노발작, 사소한 반항 행동이 동반된다. 임상 장면에서는 사회불안장애로 진단받는 경우가 가장 많다.

선택적 함구증은 비교적 드문 장애이며, 유병률이 0.03~1% 정도로 추산된다(APA, 2013). 5세 이전에 발병하며, 사회공포증이 동반되면 선택적 함구증은 사라질 수 있지만 사회공포 증상은 남는다.

2) 선택적 함구증의 원인과 치료

사회적 상황에서 언제나 불안해하는 불안장애와 달리 선택적 함구증은 특정 상황에서 말을 하지 않는데, 그 이유는 무엇일까? 선택적 함구증의 위험 및 예후 인자에 관한 연구는 부족하지만 신경증적 경향성인 부정 정서성이나 행동 억제, 부모의 수줍음, 사회적 고립, 사회불안이 영향을 미친다고 알려져 있다. 선택적 함구증을 보이는 아동의 경우 수용성 언어에서 약간의 어려움을 보일 수 있다. 환경적 요인으로는 부모의 사회적 억제가 원인이라는 견해가 있다. 이들의 부모는 다른 아동의 부모보다 더 과잉보호적이고 지시적인 것으로 알려져 있다(Buzzella et al., 2011). 사회불안장애와 유전적·생리적 공통점이 많이 있을 것으로 추정되지만 연구는 부족한 실정이다. 이들은 또래와 상호 교류가 없다 보니 사회적 기능에 문제가 생긴다. 자라면서 사회적 고립에 더 자주 직면하게 되고, 친구들로부터 놀림이나 왕따를 당하는 등 학교나 사회 생활에서 심각한 부적응을 경험할 수 있다.

선택적 함구증의 치료에는 사회불안을 보이는 아동과 마찬가지로 인지행동 원리를 적용할 수 있다. 그러나 선택적 함구증을 가진 아동의 경우에는 말을 잘하지 않으므로 언어 표현에 더 신경을 써야 한다. 4~8세 아동을 대상으로 이루어진 연구에서 낯선 사람을 비롯하여 친숙하지 않은 상황에서 말을 잘하지 않는 아동에게 새로운 친구나 성인과 상호작용을 하도록 부추기고, 교실 활동에 참여하게 하고, 견학을 가게 하고, 언어적 참여를 촉진하는 사회성 게임에 참여하게 했을 때 효과가 좋은 것으로 나타났다(Furr et al., 2009). 통합적 행동치료에서는 아동이 말을 하지 않는 특정 상황을 파악하고 행동 시연을 하거나 두렵고 불안한 상황에 노출되게 하는 행동 기법이 사용된다. 이때는 불안한 상황에 노출되었을 때의 행동적 강화가 중요하다. 이런 치료에는 부모와 교사가 치료 파트너로 참여하게 된다. 그러나 선택적 함구증이 드물기도 하고 이런 아동들을 동질적인 집단으로 만들기가 쉽지 않아서 프로그램을 상용화하기가 어렵다(Bergman et al., 2013).

선택적 함구증의 진단 기준(DSM-5)

A. 다른 곳에서는 말을 할 수 있음에도 말을 해야 하는 특정 사회적 상황(예: 학교)에서 일관성 있게 말을 하지 않는다.
B. 학습 혹은 직업상의 성취나 사회적 의사소통을 방해한다.
C. 증상이 최소 1개월 이상 지속된다.
D. 사회적 상황에서 필요한 말을 하는 것에 대한 지식이 부족하거나, 언어가 익숙하지 않아 말을 하지 않는 것은 아니다.

---

3. 특정공포증

49세의 금희 씨는 두 아이의 엄마로 폐쇄공포증과 고소공포증으로 병원을 찾게 되었다. 10대 때부터 높은 곳과 폐쇄된 공간을 극도로 싫어하고 공포를 느꼈지만 지금까지 치료를 받을 정도는 아니어서 견딜 만했다. 그러나 최근 들어 엘리베이터를 탈 수 없을 정도로 밀폐된 공간을 견딜 수 없어 하는 등 증상이 악화되어 엘리베이터를 타지 않는 아파트 1층으로 이사를 가야 했다. 그녀의 폐쇄공포증의 근원을 알아보니, 어려서 개구쟁이였던 오빠들이 금희 씨를 벽장 속에 가두어 놓고 몇 시간 동안 문을 열어 주지 않고 놀렸던 사건이라고 했다. 또한 8세 무렵 오빠들이 금희 씨를 다리 한복판에 데려다 놓고 도망치는 바람에 혼자서 거의 기어서 다리를 건너와야 했던 기억이 고소공포증의 발단이 되었다. 이런 외상적 사건들이 폐쇄공포증과 고소공포증의 원인이 되긴 하였지만 수십 년 동안 그럭저럭 잘 살아오다가 갑자기 증상이 악화되었던 것은 아이들이 대학을 가서 모두 집을 떠나고, 남편도 바빠져 혼자 있는 시간이 많아지면서부터였다. 생활 환경의 변화가 그동안 잠재해 있던 폐쇄공포증과 고소공포증을 악화시킨 것이다.

특정공포증의 진단 기준(DSM-5)

A. 특정 대상, 상황에 대하여 극심한 공포나 불안이 유발된다(예: 비행기 타는 것, 높은 곳, 동물, 주사 맞기, 피를 보는 것).

B. 공포 대상과 상황은 대부분 즉각적으로 공포나 불안을 유발한다.

C. 공포 대상 혹은 상황을 회피하거나 매우 극심한 불안과 공포를 지니면서 참는다.

D. 공포나 불안이 특정 대상이나 상황의 실제적인 위험에 비해 극심하며 사회문화적으로 흔히 받아들이는 것보다 심하다.

E. 공포나 불안, 회피 반응이 대체로 6개월 이상 지속된다.

F. 공포, 불안, 회피로 인해 사회적, 직업적 또는 다른 중요한 기능 영역에서 임상적으로 유의한 고통이나 손상을 초래한다.

※ 동물형(거미, 곤충, 개), 자연환경형(고소, 폭풍, 물), 혈액-주사-손상형(바늘, 침투적인 의료 시술), 상황형(비행기, 엘리베이터, 폐쇄된 장소), 기타(질식, 구토를 유발하는 상황)

1) 특정공포증의 임상적 특징과 경과

특정공포증의 임상적 특징은 공포와 불안이 특정 상황과 대상에만 국한된다는 것이다. 특정공포증으로 진단받기 위해서는 일반적으로 사람에게서 일어나는 정상적인 불안 반응이나 일시적인 공포와는 달리 공포와 불안이 극심해야 한다. 심할 경우 공포나 불안이 공황발작 형태를 취하기도 한다. 공포 자극에 맞닥뜨리면 거의 언제나 불안 반응이 발생하며, 어쩌다 가끔씩 느껴진다면 공포증이라고 하기 어렵다.

공포증 환자는 공포를 불러일으키는 자극이나 상황을 능동적으로 회피하는 성향이 있는데, 만일 회피할 수 없거나 회피하지 않기로 결정하면 그 상황 또는 대상이 극심한 공포와 불안을 일으킨다. 고소공포증이 있는 사람이 다리를 건너는 것을 두려워하여 매일 출퇴근 시 길을 돌아서 가거나, 거미나 곤충 같은 것을 두려워해서 어두운 방에 들어가는 것을 피하는 등의 회피 행동으로 나타난다. 이들은 공포 대상이나 상황을 마주치게 되면 생리적 각성을 경험하는데, 예컨대 상황형 · 자연환경형 · 동물형 특정공포증 환자는 공포 자극을 만나면 교감신경계가 과도하게 각성하며, 혈액-주사-손상형 공포증 환자는 심박수와 혈압이 올라가다가 다시 갑자기 떨어지는 미주신경성 실신과 같은 반응을 보인다(Durand & Barlow, 2015).

공포증의 유병률을 살펴보면 미국의 경우 12개월 유병률이 약 7~9%에 이른다. 아동은 약 5%, 13~17세에는 16%로 증가한다. 그 연령 이상은 약 3~5%이며, 여성이 남성보다 대략 2:1의 비율로 많이 겪는다(APA, 2013). 질병의 경과를 살펴보면 외상성 사건을 접한 후, 다른 사람의 외상 사건을 목격한 후, 예기치 않은 공황발작이 공포 상황에서 발생한 이후, 비행기 사고를 뉴스에서 본 이후에도 발생할 수 있다. 어린아이는 불안과 공포감을 울음, 발작, 얼어붙는 행동, 매달리는 행동으로 표출한다. 아동기에 많이 발생하지만 어느 연령에서든 발생할 수 있다.

🔔 이상심리 프리즘: 환공포증을 가진 어느 30대 여성의 자기보고

나는 환공포증(trypophobia)을 가지고 있어서 그런 것들을 접하면 아예 쳐다보지 못하고 소리를 지르거나 온몸이 찌릿찌릿 거린다. 그럴 때마다 그런 나를 처음 보는 사람들은 남자 같은 성격에 털털한 내가 여성스러운 척한다며, 이게 도대체 왜 징그럽냐는 등의 반응을 보인다. 환공포증은 반복되는 특정 문양에서 혐오감을 나타내는 증상이다. 그 증상으로는 무엇이든지 반복되는 특정 무늬에 반응하며 머리가 어지럽고 자꾸 그 모양이 생각나 한동안 아무것도 할 수 없는 지경에 이르기도 한다. 난 언제 어디서부터 시작되었는지는 모르겠지만, 시골에서 자란 나는 어렸을 적에 개구리 알이나 생선의 알 따위 등에 혐오 반응을 보였다. 그때는 그다지 심각한 편은 아니었으나 커 가면서 점점 심해진 것 같다. 벌집무늬나 해바라기씨, 잣이 다닥다닥 붙어 있는 모습 등 무언가가 꽉꽉 채워져 있는 모양을 보면 손끝이나 온몸이 찌릿찌릿한 느낌이 들고 계속 보고 있으면 소름이 돋기도 한다. 또한 토할 것처럼 속이 거북해지는 반응을 보이기도 한다. 눈을 감아 버리고 쳐다보지 않아도 자꾸만 그 모양이 생각나서 짜증이 날 때도 있다. 전에는 '아니야, 징그럽지 않아.' 하고 속으로 생각하면서 쳐다보다가 도저히 안 되겠어서 포기한 적이 있다. 그 뒤로는 고치려고 생각해 보지 않았고 되도록이면 보지 않으려고 한다. 고칠 수만 있다면 정말 고치고 싶은 공포증이다. 어떤 방법이든 환공포증도 정말 없애 버리고 싶은 공포증이다.

환공포증은 구멍공포증, 군집공포증 또는 선단공포증이라고도 하는데, 반복되는 모양, 문양 또는 원이나 구멍이 빽빽하게 나열되어 있는 모습이나 사진을 보았을 때 느끼는 일종의 불안장애다. 이 증상은 정신의학적으로 아직 진단에 포함되지 않은 것이지만 증상을 느끼는 사람들이 있는 것만은 틀림없다. 영국 에섹스 대학교의 아놀드 윌킨스(Arnold Wilkins)에 따르면, 환공포증은 학습된 생물학적 혐오에 기초한다. 이 증상이 위험과 관련된 특정 형태에 대한 뇌 반응이라는 것이다. 피부, 음식, 나무, 토양, 식물, 상처나 거품 등에 형태를 갖춘 모양이 혐오 반응과 공포 반응을 불러일으킨다. 이런 모양을 보면 몸을 떨거나 피부에 뭔가 기어가는 느낌, 심지어는 공황발작이 일어나기도 하고, 땀이 나고, 심박수가 올라가고 메스껍고 가려운 증상이 생긴다. 구멍이 혐오스럽고 조잡스럽게 느껴지고, 그 구멍 안에 뭔가 살 것 같은 느낌도 동반된다. 세계 인구의 16%가 이러한 환공포증을 가지고 있는 것으로 알려져 있다.

출처: http://newspim.com

2) 특정공포증의 원인과 치료

생물학적 원인으로는 기질적 요인과 유전적 요인이 특정공포증의 발현에 영향을 미친다. 어떤 사람은 다른 사람에 비해 두려움과 공포증을 더 쉽게 획득한다. 에스 대립유전자(S-allele)라고 알려진 세로토닌−운반 유전자의 2개 변형 중의 하나가 있는 사람이 특정공포증에 더 취약하다(Lonsdorf et al., 2009). 한 연구에 따르면, 21개월 때 행동적으로 억제되어 있는 걸음마기 유아는 7~8세에 그렇지 않은 아이들에 비해 겁이 많고 수줍어하고 사소한 자극에 쉽게 공포를 느낀다(Kagan et al., 2001). 쌍생아 연구에서도 유전적인 특성이 공유되는 것으로 알려져 있다. 그러나 같은 유전인자를 가지고 있지만 다른 곳에서 양육되어 환경적인 스트레스를 공유하지 않은 쌍생아의 경우에는 공포증의 정도가 달라서 공포 반응은 학습된 것이라는 가설 역시 지지받고 있다.

특정공포증의 심리적인 원인으로는 정신분석과 같은 심층심리학부터 공포 반응의 외상적 조건형성에 이르기까지 다양하다. 정신분석에서는 이드(id)의 억압된 충동에서 나오는 불안에 대한 방어로 공포증이 일어난다고 보고 있다. 억압된 원초아 충동을 인식하는 것이 너무 위험해서 불안의 실제 대상과 상징적으로 관련이 있는 외부 대상이나 상황으로 불안이 대치되는 것이다(Freud, 1905). 그러나 이런 정신분석적 설명이 너무 추상적이라는 비판도 있다.

학습이론가는 고전적 조건형성의 원리를 들어서 공포 행동을 설명하고 있는데(Wolpe & Rachman, 1996), 이전에는 중립적인 자극이었던 것이 외상 혹은 고통스러운 사건과 연합되면서 공포 반응이 조건형성된다는 것이다. 또한 이런 공포 반응은 비슷한 자극으로 일반화될 수 있다. 앞의 사례처럼 어린 시절에 숨바꼭질을 하다가 옷장에 갇히게 되는 경험을 했다면 나중에 커서 옷장뿐만 아니라 엘리베이터, 폐쇄된 공간 등으로 공포 반응이 확산될 수 있다. 직접적인 외상 사건이 조건형성되는 것과 달리 누군가 공포스러운 반응을 하는 것을 지켜보는 대리적 조건형성(vicarious conditioning)에 의해서도 공포 반응이 학습될 수 있다. 강도에게 찔려서 피를 흘리는 장면을 목격했던 사람은 피만 보면 놀라는 반응을 학습할 수 있다.

공포 반응의 학습에는 개인차가 존재한다. 어떤 사람은 다른 사람에 비해 더 쉽게 공포 반응을 학습할 수 있다. 또한 어떤 두려움과 공포는 진화론적으로 볼 때 더 쉽게 학습할 수 있는 준비도를 갖고 태어난다. 예를 들어, 뱀, 물, 높은 곳, 폐쇄 공간은 자동차나 총 같은 것보다 더 쉽게 공포 반응을 유발한다. 진화심리학적으로 보면 인간과 같은 영장류는 뱀, 거미, 물, 폐쇄 공간과 같은 자극에 대해 더 빨리 공포 반응을 학습하게 되어 있다(Seligman, 1971). 이것을 준비 학습(prepared learning)이라고 하는데, 진화의 과정에서 인간과 영장류는 생존에 실제적 위협이 될 수 있는 대상이나 상황에 대한 두려움을 획득한 채로 태어난다. '준비된' 공포는 다른 자극에 비해 쉽게 공포 반응을 학습하게 만들고, 반응을 소거하려고 해도 잘 없어지지 않는다는 특성이 있다.

특정공포증의 약물 치료는 그다지 효과적이지 않은 것으로 알려져 있고, 가장 대표적인 행동치료는 노출치료(exposure therapy)다. 노출치료란 특정공포증을 유발하는 자극이나 상황에 노출하는 것이다(Choy et al., 2007). 노출치료 시 상징적으로 혹은 '실제 생활' 조건에 점차로 노출시켜 치료자 혹은 친구의 도움을 받거나 혼자 힘으로 그 상황을 잘 견디도록 격려를 받게 된다. 작은 동물에 대한 공포, 비행공포, 폐쇄공포, 피-상해 공포 등과 같은 공포증은 단 한 번만 치료를 해도 효과적이다.

4. 사회공포증(사회불안장애)

22세의 남자 대학생인 현빈 씨는 학교에 가서 쉬는 시간에 사람들과 대화하는 것을 극도로 불안해하고 두려워해서 자기 자리를 떠나지 않는다. 같은 과의 여학생이 자기를 쳐다보기만 해도 자신이 바보같고 어리숙해 보여서 비웃는 것 같다는 생각이 들어 현기증이 나고 얼굴이 빨개진다. 동성인 남자 친구들이 말을 걸어 와도 불안해서 큰 소리로 대답을 하지 못하고 모기만 한 목소리로 "응" "아니" 등의 단답식으로 이야기할 뿐이다. 강의가 비는 시간에도 사람들과 같이 있거나 식당에서 밥을 먹을 때 신경이 쓰여 혼자 아무도 없는 빈 강의실에서 빵을 먹거나 음악을 듣곤 한다. 종일 사람들이 없는 빈 강의실로 다니고 아는 사람을 만날까 봐 피해 다니다 보니 학교에 가서 수업을 듣고 오는 날은 녹초가 되고 몸의 기운이 다 빠지는 기분이 든다면서 상담을 원한다고 하였다.

1) 사회공포증의 임상적 특징과 경과

사회공포증(social phobia), 즉 사회불안장애(social anxiety disorder)는 한두 가지 특정 사회적 상황을 두려워하는 것이 특징이다. 사회적 상황은 공중화장실을 이용하는 것, 대중 앞에서 밥을 먹거나 발표를 하는 것 등을 말한다. 이들은 사회적 상황에 놓이게 되면 누군가로부터 부정적인 평가를 받거나, 자신이 당황하거나 창피를 당할지도 모른다는 불안감을 갖고 있다. 이런 두려움 때문에 사회적 상황을 피하거나 엄청난 고통을 겪으면서 그 상황을 견디기도 한다. 대중 앞에서 발표를 할 때 나타나는 발표불안은 사회불안의 가장 흔한 형태다. 사회불안장애는 회피성 성격장애와도 상당히 중복된다.

주요 임상적 특징은 다른 사람에게서 관찰될 수 있는 사회적 상황에 대해 심하게 불안과 공포를 느낀다는 것이다. 아동의 경우에는 성인보다는 또래 집단에서 이런 증상이 나타나며, 다른 사람에게 불안하고 어리석게 보이거나 좋지 않게 평가받을까 봐 염려한다. 사회적 상황에서 얼굴이 붉어지거나 떨거나 땀을 흘리거나 말을 더듬거나 타인을 의식하는 불안 증상을 보일 것을 과도하게 염려한다. 어떤 사람은 자신이 다른 사람을 공격하고, 그로 인해 거부당할까 봐 두려워하기도 한다. 다른 사람을 공격하는 것에 대한 두려움은 집단주의 경향이 강한 일본과 우리나라 문화권에서 주로 나타나는 증상으로 가해염려형 사회불안으로 알려져 있다. 사회불안이 심하면 손을 떨게 될까 봐 사람들 앞에서 마시고 먹고 글씨 쓰고 손가락으로 가리키는 것을 피한다. 얼굴이 붉어질까 봐 사적인 주제에 대해 말하는 것을 회피하고, 심지어 어떤 남성은 공중화장실에서 소변보는 것을 두려워하고 수치스러워해서 소변불안증과 수치성 배뇨장애증후군을 보일 수 있다.

사회적 상황은 거의 항상 공포와 불안을 일으키기 때문에 가끔 불안해한다면 사회불안장애로 진단을 내리지 않는다. 이들은 사회적 상황에 노출되기 이전부터 미리 예상해서 불안해하는 예기 불안(expectation anxiety)을 보이고 가급적 그 상황을 회피하려고 하거나 극심한 공포 혹은 불안을 견디기도 한다. 사회불안장애를 가진 사람은 사회적 상황의 부정적 결과를 과도하게 확대해석하는 경향이 있어서 그 정도를 판단하기 위해서는 임상가의 엄밀한 판단이 필요하다.

진단을 내릴 정도가 되려면 6개월 이상 증상이 지속되고, 공포, 불안, 회피가 일상생활, 즉 직업, 학업적 성취, 사회 활동과 관계를 방해하고, 주관적 고통과 손상이 있어야 한다. 대중 발표를 두려워하지만 직장생활이나 학교생활에서 발표 상황이 자주 일어나지 않아서 그것 때문에 극심한 고통을 받지 않는다면 사회공포증 진단을 내리지 않는다. 하지만 사회불안으로 인해 원하는 직업 및 교육의 기회를 놓친다면 사회불안장애 진단을 충족시킨다고 볼 수 있다.

사회불안장애의 유병률은 약 7% 정도다(APA, 2013). 아동ㆍ청소년에게서 발병 비율이 높고 연령이 높아지면 유병률이 떨어진다. 남성보다 여성에게서 발생 빈도가 높다. 하지만 병원을 찾는 임상 집단에서는 발생률이 남성이 여성보다 약간 높거나 비슷하다. 어린 아동기에 부끄러움을 타는 증상으로 처음 시작되어 지속되기도 한다. 스트레스와 수치심을 주는 경험(예: 왕따, 발표 중 토하는 것) 뒤에 발병하기도 하고 서서히 발병하기도 한다.

사회공포증의 진단 기준(DSM-5)

A. 대화를 하거나 낯선 사람을 만나는 것과 같이 타인에게서 관찰될 수 있는 하나 이상의 사회적 상황에 노출되는 것을 극심하게 두려워하거나 불안해한다.

B. 수치스럽거나 당황한 것으로 보이거나 다른 사람을 거부 혹은 공격하는 것으로 보이는 등 다른 사람에게 부정적으로 평가되는 쪽으로 행동하거나 불안 증상을 보일까 봐 두려워한다.

C. 이러한 사회적 상황이 거의 항상 공포나 불안을 불러일으킨다.

D. 이러한 사회적 상황을 회피하거나 극심한 공포와 불안을 견딘다.

E. 불안과 공포가 실제 상황 혹은 사회문화적 맥락에서 볼 때 실제 위험에 비해 비정상적으로 극심하다.

F. 공포, 불안, 회피 반응이 대개 6개월 이상 지속된다.

G. 공포, 불안, 회피로 인해 사회적, 직업적 또는 다른 중요한 기능 영역에서 임상적으로 유의한 고통이나 손상을 초래한다.

2) 사회공포증의 원인

사회공포증을 일으키는 기질적 특성으로는 행동 억제(behavioral inhibition)가 있고, 신경증과 내향성 같은 성격 특성도 영향을 미친다. 2~6세에 행동 억제가 높은 유아가 10세에 사회공포증으로 진단받을 가능성이 3배나 높다(Hirshfeld-Becker et al., 2007; Kagan & Snidman, 1999).

사회공포증은 학습된 행동이다. 특정공포증처럼 사회불안장애도 사회적 상황에서 실패를 경험하거나 창피를 당할 때 직접적 혹은 대리적 고전적 조건형성을 통해 학습이 된다. 예컨대, 사회적 좌절이나 굴욕감을 경험 혹은 목격하는 것, 분노와 비난의 대상이 되거나 목격하는 것과 같은 직접적 혹은 대리적 고전적 조건형성에서 비롯될 수 있다. 사회불안장애로 진단받은 상당수의 사람이 어렸을 적에 놀림을 당하거나 사회적으로 외상 경험을 했다고 보고한다(Townsley et al., 1995).

또한 사회공포증은 진화론적 맥락에서 설명이 가능하다. 공포 감정이란 대개 잠정적인 포식자에 대한 두려움과 관련이 있고, 오랜 진화 과정의 결과다. 사회불안과 공포는 정의상 자신이 속한 종의 구성원을 두려워하는 것이다. 공포증이란 영장류와 같은 동물들에서 흔히 나타나는 사회적 배열인 지배 위계 구조의 부산물이다(Dimberg & Ohman, 1996). 사회적 집단 내에서 지배 위계가 설정되면 그 안에서 공격적인 사람이 있기 마련이고, 패배적인 사람은 두려움과 순종적인 행동을 보이고 그 상황에서 완전히 도망가기가 쉽지 않다. 동물공포증이 있는 사람은 동물을 보면 도망가지만, 사회공포증이 있는 사람은 사람을 만난다고 도망가거나 줄행랑을 치기가 쉽지는 않다. 진화적으로 볼 때 사람은 사회적 상황에서 지배적이고 공격적인 사람을 만나게 되면 두려움을 획득하도록 미리 그런 경향성을 선험적으로 갖고 태어난다. 사회공포증 환자에게 부정적인 표정 자극을 보여 주면 정상 통제 집단에 비해 정서적 정보를 처리하는 뇌의 편도체(amygdala)가 활성화되는데, 이는 부정적 정서 처리에 특히 민감하다는 것을 의미한다(Goldin et al., 2009).

통제 불가능성과 예측 불가능성을 지각하는 것이 사회공포증의 발현에 영향을 미친다. 환경적으로 부모의 이혼이나 가족 갈등, 성적 학대 등 통제할 수 없고 예측 불가능한 사건을 경험하는 것 역시 사회공포증을 발현시킨다. 사회공포증을 보이는 사람은 과보호를 받거나 정서적으로 냉담하고 사회적으로 고립되어 있고 회피적인 부모로부터 양육된 경우가 많다. 부모가 사회성을 중요하게 생각하지 않고 사회적 상황에 노출을 시키지 않기 때문이다. 학창 시절에 따돌림을 받아 또래에게 수용되지 못하고 거절을 경험한 사람이 성인이 되어 사회공포증을 보이는 경우도 있다. 그러나 회피적이고 사회성이 없는 부모로부터 양육되고 또래 집단으로부터 거부된 경험이 있다고 해서 모든 사람이 사회공포증을 보이는 것은 아니므로 개인의 성향 역시 중요하다.

인지이론에서는 인지적 편향이 사회공포증의 발현에 영향을 미치는 것으로 보고 있다. 사회공포증을 가진 사람은 자신이 사회적 상황 속에서 서툴고 수용되기 어려운 방식으로 행동할 거라고 예상하며, 그런 행동이 결국 타인으로부터 거부당하고 지위를 상실할 위험에 놓이게 할 것이라고 믿는다. 이러한 부정적인 평가는 자기의 신체 반응에 집착하게 하고 사회적 상황에서 부정적인 자기 이미지를 더욱 공고하게 만든다(Rosenberg et al., 2010). 사회적 상황에서 자기에게 과잉 몰두하다 보니 자신의 심박수에 주목하고, 상호작용이 원활하게 이루어지지 못한다. 또 다른 인지적 편향은 모호한 사회적 정보를 부정적으로 해석하는 경향성이다. 누군가 자신을 보고 웃는 것을 자신을 비웃는다고 지각하는 것과 같이 중립적이거나 긍정적인 단서에 대해 부정적으로 편향 해석하는 경향성이 사회불안을 부추길 수 있다(Hirsch, Clark, & Mathews, 2006).

3) 사회공포증의 치료

사회공포증에 도움이 되는 약물은 MAOIs와 SSRIs 같은 항우울제와 벤조다이아제핀 계열의 항불안제다. 또한 몇 가지 심리치료가 사회공포증을 줄이는 데 약물 치료만큼 효과적이라고 입증되고 있다. 특히 약물 치료와 심리치료를 병행하여 받은 사람은 약물 치료만 받은 사람보다 재발 가능성이 낮다. 가장 효과적인 행동 개입은 공포증 치료와 마찬가지로 노출치료다. 노출치료에서는 사회공포를 가진 내담자가 두려운 상황에 자신을 노출하고 공포감이 줄어들 때까지 그 상황을 견디도록 도와준다.

사회공포증에는 인지치료 기법이 매우 효과적인 것으로 드러나고 있는데, 특히 인지 재구성(cognitive restructuring)을 통해 기저의 부정적인 사고와 자동적 사고를 인식하게 하는 것이 중요하다. 예를 들어, '아무도 나에게 흥미가 없어.' '나는 재미 있게 말할 거리가 없어.'와 같은 자동적 사고는 잘못된 인지로, 매우 즉각적으로 일어나기 때문에 자각하기 어렵지만 노력을 하면 찾아낼 수 있는 신념들이다. 부정적 이고 역기능적인 인지 왜곡과 오류를 인식하고 논리적 재분석을 통해 이러한 내적 사고와 믿음을 변화시키는 것이 중요하다. 뿌리 깊이 박혀 있는 자동적 사고에 질문 하는 논리적 재분석 과정에서 환자는 '재미있게 말할 거리가 없는 것이 맞는가' '사 람들 앞에서 초조해하고 긴장한다고 해서 반드시 바보같이 보이는 것일까'와 같은 대안적인 사고를 검증해 본다. 이때 주의 초점을 내부 혹은 외부로 옮기면서 내부 로 자기초점화된 주의를 기울이는 것이 얼마나 해로운 것인지를 살펴보게 한다. 왜 곡된 자기 이미지의 개선을 도와주기 위해 비디오테이프 피드백을 받을 수도 있다 (Clark et al., 2006).

인지치료 방법과 사회기술 훈련을 접목하는 것도 사회불안을 완화하는 데 효과 적일 수 있다. 사회기술을 향상시키기 위해서는 몇 가지 행동 기법을 조합할 수 있 다. 예컨대, 치료자는 내담자를 위해서 적절한 사회기술 훈련 시범을 보이고 내담 자가 따라 하게 한다. 집단 형태로 진행하면서 치료자뿐만 아니라 집단원들과 새로 운 사회 행동 기술을 시도하고 역할 연기를 통해 필요한 사회기술을 훈련한다. 사회 공포증 아동을 위한 사회기술 훈련, 데이트 공포를 느끼는 청년을 위한 사회기술 훈 련, 자기주장 훈련, 역할훈련(role play) 등이 많이 사용되는 기법이다.

5. 공황장애

45세의 회사원인 성만 씨는 최근 사람들이 매우 붐비는 지하철 역으로 연결되는 쇼핑 구역을 지나가다가 갑자기 온몸에 식은땀이 나고 의식을 잃고 쓰러질 것 같은 느 낌이 들었다. 이내 몸이 떨리면서 후들거렸고, 숨이 가빠 오르고 답답한 느낌에 이어 질식해서 죽을 것 같은 느낌이 들었다. 토할 것 같은 느낌도 들었고, 사지를 통제할 수 없다는 느낌이 들었으며, 다리를 움직여 보려고 했으나 잘 움직여지지 않았다. 어 떤 강력한 힘이 자신을 사로잡고 있는 것 같았다. 심장이 쿵쾅거리기 시작했고, 이내 심장이 멈출 것 같은 생각이 들었다. 사람들이 지나가다가 다가와서 괜찮냐고 물어

보는데 그 소리가 멀리서 들려오는 것 같았다. 죽을 것 같다는 생각이 엄습해 오면서 심장이 더 세차게 뛰는 것을 느꼈다. 밖으로 나가서 빨리 도망쳐야 한다는 생각밖에 들지 않았다.

1) 공황장애의 임상적 특징과 경과

공황장애(panic disorder)의 주요 특징은 반복적으로 예기치 못한 공황발작이 일어나는 것이다. 극심한 공포와 고통이 갑작스럽게 발생하여 몇 분 이내에 최고조에 달하며, 그 시간 동안 공황장애 진단 기준 13가지 증상 중에서 4가지 이상의 증상이 나타난다. 예상치 못한 상황이라는 것은 뚜렷한 유발 요인이 없는 것을 의미한다. 심지어 쉬고 있거나 자는 도중에 일어나기도 해서 예상치 못한 발작이 일어나기 전의 사건과 발작이 어떤 원인에 의해 유발되는지 주의 깊게 살펴볼 필요가 있다. 공황발작의 빈도와 심각도는 매우 다양하게 표현된다. 일주일에 1회씩 수개월간 나타나기도 하고, 매일 발작이 빈번하게 일어나다가 중간에 몇 주 혹은 몇 달씩 없어졌다가 다시 1개월에 2회 정도씩 나타나서 수년간 지속되기도 한다.

공황발작이 일어나면 생명을 위협하는 질병이 있는 것이 아닌가 하는 걱정으로 이어진다. 또한 공황발작으로 인해 다른 사람에게 부정적으로 비춰지거나 평가받는 것에 대해 두려워하고, 당황스러운 상황에 처하는 것에 대해 걱정하며, '미치거나' 통제감을 잃을까 봐 두려워한다. 이들은 예상되는 발작을 피하기 위해 신체 운동을 피하거나 일상 활동을 제한한다. 만일 공황장애를 보이는 사람에게 광장공포증이 동반된다면 별개의 진단을 이중으로 내려야 한다.

예상치 못한 발작의 예는 밤에 공황 상태에서 잠에서 깨는 것이다. 이것은 아침에 잠에서 깨어난 후 나타나는 공황과 다르다. 공황발작은 대부분 낮에 일어나지만 야간에 일어날 수도 있어서 야간발작을 경험한 사람은 발작이 또 일어날 것과 그 결과에 대해 걱정하면서 지속적인 걱정과 불안감을 호소한다.

공황장애는 청소년기, 특히 사춘기 이후에 시작되고, 주로 여성에서 서서히 증가하며, 성인기에 가장 많이 나타난다(APA, 2013). 평균 발병 연령은 20~24세이며, 치료받지 않으면 만성적인 결과를 초래한다. 저절로 좋아지기도 하지만 증상이 심해지기도 한다. 몇 년간 증상이 없다가 한 번씩 증상이 나타나기도 하며, 지속적으로 심각한 증상을 보이는 사람도 있다. 다른 불안장애나 우울장애, 물질사용장애가 동반되는 경우는 경과가 더 복잡하다.

매우 드물기는 하지만 공포 발작이 아동기에 나타나기도 한다. 청소년기에 발생하는 공황장애는 만성적인 경과를 보이며 다른 불안장애, 우울증, 양극성장애와 동반된다. 임상 양상은 성차가 없지만 여성의 경우 카테콜오메틸 전환 효소 유전자(Cathechol-O-Methyl Transferase: COMT)와 연관이 있다고 알려져 있다(APA, 2013).

2) 공황장애의 원인

기질적 요인으로는 다른 불안장애와 마찬가지로 행동 억제, 부정적 정서성, 특히 신경증적 경향성 및 불안 민감도와 연관되어 있다. 환경적으로는 아동기의 성적·신체적 학대 경험이 다른 불안장애보다 공황장애에서 더 흔히 나타난다. 흡연은 공황발작의 위험 요소다. 공황발작 몇 달 전에 스트레스 요인이 선행하기도 한다. 대인관계 스트레스, 불법 약물 노출, 질병, 가족의 죽음 등 부정적인 생활 경험이 발병에 영향을 미친다.

공황장애의 생물학적 원인을 살펴본 연구에 따르면, 노르에피네프린 신경전달물질의 활동이 불규칙적인 것으로 보고되고 있다. 예컨대, 청반은 노르에피네프린을 사용하는 뉴런이 풍부한 뇌의 영역인데, 원숭이의 청반을 전기적으로 자극하면 청반에서 노르에피네프린의 과잉 활동이 공황발작을 일으킨다는 것이다(Redmond, 1981). 최근에 들어와서는 단일 신경전달물질보다는 편도체, 복내측 시상하부, 중심회백질, 청반과 같은 뇌 영역으로 이루어진 뇌회로가 공황 반응에 관련이 있다고 보고된다(Burijon, 2007). 두려운 자극에 접하면 편도체가 자극을 받아서 이 회로의 다른 뇌 부위를 자극하여 공황 반응과 유사한 '경보 및 도피' 반응을 일으킴으로써 심박률이 올라가고 호흡이 가빠지고 혈압 상승 등의 신체 반응이 나타난다(Etkin, 2010).

인지이론에서는 몸에서 일어나는 생리적 변화를 잘못 지각하고 오해석하는 것이 공황 반응을 일으킨다고 본다. 공황발작을 하는 사람은 신체 감각을 의학적으로 재앙이 일어날 것 같은 신호로 오해석한다. 이와 같은 신체 감각의 오해석은 통제력을 상실할 것을 염려하게 만들고 최악의 재앙을 예상하게 만든다. 공황장애를 가진 사람은 스트레스 상황에서 과호흡을 하는데, 이처럼 비정상적인 호흡을 하게 되면 질식 위험에 처했다고 생각하고 공황발작에 빠져들고, 이후에 위험한 신체 감각이 다시 찾아올 수 있다는 믿음과 함께 미래의 공황발작을 예견하고 불안해하게 된다 (Clark & Beck, 2010).

공황장애에서 자주 일어나는 신체 감각의 오해석은 혈액 내 이산화탄소의 증가, 혈압 변화, 심박수의 증가로 나타나는데, 이 신체 감각을 지나치게 오해석하다 보니 다른 사람보다 더 과잉으로 반응한다(Hawks et al., 2011). 이렇게 오해석을 하는 사람은 대체로 불안 민감성(anxiety sensitivity)이 높아서 오랜 시간 신체 감각에 주의를 기울이고, 이 신체 감각을 객관적으로 평가하지 못하고 잠재적으로 재앙적인 수준으로 평가하는 경향이 있다.

또한 위협적인 정보를 처리할 때는 인지적 편향이 공황발작을 일으키고 유지시

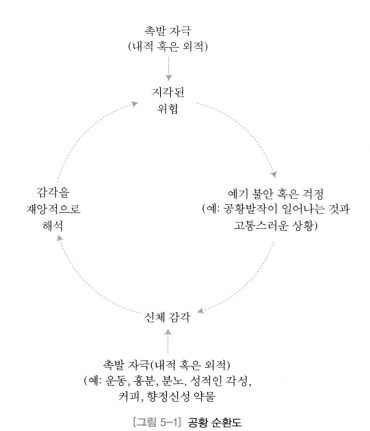

[그림 5-1] 공황 순환도

출처: Butcher et al. (2013).

키는 중요한 요인이 된다. 공황장애를 가진 사람은 환경적으로 위협적인 정보에 자동으로 주의를 기울이며 모호한 자극도 더 위협이 되는 것으로 지각한다. fMRI 연구에서도 이들은 정상 집단에 비해 위협적인 자료를 처리하는 것과 관련된 뇌 부위가 활성화된다(Maddock et al., 2003).

3) 공황장애의 치료

청반과 공황 뇌 회로의 다른 영역에서 노르에피네프린의 활동을 적절하게 회복시켜 주는 일부 항우울제가 공황 증상의 감소에 효과적인 것으로 알려지고 있다. 최근에는 알프라졸람(상품명: 자낙스)과 다른 벤조디아제핀 계열 항불안제가 공황장애에 효과적인 것으로 보고된다(Bandelow & Balwin, 2010). 그러나 약물 치료를 받게 되면 공황 증상이 상당히 없어지기는 하지만 재발률이 매우 높다는 단점이 있다.
　공황장애에는 심리치료가 매우 효과적인데, 주로 두려운 상황에 노출하는 전략을 통해 광장공포와 회피를 줄이는 것에 초점을 맞추고 있다. 이완 기법이나 호흡 훈련 같이 불안을 감소시키는 전략과 함께 점차로 노출훈련을 하게 되면 광장공포증이 동반된 혹은 동반되지 않은 공황장애를 극복하는 데 도움이 된다(Craske & Barlow, 2014). 심리치료 중에서는 두려움을 유발하는 내적인 감각에 의도적으로 노출하게 하는 내부감각수용 노출(interoceptive exposure) 치료가 효과적이다. 내적 감각을 두려워하는 것은 외적인 광장공포 상황을 무서워하는 것과 같은 방식으로 치료될 수 있다. 내적 감각에 지속적으로 노출을 하게 되면 두려움이 사라질 수 있다. 다양한 내적 감각(예: 의자에서 뺑뺑 도는 것, 과잉호흡)을 연습하게 하고 작은 공황(mini panic)을 불러일으켜 그것이 사라질 때까지 그 감각을 붙잡고 있게 함으로써 그런 감각적 두려움에 습관화시킨다. 이때 인지 재구성을 활용하여 공황발작을 유지하는 재앙적인 자동적 사고를 인식하도록 하는 방법을 같이 사용하면 더 효과적이다.
　가장 통합적인 치료인 공황통제 치료(panic control treatment)는 주로 광장공포 회피와 공황발작에 효과적이다. 공황통제 치료에서 환자는 우선 불안과 공황의 성질에 대해 배우고 이런 감정을 경험하는 능력이 얼마나 적응적인지를 배운다. 그다음으로 공황발작 상황에서 호흡을 효과적으로 통제하는 것을 배운다. 또한 내담자는 자신이 주로 사용하는 논리적 오류에 대해 배우고 자동적 사고에 대해 논리적 재분석을 한다. 마지막으로 두려운 상황이나 신체 감각에 노출하여 불편감을 견딜 수 있는 능력을 배양시킨다. 외적인 자극에만 배타적으로 초점을 두는 원래의 노출 기반 치료보다 이 통합적인 접근은 더 효과적인 것으로 알려져 있다(Arch & Craske, 2009).

공황장애의 진단 기준(DSM-5)

A. 예기치 못한 공황발작이 반복적으로 지속된다. 공황발작은 극심한 고통이 갑작스럽게 발생하여 몇 분 이내에 최고조로 이른다. 다음 중 4가지 이상의 증상이 있다.

1. 심계항진, 가슴 두근거림, 심박수 증가
2. 발한
3. 몸이 떨리거나 후들거림
4. 숨이 가쁘거나 답답한 느낌
5. 질식할 듯한 느낌
6. 흉통, 가슴 불편감
7. 메스꺼움, 복부 불편감
8. 현기증, 불안정감, 멍한 느낌 또는 쓰러질 것 같음
9. 오한 또는 화끈거리는 느낌
10. 감각 이상(감각이 둔해지고 따끔거리는 느낌)
11. 비현실감(현실이 아닌 것 같은 느낌) 또는 이인증(내가 내가 아닌 것 같은 느낌)
12. 스스로 통제할 수 없을 것 같은 두려움이나 미칠 것 같은 두려움
13. 죽을 것 같은 공포

B. 적어도 1회 이상 발작 뒤에 1개월 이상 다음 중 한 가지 조건을 만족해야 한다.

1. 추가적인 공황발작이나 그 결과(심장발작, 미치는 것, 통제력 잃음)를 걱정
2. 부적응적인 변화, 즉 공황발작을 회피하기 위해 익숙한 환경을 피하는 것

🔔 **이상심리 프리즘: 공황발작 시 대처 요령**

공황발작은 스트레스에 과도하게 노출되었을 때 발작 형태로 나타나는 경우가 많다. 운전 중에만 공황발작이 나타나는 사례도 있고, 비행기 안에서 혹은 터널 안에서 첫 발작이 일어나는 경우도 있다. 한 번의 발작을 경험했다면 다시 공황발작이 일어날 것에 대한 예기 불안이 생겨 상황을 회피하는 경우가 많다. 따라서 불가피한 상황에서 공황발작이 일어날 경우 신체 감각의 이상과 변화를 예민하게 감지해 내는 연습을 평상시에 하는 것이 좋다. 만일 운전 중이나 터널 안에서 신체 감각의 이상이 감지되고 점차로 가슴이 답답하고 질식할 것 같은 느낌이 든다면 안전한 갓길에 차를 세우고 깊게 숨을 들이쉬고 내쉬는 심호흡을 하는 것이 좋다. 이때 공황에 대처하는 태도로는 '공황발작으로 죽지는 않으며 공황발작이 시작되면 최고조에 이르렀다가 15~20분 뒤에는 안정화될 수 있다'는 생각이 도움이 될 수 있다. 또한 평상시 시간이 날 때마다 숨을 깊게 들이쉬고 내뱉는 호흡 명상이 증상 재발 방지와 관리에 도움이 된다.

6. 광장공포증

광장공포증(agoraphobia)이란 다양한 상황에 실제로 노출되거나 노출이 예상되는 상황에서 현저한 공포와 불안이 유발되는 것을 말한다. 이들은 자동차, 버스, 기차, 배, 비행기 같은 대중교통을 이용하는 상황, 주차장, 시장, 다리와 같이 열린 공간에 있는 것, 상점, 공연장, 영화관 같이 폐쇄된 공간에 있는 것, 줄을 서 있거나 사람들 무리 속에 있는 것, 집 밖을 돌아다니는 상황 등을 두려워한다. 공포와 불안을 경험하게 되면 끔찍한 일이 발생할 것 같다는 생각이 들고, 공황과 유사한 증상 혹은 무력하게 만드는 다른 증상이나 당혹스러운 증상을 경험하며 그 상황에서 벗어나기 힘들 것이라고 지각한다.

광장공포증은 실제 상황 외에 광장공포 상황이 일어날 것이라는 예견만으로도 발생할 수 있다. 공포와 불안이 전형적인 공황발작이나 제한적인 공황발작의 형태로 나타날 수 있다. 이들은 광장공포 상황을 최소화하거나 예방하기 위한 방법으로 능동적으로 회피하는 전략을 흔히 사용한다. 예를 들어, 대중교통을 이용하지 않으려고 하거나 마트에 가는 것을 피하기 위해 배달음식만 먹는 경우도 있다.

광장공포증의 유병률을 살펴보면 1.7%의 청소년과 성인이 진단을 받으며, 여성이 남성보다 2배 이상 높다. 또한 청소년 후기나 성인 초기에 발병률이 높다. 광장공포증의 발병에 선행하는 공황발작이나 공황장애는 지역사회에서 30% 정도이고, 임상에서는 50%로 보고된다. 공황장애 환자도 대부분 불안 증상이나 광장공포증을 공황장애 발병 전에 보인다. 공황발작을 포함하는 광장공포증의 평균 발병 연령은 17세이지만, 공황발작, 공황장애가 선행하지 않는 경우의 평균 발병 연령은 25~29세다(APA, 2013). 광장공포증의 경과는 지속적이고 만성적이며, 불안장애, 우울장애, 성격장애, 물질사용장애 같은 것이 경과에 영향을 미친다. 장기화되면 주요우울장애, 기분부전증, 물질사용장애 위험을 높인다.

다른 불안장애와 마찬가지로 기질적인 요인으로는 행동 억제, 부정적 정서성, 특히 신경증적 경향성과 불안 민감도가 연관이 있는 것으로 알려져 있다. 환경적 요인으로는 아동기의 부정적 사건(분리, 부모의 죽음)과 공격을 받거나 강도를 당하는 것 같은 스트레스 사건이 영향을 미친다. 집안 분위기나 양육 방식이 건강하지 못하고 과잉보호적일 경우 광장공포증이 발생할 가능성이 높다.

광장공포증의 진단 기준(DSM-5)

A. 다음의 5가지 상황 중 2가지 이상의 상황에서 현저한 공포와 불안을 느낀다.

   1. 대중교통 수단을 이용하는 것(예: 자동차, 버스, 배, 비행기, 기차)

   2. 열려 있는 공간에 있는 것(예: 주차장, 시장, 다리)

   3. 밀폐된 공간에 있는 것(상점, 영화관, 공연장)

   4. 줄을 서 있거나 많은 군중 속에 서 있는 것

   5. 집 밖에 혼자 있는 것

B. 공황발작과 유사한 증상 혹은 무능력하거나 당혹스럽게 되는 다른 증상(예: 노인의 경우 낙상에 대한 공포, 실금에 대한 공포)이 생겼을 때 도움을 받을 수 없거나 그 상황에서 벗어나기 어려울 것이라는 불안 때문에 이러한 상황을 두려워하거나 회피한다.

C. 광장공포 상황은 항상 불안과 공포를 일으킨다.

D. 광장공포 상황을 적극적으로 회피하고, 다른 사람이 옆에 있어 줄 것을 요구하거나 극도의 공포와 불안 속에서 견딘다.

E. 공포, 불안, 회피 반응이 대개 6개월 이상 지속된다.

F. 공포, 불안, 회피로 인해 사회적, 직업적 또는 다른 중요한 기능 영역에서 임상적으로 유의한 고통이나 손상을 초래한다.

7. 범불안장애

26세의 여자 대학원생인 화영 씨는 거의 모든 생활에서 불안감을 느낀다. 지방의 한 고등학교를 졸업하고 대학에 다니기 위해 서울에 올라온 이후로 모든 것을 혼자 결정해야 하는 상황을 겪은 이후 점차 모든 것이 불안해져서 지난 학기에는 수업 진도를 따라가기가 힘들었다. 몇 개월 전에 평소보다 심장이 불규칙적으로 뛰는 느낌이 들었고 가슴 쪽에 압박감이 느껴지면서 혹시 죽을 병에 걸린 것은 아닌가 걱정이 되기도 했다. 고향에 있는 부모님이 전화를 빨리 받지 않으면 부모님에게 나쁜 일이 생긴 것은 아닌지 걱정이 되어 전화 연결이 될 때까지 안절부절못하는 증상도 생겼다. 불안 증상이 심해져서 석사 논문을 쓰지 못했는데, 이대로 졸업을 못하면 폐인이 되는 것은 아닌지 걱정이 되기도 하였고, 대학원 수업 때 발표를 잘하지 못할까 봐 두렵기도 했다. 자주 긴장하고 불안해하다 보니 부쩍 피로감이 심해졌고 수업이나 아르바이트로 하는 조교 일에도 집중하기가 힘들어졌다. 어떤 날은 이런저런 일로 걱정을 하다가 잠을 설치기도 하고, 그러다 보니 낮에 졸리기도 하고 늘 기운이 없고 멍한 느낌이 들었다.

1) 범불안장애의 임상적 특징과 경과

범불안장애(generalized anxiety disorder)의 주요 특징은 많은 사건이나 활동에 대해 과도하게 불안해하고 걱정하는 것이다. 불안과 걱정의 정도와 기간, 빈도가 예상되는 사건이 실제 미치는 영향에 비해 너무 심하다. 걱정과 걱정스러운 생각을 조절하기 힘들어서 실제 해야 할 일에 주의를 집중하기 어렵다. 이들은 직업적 책임이나 건강, 재정 상태, 가족의 건강, 자녀의 불행, 집안일이나 약속에 늦는 것 등 사소하고 작은 일에 대해 끊임없이 걱정한다.

범불안장애가 정상적인 불안과 다른 점은 우선 불안의 정도가 심하고, 정신사회적 기능을 현저하게 방해한다는 점이다. 정상적인 불안은 기능을 방해하지 않고 걱정의 정도가 과도하지 않으며, 걱정을 잠시 미루어 놓고 다른 일을 할 수 있다. 그러나 범불안장애에서 나타나는 걱정은 전반적이고, 극심하고, 고통을 주며, 기간이 더 길게 지속되고, 유발 요인이 없이도 발생한다. 일상적인 불안 증상에는 신체 증상이 동반하지 않으나 범불안장애에서 나타나는 불안은 안절부절못하거나 낭떠러지에 선 느낌과 쉽게 피곤해지고 집중하기 힘들고 머릿속이 하얗게 되고 근육이 긴장되고 수면이 곤란한 증상이 동반된다. 근육의 긴장과 동반하여 떨림, 온몸이 흔들리는 느낌, 근육통, 속쓰림 등이 나타나기도 하며, 발한, 오심, 설사 등의 신체 증상과 극대화된 놀람 반응을 경험할 수 있다.

유병률은 청소년의 경우 0.9%, 성인은 2.9%다(APA, 2013). 남성보다 여성에게서 높게 나타난다. 이들은 삶의 전반에서 불안하고 예민하다고 보고한다. 평균 발병 연령은 30세 정도로, 다른 불안장애보다 늦게 발생하며, 청소년기 이전에 발병하는 경우는 드물다. 증상이 만성적이고 굴곡이 있어 오르락내리락한다. 걱정의 내용으로는 청소년기에는 학교 수행에 관한 것이 대부분이고, 노년기에는 가족의 안녕과 신체 건강에 대한 내용이 많다.

👆 이상심리 프리즘: 걱정의 순기능과 역기능

걱정 과정(worry process)은 범불안장애의 핵심적인 특징이다. 걱정은 순기능이 있기 때문에 어떤 사람에게서는 자동적인 과정이 되어 통제 불능 상태가 된다. 걱정은 긍정적인 기능을 하기 때문에 유지되는 경향이 있다.

• 재앙이 되는 사건을 피하게 해 준다. → 두려운 사건이 일어날 가능성을 줄여 준다.
• 깊은 정서적인 주제를 피하게 해 준다. → 거의 모든 것을 걱정하는 것은 내가 정말 생각하고 싶지 않은 정서적인 것을 걱정하는 것을 막아 준다.
• 준비하고 대처할 수 있다. → 예견되는 부정적인 사건에 대해 걱정하는 것은 그것이 일어났을 때 준비하게 해 준다.

그러나 이러한 걱정이 통제 불능 상태가 되면 순기능보다는 부정적인 기능이 더 많다. 일례로, 걱정 자체는 즐겁지 않은 활동이며 불안감과 위협감을 몰고 온다. 또한 모순적으로 침습적인 걱정 관련 사고를 통제하려고 하면 할수록 오히려 통제하기가 더 어려워지고 악순환에 빠진다.

출처: Newman & Liera (2011).

2) 범불안장애의 원인

범불안장애를 가진 사람의 친척 중 약 15%가 범불안장애를 갖고 있는데, 이는 일반 인구보다 높은 비율이다. 또한 일란성 쌍생아일 경우 범불안장애를 가질 가능성이 커진다(Kendler et al., 2007).

최근 수십 년 동안 뇌 연구자들은 범불안장애의 생물학적 요인에 대해 중요한 발견을 하였다. 1950년대에 개발된 벤조다이아제핀(benzodiazepines)은 알프라졸람(상품명: 자낙스), 디아제팜(상품명: 발리움), 로라제팜(상품명: 아티판)을 포함하는 약물군으로 범불안장애를 가진 환자의 불안 증상을 경감시켜 주는 효과를 보였다. 뇌의 일부 뉴런은 신경전달물질인 GABA를 방출하는데, GABA는 특정 뉴런의 GABA 수용기에 결합되어 이 뉴런들이 점화를 멈추게 한다. 이 피드백 체계의 오작동이 공포나 불안 반응이 억제되지 않고 지속되게 만든다(Burijon, 2007). GABA 수용기가 너무 작거나, 아니면 수용기가 신경전달물질을 빨리 결합하지 못해 불안 증상이 발생할 수 있다. 최근에는 특정 신경전달물질 외에도 전전두엽피질, 전대상회 피질, 편도체를 연결하는 뇌 회로에 기능 저하가 있다고 보고되고 있다.

범불안장애의 기질적 요인으로는 행동 억제, 부정적 정서성, 특히 신경증적 경향성, 해로운 것을 회피하는 성향 등이 있다. 환경적 요인으로는 아동기의 역경, 부모의 과잉보호와 연관되어 있다고 하지만 이 장애에 특정한 환경적 요인에 대한 연구결과는 부족하다.

정신분석 입장에서 프로이트는 모든 아동은 성장하면서 어느 정도 불안을 경험하며 불안을 통제하기 위해 방어기제를 발동시킨다고 보았다. 실제적인 위협에 대해서는 현실적인 불안을 느끼며, 원초아 충동 표현이 부모나 환경에 의해 금지되면 신경증적 불안을, 원초아 충동 표현이 누군가로부터 처벌을 받거나 위협을 당하게 되면 도덕 불안을 경험한다는 것이다. 프로이트에 따르면, 신경증적 불안 또는 도덕적 불안이 아동을 지배하게 되면 커서 범불안장애가 생길 수 있다. 이외에도 과잉보호를 받은 아동은 정상적인 불안 상황에서조차 적절하게 방어를 하지 못해 불안에 취약해진다.

인지이론에서는 역기능적인 사고 방식이 불안과 같은 심리 문제를 유발한다고 가정한다. 인지 증상 중의 하나인 과도한 걱정이 범불안장애의 핵심 특징이다. 범불안장애 환자는 비합리적 가정을 가지고 있다. 이들은 '안전하다고 증명될 때까지는 전혀 안전하지 않다.' 또는 '항상 최악을 염두에 두는 것이 최선의 방어책이다.' 등의 비합리적 신념을 가지고 있다. 초인지 이론(Wells, 2010, 2011)에 따르면, 범불안장애를 가진 사람이 하는 걱정은 긍정적 · 부정적 신념 모두를 포함하고 있다. 긍정적인 측면에서는 걱정이 인생의 위협적인 면을 평가하는 유용한 수단이라고 믿기 때문에 모든 가능한 위험 신호를 찾아내고 조사하고 끊임없이 걱정하게 만든다. 동시에 걱정은 부정적인 신념에 의해 활성화되는데, 부정적 태도는 나쁜 것이라고 배워 왔기 때문에 범불안장애를 가진 사람은 자신이 항상 걱정하고 있다는 사실을 걱정하기도 한다. 이것을 초걱정(meta-worry)이라고 하며, 반복되는 초걱정은 범불안장애의 발생을 예측해 준다.

또 다른 설명은 범불안장애를 가진 사람은 불확실성을 견디지 못한다는 것이다. 불확실성을 견딜 수 없다는 이론(intolerance for uncertainty theory)에 따르면, 범불안장애를 가진 사람은 발생 가능성이 낮아도 그것을 참지 못한다. 인생은 불확실한 것

으로 가득차 있는데 이 불확실성을 견디지 못해 늘 걱정하는 것이다. 불확실한 상황에서 확실성을 찾기 위해 노력하지만 불확실성을 견디지 못할 뿐이고, 올바른 해결책을 찾으려고 시도하지만 해결책마저도 옳은 것인지 확신할 수 없다 보니 매사에 불안하게 된다.

범불안장애에 대한 새로운 설명은 회피이론이다. 범불안장애를 가진 사람은 일반인에 비해 더 높은 심박수, 땀, 호흡을 보이는데, 걱정은 이러한 신체적 불쾌감과 각성으로부터 주의를 분산시켜 준다. 이들은 빠르고 강력한 신체 반응을 경험하며, 이러한 경험이 당황스럽고 불쾌하다 보니 신체적인 불쾌감을 피하기 위해 걱정으로 도망가 버리고, 이때 신체 각성이 줄어드는 것을 경험한다(Fisher & Wells, 2009).

범불안장애의 진단 기준(DSM-5)

A. 직장이나 학교와 같이 일상 활동에서 과도하게 불안하거나 걱정을 하고 적어도 6개월 이상, 최소 한 번이라도 며칠 이상 발생한다.

B. 이런 걱정을 통제하는 것이 어렵다고 느낀다.

C. 불안과 걱정은 다음의 6가지 증상(증상들이 적어도 6개월 이내에 며칠 이상 존재해야 함) 중 3가지 이상의 증상을 동반한다(아동은 한 가지 항목만 필요).

　1. 안절부절못하거나 가장자리에 선 느낌

　2. 쉽게 피로해짐

　3. 집중하기 힘들거나 머릿속이 하얗게 되는 느낌

　4. 과민성

　5. 근육의 긴장

　6. 수면 장해

D. 불안, 걱정 또는 신체 증상이 사회적, 직업적 또는 다른 중요한 기능 영역에서 임상적으로 유의한 고통이나 손상을 초래한다.

3) 범불안장애의 치료

1950년 이후에 범불안장애의 치료에는 벤조다이아제핀류의 항불안제들이 사용되었다. 그러나 이 약을 오래 복용하게 되면 신체적으로 의존성이 생기고 술과 같은 다른 약물과 함께 복용하면 해롭기까지 하다. 이때 항우울제와 항정신병 치료제가 범불안장애를 가진 사람에게 도움이 될 수 있다(Comer, 2017).

심리적인 개입 방법으로는 이완훈련(relaxation training)이 효과적이다. 이완훈련은 신체를 이완시키면 심리적인 불안 반응도 줄어들 것이라는 가정에서 시도된 것이다. 명상처럼 사람의 몸을 이완시키는 것으로 알려진 기법들도 효과적이다. 바이오피드백(biofeedback)은 몸에서 오는 전기 신호를 사용해서 심장박동, 근육긴장과 같은 생리 과정을 조절할 수 있게 하는 기법이다. 바이오피드백에서는 근전도계(EMG)라는 장치를 사용해 신체 활동에 대해 컴퓨터로 정보를 제공해 주면서 불안장애 환자로 하여금 자신의 신체 반응에 주의를 기울여 불수의적인 생리 과정을 조절하게 한다.

인지치료에서는 2가지 종류를 사용한다. 우선 부적응적이고 역기능적인 신념을 바꾸는 것이다. 범불안장애 환자가 가지고 있는 역기능적인 신념을 찾아내서 보다 합리적으로 생각할 수 있도록 사고 전환, 인지적 재구성을 도와준다(Clark & Beck, 2010). 또 다른 한 가지 방법은 걱정에 초점을 맞추는 것이다. 치료자는 걱정의 긍정적인 점과 부정적인 점을 교육시키고, 다양한 생활 장면에서 일어나는 신체적 각성과 인지적 반응을 관찰하게 한다. 그러면 걱정을 촉발하는 요인들, 걱정에 대한 오해, 걱정으로 삶을 통제하려고 했던 잘못된 노력을 인식하게 되고 세상을 덜 위협적인 것으로 봄으로써 보다 효과적으로 걱정을 다룰 수 있게 된다(Wells, 2005, 2009).

최근 인지치료의 제3동향인 마음챙김 인지치료나 수용-전념 치료 등에서는 내담자가 걱정을 포함하여 생각이 일어나면 생각을 없애려고 하기보다는 생각의 흐름을 마치 파도타기 하듯이 단순한 마음의 사건으로 인정하고 수용하게 돕는다. 생각은 사실이 아니며 하나의 정신적 사건일 뿐이라는 것을 알아채게 하는 것이 치료의 핵심 요소다. 생각을 통제하려고 하고 걱정하는 마음을 없애려고 하기보다는 생각이 마치 파도의 들고남처럼 왔다갔다하는 마음의 사건이라고 받아들인다. 마음챙김에 기반을 둔 이런 치료법은 일반화된 불안에 매우 효과적이며(Semple & Burke,

2012), 60세 이상의 범불안장애 노인에게도 매우 효과적인 것으로 드러나고 있다
(Stanley et al., 2009).

시험불안

　아동이나 청소년에게서 흔히 나타나는 시험불안(test anxiety)도 연구자들의 관심을 끌어 왔다. 다가올 시험을 얼마나 위협적으로 느끼는가에 따라 반응이 다양하게 나타나는데, 신체적 반응, 시험의 중요성, 시험을 통해 얻은 이전의 긍정적인 보상과 부정적인 경험, 시험에 대해 자신이 기대하고 있는 성공 및 실패 가능성이 시험불안에 영향을 미친다. 시험불안의 인지적 요소에는 걱정(worry)이 있는데, 이는 시험에 실패하였을 때 자신과 타인에 의한 부정적인 평가를 염려하는 것을 말한다. 시험불안의 정서적 요소는 정서 반응(emotionality)이다. 시험을 앞두고 긴장감, 신경과민, 지나친 땀 흘림, 빈맥, 소화 장애, 안절부절못하는 등의 불안과 관련된 신체 증상이 따른다. 환경적 요인으로는 부모의 학력과 압력, 교사의 태도, 학교의 특성(인문계/실업계) 등이 영향을 미치며, 심리 상태로는 낮은 자존감, 강박적인 성향, 특성 불안이 작용한다. 개인적 특성으로는 내적 통제와 외적 통제가 있는데, 내적 통제는 어떤 사건이나 행동의 결과가 자신의 노력이나 기타 심리적 요인에 의해 결정된다는 것을 의미하며, 외적 통제는 외부 요인, 즉 우연이나 운명, 과제 난이도, 타인의 도움에 의해 결정된다고 보는 것이다. 내적 통제보다 외적 통제가 높은 아동·청소년에서 시험불안이 더 높다.

　시험불안에 대한 인지행동치료는 다음과 같이 진행할 수 있다. 우선 시험불안의 이면에 있는 역기능적 신념을 기초로 인지 오류나 자동적 사고 목록을 탐색한다.

> 나를 괴롭히는 생각 또는 사건(공부할 때 방해하는 생각 또는 사건)
> 1. '완벽하게 공부하지 않으면 시험에 실패할 거야.'
> 2. '내가 안 본 문제가 나오면 어떻게 하지?'
> 3. '이번에 100점을 못 받으면 나는 좋은 고등학교(대학교)에 진학하지 못할 것이다.'
> 4. '1등을 하지 못하면 내 인생은 끝이다.'

〈예시〉

사건	생각	감정	신체	결과
기말 시험 공지를 봄	'이번에 1등을 하지 못하면 나는 끝장이다.'	불안	심장이 뜀	공부에 집중이 되지 않고 불안해서 견딜 수 없음

　　일을 미루는 상황에서 자동적 사고와 감정 알아차리기도 중요하며, 꾸물거림(procrastination)과 완벽주의를 탐색하는 것도 유용하다. 일을 미루었을 때 비용 이득(cost-benefit)을 계산한다. 그리고 공부를 방해하는 외부 요인과 내부 요인을 찾아보고 집중력 회복을 위한 전략을 실행한 후에 평가를 해 본다. 학습 상황에서 자기의 장점과 단점을 있는 그대로 수용하는 것도 매우 중요하다. 장점은 살리고 단점은 해결할 수 있는 방안을 고안해서 실행해 보게 한다.

공부할 때 나의 장점 찾아보기	공부할 때 나의 단점 찾아보기	해결 방법 찾기

출처: Densato & Diener (1986).

이상심리 프리즘: 가상현실 노출치료

　　기술의 발달로 면대면으로 만나 심리치료를 하던 방식과는 다른 획기적인 치료 방법들이 등장하고 있다. 특정공포증이나 범불안장애에 이러한 최신 기법이 활용되고 있다. 가상현실 노출치료(Virtual Reality Exposure Therapy: VRET)는 기존의 인지행동치료에서 하는 실제 혹은 상상 노출과는 달리 자극의 질, 강도, 지속 기간, 빈도 등을 얼마든지 통제 혹은 조작할 수  있다. VRET는 실시간 컴퓨터 그래픽과 신체 추적 기구, 시각적 디스플레이 도구, 감각적 기기를 통해 컴퓨터가 생성한 가상환경 안에 들어가게 한다. 그 결과 상호작용할 수 있는 삼차원적인 세상에 대한 지각이 구성된다. 실제 혹은 상상 노출보다 불안을 유발하는 자극을 더 잘 다룰 수 있고, 치료자가 조작하여 쉽게 바꿀 수도 있다(Kampmann et al., 2016).

1. 불안과 두려움이 적당히 있거나 약간 높을 경우 혹시 있을지도 모르는 외부의 위협에 준비할 수 있도록 해 주기 때문에 적응적인 가치가 있다. 그러나 생존에 필요한 정상적인 불안을 느끼는 것을 넘어서서 과도하게 불안과 두려움을 느끼는 사람이 있다. 이들은 불안장애 범주에 묶이며, 특정 대상이나 상황에 대한 공포와 회피 행동을 주된 증상으로 한다.

2. 분리불안장애의 주요 특징은 집이나 애착 대상과 분리되는 것에 대해 과도하게 공포와 불안을 느끼는 것이다. 아동 · 청소년에게서는 최소한 4주 이상, 성인에게서는 대체로 6개월 이상 지속된다. 성인은 유연성을 가지고 판단해야 하며, 사회적, 직업적 또는 다른 중요한 기능 영역에서 유의한 고통이나 손상이 있어야 한다.

3. 선택적 함구증이 있는 사람은 대부분 정상적인 언어 능력이 있지만 먼저 말을 꺼내지 못하거나, 다른 사람이 질문해도 답하지 않는다. 집에서 가까운 가족과는 말을 하지만 그 밖에 다른 사람과는 친구나 친척일지라도 잘 말하지 못한다. 높은 수준의 사회불안이 특징적이다.

4. 특정공포증의 임상적 특징은 공포와 불안이 특정 상황과 대상에만 국한된다는 것이다. 심할 경우 공포나 불안이 공황발작 형태를 취하기도 한다. 공포증 환자는 공포를 불러일으키는 자극이나 상황을 능동적으로 회피하는 성향이 있는데, 만일 회피할 수 없거나 회피하지 않기로 결정하면 그 상황이나 대상이 극심한 공포와 불안을 일으킨다.

5. 사회불안은 일반적으로 진화론적 관점으로 설명할 수 있다. 사회공포의 학습은 유전적 혹은 기질적으로 위험이 높은 사람에게서 자주 일어난다. 기질적으로 행동을 억제하고 부정적 평가를 두려워한다. 특히 인지적 관점에서 볼 때 사회불안장애는 사회적 수행에 대한 과도한 기준과 사회적 평가에 대한 신념에서 비롯된다.

6. 공황장애는 갑자기 엄습하는 강렬한 불안을 뜻하는 공황발작을 반복적으로 경험하는 장애다. 가장 통합적인 치료는 공황통제 치료인데, 여기서 환자는 불안과 공황의 성질을 배우고 이 2가지를 경험하는 능력이 얼마나 적응적인지 배운다. 또한 호흡을 통제하고 논리적 오류를 인식하며 자동적 사고에 대해 논리적 재분석을 하도록 함으로써 공황을 통제하게 한다.

7. 범불안장애의 주요 특징은 많은 사건이나 활동에 대해 과도하게 불안해하고 걱정하는 것이다. 불안과 걱정의 정도와 기간, 빈도가 예상되는 사건이 실제 미치는 영향에 비해 너무 심하다. 걱정과 걱정스러운 생각을 조절하기 힘들어서 해야 할 일에 주의를 집중하기가 어렵다.

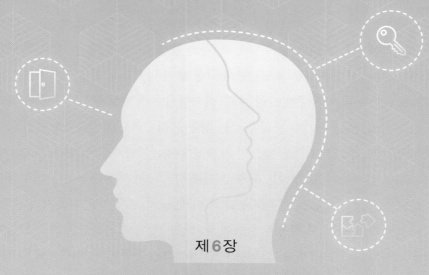

제6장

강박 및 관련 장애

이 장의 목표

- 강박장애의 임상적 특징을 이해한다.
- 신체변형장애의 임상적 특징을 이해한다.
- 저장장애의 임상적 특징을 이해한다.
- 털뽑기장애의 임상적 특징을 이해한다.
- 피부뜯기장애의 임상적 특징을 이해한다.

일상생활을 하다 보면 사소한 강박적인 사고나 행동에 빠지는 경우가 많이 있다. 다가오는 시험 생각에 온통 빠져 있을 수도 있고, 가스 불을 잠그지 않은 것 같아 몇 번씩 확인하기도 한다. 어떤 사람은 보도블록의 금을 밟지 않으려고 하고, 잘 때 왼쪽 또는 오른쪽으로만 누워 자거나 엎드려 자고, 회의실이나 강의실에서 늘 고정된 자리에 앉으려고 하고, 또는 손가락 관절을 꺾는 행동을 지속적으로 한다. 또 어떤 사람은 심장이 뛸 정도로 스트레스를 받으면 가슴에 엄지손가락으로 십자가를 그리기도 한다. 가톨릭 신자들이 자주 하는 묵주 반지를 만지작거리는 행동이나 염주알을 굴리는 불교 신자들의 행동은 일종의 종교적 의례(ritual)로 긴장을 완화시켜 준다. 이처럼 사소한 강박 사고 및 행동은 일상에 규칙성을 주기도 하고 스트레스 상황에서 마음을 가라앉혀 주기도 한다. 그러나 이런 의례적인 행동이 너무 과해서 스트레스를 완화시키기보다는 오히려 수행을 떨어뜨리고 기능상의 어려움을 초래한다면 강박장애라고 볼 수 있다.

강박증은 DSM-IV까지는 불안장애에 속했으나 DSM-5에서는 불안장애에서 분리되어 강박증 관련 장애로 분류되었다. 그 이유는 여러 가지가 있는데, 우선 불안 증상이 강박장애의 심각성을 나타내는 주요 지표가 아니라는 점이다. 불안은 여러 심리장애에서 공통적으로 나타나기 때문에 불안이 있다고 해서 반드시 강박장애

표 6-1 ㅣ 강박 및 관련 장애의 하위 장애와 특징

하위 장애	특징
강박장애	강박사고와 강박행동이 특징적임. 강박적인 생각으로는 반복적이고 지속적으로 나타나는 오염에 대한 사고, 폭력적이거나 공포스러운 장면들과 같은 이미지, 누군가를 찌르는 것과 같은 충동들이 포함됨. 강박행동은 강박적인 생각에 대한 반응으로 일어남
신체변형장애	하나 이상의 신체 결함에 과도하게 집착하는 것으로, 모든 신체 부위가 걱정의 대상이 됨
저장장애	물건의 실제 가치와 상관없이 버리지 못하고, 버리는 것을 어려워함
털뽑기장애	반복적으로 몸에 난 털을 뽑는 행동을 함
피부뜯기장애	반복적으로 신체 부위의 피부를 뜯는 행동을 함

진단을 내릴 만한 타당한 이유가 되지는 않는다. 또한 대부분의 불안장애는 회피행동을 보이는데, 강박장애는 뚜렷한 회피 반응이 없다는 것도 불안장애와는 다른 장애로 구분하게 된 이유다. 불안과 회피 반응보다는 반복적이고 정형화된 형태의 강박행동이 정상 행동과 강박장애를 더 잘 감별해 주고, 다른 불안장애에서 흔히 나타나는 회피 유형과도 구분이 된다는 점에서 강박장애는 불안장애가 아닌 강박 및 관련 장애로 단독 진단 범주로서 묶이게 되었다.

1. 강박장애

45세의 중년 여성인 소정 씨는 청결에 대한 걱정이 심해 하루에도 수십 번씩 손을 씻는 증상이 있었는데 최근 6개월 전부터 욕실에 들어가서 목욕을 마치기까지 5~6시간이 걸릴 정도로 강박 증상이 심해졌다. 몸이 오염되거나 몸에 세균이 묻을까 봐 목욕을 하기 전에 욕실을 2~3시간 이상 청소하고 물건을 제자리에 정렬하는 행동을 하였고, 그리고 나서 몸을 씻는 데만 2~3시간 이상이 걸렸다. 몸을 씻기 위해 의례적인 행동이 심해지자 외출을 꺼리게 되었고 최근 한 달 전부터는 아예 몸을 씻지 않고 침대에서만 누워 지내고 집 밖으로 나오지 않으려고 했다. 집안일을 남편이 해야 할 정도로 일상 기능이 떨어지자 남편과 정신건강의학과를 찾은 그녀는 한 번 씻을 때마다 5~6시간씩 걸리다 보니 너무 힘들어 아예 몸을 씻지 않게 되었고, 그러다 보니 위생의 문제도 생기고 집안일도 못하니 정신적 고통이 너무 심해 차라리 죽고 싶다고 호소하였다. 또한 남편도 참을성의 한계를 보이는 것 같아 남편에게 미안하다고 하였다.

창규 군은 17세의 고등학교 1학년생으로 손등이 항상 짓물러 있다. 벗겨진 피부 사이에는 피가 고여 있다. 하루에도 수십 번씩 10분 이상 손을 씻는 습관 때문이다. 방문을 잠글 때도 다시 돌아서 문고리를 돌려 보는 일을 십여 차례씩 반복한다. 창규 군은 "비눗물이 남아 있는 것 같고, 문이 안 잠긴 것 같아 계속 확인한다."고 말했다.

원재 군은 18세의 고등학교 2학년생으로 같은 반 친구를 흉기로 찌르는 상상이 떠올라 괴롭다. 자는 시간을 **빼면** 거의 매순간 같은 상상을 한다. 생각을 지우려 애쓸수록 영상은 더욱 선명해진다. 원재 군은 "학교생활은 거의 포기했다."며 친구를 보면 무서운 생각이 들어 요즘에는 항상 혼자 지낸다고 했다.

수진 씨는 22세의 여대생으로 고등학교 1학년 때만 해도 전교 1등을 놓치지 않는 수재였다. 그녀에게 공부는 늘 부담이었고, 전교 1등을 놓칠까 봐 늘 전전긍긍했다. 시험 때만 되면 교과서나 시험 범위를 100번 이상 읽었고, 문제집의 문제도 토씨 하나 틀리지 않고 외워야만 직성이 풀렸다. 완벽해야 한다는 생각에 사로잡혀 그렇게 하지 않으면 불안해서 견딜 수 없었기 때문이다.

1) 강박장애의 임상적 특징과 경과

강박장애(obsessive compulsive disorder)는 앞서의 사례들처럼 아동 · 청소년을 비롯해서 성인에 이르기까지 빈번하게 발생하는 장애다. 강박장애의 특징적인 증상은 앞의 사례에서 보듯이 강박사고와 강박행동이다. 강박적인 생각에는 반복적이고 지속적으로 나타나는 오염에 대한 사고, 폭력적이거나 공포스러운 장면과 같은 이미지, 누군가를 찌르는 것과 같은 충동이 포함된다. 강박사고는 침습적이고 원치 않는 방식으로 불안감과 괴로움을 초래한다. 강박장애 환자는 강박사고를 일으키는 유발자극을 피하려고 하고, 사고 억제를 통해 강박적인 생각을 무시하거나 억누르려고 하며, 강박행동을 통하여 이를 중화시키려고 한다. 강박행동 또는 의례(ritual)는 반복적 행동(예: 씻기, 확인하기)이나 정신내적인 행위(예: 숫자 세기, 속으로 단어 반복하기)를 말하며, 강박사고에 대한 반응으로서 엄격한 규칙에 따라 나타난다.

강박장애 환자는 대부분 강박사고와 강박행동 모두를 가지고 있다. 강박행동은 대체로 강박사고에 대한 반응(예: 오염에 대한 강박사고가 일어나면 의식적으로 씻는 행동)으로 나타난다. 강박행동의 목표는 강박사고로 촉발되는 고통을 감소시키거나 병이 들 것 같은 공포스러운 사건을 막으려는 것이다. 하지만 이런 강박행동은 두려운 사건과 현실적으로 연결되지 않거나(예: 사랑하는 사람에게 해가 되지 않도록 물건을 대칭적으로 배열하기), 혹은 분명히 지나친 것(예: 샤워를 몇 시간 동안 하기)이다. 강박행동은 쾌락과는 무관한 행동이며, 불안감이나 괴로움에서 벗어나 안도감을 얻

[그림 6-1] 강박장애를 다룬 영화
〈이보다 더 좋을 순 없다〉 (1998)

길을 걸을 땐 보도블록 경계선을 밟지 말 것. 식사는 정해진 식당, 정해진 자리, 정해진 메뉴로 할 것. 귀가 후에는 문의 걸쇠를 위 아래로 5번씩 돌려서 확인. 손을 씻은 명품 비누는 한 번 사용하고 버릴 것. 이웃과는 말을 섞지 말 것. 이처럼 세상과 거리를 두고 자신만의 규칙 속에 살아온 주인공의 이야기를 다룬 영화이다.

출처: 네이버 영화

기 위한 행동이다.

그리고 이런 강박행동과 강박사고는 시간 소모적이어서 임상적으로 심한 고통이나 손상을 초래한다. 문이 잠겼는지 이따금씩 확인하거나 가스 불을 몇 번씩 점검하는 것은 강박행동이기는 하지만 심하지 않다는 점에서 강박장애 진단을 내릴 정도는 아니다. 그러나 하루에 몇 시간 동안 계속 문을 열고 닫는 행동을 한다면 일상적인 기능을 저하시킬 정도로 심각한 수준이다.

강박사고와 강박행동은 사람마다 다르지만, 가장 많이 나타나는 주제는 오염에 대한 강박사고와 청소 강박행동, 대칭성(예: 대칭성에 대한 강박사고 및 반복하기, 정리정돈, 숫자 세기), 금기시된 사고(예: 공격적 · 성적 · 종교적 강박사고와 관련된 강박행동), 위해(예: 자해나 타해에 대한 공포와 반복적인 확인) 등이다. 어떤 사람은 누군가를 해칠지 모른다는 두려움과 관련된 강박사고와 강박행동의 결과, 그런 강박사고와 강박행동을 불러일으키는 사람 혹은 물건을 피하는 경향이 있다. 예컨대, 오염에 대한 염려가 있는 경우 오염 물질 노출을 줄이기 위해 식당이나 공중화장실 같은 공중시설을 이용하는 것을 피하고, 누군가를 해칠 것 같은 침투적인 생각을 가진 사람들의 경우 사회적 소통을 피한다.

강박장애의 미국 내 12개월 유병률은 1.2%이며, 전 세계적으로는 1.1~1.8%에 이른다(APA, 2013). 성인기에는 여성의 발병률이 남성보다 조금 높고, 아동의 경우 남자아이에게서 더 흔히 발생한다. 남성이 여성에 비해 더 일찍 발병하고, 남성의 25%는 10세 이전에 발병한다. 우리나라 역학 연구(조맹제, 2011)에 따르면, 평생 유병률은 0.7%(남자 0.5%, 여자 1.0%)이며, 1년 유병률은 0.6%(남자 0.3%, 여자 0.8%)다. 실제 상담이나 정신과적 치료를 받지 않은 사람을 감안하면 유병률은 더 높을 것으로 예상된다.

강박증은 자연적으로 치료되기도 하지만 치료받지 않는 경우 만성으로 이어지면서 증상의 악화와 완화를 반복한다. 아동·청소년기 강박장애의 약 40%는 성인기 초기에 없어지기도 한다. 아동의 경우 강박사고보다 강박행동이 눈에 더 잘 띄며, 청소년은 성적·종교적 내용의 강박사고를 더 많이 보인다. 성인에 비해서 아동·청소년은 자기 또는 가족의 질병, 죽음과 같은 재앙적 사건에 대한 공포 때문에 강박사고와 강박행동에 몰두하는 경향이 있다.

강박장애의 경과를 살펴보면 고도의 사회적·직업적 기능 손상과 삶의 질 저하를 가져온다. 위험에 대한 강박사고는 가족이나 주변 사람과의 관계를 위험하게 할 수 있고 관계를 회피하는 결과를 초래한다. 대칭성에 집착하는 강박사고는 학교나 직장 내 수행을 방해하고 학업 저하나 실직을 유발한다. 또한 강박증으로 인해 건강 관련 문제가 일어날 수 있다. 오염에 대한 강박증이 심한 사람은 세균 노출을 두려워하여 병원에 가지 못하고 지나치게 손을 많이 씻어 피부 질환이 발생하기도 한다. 일부 강박장애 환자는 병식이 좋지 않고 심지어 망상적 강박신념을 가지고 있어 정신병적 상태와 감별이 필요한 경우도 있다.

강박장애의 진단 기준(DSM-5)

A. 강박사고와 강박행동 혹은 둘 다 있고, 강박사고는 다음 1, 2에 해당된다.

1. 반복적이고 지속적인 사고, 충동 또는 심상이 장애가 경과하는 어느 시점에서 침투적이고 원치 않는 방식으로 경험되며, 대부분 현저한 불안이나 고통을 일으킨다.

2. 이러한 사고, 충동, 심상을 무시하거나 억압하려고 시도하며, 다른 생각이나 행동(강박행동)을 통해 중화하려고 한다.

강박행동은 다음 1, 2로 정의된다.

　1. 반복적인 행동(예: 손 씻기, 정돈하기, 확인하기) 또는 심리내적인 활동(예: 기
　　도하기, 숫자 세기, 속으로 단어 반복하기)을 강박적 사고에 대한 반응으로 하
　　거나 엄격한 규칙에 따라 수행한다.

　2. 강박행동이나 정신내적 활동은 불안감이나 괴로움을 예방하거나 감소시키고
　　두려운 사건이나 상황이 일어나는 것을 방지하려는 목적으로 수행되지만, 이
　　행동이나 행위들은 그 행위의 대상과 현실적인 방식으로 연결되어 있지 않거
　　나 분명히 지나친 것이다.

B. 강박사고나 행동은 시간을 소모하게 해서(하루에 1시간 이상) 사회적, 직업적
　또는 다른 중요한 기능 영역에서 유의한 고통이나 손상을 초래한다.

※ 다음의 경우 명시할 것

　• 병식이 좋거나 양호함: 강박적 믿음이 진실이 아니라고 확신하거나 진실 여부
　　를 확실하게 인지하지 못한다.
　• 병식이 좋지 않음: 강박적 믿음이 아마 사실일 것으로 생각한다.
　• 병식이 없음/망상적 믿음: 강박적 믿음이 사실이라고 완전히 확신한다.

2) 강박장애의 원인

　강박장애의 생물학적 요인을 살펴보면, 일란성 쌍생아의 경우 0.57%의 일치율, 이란성 쌍생아는 0.22%의 일치율을 보인다고 알려져 있다(APA, 2013). 또한 비정상적으로 낮은 세로토닌의 활동과 뇌의 중요한 영역에서의 기능 이상이 원인이라고 알려져 있다. 세로토닌은 뉴런에서 뉴런으로 메시지를 전달하는 뇌의 화학물질인데, 세로토닌 활동을 증가시키는 항우울제가 강박장애에 도움을 주는 것으로 보아 세로토닌의 활동 저하가 강박장애를 일으킨다는 가설이 확인되었다(Jenike et al., 1991). 또한 글루타메이트, GABA, 도파민, 세로토닌과 같은 신경전달물질은 감각 정보를 사고와 행동으로 변환하는 뇌 회로의 일부인 안와전두피질(orbitofrontal cortex), 미상핵(caudate nuclei)의 비정상적인 기능과 관련이 있는데, 안와전두피질과 미상핵이 너무 활동적이어서 반복되는 생각이나 행동이 끊임없이 발생할 수 있

다(Stein & Fineberg, 2007).

정신분석에서는 원초아 충동을 두려워해서 불안이 올라올 때 자아 방어기제가 작동한다고 본다. 정신분석적으로 볼 때 강박장애가 다른 불안장애와 구분되는 점은 불안을 유발하는 원초아 충동과 이 불안을 줄이기 위한 방어기제가 무의식 속에 일어나지 않고 강박장애에서는 외현적인 사고와 행동으로 나타난다는 점이다. 강박장애에서 원초아 충동은 강박사고의 형태를 취하며, 이를 방어하기 위해 역사고(counterthought)나 강박행동으로 나타난다. 프로이트는 대략 2세 무렵의 항문기 단계에 강박장애의 기원이 있다고 보았다. 항문기의 일부 아동은 부정적이고 강압적인 배변 훈련 결과 분노와 수치심을 경험하고, 이런 초기 분노 반응이 불안정감의 원인이 된다(Erikson, 1963; Sullivan, 1953). 따라서 정신분석 입장에서 강박장애 환자를 치료할 때는 기저에 있는 갈등과 방어를 밝혀내고 이를 극복하도록 자유연상 및 치료자의 해석과 같은 기법을 사용하는 것이 중요하다.

학습이론에서는 강박행동을 학습된 행동으로 이해하고 있다. 모우러(Mowrer, 1947)의 회피 학습의 2요인 과정 이론에 따르면, 중립적인 자극이 고전적 조건형성을 통해 두려운 생각과 경험으로 연합되어 불안을 유발한다. 악수를 하거나 문고리를 만지면 오염에 대한 두려운 생각이 연합되어 불안이 야기되므로 손을 씻는 행동을 수반한다. 손을 자주 씻으면 그런 불안을 없앨 수 있으니 이 행동이 강화되고, 이는 오염과 관련된 불안을 일으키는 다른 상황으로 확장된다. 강박장애 환자에게 강박관념을 불러일으키는 상황은 주관적인 고통을 주기 때문에 즉각적으로 강박적인 의례 행동을 하게 만들고, 이로써 불안이 완화된다. 불안이 완화되면 강박증 환자에게는 보상이 되므로 계속 이런 행동이 강화될 수밖에 없다는 것이 2요인 과정 이론의 핵심이다.

인지적 관점에서는 침습적인 사고를 통제하려고 하면 할수록 더 자주 강박사고에 몰두하다 보니 강박증이 생긴다고 보고 있다. 유명한 '북극곰' 실험에서 연구자가 피검자들에게 하얀 곰을 생각하지 말라고 지시하면 오히려 나중에 하얀 곰에 대한 생각이 증가하는 것을 정신적인 아이러니 효과(mental irony effect; Abramowitz et al., 2008)라고 한다. 지나치게 통제하려는 노력이 반동 효과(rebound effect)를 불러일으키는 것이다. 정상이냐 강박적이냐를 판단할 때 가장 중요한 것은 이처럼 '떠오르는 생각을 스스로 통제하는 것이 가능한가' 여부다. 강박적인 사고를 하는 사람은 북극곰 실험의 피검자들처럼 침습적인 사고가 나타날 때 스스로 통제하려고 해도 잘되지 않는다.

침습적인 사고에 대한 책임감을 과도하게 평가하는 것도 강박사고에 더 빠지게 한다. 강박적이고 침습적인 사고와 부정적인 자동적 사고 그리고 재앙적인 평가를 면밀하게 분리시켜 보면 강박장애 환자는 그러한 생각에 대해 책임감을 과도하게 느낀다는 것을 알 수 있다(Rachman et al., 2006). 강박증에 취약한 사람은 어떤 것을 생각(예: 누군가를 공격하는 생각)했다는 것만으로도 그 행위를 한 것과 마찬가지라고 책임을 느낀다. 이런 현상을 사고-행위 융합(thought-action fusion)이라고 하는데, 여기에는 도덕성 융합(moral fusion), 일어날 가능성 융합(likely fusion)이 있다. 도덕성 융합은 나쁜 생각을 품었다는 생각 자체만으로 행위를 한 것과 마찬가지라고 생각하고 과도하게 죄책감을 느끼며 강박행동에 몰두하는 것을 말한다. 일어날 가능성 융합은 일어날지도 모르는 해로운 결과에 대한 과도한 책임감 때문에 그 가능성을 줄이기 위해 손을 씻거나 반복적으로 확인하는 강박적 행동에 몰두하는 것을 말한다. 정상적인 사람과 강박적인 환자의 차이는 보통 사람은 그런 생각을 해도 거기에 대해 책임감을 느끼지 않으나, 강박증 환자는 생각만 해도 그 일을 한 것처럼 여기고 과도하게 책임감을 부여한다는 점이다.

이 밖에 확실성을 추구하고 싶은 욕구, 완벽하게 상황을 통제해야 한다는 욕구, 극단적이고 경직된 이분법적 사고(예: 완벽-무가치, 흑-백, 성공-실패), 완벽한 상태가 존재한다는 비합리적 믿음이 강박 증상을 심화시킬 수 있다. 따라서 흑백논리에서 벗어나서 회색도 있을 수 있다는 식의 유연한 사고나 '삼분법(trichotomy)적인 사고'로의 전환이 필요하다.

또한 강박증 환자의 인지적 편향과 왜곡도 강박 증상을 악화시킨다. 이들은 부정적이고 부적절한 정보가 투입되는 것과 산만한 정보들을 차단하는 것을 어려워해서 부정적인 생각을 억제하려고 시도하지만 효율적이지 못하다(McNally, 2000). 강박증 환자는 자기 기억력에 자신감이 없어서 의례적인 행동을 반복한다는 주장도 제기되고 있다(Cougle et al., 2007). 반복적인 행동을 하는 또 다른 이유는 운동 반응을 억제하는 능력(Morein-Zamir et al., 2010)과 무관한 정보를 억제하는 능력에 결함이 있기 때문이다.

강박장애와 많이 쓰는 방어기제

- 격리(isolation): 생각에 동반되는 감정을 잘 표현하지 않고 고립시키는 방어기제로, 예컨대 공격적인 내용의 강박사고에 몰두하는 환자는 그와 관련된 분노 감정을 잘 인식하지 못한다. 이 때문에 감정이 잘 안 느껴지고 메마르게 느껴진다.
- 전치(displacement): 원래의 갈등과 욕구를 다른 대상으로 대체하여 불안을 감소시킨다. 부부 갈등의 문제를 피하기 위해 집 안 청소를 지나치게 많이 하거나 몸을 몇 시간씩 씻는 행동을 할 수 있다.
- 반동형성(reaction formation): 공격적인 주제의 강박사고에 몰두하는 사람이 실제 마음과는 달리 평소에는 주변 사람에게 온순하고 친절하게 행동한다.
- 취소(undoing): 이미 일어난 일을 소거 혹은 무효화하려는 시도로 죄책감이나 불안을 방어하기 위해 하는 행동이다. 죄책감을 느낄 만한 성적·공격적 사고를 하고 난 뒤 죄를 사하려는 듯 성호를 긋는 행동을 하는 것이 이에 해당된다.

3) 강박장애의 치료

강박장애에 대한 약물 치료로는 세로토닌의 활동을 증가시키는 항우울제가 효과적인 것으로 알려져 있다. 클로미프라민과 플루옥세틴(프로작) 같은 세로토닌 시스템에 영향을 주는 약들이 강박 증상을 상당히 호전시키고 있다. 그러나 약물에 잘 반응하지 않는 심한 강박증 환자에게는 뇌 조직을 떼어 내는 신경외과술이 행해지기도 하는데, 부작용이 많아 잘 시행되지는 않고 있다.

지금까지 가장 효과적인 심리치료는 노출 및 반응 방지(Exposure and Response Prevention: ERP)로 알려진 행동치료다. ERP에서는 환자로 하여금 힘들게 하는 자극의 위계를 정해서 불안, 고통, 혐오를 유발하는 능력에 따라 0~100점으로 나누게 한다. 그다음 상상이든 직접적이든 반복적으로 강박증을 유발하는 자극에 노출하게 한다. 청결 강박증을 적용해 보면, 이때 자극은 신발 밑창을 만지는 것이나 공중화장실의 변기에 앉는 것, 손을 씻는 의례와 같은 강박행동이다. 불안과 고통을 유발하는 자극 상황에 노출한 다음 의례적인 행동을 못하게 하는 것이 관건이다. 이렇게 반응을 금지한 상태에서 강박적인 사고가 유발한 고통이나 불안이 감소하고 사라질 때까지 지켜보게 한다. 어떤 사람은 고통이나 불안 수준이 100점에서 40~50점으로 떨어질 때까지 몇 시간 정도만 걸릴 수도 있다. 하루에 2~3시간 샤워를 하거나 손을 씻는 환자에게 3일 동안 샤워를 하지 못하게 하고 나중에는 하루에 10분 정도만 샤워를 하도록 하고, 화장실을 사용하거나 손이 더러운 상태에서 한 번에 30초 정도씩만 씻도록 함으로써 조금씩 증상을 조절해 나갈 수 있다. ERP는 강박증 환자의 약 50~70%에서 효과적인 것으로 드러나고 있다(Abramowitz et al., 2008).

인지행동치료자는 강박증 환자의 인지 과정에 초점을 둔다. 우선, 원치 않는 생각에 대한 오해석, 과도한 책임감, 중화 행동이 증상의 발생이나 유지에 어떤 영향을

표 6-2 강박사고의 범주와 강박사고, 의례적 행동의 예

범주	강박사고와 의례적 행동의 예
위해나 실수에 대한 책임감	• 집에 불을 냈기 때문에 책임을 져야 한다. • 누군가를 차로 친 것 같다. • 13이라는 숫자는 사랑하는 사람들에게 불행을 가져올 것이다.
오염, 세균, 병, 독, 역겨움	• 문고리의 세균이 나에게 옮을 것이다. • 화장실 사용 후 손을 씻지 않은 사람과 악수를 하게 되면 오염될 것이다. • 아기를 만지면 내 세균이 아기에게 옮겨 갈 것이다.
순서, 배열, 대칭	• 책상이 정리되지 않고 엉망이다. • 홀수에 대해 집착한다. • 사물들이 딱 맞지 않으면 견딜 수 없다.
폭력, 성, 도덕, 종교	• 욕설, 상스러운 말, 성적인 말이 자꾸 나오려고 한다. • 부모가 성관계를 하는 장면이 떠오른다. 심지어 부모와 성관계를 하는 장면이 떠오르기도 한다. • 누군가의 성기나 가슴 부분을 빤히 쳐다보고 싶은 충동이 느껴진다. • 부적절한 성관계에 대한 생각이 난다. • 십자가 위의 예수님이 발기되어 있는 장면이 떠오른다. • '나도 모르게 죄를 지어 하나님이 내게 벌을 내리면 어떻게 하지?' 하는 생각을 한다.

출처: Abramowitz (2008).

미치는지 교육한다. 예컨대, 성적으로 음란한 생각이나 공격적인 생각만 해도 행동을 한 것과 마찬가지라고 생각하는 환자에게는 그 생각에 대한 과도한 책임감을 부여하는 것이 얼마나 역기능적이고 왜곡된 것인지 스스로 이를 인식하고 반박하게 만든다. 노출 및 반응 방지(ERP)와 인지행동치료 모두 효과적이라고 알려져 있으나, 이 두 가지를 병합한 치료가 가장 효과적이다(Foa et al., 2005).

아브로미츠(Abromitz, 2008)에 따르면, 실수와 관련된 강박적 생각은 자신이 매우 합리적이고 조심성 있다고 생각하는 사람, 책임을 져야 하는 위치에 있는 사람에게서 흔히 나타난다. 세균과 오염에 대한 강박사고는 청결과 건강 유지를 중시하는 사람에게서 나타난다. 폭력 및 공격성 관련 사고는 스스로를 세심하고 배려심이 많고 친절하다고 생각하는 사람에게서 흔히 나타나며, 가족에게 해를 끼칠 것 같다는 강박사고는 가족 간에 유대가 강하고 가족이나 친척을 매우 사랑하는 사람에게서 흔히 나타난다. 또한 종교적 강박사고는 대부분 종교 및 신과의 관계를 매우 진지하게 여기는 사람에게서 생긴다.

이런 강박적 사고는 안심을 구하기 위해 의례적 행동을 일으키는데, 도둑이나 화재가 걱정된다면 외출하거나 잠자리에 들기 전에 현관, 창문, 가스 불을 여러 번 확인한다. 자신도 모르는 사이에 자동차 사고를 내지 않을까 염려된다면 자동차 백미러를 계속 확인하고, 사고와 관련된 뉴스를 계속 확인하거나 자신이 차를 몰고 온 지점으로 가서 사고가 일어났는지 여부를 확인할 수도 있다. 오염 강박사고를 회피하기 위해서 자신이 정해 놓은 규칙에 따라 샤워나 목욕을 하고, 화장실을 사용하거나 손 세정제를 지나치게 많이 사용하며, 과도하게 씻는 행동을 반복할 수 있다. 대

표 6-3 강박증 분석 작업지

강박사고	촉발 요인	강박적 침투사고	두려운 결과	회피 대상	의례 행동/불안 감소 전략
1. 누군가를 차로 친 것 같은 생각	뺑소니 운전사고 뉴스를 접함	'나도 모르게 사람을 치지 않았을까?' 염려하는 사고에 집착	'뺑소니 사고를 냈다고 경찰이 잡으러 오고, 나는 책임져야 할지 모른다.'	행인이 많은 거리나 학교 주변, 주거 지역 운전 회피	도로변을 반복적으로 확인하기, 누군가를 자신의 차로 치었는지 떠올려 보기, 백미러 계속 확인하기 등
2.					

칭 사고를 가지고 있다면 물건이 항상 대칭을 이루게 하고 홀수로 되어 있으면 짝수로 만들려고 과도하게 애쓴다. 평상시의 성향과 달리 폭력적 · 성적 · 종교적 강박사고가 나타날 수 있는데, 이런 충동과 심상, 생각을 없애기 위해 안심을 구하는 행동을 하거나 정신적인 의례 행동을 할 수 있다. 예컨대, 폭력적 강박사고에 대해서는 '모두가 다 안전하다.'와 같은 좋은 생각으로 대체하는 정신적 의례 행동이 뒤따를 수 있고, 성적인 강박사고를 없애기 위해 기도에 의존하는 의례적 행동을 할 수도 있다.

이 밖에 강박증 환자를 대상으로 보상기전과 같은 특정 인지 기능과 관련된 뇌 기능 이상과 치료 기전에 관한 연구가 진행 중이며, 컴퓨터를 활용한 인지재활 프로그램도 개발되고 있다.

추가 학습

사고 중지 기법

사고 중지(thought stop) 기법은 강박사고에 적용하는 기법으로, 괴로운 생각을 중단할 수 없다고 느끼는 무기력한 사람에게 사용하면 효과가 있다. 스스로 그런 생각을 중단시키고 통제할 수 있음을 깨닫게 해 주기 위한 방법으로, 괴로운 생각이 들 때 "그만!" 하고 속으로든 겉으로든 소리치게 한다. 회사나 학교 혹은 길거리에서 "그만!" 하고 소리치기는 곤란하기 때문에 손목에 고무줄을 차고 그런 침투적인 생각이 떠오를 때마다 고무줄을 튕기면서 속으로 "그만!" 혹은 "stop!"이라고 외치게 하는 것도 한 방법이다. 이때 "그만!" "stop!" 외에 "이 생각은 없어져라!" "이런 생각은 도움이 안 돼!" 등과 같은 말을 속삭여 주어도 효과를 얻을 수 있다. 사고 중지 기법은 끔찍하고 부끄럽고 재앙적이고 강박적인 반추에 효과가 있다고 보고되고 있다.

2. 신체변형장애

22세의 군인인 호준 씨는 고등학교 2학년 무렵부터 외모에 대한 고민을 표현하기 시작했는데, 대학에 들어가서 휴학을 한 뒤 군 생활을 하면서 더 심각한 양상을 보였다. 군 생활에서 훈련보다 더 힘들어한 것이 외모에 대한 고민이었다. 걸핏하면 밤에 잠을 못 자고 군에서 집에 전화를 해서는 "턱이 짧다, 코가 좀 더 높아야 한다, 콧구멍이 크고 짝짝이다. 눈이 짝짝이고 작다, 땀구멍이 크다, 피부가 처졌다, 쌍꺼풀 수술을 해야겠다, 콧구멍과 코 수술을 해야겠다, 여드름성 피부가 어떻게 하면 좋아질까? 치료와 수술을 하면 좋아질 수 있을까?" 등의 고민을 어머니에게 반복적으로 말했다. 그러다 보니 군에서 적응하기 어려웠고, 관심사병으로 분류되었다. 결국 어머니와 함께 정신건강의학과를 방문하였고, 가족사를 들어 본 결과 호준 씨의 어머니는 남편 및 시댁과의 갈등으로 호준 씨가 3세 무렵에 이혼하여 돈을 벌기 위해 아들을 혼자 집에 놔 둔 채 늦게까지 집을 비우는 일이 많았다고 한다. 호준 씨의 어머니는 태어나서부터 지금까지 아들에게 따뜻한 말 한마디나 스킨십을 해 주지 못한 결과 아들이 사회에 적응하지 못하는 것 같다고 죄책감을 호소하였다.

1) 신체변형장애의 임상적 특징과 경과

신체변형장애(body dysmorphic disorder)의 임상적 특징은 하나 이상의 신체 결함에 과도하게 집착하는 것이다. 신체에 대한 걱정은 뭔가 '매력적이지 않다'부터 '끔찍하다' '괴물 같다' 등 다양하다. 피부(예: 여드름, 흉터, 주름살, 창백함), 모발(예: 가는 머릿결, 얼굴의 털), 코(예: 크기나 모양) 부분에 대한 결함이 가장 흔히 나타난다. 눈, 치아, 몸무게, 배, 유방, 다리, 얼굴 크기나 모양, 입술, 턱, 눈썹, 성기에 이르기까지 모든 신체 부위가 걱정의 대상이 될 수 있다. 어떤 사람은 신체 부위의 비대칭성에 지나치게 신경을 쓰고 걱정한다. 이런 집착은 침습적이고 원치 않는 것이며, 하루 3~8시간 정도를 소모하게 만들 정도로 통제하기가 어렵다(APA, 2013).

집착에 대한 반응으로 반복적 행동과 심리내적인 행위(비교하기)가 나타난다. 이런 행동은 불안감과 우울감을 증가시키고 시간 소모적이며 통제가 어렵다 보니 주관적 고통이 매우 심하다. 남들과 자신의 외모를 비교하거나 거울에 비친 자신의 결함 혹은 부위를 반복적으로 확인하거나 살펴보기, 과도하게 치장하기(예: 빗질하기, 머리카락 자르기, 면도하기, 머리카락 당기거나 뽑기), 위장하기(예: 화장하기, 모자나 옷, 머리카락으로 싫어하는 부위 가리기), 외모의 결함이 어떻게 보일지 주변 사람에게 지속적으로 확인하거나 마음에 안 드는 부분을 만져서 확인하기, 과도한 유산소 또는 근력 운동을 하고 미용 시술에 과도하게 몰두하는 행동으로 나타난다. 어떤 사람은 창백한 피부를 어둡게 하거나 여드름을 옅게 보이게 하려고 햇볕에 태우기도 하고, 미용 제품을 강박적으로 쇼핑한다. 강박적으로 피부를 뜯기도 하는데, 이로 인해 피부 손상, 감염, 혈관 파열 등이 유발된다. 실제로는 정상 체격이지만 자신의 신체가 지나치게 왜소하다고 지각하는 경향이 있고, 피부나 모발과 같은 신체 부위에 집착한다. 과다한 식이조절과 지나친 근력 운동을 하여 신체 손상을 초래하기도 한다. 대리물(by proxy)에 의한 신체변형장애의 경우 다른 사람의 외모에 집착하기도 한다.

신체변형장애를 가진 사람의 병에 대한 인식은 좋은 병식부터 망상적 믿음에 이를 정도로 다양하다. 평균적으로 1/3 정도가 망상 수준의 신체변형장애를 가지고 있다. 이들은 타인이 자신의 외모 결함을 알아채지 않을까 혹은 조롱하지 않을까 염려하다 보니 관계 사고와 관계 망상을 가질 수 있다. 이들은 낮은 자존감, 높은 수준의 불안, 사회불안, 사회 회피, 우울 기분, 신경증적 경향, 완벽주의적 경향을 보인다. 이 때문에 피부과적 수술을 많이 받고 치아 시술, 전기 분해 요법 같은 것도 받는다.

미국 성인의 유병률은 2.4%(여성 2.5%, 남성 2.2%)로 알려져 있다. 전 세계 성형 수술 환자들의 3~16%, 치아 교정 환자들의 8%, 구강 또는 악안면 수술을 받은 환자들의 10% 정도가 신체변형장애를 가지고 있다(APA, 2013).

신체변형장애는 외모의 결함에만 집중한다는 점에서 강박장애와 다르다. 피부 결함이 있다고 생각해서 이를 개선하기 위해 피부를 계속 잡아 뜯는다면 피부뜯기장애보다 신체변형장애로 진단을 내린다. 털을 잡아 뽑는 행동도 얼굴이나 턱의 결함을 개선하기 위한 것이라면 발모광보다는 신체변형장애로 진단한다. 이 장애를 가진 성인과 아동, 청소년 모두에서 자살 사고와 자살 시도 발생률이 높게 나타난다. 외모에 대한 걱정 때문에 궁극적으로는 정신사회적 기능이 크게 손상된다. 기능 손상 정도는 사회적 상황을 단순히 회피하는 것부터 집 밖으로 한 발자국도 못 나가게 될 정도로 극도로 무능해지기도 한다. 특히 청소년은 외모와 관련된 걱정 때문에 자살 위험성이 높다. 직업이나 학업, 부모나 보호자로서의 역할 수행에서 기능 손상을 경험하며, 일을 못하거나 결석, 결근 등과 같은 기능적 문제가 생긴다. 이 장애를 가진 청소년의 약 20% 정도는 학교에서 중퇴를 하며 사회적 위축과 친밀감 문제 등 사회적 기능의 손상이 나타난다.

2) 신체변형장애의 원인

신체변형장애의 원인에 대해서는 알려진 바가 별로 많지 않다. 강박장애 환자의 일차 친족에서 신체변형장애의 유병률이 높은 것으로 알려져 있다. 쌍생아 연구에 따르면, 신체적 외모에 대해 과도하게 결함을 지각하는 것은 유전적인 속성이 있다 (Monzani et al., 2012). 요즘과 같이 외모를 중시하는 분위기도 이 장애의 발병에 한몫하고 있다. 신체변형장애를 가진 사람은 매력을 일차적인 가치로 생각하기 때문에 '내 외모에 결함이 있다면 나는 무가치한 사람이다.'라는 핵심 신념이 크게 작용한다. 이들은 아동기에 행동보다는 외모로 강화를 받은 사람일 가능성이 높다. 어려서부터 "예쁘다." "잘생겼다."는 말을 많이 듣는 것이 강화되어 외모에 더 집착하게 되는 것이다. 이와 반대로, 어떤 사람은 학창 시절 "햄스터처럼 못생겼다." 또는 "이빨이 헐크 같다." 하는 놀림을 받아 자기 외모의 특정 부분에 혐오감, 수치심, 불안감을 갖게 된다. 한 연구에서 56~68%의 신체변형장애 환자가 정서적 학대와 무시를 받은 경험을 갖고 있고, 약 30%가 신체적 학대나 성적 학대, 신체적 무시를 받은 적이 있다고 보고되었다(Didie et al., 2006). 또한 이들은 얼굴에 대한 정보를 처리할 때 정상 통제 집단에 비해 지엽적이고 보다 세부적인 특징을 잘 잡아낸다고 알려져 있다(Feusner et al., 2007).

3) 신체변형장애의 치료

신체변형장애를 가진 사람의 치료는 강박장애 환자의 치료와 비슷하게 SSRIs 계열의 항우울제가 효과적이라고 알려져 있다. 인지행동치료 방법으로는 강박증 환자처럼 노출치료가 효과적이다. 노출치료에서는 혐오스럽다고 생각되는 부분을 감추기보다는 드러내는 옷을 입고(노출) 거울을 본다거나 안심을 구하는 행동, 또는 반복적으로 가상의 결함을 체크하는 행동을 하지 못하게 하고, 불안을 유발하는 상황에서 몸에 대한 왜곡된 지각을 확인하고 변화시킬 수 있다.

신체변형장애의 진단 기준(DSM-5)

A. 타인이 잘 알아볼 수 없거나 미미한 정도인 하나 이상의 신체 외모 결함을 의식하고 지나치게 몰두하며 집착을 보인다.

B. 외모에 대한 걱정 때문에 거울 보기, 과도한 치장, 피부 뜯기, 안심을 구하려는 행동 등 반복적 행동을 보이고 정신내적인 행위(자신의 외모와 타인의 외모를 비교하기)를 한다.

C. 외모에 대한 집착이 너무 커서 사회적, 직업적 또는 다른 중요한 기능 영역에서 임상적으로 유의한 고통이나 손상을 초래한다.

※ 다음의 경우 명시할 것
- 근육변형증 동반: 자신의 체격이 너무 왜소하거나 근육이 부족하다고 믿는다.
- 좋거나 양호한 병식: 신체변형장애에 대한 믿음이 진실이 아니라고 확신하거나 진실 여부를 확실하게 인지하지 못한다.
- 좋지 않은 병식: 신체변형장애에 대한 믿음이 사실일 것이라고 생각한다.
- 병식이 없음 혹은 망상적 믿음: 신체변형장애의 믿음이 사실이라고 완전히 확신한다.

---

3. 저장장애(수집광)

35세의 전업주부인 혜진 씨는 첫인상이 매우 세련된 느낌을 주는 여성이다. 남편은 은행원으로 경제적 형편은 좋은 편이나 물건을 버리지 못하여 온갖 물건을 집에 쌓아 두고 있다. 신문, 잡지, 그 어떤 것이든 그녀는 집에 한번 들어온 물건이라면 내

보내는 법이 없다. 같이 사는 가족이 불편함을 느껴도 언젠가 쓸 필요가 있을 것 같다면서 버리지 못한다. 아이들이 어떤 것을 사 달라고 조르면 종류에 상관없이 사 주기 때문에 혜진 씨가 모으는 물건들과 아이들이 매일매일 사는 물건들로 집 안은 그야말로 쓰레기장이라고 할 수 있다. 상상할 수도 없을 만큼 지저분한 쓰레기와 온갖 잡동사니로 가득차 있어 이웃 사람들도 악취가 난다고 민원을 제기할 정도였다. 그러나 정작 혜진 씨 자신은 이런 스스로에 대해 아무런 문제의식도 지니고 있지 않았고, 남편이 치료를 받아야 한다고 하면 불같이 화를 내며 자기는 문제가 없다고 손사래를 치곤 했다.

1) 저장장애의 임상적 특징과 경과

저장장애(hoarding disorder)의 가장 중요한 특징은 물건의 실제 가치와 상관없이 버리지 못하고 그것들과 분리되는 것을 지속적으로 어려워하는 것이다. 여기서 지속적이라는 것은 오랜 기간을 말하며, 오랫동안 물건을 버리는 것을 힘들어하여 팔거나 기부하거나 재활용하는 것 등 어떤 형태로든 버리지 못하는 양상을 뚜렷하게 보인다. 이들이 물건을 버리지 못하는 가장 큰 이유는 물건의 유용성과 미적 가치를 실제보다 크게 인식하고 물건에 대한 강한 감정적 애착을 가지고 있기 때문이다. 심지어 소지품의 운명에 대해 책임감을 느껴 그것들이 버려지지 않도록 최선을 다한다. 가장 흔히 보관하는 물건으로는 신문, 잡지, 오래된 옷, 가방, 책, 편지, 서류 등이고, 그 외 어떤 물건이든 다 해당될 수 있다. 어떤 사람은 여행에 관련된 모든 정보나 안내문 같은 것을 수십 년간 보관하기도 한다. 대부분의 다른 사람이 전혀 쓸모를 못 느끼거나 약간의 가치가 있는 정도로 평가하는 물건 외에 귀중한 물품들을 수집·보관하기도 하며, 가치가 없는 다른 물건들과 섞어서 짐 더미를 만들어 놓는다.

저장장애 환자는 어떤 목적을 갖고 이런 물건들을 보관하기도 하며, 그것을 버리는 예상을 하면 고통을 경험한다. 물건을 저장하는 것이 의도적이라는 점을 감안한다면 물건을 그냥 아무 생각 없이 축적하거나, 없어져도 별로 괴로워하지 않는 경우에는 저장장애 진단을 내리지 않는다. 물건을 쌓아 두고, 물건을 원래 용도로 사용하지 못할 정도로 생활 공간을 어지럽혀서 부엌에서 요리를 할 수 없거나, 침대에서 잠을 잘 수 없거나, 의자에 앉을 수 없게 된다. 특히 다락방, 지하실 등과 같은 주변 공간보다는 집 안의 가족이 거주하고 생활하는 '실제' 생활 공간을 어지럽힌다. 또한 자기만의 생활 공간을 넘어서 다른 사람, 주변 이웃의 공간까지 힘들게 만든다.

　저장장애를 가진 사람의 또 다른 특성은 우유부단, 완벽주의, 회피, 꾸물거림, 조직화와 계획의 어려움, 산만함 등이다. 이들은 심하게 어지럽혀진 공간을 정리하지 못해 오랫동안 비위생적인 공간에서 산다. 동물 수집광은 많은 수의 동물을 수집하면서도 최소한의 영양관리, 위생, 수의학적 관리에 실패해서 동물에게 치명적인 상태나 환경을 만든다. 물건 수집광에 비해 동물 수집광이 더 병식이 좋지 않은데, 이들은 동물을 마구잡이로 수집하기 때문에 비위생적 환경을 초래한다.

　유병률에 대해서는 조사가 별로 이루어진 것이 없다. 미국, 유럽 등에서는 대략 2~6%로 보고 있다(APA, 2013). 남성과 여성 모두에게서 나타나지만, 어떤 연구에서는 남성에게서 더 많이 나타난다고 보고되고 있다. 임상 표본에서는 여성이 더 많으며, 50세 이상의 중장년층에서 많이 발생한다. 나이가 들어가면 더 심해지고, 한번 증상이 시작되면 만성적인 결과를 보인다.

2) 저장장애의 원인

　저장장애의 위험 요인으로는 기질적으로 우유부단한 것이 특징이고, 환경적으로는 질환의 발생이나 악화 전에 스트레스 상황이나 외상 사건을 경험한다.

　저장장애의 발생에는 심리적 요인도 많이 작용한다. 정신분석 입장에서는 어린 아이가 독립성을 발달시키는 과정에서 과도기적 대상, 즉 담요나 인형 등에 과도하게 집착하듯이 성인의 경우에도 다양한 물건에 심한 애착 내지는 집착을 보인다고 해석한다. 대체로 저장장애를 보이는 사람은 심리사회적 스트레스를 겪고 난 뒤 증상이 더 심해지기도 한다. 한 노인은 아들이 조현병 진단을 받은 이후 자신이 죽으면 정신질환이 있는 아들이 혼자 살아갈 것이 염려되어 물건을 수집하는 증상이 생겼는데, 나중에는 온 집 안을 쓰레기 더미로 만들어 버릴 정도로 저장 행동을 그만둘 수 없었다. 또 어떤 여자 환자는 어려서 가난한 탓에 공부를 많이 하지 못하고 여행도 못해 본 것이 한이 되어서 외국 우표, 엽서, 버스 티켓, 여행 전단지 등을 모은 결과 상자가 수십 개나 되었다. 언젠가는 여행을 갈 때 참고해야지 하는 마음에서 저장 습관이 생겼다가 심각해진 경우다. 물건을 버리면 마치 자신을 버린 것 같은 느낌이 든다고 표현할 정도로 이들은 물건과 자신을 동일시하는 경우가 많다.

3) 저장장애의 치료

저장장애는 치료 연구가 많이 부족하지만 인지행동치료와 약물 치료를 병행할 수 있다. 인지행동치료자는 왜 그런 물건을 강박적으로 수집하는지 이유를 지각하게 하고, 물건의 가치와 유용성에 따라 조직화하고 범주화하고 필요 없는 물건을 버리게 한다. 물건을 버리는 것에 대해 불안해하기 때문에 치료를 할 때 어떤 역기능적 신념이 불안을 야기하는지 분석하고, 물건과 관련된 역기능적 생각을 다루어 주는 것이 좋다. 행동적인 접근으로는 어떤 것을 버려야 할지 명료하게 선택하고 결정할 수 있도록 지도해 주는 것이 필요하다. 저장장애를 가진 사람은 가족이 불편을 느껴도 그냥 참고 사는 경우가 많아 우울증이나 다른 정신과적 증상이 심하지 않으면 치료를 위해 좀처럼 병원에 가려고 하지 않는다. 이웃에게 악취를 풍길 정도로 쓰레기 더미를 쌓아 놓을 경우 주변 이웃의 신고로 구청이나 동사무소 등에서 처리해 주기도 한다. 미국 등 서구 국가에서는 정리전문가가 가정을 방문하여 정리를 도와주는 서비스가 이루어지고 있지만, 우리나라에서는 이런 서비스가 아직은 활발하지 못하다. 저장장애에 우울증이 동반될 경우에는 우울증에 관한 치료 역시 필요하다.

다음은 저장장애를 가지고 있는 어느 50대 후반 여성의 사례다.

추가 학습

저장장애의 사례와 치료적 시사점

58세의 은선 씨는 루푸스 병을 20년 째 앓고 있다. 루푸스는 7가지 이상의 병이 몸에 발생하며, 특히 면역력결핍이 주 원인이다. 루푸스 진단 이후 합병증으로 중환자실 신세도 졌다. 오랜 병은 무기력함을 가져왔고, 스스로 할 수 있는 일이 없

출처: SBS(2013. 4. 21.).

다는 생각이 들어 우울 증상도 있다. 가족이 가장 견디기 어려운 부분은 우울 증상보다 물건을 쟁여 놓는 은선 씨의 습관이다. 은선 씨의 집은 방이 5개나 있는데, 부부가 사용하는 방 하나를 빼고는 방 4개에 온갖 잡동사니가 넘친다. 남편이 보다 못해 집 옆에 창고를 짓고 거기에 집 안 물건을 다 갖다 놓으라고 했지만 그 창고 역시 다른 물건들로 꽉 차 있다. 정말 집 안 곳곳이 발 디딜 곳이 없을 정도로 물건으로 차고 넘친다. 주워 온 것과 집에 들어오는 모든 물건, 자투리 종이쪽조차 버리지 못하다 보니 출가한 자녀들이 와도 다 같이 안방에서 잠을 자야 할 정도다. 출가한 딸이나 남편이 화가 나서 물건들을 치울라치면 은선 씨는 거의 경기를 일으킬 만큼 흥분하면서 악을 쓰며 물건들을 만지지 못하게 한다. 그래서 남편은 포기 상태다. 은선 씨는 물건을 버리라는 가족의 짜증에 "저 물건들을 버리려면 차라리 나를 버려라!"라고 소리를 질렀다. 그러고는 사지육신 멀쩡한데 스스로 할 수 있는 일이 별로 없으니 남들이 자기를 많이 욕할 것이며, 시골에서 팔자 좋게 집에서 놀고 있다고 사람들이 뒤에서 흉을 본다고 하면서 스스로를 자책하는 말을 하였다. 자신이 루푸스 병을 앓고 있다 보니 제때에 자식들 뒷바라지를 못해 줘서 좋은 대학을 못 간 것, 돈이 없어서 쪼들리게 살아온 것, 자식들이나 남편에게 많은 도움을 주지 못하는 것도 모두 자신 탓이라고 여기며 물건을 모아 두었고, 그 물건들과 자신을 동일시하면서 만일 모아 놓은 물건을 버린다면 자신도 버려질 것 같다는 느낌을 호소하였다.

치료적 시사점으로는 물건이 아닌 자신의 가치감을 발견하도록 도와주는 것이 필요하다. 이를 위해서 가족 모두 은선 씨가 루푸스 병으로 인해 신체적으로 힘든 상태에 있지만 가족 옆에 있어 주는 것이 얼마나 가족에게 힘이 되고 행복한 일인지 존재 가치를 느끼게 해 줄 필요가 있고, 가족치료를 병행하는 것이 효과적일 수 있다.

저장장애(수집광)의 진단 기준(DSM-5)

A. 실제 가치와 상관없이 가지고 있는 소지품을 버리지 못하고 소지품과 분리되는 것을 지속적으로 어려워한다.

B. 이런 어려움은 소지품을 보관해야 하는 인지적 필요와 소지품을 버리는 것을 고통스러워하는 것에 의해 발생한다.

C. 소지품을 버리기 어려워서 물건들이 모여 쌓이게 되고 소지품의 원래 용도를 심각하게 저해하며 생활 공간을 어지럽힌다.

D. 자신과 타인을 위한 안전한 환경을 유지하는 것을 포함하여 이러한 증상이 사회적, 직업적 또는 다른 중요한 기능 영역에 임상적으로 유의한 고통이나 손상을 초래한다.

E. 증상이 뇌손상이나 뇌혈관 질환, 프래더-윌리 증후군과 같은 다른 의학적 상태에 의한 것이 아니다.

F. 저장행동이 다른 의학적 상태(강박사고, 주요우울장애의 에너지 감소, 조현병이나 다른 장애에서의 망상, 주요 신경인지장애에서 인지 능력 결함, 자폐스펙트럼장애에서 제한된 흥미 등)로 인한 것이 아니다.

※ 다음의 경우 명시할 것
• 과도한 습득 동반: 소지품을 버리는 데 어려움을 겪고, 필요가 없거나 가능한 공간이 없음에도 불구하고 물건을 습득하는 행위

4. 털뽑기장애(발모광)

세호의 어머니는 자녀들에게 아주 헌신적이고 뭐든 최고로 해 주었으며, 자녀에 대한 기대치가 높아서 여기저기 학원을 보내며 키웠다. 또한 세호가 아들이다 보니 엄청 엄하고 무섭게 키웠다고 한다. 그만큼 아이들에겐 그런 어머니의 행동이 부담이 되고 위협적이었다. 초등학교까지는 그럭저럭 학교를 다녔으나 중학교에 들어가서 본격적인 사춘기에 접어들면서 세호는 심리적으로 불안해 보였으며 고개를 끄덕거리는 틱장애가 생겼고, 항상 불만에 찬 표정을 지었다. 틱장애로 인해 정신과 치료를 받고 좋아지는가 싶더니 고등학교 3학년이 되면서 털만 보면 가만두지 못하고 다 뽑는 증상이 생겼다. 몸에 난 털을 모조리 뽑는 바람에 다리와 팔, 얼굴에 털이 하나도 보이지 않을 정도였다. 학교 수업 시간이나 학원에서도 털을 과도하게 뽑는 행동으로 지적을 받았고, 학원 교사의 권유로 상담을 받게 되었다. 상담 결과 세호는 공부에는 뜻이 없고 재능도 없지만 어머니의 강요로 인해 다니기 싫은 학원 공부를 밤늦

게까지 해야 하는 것 등이 스트레스로 작용하였고, 학원이든 학교든 수업에 별다른 흥미를 느끼지 못하면서 지루함과 따분함, 짜증 등의 부정적인 감정을 해소하기 위해 털을 뽑는 행동에 몰두하는 것으로 나타났다.

1) 털뽑기장애의 임상적 특징과 경과

털뽑기장애 혹은 발모광(trichotillomania, hair-pulling disorder)은 DSM-IV에서 충동통제장애로 분류되다가 DSM-5에서는 강박증 관련 장애로 묶이게 되었다. 발모광의 가장 중요한 특징은 반복적으로 몸에 난 털을 뽑는 것이다. 몸의 어느 부위이든 나 있는 털은 다 뽑을 수 있다. 드물게는 두피, 눈썹, 속눈썹, 겨드랑이, 얼굴, 생식기, 항문 주변 등의 털을 뽑기도 한다. 하루에 잠깐씩 나타나기도 하고 몇 시간씩 지속되기도 하는데, 증상이 수개월 정도 지속될 수도 있다. 어떤 환자는 광범위하게 온몸 곳곳에서 골고루 털을 뽑아 탈모가 분명하게 관찰되지 않는다. 이들은 화장이나 스카프 또는 가발을 이용하여 탈모를 숨기거나 변장한다.

털뽑기장애는 털과 관련된 다양한 행동 또는 의례와 동반되어 나타난다. 털을 뽑은 이후에 눈으로 관찰하고 만지거나 입으로 갖고 놀거나 털을 삼키기까지 한다. 이런 증상은 불안이나 지루한 감정에 의해 촉발되기도 한다. 털을 뽑기 전 잠깐 혹은 이를 저항하려는 시도에서 긴장감이 증가하고, 털을 뽑는 행동 이후에 만족감, 쾌감, 안도감 등의 감정을 느낄 수 있다. 두피의 경우 정수리나 특정 부위의 털뽑기를 선호하며 목의 뒤쪽 두피의 바깥 가장자리를 따라 거의 대머리 형태를 보이기도 한다(삭발 발모광). 어떤 환자는 애완동물이나 인형, 스웨터, 카펫 등의 섬유 물질에서 털을 뽑기도 한다.

일반 인구 집단에서 성인과 청소년의 털뽑기장애 12개월 유병률은 1~2%로 추정된다. 여성이 남성에 비해 10:1 정도로 발생 비율이 높다. 유아도 이런 행동을 보일 수 있지만, 대체로 청소년기 이후에 발생한다. 여자 대학생 중에 1~5% 정도로 유병률이 나타나기도 한다. 털뽑기장애는 치료받지 않으면 약간의 증상 악화와 완화가 지속된다(APA, 2013).

유전적 취약성이 있어서 일반 인구 집단에 비해 강박장애 환자와 일차 친족에게서 더 많이 나타난다. 기능적 결과를 살펴보면, 사회적 · 직업적 기능 손상뿐만 아니라 모발 성장과 모발 질감 면에서도 비가역적인 손상을 초래한다. 털을 삼키게 되면 빈혈, 복통, 토혈, 구토, 장폐색, 심지어 장 천공까지 발생하는 등 의학적 문제도 생긴다.

털뽑기장애(발모광)의 진단 기준(DSM-5)

A. 반복적으로 털을 뽑아 탈모로 이어진다.

B. 털을 뽑는 행위를 줄이거나 멈추려는 반복적인 시도를 한다.

C. 털을 뽑는 행동이 사회적, 직업적 또는 다른 중요한 기능 영역에서 임상적으로 유의한 고통이나 손상을 초래한다.

D. 털을 뽑는 행동이 피부과적 질환과 같은 의학적 상태나 신체변형장애에서 외모 결함을 개선하기 위해 하는 것과 다르다.

---

2) 털뽑기장애의 원인과 치료

털뽑기장애는 연구가 많이 되지 않아서 원인과 치료에 대한 연구가 매우 부족하다. 정신분석 이론에서는 털을 뽑는 행동이 무의식적인 갈등의 상징적인 표현이며, 좋지 못한 대상관계의 결과라고 보고 있다. 털을 뽑는 행위는 대상 상실이라는 실제적 혹은 상상적 위협을 해결하려는 수단일 수 있다. 아동기 외상, 특히 성적인 외상이 털뽑기장애의 발병에 영향을 준다고 보고 있지만 이에 대한 경험적 연구는 부족하다.

털뽑기장애는 침습적인 사고와 반복적인 행동을 보이는 강박증과 유사하여 강박증스펙트럼장애와 생물학적 병인론을 공유하고 있다는 가정하에 연구가 이루어졌다. 예컨대, 두 장애는 모두 몸을 단정하게 하는 행동에 관여하는 신경생물학적 기제에 병리가 있다고 볼 수 있다. 자신의 몸을 단정하게 하는 행동은 고등 피질(higher cortex)의 통제하에 일어나는 행동인데, 이 부분의 신경학적 역기능 때문에 털을 뽑는 '고정된 행동 패턴'을 보일 수 있다(Lapopolt et al., 1993).

행동주의 이론에서는 털뽑기장애가 다른 습관과 유사하게 학습된다고 보고 있다. 털을 뽑는 행동은 스트레스에 대한 대응 행동으로 나타나며, 긴장 완화 효과에 의해 일종의 부적강화(negative reinforce)가 된다. 털을 뽑는 행동과 관련된 신체 감각에 대한 갈망이 조건형성되기도 한다. 즉, 고전적 · 조작적 조건형성을 통해 털을 뽑는 행동이 일어나고, 내적 혹은 외적 단서와 연합이 일어나서 털뽑기 행동이 지속된다. 궁극적으로는 이 행동이 습관이 되어 어떤 때는 자각하지 못한 상태에서 일어나며 주관적인 통제 능력이 떨어지게 된다.

　치료적인 면에서 약물 치료 효과는 보고된 것이 별로 없으며, 행동치료가 가장 효과적인 것으로 드러나고 있다. 다양한 행동 기법이 개발되었는데, 바이오피드백, 은밀한 감각화(covert sensitization), 혐오치료, 소거, 반응 방지 등이 있다. 털을 뽑는 행동을 통제하고 저항하는 능력을 증가시키는 것, 털을 뽑는 동안 불쾌한 감각이나 고통을 인식하고 통제하는 것, 이완 기법이나 다른 양립 불가능한 행동을 대체하는 것, 털을 뽑는 행동과 관련된 움직임을 자각시켜 주는 것 등이 도움이 된다.

　가장 효과적인 기법은 습관 반전 훈련(Habit-Reversal Training: HRT; Peterson et al., 1994)이다. HRT는 틱이나 손가락 빨기, 털뽑기장애 같은 습관 장애를 치료하기 위한 행동 기법이다. HRT는 목표 행동을 자각하기, 대안적인 대처 기술을 가르치기, 동기를 유지하기, 일반화시키기 등의 내용으로 구성된다. 최근에는 HRT를 수정한 많은 기법이 활용되고 있다. 털을 뽑는 것과 관련된 조건화된 단서를 자각하고, 털뽑기 행동을 제지하고, 적응적인 행동 반응을 적용해 보는 것과 같은 기법이 문제 해결에 도움이 될 수 있다(Mouton & Stanley, 1996). HRT와 인지적인 기법이 결합될 때 치료는 더 효과적일 수 있다.

5. 피부뜯기장애

　37세의 혜순 씨는 어려서부터 손톱으로 손가락 살을 뜯었다. 질기고 오랜, 고질적인 습관이라고만 생각하였지 이것이 강박증 관련 장애일 것이라고는 생각해 보지 않았고, 나쁜 습관 정도로만 여겨 왔다. 어릴 때는 정도가 심해 손톱이 빠져서 고생도 많이 했다. 지금은 손톱 대신 손톱 주변의 피부를 뜯어 내어 흉하게 만드는 습관을 가지고 있다. 긴장감, 불안, 지루함 등의 감정이 느껴질 때 주로 손톱으로 뜯는 행동을 한다. 운전 중에 길이 밀려 지루한 느낌이 들 때, 긴장하면서 수업을 들을 때, 우울하고 답답한 뉴스를 미디어 또는 SNS로 접할 때 주로 이런 행동을 보인다. 손톱을 손질하는 곳에 다녀오면 2주쯤은 멈출 수 있지만, 무슨 불치병처럼 지속적으로 다시 나타나곤 했다. 피부를 뜯고 나면 일시적으로 안도감이 느껴지기는 하지만, 흉해진 손을 보거나 심하게 뜯어 아플 때는 후회하는 마음도 든다.

1) 피부뜯기장애의 임상적 특징과 경과

피부뜯기장애[excoriation(skin-picking) disorder]는 DSM-5에서 강박증이나 신체변형장애와 동반되는 현상 때문에 강박증 관련 장애로 분류되었다. 피부뜯기장애의 주요 특징은 반복적으로 스스로 피부를 뜯는 것이다. 흔히 얼굴, 팔 그리고 손 부위를 뜯고, 신체 여러 곳으로 옮겨 간다. 건강한 피부 부위를 뜯거나 여드름을 뜯고, 피부의 굳은살과 같은 곳을 물어뜯기도 한다. 대부분은 손톱으로 뜯지만 족집게나 핀, 기타 다른 도구를 사용할 수도 있다. 피부 비비기, 비틀기, 절개하기, 물어뜯기 등이 전형적으로 나타나는 행동이다. 하루에 수 시간 동안 이런 행동을 하며, 증상은 수 개월 혹은 수년 정도 지속된다. 피부뜯기로 인해 피부 병변이 발생하는데, 이를 숨기려고 변장을 하거나 화장 혹은 옷가지로 숨긴다.

피부를 뜯은 이후 그것을 관찰하거나 장난치거나 입으로 갖고 놀거나 삼키기도 한다. 이 장애는 피부를 뜯기 전에 불안이나 지루한 감정에 의해 촉발되는 경향이 있고, 행동을 하기 전에 잠시 충동에 저항하려고 하다 보면 긴장감이 증가된다. 그리고 뜯은 후에는 쾌감이나 만족감, 안도감을 느낄 수 있다. 피부뜯기에 통증은 동반되지 않는다. 어떤 환자의 경우 이런 행동이 마치 무의식적으로 일어나는 것처럼 자동화된 형태로 나타난다.

유병률을 살펴보면, 일반 인구에서 성인의 경우 평생 유병률은 1.4% 이상이다(APA, 2013). 여성이 3/4을 차지할 정도로 성차가 심한 질병이다. 다양한 연령에서 나타날 수 있지만 사춘기에 많이 나타난다. 흔히 여드름과 같은 피부과 질환과 함께 시작된다.

일반 인구에 비해 강박장애 환자와 일차 친족에서 피부뜯기장애가 나타난다. 피부뜯기장애는 사회적·직업적 기능 손상을 일으키고 고통을 준다. 피부를 뜯고, 뜯는 것에 골몰하고, 그 충동에 저항하는 데 하루에 최소한 1시간 이상을 할애하며 이 때문에 공공장소나 사회적 접촉을 회피한다. 의학적 합병증으로 조직 손상, 흉터, 감염이 생기고 생명을 위협할 수도 있다. 흔히 주요우울장애와 강박장애, 털뽑기장애와 같이 나타날 수 있다.

피부뜯기장애의 진단 기준(DSM-5)

A. 반복적으로 피부를 뜯어 피부 병변으로 이어진다.
B. 피부뜯기 행동을 줄이거나 멈추려는 시도를 반복적으로 한다.
C. 사회적 · 직업적 기능 영역을 손상시킨다.
D. 정신병적 장애에서 망상이나 환촉, 신체변형장애에서 외모 결함을 개선하기 위해 하는 행동과 다르다.

2) 피부뜯기장애의 원인과 치료

피부뜯기장애는 DSM-5에 새로 들어온 장애라 연구가 부족한 편이며, 치료 방법도 아직은 다양하지 않은 것으로 알려져 있다. 한 번 발병하면 지속 기간이 매우 길지만, 대부분 질병이 아니라 나쁜 습관으로 생각하기 때문에 적극적으로 치료를 하지 않는다. 그러나 방치하면 만성적으로 진행되고 죄책감, 수치심 등의 부정 정서로 인해 우울증이 함께 발병하는 경우가 많으며 불안장애, 물질사용장애와 동반되기도 한다(Grant et al., 2012; Grant, 2015).

장애로 진단받을 정도는 아니지만 일상에서 반복되는 피부뜯기 행동은 드물지 않게 나타난다. 실제 미국에서는 성인의 17%가 그동안 살면서 1회 이상 피부뜯기 행동을 하고, 그로 인해 피부가 손상되었던 경험이 있는 것으로 나타났다(Keuthen, 2010). 일상적으로 나타나는 피부뜯기 행동은 반복적으로 나타나고, 피부가 손상되지만 본인이 어느 정도는 통제할 수 있는 행동으로 볼 수 있다. 이러한 행동은 때로는 습관적으로 나타나기도 하고, 특정 상황에서 의식하기도 전에 나타날 수도 있다(Capriotti, 2014).

신체에 대한 관심이 증가하고 주변의 반응을 통해 자신의 자아상이나 정체성을 형성하는 초기 청소년에게 나타나는 피부뜯기 행동은 성인과는 다른 의미를 갖는다. 특히 청소년의 경우 자신의 신체에 몰두하여 다른 활동에 집중하지 못하는 모습은 부정적으로 평가될 가능성이 크다. 또래의 부정적 평가는 초기 청소년에게 심리적 어려움을 가중시킬 수 있다. 또한 피부뜯기 행동으로 인해 손상된 피부는 또 다른 문제를 일으킬 수 있다. 보이는 것에 대한 두려움도 클 것이고, 이로 인해 놀림을 받을 경우 또래관계에서 위축되는 등 부정적 영향이 더욱 증폭될 것으로 보인다.

피부뜯기장애는 이미 1875년 무렵 윌슨(Wilson)에 의해 의학적으로 보고되었지만, 이 장애의 치료법에 대해서는 알려진 바가 거의 없다. 치료적으로는 틱장애나 털뽑기장애 치료에서 많이 쓰이는 습관 반전 훈련이 도움이 될 수 있다. 반복적인 행동을 주의 깊게 관찰하도록 지시하고 그 행동이 막 시작되려고 할 때 껌을 씹거나, 피부를 부드럽게 하는 로션을 바르거나, 즐겁고 해가 없는 다른 행동으로 바꾸게 하는 것이 도움이 될 수 있다. 그러나 이 접근은 환자, 치료자 사이에 협력이 필요하고 하루 종일 행동을 면밀히 검토해야 한다는 제한점이 있다(Nock et al., 2011). SSRIs 계통의 약물이 도움이 되기도 하지만, 그렇지 않다는 보고도 있다(Grant et al., 2012; Grant et al., 2015).

최근 들어 인지치료의 제3동향인 수용전념치료를 수정한 수용증진행동치료(Acceptance-Enhanced Behavior Therapy: AEBT)가 피부뜯기 행동에 적용되고 있다(Capriotti et al., 2015). 여기서는 피부뜯기 행동을 유발하는 단서나 자극 등을 알아차리게 하고, 자극 통제 기법을 사용한다. 이 치료법에서는 피부뜯기 행동을 자각하고 '경고 신호'(예: 충동, 부정 정서, 뜯을 부위에 손을 대는 전조 행동)가 일어났을 때 경쟁 반응을 하게 하는 것이 핵심이다. 경쟁 반응은 피부뜯기와 양립할 수 없는 신체 반응이며, 주먹을 쥐는 행동 같은 것이 이에 해당된다. 피부뜯기 충동이 올라오면 개인적으로 가장 잘 맞는 경쟁 반응을 시킬 수 있는데, 면장갑 끼기, 텔레비전을 보거나 책을 읽으면서 인형 혹은 장난감을 만지작거리기 등과 같은 반응을 고안할 수 있다. 그런 다음 피부를 뜯고 싶은 충동과 같은 혐오적인 내적 상태를 기꺼이 받아들이도록 도와주고, 이때 스스로 가치 있게 여기는 활동에 몰두하게 하면서 피부뜯기와 관련된 자극과 생각을 다루어 주는 것이 좋다.

이 장의 요약

1. 강박장애 환자는 강박사고를 일으키는 유발 자극을 피하려고 하고, 사고 억제를 통해 무시하거나 억누르려고 시도하며, 강박행동을 통하여 중화시키려고 한다. 강박장애는 우울증과 자주 동반되는 장애다. 강박증의 치료는 약물 치료와 인지치료가 가장 효과적인 것으로 알려져 있다.

2. 신체변형장애는 외모에 대한 지나친 집착과 반복적인 행동을 보여 시간을 많이 소모하고, 증상을 통제하기가 어려우며, 이로 인해 기능 영역에서 손상이 심하다. 누구나 명백하게 알아챌 수 있는 결함에 집착하는 것은 신체변형장애로 진단되지 않는다.

3. 저장장애는 DSM-5에서 독립적인 장애로 등장하였다. 치료적으로는 연구가 많이 부족하지만 인지행동치료와 약물 치료를 병행할 수 있다. 인지행동치료에서는 왜 그런 물건을 강박적으로 수집하는지 이유를 지각하게 하고, 물건의 가치와 유용성에 따라 조직화하고 범주화하고, 필요없는 물건들을 버리게 한다.

4. 털뽑기장애는 DSM-IV에서는 충동통제장애에 속하였는데, DSM-5에서는 강박증 관련 장애로 묶이게 되었다. 털뽑기장애의 가장 중요한 특징은 반복적으로 몸에 난 털을 뽑는 것이다. 신체 어느 부위나 털이 있는 곳에서는 다 일어난다. 습관 반전 훈련이 도움이 될 수 있다.

5. 피부뜯기장애는 강박증이나 신체변형장애와 동반되어 나타나는 경향이 있어 DSM-5에서 강박증 관련 장애로 분류되었다. 피부뜯기장애의 주요 특징은 반복적으로 스스로 피부뜯기를 행하는 것이다. 불안과 갈등 등 심리적 원인에 의해 생겨난다.

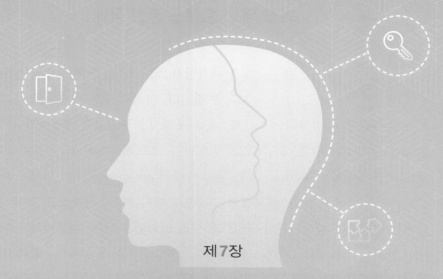

제 **7**장

외상 및 스트레스 관련 장애와 해리장애

💬 **이 장의 목표**

- ◉ 외상 및 스트레스 관련 장애를 이해한다.
- ◉ 적응장애의 임상적 특징을 이해한다.
- ◉ 외상 후 스트레스 장애의 임상적 특징을 이해한다.
- ◉ 애착 관련 장애의 임상적 특징을 이해한다.
- ◉ 해리장애의 임상적 특징을 이해한다.

외상 및 스트레스 관련 장애

살아가면서 스트레스를 경험하지 않는 사람은 없을 것이다. 아침에 교통 체증으로 학교나 직장에 늦는 것과 같은 일상적인 스트레스를 비롯해서 교통사고를 경험하거나 자연재해를 겪는 등의 큰 외상은 예기치 않게 일어난다. 스트레스(stress)라는 말은 15세기 무렵 영어권에서 압력(pressure) 또는 물리적 압력(physical strain)의 의미로 쓰이다가, 17세기에는 어려움, 곤란, 역경 또는 고생으로 받아들이기 시작했고, 20세기에 들어와서는 질병이나 정신질환의 원인으로 널리 인식되고 있다. 외부에서 들어오는 요구나 압력을 스트레스 요인(stressors)이라고 하고, 외부 자극에 적응하려고 하는 과정에서 유기체 안에서 만들어 내는 어떤 결과나 효과를 스트레스라고 하며, 스트레스를 다루기 위한 노력을 대처 전략(coping strategies)이라고 한다. 같은 사건도 어떤 사람에게는 스트레스가 되고 어떤 사람에게는 스트레스가 되지 않기 때문에 스트레스는 기본적으로 한 개인과 환경의 상호작용을 반영하는 역동적인 개념이다.

스트레스는 한 개인이 대처할 수 있는 자원과 범위를 넘어서서 심리적으로 큰 고통을 느끼는 것으로, 스트레스 사건 자체보다도 어떻게 대처하느냐가 중요하다. 역기능적인 스트레스는 고통(distress)을 유발하고 불쾌감, 수치심 등의 해로운 효과를

추가 학습

성격과 스트레스: A-유형 행동

1959년 미국의 심장전문의 프리드만(Friedman)과 로센만(Rosenman)은 관상동맥 경화증을 앓는 사람의 성격적 특성이 뭔가 남다르다는 사실에 초점을 맞추고 연구를 진행하고 있었다. 유난히 경쟁적이고, 급하고, 비판적이고, 분노감을 잘 드러내고, 냉소적이며, 편하게 쉬지 못하고, 화를 참지 못하는 성격의 소유자는 관상동맥 질환에 걸릴 확률이 높은데, 이런 유형의 성격을 가진 인간을 'A-유형 행동(Type-A behavior)'이라고 이름 붙였다.

가져오는 반면, 순기능 스트레스(eustress)는 생활에 활력을 주고, 자극을 주며, 성장을 촉진한다. 시험 합격, 결혼이나 승진 등과 같은 긍정적인 사건도 긍정적인 스트레스를 준다. 지각된 스트레스(perceived stress)는 스트레스 사건에 상관없이 다양한 스트레스 관련 장애를 유발한다. 이 장에서는 스트레스와 관련된 심리장애에는 어떤 것이 있는지 살펴보고, 각각의 특성에 대해 설명한다.

　스트레스는 정신병리와 밀접한 관계가 있어서 병인론을 이해할 때 스트레스 존재 유무가 중요한 판단 기준이 된다. 대표적인 것이 외상 후 스트레스 장애(Post Traumatic Stress Disorder: PTSD)다. PTSD는 원래 DSM-IV에서는 불안장애에 속했으나 DSM-5에서는 외상 및 스트레스 관련 장애로 새로운 진단 범주로 묶이게 되었다. 이 밖에 스트레스 관련 심리장애로는 적응장애, 급성스트레스장애 등이 있으나 단순히 증상의 심각도뿐만 아니라 스트레스의 성질이나 시간적인 틀에 따라 진단을 내릴 수 있다. DSM-5에서는 외상 및 스트레스 관련 장애를 〈표 7-1〉과 같이 구분하고 있다.

표 7-1 외상 및 스트레스 관련 장애의 하위 장애와 특징

하위 장애	특징
적응장애	스트레스 사건 후 우울, 불안 등의 증상이 3개월 이내에 시작하고 스트레스 요인 또는 결과가 종결된 후 6개월 이상은 지속되지 않음
외상 후 스트레스 장애	외상성 사건에 노출된 후 첫 3개월 내에 시작하며 진단 기준을 충족하기 전 수 개월에서 수년 정도의 지연이 있을 수 있음
급성스트레스장애	외상성 사건에 노출된 뒤 3일에서 한 달 이내 증상이 지속됨
반응성 애착장애	애착 인물에 대해 회피 반응을 보임
탈억제성 사회적 유대감 장애	주변 인물에 대해 과도한 접근 행동을 보임

1. 적응장애

　21세의 건우 씨는 대학을 다니다가 휴학을 하고 2개월 전 군대에 입대하였다. 새로운 환경에 대한 두려움 때문에 훈련소를 퇴소하고 자대로 배치된 직후, 너무 불안

하여 항상 불안과 불면증으로 고통스러웠다. 내성적인 성격이어서 친구는 많지 않더라도 사회에서는 그럭저럭 대학 생활을 하면서 아무런 문제없이 지냈지만, 군대에 오자마자 관심병사 B급으로 분류되어 상사들의 관심을 받게 되었다. 훈련을 할 때마다 구토가 나올 지경으로 힘들었고, 의무 중대에서 대기하면서 계속 불안해하였으며, 다른 사람들 모두 문제없이 군 생활을 하는데 자꾸 자기만 괴롭다고 생각하는 것 같아 죽어 버리고 싶은 마음도 들었다. 스스로 정상이라고 생각하고 싶지만 어느 순간 갑자기 우울해지고 불안한 심정이 들어 과연 군 생활을 잘 마칠 수 있을까 염려되었다. 걱정하실 부모님을 생각하면 이렇게 지내면 안 되겠다고 다짐했지만, 사람 사귀는 게 너무 힘들고, 사람을 쉽게 믿지 못하며, 부정적으로만 대하는 것 같았다.

1) 적응장애의 임상적 특징과 경과

나쁜 일을 경험하고 스트레스 상황에 노출되면 당혹해하고 스트레스 반응이 일어난다. 어떤 사람은 스트레스 상황이 지나가면 다시 정상적인 모습으로 돌아오지만, 또 어떤 사람은 일상생활과 적응이 어려울 정도로 심한 정서적 고통을 호소한다.

적응장애를 일으키는 스트레스는 연인과 헤어지는 것과 같은 단일한 사건일 수도 있고 직업 문제나 결혼생활의 문제 등 복합적인 요인이 작용할 수도 있다. 불리한 생활환경 속에 놓이게 되면 적응장애를 겪을 가능성이 높다. 생활 스트레스는 단발성일 수도 있고 반복적일 수도 있다. 지속적인 스트레스는 지병이 있다거나 우범지대에 거주하는 것 등이 될 수 있다. 스트레스는 한 사람에게 영향을 줄 수도 있고 자연재해처럼 사회 전반에 영향을 줄 수도 있다. 어떤 스트레스는 발달적 사건과 연관이 있어서 자녀가 등교하는 것, 부모와 떨어지는 것, 부모와 다시 사는 것, 결혼하는 것, 부모가 되는 것, 직업적 목표를 이루지 못하는 것, 은퇴 등이 장애를 일으키기도 한다. 사랑했던 사람의 사망에 따른 애도 반응의 강도나 특성 또는 지속 정도가 문화, 종교 혹은 연령을 감안하더라도 예상하는 것보다 지나칠 때 역시 적응장애 진단을 내릴 수 있다.

적응장애 진단을 내리려면 스트레스 요인이 발병하고 나서 3개월 이내에 시작하고, 스트레스 요인 또는 결과가 종결된 후 6개월 이상은 지속되지 않아야 한다. 그러나 드물게는 장애가 6개월 이상 만성적으로 지속되기도 한다. 스트레스 요인이 실직과 같은 급성 사건이라면 장애는 즉시 시작되고 지속 기간은 상대적으로 짧다. 그러나 실직 상태가 지속된다면 적응장애도 지속되면서 심하면 주요우울장애로 발전할 수 있다. 적응장애를 진단내릴 때 스트레스에 대한 개인의 반응이 적절한지, 아니면 예상되는 것보다 심한지 임상적 판단을 하려면 그 사람이 속한 문화적 환경의 맥락 등을 고려해 보아야 한다. 적응장애는 심할 경우 자살 시도와 자살 완수의 위험성을 증가시킨다.

적응장애의 진단 기준(DSM-5)

A. 인식 가능한 스트레스 요인에 대한 반응으로 감정 또는 행동 증상이 스트레스 요인이 시작한 지 3개월 이내에 생긴다.

B. 이런 증상이 임상적으로 두드러지며, 다음 중 한 가지 또는 모두에서 분명히 나타난다.

    1. 증상의 심각도 혹은 강도가 외적인 맥락과 문화적 요인을 고려하더라도 스트레스 요인의 심각도나 강도와 맞지 않는 현저한 고통을 초래한다.

    2. 사회적, 직업적 또는 다른 중요한 기능 영역에서 유의한 고통이나 손상을 초래한다.

C. 스트레스와 관련된 장애는 다른 정신질환의 준거를 만족시키지 않으며, 이미 있는 정신질환이 단순히 악화된 것이 아니다.

D. 증상은 정상적 애도 반응이 아니다.

E. 스트레스 요인 또는 결과가 끝난 후 증상이 6개월 이상 지속되지 않는다.

※ 다음 중 하나를 명시할 것
    우울 기분 동반, 불안 동반, 불안 및 우울 기분 동반, 품행장애 동반, 정서 및 품행 장애 동반 등이 있다.

※ 다음의 경우 명시할 것
    • 급성: 장애가 6개월 미만 지속될 경우
    • 만성: 장애가 6개월 이상 지속될 경우

2) 적응장애의 원인과 치료

적응장애를 이해하는 데 가장 중요한 것은 스트레스의 성질이다. 적응장애 진단을 위해서는 스트레스 사건의 의식적·무의식적 의미가 중요하며, 환자가 이미 갖고 있는 취약성 요인도 고려해야 한다. 성격장애를 갖고 있거나 기질성 뇌손상 등을 갖고 있다면 적응장애에 취약하다. 또 다른 취약성 요인으로는 유아기에 부모를 잃었거나 역기능적 가정에서 양육된 경우다. 양육 과정에서 겪은 주요 인물과의 관계에서 실제적 혹은 지각된 지지가 스트레스에 대한 행동적·정서적 반응에 영향을 미친다.

동일한 스트레스라고 할지라도 다양한 사람에게서 다양한 범위의 스트레스 반응을 일으킨다. 일상적인 생활 스트레스를 거뜬히 이겨 내는 사람이 있는 반면에 어떤 사람은 심하게 부적응을 겪는 이유가 무엇인지에 대해 정신분석에서는 아동기 초기에 어머니가 했던 역할에 주목하면서 어머니의 영향이 나중에 스트레스 대응 역량에 중요하다고 보았다. 정신분석자 위니컷(Winnicott)이 말한 '충분히 좋은 어머니(good enough mother)'는 아이의 욕구를 잘 이해하고 공감적으로 반응해 준다는 의미로, 생애 초기에 이런 어머니를 경험했다면 나중에 커서도 스트레스에 잘 적응하고 삶의 좌절을 견딜 수 있는 내적 자원을 가지게 된다.

아동은 초기 발달 과정에서 독특한 방어기제를 통해 스트레스 사건을 처리한다. 외상이나 선천적인 취약성으로 인해 어떤 아동은 덜 성숙한 방어기제를 발달시키고, 또 어떤 아동은 보다 성숙한 방어기제를 발달시킨다. 특히 미성숙한 방어기제를 발달시킨 아동은 커서 상실, 이혼, 경제적 위기 등의 어려움이 닥쳤을 때 훨씬 취약해지는 반면, 성숙한 방어기제를 발달시킨 아동은 성인이 되었을 때 위기나 스트레스에 보다 능숙하게 반응하게 된다.

치료적으로는 같은 적응 문제를 가진 사람들에게 집단 치료가 도움이 될 수 있다. 은퇴한 사람들의 모임이나 특정 질병을 가진 사람들의 모임 같은 자조 모임이 도움이 될 수 있다. 치료를 할 때는 적응장애를 보이는 사람의 이차적인(secondary) 이득의 문제를 고려할 필요가 있다. 어떤 사람의 경우 환자 역할(sick role)을 하는 것이 책임을 회피하게 해 줄 수도 있기 때문이다.

적응장애에서의 약물 치료는 우울증이 동반될 경우에는 항우울제를 사용하고,

불안 증상이 동반될 때에는 항불안제를 사용하되, 짧은 기간 약물을 사용하는 것이 좋다. 사랑하는 사람을 잃고 나서 외상적 비탄을 경험하고 있다면 SSRIs 계열의 항우울제가 도움이 된다.

2. 외상 후 스트레스 장애

예진 씨는 인터넷 동호회의 오프라인 모임에서 한 남자를 알게 되었다. 그 남자는 첫 만남에서 예진 씨에게 호감을 보이며 핸드폰 번호를 알려 달라고 하였다. 두 번째 만나던 날 남자는 예진 씨에게 드라이브를 가자고 하였고, 예진 씨도 호감을 갖고 있던 터라 별 의심 없이 따라나섰다. 그런데 교외로 나가자 남자는 갑자기 돌변하였고 예진 씨를 낯선 창고에 강제로 끌고 가서 강간하였다. 설상가상으로 억센 비가 내리는 밤이어서 예진 씨는 가까스로 지나가던 사람에게 도움을 요청해 119에 신고하여 집으로 올 수 있었다. 이후 남자를 경찰에 신고하려고 했으나 그가 준 연락처는 모두 거짓이었다. 그 일이 있고 예진 씨는 그 남자와 비슷한 남자만 봐도 심장이 두근거렸고, 비만 내려도 그 날 일이 떠올라 괴로웠으며, 강간을 당하던 그 순간의 남자의 시선, 행동, 말투 등이 플래시백처럼 떠올라 불안감으로 미칠 것 같았다. 바보 같이 당했다는 생각에 아무에게도 말하지 못하고 화가 치밀어 올랐고, 우울감이 심해졌다.

일상적인 스트레스와 달리 생명을 위협할 정도의 큰 외상은 급성스트레스장애 (acute stress disorder)와 외상 후 스트레스 장애를 야기한다. 외상(trauma)이란 외부로부터 주어진 충격적인 사건에 의해서 입은 심리적 상처를 말한다. 외상 후 스트레스 장애(PTSD) 진단을 내리려면 증상이 최소한 1개월 이상 지속되어야 하며, 한 달 미만일 때는 급성스트레스장애로 진단을 내린다. 급성스트레스장애는 외상을 경험한 직후 즉시 나타나서 적어도 3일에서 1개월까지 증상이 지속되며, PTSD 진단을 받기 전에 진단내릴 수 있다. 증상이 4주 이상 지속되면 급성스트레스장애 진단에서 PTSD 진단으로 전환하게 된다.

1) PTSD의 임상적 특징과 경과

PTSD에서 외상 경험은 병리적 기억을 불러일으킨다(McNally, 2013). 이러한 기억들은 작은 파편처럼 경험이 되면서 정서적 파급 효과가 매우 크다. PTSD 증상은 크게 다음의 4가지 영역으로 구분된다.

- 침투: 외상 사건이 악몽이나 침투적인 이미지로 반복적으로 재경험됨
- 회피: 외상을 떠오르게 하는 흔적, 생각, 감정을 피함
- 부정적인 인지와 기분: 수치심, 분노, 자신 및 타인에 대한 왜곡된 생각과 비난
- 각성 및 반응성: 과잉 각성, 놀람, 공격성, 무모한 행동 등 지나친 감정 반응

PTSD는 한 가지 이상의 외상 사건에 노출된 뒤 공포 반응, 무력함, 경악 등 다양한 감정과 행동 증상이 나타나는 것을 말한다. 사람마다 스트레스 반응이 달라 임상적 발현 양상은 다양하다. 무감동이나 불쾌 기분과 같은 감정과 부정적인 인지가 두드러지게 나타날 수 있다. 또한 각성과 반응성-외현화 증상이 두드러지고, 해리 증상이 나타나기도 하며, 이러한 증상이 복합적으로 나타날 수도 있다(McNally, 2013).

직접적으로 경험한 외상 사건에는 전쟁에 노출되거나, 신체 공격, 약탈, 강도, 아동기의 신체 학대 등 위협적이고 실제적인 신체적 폭력에 노출되거나, 강제적인 성적 침해, 알코올, 약물에 의한 성학대, 성적인 인신매매 등 실제적인 성적 외상 사건에 연루, 납치, 인질, 테러, 고문, 전쟁 포로로 감금된 것, 자연재해나 인간이 일으킨

〈세월호 사건〉

〈소방관과 화재〉

재앙, 심각한 차량 사고 등이 있다. 사건을 목격하는 것으로는 위협적이고 심각한 상태, 비정상적인 죽음, 폭행에 의한 타인의 성적·신체적 학대, 가정폭력, 사고, 전쟁 또는 재앙, 자녀의 의학적인 참사 등이 있다. 고문이나 성폭력처럼 스트레스 요인이 대인관계적이고 고의적일 때 특히 증상이 심하고 오래간다.

외상 사건은 다양하게 재경험되며 그 사건에 대한 기억이 반복적·불수의적·침습적으로 떠오른다. 외상 사건에 대한 반복적 기억은 대개 감각적이고 감정적이며 생리적인 행동 요소를 포함하고 있다. 재경험 증상은 고통스러운 꿈으로 나타나는데, 이때 꿈은 사건 자체를 반복하거나 외상 사건의 위협적인 요소와 주제를 드러낸다. 사건의 여러 요소가 되살아나는 듯한 해리 상태를 경험할 수 있는데, 이 해리 경험은 몇 초에서 몇 시간 혹은 며칠까지도 지속된다. 심하면 해리 상태에서 외상 사건의 일부분에 대해 짧은 시각적·감각적 침습부터 주변 상황에 대한 인식이 완전히 상실되는 정도에 이른다. 이를 플래시백(flashback)이라고 하는데, 짧은 순간에 일어나지만 극심한 고통을 유발하고 각성 수준을 고조시킨다.

PTSD를 보이는 사람은 흔히 외상 관련 자극을 회피하는 경향이 있다. 외상 사건에 대한 생각이나 기억, 느낌 또는 화제를 피하기 위해 의식적인 노력을 하고, 그 사건을 떠올리게 하는 활동, 물건, 상황 또는 사람을 피하려 든다. 외상 사건에 노출되면 사건과 관련된 부정적 인지 또는 감정의 변화가 시작되거나 악화된다.

외상 사건에 대해 중요한 부분을 기억하지 못하는 해리성 기억상실로 나타날 수도 있다. 또한 자기, 타인, 미래에 대해 부정적인 생각이 많고, 공포, 경악, 분노, 죄책감, 수치심과 같은 부정적인 기분이 수시로 나타날 수 있다. 이전에는 즐거웠던 일에 대해 관심과 흥미가 급격히 떨어지고, 다른 사람과도 사이가 멀어지거나 동떨어지는 느낌을 갖게 된다. 이들은 자극이 없어도 자주 화를 내고 공격적인 언행을 보일 수 있으며, 위험한 운전, 과도한 음주, 자살, 자해 행동과 같은 자기파괴적인 행동을 한다. 잠재적 위협을 매우 예민하게 지각하기 때문에 일이나 대인관계 면에서 기능이 저하된다.

어린 아동의 경우 외상을 겪고 나서 말을 하지 않는 것과 같이 발달적 퇴행이 일어날 수 있고, 가성 환청이나 피해 사고 같은 것이 나타날 수 있다. 장기적으로 반복적인 외상(예: 아동 학대, 고문)에 노출되면 감정을 조절하거나 안정적인 대인관계를 맺지 못하고 해리 증상을 겪는다.

PTSD의 12개월 유병률은 3.5%로 보고되고 있다(APA, 2013). 남성보다 여성에게서 더 흔히 나타나는데, 그 이유는 여성이 강간이나 데이트 폭력 등 대인관계 폭력 같은 외상 사건을 더 경험할 가능성이 높기 때문이다. 이 장애는 생후 1년 이후부터 언제든 시작될 수 있으며, 흔히 외상 사건을 경험한 후 첫 3개월 이내에 나타난다. 어떤 경우에는 진단 기준을 충족하기까지 수 개월에서 수년간의 지연이 있을 수 있다. 이를 '지연된 표출'이라고 하는데, 몇몇 증상은 즉시 시작되지만 모든 진단 기준을 만족시키는 데 시간이 걸리기 때문이다. PTSD 증상은 대개 3개월 이내에 증상이 사라지지만, 어떤 사람은 1년 이상, 심지어 50년 이상 지속되는 경우도 있다.

PTSD의 진단 기준(DSM-5: 7세 이상의 아동, 청소년, 성인에 적용)

A. 실제적이거나 위협적인 죽음이나 심각한 상해 또는 성폭력에의 노출 경험이 다음 중 한 가지 이상에서 나타난다.
  1. 외상 사건을 직접 경험함
  2. 다른 사람에게 일어나는 외상 사건을 직접 목격함
  3. 외상 사건이 친한 가족이나 친한 친구에게 일어났다는 것을 알게 됨
  4. 외상 사건의 혐오스러운 세부 내용에 반복적으로 혹은 심하게 노출됨(예: 사람의 유해를 처음 수거하는 초기 대응자, 아동 학대의 세부 사항에 반복 노출된 경찰)

B. 외상 사건과 관련된 침습적 증상이 한 가지 이상 존재한다.
  1. 외상 사건이 반복적 · 불수의적 · 침습적으로 떠오르는 고통스러운 기억들
  2. 꿈의 내용과 정동이 외상 사건과 관련되어 반복적으로 나타나는 고통스러운 꿈
  3. 외상성 사건이 재생되고 있는 것처럼 느끼고 행동하게 하는 해리 반응(플래시백)을 보임
  4. 외상 사건과 유사하거나 외상 사건을 상징하는 내적 · 외적 단서에 노출되면 극심하고 장기적인 심리적 고통을 느낌
  5. 외상 사건과 유사하거나 외상 사건을 상징하는 내적 · 외적 단서에 노출되면 뚜렷한 생리적 반응을 보임

C. 외상과 관련된 자극을 회피한다(다음 중 한 가지 이상).

   1. 외상 사건과 관련되는 고통스러운 생각, 감정, 대화를 회피함

   2. 외상 사건과 관련되는 고통스러운 기억, 생각, 감정을 불러일으키는 외부 단서(사람, 장소, 대화, 행동, 대상, 상황)를 회피하거나 회피하려는 노력을 함

D. 외상 사건과 관련된 인지 및 기분의 부정적인 변화가 있다(다음 중 2가지 이상).

   1. 외상 사건의 중요한 부분을 회상할 수 없음

   2. 자기, 타인, 세상에 대한 지속적이고 과장된 부정적인 신념이나 기대를 지님(예: '나는 나쁘다.' '누구도 믿을 수 없다.' '이 세상은 위험하다.')

   3. 외상 사건의 원인이나 결과에 대해 지속적으로 왜곡된 인지를 가짐(예: 자기 자신이나 타인의 탓으로 돌림)

   4. 지속적인 부정적인 정서 상태(예: 두려움, 경악, 분노, 죄책감, 수치심)

   5. 주요한 활동에 대해 관심이 줄고 참여하는 것이 현저하게 줄어듦

   6. 다른 사람으로부터 동떨어진 느낌과 소원한 느낌

   7. 긍정 정서(예: 행복, 만족감, 사랑의 감정)를 경험하지 못함

E. 외상 사건과 관련된 각성, 활동 수준이 현격하게 변화된다(다음 중 2가지 이상).

   1. 자극이 거의 없거나 아예 없는데도 사람 또는 사물에 대해 언어적 · 신체적 공격성을 보이는 과민한 행동과 분노 폭발

   2. 무모하고 자기파괴적인 행동

   3. 과잉 각성

   4. 과도한 놀람 반응

   5. 집중의 어려움

   6. 수면 장해

F. 장애의 지속 기간이 1개월 이상이어야 한다.

G. 장애가 사회적, 직업적 또는 다른 중요한 기능 영역에서 임상적으로 유의한 고통과 손상을 초래한다.

※ 다음의 경우 명시할 것

   • 해리 증상 동반: 증상이 외상 후 스트레스 장애 기준에 해당되고, 또한 스트레스에 반응하며, 다음에 해당하는 증상을 지속적 · 반복적으로 경험한다.

     1. 이인증   2. 비현실감

2) PTSD의 원인

외상을 경험한다고 해서 누구나 PTSD 증상을 보이는 것은 아니기 때문에 개인적 취약성 요인이 장애의 발병에 작용한다. 그러나 개인적 취약성 요인을 감안하더라도 어떤 직업은 외상에 특히 취약하다고 알려져 있다. 예컨대, 소방관이나 참전 군인은 보통 사람보다 PTSD에 걸릴 확률이 높다.

생물학적 요인과 유전적 요인을 살펴보면, 외상 사건은 뇌와 신체에 물리적 변화를 일으켜 스트레스 반응으로 이어지면서 결국 PTSD로 발전한다. 전투병, 강간 희생자, 포로수용소 생존자 등의 소변, 혈액, 타액에서 코르티솔 호르몬과 노르에피네프린 신경전달물질의 활동이 비정상적으로 높다고 보고된다(Burijon, 2007). 급성스트레스장애나 PTSD가 시작되면 그 사람은 생화학적 각성을 경험하고 이 각성이 뇌의 주요 영역을 손상시킨다. 이로 인해 기억과 스트레스 호르몬 조절을 담당하는 뇌의 해마와 불안 및 정서 반응을 통제하는 편도체에 역기능이 생긴다. 역기능적 편도체는 PTSD를 가진 사람의 반복적인 정서 증상과 강한 정서 기억을 만들어 낸다.

누군가 외상 사건에 노출되었다면 개인적 요인이 PTSD 발병 위험을 높일까? 개인적 위험 요인은 흔히 외상 이전, 외상 과정 중 그리고 외상 이후 요인으로 나뉜다. 첫째, 외상 이전 요인으로는 신경증적 경향성과 같은 기질 혹은 성격적인 취약성이 있고, 아동기 외상 경험 역시 PTSD 발병 가능성을 높이는 요인이다. 어려서 폭행, 학대, 재난을 경험했던 사람, 10세 이전에 부모가 별거하였거나 이혼한 사람도 PTSD 발생에 취약하다. 의존성이나 정서적 불안정과 같은 성격 특성, 자신의 운명이 외부 요인에 의해 결정된다는 통제 소재(locus of control) 같은 요인도 발병에 영향을 미친다. 둘째, 외상 과정 중의 요인으로 외상의 심각도, 즉 외상 규모가 크면 PTSD 가능성이 커진다. 개인적 상해, 대인관계 폭력(예: 아동 학대), 군인의 경우 적군을 죽이거나 실수로 아군을 죽여 가해자가 되는 것, 잔혹 행위를 목격하는 것 등이 포함된다. 셋째, 외상 이후 요인으로는 부적절한 대처 기술과 사회적 지지 체계 부족, 최근의 생활 스트레스, 결혼과 직장 생활의 불안정 등이 증상을 악화시킬 수 있다.

높은 IQ가 PTSD 발병 가능성을 낮출 수 있는데, 베트남전쟁 참전용사를 대상으로 한 연구에서 인지 능력이 높은 군인이 그렇지 않은 사람에 비해 PTSD 발병 가능성이 48%나 낮았다(Kremen et al., 2007). 지적인 자원이 있는 사람은 외상 경험으로부터 의미를 끌어내고 외상 경험을 자신의 삶의 내러티브(narrative)에 통합하는 능력을 가지고 있다.

3) PTSD의 예방과 치료

PTSD 치료는 예방과 치료로 나누어 생각해 볼 수 있다. 자연재해와 같은 큰 외상은 인간의 힘으로 완전히 막을 수 없지만, 인재는 주의하면 막을 수 있다. 고위험 직업군 같은 경우에는 특히 예방이 매우 중요해서 우리나라에서도 PTSD 위험 집단인 소방관에 대해서 예방 교육과 PTSD 치료가 요즘 들어 활발해지고 있다.

PTSD를 예방하기 위한 개입 방법인 스트레스 접종 훈련(stress-inoculation training)에서는 예상되는 위협에 대응하는 연습을 시킨다. 그러나 모든 종류의 외상 사건을 예방하고 이에 대응하기 위한 예방 프로그램을 만드는 것은 어렵다. 그렇기 때문에 외상 사건 발생 후 위기 개입을 할 수 있는 프로그램이 필요하다. 우리나라의 아동 성폭력 신고 센터인 '해바라기 아동 센터' 등과 같은 긴급 센터는 외상을 경험한 사람에게 도움이 된다. 그리고 지진이나 산사태 등의 외상 발생 시 위기 개입(crisis intervention)도 우선적으로 필요하다.

심리적 사후 보고(psychological debriefing)는 재앙을 경험한 사람이 재앙과 관련된 후유증에서 벗어날 수 있게 하는 치유 과정이다. 외상 희생자에게 정서적 지지를 해 주고 위기 동안 경험한 것을 상세히 이야기하도록 지지하는 심리적 사후 보고는 지난 20여 년간 미국에서 널리 사용되어 왔는데, 그 효과는 최근 들어 검증되고 있다(Day, 2007). 심리적 사후 보고는 위기 개입의 한 형태로, 결정적 사건이 발생한 지 며칠 내에 자신의 감정과 반응을 두루 이야기하게 하는 것이 골자다. 증상을 보이는 외상 희생자뿐만 아니라 아직 증상을 보이지 않는 희생자에게도 예방 차원으로 적용할 수 있다. 주로 집단치료 형태로 이루어지며, 상담자는 희생자가 최근 경험한 외상의 구체적인 부분을 묘사하게 하고, 당시의 감정을 끄집어내서 재경험하게 도와주며, 또한 현재의 감정을 인식하고 표현하게 해서 이런 반응이 지극히 정상적인 반응이라고 안심시킨다. 그리고 나서 향후 외상 스트레스 관리를 위한 여러 가지 서비스를 제공하고, 경우에 따라 장기 상담이나 치료가 필요한 사람을 전문가에게 의뢰하기도 한다.

심리적 사후 보고에서 가장 중요한 것은 희생자는 각기 나름대로 자연스러운 회복 과정을 겪기 때문에 무리하게 자세한 정보를 요청하거나 지시해서는 안 되며, 희생자가 이야기하고 싶어 하는 부분만 이야기하도록 하고 잘 듣는 것이 필요하다. 섣부른 판단이나 조언이 오히려 독이 될 수도 있으며, 생존자에게는 누군가 자신을 돌보고 있고 친절하게 도와주려고 하고 있다는 느낌을 갖게 하는 것이 더 중요하다. 필요로 하지 않는 도움을 주려고 하는 것은 오히려 해가 된다.

PTSD 심리치료로는 인지행동치료가 가장 잘 알려져 있다. 외상에 대한 인지행동치료는 외상 후의 두려움 및 불안 증상과 관련된 부정적인 사고와 믿음을 직접 다루는 접근 방법이다. 인지행동치료에서 가장 효과적인 기법은 지속적 노출(Cloitre, 2009)이다. 무서운 영화를 반복적으로 보다 보면 처음 느꼈던 공포와 두려움이 점차 완화되듯이, 지속적으로 외상 사건에 노출시키는 것이 효과적이다. 이 치료에서는 외상 사건을 단계적으로 떠올리게 하여 불안한 기억에 반복적으로 노출하고 큰 불안 없이 직면할 수 있도록 유도하는데, 그러면 공포가 둔감화되고 외상 기억을 회피하려는 시도를 감소시킬 수 있다. 이렇게 되면 공포 기억 구조가 수정되고 기존의 인지 체계와 통합될 수 있다. 지속 노출치료를 할 때 이완 훈련과 같은 행동치료 기법을 병행하여 사용하면 외상 사건에 따른 불안이 효과적으로 다루어질 수 있다. 지속 노출치료는 두려워하는 외상 기억을 직면하도록 하기 때문에 특히 치료자와 환자 사이의 치료적 관계가 중요하다. 노출치료에 참여할 정도로 치료자를 믿을 수 있어야 치료가 효과적이다. 특히 성폭력이나 데이트 강간 같은 관계 외상을 경험한 사람은 사람을 잘 믿지 못하기 때문에 치료자가 신뢰적이고 따뜻하고 안전하고 지지적인 환경을 제공해 주어야 한다.

인지처리치료(Cognitive Processing Therapy: CPT; Resick et al., 2012) 역시 인지행동치료의 한 형태로, 외상 사건의 원인과 결과에 대한 잘못된 생각이 강한 부정 정서를 유발하고 외상 기억에 대한 인지적 처리를 방해한다는 가정에서 비롯되었다. 이 치료 방법은 외상 사건을 좀 더 상세하고 정교하게 재평가하여 사건에 부여한 부정적 의미를 수정하고 기억 회피를 줄여 주는 것이 핵심이다(Ehlers & Clark, 2003).

최근 들어 임상심리학자 샤피로(Shapiro)가 개발한 안구운동 둔감화 재처리 치료(Eye Movement Desensitization and Reprocessing: EMDR)가 PTSD 치료에 효과적인 것

으로 보고되고 있다. PTSD를 위한 EMDR 표준 프로토콜은 ① 환자의 과거력을 파악하고 치료 계획을 세우기, ② 준비하기, ③ 평가하기, ④ 탈감각 및 재처리, ⑤ 긍정적 인지 주입, ⑥ 신체 스캔, ⑦ 종결, ⑧ 재평가 등 8단계로 구성되어 있다. EMDR에서는 외상 기억의 괴로운 내용을 떠올리게 하고 치료자의 손가락 움직임을 눈으로 따라가게 하여 외상 기억과 관련된 부정적 사고, 감정 및 심상을 점차 약화시키고 외상 기억의 정보처리가 촉진될 수 있도록 한다.

　이 외에도 외상중심 인지행동치료(Trauma-Focused CBT: TF-CBT; Cohen, Mannarino, & Deblinger, 2006)는 애착 외상을 경험한 아동·청소년을 위해 개발된 치료법이다. 애착 외상에 대한 TF-CBT의 절차는 ① 대처기술 단계, ② 외상처리 단계, ③ 공고화 및 종결 단계로 이루어진다. 대처기술 단계는 안전 확보, 심리교육, 양육기술, 이완기술, 정서조절 기술, 인지대처 기술 과정으로 구성되어 있다. 외상처리 단계에서는 외상 관련 이야기 및 처리 과정, 외상 기억에 대한 내재적 극복을 다룬다. 공고화 및 종결 단계에서는 아동·청소년과 부모가 공동으로 치료 회기를 갖고 안전을 확인하고 외상과 관련된 슬픔을 해소할 수 있다. TF-CBT는 특히 9·11 테러로 부모를 잃은 애착 외상 아동·청소년에서 효과가 검증되었다(CATS Consortium, 2007).

　그 밖에 공포증에 사용되고 있는 가상현실 치료도 점차로 PTSD에 적용되고 있다(Reger & Gahm, 2008). 항우울제가 도움이 될 수 있으나 PTSD에 특징적으로 효과적인 약물 치료는 별로 밝혀진 바가 없다.

심화 학습

신체경험(Levine, 2008, 2019)

　비교적 최신 개발된 신체경험(Somatic Experiencing: SE) 기법에서는 심리 증상이 조절되지 않은 자율신경계의 반응으로 나타난다고 보고 있다. 자율신경계는 교감신경계, 부교감신경계로 구성되어 있다. 다미주신경 이론에 따르면, 부교감 신경계는 배쪽 미주신경계(Ventra Vagal system: VV)와 등쪽 미주신경계(Dorsal Vagal system: DV)로 구분된다. 스트레스나 트라우마를 경험하게 되면 교감신경계가 활성화되어 심박수가 증가되고 호흡이 얕아진다. 다른 한편으로는 심장이 약하게 뛰고 신진대사가 늦어지는 등 부교감 신경계인 등쪽 미주신경계의 반응이 나타날 수 있다. 그렇기 때문에 신경계의 탄력성을 회복시키려면 배쪽 미주신경계가 활성화되는 상태로 되돌아와야 한다는 것이 SE에서 중요하게 생각하는 치료 요소다. 기존의 언어 기반의 심리치료에서는 대부분 '부정적인 생각을 바꿔야 한다'와 같이 의식적이고 인지적 수준에서 하향식(top down) 정서 조절이 우선시되었다. 그러나 SE치료에서는 몸의 감각을 알아차리고 안전하다고 느끼게 되면 신경계에 갇혔던 과도한 에너지가 방출되면서 트라우마 관련 기억이 재처리되고 재통합된다고 본다. 신체 기반의 언어, 움직임, 감각, 생각, 감정, 기억, 심상을 연결시키는 상향식(bottom up) 정서 작업을 통해서 트라우마 기억이 자기 경험 속으로 재처리되고 의미가 부여되면서 불안정한 신경계가 안정될 수 있다.

급성스트레스장애의 진단 기준(DSM-5)

급성스트레스장애는 외상 사건 노출 후 3일에서 1개월까지 지속되기 때문에 PTSD와 구별된다. 증상이 1개월 이상 넘어가면 PTSD로 진단이 바뀐다. 여기서는 PTSD와 증상이 중복되기 때문에 진단 준거만 제시한다.

A. 실제적이거나 위협적인 죽음이나 심각한 상해 또는 성폭력에의 노출이 다음 중 한 가지 이상의 방식으로 경험된다.
  1. 외상 사건을 직접 경험함
  2. 다른 사람에게 일어나는 외상 사건을 직접 목격함
  3. 외상 사건이 친한 가족이나 친한 친구에게 일어났다는 것을 알게 됨
  4. 외상 사건의 혐오스러운 세부 내용에 반복적으로 혹은 심하게 노출됨(예: 사람의 유해를 처음 수거하는 초기 대응자, 아동 학대의 세부 사항에 반복 노출된 경찰)

B. 외상 사건이 일어난 후 시작되거나 악화된 침습적 증상, 부정적 기분, 해리, 회피와 각성의 5개 범주에서 다음 증상 중 9가지 이상이 나타난다.

침습 증상
  1. 외상 사건이 반복적 · 불수의적 · 침습적으로 떠오르는 고통스러운 기억들
  2. 꿈의 내용과 정동이 외상 사건과 관련되어 반복적으로 나타나는 고통스러운 꿈

3. 외상성 사건이 재생되고 있는 것처럼 느끼고 행동하게 하는 해리 반응(플래시백)

4. 외상 사건과 유사하거나 외상 사건을 상징하는 내적·외적 단서에 노출되면 심한 심리적 고통과 생리적 반응을 보임

부정적 기분

5. 긍정 정서(행복, 만족감, 사랑의 감정 등)를 경험하지 못함

해리 증상

6. 주의 환경 또는 자기 자신에의 현실에 대한 변화된 감각(스스로를 다른 사람의 시각에서 관찰, 혼란스러움, 시간이 느리게 가는 것 등)

7. 외상성 사건의 중요한 부분을 회상할 수 없음

회피 증상

8. 외상 사건과 관련되는 고통스러운 생각, 감정, 대화를 회피함

9. 외상 사건과 관련된 고통스러운 기억, 생각, 감정을 불러일으키는 외부 단서(사람, 장소, 대화, 행동, 대상, 상황)를 회피하려는 노력을 함

각성 증상

10. 수면 곤란

11. 자극이 거의 없거나 아예 없는데도 사람 또는 사물에 대해 언어적·신체적 공격성을 보이는 과민한 행동과 분노 폭발

12. 과잉 각성

13. 집중의 어려움

14. 과도한 놀람 반응

C. 장애 기간은 외상 노출 후 3일에서 1개월까지다.

D. 장애가 사회적, 직업적 또는 다른 중요한 기능 영역에서 임상적으로 유의한 고통과 손상을 초래한다.

PTSD를 치료하기 위해서는 몸과 마음을 연결시키는 작업도 중요하다. 부정적인 자기 신념을 치유하기 위한 몸과 마음 연결하기(mind-body work) 기술은 다음과 같다.

치료 예시

PTSD 환자를 위한 '몸과 마음 연결하기'

- **마음챙김 기술**: 트라우마 사건과 관련된 부정적인 자기 대화와 신체 긴장을 알아차리고 감각에 초점을 맞춘 다음, 다시 마음챙김을 하면서 하고 있던 일로 돌아간다.

- **생각에 이름 붙이기**: 마음속에 부정적인 생각이 떠오를 때 생각은 단지 생각일 뿐이고 사실이 아니라는 것을 기억한다. 부정적인 생각을 단지 생각이라고 이름표를 붙이고 하던 일로 되돌아간다. 예컨대, '난 절대 예전으로 돌아가지 못할 거야.'라는 생각이 떠오른다면 '난 절대 예전으로 돌아가지 못할 거야.'라는 생각을 하고 있고 '그건 단지 생각일 뿐이야.'라고 자신에게 말해 준다.

- **이야기 줄기 자각하기**: 부정적인 자기 신념에 대한 이야기들을 깊이 생각하고 있는 자신을 발견하였을 때 반복적인 주제를 인식하고 그것들을 이야기 줄기(storyline)로 자각한 뒤 하던 일로 되돌아간다. 그 이야기들이 진실이든 아니든, 긍정적이든 부정적이든 그것은 중요하지 않다. 이야기 줄기는 정신적 혼란을 야기하고, 몸속 모든 세포에 긴장을 느끼게 하고 우울감과 불안감을 느끼게 만든다. 이야기 줄기는 현재에서 멀어지게 만든다.

- **지도 작성하기**: 몸과 마음 연결하기 지도를 이용해서 첫 번째 지도에서는 트라우마와 연관된 부정적 자기 신념에 관한 요구들을 찾도록 해 준다. 신체 긴장을 자각하는 것은 이러한 요구들을 찾는 데 도움을 준다. 두 번째 지도에서는 부정적인 자기신념에 대한 진실을 알아내고 정상적으로 기능할 수 있는 진정한 자기(true self)로 돌아가기 위해 마음챙김을 한다.

- **요구 진정시키기**: 신체 긴장과 부정적인 자기 대화를 알아차리고 그때 일어나는 요구를 알아내기 위해 잠시 시간을 내어 몸과 마음 연결하기 기술을 사용한다. 예컨대, '난 절대 예전으로 돌아가지 못할 거야.'라는 자기 대화를 인식했다면 '난 이전의 나와 똑같아야 해.'라는 요구를 찾을 수 있다. 현재 고통은 과거 사건에서 오는 것이 아니라 과활성화된 동일성 시스템으로부터 오는 것이다. 잡념으로 인해 마음이 혼란스럽고, 몸이 긴장하고, 자각이 위축되고, 무엇인가를 생각하는 것이 어려울 때 동일성 시스템이 작동한다. 잡념의 내용과 그것이 야기하는 신체적 괴로움을 아무런 근거 없이 동일시하기 때문에 동일시 시스템이라고 부른다. 그래서 동일시 시스템을 인정하는 것이 중요하다. 왜냐하면 이것이 신체의 자연적인 조절과 치유를 방해하기 때문이다. 트라우마를 재경험하고 특정한 일상 활

동을 회피할 때, 과잉각성 상태가 될 때 그것은 동일시 시스템이 작동하고 있기 때문이다. 동일시 시스템을 활성화시키는 요구를 즉시 자각하면 요구의 힘이 약해진다. 갑작스러운 혹은 점진적인 신체 긴장의 해소를 지각할 때 당신은 자신이 그 요구를 진정시켰다는 것을 알게 된다.

부정적 자기 신념	신체 긴장	몸과 마음 연결하기	신체 감각	결과
'난 예전으로 돌아가지 못할 거야.'	가슴이 답답하다.	생각에 이름 붙이기를 한다. 에어컨 소리를 듣는다.	가슴과 숨이 편안해진다.	우울한 기분에서 벗어났다.

출처: Block & Block (2015).

3. 애착 관련 장애

인간은 태어나서 자신을 돌보는 주 양육자와 안정적인 애착을 형성함으로써 타인에게 다가가고 관계를 맺을 수 있는 기초를 얻게 된다. 그러나 애착 형성에 중요한 시기에 어머니와 안정 애착이 이루어지지 않았거나 양육자가 수시로 바뀌는 환경에서 양육되면 인간에 대한 기본 신뢰(basic trust)가 형성되지 않는다. 기본 신뢰는 사회적 관계를 시작하고 맺고 유지하는 데 필수적이다. 행동 유전학에서는 가족 구성원이나 또래에 대한 신뢰감 형성은 유전보다는 환경의 영향을 더 많이 받는다고 본다. 기본 신뢰감은 스트레스 상황이나 위협 상황에서 중요한 완충 작용을 하며 사회적 고립이나 또래 괴롭힘, 우울증 같은 문제의 발생 가능성을 줄여 준다.

대개 3~4세 아동은 실험 상황에서 자신을 도와주는 사람과 사기꾼을 잘 변별하지 못하지만, 5세쯤 되면 자신에게 도움이 되는 사람을 잘 구별할 수 있다. 아동기 중기쯤 되면 자기에게 도움이 되는 사람에 대해 차별적인 신뢰감을 형성하게 된다(Cassidy & shaver, 2008). 그러나 학대를 경험한 아동은 초기 아동기에 예측 가능하고 믿을 수 있는 양육자를 경험하지 못하였기 때문에 불신감이 내재화되어 사회적 상황에서 사람에게 다가가지 않는 행동을 보이거나, 반대로 무차별적인 친근감을 보이면서 다가가는 행동을 보이는 등 복잡한 행동 양상을 보인다.

1) 반응성 애착장애

13세인 민지는 직장 생활을 하는 어머니가 두 동생의 양육을 힘들어해서 동생들이 태어나자마자 2세 때부터 10년간 시골에 있는 할머니 집에 맡겨 자라났다. 초등학교 고학년이 되면서 진학을 위해 집으로 돌아왔으나 어머니와 눈 맞춤을 잘하지 않았고 가족과의 대화에도 잘 끼지 못하는 행동을 보였다. 학교에 가서도 또래와 잘 어울리지 못했고, 수업 시간에도 자기가 좋아하는 공상 만화책만 읽었으며 쉬는 시간에도 스티커를 갖고 혼자 놀았다. 친구들과 어울리게 해 주려고 생일파티를 열어 주어도 민지는 또래와 어울림을 갖지 못했고 혼자 다락방에 올라가서 노는 모습을 보였다. 좋다 싫다는 감정 표현과 의사 표현이 없어 어머니는 늘 민지만 보면 답답해했고, 자주 야단을 치게 되었다. 그러자 민지는 어머니가 말을 걸면 사소한 일에도 짜증을 내거나 대답을 잘하지 않았고, 어떤 때는 우울한 표정으로 멍하니 앉아 있는 모습을 보였다.

(1) 반응성 애착장애의 임상적 특징과 경과

유아기나 아동기에 보이는 반응성 애착장애의 특징은 발달적으로 부적절한 애착 행동 양식을 보이고 위안, 지지, 보호 그리고 돌봄을 제공해 주는 애착 대상에 의지하지 않으려고 한다는 점이다. 대개 아동은 정신적으로 고통스러운 상황이 되면 보호자로부터 위로, 지지, 돌봄, 보호를 얻기 위해 반응하는데, 반응성 애착장애(Reactive Attachment Disorder: RAD)를 보이는 아동은 이런 반응이 없다. 주 양육자 혹은 보호자와 애착 형성이 안정적으로 이루어지지 않았기 때문이다. 선택적 애착을 형성할 수 있는 능력은 갖추고 있으나 초기 발달상의 결함으로 인해 선택적 애착 행동이 발현하지 못하는 것이다. 또한 보호자와 일상적인 상호작용 시에도 긍정적인 감정 표현이 거의 없고 감정 조절 능력이 제대로 발달하지 못해 두려움, 슬픔 또는 과민한 정서 등 부정적인 감정을 보인다. 생애 첫 몇 개월 동안에 사회적 방임 상태로 양육되는 경우가 많아 반응성 애착장애를 보이는 아동은 발달 지연, 특히 인지 능력과 언어 능력의 지연을 보인다.

애착장애의 유병률은 위탁 보육에 들어가거나 탁아 기관에서 자라기 전에 심각한 방임 상태에 놓여졌던 어린 아동에게서 관찰된다. 그러나 심각하게 방치되었던 아동 집단에서도 이 장애는 10% 미만으로 드물게 나타나는 것으로 알려져 있다. 인지 및 운동 능력의 차이로 인해 아동의 생활연령에 따라 표현 방식이 다를 수 있지만 대개 애착 행동이 거의 없고 감정적으로 일탈된 행동 징후가 뚜렷하게 나타난다. 이전에 심각한 사회적 방임을 겪은 것이 이 장애의 진단에 필요한 조건이지만 그렇더라도 방임을 겪은 모든 아동이 반응성 애착장애를 보이는 것은 아니다. 연령이 높은 아동의 경우 체계적인 연구가 부족하므로 5세 이상의 아동이라면 신중하게 진단을 내려야 한다.

반응성 애착장애의 진단 기준(DSM-5)

A. 성인 보호자에 대해 억제되고, 정서적으로 위축된 행동을 일관적으로 보이고, 다음 중 2가지 모두로 표현된다.

  1. 아동은 고통스러운 상황에서 위안을 구하지 않거나 최소한으로만 찾음

  2. 고통스러운 상황에서 아동은 위로하는 것에 대해 거의 반응하지 않거나 혹은 최소한으로 반응함

B. 지속적인 사회적 · 감정적 문제가 다음 중 최소 2가지 이상으로 나타난다.

  1. 타인에 대해 최소한의 사회적 · 정서적 반응을 함

  2. 긍정적 정서가 제한됨

  3. 성인 보호자와 별로 위협적이지 않은 상호작용 동안에 이유없이 짜증, 슬픔, 두려운 감정의 에피소드를 보임

C. 아동이 불충분한 양육의 극단적인 형태를 경험한 것이 최소한 한 가지 이상에서 분명하게 드러난다.

  1. 성인 보호자로부터 위로와 자극, 애정 등 기본적인 감정적 요구에 대한 지속적 결핍이 사회적 방임이나 박탈의 형태로 나타남

  2. 주 보호자가 수시로 바뀌어 안정 애착을 형성할 기회가 제한됨(위탁 보육에서)

  3. 선택적인 애착을 형성할 기회를 심각하게 제한하는 독특한 환경(예: 아동이 많고 보호자는 적은 보육원 같은 기관)에서 양육됨

D. 진단 기준 C의 양육이 진단 기준 A의 원인이 되는 것으로 추정된다.

E. 진단 기준이 자폐스펙트럼장애를 만족시키지 않는다.

F. 장애가 5세 이전에 시작된다.

G. 아동의 발달 연령이 최소 9개월 이상 되어야 한다.

※ 다음의 경우 명시할 것

- 지속성: 장애가 현재까지 12개월 이상 지속되어 왔다.

(2) 반응성 애착장애의 원인과 치료

이 장애를 가진 아동은 애착 외상(attachment trauma)이라는 환경적 촉발 요인을 갖고 있는 경우가 많다. 부모의 양육 행동과 아동의 기질적 특성이 상호작용하여 장애가 발생한다. 정신분석학자들은 반응성 애착장애 아동의 증상이 상실 경험과 관련된 성인 우울증과 유사하다고 보았다(Spitz, 1946). 아동은 자신의 기본적인 욕구를 충족시켜 주는 양육자와의 관계 속에서 자신과 타인을 명확하게 구분할 수 있는 심리적 분화를 이루게 되는데, 주 양육자로부터 적절한 반응이 없으면 감정의 분화가 이루어지지 않아 타인과 적절히 관계를 맺고 타인에게 애정을 주는 행동을 멈춘다.

애착이론에 따르면, 어머니와의 애착 경험을 근거로 자기, 타인에 대한 정신적 표상으로 구성되는 내적 작동 모델(internal working model)이 형성되는데, 일관성이 없고 학대적인 양육을 받게 되면 극도의 불안을 경험하면서 자기는 무가치한 존재, 타인은 예측하기 어려운 존재라는 내적 작동 모델이 형성되어 부모나 타인에 대한 회피 행동이 일어난다(Bowlby, 1980). 대상관계이론 역시 이들이 부모의 학대와 무관심에 저항하다가 실망감과 좌절을 느끼면서 애착 인물에 대해 탈애착을 보인다고 설명하고 있다.

반응성 애착장애를 치료할 때는 양육자의 태도와 아동의 행동 간의 복잡한 상호작용에 초점을 주고 부모의 양육 방식과 아동의 반응성이 애착에 미치는 영향을 탐색해야 한다. 양육자-아동 관계에서 상호작용의 강점과 약점을 분석하다 보면 주 양육자와 아동 사이의 '적합도(goodness of fit)'를 평가할 수 있다. 반응성 애착장애 아동의 양육자는 아동의 행동에 대해 분노와 불안으로 반응하는 경향이 있다. 어떤 양육자는 본인의 양육 방식을 생각하지 않고 거부적이고 철수되어 있는 아동의 행동만 비난하는 경향이 있다. 양육자의 훈육 패턴이 강압적이고 권위주의적이라면 애착 문제가 더 심하기 때문에 치료 초기에는 아동과의 관계에 대해 말하게 하고 뭔가 왜곡되어 있고 부모-자녀 간에 원활하지 못한 상호작용의 증거를 탐색해 봐야 한다. 대개 양육자가 아동의 행동에 민감하게 조율하게 되면 공고한 애착이 형성되는데, 반응성 애착장애를 가진 아동의 부모는 아동의 욕구에 잘 조율하지 못한다. 치료자는 아동과 양육자가 서로 조율하고 긍정적으로 상호작용하게 도와주어야 한다.

반응성 애착장애 치료는 다음의 3가지 모듈로 구성되는데, ① 장애를 가지고 있는 아동과 치료 회기를 진행하는 것, ② 부모, 즉 양육자와 치료 회기를 진행하는 것, ③ 아동-부모와 함께 치료 회기를 진행하는 것의 균형을 적절하게 맞추는 것이 필요하다. 어떤 경우는 양육자인 어머니 자체가 생활 스트레스가 많아서 아동의 반응에 효율적으로 조율하지 못한다. 그럴 경우 어머니의 정서적 고통과 스트레스를 먼저 다루어 주어야 한다. 양육자-아이와 함께하는 치료에서는 두 사람 간의 정서적 상호작용의 패턴을 바꿔 주는 것이 필요하다. 치료자는 양육자로 하여금 아동이 겪는 정서적 경험을 이해할 수 있게 도와주고, 양육자 본인이 양육 과정에서 느끼는 정서 경험을 스스로 자각할 수 있도록 도와주어야 한다. 양육자-아동 간의 상호작용에 대한 지도를 할 때는 양육자가 비디오테이프로 자신의 상호작용을 보고 관찰하면서 개선 방안을 찾게 하고, 문제가 되는 상호작용 패턴을 검토해 보게 하는 것이 효과적이다(Butcher et al., 2013).

2) 탈억제성 사회적 유대감 장애

억제되어 있고 조심스러운 반응을 하면서 잘 다가가지 않는 반응성 애착장애 아동과 달리, 탈억제성 사회적 유대감 장애(disinhibited social engagement disorder)를 보이는 아동은 상대적으로 낯선 성인에게 아무런 주저 없이 과도한 친밀감을 표현하며 접근하는 행동 양식을 보인다. 탈억제성 사회적 유대감 장애 아동은 반응성 애착장애 아동과 비슷한 양육 경험을 하였지만, 이들과 달리 무분별한 사회성과 과도한 친밀감을 표현한다. 보통 9개월 정도 지나야 안정 애착이 형성되기 때문에 발달적으로 선택적이고 배타적인 애착을 형성할 수 있는 시기인 9개월 전에 이 진단이 내려져서는 안 된다. 낯선 상황에서 주변을 탐색하고 난 후에 성인 양육자의 존재를 확인하는 것이 보통이지만 탈억제성 사회적 유대감 장애를 가진 아동은 확인하지 않고 낯선 성인을 아무런 망설임이나 주저 없이 따라나선다.

이 장애는 사회적 방임을 겪은 아동에게서 많이 나타나며, 인지 및 언어의 발달 지연, 상동증 그리고 영양실조나 돌봄 결여에서 나오는 여러 가지 징후를 특징적으로 나타낸다. 탈억제성 사회적 유대감 장애의 유병률은 잘 알려져 있지 않지만, 비교적 드물고 심각하게 방임된 상태에서 위탁 기관에 들어가거나 보육시설에서 자란 소수의 아동에게서 나타나는 것으로 알려져 있다. 걸음마기에 낯선 성인에게 무분별하게 다가가는 행동은 학령 전기에 관심을 끄는 행동을 동반한다. 이 장애가 아동기 중반까지 지속되면 감정을 거짓으로 표현하고 언어적·신체적으로 과잉 친밀감으로 표현될 수 있다. 이 같은 행동으로 인해 청소년기 또래관계에 부정적인 영향을 미쳐 무분별한 행동과 갈등이 두드러지게 나타날 수 있다. 건강한 청소년에 비해 이 장애를 가진 아동은 피상적인 또래관계를 맺고 더 많은 또래 갈등을 보인다.

탈억제성 사회적 유대감 장애가 생기는 원인은 반응성 애착장애와 유사하며 선천적인 기질의 차이도 있다. 반응성 애착장애는 내향성과 과민한 기질을 타고난 경우가 많아서 방임에 대한 반응으로 회피를 주로 보이지만, 탈억제성 사회적 유대감 장애는 무분별한 사회성과 충동적 행동을 보인다. 탈억제성 사회적 유대감 장애를 보이는 사람은 정서적 고통으로부터 자신을 보호하기 위해 외로움과 두려움을 억압하면서 낯선 성인에게서 거짓 위안(pseudo-comfort)을 구한다. 한 사람을 믿었으나 배신을 당한 경험이 장애의 발병에 영향을 미칠 수 있다. 버림받는 것에 대한 두려움과 실망할 것을 우려해 모든 사람으로부터 관심과 애정을 얻으려고 할 수 있다. 이들의 경우 통상적으로 낯선 사람에 대해 가지는 정상적인 불안이 없는 것이 특징이다. 피상적이고 진정성이 결여된 상호작용을 하여 주변 사람으로부터 거부와 배척을 받을 수 있다. 탈억제성 사회적 유대감 장애 아동을 치료할 때는 안정적으로 양육자와 친밀한 관계를 맺도록 해 주어야 한다.

탈억제성 사회적 유대감 장애의 진단 기준(DSM-5)

A. 아동이 낯선 성인에게 지나치게 접근하고 소통하며, 다음 중 2가지 이상의 행동 양식을 보인다.

  1. 낯선 성인에게 다가가고 소통할 때 조심성이 약화되어 있거나 없음

  2. 과도하게 친근한 언어 또는 신체 행동을 보임

  3. 낯선 환경에서 성인 보호자와 모험을 할 때 주변 환경을 경계하는 정도가 떨어지거나 없음

  4. 낯선 성인을 따라가는 데 있어 주저함이 없거나 적음

B. 진단 기준 A의 행동이 주의력결핍 과잉행동장애의 충동성에 국한되지 않고, 사회적으로 탈억제된 행동을 포함한다.

C. 충분하지 못한 양육의 극단적인 양식을 경험한 것이 최소한 한 가지 이상에서 분명하게 드러난다.

  1. 성인 보호자로부터 위로와 자극, 애정과 같은 기본적인 감정적 요구에 대한 지속적 결핍이 사회적 방임이나 박탈로 나타남

  2. 주 보호자가 수시로 바뀌어 안정 애착을 형성할 기회가 제한됨(위탁 보육에서)

  3. 선택적인 애착을 형성할 기회를 심각하게 제한하는 독특한 환경에서 양육됨 (아동이 많고 보호자는 적은 보육원 같은 기관)

D. 진단 기준 C의 양육이 진단 기준 A의 원인이 되는 것으로 추정된다.

E. 아동의 발달 연령이 최소 9개월 이상 되어야 한다.

해리장애

어떤 사람은 스트레스를 받으면 자신이 주변 환경 혹은 자기 자신으로부터 동떨어진 것 같은 느낌을 호소한다. 마치 꿈을 꾸고 있는 것 같기도 하고 슬로 비디오에 나오는 사람처럼 느리게 움직이는 것처럼 느낄 수 있는데, 이것이 해리(dissociation) 경

험이다. 해리장애는 약 100년 전에 프린스(Prince, 1906)에 의해 처음 보고되었는데, 극단적인 해리장애(dissociative disorder)는 매우 드물지만 극심한 스트레스를 경험하면 해리 증상이 일어날 수 있다. 일반 인구에서도 충격적인 사건을 경험하고 나면 일시적으로 해리 증상을 보이는 사람이 많다고 보고되지만, 이들은 대개 수 분 혹은 수 시간이 지나면 해결되기 때문에 정신건강의학과나 상담실을 찾지 않는다.

해리는 자신, 시간 및 환경에 대한 연속적인 의식이 단절되는 현상이며 감당하기 어려운 충격적 경험으로부터 자신을 보호하는 기능을 지닌다. 정상적 수준에서는 몰입, 최면, 종교적 황홀 경험 등으로 인해 일시적으로 나타날 수 있으나, 병리적 수준에서는 지나치게 긴 시간 동안 광범위하게 자주 일어나며 이로 인한 부적응이 있다. 해리장애는 의식, 기억, 정체성, 감정, 지각, 신체 표상, 운동 통제 그리고 행동의 정상적 통합이 붕괴되는 현상을 말한다. 해리 증상은 모든 심리 기능 영역을 와해시킬 수 있다. 해리 증상은 '양성' 해리 증상과 '음성' 해리 증상으로 구분하는데, 양성 증상은 주관적 경험의 연속성이 손상되고 인식과 행동 영역으로의 자발적인 침습(정체성 분열, 이인증, 비현실감)을 경험하는 것이고, 음성 증상은 정상적으로는 접근 혹은 통제가 가능한 정보에 접근하지 못하고 정신 기능을 통제할 수 없는 무능력 상태(기억상실)가 되는 것을 말한다(Spiegel et al., 2013).

해리장애는 흔히 외상을 겪고 난 후에 나타나며, 그래서 DSM-5에서는 진단 분류상 밀접한 관계가 있는 외상 및 스트레스 관련 장애 옆에 위치하지만 그렇다고 외상 후 스트레스 장애의 일부는 아니다. 해리장애에는 다음의 하위 장애들이 있다.

표 7-2 해리장애의 하위 장애와 특징

하위 장애	특징
해리성 정체성 장애	다중인격(multiple personality)이라고 알려져 있는 장애로, 2가지 이상의 각기 구별되는 정체감이나 성격 상태가 존재함
해리성 기억상실증	통상적인 망각과는 다르며, 보통 외상 혹은 스트레스와 관련된 중요한 자전적 정보를 회상하는 능력이 상실됨
이인증/비현실감 장애	현실검증력은 유지되지만 비현실적이거나 자기 또는 신체로부터 분리되는 경험, 자신의 주변 환경과 분리되는 경험을 함

1. 해리성 정체성 장애

1) 해리성 정체성 장애의 임상적 특징과 경과

해리성 정체성 장애(dissociative identity disorder)는 다중인격(multiple personality)이라고 알려져 있는 장애로, 2가지 이상의 각기 구별되는 정체감이나 성격 상태가 존재하는 것을 말한다. 적어도 둘 이상의 정체성이나 성격 상태가 반복적으로 개인의 행동을 통제한다. 이들은 일상적인 망각으로 설명하기에는 너무 광범위한, 중요한 개인적 정보를 회상하지 못한다. 해리성 정체성 장애를 가진 사람의 경우, '내 속엔 내가 너무도 많아서…'라는 노래 가사처럼 내재되어 있는 인격의 수가 2~10개 이상으로 보고되고 있다. 해리성 정체성 장애는 300년 전쯤 처음 보고되었다고 하나 임상에서는 보기 드물다. 그래서 어떤 임상가는 이 장애의 실체에 대해 의문을 갖고 있다.

해리성 정체성 장애는 둘 이상의 별개의 성격 상태를 발달시킨다. 발달된 성격은 흔히 하위 성격(subpersonalities) 혹은 대체 성격(alternate personalities)이라고 하며, 각 성격은 개별적인 기능 상태를 나타내는 독특한 기억, 행동, 사고, 감정을 가진다. 어느 시점에서는 한 하위 성격이 주가 되고, 개인의 기능 상태를 주도한다. 여러 하위 성격 중에서 주된 성격(primary personality) 혹은 주인 성격(host personality)은 다른 것보다 자주 나타난다.

이러한 성격 상태는 심리적 동기, 현재의 스트레스 정도, 문화, 내적 갈등, 감정적 회복 탄력성 등에 따라 표현 정도가 다르다. 한 하위 성격에서 다른 하위 성격으로 전환이 될 때는 갑작스럽고 극적으로 일어나는 경우가 많다. 예컨대, 성격을 바꿀 때마다 얼굴을 찡그리고, 야수처럼 으르렁대고, 욕을 하기도 한다. 스트레스 사건을 경험하면 이런 성격적인 변환(switching)이 쉽게 일어나고, 정신사회적 압박이 심하면 정체성의 붕괴가 나타난다. 또한 자기감각과 행위 주체성의 갑작스러운 변화나 비연속성 그리고 반복적인 해리성 기억상실로 나타난다. 이들은 갑자기 자신의 말과 행동에 대해 관찰자가 된 것 같다고 보고하고, 이를 멈출 수 있는 힘이 없다고 느낀다. 또한 목소리(예: 아이의 목소리, 울음소리, 영적 존재의 목소리)를 지각하는데, 어떤 경우 목소리는 다수의, 당혹스러운, 별개의 사고 흐름으로 경험되고 이에 대해 통제불능감을 경험할 수 있다. 태도나 관점, 개인적 선호(예: 음식, 활동, 옷에 대한)도 갑자기 바뀌거나 되돌아온다. 자신의 몸이 평소와는 다르게(예: 아이 같고, 반대 성이 된 것 같고, 거대하고 근육질의 몸이 된 것 같이) 느껴지고 자기 감각의 변화와 주체감의 상실이 일어나서 태도, 감정 그리고 행동이 '나의 것이 아닌' '나의 통제를 벗어난' 느낌을 수반한다. 이러한 감정과 충동은 자아-이질적이어서 당혹스러운 느낌으로 경험된다.

이 장애를 가진 사람들의 해리성 기억상실은 ① 개인의 생활사건 중 과거 기억의 공백, ② 경험성 기억의 쇠퇴(예: 오늘 무슨 일이 일어났는지에 대한 기억, 작업 수행, 컴퓨터 사용, 읽기, 운전과 같은 숙련된 기술에 대한 기억), ③ 자신이 한 것으로 기억할 수 없는 일상적인 활동이나 수행의 증거(예: 설명할 수 없는 물건이 쇼핑백이나 가방에 들어가 있는 것, 상처를 발견하는 것, 자기가 한 것이 틀림없지만 기억할 수 없는 글이나 그림을 발견하는 것)가 발견된다. 해리성 정체성 장애를 보이는 사람은 어떻게 해서 자신이 해변, 직장, 집 안의 어떤 장소 등에 가 있는지 알지 못한 채 갑자기 그런 곳에 가 있는 자신을 발견하기도 한다. 이들의 기억상실은 스트레스성 또는 외상 사건에만 국한되어 있지 않고, 가끔 일상생활도 기억할 수 없다.

해리성 정체성 장애의 진단 기준(DSM-5)

A. 2개 이상의 별개의 성격 상태로 특징되는 정체성의 붕괴다. 어떤 문화권에서는 빙의 경험으로 정의된다. 정체성 붕괴는 자기 감각과 행위 주체감에 대한 뚜렷한 비연속성을 포함하며 정동, 행동, 의식, 기억, 지각, 인지 그리고 감각운동 기능에서 변화가 나타난다.

B. 매일의 일상 사건이나 중요한 개인적 정보 또는 외상 사건을 기억할 때 반복적으로 공백이 나타나는데, 이는 일상적인 망각으로는 설명되지 않는다.

C. 증상은 사회적, 직업적 또는 다른 주요 기능 영역에서 임상적으로 유의한 고통이나 손상을 초래한다.

D. 장애는 널리 받아들일 수 있는 문화적 혹은 종교적 관례로 볼 수 있는 것이 아니다.

E. 증상은 물질의 생리적 효과나 다른 의학적 상태에 의한 것이 아니다.

2) 해리성 정체성 장애의 원인과 치료

 이 장애는 사실 흔치 않은 장애여서 임상가들이 지어낸 허구적인 장애라는 주장도 있지만, 주변 사람에 의해 하위 성격을 관찰 혹은 목격당한 환자가 임상에서 드물게 보고되고 있다(Putnam, 1991, 1992, 1997). 미국과 캐나다에서는 수천 명이 이런 장애를 가지고 있다고 보고되지만, 우리나라에서는 보고된 사례가 없다. 아동기 외상 경험과 관련이 있다는 연구 결과들이 있지만 사례 수가 부족해서 일반화하기 어렵다. 초기 관계에서 성적·신체적 학대가 해리성 정체성 장애 위험성을 증가시킨다고 알려져 있다. 고통스러운 외상 경험을 회피하기 위한 방어로 나타난 해리 현상이 점차 정교해지면서 해리성 정체성 장애로 발전한다는 추론을 할 수 있다. 집을 떠나는 것과 같이 외상적인 상황으로부터 벗어나거나, 자신의 자녀가 자신이 어린 시절 학대 또는 외상을 경험한 것과 같은 나이에 도달하거나, 자신을 학대했던 사람이 죽거나 치명적 질병을 겪게 되거나 할 때 정체성의 변화가 나타난다.

 정신분석적 입장에서 해리장애는 기초적인 방어기제인 억압(repression)에 의해 발생한다고 본다. 무의식적으로 고통스러운 기억이나 사고 혹은 충동이 의식으로 떠오르지 못하게 하여 불안에 대처한다. 해리성 기억상실은 압도적인 불안으로부터 자신을 방어하기 위해 거대한 억압(massive repression) 기제를 사용하는 것으로 볼 수 있다. 끔찍한 사건 기억과 대면하면 너무나 고통스럽기 때문에 무의식적으로 이를 인식하는 것을 막는 것이다. 반면, 해리성 정체성 장애는 일생 동안 지속되는 극단적 억압이 원인이라는 견해가 지배적이다. 계속적인 억압 기제가 아동기 외상 사건, 학대로 인해 동기화된다(Brenner, 2009). 학대를 경험한 사람은 나쁜 생각과 충동을 경험할 때마다 처벌을 받을까 봐 두려워서 다른 대안 성격에 전가하면서 자신의 마음속에서 일어나는 나쁜 생각과 충동을 부인하는 것일 수 있다.

 행동주의적 관점에서는 조작적 조건형성 기제를 통해 해리 반응이 학습된다고 보고 있다. 끔찍한 사건을 경험하게 되면 마음을 다른 데로 전환시켰을 때 순간의 안도감을 얻을 수 있다. 순간적 망각은 불안 수준을 낮추고, 그러다 보니 망각 행동이 강화된다는 것이다. 정신분석과 행동주의 이론 모두 해리를 일종의 도피행동으로 보고 있지만, 정신분석에서는 도피 작용이 무의식적으로 일어나는 것으로 보고 있고, 행동주의에서는 강화 과정에 의해 해리를 인지하지 못할 뿐이라고 보고 있다

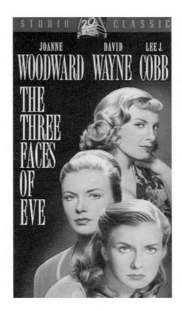

[그림 7-1] 영화 〈이브의 세 얼굴〉(1957)

해리성 정체성 장애라고도 불리는 '다중인격'에 대한 이야기를 본격적으로 다룬 영화로, 여주인공인 이브는 조용하고 내성적인 주부이자 어머니인 '이브 화이트', 활달하고 자유분방하고 책임감 없는 '이브 블랙', 그리고 지적이고 친절한 '제인' 등 3가지 인격을 가지고 있다. 1950년대 미국에서 실화를 배경으로 한 영화다.

는 점에서 차이가 있다.

　해리장애는 일종의 자기최면(self-hypnosis)으로 불쾌한 사건들을 잊게끔 해 준다는 견해도 있다(Dell, 2010). 끔찍한 사건을 잊을 수 있도록 자신에게 의식적 · 무의식적으로 최면을 걸어서 해리성 기억상실증에 빠진다는 것이다. 그러나 자기가 유도한 기억상실이 과거 기억과 자신의 정체성 모두를 포함한다면 해리성 둔주를 경험할 수 있다. 자기최면을 주장하는 이론가들은 학대를 받은 아동이 자기최면을 사용해서 위협적인 세상으로부터 숨으려고 한다고 주장한다. 자기최면은 정신적으로 자기 자신을 몸으로부터 분리시키고 다른 사람이 되고 싶은 소원을 성취시켜 주는 기능을 한다(Maldonado & Spiegel, 2007).

　해리성 정체성 장애는 통합된 자기정체성을 확립하지 못한 채 대체 인격을 형성하기 때문에 치료 시 과거 외상 경험을 정화시킬 수 있도록 도와주어야 하며, 각 인격이 지니고 있는 과거의 고통스러운 경험을 그 인격이 견딜 수 있는 방법으로 드러내고 감정을 표현하게 도와주어야 한다.

2. 해리성 기억상실증

　　42세의 이혼한 남성인 남수 씨는 최근 10년 정도 되는 기간에 일어난 일을 전혀 기억하지 못하고 있다. 심지어 자신의 아들이 7세인데도 자기는 결혼한 적이 없다고 말하기까지 했다. CT 검사에서도 뇌의 이상이 발견되지 않았다. 정신 상태 검사에서 지적 기능은 평균 수준으로 유지되고 있는 것으로 나타났지만, 그가 기억하고 있는 자료는 10년 전의 자료이고 그 이후의 전체적인 개인력이나 현재 사건들을 기억하지 못했다. 그는 자신의 기억 능력과 현재 상황에 대해 매우 당황해하였다. 아주 어린 시절에 대해서 질문하자, 그의 아버지는 화가 나면 혁대를 풀어서 잔인할 정도로 남수 씨를 때렸다고 회상했다.

　　38세의 여성인 은비 씨는 걸핏하면 런던 공항이나 마닐라 공항 등 외국 공항에서 발견되어 국제 경찰에 의해 한국으로 이송되었다. 그녀는 자신이 왜 그런 외국 공항에 가 있었는지 그전의 기억을 해내지 못하였다. 과거에도 유사한 기억상실이 여러 번 있었는데, 처음 발생한 것은 대학교 때 결혼을 약속했던 남자 친구와 헤어진 이후였다. 그녀는 외국에서 발견될 때마다 자신이 누구인지, 어디로 가는지를 알지 못했고, 몇 시간씩 넓은 국제공항을 헤매고 다녀야 했다. 여권을 통해 한국의 주소와 연락처를 확인한 경찰에 의해 번번이 집으로 돌아오게 되자, 부모는 은비 씨를 정신병원에 입원시키게 되었다.

1) 해리성 기억상실증의 임상적 특징과 경과

　　해리성 기억상실증(dissociative amnesia)의 특성은 기억에 성공적으로 저장되었지만 통상적으로는 쉽게 기억해야 할 중요한 자전적 정보를 회상하는 능력이 상실되는 것이다. 국소적인 기억상실은 제한된 기간 동안 일어났던 일을 기억하지 못하는 것으로 흔히 발생하고, 전반적인 기억상실은 자신의 생활사에 대한 기억을 전부 잃어버리는 것으로 드물게 발생한다. 전반적 기억상실을 겪는 사람은 개인적 정체성을 잊을 수 있고, 어떤 경우 이전에 습득한 지식, 즉 의미적 지식을 잊어버리고 절차적 지식과 같이 잘 숙련된 기술도 잃어버릴 수 있다. 전반적 기억상실은 대개 급성으로 시작되고 당혹감, 지남력 장애, 목적 없는 방랑으로 나타나 경찰의 도움을 받거나 정신과적 응급 서비스를 받게 된다. 이들은 기억의 문제가 있다는 것을 잘 인지하지 못하거나 부분적으로 인지한다.

해리성 기억상실증은 갈등 상황에 처하고 참을 수 없는 부정적인 정서, 예컨대 수치심, 죄책감, 절망감, 분노 등을 경험하는 사람들에게서 나타날 수 있다. 이러한 부정적인 감정은 강렬한 성적 충동이나 자살 충동, 폭력적인 강박행동과 같이 받아들일 수 없는 충동이나 욕구에 대한 갈등에서 비롯된다. 이들은 외상과 관련된 주요 개인적 정보를 회상하지 못하지만 기본적인 인지 기능이나 비개인적인 정보의 기억은 유지된다. 남성보다 여성에게서 더 흔하게 나타나며, 사춘기와 청년기에 흔하게 나타나기도 한다.

해리성 기억상실증의 임상적 경과에 대해서는 별로 알려진 바가 없다. 대체로 급성으로 나타났다가 갑자기 사라질 수 있고, 심한 경우에는 만성화되어 지속적으로 심각한 기억상실을 보여서 사회적 지지를 받아야만 일상생활을 할 수 있을 정도가 된다.

해리성 기억상실증의 진단 기준(DSM-5)

A. 일상적으로 일어나는 망각과는 다르며, 보통 외상 혹은 스트레스성의 중요한 자전적 정보를 회상하는 능력이 상실된다. 주로 특별한 사건에 대한 국소적 또는 선택적 기억상실이 있고, 정체성과 생활사에 대한 전반적 기억상실도 있다.

B. 증상은 사회적, 직업적 또는 다른 주요 기능 영역에서 임상적으로 유의한 고통이나 손상을 초래한다.

C. 장애가 물질의 생리적 효과나 신경학적 상태 또는 복합 부분발작, 일과성 기억상실, 두부손상, 외상성 뇌손상, 다른 신경학적 상태와 같은 의학적 상태에 의한 것이 아니다.

D. 장애는 해리성 정체성 장애, 외상 후 스트레스 장애, 급성스트레스장애, 신체증상장애, 주요 또는 경도 신경인지장애에 의해 더 잘 설명되지 않는다.

※ 다음의 경우 명시할 것

- 해리성 둔주 동반: 정체성이나 다른 중요한 자전적 정보에 대한 기억상실과 관련된 목적이 있는 여행 또는 어리둥절한 방랑

2) 해리성 기억상실증의 원인과 치료

가정에서 일어나는 학대가 해리성 기억상실증을 일으키는 주요 촉발 요인이 된다고 알려져 있다. 배신외상(betrayal trauma)과 같이 믿었던 사람에 의해 배신을 당한 경우에 촉발되기도 한다. 이 배신은 사건이 처리되고 기억되는 방식에 영향을 준다.

해리성 기억상실에는 인지행동치료가 효과적일 수 있다. 외상에 기저하는 특정한 인지 왜곡을 확인하게 되면 자서전적 기억으로 들어갈 수 있다. 환자가 이전 외상의 의미에 대해 가지고 있는 인지 왜곡을 교정하게 되면 외상 사건을 보다 상세하게 회상할 수 있다.

최면 역시 해리성 기억상실 치료에 도움이 된다. 특히 최면은 증상의 강도를 조절하고, 환자에게 정서적인 지지를 제공해 주면서 자아를 강화시킬 수 있게 해 주어 해리된 자료를 처리하고 통합할 수 있게 도와준다. 환자는 자기최면을 배워서 일상생활에서 자신을 안심시키는 기법으로 활용할 수 있다. 이렇게 되면 침습적인 증상과 기억상실 사이를 왔다 갔다 하는 것을 효율적으로 통제할 수 있다. 만성적이고 잘 회복되지 않는 해리성 기억상실증 환자에게는 벤조디아제핀과 암페타민류의 약물을 사용할 수 있다.

3. 이인증/비현실감 장애

22세의 여대생인 혜주 씨는 자신의 정신이 이상해진 것이 아닌지 걱정하고 있다. 언제부터인가 현실감이 느껴지지 않고 마치 꿈속에 있는 듯 느껴졌다. 꿈속에서 자기 몸으로부터 분리되어 나와 자신이 자신의 몸을 관찰하고 있고, 자기 몸과 생각이 마치 자기 것이 아닌 것 같았다. 심지어 눈에 비친 몸의 일부가 달라져 보이기도 하는

데, 어느 날에는 손과 발이 마치 『걸리버 여행기』의 소인국에 간 걸리버처럼 커져 보였다. 거리를 걷다 보면 주변 사람이 SF 영화에 나오는 로봇처럼 느껴졌다.

1) 이인증/비현실감 장애의 임상적 특징과 경과

이인증은 자신의 감정이나 행동, 인식 등에 대한 주체가 자기 자신이라는 자각이 상실되어 있는 상태다. 이인증 기간 동안에 지각이 바뀌어 자신의 현실에 대한 감각을 일시적으로 잃고 마치 꿈속에 있거나 외부 관찰자가 되어 지켜보는 경험(예: 시간 감각의 이상, 자신이 낯설게 느껴지거나 없어진 듯한 느낌, 정서 및 신체 감각의 둔화, 지각의 변동)이 일어난다.

비현실감은 주변 환경이 비현실적인 것으로 느껴지거나 그것과 분리된 듯한 느낌(사람이나 대상이 마치 현실이 아닌 것처럼 인식되거나 생명이 없거나 왜곡된 것처럼 보이는 것)을 말한다. 그러나 이인증/비현실감을 경험하는 동안에는 현실검증력은 손상되지 않은 채로 유지된다. 자신이 자아와 분리되고 생명력이 없으며 기이하고 친숙하지 못한 낯선 느낌을 가질 뿐만 아니라 기계적으로 행동하는 자동장치(automaton) 같은 느낌을 자주 갖는다. 낯선 곳을 여행할 때, 생명을 위협하는 상황, 외상에 노출된 후에 이런 증상이 나타날 수 있다.

2) 이인증/비현실감 장애의 원인과 치료

전통적인 정신분석학에서는 이인증/비현실감 장애가 자아 통합 실패에서 비롯되고, 현실감이 약화된 상태에서의 자아를 방어하기 위한 정서적 반응이라고 본다. 이 장애들은 자기정체감의 갈등을 반영하며 어린 시절의 갈등에 기인하는 파괴적 추동과 박해 불안에 대한 방어로 일어난다는 것이다. 한편, 자기심리학에서는 자기통합의 어려움과 자신이 무너지고 부서질 것 같은 공포를 반영한다고 보고 있다. 자기애를 유지하기 위해 과도하게 외부의 인정에 의존하다 보니 자신을 1인칭에서 보기보다는 주요한 타인의 시선과 관점에서 바라보게 된다. 이와 같이 자신의 주관적 경험을 지속적으로 부정하다 보면 부적절감과 통제감 상실을 경험하고, 마치 기계가 되어 행동하는 것처럼 느낄 수 있다는 것이다.

이인증/비현실감 장애를 치료하기 위해서는 증상을 통제할 수 있도록 외상 기억을 정화시켜 주고 자존감의 문제를 다루어 주는 것이 필요하다. SSRIs 계열의 항우울제가 효과적인 것으로 알려져 있다. 특히 이인화 증상에 가장 핵심적인 신경생물학적 설명으로는 글루타메이트 수용체(glutamate receptor)의 하위 유형인 N-메틸-D-아스파르트산(N-Methyl-D-Aspartate: NMDA)이 기원이 된다고 보고 있다. 뇌영상 연구에서는 지각의 결함과 정서 조절의 결함이 나타나고 있는데, 특히 시상하부-뇌하수체-부신피질(Hypothalamic-Pituitary-Adrenocortical: HPA) 축에 문제가 있어 정서적 반응의 결함이 일어나는 것으로 알려져 있다(Spiegel et al., 2013).

심리치료로는 정신분석, 인지행동치료, 최면치료, 지지치료가 사용되고 있지만 그 효과는 잘 알려져 있지 않다. 많은 환자가 특정 유형의 표준적인 심리치료에 잘 반응하지는 않는다. 스트레스 관리 훈련, 주의 분산 훈련, 감각 자극의 감소, 이완 훈련, 운동 등이 다소 효과적이라고만 알려져 있다.

이인증/비현실감 장애의 진단 기준(DSM-5)

A. 이인증, 비현실감 또는 2가지 모두에 대한 지속적이고 반복적인 경험을 한다.
1. 이인증: 비현실감, 분리감 또는 사고, 느낌, 감각, 신체나 행동에 관해 외부 관찰자가 되는 경험(인지 변화, 왜곡된 시간 감각, 비현실적이거나 결핍된 자기, 감정적 또는 신체적 마비)
2. 비현실감: 비현실적이거나 자신의 주변 환경과 분리된 것 같은 경험(개인 또는 사물이 비현실적이거나 꿈속에 있는 것 같거나 안개가 낀 것 같거나 죽을 것 같거나 시각적으로 왜곡된 것 같은 경험)

B. 이인증이나 비현실감을 경험하는 동안 현실검증력은 유지된다.
C. 증상은 사회적, 직업적 또는 다른 주요 기능 영역에서 임상적으로 유의한 고통이나 손상을 초래한다.
D. 장애는 물질의 생리적 효과나 다른 의학적 상태로 인한 것이 아니다.
E. 장애는 조현병, 공황장애, 주요우울장애, 급성스트레스장애, 외상 후 스트레스장애 또는 다른 해리장애와 같은 다른 정신질환에 의한 것으로 설명되지 않는다.

이 장의 요약

1. 우리가 대처할 수 있는 능력과 자원을 넘어서서 신체적·정서적 반응에 문제가 생기면 극심한 스트레스를 느낀다. 스트레스는 긍정적인 상황도 있고 부정적인 상황에서도 발생한다. 스트레스에 대한 반응은 개인차가 많아서 어떤 사람은 동일한 자극에 대해 스트레스를 느끼지 않지만 어떤 사람은 심하게 스트레스 반응을 일으킨다.

2. PTSD는 충격적인 외상 사건을 경험하고 난 후 외상 사건을 재경험하는 침투 증상, 외상 사건과 관련된 기억이나 단서를 회피하는 증상, 생각과 감정의 부정적 변화, 과민한 각성 반응을 특징적으로 보인다. PTSD의 위험 요인으로는 사회적 지지 체계의 부족이나 높은 신경증 경향, 과거 우울, 불안, 약물 남용 등의 과거력이다. 치료를 위해서는 심할 경우 약물 치료와 지속 노출치료, 인지치료, 가상현실 치료, EMDR 등이 사용되고 있다.

3. 반응성 애착장애는 애착 손상으로 인해 나타나며, 부모를 포함한 타인과의 접촉을 회피한다. 치료에 있어서는 양육자의 태도와 아동의 행동 간의 복잡한 상호작용에 초점을 두고 부모의 양육 방식과 아동의 반응성이 애착에 미치는 영향을 탐색한다.

4. 탈억제성 사회적 유대감 장애를 보이는 아동은 낯선 성인에게 아무런 주저 없이 과도한 친밀감을 표현하며 접근하는 행동 양식을 보인다. 피상적이고 진정성이 결여된 상호작용을 하여 주변 사람으로부터 거부와 배척을 받을 수 있다. 치료 시 안정적으로 양육자와 친밀한 관계를 맺도록 해 주어야 한다.

5. 해리장애는 의식, 기억, 행동 및 자기정체감의 통합적 기능에 갑작스러운 이상을 보이는 장애다. 해리장애에 대한 정신분석적 입장에서는 불안을 일으키는 심리적 내용을 능동적으로 방어하고 억압·부인함으로써 심리적 내용이 의식되지 못한다고 보고 있다. 행동주의 이론에서는 불안이나 죄책감을 유발하는 혼란스러운 행동이나 생각을 잊어버리고 스트레스를 주는 사건으로부터 자신을 보호할 수 있고, 고통스러운 감정(불안, 죄책감)으로부터 벗어나거나, 상황으로부터 회피하는 것이 강화된다고 보고 있다. 해리장애의 치료를 위해서는 기억의 회복을 위한 심리치료, 최면술, 지지적인 치료 환경의 조성이 필요하다.

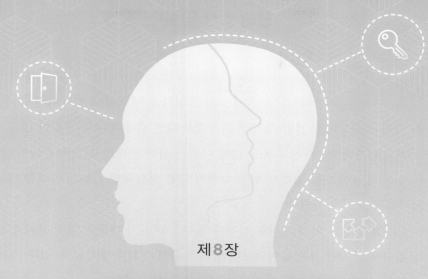

제8장

신체 증상 및 관련 장애/
급식 및 섭식 장애/배설장애

신체 증상 및 관련 장애

우리는 주변의 누군가가 '건강에 대해서는 아무리 조심하고 염려해도 지나치지 않다.'는 생각을 가지고 증상이 생기면 즉시 병원을 찾는다면 건강에 대해 관심이 많은 사람이라고 생각하게 된다. 자신의 몸을 많이 아끼는 사람 중에는 이런 사람들이 많다. 그러나 신체 증상에 대한 집착이 너무 심해서 다른 일상적인 기능을 방해할 정도라면 정상이라고 보기가 어렵다.

심리적 원인은 여러 가지로 신체에 영향을 미치기 때문에 언뜻 보기에는 신체 증상 같아 보이지만 속을 들여다보면 심리적 원인에 의한 장애일 수 있다. 심리적 요인이 신체적 질병을 일으킬 수 있다는 생각은 고대로 거슬러 올라갈 수 있지만, 17세기 유명한 프랑스의 철학자 르네 데카르트가 정신과 몸이 완전히 분리된 것으로 심신이원론을 주장하면서 이런 주장이 시들해졌다. 하지만 20세기에 접어들면서 다시 스트레스나 걱정, 무의식적 갈등 같은 심리적 요소들이 신체 질병에 어떤 방식으로든 영향을 준다는 견해가 새롭게 대두됨에 따라 신체와 정신은 분리된 것이 아니라 서로 영향을 주고받는다는 것이 기정사실화되고 있다.

내과적으로 볼 때 신체적인 문제는 없지만 신체 증상에 몰두하는 사람은 DSM-5에서 신체 증상 및 관련 장애(somatic symptom and related disorder)라는 진단을 받게 된다. 신체 증상 및 관련 장애는 신체적인 증상을 갖고 있는 것처럼 보이지만 기저에 심리적인 문제가 숨어 있다. 신체 증상 및 관련 장애의 공통적인 특징은 신체 증상 혹은 건강 문제와 관련된 지나친 혹은 부적응적인 반응이다. 종종 "의학적으로는 설명이 곤란한 신체 증상"(Woolfolk & Allen, 2011)으로 분류되기도 한다. 신체 증상 및 관련 장애는 DSM-IV에서 신체형 장애(somatoform disorders)로 분류되었고, 신체화장애, 동통장애, 감별불능신체형 장애, 건강염려증 등으로 세분화되었으나, 진단 간에 증상이 중첩되고 모호하여 DSM-5에서는 신체 증상 및 관련 장애로 바뀌었다. 신체 증상 및 관련 장애의 주요한 초점은 신체적인 관심사(somatic concerns)다. 이들은 주로 정신건강의학과보다는 통증의학과와 같은 신체 관련 진

표 8-1 신체 증상 및 관련 장애의 하위 장애와 특징

하위 장애	특징
신체증상장애	신체 증상을 지나치게 걱정하고, 고통을 받고, 장해를 경험함
전환장애	의학적으로 설명되지 않지만 수의적인 운동 및 감각 기능에 영향을 미침
질병불안장애	건강염려적인 현상으로 신체 증상이 없음에도 불구하고 심한 병에 걸렸다고 집착함
인위성장애	의도적으로 신체 증상을 만들거나 꾸밈

료를 찾는다. DSM-5에서 신체 증상 및 관련 장애는 〈표 8-1〉과 같은 하위 장애와 특징을 갖는다.

1. 신체증상장애

1) 신체증상장애의 임상적 특징과 경과

신체증상장애를 가진 사람은 신체 증상을 심하게 호소하여 일상생활에서 중대한 지장을 겪는다. 신체 증상은 국부 통증처럼 특이적이거나 피로와 같이 상대적으로 비특이적인 것도 있다. 이런 증상은 정상적인 신체 감각이기 때문에 일반적으로 심각한 질환을 의미하지는 않지만 주관적으로는 불편감을 느낄 수 있다. 의학적 설명으로 확인할 수 없는 신체 증상만으로 이 진단을 내리지는 않는다. 의학적인 이유가 있든 없든 환자는 분명한 고통을 호소한다. 이들은 질병에 대한 높은 수준의 걱정을 보이며 신체 증상을 과도하게 힘들다고 생각하고, 건강에 대해 최악을 상상하기도 한다. 신체증상장애에서 건강에 대한 집착은 그의 삶에서 중요한 역할을 하고, 특유의 정체성을 나타내며, 주변 사람과의 대인관계를 조종하는 기능을 한다.

또한 신체증상장애를 가진 사람은 신체 증상과 그 심각성에 초점을 맞추고 있기 때문에 신체 증상 외의 다른 고통의 원인을 부인한다. 한 병원에서 진단을 받지 못하면 여러 병원, 여러 의사를 전전하는 의사쇼핑(doctor shopping)을 보인다. 이들은 정상적인 신체 감각에 대해서도 재앙적 해석을 하면서 신체적 질병 탓으로 돌린다. 신

체적 이상에 대해 반복적으로 확인을 하고, 의학적 도움과 안심을 추구하며 신체 활동을 회피한다. 내과적 질환이 없다고 판단되면 정신건강의학과로 의뢰되는데, 이에 대해 매우 저항적이다. 신체증상장애는 우울장애와 연관되어 자살 위험도 높다.

신체증상장애의 유병률은 대략 5~7% 정도가 될 것으로 추정된다(APA, 2013). 여성이 남성보다 더 많이 증상을 호소하며, 아동은 복통, 두통, 피로, 오심 등을 주로 호소한다. 아동은 주로 한 가지 뚜렷한 증상을 호소하는데, 이때 부모의 반응이 중요하며, 증상의 의미를 잘 해석하고 학교를 쉬어야 할지 아니면 의학적 도움을 구해야 할지 결정해야 한다.

신체증상장애의 진단 기준(DSM-5)

A. 고통스럽거나 일상생활에 지장이 될 정도로 한 가지 이상의 신체 증상이 있다.

B. 다음 중 적어도 하나 이상의 신체 증상 혹은 건강 염려와 관련된 지나친 생각과 감정 혹은 행동을 보인다.

1. 신체 증상의 심각성에 대해 편향되어 지속적으로 몰두함
2. 건강이나 증상에 대한 지속적으로 높은 수준의 불안을 지님
3. 이러한 증상이나 건강 염려에 대해 지나친 시간과 에너지를 쏟음

C. 한 가지 증상을 지속적으로 보이지는 않아도, 증상이 있는 상태가 대개 6개월 이상 지속된다.

※ 다음의 경우 명시할 것
- 통증이 우세한 경우(과거, 동통장애)
- 지속성: 지속적인 경과가 극심한 증상, 뚜렷한 증상, 긴 기간(6개월 이상) 지속

---

2) 신체증상장애의 원인과 치료

기질적으로는 부정적 정서성(신경증)이 가장 높은 위험 요인이며, 불안과 우울이 공존 병리로 나타나는 경우가 많다. 환경적으로는 교육 수준과 사회경제적 수준이 낮고 스트레스와 생활 사건을 많이 경험한 사람에게서 발병 빈도가 높다. 병의 경과

에 영향을 미치는 요인으로는 여성, 노인, 낮은 교육 수준, 실업 상태, 낮은 사회경제적 수준 등이다.

사회적 스트레스나 아동기에 역경을 겪은 사람이 이런 증상을 보이는 경향이 있고, 우울장애, 공황장애 등이 동반될 경우 항우울증 약이나 항불안제를 사용한다. 고통, 특히 신체 감각에 매우 예민하고, 신체 증상에 대해 의학적 질병 탓으로 돌린다.

신체증상장애는 매우 치료하기 어려운 장애로 알려져 있고, 효과가 잘 입증된 치료 방법도 없다. 특히 치료 시 자신의 신체 증상이 심리적 요인에 의한 것일 수 있다는 점을 인정하려고 하지 않고 저항적이고 비협조적인 태도를 나타내기 때문에 치료의 예후가 좋지 않다. 다각적인 심리치료적 노력을 통해 호전될 수 있지만, 장애의 속성을 교육시키고 질병 가능성에 대한 환자의 우려를 일관성 있게 안심시켜 주는 것이 필요하다. 또한 신체 증상의 유발과 관련된 심리적 갈등이나 부정적 감정을 표현하고 해소하도록 도와주어야 한다. 환자의 가족이나 주변 사람의 협조를 구하는 것이 중요하다. 환자가 증상을 호소할 때는 가족이 관심을 기울여 주어야 하지만 의무나 책임을 면제해 주는 행동을 통해 환자의 증상을 강화하지 않는 것이 중요하다.

2. 전환장애

50대 중반의 여성인 남희 씨는 어려서 매우 유복한 가정에서 자랐고, 대학을 졸업하자마자 사업체를 물려받은 남편과 결혼하여 별다른 경제적 어려움이 없이 지냈다. 그러다 세계 금융 위기가 오면서 남편의 사업도 어려워지기 시작했고 결국 부도가 나서 사업체를 접게 되었다. 실의에 빠진 남편이 술만 마시다가 간경화를 얻어 병원에 입원까지 하게 되자 두 아들의 대학 등록금을 벌고 가계에 보탬이 되기 위해 도우미 일을 시작하였으나 남의 집에 일을 하러 가게 되면 손과 팔이 마비되는 증상이 나타났다. 사장 부인에서 도우미로 전락한 남희 씨는 신세를 한탄하며 술을 마시기 시작하였고, 결국 알코올중독 증상과 함께 전환장애 진단을 받고 정신건강의학과에 입원하게 되었다.

1) 전환장애의 임상적 특징과 경과

전환장애(기능성 신경학적 증상장애, conversion disorder, functional neurological symptom disorder)를 가진 사람은 한 가지 이상의 다양한 유형의 신체 증상과 운동 증상을 보인다. 운동 증상에는 쇠약감이나 마비, 떨림이나 근육긴장이상, 보행 이상 그리고 이상한 사지 자세가 있다. 감각 증상으로는 시각ㆍ청각ㆍ피부 감각이 변화되고 감소되거나 상실될 수 있다. 발성 곤란, 구음 곤란, 목구멍에 혹이 생긴 것 같은 느낌도 동반된다. 전환장애 진단을 위해서는 증상이 신경학적 질병으로 설명되지 않고 반드시 신경학적 질병과 불일치한다는 임상적 소견이 있어야 한다.

전환장애의 초기 발병은 심리적 혹은 신체적 스트레스나 외상과 관련이 있다. 특히 증상의 초기 발병이나 발작 중에 이인증, 비현실감, 해리성 기억상실과 같은 해리 증상이 동반될 수 있다. 진단을 내릴 때 증상을 가장하는 것을 변별하기 어렵기 때문에 고의적으로 만들어 내지 않았다는 판단을 요하지는 않는다. 전환장애를 가진 사람은 자신의 증상에 대해 편안해하는 것을 의미하는 '만족스러운 무관심(la belle indifference)' 현상이 있기는 하지만, 장애 특유의 증상은 아니므로 진단을 내릴 때 고려하지 않는다. 증상으로 인해 돈이나 책임을 회피하면서 얻는 이득인 2차적 이득(secondary gain) 역시 이 장애 특유의 행동이라고 보긴 어려워 진단을 내릴 때 고려하지는 않지만, 명백하게 증상을 가장하고 있다면 인위성장애(facticious disorder) 또는 꾀병 진단을 고려해 봐야 한다.

유병률을 살펴보면 매우 흔하지만 정확한 조사는 없으며, 대략 신경과 진료를 받는 사람들의 5% 정도로 추정된다(APA, 2013). 전체 연령에 걸쳐 발병되지만 40대 이후에는 운동 증상이 많다.

전환장애의 진단 기준(DSM-5)

A. 한 가지 이상의 변화된 수의적 운동 또는 감각 기능 이상을 보인다.
B. 임상 검사 소견이 증상과 신경학적 혹은 의학적 상태와 불일치하는 증거를 보인다.
C. 증상이나 결함이 사회적ㆍ직업적 기능을 손상시킨다.

※ 다음 중 하나를 명시할 것
- 쇠약감 혹은 마비 동반
- 비정상적 운동 동반(떨림, 근육긴장이상, 근경련, 근육간대경련, 보행장애)
- 삼키기 증상 동반
- 언어 증상 동반(발성 곤란, 불분명한 말 등)
- 발작 혹은 경련 동반
- 무감각증이나 감각 상실 동반
- 특정 감각 증상 동반(시각, 후각 또는 청각 장해)
- 혼합 증상 동반

2) 전환장애의 원인과 치료

전환장애는 예전에는 히스테리성 장애(hysterical disorder)로 불렸다. 히스테리성이라는 말은 지나치고 통제되지 않은 감정이 신체 증상의 기저에 있다는 것을 의미한다. 프로이트는 3~5세의 남근기에 있는 여자아이의 경우 아버지에 대한 성적 감정을 경험하고, 동시에 아버지의 애정을 얻기 위해 어머니와 경쟁하다가 아버지에 대한 성적 감정을 억압하고 어머니와 동일시한다고 보았다. 이것을 엘렉트라 콤플렉스(Electra complex)라고 하는데, 프로이트는 엘렉트라 갈등이 해결되지 못하면 이후에 성적 불안을 반복적으로 경험하고 이 감정을 감추고자 하는 무의식적 욕구에서 신체적인 증상으로 전환하여 표현할 수 있다고 보았다.

프로이트의 설명에 의문을 제기하는 학자들이 많으나, 이 장애가 아동기에 뿌리를 두고 있다는 것에는 이견의 여지가 없다. 정신분석에 기반을 둔 학자들은 무의식적 갈등이 불안을 야기해서 신체적 증상으로 전환된다고 주장한다(Brown, 2006). 또한 정신분석가들은 히스테리성 전환 증상이나 신체 증상은 내적 갈등이 의식화되는 것을 방해하여 일차적 이득을 얻게 한다고 보고 있다. 분노를 의식적으로 인식하고 표현하는 것을 어려워하는 사람이 전환성 팔 마비 증상을 보이게 되면 분노를 행동화하지 않을 수 있다. 또한 전환성 마비가 일어나면 해야 할 의무와 책임을 면제할 수 있기 때문에 앞의 사례처럼 이차적 이득이 생길 수 있다.

행동주의 관점에서는 신체증상장애와 전환 증상이 일종의 보상 작용을 한다고 본다. 증상은 불쾌한 관계를 빠져나오게 하고 사람의 관심을 끌기도 한다. 보상을 얻으면 이를 학습하게 되어 유사한 상황에서 신체 증상을 보이게 된다. 보상 개념은 정신분석의 이차적 이득과 매우 비슷하다. 그러나 정신분석가는 이득을 이차적인 것, 즉 증상이 발생한 후에 나타나는 것으로 보는 반면, 행동주의자는 이득을 증상 발달의 주된 원인으로 본다는 점에서 차이가 있다.

용어 이해

일차적 이득 대 이차적 이득

전환 증상의 일차적 이득은 스트레스 상황에서 도망가거나 회피하는 것을 말한다. 이러한 증상은 무의식적으로 일어나기 때문에 당사자는 증상과 스트레스 상황 간의 관련성을 인지하지 못한다. 일차적 이득과 관련된 스트레스 상황이 없어지면 증상 역시 저절로 없어질 수 있다. 이와 달리 이차적 이득은 주로 내적 갈등을 중화시키려는 무의식적 동기에서 발생하는 일차적 이득을 넘어서서 아픈 역할(sick role)을 통해 사랑하는 사람들로부터 관심을 받거나 경제적 보상을 얻는 것과 같은 '외적인' 상황과 연관되어 사용되는 용어다.

인지적 관점에서는 전환장애와 신체증상장애를 의사소통의 한 형태로 본다. 감정을 표현하는 것이 어려운 사람이 신체적인 채널을 통해 타인과 소통하려고 한다는 것이다. 불편한 감정이 증상으로 전환된다는 점은 정신분석이론과 동일하지만, 인지치료에서는 이런 증상이 불안을 방어하기 위한 것이라기보다는 자신이 표현하기 쉬운 '신체 언어'로 분노, 불안, 우울, 죄책감, 질투심 등의 부정적 감정을 소통하는 것이라고 보고 있다. 감정 표현이 서툰 아동이나 노인, 그리고 이전에 신체적인 질병을 앓아 본 사람이라면 신체 증상이 더 익숙한 표현 방식이라는 것을 학습하게 된다.

환경적으로는 아동기의 학대 및 방치, 스트레스 사건이 영향을 미치고, 유전 및 생리적으로 비슷한 증상을 일으키는 신경학적 질환이 존재할 수 있다. 증상을 호소한 기간이 짧고 진단을 수용하는 것이 예후에 좋은 것으로 알려져 있으며, 부적응적 성격 특성이 있고 공존 신체 질환이 있거나 질병의 이차적 이득이 있을 경우에는 예후가 좋지 못하다.

　이들은 신체 증상의 이면에 있는 심리적 원인을 잘 인식하지 못하기 때문에 자신의 문제를 의학적인 것으로 보지 심리적인 것으로는 보지 않는다. 치료자는 장애의 원인이 될 수 있는 외상 혹은 신체 증상과 연결된 불안에 초점을 두고 통찰, 노출, 약물 치료를 적용한다. 정신분석가는 내적인 두려움을 인식하고 해결하게 해 주어 불안을 신체 증상으로 전환할 필요성을 감소시켜 준다. 행동주의자는 신체 증상을 처음으로 일으킨 사건의 세부 특성을 파악하여 환자에게 반복 노출함으로써 이런 단서에 덜 불안하게 만들어 신체적 경로를 통하지 않고 스트레스 사건에 직접 대면하도록 훈련시킨다.

　생물학적으로는 항불안제나 항우울제를 사용할 수 있다. 최면을 통해 환자에게 정서적 지지를 제공하고 증상이 곧 사라질 것이라는 암시를 주는 것이 효과적일 수 있다. 강화를 할 때 '아픈' 행동에 대해 보상을 주지 않고 건강한 행동에 대한 보상을 증가시킨다. 직면을 사용하여 증상에 대해 의학적인 근거가 없다고 말해 줌으로써 환자 역할에서 벗어나게 할 수도 있지만 통찰 수준에 따라 그 효과는 다양하다.

3. 질병불안장애

1) 질병불안장애의 임상적 특징과 경과

　건강염려증이 있지만 별다른 신체 증상을 보이지 않는 사람의 경우 DSM-5 체계에서는 질병불안장애(illness anxiety disorder) 진단을 받게 되었다. 질병불안장애는 진단받지 않은 의학적 질병에 걸렸다고 믿거나 앞으로 걸릴 것에 대해 과도하게 집착하는 것을 특징으로 한다. 이들은 내과적으로 진단을 받을 만한 신체 증상이 거의 없고, 있다고 하더라도 경미한 수준이며, 정밀 검진에서도 신체 이상은 발견되지 않는다. 본인이 걸렸다고 혹은 걸릴지 모른다고 추정되는 의학적 증상의 의미와 중요성 또는 원인에 대한 염려와 불안감에서 이런 증상이 나타난다. 신체적 징후나 증상이 있다면 정상적인 생리적 감각(예: 기립성 어지러움)일 가능성이 높고, 스스로 통제 가능한 기능 부전(예: 일시적인 이명), 일반적으로 많이 나타나는 신체적 불편감(예:

트림) 정도다.

질병불안장애를 가진 사람은 질병이 없는데도 혹시 있을지 모르는 질병에 대해 상당한 불안을 보이며 건강 관련 뉴스를 찾아서 읽고 과도하게 걱정한다. 질병 관련 이야기가 이들에겐 일상적 대화의 주요 주제가 되고 반복적으로 건강 상태를 점검하며 가족, 친구 또는 의사에게 안심을 구하려는 행동을 하기 때문에 주변 사람에게 상당한 부담을 준다. 질병불안장애를 가진 사람은 내과 진료를 더 많이 찾고 대부분 의학적 진료에 만족하지 못하며 다양한 의사에게 동일한 문제에 대해 진료를 받는다. 치료를 받으면 불안이 더 악화되거나, 진단 검사와 시술을 한 뒤 의사의 부주의로 오히려 합병증을 얻기도 한다.

질병에 대한 염려는 어느 연령에서나 시작될 수 있으나 초기 청소년기에 가장 흔히 나타난다. 발병 최고조 나이는 남성의 경우 30~39세, 여성의 경우 40~49세이며, 남녀의 유병률은 비슷하다(APA, 2013). 질병불안장애의 일반적인 경과는 만성적이고, 자주 재발하며, 증상의 호전과 악화가 반복되는 경향이 있다. 만성적으로 지속되기 때문에 이 장애의 양상이 성격 특성의 일부라는 주장도 제기되고 있다.

질병불안장애의 진단 기준(DSM-5)

A. 심각한 질병에 걸려 있거나 걸리는 것에 대해 집착을 보인다.

B. 신체 증상은 없고, 있다고 하더라도 경한 상태다. 다른 의학적 상태가 나타나거나 의학적 상태가 악화될 고위험이 있을 경우 병에 대한 집착이 지나치거나 너무 부적절하다.

C. 건강에 대한 높은 수준의 불안을 느끼고 건강 상태에 대해 쉽게 놀라는 반응을 보인다.

D. 지나치게 건강 관련 행동(예: 반복적으로 질병 의심 부위 체크)을 하고 부적응적인 회피(의사와의 약속이나 병원을 피함) 행동을 보인다.

E. 질병에 대한 집착이 6개월 이상 존재하고 걱정하는 특정 질병이 수시로 바뀐다.

F. 의학적 처치를 추구하는 유형: 자주 의사를 찾아가고 검사를 받음
   의학적 처치를 회피하는 유형: 의료 보호를 받으려고 하지 않음

2) 질병불안장애의 원인과 치료

질병불안장애는 주요 생활 스트레스나 위중하지만 비교적 문제가 없는 건강 위협 요인에 의해 촉발된다. 아동기에 학대를 받았거나 심각한 질환을 경험한 경우 성인기에 이 장애가 발전할 가능성이 높다고 알려져 있다.

행동주의자들은 질병에 대한 두려움이 고전적 조건형성이나 모델링을 통해 습득된다고 보고 있다(Marshall et al., 2007). 인지이론에서는 이들이 신체적 단서에 너무 민감하게 반응하거나 위협을 느껴 건강 관련 단서를 잘못 해석한다고 보고 있다.

질병불안장애를 갖고 있는 사람은 강박증에 효과적인 항우울제에 비교적 잘 반응한다고 알려져 있다(Bouman, 2008). 노출 및 반응 방지와 같은 행동주의 치료를 통해 증상이 호전되기도 한다. 노출 및 반응 방지 기법에서는 신체적 변화에 반복적으로 노출하는 동시에 일상적인 의학적 관심 추구 행동을 제지시키는 반응 방지를 실시한다. 인지치료자는 질병에 관련된 부적응적인 신념과 역기능적 도식을 찾아서 도전하게 하고 보다 적응적으로 변화시켜 준다. 신체 감각을 잘못 해석하고 특정 신체 영역에 초점화된 주의를 기울이면서 증상을 만들어 내는 과정을 인식하게 함으로써 질병 관련 불안을 통제할 수 있게 도와주는 것이 인지치료의 목표가 된다(Koh et al., 2005).

4. 인위성장애

인위성장애(facticious disorder)를 가진 사람은 분명한 속임수가 있고 자신이나 타인이 신체적 혹은 심리적 증상이나 징후가 있다고 허위로 꾸민다. 또한 부상이나 질병을 인위적으로 유도한 후에 자신이나 타인을 위한 치료 행위를 찾는다. 이들은 분명한 외적 보상이 없는 상황에서도 질병 징후나 증상을 거짓으로 꾸며 내고, 모방하거나 유발하는 은밀한 시도를 한다. 배우자가 죽지 않았거나 없는데도 불구하고 배우자가 죽었다고 하면서 우울 기분이나 자살 경향을 보이고, 허위로 신경학적 증상(발작, 어지러움, 기절)을 보고하며, 검사실 검사에서 결과가 비정상적으로 나오게 하기 위해 소변에 피를 섞거나 조작하고 의학 기록을 위조한다. 또한 질병 상태를 유도하기 위해 인슐린 같은 물질을 삼키고 스스로의 몸에 상해를 입히거나 패혈증을 유발하려는 의도로 대변을 주사하는 등 자기 또는 다른 사람에게 질병을 유도한다.

진단을 내리려면 의도나 기저의 동기에 대한 추론보다 질병 징후나 증상 조작의 객관적인 증거가 필요하다. 더구나 상해와 질병을 의도적으로 유도하는 행위는 사기와 관련이 있다. 만일 부모가 인위성장애를 갖고 있다면 자녀에게 남용과 학대로 표현될 수 있어 범죄와도 연관된다.

이 장애의 유병률은 잘 알려져 있지 않고, 병원에 오는 사람들의 약 1%가 인위성장애 진단을 충족하는 증상을 보이는 것으로 추정되고 있다(APA, 2013). 주로 성인기 초기에 발병하며, 의학적 문제나 정신질환 때문에 입원한 이후 발생한다. 타인에게 부여한 인위성장애는 그 사람의 자녀나 다른 의존 대상이 입원한 후에 시작될 수 있다. 꾀병일 경우 돈, 휴가 등 개인적 이익을 위해 고의적으로 증상을 보고하지만, 인위성장애는 명백한 외적 보상이 존재하지 않는다는 점에서 꾀병과 구별된다.

인위성장애의 진단 기준(DSM-5)

• 스스로에게 부여한 인위성장애

A. 신체적 혹은 심리적 징후나 증상을 허위로 조작하거나 상해 혹은 질병을 유도하는 데 확인된 속임수와 연관된다.

B. 다른 사람에게 자신이 아프고 장해가 있고 상해를 당했다고 표현한다.

C. 분명한 외적 보상이 없는 상태인데도 속이는 행동이 분명하게 드러난다.

• 타인에게 부여한 인위성장애(과거 대리인에 의한 인위성장애)

A. 다른 사람에게 신체적 혹은 심리적 징후나 증상을 허위로 조작하거나 상해 혹은 질병을 유도하는 데 확인된 속임수와 연관된다.

B. 제3자(피해자)가 아프고 장해가 있고 상해를 당했다고 다른 사람에게 표현한다.

C. 분명한 외적 보상이 없는 상태인데도 속이는 행동이 분명하게 드러난다.

인위성장애는 뮌하우젠증후군(Munchausen syndrome)이라고 알려져 있다. 뮌하우젠증후군에서 뮌하우젠이라는 이름은 미국의 정신건강의학과 의사인 리처드 애셔

(Richard Asher)가 평소 거짓말하기를 좋아했던 독일인 뮌하우젠(1720~1797)의 이야기를 각색하여 쓴 소설 『말썽꾸러기 뮌하우젠 남작의 모험』(1951)에서 따온 것이다. 어떤 사람은 출혈을 유도하는 약을 은밀하게 주사하기도 하고, 만성 설사를 유도하기 위해 하제를 사용하기도 한다. 인위성장애를 가진 사람은 가장하려는 질병에 대해 철저히 연구하기 때문에 상당한 의학 지식을 갖고 있다. 이들은 고통스러운 검사나 치료를 기꺼이 받기도 하고 수술도 받는다. 인위성장애는 어려서 의학적 문제를 겪은 사람, 의료업계에 원한을 가진 사람, 간호사나 의료보조인 등이 더 많이 걸리는 것으로 알려져 있다. 이 장애는 매우 복잡한 장애로, 아동기의 학대적이고 비지지적인 부모 등이 원인이라고 알려져 있으나 정확한 원인에 대해서는 연구가 부족한 상태다.

언론에 비친 이상심리: 타인에게 부여한 뮌하우젠증후군(Munchausen syndrome by Proxy)

이 증후군은 본인이 아니라 주변 사람이나 애완동물 등을 일부러 다치게 하거나 아프게 한 다음 헌신적으로 돌보는 모습을 통해 타인의 관심을 얻고자 하는 병이다. 이들은 증상과 과거 병력을 극적으로 과장하고, 의료진에게 따지기를 좋아하며, 의학 용어와 의료 시술에 대해 박식할 정도로 잘 알고 있다. 놀랍게도 생물학적 어머니가 가해자인 경우가 많고, 피해자인 아이의 증상에 대해 상당한 의학적 지식을 가지고 있다. 피해자에게 지나칠 정도로 신경을 쓰며, 아이를 입원시키고 정성껏 간병하는 모습을 주변 사람에게 보여 칭찬을 듣고 싶어 한다. 미국에서는 5세짜리 아들에게 나트륨을 섭취시켜 사망하게 한 어머니가 뮌하우젠증후군 진단을 받은 사례가 있다. 널리 알려진 예로는 스티븐 호킹 박사의 두 번째 부인이었던 일레인이다. 영국의 천재 물리학자 스티븐 호킹 박사의 두 번째 부인은 호킹 박사를 간호하던 간호사였는데, 그녀와 재혼한 후 스티븐 호킹은 손목이 부러지는 등의 잦은 부상으로 병원을 자주 찾았고, 그의 부인 일레인은 호킹 박사를 헌신적으로 돌봐주어 주위 사람들의 찬사와 동정을 받았다. 그러나 일레인이 일부러 호킹 박사의 몸에 상처를 입히고 휠체어를 넘어뜨려 상해를 입혔다는 사실이 밝혀졌다. 일레인은 결국 '타인에게 부여한 뮌하우젠증후군(MBP)' 환자로 판명됐다.

출처: 코리아데일리(2014. 6. 24.).

〈병든 아이〉

우리 아기, 입이 심심한가 보구나. 엄마가 뭐 좀 줄까?
엄마가 종이성냥을 꺼내 조심스럽게 뚜껑을 젖히자
빨갛고 선명한 두 줄의 작은 성냥알이 모습을 드러낸다.
엄마가 늘 내게 주던 익숙한 것이었다.
하나씩 하나씩, 나는 엄마를 위해 깔끔하게
한 갑을 다 먹어치웠다.

줄리 그레고리(Julie Gregory)가 쓴 『병든 아이(Sickened: The Memoir of Münchausen)』(김희정 역, 소담출판사, 2007)는 MBP의 잔인성을 세상에 알렸다. 줄리는 어려서부터 어머니가 만들어 낸 병의 원인을 찾기 위해 끊임없이 X-레이를 찍고, 약을 먹고, 수술을 받았다. MBP는 대부분 생물학적 어머니에 의해 일어나는 매우 복잡한 알려지지 않은 형태의 아동 학대다.

출처: http://goodreads.com

급식 및 섭식 장애

　최근 들어 신체상에 대한 관심이 급격히 증가하면서 서구 사회를 비롯해서 우리나라에서는 마른 것과 아름다움을 동일시하는 경향이 있다. 우리 문화에서 여성이 날씬함을 추구하는 것은 거의 강박적인 수준이다. 음식의 맛과 영양학적 가치를 생각하는 것만큼이나 먹는 양과 살찌는 것에 대해 염려하는 사람이 점점 늘어나고 있다. 체중 증가에 대한 두려움이 지난 수십 년에 걸쳐 두 종류의 급식 및 섭식 장애(feeding and eating disorders), 즉 신경성 식욕부진증과 신경성 폭식증을 키워 왔다. 신경성 식욕부진증 환자는 말라야 한다고 생각해서 굶어 죽을 정도로 식이를 제한하고 체중을 감소하려고 한다. 신경성 폭식증 환자는 많은 양의 음식을 먹고 체중 증가를 막기 위해 구토나 다른 극단적인 행동을 취한다. 반복적인 폭식 행동을 보이면서 구토나 보상 행동을 보이지 않는 폭식장애도 점차로 증가 추세에 있다.

1. 신경성 식욕부진증

　　지우는 고등학교 1학년 여학생으로 14세 때 처음 다이어트를 시작하였다. 중학교 당시 몸무게는 57kg이었는데 친구들로부터 자주 뚱뚱하다는 놀림을 받았다. 살을 빼야겠다고 결심한 지우는 그 이후로 음식 섭취를 제한하였고, 탄수화물과 단백질 섭취를 줄이고 간식을 먹는 것까지 중단하면서 3개월 사이에 7kg 감량에 성공하였다. 체중이 감소하자 더 욕심이 생겼고 40kg을 목표로 계속 음식을 제한하였다. 다이어트를 시작하고 2년쯤 지나자 체중 감소가 스스로 통제할 수 있는 정도를 넘어섰다고 생각했다. 음식을 조금만 먹어도 살이 찔까 봐 두려워하였고 기분이 자주 우울해지고 행복하지 못하다고 느꼈지만 다이어트는 계속 해야 한다는 강박관념을 느꼈다. 급기야는 부모도 제발 음식을 먹으라고 간청하였으나 부모에게는 먹었다고 하면서 안 보는 사이에 화장실 변기에 음식을 버리기까지 했다. 결국 이 사실을 안 부모에 의해 정신건강의학과를 방문하게 되었다.

1) 신경성 식욕부진증의 임상적 특징과 경과

　　신경성 식욕부진증(anorexia nervosa)이라는 용어는 '식욕의 상실(loss of appetite)'을 뜻하는 라틴어에서 나왔다. 신경성 식욕부진증의 핵심 증상은 다음과 같다. 우선 체중 증가와 비만에 대한 극심한 두려움을 지니고 있어서 음식 섭취를 현저하게 제한하거나 거부함으로써 체중이 비정상적으로 저하된다. 다음으로 체중 증가에 대한 자가 인식의 장애가 나타나서 날씬한데도 불구하고 자신의 몸이 뚱뚱하다고 왜곡되게 생각하는 경향이 있다.

　　이 장애를 가진 사람은 체중 증가 혹은 비만을 두려워하며 음식을 거부해서 영양 부족 상태가 나타나 심각할 경우 죽음에 이르는 등 치명적인 상태에 빠진다. 저체중인데도 뚱뚱하다고 걱정하며 반복적으로 체중을 재고, 강박적으로 신체 부위를 체크하고 거울을 보며 뚱뚱하게 생각되는 신체 부위를 확인한다. 이들의 자존감은 체중과 체형에 영향을 받아 체중이 줄면 성취감을 느끼고, 체중이 증가하면 자존감이 급격히 떨어진다. 이 장애를 가진 사람은 신체적 · 심리적 후유증에 따른 주관적 고통이 심해지지 않는 한 스스로 치료를 받으려고 하지 않는다. 문제에 대한 통찰이 부족해서 치명적인 의학적 상태를 야기한다. 특히 영양실조 상태가 되어 신체의 주요 장기가 망가지고 무월경, 비정상적 활성 징후와 같은 생리학적 장애가 일어난다. 영양실조와 같은 생리적 장애는 영양학적 개입을 통해 회복되지만 골밀도 손실 등은 회복이 어렵다. 심한 저체중의 경우 우울 기분, 사회적 위축, 과민성, 불면증, 성행위에 대한 흥미 감소 등의 부수적 징후와 증상을 보인다. 강박적 양상이 나타나서 음식과 관련된 생각에 집착하는데, 이때 음식, 체형 혹은 체중과 상관이 없는 강박사고와 행동 증상이 있다면 추가적으로 강박장애 진단이 내려진다. 이 밖에도 공공장소에서 먹는 것에 대한 걱정, 무능감, 주변 환경을 통제하고 싶은 욕구, 사고의 경직성, 사회적 자발성 결여, 과도하게 억제된 정서 표현 등이 동반된다.

젊은 여성의 경우 1년 유병률이 0.4%다. 남성도 섭식장애가 있다고 알려져 있지만 여성에 비해 적게 나타난다(APA, 2013). 일반적으로 청소년기나 성인기 초기에 시작되며, 대학 진학을 위해 고향 집을 떠나는 것과 같이 압박감을 주는 생활 사건과 연관이 있다. 음식을 지나치게 제한하다 보니 수분과 전해질 불균형으로 전체 환자 중 사망률이 10% 이상이며, 굶어 죽거나 자살을 하는 사람들도 많다. 신체적으로는 백혈구 감소, 빈혈증, 탈수 상태, 저마그네슘증, 저아연증, 저염소혈증, 저칼륨증, 대사성 산증이 유발되며, 무월경에 변비, 복통, 추위에 대한 내성 저하, 무기력증, 과도한 에너지 소모가 발생한다. 또한 저혈압, 저체온, 서맥이 발생하고, 드물게는 사지에 점상출혈, 반상출혈이 나타날 수 있으며, 과카로틴혈증으로 피부가 노랗게 변하기도 한다.

신경성 식욕부진증의 진단 기준(DSM-5)

A. 필요한 양에 비해 음식을 섭취하는 것을 지나치게 제한하여 연령, 성별, 발달 과정 및 신체 건강 수준에 비해 유의하게 저체중이 유발된다.

B. 저체중임에도 불구하고 체중 증가와 비만에 대한 극심한 두려움이 있다.

C. 기대되는 체중이나 체형을 경험하는 방식에 심각한 장해가 생기고, 체중이나 체형이 자기 평가에 미치는 영향이 지나치며, 현재 저체중의 심각성에 대한 인식이 지속적으로 결여되어 있다.

※ 다음 중 하나를 명시할 것
  • 제한형: 지난 3개월 동안 폭식하거나 하제를 사용하지 않음(즉, 스스로 유도하
    는 구토 또는 하제, 이뇨제, 관장제의 남용이 없음)
  • 폭식 및 하제 사용형: 지난 3개월 동안 폭식, 혹은 하제를 사용함(즉, 스스로 구
    토를 유도하거나 하제, 이뇨제, 관장제를 남용함)

※ 현재의 심각도를 명시할 것
  • 경도: BMI ≥ 17kg/m^2
  • 중등도: BMI 16~16.99kg/m^2
  • 고도: BMI 15~15.99kg/m^2
  • 극도: BMI < 15kg/m^2

2) 신경성 식욕부진증의 원인

생물학적 이론에서는 특정 유전자가 신경성 식욕부진증에 취약하게 만든다고 보고 있다. 일란성 쌍생아 중 한 명이 신경성 식욕부진증이라면 나머지 한 명도 이 장애를 보일 가능성이 매우 높고, 이 비율은 이란성 쌍생아보다 더 높다. 신경성 식욕부진증의 원인으로 낮은 세로토닌 활동이 입증되었다(Kaye et al., 2005). 비정상적 세로토닌 활동으로 인해 고열량 음식을 탐하고 폭식이 유발된다는 것이다. 또 다른 생물학적 연구자들은 체중결정점 이론을 주장하고 있다. 이 이론에 따르면, 우리 몸은 시상하부 영역, 관련된 뇌 영역, 뇌 화학물질 등이 함께 작용하면서 체중 조절 장치를 형성하여 개인의 체중 결정점(set point)이라는 체중 수준을 유지한다(Higgins & George, 2007). 타고난 유전과 초기 인생의 섭식 행동이 체중 결정점을 결정하는데, 특정 체중 결정점 이하로 떨어지면 외측 시상하부(Lateral Hyothalamus: LH)와 다른 뇌 영역이 활성화된다. 이 영역이 활성화되면 허기짐이 생기고 몸의 대사율이 떨어져 잃은 체중을 회복하게 만들어 준다. 반면, 특정 체중 결정점 위로 높아지면 복내측 시상하부(Ventromedial Hypothalamus: VMH)와 다른 뇌 영역이 활성화되어 배고픔을 감소시킴으로써 몸의 대사율을 높여 증가한 체중을 줄이려고 한다. 어떤 사람은 이런 내부의 자동조절장치를 끄고 섭식을 완전히 통제하면서 제한형 식욕부

진증으로 발전하고 어떤 사람은 폭식–하제 사용형이 된다.

전통적인 정신분석에서는 어머니로부터 심리적 독립이 되지 못해 자기 몸에 대해 확고한 주체성이 없는 여성에게서 이 장애가 많이 나타난다고 본다. 청소년기의 어머니의 지나친 간섭과 규제는 분노와 공격성을 유발하고, 음식을 먹지 않는 것은 자기 몸속에 간섭이 심한 어머니상이 내재화되는 것을 막기 위한 무의식적인 노력이라는 주장이다. 섭식 문제가 있는 여자아이의 경우 특히 부모–자녀 상호작용의 문제가 심각한 자아 결핍(ego deficiency)과 지각적 혼란을 일으켜 낮은 독립감과 통제감을 갖게 한다(Bruch, 2001).

행동주의 이론에 따르면, 체중이 늘어나는 것을 두려워하는 여성은 뚱뚱함에 대한 과도한 공포와 음식 섭취에 대한 두려움이 있어서 이러한 공포를 감소시키기 위해 음식을 먹지 않는다. 체중 증가에 대한 두려움이 음식에 대한 회피 반응을 일으키는 것이다.

인지적 입장에서는 자신의 신체에 대한 왜곡된 지각이 핵심 요인이다. 날씬한 몸매가 성공과 애정을 얻는 가장 중요한 요인이며, 성취 또는 인간관계에서의 좌절을 불만족스러운 몸매로 귀인하고 자존감을 보호하려는 것이다. 이들은 자신의 내적 감각이나 욕구를 잘 인식하지 못하고 삶에 대한 통제감을 적게 느끼기 때문에 이에 대한 반작용으로 자신의 체형과 식습관을 과도하게 통제하려고 한다. 그 결과 체중을 감소하려는 반복적인 노력을 하게 되고, 체형, 체중, 섭식 행동에 지나치게 몰두한다.

3) 신경성 식욕부진증의 치료

신경성 식욕부진증의 치료 목표는 잃었던 체중을 회복하고 영양 부족 상태를 벗어나게 하기 위해 정상적으로 음식을 먹게 하는 것에 있다. 신경성 식욕부진증을 보이는 사람의 경우 영양실조 상태에서 여러 합병증의 위험이 있어서 입원 치료를 하는 경우가 많다. 치료 상황에서 체중을 증가시키려는 행동은 긍정적인 강화를 받고, 음식 섭취를 통해 체중을 늘려 나간다. 체중 회복 기법으로 가장 인기를 얻고 있는 것은 지지적 간호(supportive nursing care), 영양 상담, 고칼로리 식이요법을 종합한 것이며, 효과적인 치료를 위해서는 다학제적 접근이 필요하다. 임상심리 영역에서는 심리검사 및 교육, 심리치료, 가족치료를 혼합한 방법을 주로 사용한다.

　인지적 접근에서는 신체상에 대한 왜곡과 불만감을 다루어 주고 신체상에 대한 둔감화나 비합리적 신념과 인지 왜곡에 도전하는 등의 기법을 적용한다. 섭식을 제한하게 만드는 행동과 사고 과정을 인식하고 이를 변화시키는 것이 중요하다. 행동적 측면에서는 환자에게 스스로 자신의 감정, 배고픔의 수준, 음식 섭취를 관찰하고 일지를 쓰도록 한다. 특히 이들이 가진 독립성에 대한 욕구를 인식하고 적절하게 자기를 통제하는 기술을 가르친다. 이때 자신의 내적 감정과 감각을 잘 알아차리고 이를 신뢰하도록 하는 것이 중요하다. 이들이 가지고 있는 섭식과 체중에 대한 태도, 즉 '난 항상 완벽해야 해.' '몸이 날씬해야 나는 가치가 있어.' 등의 부적응적이고 역기능적인 가정들을 찾아내서 도전하고 변화시키는 것도 매우 효과적이다(Fairburn et al., 2008).

　가족치료적인 접근도 신경성 식욕부진증 환자에게 효과적이다. 대개 이들 환자의 가족은 역기능적이고, 갈등이 많으며, 의사소통의 문제를 가지고 있다. 세대 간, 개인 간 경계가 모호하여 신경성 식욕부진증 여성 환자의 경우 어머니와 밀착된(enmeshed) 상태에서 독립과 의존의 갈등을 겪는다. 따라서 신경성 식욕부진증을 가진 환자 스스로 자신의 감정과 욕구를 밀착된 다른 가족 구성원의 감정과 욕구로부터 분리할 수 있게 해 주어야 한다. 모든 가족치료가 항상 성공적인 것은 아니지만, 청소년의 경우에는 가족치료를 병행하면 효과적일 수 있다. 신경성 식욕부진증 환자는 우울증 외에도 강박장애, 사회불안을 보이는 경우가 많아 이에 대한 약물 치료를 병행하는 것이 필요하다.

2. 신경성 폭식증

1) 신경성 폭식증의 임상적 특징

　신경성 식욕부진증보다 흔한 증상이 신경성 폭식증(bulimia nervosa)이다. 신경성 폭식증은 폭식 삽화가 반복되고, 체중 증가를 막기 위해 구토 등의 보상 행동이 일어나고, 체형과 체중이 자기 평가에 과도하게 영향을 미치며, 부적절한 보상 행동이 있을 때 진단을 내릴 수 있다.

폭식은 일정 기간 대부분의 사람이 비슷한 상황에서 같은 시간 내에 먹는 것보다 훨씬 더 많은 양의 음식을 먹는 것을 말한다. 폭식 삽화 동안에는 조절 능력의 상실감이 동반된다. 조절 능력의 상실감이란 음식 섭취를 참을 수 없거나 한번 먹기 시작하면 멈출 수 없는 것을 의미한다. 어떤 사람은 폭식 삽화 도중 혹은 삽화 후에 해리 상태를 보고하기도 한다. 이들은 음식 섭취 문제를 부끄러워하고 증상을 숨긴다. 그래서 되도록 비밀리에 눈에 잘 띄지 않는 곳에서 폭식을 하고 고통스러울 정도로 배가 부를 때까지 먹는다. 폭식의 선행 사건으로는 부정적 정서가 압도적이며, 그 외에 대인관계 스트레스, 체중과 체형에 대한 부정적인 느낌, 지루함 등이 있다. 지나치게 폭식을 하고 나면 부정적인 자기 평가와 불쾌감이 뒤따른다.

또 다른 특징으로는 체중 증가를 막기 위해 반복적으로 부적절한 보상 행동을 하는데, 제일 흔한 것이 구토다. 구토를 유도하기 위해 손가락 및 도구를 이용하거나 하제와 이뇨제를 남용한다. 폭식 후에 관장제를 남용하기도 하고 갑상선 호르몬제를 복용하기도 한다. 이들은 폭식을 보상하기 위해 폭식 후 하루 또는 그 이상 금식하거나 과도하게 운동을 한다. 과도한 운동이란 부적절한 상황에서 일어나며 신체적 부상이나 의학적 합병증이 있는데도 운동을 지속하는 것을 말한다.

이들의 체중은 정상 혹은 과체중 범주에 있다(성인 기준으로 BMI 18.5~30). 약 90%가 여성에게서 나타나고 고도로 산업화된 국가에서 발생한다. 젊은 여성의 경우 12개월 유병률이 1~1.5%다(APA, 2013). 후기 청소년기 또는 초기 성인기에 시작하여 만성적인 경과를 밟는 경우가 많다.

신경성 폭식증의 진단 기준(DSM-5)

A. 반복적인 폭식 삽화는 다음의 2가지 특징이 있다.
  1. 일정 시간 동안(예: 2시간 이내) 보통의 사람들이 비슷한 상황에서 같은 시간 동안 먹는 것보다 분명하게 많은 양의 음식을 먹는다.
  2. 폭식 삽화 동안 먹는 것을 조절하는 능력이 상실된다(예: 먹는 것을 멈출 수 없으며, 무엇을 또는 얼마나 많이 먹어야 할지 조절할 수 없는 느낌).

B. 체중 증가를 막기 위해 반복적이고 부적절한 보상 행동으로 스스로 구토를 유도하고, 또는 하제나 이뇨제, 관장약, 기타 약물을 남용하거나 금식 및 과도한 운동과 같은 행동을 보인다.

C. 폭식과 부적절한 보상 행동 모두 평균적으로 적어도 일주일에 1회씩 3개월 동안 일어난다.

D. 체중과 체형이 자기 평가에 지나치게 큰 영향을 미친다.

※ 심각도를 명시할 것
- 경도: 평균적으로 일주일에 1~3회 부적절한 보상 행동 삽화
- 중등도: 평균적으로 일주일에 4~7회 부적절한 보상 행동 삽화
- 고도: 평균적으로 일주일에 8~13회 부적절한 보상 행동 삽화
- 극심: 평균적으로 일주일에 14회 이상 부적절한 보상 행동 삽화

2) 신경성 폭식증의 원인과 치료

신경성 폭식증은 신경성 식욕부진증과 동전의 양면과 같아서 식욕부진증의 약 40~50%가 폭식증 증세를 보인다. 체중에 대한 염려, 낮은 자존감, 우울감, 사회불안, 아동기의 불안장애가 신경성 폭식증의 위험 요인이다. 환경적으로는 날씬한 몸을 이상적 미의 기준으로 꼽는 사회문화적 분위기의 영향을 받는다. 아동기의 비만과 성조숙이 신경성 폭식증 위험을 증가시킨다. 성격장애나 우울증과 같이 동반하는 정신질환이 있으면 예후가 좋지 않다.

정신분석에서는 부모에 대한 해결되지 못한 무의식적 분노가 음식으로 대치되어 폭식이 일어난다고 보고 있다. 대상관계이론에서는 부모와 분리의 어려움을 겪는 환자들이 전이 대상(transitional object, 담요, 인형 등)이 없어 신체를 전이 대상으로 삼는다고 보고 있다. 즉, 음식의 과도한 섭취는 어머니와 합일되고 싶은 내적 소망을 나타내며, 음식을 구토를 통해 배출해 내는 것은 어머니와 분리하려는 노력의 일환이라는 설명이다(권석만, 2013).

행동주의적 입장에서는 체중 증가에 대한 두려움 때문에 음식에 대한 접근 행동과 회피 행동이 반복된다고 본다. 과도한 음식 섭취, 활동 부족, 비만, 몸매에 대한

불만으로 체중 조절을 위해 절식을 하고 그 행동에 대한 반동으로 식욕이 생겨 폭식 행동이 유발된다.

신경성 폭식증의 심리치료 중에서는 인지행동치료 기법이 가장 효과적인 것으로 알려져 있다. 신경성 식욕부진증 환자의 인지치료와 비슷하기는 하지만 폭식증의 독특한 특징, 즉 폭식 행동과 하제 사용 같은 장애 특유의 문제를 다루어 주어야 한다. 음식을 먹되 토하지 못하게 해서 토하지 않아도 불안이 사라질 수 있다는 것을 학습시켜 주는 것이 필요하다. 인지적 재구성 방법을 통해 음식과 체중에 대한 비합리적 신념과 태도를 확인하고 도전시키며, 행동 실험을 통해 신념의 타당성을 검증한다. 신체상을 변화시키기 위해 심상화를 통한 신체적 둔감화나 자신의 몸에 대한 둔감화, 몸에 대한 긍정적 평가 기법을 사용할 수 있다.

폭식-하제 사용 패턴을 줄이기 위해서는 인지행동치료 기법 중 노출 및 반응 방지 기법이 효과적이다. 불안장애나 강박장애와 마찬가지로 폭식증 환자를 위한 노출 및 반응 방지 기법에서는 특정 종류의 음식을 일정 양만큼 먹게 한 다음 토하는 것을 막는 기법을 사용한다(Wilson, 2008). 음식을 먹는 동안 치료자가 환자 곁에 있어 주고, 음식을 토하려는 욕구가 없어질 때까지 함께한다. 외래 환자의 경우 폭식 및 하제 사용 욕구와 삽화를 보고하는 문자를 치료자에게 보내게 한 다음, 그날의 목표를 이룬 것에 대해 강화와 격려가 들어 있는 피드백 메시지를 받을 수 있다.

요즘 들어 인지행동치료의 제3동향인 마음챙김 인지치료와 수용전념치료(Hill et al., 2015)가 폭식증에 효과적인 것으로 알려지고 있다. 마음챙김 인지치료에서는 감정과 폭식의 관련성, 신체상에 대한 부정적인 자기 대화를 알아차리게 하고 먹기 명상과 호흡 명상을 통해 폭식과 관련된 욕구, 갈등 등을 알아차리게 하는 기법을 사용한다.

신경성 폭식증을 가진 사람은 우울증, 성격장애(경계선, 연극성 등)가 동반되고 약물 남용 등과 같은 공존 정신병리도 나타나기 때문에 폭식증 외에 이에 대한 문제도 다루어 주어야 한다. 영양 상담을 통해 균형 잡힌 섭식 행동을 유도하고, 영양 정보를 제공하며, 건강한 식이요법과 운동요법을 병행하게 하는 것도 도움이 된다.

3. 폭식장애

폭식장애(binge eating disorder)는 그동안 연구가 되지 않았지만 다이어트 문화 확산으로 청소년, 대학생들 사이에서 흔히 나타나고 있다. 폭식장애는 섭식장애의 전구 단계에 나타나는 경향이 있고, 심하면 통제감 상실에 의한 일화성 폭식이 나타나기도 한다. 자연적으로 증상이 좋아지기도 하나, 증상의 강도나 기간 면에서 신경성 폭식증과 대등하지만 폭식 후에 부적절한 보상 행동(예: 과도한 운동)이 나타나지 않는다는 특징이 있다. 폭식 삽화 사이에 식이 제한을 하지는 않지만 다이어트를 자주 시도한다.

폭식의 원인은 여러 가지가 있지만, 특히 스트레스를 중요한 요인으로 꼽을 수 있다. 사람들은 스트레스를 받으면 위로 음식(comfort food)을 찾는데, 불안, 분노, 지루함, 우울 등이 과식을 일으킨다. 내적 감정이나 외부 단서에 대한 반응으로 음식을 먹는 것은 강화되고, 좋은 음식을 맛보게 되면 정서적인 긴장이 줄어들기 때문에 즐거운 활동이 되어 먹는 것이 지속된다.

폭식장애의 진단 기준(DSM-5)

A. 반복적인 폭식 삽화가 다음의 2가지 특징으로 나타난다.
　　1. 일정한 시간 동안(예: 2시간 이내) 보통의 사람들이 비슷한 상황에서 동일한 시간 동안 먹는 것보다 분명하게 많은 양의 음식을 먹는다.
　　2. 폭식 삽화 동안 먹는 것을 조절하는 능력이 상실된다(예: 먹는 것을 멈출 수 없으며, 무엇을 또는 얼마나 많이 먹어야 할지 조절할 수 없다는 느낌).

B. 폭식 삽화는 다음 중 3가지 이상이 관련된다.
　　1. 평소보다 많은 양을 급하게 먹음
　　2. 배가 불러서 불편하게 느껴질 때까지 먹음
　　3. 배고프지 않은데도 많은 음식을 먹음
　　4. 많이 먹는 것에 대한 불편감 때문에 혼자 먹음
　　5. 폭식 후 스스로에 대한 역겨움, 우울감, 큰 죄책감을 느낌

C. 폭식으로 인해 분명한 고통이 있다.

D. 최소 3개월 동안 일주일에 1회 이상 발생한다.

E. 신경성 폭식증에서 보이는 부적절한 보상 행동이 나타나지 않으며, 신경성 폭식증 혹은 신경성 식욕부진증 기간에만 발생하지 않는다.

생각해 보기

비만과 DSM: 뚱뚱한 것도 병이다?

비만(obesity)은 DSM-5에 포함되어 있지 않으나 심리적 요인이 크게 작용하는 문제로, 음식에 대한 지나친 욕구 때문에 일어난다. 음식을 강박적으로 먹어 치우고 약물 남용이나 물질 남용 증상처럼 섭식을 멈추려고 해도 멈출 수가 없다는 점에서 이상심리 혹은 정신의학적 관점에서 연구 주제가 되고 있다. 그렇기 때문에 코타(Cota, 2006)와 같은 연구자들은 비만을 일종의 '음식 중독'이라고 보았다. 비만과 중독은 동기, 보상, 억제 통제와 관련된 주요 뇌 영역의 문제를 공유하고 있다. 물론 비만이 뇌의 장애라는 것에 대해서는 의견이 분분하다.

뚱뚱한 여성을 모델로 한 도브 광고

비만의 원인은 복합적이어서 유전적·환경적·사회문화적 영향 요인이 작용한다. 폭식은 이후 비만의 예측 요인이 된다. 폭식에 이르는 하나의 경로는 날씬해야 한다는 사회적 압력이다. 뚱뚱해지면 다이어트 압박감을 느끼고 의지력이 꺾이면 폭식으로 이어진다. 다른 경로는 낮은 자존감이다. 또래로부터 사회적 지지 수준이 낮고 우울감이 있는 소녀가 폭식으로 빠질 위험이 크다. 뚱뚱하면 또래로부터 배척을 당하고 부정적인 정서를 갖게 되고, 이것이 다시 폭식을 불러일으키고, 체중이 늘면 우울감이 생겨 다시 폭식을 하는 악순환이 지속된다.

뚱뚱한 여성을 모델로 등장시킨 도브 광고는 늘씬함을 강조하는 문화에 대한 반감으로, 뚱뚱하다고 해도 있는 그대로 아름답다는 역설적 의미를 지닌다.

4. 기타 급식장애

1) 되새김장애

반추장애 또는 되새김장애(rumination disorder)는 적어도 1개월 이상 급식 혹은 섭식 후 음식을 반복적으로 역류시키는 특징을 갖고 있다. 이들은 이전에 삼켜서 부분적으로 소화된 음식을 오심이나 비자발적 구역질, 역겨움을 보이지 않은 채 입으로 토한다. 일주일 동안 수차례 역류가 일어나거나 매일 나타나기도 하며, 역류된 음식을 되씹거나 되삼키거나 뱉어 낸다. 이 행동은 위장 상태 혹은 기타 역류성 식도염과 같은 의학적 상태에 의한 것이 아니다.

되새김장애를 가진 유아는 자신의 혀를 빠는 동작을 하고 머리를 뒤로 젖힌 채 등을 활처럼 휘게 하는 특징적인 자세를 보이는데, 이 행동을 통해 감각적 만족을 얻는 것으로 알려져 있다. 역류 삽화 사이에 짜증을 내거나 배고파할 수 있다. 식사 후에 역류 증상이 나타나고 역류된 음식을 뱉어 내기 때문에 많은 양의 음식을 섭취함에도 불구하고 체중 미달과 영양실조가 나타날 수 있다. 영양실조는 연령이 높은 아동과 성인에게서도 나타날 수 있다.

되새김 증상은 영유아기, 아동기, 청소년기, 성인기에 걸쳐 모두 나타난다. 영아기는 보통 3~12개월에 증상이 시작된다. 이 장애는 자연적으로 증상이 호전되지만 지속되어 심한 영양실조를 나타낼 수도 있다. 지적장애나 신경발달장애를 가진 성인뿐 아니라 유아에서 이 역류와 되새김 행동은 자기 위로 기능을 하거나 자기 자극 기능을 하는 것으로 보인다. 자극의 결여, 방임, 스트레스성 생활 사건, 부모-자녀 문제가 유아와 아동의 되새김장애를 부추긴다고 알려져 있다.

2) 이식증

이식증(pica)은 영양분이 없고 음식이 아닌 하나 이상의 물질을 먹는 행동이 최소 1개월 이상 지속될 때 진단을 내린다. 나이에 따라 섭취하는 비음식(nonfood) 물질이 다양한데, 종이, 비누, 천, 머리카락, 실, 털, 흙, 분필, 화장품, 페인트, 껌, 금속, 자갈, 숯 혹은 석탄, 찰흙, 녹말, 얼음 등이 포함된다. 비음식이라고 하는 이유는 영양분이 전혀 없는 것을 먹기 때문이다. 비영양성, 비음식 섭취가 발달 연령에 비춰 볼 때 부적절하고 사회적 관습이나 문화적으로 받아들일 만한 것이 아니다. 신생아 시기에는 아무 물체이든 손에 닿는 것을 입으로 가져가는 습성이 있어서 최소 2세 이상이 되어야 진단을 내릴 수 있다.

이식증은 비타민, 무기물의 결핍을 일으키며, 장폐색, 장 천공, 대변이나 먼지를 섭취하여 톡소카라증 같은 감염, 납 중독 등의 의학적 문제를 야기한다. 아동기에 흔히 발병하며, 성인의 경우 지적장애나 기타 정신질환이 있는 경우에 발병하는 경향이 있다.

환경적 방임이나 지도 감독의 부재, 발달 지연이 이식증 위험을 증가시킨다. 남성과 여성 모두에서 나타날 수 있으며, 여성의 경우 임신 중에 나타날 수 있다. 이식증은 신체 기능을 상당히 떨어뜨리며 다른 장애와 동반되어 나타난다. 특히 비영양성, 비음식 물질 섭취는 자폐스펙트럼장애나 조현병과 같은 장애에서 나타날 수 있다.

3) 회피적/제한적 음식 섭취 장애

회피적/제한적 음식 섭취 장애(avoidant/restrictive food intake disorder)는 DSM-IV의 유아기 또는 초기 소아기의 섭식장애 진단 기준을 대체하고 확장한 것이다. 주요 증상은 음식 섭취를 회피하거나 제한하여 음식을 입으로 먹는 방법으로는 적절한 영양 상태를 유지하기가 어렵고, 에너지 섭취 부족으로 이어진다. 심각하게 체중이 감소하고 영양 부족이 나타나며, 위장관 급식이나 경구 영양 보충제에 의존해야 하고, 정신사회적 기능의 장애가 초래된다. 신체 검진이나 검사실 검사, 식이 섭취 평가에서 심각한 영양 결핍 소견이 나타나고, 저체온증, 서맥, 빈혈과 같은 신체 증상이 나타날 수 있다.

음식에 대한 회피와 제한이 음식의 모양, 색, 냄새, 식감, 온도, 맛에 대한 지나친 예민한 특성과 음식의 질에 관한 감각적 특징에 의해 나타날 수 있다. 제한된 섭식, 선택적인 섭식, 까다로운 섭식, 상습적인 음식 거부로 표현된다. 특정 브랜드의 음식을 먹지 않거나 타인이 먹는 음식 냄새를 맡는 것을 거부하는 양상으로 나타나기도 한다. 불충분한 급식이나 식욕 저하와 같은 음식 회피 및 제한은 가장 흔하게는 영유아기나 초기 아동기에 나타나서 성인기까지 지속될 수도 있다. 음식에 대한 감각적 특징을 기반으로 한 회피는 10세 이전에 나타나는 경향이 있지만 성인기까지 지속될 수도 있다.

회피적/제한적 음식 섭취 장애를 가진 유아는 급식 동안 성급하고 제어하기 어려우며 무관심해 보이기도 하고 위축되어 있다. 부모-자녀의 상호작용이 유아의 급식 문제를 일으킬 수 있다. 유아의 급식 제한 행동을 공격적으로 혹은 거절 행동으로 해석해서 주변의 양육자는 음식을 부적절하게 제공할 수도 있다. 불충분한 영양 섭취로 인해 유아의 과민성, 성장 지연을 불러일으킬 수 있고, 영양 부족에 따른 다양한 합병증을 일으킨다.

불안장애, 자폐스펙트럼장애, 강박장애 그리고 ADHD와 같은 장애는 회피적/제한적 음식 섭취 장애의 위험성을 증가시킨다. 환경적으로는 가족의 불안이 높고, 섭식장애를 가진 어머니의 자녀에게서 급식장애 비율이 높다. 위장 상태, 위식도 역류, 구토, 다른 의학적 문제에 대한 병력은 이 장애의 섭식 행동 특징과 연관이 있다.

회피적/제한적 음식 섭취 장애의 진단 기준(DSM-5)

A. 섭식 또는 급식 장애가 지속적으로 나타나 적절한 영양과 에너지가 부족하게 되고, 다음과 같은 문제가 나타난다.
  1. 심각한 체중 저하(아동에게 기대되는 체중에 미치지 못하거나 성장이 더딤)
  2. 심각한 영양 결핍
  3. 위장관에 의한 급식 혹은 경구 영양제에 의존
  4. 정신사회적 기능에 많은 영향을 미침

> B. 장애는 구할 수 있는 음식이 없거나 문화적으로 허용되는 처벌 관행에 의한 것
>   이 아니다.
> C. 섭식장애는 신경성 식욕부진증이나 신경성 폭식증의 경과 중 나타나는 것이 아
>   니고 체중이나 체형에 관한 장애 증거가 없어야 한다.
> D. 동반되는 의학적 상태로 인한 것이 아니고 다른 정신질환으로 더 잘 설명되지
>   않는다.

배설장애

배설장애 아동은 반복적으로 옷이나 침대, 바닥에 대소변을 본다. 신체 기능을 통제할 만한 연령이 되었음에도 불구하고 이런 증상이 발생하는데, 신체 질환이라기보다는 심리적 요인에 의한 것으로 간주되며, 유뇨증과 유분증이 있다.

유뇨증(enuresis)은 반복적으로, 불수의적으로 혹은 의도적으로 잠자리나 옷에 소변을 보는 것이며, 주로 밤에 나타나지만 낮에도 발생할 수 있다. 아동의 나이가 최소 5세가 되어야 진단을 내린다. 학교 입학이나 가족 문제와 같은 생활 스트레스 상황에서 나타난다.

정신분석에서는 이 행동이 불안과 기저의 갈등에서 기인한다고 본다. 가족이론에서는 가족 간 상호작용의 문제를 지적하고 있고, 행동주의 이론에서는 강압적인 배변 훈련의 결과로 보고 있다.

유뇨증은 대부분 치료 없이 교정된다. 많이 쓰이는 고전적 조건형성 방법 중의 하나인 종소리와 전지 기법에서는 종과 전지가 금속 패드와 연결되어 있는 기구를 아동의 이불 밑에 넣어서 소변이 떨어지면 종이 울려서 아동이 잠에서 깨어나도록 한다. 무조건 자극인 종소리가 방광이 꽉 차는 감각인 조건 자극과 연합되어 깨어나는 반응을 일으키는 것이다. 나중에는 방광이 꽉 찼을 때에만 아동이 잠을 깨게 된다(Houts, 2003). 행동치료 기법인 '마른 침대 훈련'에서는 밤에 주기적으로 깨어 화장실에 가면 적절하게 보상을 해 준다(Christophersen & Purvis, 2001).

　유분증(encopresis)은 반복해서 옷에 배변하는 증상으로 보통 깨어 있는 시간에 나타난다. 불수의적으로 배변하는 증상이 일어날 수 있고, 4세 이후에 나타나며, 여자아이보다 남자아이에게서 흔하다. 유분증은 심각한 사회성 문제, 수치심, 당혹감을 일으킨다. 유분증 아동은 자신의 문제를 숨기려고 하고 당황해하는 상황이 발생하는 캠프 활동이나 학교 상황을 피하려고 한다. 반복적인 변비, 부적절한 배변 훈련이나 스트레스 상황에 기인한다.

　유분증을 치료할 때는 행동적인 접근과 의학적 접근이 필요하다. 아동에게 바이오피드백을 적용해서 장이 꽉 차면 더 잘 탐지하게 해 주는 방법도 있다. 고섬유소 섭취, 미네랄 오일, 하제와 윤활제 등을 사용해서 정기적으로 장 기능을 자극하고 변비를 없게 한다. 정서적인 문제와 반항성 장애, 주의력결핍 과잉행동장애 증상이 동반될 수 있으며, 가족 문제 등이 심할 경우 예후가 좋지 않아 가족치료를 받는 것이 도움이 된다.

유뇨증의 진단 기준(DSM-5)

A. 침구 또는 옷에 불수의적이든 의도적이든 반복적으로 소변을 본다.

B. 이러한 행동은 임상적으로 뚜렷하게 나타나고 적어도 연속적인 3개월 동안 주 2회 이상 나타나며 사회적, 학업적(직업적) 또는 다른 중요한 기능 영역에서 유의한 고통과 손상을 초래한다.

C. 생활연령이 적어도 5세 이상이다.

D. 이러한 행동은 물질(예: 이뇨제, 항정신병 약물)의 생리적 효과나 다른 의학적 상태(예: 당뇨, 척수이분증, 발작장애)로 인한 것이 아니다.

※ 다음 중 하나를 명시할 것: 야간형 단독, 주간형 단독, 주야간형 복합

유분증의 진단 기준(DSM-5)

A. 부적절한 장소(예: 옷, 바닥)에 불수의적이든 의도적이든 반복적으로 대변을 본다.

B. 이러한 상황이 적어도 3개월 동안 월 1회 이상 나타난다.

C. 생활연령이 적어도 4세 이상이다.

D. 이러한 행동은 물질(예: 완화제)의 생리적 효과나 변비를 일으키는 기전을 제외한 다른 의학적 상태로 인한 것이 아니다.

※ 다음 중 하나를 명시할 것: 변비 및 범람 변실금을 동반하는 경우와 동반하지 않는 경우

이 장의 요약

1. 신체증상장애는 심리적 요인이 원인이 되어 나타나는 장애로, 일반적으로 심각한 신체 질환은 없지만 불편감을 보인다. 주로 사회경제적 수준이 낮은 사람에게서 많이 나타난다.

2. 전환장애는 한 가지 이상의 다양한 유형의 증상을 보인다. 운동 증상은 쇠약감이나 마비, 떨림이나 근육긴장이상 같은 이상 운동, 보행 이상 그리고 이상 사지 자세를 보인다. 감각 증상으로는 시각·청각·피부 감각이 변화되거나 감소되고 혹은 상실된다. 발성 곤란, 구음 곤란, 목구멍에 혹이 있는 것 같은 느낌도 있다.

3. 신경성 식욕부진증은 체중 증가에 대한 공포와 몸매에 대한 강한 집착, 체중 감소를 위한 과도한 행동들, 체중 감소 행동으로 인한 신체적 건강의 손상을 나타내는 장애로 수분과 전해질의 불균형으로 사망에 이를 수 있는 질환이다.

4. 신경성 폭식증은 일정 기간 대부분의 사람이 비슷한 상황에서 같은 시간 내에 먹는 것보다 훨씬 더 많은 양의 음식을 먹는 것이다. 폭식 삽화에는 조절 능력의 상실감이 동반된다. 조절 능력의 상실감이란 음식 섭취를 참을 수 없거나 한번 먹기 시작하면 멈출 수가 없는 것이다. 신경성 폭식증은 인지행동치료에 잘 반응하는 편이다.

5. 배설장애 아동은 반복적으로 옷이나 침대, 바닥에 대소변을 본다. 신체 기능을 통제할 만한 연령이 되었음에도 불구하고 이런 증상이 발생한다. 배설장애에는 유뇨증과 유분증이 있다.

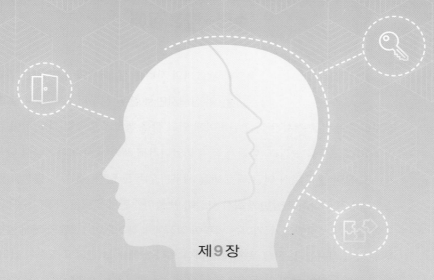

제9장

수면-각성 장애 및 성 관련 장애

수면-각성 장애

1남 1녀의 자녀를 둔 35세의 미영 씨는 부부 갈등이 심해지면서 한 달 전부터 잠이 오지 않고 있다. 잠자리에 들면 2~3시간 이상 뒤척이게 되고 잠을 청하려고 애를 써도 잠이 들지 않아 밤마다 고통을 느낀다. 힘들게 잠이 들었다가도 새벽에 자주 깨어나서 다시 잠을 청해도 잠이 들지 않아 어떤 때는 밤을 새우는 경우도 많다. 결혼 후 출산과 양육 등 스트레스가 많아지고 남편의 회사 사정이 안 좋아지면서 월급을 가져다주지 않아 갈등이 생기기 시작했고, 급기야는 남편이 직장에서 해고되어 1년째 집에서 놀면서 부부 갈등이 심해졌다. 잠을 푹 자지 못하다 보니 낮에는 늘 졸리고 짜증이 났고, 신경이 곤두선 느낌이 들기 일쑤였다. 수면클리닉을 찾아가서 수면다원검사를 받았지만 검사에서는 별다른 이상이 없었고 정신건강의학과를 방문하는 것이 좋겠다는 의사의 소견을 받았다.

그리스 신화에는 히프노스(Hypnos)라는 잠의 신이 나온다. 히프노스의 아들인 꿈의 신 모르페우스는 사람의 모습으로 꿈에 등장한다. 그리스의 비극 작가 소포클레스는 『아이아스』에서 히프노스를 사람의 고통과 번뇌를 가라앉히고 편안함을 주는 위대한 신으로 찬양한다. 또한 영국의 유명한 극작가인 셰익스피어는 그의 비극 『맥베스』에서 잠을 '헝클어진 번뇌의 실타래를 풀어 다시 짜 주는 것, 괴로운 노동을 씻는 목욕, 상처받은 마음을 치료하는 향유, 위대한 자연의 두 번째 코스, 생명의 향연에 최고의 자양분을 주는 것'으로 묘사하고 있다. 잠은 한 개인의 삶에서 약 1/3을 차지하고 있고, 인간 행동의 가장 의미 있는 측면이며, 위대한 극작가들이 표현한 것처럼 인간에게 휴식과 평온함을 준다. 최근 들어 수면과학 연구가 활성화되면서 잠의 정확한 기능에 대해 연구가 활발하게 진행되고 있는데, 인간 생존에 필수적인 수면이 박탈되면 신체적 손상, 인지 기능의 손상이 일어나고 심하게는 죽음에 이를 수 있다. 수면은 특히 이상심리와 관련이 높다. 대부분의 이상행동에서 수면 장해가 나타나기 때문이다.

수면은 낮 동안 소모되고 손상된 신체와 중추신경계를 회복시켜 주는 기능을 한다. 수면은 크게 2개의 생리적 상태, 즉 급속 안구 운동(Rapid Eye Movement: REM) 수면과 비급속 안구 운동(NREM) 수면이 있다. NREM 수면은 신체와 근육의 회복 기능을 담당한다. 반면, REM 수면은 질적으로 다른 수면으로 뇌 활동이 활발하고 생리적 활동이 각성 수준과 비슷하며 단백질 합성을 증가시켜서 뇌의 기능을 회복시킨다. 또한 낮 동안에 학습한 정보의 재정리가 일어나며 불쾌하고 불안한 감정을 정화하여 아침에 상쾌한 기분을 가질 수 있도록 정서적인 정화 기능을 한다. 정상적인 수면에서 NREM 수면은 평화로운 상태이며, 맥박이 5~10비트로 느려지고, 호흡, 혈압 등이 모두 낮아진다. 또한 NREM 수면에서는 간헐적으로 불수의적인 신체 움직임이 나타난다. 반면, REM 수면은 모순적 수면(paradoxical sleep)으로 불리는데, 그 이유는 맥박, 호흡, 혈압 등이 NREM 수면보다 높고, 심지어 각성 상태보다 높을 때도 있기 때문이다. 수면 주기는 규칙적이고 신뢰적이기 때문에 REM 수면은 매일 밤 90~100분마다 나타난다. 오랫동안 수면 박탈이 되면 자아 혼란, 환각, 망상이 생길 수 있다. REM 수면 주기가 시작될 때 깨워서 수면을 박탈하면 반동 효과가 나타나 방해하지 않고 놔 둘 경우 REM 수면 기간이 증가한다. REM 수면이 심하게 박탈된 환자는 짜증, 혼수 상태를 보일 수 있다.

표 9-1 수면장애의 종류와 특징

종류	특징
불면장애	수면을 개시하거나 유지하는 것에서 어려움을 보이며 수면의 양이나 질이 불만족스러운 상태
과다수면장애	과도한 양의 수면, 각성의 질 저하, 수면 무력증과 같은 증상을 보이는 것이 특징임
기면증	주간에 깨어 있는 상태에서 갑자기 저항할 수 없는 졸음을 느껴 수면에 빠지는 경우를 말하며, 갑자기 근육의 긴장이 풀리면서 주저앉을 것 같은 느낌과 함께 잠에 빠지는 것이 특징임

수면의 양과 질은 기능에 중요한 영향을 미친다. 어떤 사람은 평균 수면 시간보다 잠을 적게 자도 정상적인 기능을 하지만, 잠을 많이 자는 사람은 하루에 9시간을 자야 기능을 잘할 수 있다. 잠을 많이 자는 사람은 REM 수면 기간이 더 길고 급속 안

구 운동을 더 많이 한다. 급속 안구 운동은 수면 강도를 측정하는 측정치로 사용되며, 꿈을 생생하게 기억하는 것과 관련이 있다.

뇌파와 수면

- 베타파 13~20Hz의 주파수: 긴장·흥분 상태에 나타나며, 운동력 향상, 졸음 방지가 가능한 뇌파
- 알파파 8~12Hz의 주파수: 명상할 때 나타나고, 심신이 편안하게 되며, 집중력·기억력 향상 및 스트레스 해소에 좋은 뇌파
- 세타파 4~7Hz의 주파수: 현실과 꿈의 경계 부분으로, 깊은 잠을 자기 직전에 나타나며 피로 회복에 좋고 창의력이 좋은 뇌파
- 델타파 0~3Hz의 주파수: 깊은 수면을 취할 때 나타나며, 우울증이 심한 사람에게는 평소 델타파의 뇌파가 흐름
- REM 수면: 안구 운동을 제외한 신체의 움직임이 없지만, 깨어 있을 때와 비슷하게 활발한 뇌파 활동을 나타내며, 이때 꿈이 나타남
- NREM 수면: 크고 느린 뇌파가 나타남. 신체 근육이 이완됨. 산소 소비량이 감소함. 뇌가 휴식하는 상태

1. 불면장애

1) 불면장애의 임상적 특징

불면장애(insomnia disorder), 즉 불면증은 수면을 개시하거나 유지하는 것에서 어려움을 보이며 수면의 양이나 질이 불만족스러운 상태를 말한다. 수면장애는 다른 정신질환이나 의학적 상태의 경과 중에 발생하기도 하고, 혹은 단독으로 발생할 수도 있다. 매주 3일 이상, 3개월 이상 나타날 때 진단을 내린다. 수면 문제나 이로 인한 피로감으로 인해 일상생활의 중요한 영역에서 심각한 고통이나 지장이 초래된다.

　정상인은 10~15분만에 잠이 드는데, 20~30분 이상 잠이 오지 않으면 수면 시작 불면증(수면 초기 불면증), 수면 도중에 자꾸 깨는 시간이 20~30분 이상인 경우 수면 유지 불면증(수면 중기 불면증), 예상 기상 시간보다 30분 정도 일찍 잠에서 깨어 전체 수면 시간이 6시간 30분이 채 안 되는 경우에는 수면 후기 불면증에 해당된다. 비회복성 수면은 수면의 질이 저하되어 충분한 시간 동안 수면을 취해도 피로가 풀리지 않는 느낌을 주는 것으로, 수면 개시나 수면 유지의 어려움과 관련하여 발생하며 단독으로 발생하는 경우는 드물다. 또한 이 증상은 호흡 관련 수면장애와 함께 나타나기도 한다(APA, 2013).

　수면을 시작하고 유지하는 능력은 연령에 따라 변동되기 때문에 연령을 참고하여 불면증을 살펴보는 것이 중요하다. 불면장애는 야간의 수면 문제뿐만 아니라 피로, 졸림 등 주간에도 문제를 일으킨다. 주의력, 집중력, 기억력, 심지어 단순한 손동작 수행 능력의 저하 등 인지 능력의 손상이 발생할 수 있다. 또한 불면장애가 생기면 과민해지고 기분 변동이 커지며, 우울 및 불안 증상이 발생하기도 한다.

　불면장애는 생리적·인지적 각성 및 수면을 방해하는 행동적 요인 등이 복합적으로 작용한다. 잠을 자는 것에 집착하는 인지적 몰두와 잠들지 못하는 것에 대한 고통이 악순환을 일으킨다. 잠을 자려고 하면 할수록 잠이 들지 않아 고통스럽고 이에 대한 좌절감이 더욱 잠을 이루지 못하게 만든다. 불면증이 있는 사람은 부적응적인 수면 습관(예: 침대에서 많이 지내는 것), 부적응적 사고(예: 불면에 대한 두려움, 시간을 체크하는 것, 낮에 일을 못하는 것에 대한 걱정)가 나타난다. 잠을 이루지 못하게 하는 환경과 수면을 방해하는 행동이 일종의 조건형성이 되어 각성을 더 악화시키고 수면 문제를 심화시킨다.

　불면증이 있는 사람은 심리검사에서 우울, 불안, 걱정, 신체에 몰두하는 증상을 보고한다. 성인 중 약 1/3이 불면증을 호소하고, 남성보다 여성에게서 더 유병률이 높다(APA, 2013). 여성은 폐경기에 불면증이 새로 생기는 경우가 많다. 연령에 따라 불면증의 양상이 다른데, 청년기에는 수면 시작의 어려움을 더 많이 호소하고, 중장년층은 수면 유지의 어려움을 더 많이 보인다. 노인기에는 노화에 따른 질병이나 건강 문제로 인해 불면증이 증가한다. 불면증 검사에 쓰이는 수면다원검사는 여러 가지 제한점이 있지만, 노인의 경우 수면무호흡이 많이 발생하므로 이 검사가 유용하게 사용된다.

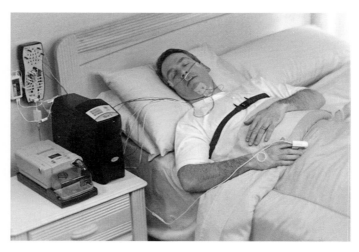

[그림 9-1] 수면다원검사

출처: http://vitalaire.co.kr

불면장애의 진단 기준(DSM-5)

A. 수면의 양이나 질이 매우 불만족스럽고, 다음 중 한 가지 이상의 증상이 나타난다.

　1. 수면 시작이 어려움

　2. 수면 유지의 어려움으로 자주 깨거나 깬 다음에 다시 잠들기 어려움

　3. 이른 아침에 눈이 떠져서 다시 잠들기 어려움

B. 수면 문제가 적어도 일주일에 3회 이상 발생한다.

C. 수면 문제가 적어도 3개월 이상 지속된다.

D. 수면 문제가 적절한 수면 기회가 주어졌음에도 불구하고 발생한다.

---

2) 불면장애의 치료

　불면장애를 치료하기는 쉽지 않지만, 일차적으로 수면 위생(sleep hygiene)에 대한 교육을 통해 숙면을 취할 수 있는 환경이나 습관을 교육시키는 것이 중요하다. 또한 자극 통제를 해서 수면을 유도하는 자극과 수면의 연합을 형성하고 강화시키는 것이 좋다. 침대와 침실은 수면과 성생활을 위해서만 사용하며, 낮잠을 자지 않

도록 하는 것도 필요하다. 긴장이완훈련과 같은 방법을 통해 팔다리가 무거워진다는 중량감 훈련과 팔다리가 따뜻해진다는 온감훈련 같은 자기암시를 함으로써 신체적·심리적 이완 상태를 유도해 각성 수준을 저하시키는 것도 효과적이다.

최근에는 인지행동치료(Ong et al., 2009)가 불면증 치료에 효과적인 것으로 알려져 있다. 인지행동치료에서는 인지적 재구성을 통해 '나는 하루에 8시간은 반드시 자야 하며, 그렇지 않으면 내일 일을 잘 못할 거야'와 같은 역기능적인 생각을 현실적인 생각(예: '잠을 8시간밖에 못 잔다고 문제가 되지는 않아.')으로 바꾸는 것을 강조한다. 수면 일지를 작성하게 하고 잠들기까지 걸린 시간과 실제 수면시간, 수면의 질을 점검하게 하여 불면에 대한 걱정을 줄여 주는 것도 효과적이다.

수면 위생, 심리치료만으로 효과가 없을 경우 벤조디아제핀, 졸피뎀 등의 약물 치료가 효과적이라고 알려져 있다. 수면제는 2주 이상 처방을 하지 않는데, 그 이유는 내성과 금단 증상이 생길 수 있기 때문이다.

수면 위생을 위한 팁

- 가급적 매일 같은 시간에 일어나는 습관을 갖는다.
- 니코틴, 카페인, 알코올, 자극제와 같은 중추신경을 자극하는 약물을 금지한다.
- 낮에 길게 낮잠을 자는 것을 피한다.
- 저녁에는 자극을 주는 활동을 피하고 책을 읽거나 텔레비전을 보면서 휴식을 취한다.

- 자기 전에 20~30분 정도 따뜻한 물로 목욕을 해서 몸의 체온을 높인다.
- 하루 세 끼를 규칙적으로 식사하고 야식을 줄인다.
- 자기 전에 근육을 이완시킬 수 있는 운동이나 마음챙김 명상 같은 것을 꾸준히 한다.
- 안락한 수면 위생을 위해 자기 전에 스마트폰 검색이나 스마트폰 사용을 줄인다.

2. 과다수면장애

과다수면장애(hypersomnolence disorder)는 과도한 양의 수면(야간 수면이 늘어나거나 불수의적인 주간 수면), 각성의 질 저하(잠에서 깨어나기 어렵거나 깨어 있어야 할 때 각성을 유지하지 못하는 것), 수면 무력증(정규 수면 삽화나 낮잠 중에 깼을 때 수행에 손상이 생기거나 각성 상태가 감소)과 같은 증상을 보이는 것이 특징이다. 과다수면장애를 가진 사람은 빨리 잠들며 수면 효율성은 대체로 좋다. 그러나 아침에 깨어나는 것을 어려워하고, 늘 졸음과 싸우고, 실조 증상을 보인다. 수면 각성 이행기에 각성 손상이 일어나 수면 무력증, 즉 잠에 취한 상태가 된다. 잠을 너무 많이 자다 보니 행동이 부적절하고, 기억 결함, 시간과 공간 지남력 장애, 비틀거리는 증상이 발생하기도 한다.

지속적인 수면 욕구로 인해 다음날 기억할 수 없는 자동 행동이 일어난다. 예컨대, 몇 시간 운전해서 가서는 거기에 왜 있는지 잘 모르고, 자동적인 운전을 기억하지 못하는 경우가 많다. 주간 졸림으로 수면클리닉을 찾는 사람들 중 약 5~10%는 과다수면장애로 진단된다. 극심한 경우에는 수면 삽화가 하루에 무려 20시간에 이른다. 이들의 평균 수면 시간은 9시간 30분 정도다. 한 번 잠이 들면 깨어나는 것을 어려워하고, 이들 중 약 40%가 수면 무력증을 경험한다. 주간 활동 기간 동안 작업 능력의 저하, 집중력 감소, 기억력 감소로 인해 직업적·사회적 기능이 현저하게 떨어진다. 아침에 일어나기 어려워 정시에 출근하는 것이 어렵고, 뜻하지 않은 주간 수면 삽화로 인해 운전 중이나 기계 조작 중에 위험한 일이 발생할 수 있다.

심리적인 스트레스와 알코올 사용으로 인해 일시적으로 수면이 증가될 수도 있고, 우울장애 진단 기준을 만족시킬 정도로 우울증이 있는 경우에 수면 과다가 나타난다. 과다수면이 일주일에 적어도 3일 이상 발생하고 적어도 3개월 이상 지속될 때 과다수면장애를 진단내린다.

과다수면의 치료에는 암페타민과 같은 자극제가 사용된다. SSRIs와 같이 진정 작용이 없는 항우울제가 도움이 될 수 있다.

과다수면장애의 진단 기준(DSM-5)

A. 주요 수면 시간이 7시간 이상임에도 불구하고 과도한 졸림을 호소하며, 다음 중
   한 가지 이상의 증상을 호소한다.
   1. 같은 날에 반복적으로 수면에 빠지거나 반복적으로 깜박 잠이 듦
   2. 하루에 주요 수면 삽화가 9시간 이상 지속되지만 피로가 해소되지 않음
   3. 갑자기 깬 후에 온전한 각성 상태를 유지하기가 곤란함
B. 과다수면이 일주일에 3회 이상 발생하고, 적어도 3개월 이상 지속된다.
C. 과다수면이 인지적, 사회적, 직업적 또는 다른 중요한 기능 영역에서 유의한 손
   상이나 고통을 초래한다.

3. 기면증

기면증(narcolepsy)은 주간에 깨어 있는 상태에서 갑자기 저항할 수 없는 졸음을 느껴 수면에 빠지는 경우를 말하며, 갑자기 근육의 긴장이 풀리며 주저앉을 것 같은 느낌과 함께 잠에 빠지는 것이 특징이다. 잠에 빠져드는 행동은 불가항력적인 것으로, 잠을 자기에 부적절한 상황(예: 운전 중, 회의 중, 대화 중, 성관계 중)에서도 일어난다. 많은 경우 수면 마비(가위눌림)가 동반된다. 수면은 5~20분 지속되며, 하루 2~6회 정도 경험할 수 있다. 잠에서 깨어날 때 REM 수면이 반복적으로 나타나며, 수면이 시작되거나 끝날 때 환각이나 수면 마비가 나타난다.

일반적으로 기면증은 탈력발작(cataplexy)을 수반하는데, 탈력발작은 크게 웃거나 화를 내거나 흥분했을 때 갑자기 운동 근육이 이완되면서 쓰러질 것 같은 상태로 수 초에서 수 분간 지속된다. 기분장애(주요우울장애)를 동반하는 경우가 많고, 물질 의존장애, 불안장애도 공존한다. 치료는 각성 수준을 증가시키는 약물을 사용하고 당분이 많은 음식을 피하거나, 심리치료를 통해 자신의 상태를 받아들이고 장애에 대한 공포와 두려움을 극복하게 해 주는 것이 좋다(수면 발작 시 대처, 직업 선택, 결혼 문제 등).

4. 기타 수면장애

기타 수면장애에는 크게 호흡 관련 수면장애와 사건수면이 있다. 호흡 관련 장애에는 폐쇄성 수면, 무호흡과 저호흡, 중추성 수면무호흡증, 수면 관련 환기 저하가 있다.

1) 호흡 관련 수면장애

호흡 관련 수면장애의 종류와 특징은 〈표 9-2〉와 같다.

표 9-2 호흡 관련 수면장애의 종류와 특징

종류	특징
폐쇄성 수면	1 또는 2 중 하나
무호흡과 저호흡	1. 수면다원검사에서 수면 시간당 적어도 5회 이상 보임. 야간 호흡장애(코골이, 거친 콧숨 및 헐떡임, 수면 중 호흡 정지) 혹은 주간 졸림, 피로감, 개운하지 않은 수면 2. 동반된 증상과 상관없이 수면다원검사에서 수면 시간당 15회 이상 폐쇄성 무호흡과 저호흡
중추성 수면무호흡증	수면다원검사에서 수면 시간당 5회 이상의 중추성 무호흡이 존재
수면 관련 환기 저하	수면다원검사에서 이산화탄소 농도 상승과 관련한 호흡 저하 삽화

2) 일주기 리듬 수면-각성장애

일주기 리듬 변화, 또는 내인성 일주기 리듬과 개인의 물리적 환경 및 사회적·직업적 일정에 의해 요구되는 수면-각성 일정 사이의 조정 곤란으로 수면 교란이 지속된다. 뒤처진 수면위상형, 앞당겨진 수면위상형, 불규칙한 수면-각성형, 비24시간 수면-각성형, 교대근무형이 있다.

표 9-3 일주기 리듬 수면-각성장애의 종류와 특징

종류	특징
뒤처진 수면위상형	기대되는 수면 시간과 기상 시간에 비해 주요 수면 시간의 시간대가 지연 (대개 2시간 이상)되고, 과도한 졸림과 불면이 발생한 과거력에 의해 진단을 내린다.
앞당겨진 수면위상형	기대되는 통상적인 시간보다 수시간 이른 수면-각성 시간이 특징적이다. 진단은 주요 수면의 시간대가 기대되는 수면, 각성 시각에 비해 앞당겨진 (대개 2시간 이상) 과거력을 바탕으로 한다
불규칙한 수면-각성형	진단은 주로 야간 불면 증상과 낮 동안의 과도한 졸림을 근거로 내려진다. 주요 수면 기간이 없고, 24시간 동안 수면은 적어도 세 기간으로 분절되어 있다.
비24시간 수면-각성형	주로 24시간 광-암주기와 내인성 일주기 리듬 간의 비정상적인 동기화에 의해 불면, 과도한 졸림 증상의 호소가 두드러진다. 잠이 들고 깨는 시간의 예측 불가능으로 학교에 출석하거나 직업을 유지하는 것이 어렵다.
교대근무형	야간 일을 하는 사람들의 과거력에 근거하여 진단을 내릴 수 있으며, 직장에서는 과도한 졸림이 나타나고 집에서는 손상된 수면이 지속적으로 나타난다. 두 상황 모두에서 증상이 나타나는 것이 진단에 필수적이다. 낮 근무를 하는 일상으로 돌아가면 증상은 해소된다.

3) 사건수면

사건수면(parasomnia)은 특정 수면 단계나 수면 각성 이행과 관련하여 발생하는 비정상적인 행동 또는 생리적인 사건을 특징적으로 보인다. NREM 수면 각성장애, 악몽장애, REM 수면 각성장애, 하지불안 증후군이 있다.

표 9-4 사건수면의 종류와 특징

종류	특징
NREM 수면 각성장애	수면보행증과 야경증이 있다. 수면보행증은 수면 동안 일어나서 걸어다니는 증상을 보이며 무표정한 얼굴로 돌아다닌다. 야경증은 비명을 지르며 수면 중 급작스럽게 잠이 깨고, 심한 공포와 빈맥, 빈호흡, 발한 같은 자율신경계 이상을 보인다.

악몽장애	수면 동안 심한 불안이나 공포를 유발하는 내용의 꿈을 꿔서 잠에서 깨어나는 일이 반복되어 주관적 고통을 느끼고, 악몽을 두려워해서 잠을 자지 못하면 낮에 과도한 졸음, 집중력 저하, 불안 등을 경험한다.
REM 수면 각성장애	REM 수면에서 발생하는 발성 및 복합 운동 행동을 반복하는 장애다. REM 수면 중 발생하므로 수면 개시 후 90분 이내로 발생하고, 수면 후반부에 더 자주 일어나며 낮에는 드물다. 행동이 많은 꿈 내용, 공격적인 꿈이나 위협적인 상황으로부터 탈출을 시도하는 운동 반응을 보인다. 꿈을 행동으로 옮기다가 침대에서 추락하고, 뛰쳐나가고, 달리고, 주먹으로 밀고 치고, 발로 차는 동작을 되풀이한다. 깨어날 때는 즉시 깨고 인지적으로 명료해지고, 지남력이 유지된다
하지불안 증후군	수면 중 다리에 불편하고 불쾌한 감각을 동반하여 이에 대한 반응으로 다리를 움직이고 싶은 충동을 느낀다. 일주일에 적어도 3번, 3개월 이상 지속된다.

성 관련 장애

인간의 성행동은 일상생활에서 매우 중요한 부분이다. 성적인 행위는 기본적이면서 본능적인 욕구를 충족시키는 것이고 성기능은 개인의 자존감과도 밀접한 관련이 있다. 성과 관련된 장애는 크게 2가지로 구분하는데, 성기능부전(sexual dysfunctions)과 변태성욕장애(paraphilia)다. 성기능부전은 성적 반응에서 어려움을 겪는 것으로 성적인 욕구는 있지만 발기가 안 되는 남성이 그 예에 해당된다. 변태성욕장애는 사회적으로 수용하기 어려운 사물이나 대상, 상황에서 극심한 성적 욕구를 경험하며, 때에 따라서는 그 욕구를 행동화하여 사회적으로 문제를 야기한다.

1. 성기능부전

성기능부전으로는 사정지연, 발기장애, 여성극치감장애, 여성 성적 관심/흥분장애, 성기-골반 통증/삽입장애, 남성성욕감퇴장애, 조기사정 등이 있다. 성기능부전은 매우 이질적이며 임상적으로 개인의 성적인 반응이나 성적 즐거움을 경험하는 능력에 현저한 장애를 초래한다. 이들 장애 중 한 가지만 있는 경우도 있고 동시에 여러 가지 성기능부전을 갖는 경우도 있다.

DSM-5에서는 성기능 장애를 평생형, 후천형, 전반적인 유형, 상황형으로 나누어 설명하고 있다. 평생형(lifelong type)은 첫 성경험 때부터 나타나고, 후천형(acquired type)은 정상적인 성기능을 하다가 이후에 나타나고, 전반적인 유형(generalized type)은 성적 곤란이 자극, 상황, 파트너에 관계없이 발생하며, 상황형(situational type)은 성적 곤란이 특정한 자극, 상황 또는 사람과의 관계에서 나타난다.

성기능부전을 평가하려면 파트너의 문제, 즉 상대방의 성적인 문제, 건강 상태와 같은 요인, 의사소통의 문제, 성적 활동의 욕구 차이와 같은 관계 요인, 부정적인 신체상이나 성적 학대의 과거력 같은 개인적 취약성 요인, 성적 활동이나 즐거움을 금

표 9-5 성기능부전의 종류 및 특징

종류	특징
사정지연(지루증)	사정에 도달하지 못하거나, 사정에 도달하는 시간이 지연되어 사정에 어려움을 겪음. 그러나 지연의 시간적 정의는 명확한 경계가 없음
발기장애	다음 증상 3가지 중 하나가 있음. ① 거의 대부분의 성적 활동 상황에서 심각한 수준으로 발기의 어려움을 겪고, ② 발기를 유지하는 데 어려움을 겪거나, ③ 발기 후 단단함이 별로 없음. 증상은 최소한 6개월 이상 지속됨
여성극치감장애	극치감의 지연 또는 뚜렷한 부재, 극치감 감각의 강도가 현저히 감소함
여성 성적 관심/흥분장애(불감증)	성적 활동이 결여되거나 관심이 감소. 성적 사고나 환상의 결핍, 성적 활동 개시 욕구의 감소로 파트너의 성적 활동 시도에 반응하지 않음. 성적 흥분이나 쾌락의 결핍 및 감소, 내적·외적 성적 단서에 대한 성적 관심과 흥분의 결핍 및 감소, 성적 활동 동안 성기 또는 성기 외적 감각의 결핍 및 감소가 나타남
성기-골반 통증/삽입장애	성교 중 삽입 통증, 성교 중이나 삽입 시도 중 현저한 음부나 질의 통증 혹은 골반통, 질 통증이나 골반통에 대한 분명한 두려움이나 불안, 질 내 삽입 시도 동안 골반저근의 현저한 긴장과 조임
남성성욕감퇴장애	성행위, 성적인 생각이나 공상, 성적 활동에 대한 욕구가 결여됨
조기사정(조루증)	질 내 삽입 이전 또는 직후에 대략 1분 안에 사정을 하는 것. 후천형은 40대 이후에 갑상선기능항진, 전립선염 등과 같은 의학적 상태로 주로 발생함

기시하는 문화적 요인, 종교적 요인, 의학적 요인 등을 종합적으로 고려해야 한다 (APA, 2013). 성기능부전의 종류와 특징은 〈표 9-5〉와 같다.

1) 성기능부전의 원인

정신분석 이론에 따르면, 성기능 장애는 기본적으로 불안에 의해 야기된다. 이러한 불안은 유아기에 생긴 뿌리 깊은 무의식적인 갈등에서 비롯된 것일 수도 있고, 최근에 경험한 성행위에서 느낀 불안일 수도 있다. 불안 수준이 높고 강할수록 성반응 주기의 초기 단계에서 문제가 생긴다.

인지이론에서는 성에 대한 역기능적 신념이 성기능 부전에 크게 작용한다고 본다. 예컨대, '성적인 능력은 나의 자존감과 존재 가치에 매우 중요하다. 성기능이 떨어지면 나는 무능한 존재다.' '상대방을 만족시켜 주어야 남자로서 괜찮은 사람이다' '상대방이 오르가슴을 느끼지 못한다면 성행위는 실패한 것이다.' '성행위는 더럽고 부끄러운 행동이다' 등과 같은 것이다. 성에 대한 이런 생각이 지나쳐 성행동의 결과에 초점을 두다 보니 불안이 올라와 그로 인해 성기능이 떨어지기도 하고 성욕이 감퇴되기도 한다. 성행위 시 나타나는 부정적 사고는 수행 불안과 그로 인한 성기능 장애를 유발하는 매우 중요한 요인이다. 불안해지면 성행위에 몰두하지 못하고 자신의 상태를 확인하려는 자기초점적 주의(self-focused attention) 성향이 강하게 나타난다. 이때 '제대로 하고 있지 않은 것 같은데, 상대방이 나에게 성적 매력을 느끼지 못하면 어떻게 하지?' '나는 성적으로 무능해.'와 같은 부정적인 사고가 증폭되어 성적 수행을 방해한다.

2) 성기능부전의 치료

지난 수십 년간 성기능부전의 치료에는 큰 변화가 있었다. 20세기 초반에는 정신분석 이론의 영향으로 아동기에 정상적인 심리성적 발달이 이루어지지 않아 이런 장애가 생긴다고 추정하였다. 1950년대와 1960년대에는 행동주의자들의 영향으로 성기능장애의 원인이 되는 두려움을 줄이기 위해 이완 훈련이나 체계적 둔감화 같은 방법들이 사용되었다.

　성기능부전 치료에 가장 효과적인 치료는 마스터스와 존슨(Masters & Johnson, 1970)이 제시한 성치료 프로그램이었다. 이들은 성적 수행에 대한 두려움과 관찰자적 태도를 극복하도록 돕는 데 일차 초점을 두었고, 성행동을 할 때 상대방을 충분히 만족시켜야 한다는 불안을 감소시키는 동시에 성행위 시 느끼는 감각에 집중하게 하여 관찰자적 태도를 탈피하도록 도움을 주었다. 감각 집중법(sense focus)을 통해 성반응의 각 단계에서 체험되는 신체적인 감각에 집중하게 하고 몰입을 시키는 것이 효과적인 것으로 드러났다.

　최근에는 단기적인 인지행동치료, 부부치료, 가족체계치료를 접목하여 사용하고 있다. 인지행동치료에서는 성에 대해서 올바른 지식과 현실적인 기대를 지니도록 도와준다. 성과 성 생활에 대한 건강한 신념과 태도를 지니도록 유도하고 불안을 증가시키는 부정적인 신념과 부정적 사고가 성기능을 위축시킨다는 점을 인식시킨다. 성기능부전 환자가 성행위 시에 자주 갖게 되는 부정적 사고를 확인하고, 이에 대한 타당성과 유용성에 대해서 살펴보고, 성행위에 대한 긍정적이고 현실적인 사고를 가르치고 연습시킨다. 불안과 긴장을 감소시키기 위해 체계적 둔감법, 모방학습, 긴장이완 훈련을 실시하고 구체적인 성적 기술을 가르치는 것도 중요하다. 성적 파트너와 솔직한 대화와 갈등 해결이 필요하므로 의사소통 훈련, 자기주장 훈련, 사회적 기술 훈련, 부부관계 개선 훈련도 필요하다.

　생물학적 치료는 1998년에 '실데나필(sildenafil, 상품명: 비아그라)'이 개발되면서 획기적인 변화가 일기 시작했다. 이 약물은 복용 후 1시간 이내에 남성의 성기에 혈액 공급을 증가시켜서 성 활동 중 발기를 유지할 수 있게 해 준다. 비아그라는 대체로 안전성이 입증되었지만, 심혈관 질환이 있거나 관상동맥 심장병이 있는 경우에는 부작용이 나타날 수 있다. 비아그라 외에도 타다라필(상품명: 시알리스)과 발데나필(상품명: 레비트라) 등의 약물이 사용되고 있다.

　요즘 들어 성치료의 추세는 결혼한 부부뿐만 아니라 결혼하지 않고 살고 있는 동거 커플, 동성애자, 나이가 많은 노인 환자, 신체장애가 있는 환자뿐만 아니라 우울증, 조증, 조현병 등 다양한 정신장애로 인한 성기능 문제로까지 확산되고 있다. 또한 DSM-5에 들어가 있지는 않지만 과다성욕(hypersexuality)과 성중독(sexual addiction) 같은 성 문제에 대해서도 임상적인 연구가 진행되고 있다(Stevenson & Elliott, 2007).

2. 변태성욕장애

변태성욕장애(paraphilic disorders)는 강렬한 성충동이나 공상을 반복적으로 갖고 사람이 아닌 물건, 아동, 동의하지 않는 성인에게 수치심이나 고통을 느끼게 하는 행동을 말한다. 변태성욕장애가 있는 사람은 대부분 성도착적 자극이 있거나 상상 혹은 행동을 하는 경우에만 흥분을 느끼며, 어떤 사람은 스트레스가 심하거나 특정 상황에서만 성도착적인 자극을 추구한다.

1) 변태성욕장애의 임상적 특징과 양상

표 9-6 변태성욕장애의 하위 장애와 특징

하위 장애	특징
관음장애	다른 사람이 옷을 벗고 있는 모습을 몰래 훔쳐봄으로써 성적 흥분을 느낌
노출장애	눈치채지 못한 사람에 대한 성기 노출 행위를 통한 반복적이고 강렬한 성적 흥분이 성적 공상, 성적 충동 또는 성적 행동으로 표현됨
마찰도착장애	동의하지 않은 사람에게 자신의 성기나 신체 일부를 접촉하거나 문지르는 행위를 하면서 반복적으로 강렬한 성적 흥분을 느끼고, 이것이 성적 공상, 성적 충동 또는 성적 행동으로 발현됨
성적피학장애	굴욕을 당하거나, 매질을 당하거나, 묶이거나, 숨이 막히거나 하는 등으로 고통을 당하는 행위를 통해 성적 흥분을 느끼거나 성적 행위를 반복함
성적가학장애	상대방이 고통이나 굴욕감을 느끼게 함으로써 성적 흥분을 느끼거나 성적 행위를 반복하는 것으로, 몸을 묶고 때리거나 찌르거나, 불로 지지기, 목 조르기 등의 가학적 행동을 함
소아성애장애	사춘기 이전의 아동(13세 이하)을 상대로 한 성적 활동을 통해 반복적이고 강렬한 성적 흥분이 성적 공상, 성적 충동 또는 성적 행동으로 발현됨
물품음란장애	무생물인 물건에 대해 성적 흥분을 느끼며 집착함
복장도착장애	이성의 옷으로 바꿔 입음으로써 성적 흥분을 함

(1) 관음장애

다른 사람이 옷을 벗고 있는 모습을 몰래 훔쳐봄으로써 성적 흥분을 느끼며, 관음 행위 도중이나 후에 목격 내용을 상상하며 자위 행위를 하는 경향이 있다. 관음 증상이 적어도 6개월 이상 지속되어야 하며, 18세 이상일 경우에 진단된다.

관음장애(voyeuristic disorder)는 변태성욕적인 흥미를 자유롭게 드러내는 사람에게도 적용할 수 있고, 상당히 객관적인 증거가 있지만 옷을 벗고 있거나 성행위 중에 있고, 옷을 벗은 대상을 눈치채지 못하게 은밀하게 관찰하는 행위를 통해 성적 흥분을 느낀다는 것을 부정하는 사람에게도 적용된다. 변태성욕적인 흥미를 드러내는 사람이 자신의 관음증적 성적 기호 때문에 주관적 고통이나 정신사회적 문제를 보고한다면 진단을 내릴 수 있다. 반면, 불안, 강박, 죄책감, 수치심을 보이지 않고, 변태성욕적인 충동에 대한 고통을 표현하지 않으며, 다른 중요한 기능에 손상이 없고, 변태성욕적인 흥미를 숨기고, 성적 충동이나 성적 공상을 부정하면서 자신이 관찰한 것이 우연이며 성적인 것이 아니었다고 보고하는 경우에는 이 진단을 내리기가 쉽지 않다.

이 장애는 15세 이전에 시작되며 만성화되는 경향이 있다. 평생 유병률은 남성이 약 12%, 여성이 약 4%로 추정되고 있다. 정신분석 이론에서는 유아기에 부모의 성교 장면(primal scene)을 목격하거나 엿들었을 때 받았던 충격에 고착되어 있을 가능성이 있다고 본다(Fenichel, 1945). 또한 이런 초기 외상 경험이 거세 불안을 촉발하여 과거에 수동적으로 경험한 외상을 능동적으로 극복하려는 시도라는 해석도 있다. 들여다보는 행동에는 공격적인 요소가 들어 있는데, 공격성이 직접 여성에게 향하는 경우에 발생할 수 있는 죄의식을 피하기 위해 이를 전치(displace)하며 관음증적 행동으로 나타날 수도 있다. 이 밖에 아동기의 성적 학대, 물질 오용, 성적 집착이나 성욕항진이 관음장애의 위험 요인으로 제기되고 있다.

(2) 노출장애

윤호 군은 22세의 대학생으로 아르바이트로 일하는 편의점 근처 주차장에서 여성들에게 성기를 노출하였다가 붙잡혔다. 정신 감정을 받게 된 윤호 군은 경찰에 붙잡혀서 자존감의 손상을 입은 것과 학업을 중단할지 모르는 것에 대한 불안감 및 우울감을 호소하였지만 노출 행동에 대해서는 통찰 능력이 없었다. 정신분석치료를 받으면서 노출증적 증상이 여성에게 데이트 신청을 거절당한 직후에 발생하였음을 인식하게 되었다. 여성이 자신을 거부하면 좌절감과 모욕감을 느꼈고, 이때 자신을 노출한다는 것은 분노와 복수의 표현일 수 있다는 가능성을 이해하게 되었다. 좋아하는 이성으로부터 좌절과 거부를 당할 때 노출증적 충동이 증가한다는 것을 스스로 모니터링하게 되면서 노출 충동을 어느 정도 통제할 수 있게 되었다.

노출장애(exhibitionistic disorder)란 눈치채지 못한 사람에게 성기를 노출하는 행위를 통해 반복적으로 강렬한 성적 흥분을 느끼고 성적 공상, 성적 충동 또는 성적 행동으로 표현하는 것을 말하며, 적어도 6개월 이상 지속될 때 진단을 내린다. 이러한 성적 충동이나 공상이 사회적, 직업적 또는 다른 기능 영역에서 유의한 고통이나 손상을 초래한다. 반면에 고통을 표현하지 않고(변태성욕적인 충동에 대한 강박, 죄책감, 수치심이 없는), 이런 성적 관심으로 인해 다른 중요한 기능에 손상이 없고, 법적·정신적 과거력으로 보았을 때 성적 충동에 의해 행동하는 것이 아니라면 노출증적 성적 관심은 있지만 노출장애는 아니다.

노출장애의 원인에 대해 정신분석에서는 낯선 여성에게 성기를 노출시키면서 성적 흥분을 느끼고 자신의 성기가 거세(castration)되지 않았다는 사실을 스스로 확인하는 행위라는 해석을 하고 있다. 또한 이런 행위에는 보는 사람을 놀라게 하거나 충격을 주고, 상대 여성을 굴복시켰다는 느낌을 갖게 하고, 여성에게 당한 모욕감을 복수하려는 의미도 내포되어 있다(Stoller, 1985; 권석만, 2013). 성기 노출은 자기 존재 및 자기 가치감과 긍정적인 남성적 정체감을 회복시켜 주며, 소아기의 외상적 경험을 역전시키려는 의도라는 설명도 있다(Mitcheell, 1988). 대개 18세 이전에 발생하지만 그 이후에도 시작될 수 있다. 유병률은 남성이 2~4%이며, 여성의 노출장애는 극히 드물다(APA, 2013).

(3) 마찰도착장애

마찰도착장애(frotteuristic disorder)는 동의하지 않은 사람에게 자신의 성기나 신체 일부를 접촉하거나 문지르는 행위를 하면서 반복적으로 강렬한 성적 흥분을 느끼고 성적 공상, 성적 충동 또는 성적 행동으로 발현되는 것으로, 적어도 6개월 이상 지속될 경우에 진단된다. 동의하지 않은 사람에게 이러한 성적 충동에 따라 행동하고, 이러한 성적 충동이나 성적 공상이 사회적 · 직업적 기능에서 임상적으로 유의한 고통이나 손상을 초래한다.

마찰도착장애의 유병률은 남성에서 30%까지 보고된다. 정신건강의학과 외래에서는 변태성욕장애와 성욕항진의 진단 기준을 만족하는 성인 남성의 10~14%가 마찰도착장애를 지닌다고 보고된다(APA, 2013). 이들은 동의하지 않은 사람에게 몰래 신체적으로 접촉하는 것에 대한 성적 기호를 가지고 있다는 것을 청소년 후기나 성인기 초기에 처음 알아차린다. 이에 대해 죄책감, 수치심, 강렬한 성적 좌절감, 외로움 등의 주관적인 고통이 많고, 성욕항진과 성적 충동으로 인한 정신사회 기능이 손상된다. 또한 동의하지 않은 사람에게 접촉하거나 문지르는 것을 성적으로 행동화해서 법적인 문제가 야기될 수 있다. 주로 남성이 이런 장애를 가진 것으로 보고되고 있다.

(4) 성적피학장애

성적피학장애(sexual masochism disorder)는 굴욕을 당하거나, 매질을 당하거나, 묶이거나, 숨이 막히거나 하는 등으로 고통을 당하는 행위를 통해 성적 흥분을 느끼거나 성적 행위를 반복하는 경우를 말한다. 가장 심한 형태는 저산소기호증(hypoxyphilia)인데, 가슴을 압박하고 플라스틱 주머니, 마스크 등을 사용하여 산소부족 상태에서 성적 쾌감을 느낀다는 특징이 있다. 이런 행동으로 인해 신체적 상해를 입어 심하면 자가성애적 질식에 의한 죽음(auto-erotic death)에 이를 수 있다. 만일 이들이 굴욕을 당하거나, 맞거나, 묶이거나, 여타의 방식으로 고통을 당하는 행위를 선호해서 정신사회적 어려움이 발생한다면 성적피학장애 진단을 내리지만, 강박감, 불안감, 죄책감, 수치심과 같은 고통을 호소하지 않고, 이와 같은 충동이 다른 개인적 목표를 이루는 데 방해가 되지 않는다면 성적피학장애로 진단을 내리지는 않는다. 최소한 이러한 행위가 6개월 이상 지속되어야 진단을 내린다.

성적피학장애의 유병률은 잘 알려져 있지 않다. 아동기에 성적피학증적인 성적 공상이 발생할 수 있으나 10대 후반에서 20대에 들어가면 심해질 수 있다. 소아기에 학대 경험이 많고, 굴욕감을 당할 때에만 그 대상이 자기와 관계를 맺는다는 내적 대상관계를 가지고 있는 사람에게서 많이 나타난다고 알려져 있다. 자기심리학에서는 이런 피학적인 행동을 삶의 활력과 자기응집력(self-cohesion)을 회복하려는 필사적인 노력으로 보고 있다. 타인에 의한 신체적 고통이나 학대가 없으면 자신의 존재 가치는 없고 누구와도 친밀한 관계를 맺을 수 없다고 느낄 수 있다.

언론에 비친 이상심리: 자위중독, 자위질식사

성적 파트너 없이 혼자서 기구나 장치를 이용해서 성적 쾌감을 즐기다 실수로 죽는 경우가 있다. 자위질식사(autoerotic asphyxia) 혹은 자기색정사(autoerotic death)라고 하며, 일종의 사고사다. 미국과 캐나다에서는 한 해 최대 1,000건 이상이 발생하는 것으로 보도되고 있고, 관련 연구 역시 활발히 진행 중이다. 반면, 우리나라에서는 잘 알려져 있지 않고 자살로 혼동하거나 타살로 오해하기도 한다. 이런 자기색정사는 기본적으로 '이상 성행동'의 일종이다. 최근 연쇄 성폭행을 저지르는 범인들 역시 이와 같은 이상 성행동을 보인다. 이상 성행동이 자신을 향하면 자기색정사로, 그리고 외부 대상으로 향할 때는 강간, 살인으로까지 이어진다. 혼자 사는 남성에게서 주로 발생하며, 부인이 있는 남성에서도 나타날 수 있다. 외국의 경우 여성의 사례도 보고되고 있다. 선진국은 이미 자기색정사에 대한 대책 마련을 촉구하며 위험을 경고하는 동영상도 제작되고 있다. 우리나라에서도 최근 외국의 서적이나 동영상을 보고 이상 성행동을 따라 하다가 사고로 사망하는 젊은 남성들이 늘고 있다. 뉴스로 보도되지 않은 사람들도 있다는 것을 감안하면 자기색정사 같은 이상행동으로 죽는 이들도 꽤 있을 것으로 보여 이에 대한 연구가 필요하다. 자기색정사로 죽음을 맞은 사람의 사례를 살펴보면, 대부분이 스카프나 밧줄로 목을 매거나 박스테이프 등으로 목을 압박하는 경우가 많다. 비닐봉지나 방독면 등을 쓰고 무호흡 상태를 유지하다가 질식사하는 경우도 있고, 부탄가스나 약물 등 유해물질 중독으로 생을 마감하는 경우도 있다. 성의학 전문가들은 자위를 할 때 성적 쾌감과 만족도를 높이기 위해 위험한 상황을 연출하다가 무호흡, 저산소증으로 인한 뇌의 허혈(국부적 빈혈) 상태를 즐기고 생명의 위협을 느끼면서 교감신경계의 흥분을 꾀한다고 본다.

이처럼 갖가지 변태적 음란물과 비상식적인 성행위가 인터넷을 통해 범람하는 상황에서 성의 극치를 맛보려다 이상 성 행동을 보이고, 결국 자신과 타인의 목숨까지 위협하는 사람들에 대한 경고에 귀를 기울일 때다.

출처: JTBC(2012. 10. 28.).

(5) 성적가학장애

성적피학장애와 달리 성적가학장애(sexual sadism disorder)는 상대방이 고통이나 굴욕감을 느끼게 함으로써 성적 흥분을 느끼거나 성적 행위를 반복하는 것으로, 몸을 묶고 때리거나, 찌르거나, 불로 지지고, 목을 조르는 행동을 하는 것이다. 시간이 지날수록 강도가 강해지고 심한 손상을 유발함으로써 죽음에 이를 수도 있다. 동의하지 않은 사람에게 성적으로 가학적인 행동을 반복적으로 하며, 적어도 6개월 이상 지속되어야 진단을 내린다. 가학증-피학증 관계가 이들이 맺은 대상관계의 유일한 형태이기 때문에 학대를 받는 관계이지만 그나마 없는 것보다 낫다는 확신이 이런 가학-피학 관계를 지속시킬 수 있다. 성적가학장애는 남성, 여성 모두에서 동일하게 나타나는 유일한 성도착장애다.

(6) 소아성애장애

소아성애장애(pedophilic disorder)는 사춘기 이전의 아동(13세 이하)을 상대로 한 성적 활동을 통해 반복적이고 강렬한 성적 흥분이 성적 공상, 성적 충동 또는 성적 행동으로 발현되는 것이며, 적어도 6개월 이상 지속될 경우에 진단을 내린다. 성적 행동으로는 소아를 만지거나, 옷을 벗기고 바라보거나, 자신의 성기를 접촉하는 경우까지 포함한다.

소아성애장애를 가진 성인 남성은 자신이 아동에게 강한 성적 선호도가 있다는 것을 사춘기 전후에 알게 되는데, 이때는 신체적으로 성숙한 사람이 남성이나 여성에게 성적 관심을 느낀다는 것을 알게 되는 시기다. 발달 중에 있는 청소년기에는 또래에 대한 애착이 강한 시기라 동년배에게 느끼는 성적 관심이나 호기심이 그 연령에 적절한 수준일 수 있기 때문에 적어도 16세 이상일 때 진단을 내린다.

소아성애증 자체는 일생 동안 지속될 수 있다. 죄책감, 수치심, 성적 좌절감, 고립감과 같은 주관적 고통, 정신사회 기능의 손상, 아동에게 성적으로 행동화하는 경향성 등은 시간에 따라 변할 수 있으며, 연령에 따라 증가하거나 감소할 수 있다. 나이가 들면 다른 변태성욕적 행동과 마찬가지로 아동을 대상으로 하는 빈도는 줄어들기도 한다.

이들은 소아를 자기의 소아기적 거울상(mirror image), 즉 자기애적 대상으로 삼는다. 소아성애자 중에는 사이코패스적 특징을 가진 자기애성 성격장애자나 반사회적 성격장애자가 많다. 이들 중에는 성적 학대의 희생자가 많다고 알려져 있는데, 어린 시절 방치되고 지나치게 처벌받는 양육 환경에서 자랐거나 친밀한 관계를 맺는 것이 어려운 사람일 가능성이 높다. 이들은 이중 결혼을 하거나, 결혼 후에 성적인 어려움을 겪는다. 정신분석 이론에서는 생활 스트레스를 극심하게 겪고 절망감을 느끼는 사람이 어린 아동을 성적으로 함부로 대하면서 자신이 대상을 통제하고 주인(master)이 될 수 있는 상황을 찾는 것이라고 해석하고 있다. 소아성애자의 경우 자기 또래의 성인 여성과 관계를 맺는 사회적 기술이나 성적 기술이 미숙하고 정상적인 성관계에 대해 불안감이 많다(Seto, 2009). 심지어 이들은 아동의 동의를 구하면 성관계를 맺어도 좋다고 잘못 생각하고 있다(seto et al., 2006). 소아성애자의 뇌구조에 이상이 있고 뇌의 생화학적 문제로 이런 증상이 생겨날 수 있다는 제안도 있지만 명확한 연구는 없는 실정이다. 이들은 붙잡히게 되면 병원보다는 교도소에 수감되거나 강제로 치료 감호를 받게 된다.

소아성애장애의 치료법으로는 다른 성도착증과 마찬가지로 혐오치료, 질리게 하기(포화, satiation), 오르가슴 재교육, 인지행동치료, 항안드로겐 약물 치료 등이 있다(Plaud, 2007). 인지행동치료로는 '재발 방지 훈련'이 있는데, 이 장애를 가진 사람이 우울하거나 왜곡된 생각을 하고 있을 때 성적 환상과 성적 행동이 일어나는지를 알아보고, 이러한 상황을 효과적으로 피하거나 대처하는 방법을 가르친다. 그러나 효과는 그다지 없는 것으로 보고되고 있다. 남성 인구에서 소아성애장애는 대략 3~5% 정도의 유병률을 보이며, 여성 인구에서는 분명하지 않다(APA, 2013).

생각해 보기

화학적 거세: 찬성 vs. 반대

1996년 미국 캘리포니아 주에서는 최초로 항남성호르몬 투여를 허용하는 법률을 통과시켰다. 이 법은 오늘날 화학적 거세로 알려져 있고, 소아성애자나 연쇄 성범죄자 등 반복적인 성범죄를 저지르는 사람을 대상으로 시행되고 있다. 우리나라에서는 2011년부터 이 법이 제정되었으나 그동안 인권 침해라는 논란도 제기되다가 2013년에 첫 화학적 거세 판결이 나왔고, 현재 화학적 거세가 시행되고 있다. 특히 아동을 대상으로 하는 소아성애자나 성폭행을 일삼는 살인범들은 화학적 거세를 해야 한다는 일반 사람들의 요구가 많다.

(7) 물품음란장애

물품음란장애(fetishistic disorder)는 무생물인 물건에 대해 성적 흥분을 느끼며 집착하고, 성기가 아닌 특정 신체 부위에 집착을 함으로써 반복적이고 강렬한 성적 흥분이 성적 공상, 성적 충동 또는 성적 행동으로 나타나며, 적어도 6개월 이상 지속된다. 여성의 속옷, 스타킹, 신발 등을 만지거나 문지르거나 냄새 맡으면서 자위 행위를 하며, 그런 물건이 없을 경우 발기부전을 겪기도 한다. 일반적으로 청소년기에 시작되어 만성화되기도 한다.

정신분석 이론에서는 물품음란장애가 거세 불안에서 비롯된다고 본다. 생후부터 만성적인 외상적 상호작용이 문제의 원인이라는 해석도 있다. 어머니−유아 관계에 심각한 문제가 생겨 어머니나 과도기적 대상으로부터 위안을 받을 수 없게 될 때 신체적으로 이상이 없음을 경험하기 위해 '마음을 든든하게 해 줄' 물건을 필요로 하게 되고, 이 물건 혹은 대상이 과도기적 대상의 하나로 작용한다는 것이다(Fenichel, 1945). 대개 변태성욕은 사춘기 중에 시작되지만, 물품음란장애는 청소년기 이전에 시작되며, 일단 시작되면 성적 충동과 성적 행동의 강도 및 빈도가 변동하면서 유지된다. 행동주의 이론에서는 물품음란장애가 고전적 조건형성에 의해 생겨난다고 보고 있다. 때문에 성적 흥분을 일으키는 물건을 상상할 때마다 전기 충격을 가하여 혐오 조건형성을 시켜 주어 증상을 없애는 행동 기법도 시행된다.

(8) 복장도착장애

복장도착장애(transvestic disorder)는 이성의 옷으로 바꿔 입음으로써 성적 흥분을 하는 경우이며, 6개월 이상 지속될 때 진단을 내린다. 성 불편증으로 인해 이성의 옷을 입는 경우는 이 진단을 내리지 않는다. 물품음란증을 동반하는 경우 직물, 소재 또는 의복으로부터 성적 흥분을 느끼며, 자가 여성애를 동반할 경우 자기를 여성이라고 생각하거나 여성을 떠올림으로써 성적 흥분을 느낀다.

분리불안을 피하기 위해 남근을 가진 어머니(phallic mother)와 동일시하고, 모성적 대상과 정신적으로 어느 정도의 융합을 경험하는 이성애적 성향이 있는 남성에게서 많다는 보고가 있다. 아동기에 주로 시작되며 여성의 복장 중 특정한 물품에 강하게 매료된다. 사춘기 이전에 옷 바꿔 입기를 통해 흥분 감정을 느낀다. 사춘기에 여성의 옷을 입으면 음경이 발기되고 일부의 경우에는 첫 사정으로 이어지기도 한다. 이 장애의 심각성은 성인기에 가장 두드러지며, 이성애적인 성교 수행, 결혼을 하고 가정을 꾸리기를 원하는 욕구와 갈등을 일으킬 가능성이 높다.

용어 이해

기타 변태성욕

- 동물애증(zoophilia): 동물과 성행위를 하거나 그러한 공상을 통해 성적 흥분을 얻음
- 외설증(coprolalia): 음란하고 외설스러운 말을 함으로써 흥분을 추구함
- 전화외설증(telephone scatologia): 전화를 통해 낯선 사람에게 음란한 말을 하면서 성적 흥분을 추구함
- 분변애증(coprophilia): 상대방의 성기에 대변을 문질러 바름으로써 성적 흥분을 추구함
- 소변애증(urophilia): 상대방의 성기에 소변을 문질러 바름으로써 성적 흥분을 추구함
- 시체애증(necrophilia): 시체와의 성관계를 추구함

이상심리 프리즘 : 과다성욕행동

과다성욕장애, 즉 지나친 성적 욕구는 '강박적 성적 행동'으로 DSM에 포함되어야 한다는 주장도 있지만 아직 논란의 여지가 많다. 과다성욕행동(hypersexual behavior)은 물질사용장애나 충동통제장애와 유사하기도 하고 강박적으로 성행동을 추구한다는 점에서는 강박장애와 유사하다. 과다성욕은 성적 활동의 관점에서 보면 성도착적인 면도 있다. 성적 활동이나 집착이 너무 심해 자위 행위를 과도하게 하거나, 포르노나 폰섹스에 몰두하거나, 성매매 여성이나 동의하지 않은 파트너와의 난잡한 성행위에 몰두하는 등의 문제를 발생시킨다. 유명한 성의학보고서인 「킨제이보고서」에는 수개월 동안 일주일에 적어도 7번의 오르가슴을 추구하는 것을 과다성욕의 조작적 정의로 삼아야 한다는 내용이 들어 있다. 이 밖에 상대 파트너의 만족감 등은 고려하지 않고 '비인격적인 섹스(impersonal sex)'를 추구하는 행동도 과다성욕행동의 진단 기준으로 넣어야 한다는 의견도 있다. 그러나 과다성욕행동을 보이는 사람이 정신과적인 문제로 치료에 들어오지 않는 데다가 이런 행동의 노출을 꺼려 임상 연구는 많이 이루어지지 않았다. 한 연구에 따르면, 과다성

욕자는 포르노중독, 강박적 자위 행위, 난잡한 성행위를 특징적으로 보인다. 과다성욕은 불안을 완화시키기 위한 전략으로 나타날 수 있고, 충동 통제나 자기 조절의 어려움 때문에 생기기도 한다. 성행위 후 일시적으로 긴장이 완화되기는 하지만 행동에 몰두한 것에 대해 죄책감을 갖는 등 건강하지 못한 성행위의 일종으로 볼 수 있다. 이를 치료하기 위해서는 성적인 생각과 집착 혹은 활동을 줄이고 대안적인 행동을 증가시킬 필요가 있다. 또한 스트레스나 기분을 조절하는 적응적인 대처 전략을 학습할 필요가 있다.

2) 변태성욕장애의 원인과 치료

정신분석 이론에서는 억압되어 있는 성적 공상들의 변형이 신경증 증상으로 나타난다고 본다. 변태성욕장애는 이 공상이 의식화되면서 자아동조적인 쾌락 행동으로 표현된 것이다(Freud, 1905). 변태성욕장애는 소아기의 외상을 성인기의 승리로 전환시키려는 시도이며, 어린 시절에 부모가 모욕을 가한 것에 대한 복수의 방편으로 변태적 공상이나 행동을 하면서 상대방을 인간 이하로 전락시키거나 모욕을 준다는 견해도 있다. 어머니에 대한 내적 표상으로부터 분리되지 못해 독립된 인간이라는 정체성을 갖지 못함으로써 그 대상들과 융합되거나 삼켜질 것 같은 위협 속에서 변태적 욕망이 행동화된다. 이런 행동을 통해 자신을 구속하고 통제하는 어머니를 극복했다는 느낌을 갖게 된다는 해석도 있다(Mitchell, 1988). 또한 변태적 행동의 핵심에는 정체성이나 자기감(sense of self) 상실에 대한 심각한 두려움이 자리 잡고 있다. 변태성욕적 행위는 내적으로 죽은 느낌(sense of inner deadness)과 자기붕괴에 대한 두려움(fear of self-disintegration)을 스스로 치유하려는 자가 치유의 한 방법으로 발생할 수 있다(권석만, 2013; Stoller, 1985).

행동주의에서는 변태성욕을 잘못된 조건형성으로 이해하고 있다. 우연히 성적인 자극과 부적절한 대상이 연합되어 도착증적인 행동으로 발전한다는 것이다. 치료적으로는 혐오 조건형성을 통해 부적절한 행동을 제거하고, 성적 공상의 대상을 정상적인 대상으로 대치할 수 있게 도와주고, 부족한 대인관계 기술을 가르쳐 주는 것이 좋다. 특히 이들은 대인관계가 미숙하고 자기주장 기술이 부족하여 사회적으로 고립되어 있는 경우가 많으므로 사회기술 훈련, 자기주장 훈련을 통해 정상적인 이성 관계를 통해 성적 욕구를 해소하도록 도와줄 필요가 있다.

성별 불쾌감

17세의 효진이는 성별 불쾌감을 호소하며 정신건강의학과 외래를 방문하였다. 효진이는 자신이 유치원에 다닐 때부터 다른 여자아이들과 다르다는 것을 느꼈지만 그것에 대해 인식하지는 못했다. 그러나 초등학교에 들어가면서 여자아이들과 놀기보다는 남자아이들과 운동장에서 축구를 하거나 함께 총 놀이를 하는 것을 즐기게 되었다. 남자 옷을 입었고 머리도 짧게 자르고 다녀서 처음 보는 사람들은 남자아이라고 여길 정도였다. 초등학교 고학년이 되면서 가슴이 커 보이는 것이 싫어서 일부러 헐렁한 옷을 입고 다녔다. 중학교 1학년 때 초경을 하였는데, 이는 매우 당황스러운 경험이었고 자신이 여자라는 것이 너무나 혐오스러웠다. 이성보다는 동성인 여성에게 끌렸으나 자신이 동성애자라기보다는 이성애자 남성이라는 생각이 들었다. 성불쾌증이 심해지면서 인터넷을 통해 트랜스젠더에 대해 검색하게 되었고 정신건강의학과 치료 경험이 있어야만 성전환 수술이 가능하다는 정보를 듣고 의료 기록을 남긴다음 성전환 수술을 하겠다고 자의에 의해 정신건강의학과를 찾게 되었다.

대부분의 아동과 성인은 자신의 타고난 성과 동일시하여 생래적 성별과 일치하는 감정 및 정체감을 갖는다. 하지만 어떤 사람은 타고난 성별 정체성을 확고하게 갖지 못한다. 이들은 '성전환적 경험'을 느끼면서 신체적으로 태어난 성별 범주와 다르거나 통상적인 남성이나 여성 범주에서 벗어난 느낌을 갖는다. 성전환적 경험을 느끼는 많은 사람이 대체로 이런 성별 불일치를 극복하지만, 그렇지 못한 사람들은 타고난 성별에 만족하지 못해 성별 불쾌감(gender dysphoria) 진단을 받는다.

DSM-IV의 성정체감 장애(gender identity disorder)가 DSM-5에서는 성별 불쾌감(gender dysphoria)으로 바뀌었는데, 그 이유는 정체성 그 자체보다는 불쾌감에 임상적 초점을 두게 되었기 때문이다. DSM-5의 성별 불쾌감 진단에 대해서는 논란이 많이 일고 있는데, 성전환적 경험을 하는 사람은 성정체성이 대체되는 경험을 하는 것이지 병리적인 것은 아니기 때문에 이를 정신장애로 분류해서는 안 된다는 것이다.

성정체감은 사회적으로 부여된 정체감, 개인의 여성 및 남성에의 동일시를 의미한다. 성별 불쾌감은 부여된 성에 대해 정서적·인지적 불만족을 느끼고, 개인에게 생물학적으로 부여된 성과 경험된 혹은 표현된 성의 불일치로 인해 고통을 느끼는 것을 말한다. 성별 불쾌감을 가진 모든 사람이 그런 불일치로 고통을 경험하지는 않지만, 상당수의 사람이 호르몬 또는 수술과 같은 신체적 중재가 불가능할 경우에 고통을 받는다.

성별 불쾌감의 진단 기준(DSM-5)

• 아동에서의 성별 불쾌감

A. 자신에게 주어진 성별과 경험된/표현된 성별에 있어서 뚜렷한 불일치가 최소 6개월 이상 다음의 6가지를 보인다(1번은 반드시 포함).

1. 이성이 되고 싶은 갈망, 자신이 이성이라고 주장함
2. 남자아이는 이성의 옷을 입거나 여성 복장을 흉내 내기를 좋아함. 여자아이는 오로지 전형적인 남성 복장만을 고집하고 여성 복장을 하는 것을 거부함
3. 가상놀이나 환상놀이에서 이성 역할을 강하게 선호함
4. 이성이 주로 하는 놀이, 인형, 게임, 활동을 강하게 선호함
5. 이성 놀이 친구를 강하게 선호함
6. 남자아이는 전형적인 남성 장난감, 게임, 활동을 심하게 거부하고, 난투 놀이를 강하게 회피함. 여자아이는 여자 인형, 게임, 활동을 강하게 거부함
7. 자기의 해부학적 성별을 강하게 혐오함
8. 자신이 경험한 성별과 일치하고자 하는 일차 혹은 이차 성적 특징을 강렬하게 갈망함

• 청소년과 성인에서의 성별 불쾌감

A. 자신의 경험하고 표현된 성별과 주어진 성별 간에 현저한 불일치가 최소 6개월 이상 다음의 6가지를 보인다.

1. 자신의 경험된/표현된 일차 또는 이차 성징 사이의 현저한 불일치

2. 자신의 경험된/표현된 성별의 현저한 불일치로 인해 자신의 일차 또는 이차
   성징을 제거하고 싶은 강한 갈망
3. 이성의 일차 또는 이차 성징에 대한 강한 갈망
4. 이성이 되고 싶은 강한 갈망
5. 이성으로 대우받고 싶은 강한 갈망
6. 자신이 이성의 전형적인 느낌과 반응을 가지고 있다는 강한 확신

1. 성별 불쾌감의 임상 양상

성별 불쾌감을 가진 사람은 태어나면서부터 정해진 출생 시의 성별과 그들이 경험하고 표현하는 성별 사이에 현저한 불일치를 보이며, 이 차이가 진단의 핵심 부분이다. 또한 이러한 불일치로 인해 불쾌감과 고통을 받고 있다는 증거가 있어야 한다. 단순히 다른 성별이 되기를 바라는 것에 국한되지 않고 타고난 성별과 다르기만 하다면 다른 어떤 대체 성별이 되어도 좋다고 생각한다.

성별 불쾌감은 연령에 따라 다르게 표현된다. 성별 불쾌감을 보이는 사춘기 이전의 여자아이는 남자가 되고 싶다는 소망을 표현하고 자신이 남자라고 주장하거나 자라서 남자가 될 것이라고 주장한다. 이들은 남자아이의 옷과 머리 스타일을 선호하고 자신을 남자 이름으로 불러 달라고 하고, 부모가 여자 옷을 입히거나 치장하려고 하면 강하게 거부한다. 특히 여자 옷을 입어야 하는 학교나 사교 행사에 참석하는 것을 심하게 거부한다. 이들은 역할놀이를 하거나 꿈, 판타지에서 반대 성을 표현한다. 성별 불쾌감이 있는 여자아이는 총싸움 같은 남자 놀이를 좋아하고 남자아이와 노는 것을 더 선호하며 여자아이가 많이 하는 인형놀이나 소꿉놀이 같은 활동을 싫어한다. 심지어 여자아이처럼 앉은 자세로 소변을 보는 것을 거부하고 서서 소변을 보려고 한다. 유방이 발달하거나 월경이 시작하면 극도로 자기 몸을 혐오하기도 한다.

성별 불쾌감을 보이는 남자아이의 경우 사춘기 이전에 여자가 되고 싶다고 표현하고 자신이 여자라고 주장하거나 크면 여자가 될 것이라고 주장한다. 여자아이가

입는 옷을 선호하고, 역할놀이에서 여자 역할을 선호하고, 환상의 여성 인물에 흥미를 보인다. 여자아이가 하는 활동, 게임, 여자 캐릭터 등을 선호한다. 바비 인형과 같이 여자아이가 갖고 노는 장난감을 선호하고 여자 친구를 선호한다. 거칠고 위험한 남성적인 게임과 경쟁적인 운동 경기를 피하고 남자아이가 선호하는 자동차, 트럭 등의 장난감에는 거의 흥미를 보이지 않는다. 일부 남자아이는 남성 성기가 없는 것처럼 행동하고 여자아이처럼 앉아서 소변을 보려 한다. 남성 성기나 고환이 혐오스럽다고 느끼거나 그것을 제거하고 싶어 하고 여성 성기를 가지고 싶어 한다.

이들은 특히 청소년이 되면 자기 몸에 나타나는 이차 성징을 매우 싫어한다. 남성으로 태어난 청소년은 발모가 시작되면 다리털을 제거하거나 발기된 성기를 보이지 않게 하기 위해 성기 부분을 싸매기도 한다. 여성으로 태어난 청소년은 유방을 붕대로 감거나, 여성적인 특징이 덜 나타나게끔 구부정하게 걷거나, 헐렁한 스웨터를 입는 것을 선호한다. 이들은 이차성징을 막기 위해 생식선 스테로이드 호르몬 억제제를 처방 없이 남용하기도 한다. 임상적으로 의뢰된 청소년은 호르몬 치료나 성전환 수술을 원한다.

정도는 각각 다르지만 자신이 경험하는 성별의 행동, 복장, 습관을 사용한다. 만일 주변 사람이 타고난 성별로 취급하고 그렇게 대하면 심적인 불편감을 느낀다. 경험하고 표현하는 성별과 주어진 성별 사이의 부조화와 불쾌감을 부분적으로나마 자신이 원하는 성별 역할로 살아가거나 전통적인 여성 및 남성이 아닌 대체 성별 역할을 하는 방법으로 해소하기도 한다.

유병률은 출생 성별이 남성인 성인의 경우 0.005~0.014%, 출생 성별이 여성인 성인의 경우 0.002~0.003%로 매우 드물다(APA, 2013). 어린 아동은 나이 든 청소년이나 성인보다 해부학적 불쾌감을 덜 표현하지만 청소년 이후에는 이차성징이 나타나면서 불쾌감이 더 커진다. 지지적인 환경이나 불일치를 줄이는 생물학적 치료에 대한 정보가 있으면 완화될 수 있으나 그렇지 않으면 등교 거부, 우울증, 불안장애, 물질 남용을 보이고 심하게는 자살 충동이 일어나기도 한다.

출생 시 남성으로 태어나 조기 성별 불쾌감을 보이는 청소년과 성인은 대부분 성적으로 남성에게 더 매력을 느끼는 남성애호적인 경향이 강하다. 하지만 후기에 발병한 성인 남성 중 상당수는 여성과 동거를 하거나 결혼을 하며, 성전환 수술 후에는 다수가 자신을 여성 동성애자로 표현한다. 조기 발병 집단은 성전환 수술과 호르몬 치료를 받고 만족하지만, 후기 발병 집단은 성전환 수술에 양가적 태도를 보이고 만족도도 낮다. 반대 성이 되고 싶은 집착은 학교·직장·사회 기능을 방해한다. 우울증과 같은 동반 정신질환이 발생하고 학교 자퇴나 실직을 빈번하게 경험하면서 사회적 소외 계층으로 전락할 가능성이 매우 높다.

🔔 이상심리 프리즘: 성전환증

성전환증(transsexualism)은 남성이나 여성의 몸을 갖고 태어나지만 자신이 반대의 성을 가지고 있다고 인식하는 것을 의미하며, 성별 불쾌감보다는 일반인에게 더 많이 알려져 있는 말이다. 일반인은 동성애와 트랜스젠더를 같은 것으로 오해한다. 게이(남성 동성애자)와 레즈비언(여성 동성애자)을 트랜스젠더라고 오해하지만 동성애와 트랜스젠더는 서로 다른 개념이다. 여성에서 남성으로 전환한 사람들 중 대다수는 어려서부터 여성의 몸을 혐오하고 극단적으로 남자 같은 모습을 하고 지냈던 것으로 보고한다. 반면, 남성에서 여성으로 전환한 트랜스젠더는 발달적인 경과가 다양하다. 동성애적 성향의 트랜스젠더 남성은 대체로 매우 여성적이고 게이 남성으로서의 성적인 지향을 갖고 있다. 이들은 자신의 생물학적인 성별과 일치되는 생물학적 남성에게 성적으로 끌린다. 그러나 이들은 여성으로서의 성적인 정체감을 경험하기 때문에 자신의 성적 지향이 이성애적이라고 규정하며 게이라고 표현하는 것을 싫어한다. 반면에 오토지노필리아(autogynephilia) 트랜스젠더는 자신이 여성의 생각, 이미지, 공상을 가지고 있다고 믿고 있고 이오니즘(eonism), 즉 복장도착증을 보인다. 이들은 여성 성기를 가지고 있다는 공상을 갖고 있어서 성별 불쾌감을 보이며 성전환 수술을 강력히 원한다. 주로 여성에게 성적으로 끌리며 동성애적 성향의 트랜스젠더보다 더 나중에 성전환 수술을 원하는 경우가 많다(Lawrence, 2007). 모든 트랜스젠더가 성전환 수술을 원하는 것은 아니다. 최근에는 수술을 시행하는 추세이며, 외국의 경우 1970년대 이후 성전환 수술 기법이 발달하여 수술에 성공하고 사회적으로 잘 적응하는 트랜스젠더가 늘어 가고 있다.

2. 성별 불쾌감의 원인과 치료

성별 불쾌감의 원인으로는 우선 유전자의 이상, 태내 호르몬 이상이 제기된다. 심리학적 이론 중 정신분석에서는 남근기에 이성의 부모를 과도하게 동일시한 결과,

동성의 부모가 이성의 역할을 요구하기 때문에 성별 불쾌감이 나타나는 것이라고 본다. 학습이론에서는 성별 불쾌감은 학습과 강화의 역사라고 본다. 동성의 부모가 소극적이거나 존재하지 않는 반면, 이성의 부모가 지배적이어서 이성의 부모를 역할 모델로 삼는다는 것이다.

이들은 결국 생물학적 치료인 호르몬 치료를 선호한다. 남성 환자의 경우 여성 호르몬인 에스트로겐을 처방받아 가슴의 발달이나 체모 및 머리카락의 손실, 체지방 분포의 변화가 생긴다. 여성의 경우 남성호르몬인 테스토스테론이 처방된다. 제일 논란이 되는 것이 성전환 수술이다. 성전환 수술은 1~2년간의 호르몬 치료 후에 이루어지며, 남성의 경우 성기를 부분적으로 절단하고 나머지 부분으로 음핵과 질을 만들어 주고 얼굴을 성형해 준다. 여성의 경우에는 유방절제술과 자궁적출술이 이루어진다. 성적인 기능을 가능하게 하는 음경 성형수술도 이루어지지만 완벽하지는 않다. 성전환 수술에 대해서는 임상가들도 찬반 양론으로 갈려 있다. 극단적인 비해결책이라고 반대하는 임상가도 있고 이것이 가장 인간적인 해결책이라고 주장하는 임상가도 있지만, 어쨌든 이 수술은 점차로 늘어나고 있다. 성전환 수술로 자기만족감이 증가하고 인간관계에서도 개선이 일어났다고 보고되기도 한다(Michel et al., 2002). 심리치료 효과에 대해서는 보고된 결과가 거의 없지만 성별 불쾌감에 수반되는 우울, 불안의 심리적 문제가 있을 경우 이에 대한 치료도 같이 이루어져야 한다.

생각해 보기

동성애는 정신장애일까 아닐까?

동성애(homosexuality)는 이성이 아닌 동성인 사람에 대해서 성적인 애정과 흥분을 느끼고, 이들과 성적 욕구를 충족시키기 위한 성행위를 하는 것을 말한다. 동성애자는 자신의 생물학적 성이나 성역할에 대해 불편감을 느끼지 않으며 성전환을 원하지도 않는다. 1974년 미국정신의학회에서는 DSM에서 동성애에 관한 질병명을 제외했고, 대신 일종의 타협안으로서 '자아 이질적 성적 지향(ego-dystonic sexual orientation)'이라는 용어가 생겼다. 자아 이질적 성적 지향이란 '동성애적인 감정이나 성적 지향을 바꾸고 싶은 욕망과 관련하여 느끼는 우울증 또는 불안증'을 의미한다. 예컨대, 여성과 결혼한 지 수십 년이 지난 남성이 어느 날 갑자기 동성에게 끌린다면 그 사람은 '자아 이질적 성적 지향자'로 간주할 수 있다. 하지만 1987년 무렵 자아 이질적 성적 지향 등 성적 지향과 관련된 질병명들은 모두 DSM에서 삭제되었다. 동성애자는 대부분 양호한 사회적 적응을 하는 것으로 알려져 있다. 현재 많은 국가에서 동성애를 독특하지만 정상적인 성적 성향이자 생활 방식으로 인정하고 있고, 미국의 일부 주와 일부 유럽 국가에서는 동성 결혼을 합법화할 정도로 성소수자의 권리가 강화되고 있다. 세계보건기구(WHO)에서도 동성애자의 우울증과 불안장애를 치료할 때 여느 우울증 및 불안장애 환자를 치료할 때와 동일한 태도로 임할 것을 권고하고 있다.

1. 불면장애는 수면 시작이나 유지의 어려움을 비롯하여 수면의 양이나 질이 불만족스러운 상태를 말한다. 수면장애는 다른 정신질환이나 의학적 상태의 경과 중에 발생하기도 하고, 혹은 단독으로 발생하기도 한다. 수면 문제나 이로 인한 피로감으로 인해 일상생활의 중요한 영역에서 심각한 고통이나 지장이 초래된다.

2. 과다수면장애는 과다한 졸음으로 인해 아침 늦게까지 일어나지 못하거나 낮에도 졸음을 느끼는 일이 1개월 이상 지속된다. 야간 수면 시간이 9~12시간 이상이며, 아침에 깨어나기 어렵고, 졸음과 피곤에서 헤어나지 못한다. 자극이나 활동량이 적은 상황에서 비의도적인 수면에 빠진다.

3. 성기능부전에는 사정지연, 발기장애, 여성극치감장애, 여성 성적 관심/흥분장애, 성기-골반 통증/삽입장애, 남성성욕감퇴장애, 조기사정, 물질 및 약물 치료로 유발된 성기능부전 등이 있다. 성기능부전은 매우 이질적이며 임상적으로 개인의 성적인 반응이나 성적 즐거움을 경험하는 능력에 현저한 장애를 초래한다. 동시에 여러 가지 성기능부전을 갖기도 한다.

4. 성도착장애는 성적 욕구를 충족시키는 대상이나 방식에서 나타나는 이상행동으로 인간이 아닌 존재, 동의하지 않은 사람, 자신이나 상대방이 고통이나 굴욕감을 느끼게 하는 성행위 방식 등 부적절한 대상이나 목표에 강렬한 성적 욕망을 느끼고 성적 상상이나 성적 행위를 반복적으로 나타내는 것을 말한다.

5. 성정체감 장애는 DSM-5에서 성별 불쾌감으로 바뀌었고, 타고난 성과 경험되고 표현되는 성의 불일치 및 불만족이 특징적이다. 성별 불쾌감의 원인으로는 유전자의 이상, 태내 호르몬 이상이 제기되고 있으며 생물학적 치료가 이루어지는 경우가 많다.

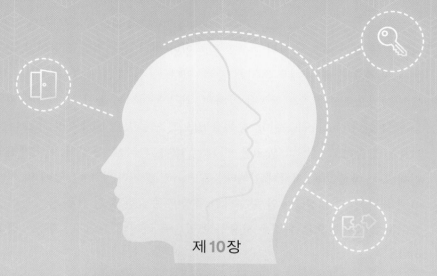

제10장

물질 관련 및 중독 장애

이 장의 목표

- ▣ 물질 관련 및 중독 장애를 이해한다.
- ▣ 알코올 중독의 임상적 특징을 이해한다.
- ▣ 기타 물질 사용장애의 임상적 특징을 이해한다.
- ▣ 도박 중독의 임상적 특징을 이해한다.

물질 관련 및 중독 장애(substance-related and addictive disorders)는 우리 사회에서 매우 만연되어 있는 질환이다. 개인적인 생활 방식이나 성격, 유전적인 요인이 맞물려 발생하는 물질 관련 장애는 매우 흔하게 볼 수 있다. 물질 관련 및 중독 장애는 물질에 대해 병리적으로 의존하는 행동을 말하며, 최근 들어서는 물질 외에 행위 중독도 주목을 받고 있다(Campbell, 2010). 중독을 일으키는 물질은 10가지의 서로 다른 종류의 약물을 포함하고 있는데, 알코올, 카페인, 대마, 환각제, 흡입제, 아편계, 진정제, 수면제 또는 항불안제, 자극제(암페타민류, 코카인 및 기타 자극제), 담배 및 기타 물질이 이에 해당된다. 물질장애의 필수적인 증상은 중요한 물질 관련 문제들이 있음에도 불구하고 지속적으로 물질을 사용하고 있음을 나타내는 인지·행동·생리 증상군이다.

물질을 오랫동안 사용하게 되면 뇌회로 기전에 변화가 생겨 재발이 반복되고, 자극에 노출되었을 때 강한 갈망(craving)으로 나타나며, 조절 능력의 손상과 사회적 손상이 나타난다. 오랫동안 약물을 사용하거나 약물에 의존하게 되면 끊으려고 하거나 조절하려고 노력해도 거듭 실패한다. 사회적 손상으로는 직업 기능, 학업 기능, 대인관계, 여가 활동에 특히 어려움이 발생한다. 신체적으로 해가 되는 상황임에도 불구하고 반복적으로 물질을 사용해서 신체적 혹은 심리적 문제가 발생하거나 악화된다. 약물에 반복 중독이 되면 내성이 생겨 원하는 효과를 얻기 위해서는 많은 용량의 물질이 필요하게 되고, 오랫동안 과다하게 물질을 사용하게 되면 혈액이나 조직에 물질 농도가 저하되었을 때 금단 증상이 발생한다. 금단 증상은 사용하는 물질의 종류에 따라 다른데, 일반적으로 알코올, 아편계, 진정제, 수면제 또는 항불안제에 공통으로 나타난다(〈표 10-1〉 참조).

물질 관련 및 중독 장애 중에서 가장 대표적인 것이 알코올 관련 장애(alcohol-related disorder)이며, 특히 술 문화에 관대한 우리나라의 경우 알코올 문제는 매우 심각하다.

표 10-1 물질 관련 및 중독 장애의 하위 장애와 특징

하위 장애	특징
물질장애	10가지의 서로 다른 종류의 약물을 포함. 알코올, 카페인, 대마, 환각제, 흡입제, 아편계, 진정제, 수면제 또는 항불안제, 자극제, 담배 및 기타 물질
비물질관련장애	도박중독이 대표적임. 개인, 가족 그리고 직업적 장애를 유발하는 지속적이고 반복적인 부적응적 도박 행동을 보임

알코올 중독

기혼 여성인 36세의 수민 씨는 친정아버지의 알코올 문제 때문에 아버지와 갈등이 많았다. 65세의 아버지는 매일 술을 마시고 딸이 사는 아파트에 찾아와 고함을 지르고 문을 발로 차며 욕설을 퍼부었다. 이웃 주민이 시끄럽다고 항의하면 오히려 소리를 지르고 싸움을 하곤 했다. 주민의 항의에 딸은 아버지를 알코올 전문병원에 입원시켰다. 일찍이 아내와 이혼 후 딸 하나를 키우며 살았던 수민 씨의 아버지는 일을 하다가 기계에 왼쪽 손가락 대부분이 잘렸고 손목마저 다쳐서 물건을 집을 수도 없을 만큼 심하게 다쳤다. 처음엔 그런 자신의 모습을 용납할 수 없어 한탄하며 술을 마시기 시작했는데 딸이 일찍 출가하면서 외로움에 더 술을 마신 것이다. 그 이후로 수민 씨의 아버지는 딸이 아버지인 자신을 돌보지도 않고 손녀들을 보고 싶은데도 술 마시는 아버지가 싫다며 피하는 것이 몹시 못마땅하고 서운해서 술을 마시면 딸의 집에 찾아와 고함을 질렀던 것이다.

1. 알코올 중독의 임상적 특징

알코올 관련 장애는 알코올 사용장애, 알코올 중독, 알코올 금단으로 크게 구분할 수 있으나 여기서는 각각의 진단 기준을 살펴보고 알코올 중독을 중심으로 기술한다.

알코올 중독(alcohol intoxication)의 첫 삽화는 10대 중반에 발생하기 쉬우며, 알코올 의존이 시작되는 연령은 20대에서 30대 중반에 가장 높은 수준에 이른다. 알코

올 관련 장애(alcohol-related disorder)가 시작되는 시기는 대부분 30대 후반이다. 금단 증상의 최초의 증거는 의존의 다른 여러 양상이 발생될 때까지는 나타나지 않는 경향이 있다. 알코올 중독은 잠시 회복되다가 다시 심해지는 증상을 반복하는 등 빈번한 관해(remission)와 재발이 일어나면서 다양한 경과를 밟는다.

알코올 중독은 금단, 내성, 갈망이 포함된 행동과 신체 증상 등이 복합적인 양상으로 나타난다. 알코올 금단(alcohol withdrawal) 증상은 과도하게 장기간 술을 마시다가 중단하거나 양을 줄이면 4~12시간 정도 후에 나타난다. 이 금단 증상은 매우 불쾌하고 강렬해서 대부분의 알코올 중독자는 부작용에도 불구하고 금단 증상을 피하거나 줄이기 위해 다시 음주를 한다. 심지어 가족도 이들이 금단 증상으로 인해 괴로워하거나 마른 주정을 부리는 것을 보고 차라리 술을 마시도록 부추기는 경향도 있다. 알코올 금단은 너무 강한 음주 욕구를 동반하며 음주 재발의 원인이 된다.

급성 중독의 영향으로 학업 또는 직업, 육아나 집안일에 소홀해지고, 음주 때문에 학교나 직장을 자주 빠진다. 술을 마시고 운전 또는 수영을 하거나 기계를 조작해서 자신의 신체를 위험한 상황에 빠뜨리기도 한다. 알코올 중독이 있는 사람은 일시적 기억상실이나 간질환 같은 신체적 문제를 겪고, 우울감과 같은 정서적 고통을 흔히 경험하며 음주 상태에서 배우자와 격렬하게 싸우거나 아동 학대 등의 관계 문제를 경험하기도 한다.

알코올 문제를 가진 사람은 다른 물질, 즉 대마, 코카인, 헤로인, 암페타민, 진정제, 수면제 또는 항불안제에 중독되는 경우가 많다. 다른 물질 사용으로 인한 부작용을 해소하기 위해 알코올을 사용하기도 하고, 이런 물질이 없을 때 대체 물질로 사용하기도 한다. 알코올사용장애는 어려서는 품행장애와 자주 동반되며, 나이가 들어갈수록 불안, 우울, 불면 등의 심리적 문제와 동반되어 나타난다. 또한 심한 중독 상태에서 자살 위험을 높이는 중요한 원인이 된다. 중독이 심해지면 알코올로 유발된 우울장애와 양극성장애가 나타나며, 이때 자살 완수율 혹은 자살 행동 발생률이 높아진다. 심할 경우 중추신경계에 영향을 미쳐 지속성 기억상실장애 혹은 코르사코프 증후군(Korsakov's syndrome)처럼 새로운 기억을 입력하는 능력에 심각한 손상을 일으킨다.

표 10-2 알코올사용장애 선별검사(AUDIT-K)

질문	0점	1점	2점	3점	4점
1. 얼마나 자주 술을 마십니까?	전혀 안 마심	월 1회 이하	월 2~4회	주 2~3회	주 4회
2. 술을 마시는 날은 보통 몇 잔을 마십니까?	1~2잔	3~4잔	5~6잔	7~9잔	10잔 이상
3. 한 번에 술 좌석에서 6잔(또는 맥주 2,000cc) 이상을 마시는 횟수는 어느 정도입니까?	없음	월 1회 미만	월 1회	주 1회	거의 매일
4. 지난 1년간 일단 술을 마시기 시작하여 자제가 안 된 적이 있습니까?	없음	월 1회 미만	월 1회	주 1회	거의 매일
5. 지난 1년간 음주 때문에 일상생활에 지장을 받은 적이 있습니까?	없음	월 1회 미만	월 1회	주 1회	거의 매일
6. 지난 1년간 과음 후 다음날 아침 정신을 차리기 위해 해장술을 마신 적이 있습니까?	없음	월 1회 미만	월 1회	주 1회	거의 매일
7. 지난 1년간 음주 후 술을 마신 것에 대해 후회한 적이 있습니까?	없음	월 1회 미만	월 1회	주 1회	거의 매일
8. 지난 1년간 술이 깬 후에 취중의 일을 기억할 수 없었던 적이 있습니까?	없음	월 1회 미만	월 1회	주 1회	거의 매일
9. 당신의 음주로 인해 자신이나 다른 사람이 다친 적이 있습니까?	없음		있지만 지난 1년간 없음		지난 1년간 있음
10. 가족이나 의사가 당신의 음주에 대해 걱정을 하거나, 또는 술을 끊거나 줄이라는 권고를 한 적이 있습니까?	없음		있지만 지난 1년간 없음		지난 1년간 있음
소계					
총점					

※ 평가 기준

0~7점	8~11점	12~19점	20점 이상
정상 음주자	상습적인 과음자로, 주의를 요함	문제 음주자 혹은 잠재적인 알코올 의존자	알코올 의존자로 분류

알코올 중독은 매우 흔한 장애이며, 미국에서는 성인의 경우 8.5%로 기록되고 있다(APA, 2013). 우리나라는 이보다 더 높다. 품행 문제가 있었거나 중독을 일찍 경험하면 10대 중반에 발생한다. 알코올 관련 장애는 오랜 음주의 영향으로 30대 후반

부터 많이 나타난다. 30대에는 치료에 잘 들어오지 않고, 50대 이후 만성 상태가 되어서 치료에 들어오더라도 자발적으로 들어오는 경우는 드물다.

알코올사용장애(alcohol use disorder)의 진단 기준(DSM-5)

A. 문제성 알코올 사용이 임상적으로 현저한 손상이나 고통을 일으키고 지난 12개월 동안 다음 중 최소한 2가지 이상이 나타난다.

1. 종종 의도했던 것보다 알코올을 오랜 기간, 많은 양을 사용함
2. 알코올 사용을 줄이고 조절하려는 욕구가 지속적으로 있거나 사용을 줄이거나 조절하려고 노력해도 실패함
3. 알코올을 구하거나, 사용하거나, 그 효과에서 벗어나려는 활동에 많은 시간을 보냄
4. 알코올에 대한 갈망, 강한 바람 혹은 욕구를 지님
5. 알코올을 반복적으로 사용하여 직장이나 학교 혹은 가정에서의 주요한 역할 수행에 실패함
6. 알코올의 영향으로 지속적 혹은 반복적으로 사회적인 문제 및 대인관계 문제가 발생하거나 악화됨에도 불구하고 알코올 사용을 지속함
7. 알코올 사용으로 인해 중요한 사회적, 직업적 혹은 여가 활동을 못하거나 포기함
8. 신체적으로 해로운 상황에서도 반복적으로 알코올을 사용함
9. 알코올 사용으로 인해 지속적 혹은 반복적으로 신체적 · 심리적 문제가 발생되거나 악화될 가능성이 높아도 계속 알코올을 사용함
10. 내성(중독으로 인해, 혹은 원하는 효과를 얻기 위해 알코올 사용을 증가하거나 동일한 용량의 알코올을 계속 사용하면 효과가 현저히 감소함)
11. 금단 증상

※ 다음의 경우 명시할 것
  • 경도: 2~3개 증상에 해당할 경우
  • 중등도: 4~5개 증상에 해당할 경우
  • 고도: 6개 이상 증상에 해당할 경우

알코올 중독의 진단 기준(DSM-5)

A. 최근에 알코올 섭취(alcohol intoxication)가 있다.

B. 알코올을 섭취하는 동안 또는 그 직후에 임상적으로 심각한 부적응적인 행동 변화 및 심리적인 변화가 발생한다(예: 부적절한 성적·공격적 행동, 정서 불안정, 판단력 장해, 사회적·직업적 기능 손상).

C. 알코올 사용 중 또는 그 직후에 다음 항목 가운데 한 가지 이상이 나타난다.

   1. 불분명한 언어
   2. 운동 조정 장해
   3. 불안정한 보행
   4. 안구진탕
   5. 집중력 및 기억력 손상
   6. 혼미 또는 혼수

알코올 금단의 진단 기준(DSM-5)

A. 심하게 장기적으로 알코올을 사용하다가 중단(또는 감소)한다.

B. 알코올을 사용하다가 중단하면 몇 시간 또는 며칠 이내에 다음 항목 가운데 2가지 이상이 나타난다.

   1. 자율신경계 기능 항진(발한, 또는 맥박이 100회 이상 증가)
   2. 손 떨림 증가
   3. 불면증
   4. 오심 및 구토
   5. 일시적인 환시, 환청, 환촉 또는 착각
   6. 정신운동성 초조증
   7. 불안
   8. 대발작

C. 진단 기준 B의 징후 및 증상이 사회적, 직업적 또는 다른 중요한 기능 영역에서 임상적으로 유의한 고통이나 손상을 초래한다.

옐리네크(Jellinek)의 알코올 중독의 단계

- 1단계: 전알코올 증상 단계(pre-alcoholic phase)

  사교적 목적으로 음주를 시작하면서 즐기는 단계로, 대부분의 음주자가 해당된다.

- 2단계: 전조 단계(prodromal phase)

  점차 음주량과 빈도가 증가하여 자주 과음하고, 음주 동안 일어난 일을 기억하지 못하는 망각 현상(black out)이 발생한다.

- 3단계: 결정적 단계(crucial phase)

  음주에 대한 통제력을 서서히 잃어버리는 단계. 술을 아침에도 마시는 등 수시로 술을 마시고, 때로는 식사를 거르고 혼자 술을 마시기도 한다.

- 4단계: 만성 단계(chronic phase)

  알코올에 대한 내성과 심한 금단 증상을 경험하는 단계로, 알코올에 대한 통제력을 완전히 상실하고 쉬지 않고 술을 마시고 영양실조와 신체적 질병, 직업상의 어려움이 발생한다.

〈클로닝거(Cloninger)의 분류〉

- 1형(Type I): 증상이 늦게 발달하며, 신체적 문제 발생 위험은 높으나 반사회적 행동, 사회적 · 직업적 문제행동은 적다. 유전과 환경적 요인이 동시에 작용한다.
- 2형(Type II): 증상이 일찍 발생하고, 남자에게서 빈번하며, 반사회적 행동, 사회적 문제를 더 많이 일으킨다. 유전적 요인이 우세하며, 자녀에게서 12배나 높은 비율의 중독자가 발생한다.

2. 알코올 중독의 원인

생물학적 요인으로는 우선 유전적인 성향이 크게 작용한다. 부모가 알코올 중독자인 경우 알코올 중독자가 될 확률이 4배 이상 높고, 일란성 쌍생아는 이란성에 비해 2배 정도 높다. 출생 직후 입양된 사람들을 대상으로 한 알코올 중독 연구에서도 유전자가 물질사용장애 발생에 중요한 영향을 미치는 것으로 나타났다. 즉, 입양자의 생물학적 부모가 알코올 문제가 있었던 경우에 그렇지 않은 경우보다 성인기에 알코올 중독이 될 가능성이 높다(Walters, 2002). 대부분의 상습 음주자에게는 알코올 중독의 가족력이 있고, 발병 시기는 20대 이전으로 다른 사람에 비하여 빠른 편이다.

알코올은 뇌 안의 보상중추 혹은 쾌락 경로를 활성화시킨다고 알려져 있다. 이런 쾌락 경로 내에서 핵심적인 신경전달물질은 '도파민'이다. 많은 동물 연구에서도 도파민과 같은 물질들이 보상중추를 계속 자극하면 이 중추는 그 물질에 과민하게 반응하게 되고, 이 중추의 뉴런들이 그 물질에 의해 자극을 받으면 더 쉽게 발화하여 시간이 지나면 그 물질을 더 많이 요구하기 때문에 알코올은 뇌의 작용과 매우 연관이 높은 질병이다.

유전적인 요인 외에 심리적인 요인도 알코올 중독에 크게 작용한다. 정신분석가인 프로이트는 알코올 중독자들은 구강기에 고착되었다고 보았다. 초기 아동기에 부모로부터 돌봄에 대한 기본적인 욕구를 충족하지 못해 도움과 편안함을 주는 외부 대상에 과도하게 의존하면서 성장하게 된다. 따라서 주변의 중요한 인물이 기본적인 욕구를 충족시켜 주지 않으면 알코올과 같은 물질에 대한 의존적 관계를 형성한다는 것이 프로이트의 설명이다. 성장 과정에서 조기에 부모를 상실하거나 부모의 과잉보호를 받았거나 부모 형제와의 갈등이 심하고 혼란스러운 가정에서 성장한 경우에도 알코올 중독 발병 가능성이 높다. 어릴 때 주의력이 결핍되거나 반사회적인 인격장애가 있거나 자기주장을 잘하지 못하는 경우에도 나중에 알코올 중독으로 발전할 가능성이 높다.

알코올 성격(alcoholic personality)을 가진 사람은 스트레스 상황에서 적절한 대처기제를 발달시키기보다는 알코올을 빈번하게 사용하는 경향성을 갖고 있다. 알코올 중독자는 스트레스 상황에서 불편감을 회피하거나 자가 투약(self-medication) 수단으로 술을 마신다. 알코올 중독자는 정서적으로 매우 미숙하고, 실패에 대한 상처와 열등감이 크고, 좌절에 대한 내성이 떨어지며, 여성 혹은 남성으로서 기대되는 역할을 충족시킬 수 있는 자신의 능력에 대해 부절적감과 불확신감을 느낀다. 이들은 또한 충동적이고 공격적인 성향이 있다(Morey et al., 1984).

인지적 관점에서는 알코올에 대한 인지적 기대(cognitive expectation)가 음주에 영향을 미치는 중요한 변인이라고 보고 있다. 긴장감소 이론에 따르면, 스트레스 상황에서 긴장 완화 목적으로 술을 마시다 보면 불안이나 긴장, 죄의식 등이 감소하는 것을 반복적으로 경험하게 되고 이 때문에 술을 먹는 행동이 강화될 수 있다. 청소년이나 성인은 술을 마시게 되면 일상의 긴장이 완화되고 불안이 감소되며 인생의 즐거움이 향상된다는 기대를 하고 술을 마시게 된다. 특히 청소년은 술을 마시면 자신이 또래에게 매력적으로 보이고 인기가 높아지게 될 거라는 인지적 기대에 의해 술을 마시는 경향이 있다. 이 외에 알코올에 의존하는 사람은 낮은 자기효능감을 갖고 있어서 알코올의 힘을 빌려 자신감을 회복하려는 시도에서 술을 자주 마시게 된다. '다른 사람과 잘 어울리려면 술을 마셔야 한다.' '술을 마시지 않고는 어떠한 문제도 해결할 수 없다.' '술이 유일한 친구다.' 등의 비합리적 요인과 신념도 음주에 기여한다.

사회문화적 요인으로는 음주나 음주 문제에 대하여 관대한 문화권이 알코올 사용에 중요한 영향을 미친다. 따라서 술을 금하는 유대인, 이탈리아인, 이슬람교 및 보수적 신교도보다 술에 대하여 관대한 진보적 신교도, 가톨릭 교도, 아일랜드인 및 프랑스인 중에 알코올 중독자가 많다. 사회적으로 불안정할수록, 또한 하류층의 사람일수록 알코올 중독에 더 취약하다.

알코올 중독자가 가족에게 미치는 영향을 주목할 필요가 있다. 가족은 알코올 중독의 지속이나 악화 또는 치료나 회복에 중대한 영향을 미치며 상호 순환적 관계를 맺는다. 알코올 중독자와 가족 간의 의사소통 및 역할 수행이 더욱 역기능화되고, 악순환의 고리에 빠진 상호작용이 알코올 문제를 더욱 심화시킬 수 있다. 그렇기 때문에 가족관계는 알코올 의존자의 효과적인 치료와 재활에 중요한 요인으로 작용한다. 알코올 중독자의 가족은 심한 부부 갈등, 가정폭력, 부모-자녀 갈등을 경험하며 불안과 사회적 고립감, 죄의식, 자기연민, 우울에 취약하게 된다. 이 때문에 알코올 중독자의 자녀는 정신건강 문제가 심각해서 강박증, 대인관계 예민, 우울, 불안, 편집증, 정신증, 적대감, 신체화, 공포, 불안 등을 보일 수 있다.

알코올 중독을 가족병이라고 하는 것은 '공동 알코올 의존증(co-alcoholism)'을 야기하기 때문이다. 알코올 중독자의 가족은 알코올 중독자가 단주를 하면 모든 문제가 해결될 것으로 기대하지만 호전되면 오히려 가족관계가 악화되는 경우가 있다. 알코올 중독자의 가족이 공유하고 있는 특정한 성향 및 행동을 살펴보면, 가족은 항상 두려움에 떨고 긴장된 채로 살아갈 뿐만 아니라 그 결과로 매사에 열등감을 지니고 위축되어 있으며, 쉽게 연민에 빠지고 세상에 대하여 원망과 분노를 느낀다. 알코올 중독자로 인해 역기능적 알코올 중독 가족체계를 형성하고 가족 구성원 전체가 역기능적으로 되어 간다. 알코올 중독자 주변에 있는 공동의존자의 심리적인 특징은 술을 마시는 것을 조장하는 역할을 한다는 것이다. 공동의존자는 처음에는 중독자에게 도움이 되지만 중독자 스스로 삶에 대해 '책임을 지지 않아도 괜찮다'는 생각을 강화시킬 수 있다. 또한 문제를 부정하는 것도 공동의존자의 특징이다. 이들은 가정에 중독자가 있다는 것을 인정하지만 가족도 전문적인 도움이 필요하고, 가족도 변화해야 된다는 것을 받아들이지 않는 경향이 있다.

3. 알코올 중독의 치료

알코올 중독은 치료하기 어려운 장애인데, 그 이유는 '바닥을 칠 때(hit the bottom)'까지 자신이 문제가 있다는 것을 잘 인정하지 않기 때문이다. 1980년대, 1990년대만 해도 알코올 중독으로 입원하게 되면 술에 관대한 우리나라의 문화 탓에 술 문제를 인정하지 않고 주변 탓을 하는 사람이 많았다. 최근 수십 년 동안 우리나라에서는 국가 차원에서 알코올 관련 재단과 치료 센터가 생기고 알코올 중독 관련 전문병원에 알코올 중독자가 입원하고 치료를 받으면서 '알코올 중독은 정신장애다'라는 인식이 어느 정도 확산되고 있다.

알코올 중독 치료를 위해서는 다학제 간 팀 접근이 필요하다. 정신건강의학과 의사는 주로 약물을 처방하고, 사회복지사와 간호사는 입원한 알코올 중독자를 관리하고 알코올 관련 교육을 시키며, 임상심리전문가는 인지행동치료와 같은 심리치료 프로그램을 실행한다. 치료 과정에 따라 중독자의 욕구가 바뀌기 때문에 처음에는 해독 프로그램을 실시하다가 점차 알코올 행동의 통제, 생활 스트레스나 문제해결 방식을 다루게 된다.

알코올 중독자를 위한 전통적인 치료 프로그램에서는 절대 금주를 목표로 하고 있다. 과거에는 문제성 음주자들의 치료 목표로 통제 음주(controlled drinking)를 촉진하려는 움직임도 있었다. 예컨대, 동기 강화 기법에서는 알코올 중독자에게 음주의 폐해에 대한 정보와 충고를 제공해 주어 자신의 문제 음주를 해결할 책임을 스스로 가지게 한다(Carey et al., 2007; Miller & Rollnick, 2002). 그러나 어떤 방법을 사용하든지 간에 알코올사용장애의 재발률은 굉장히 높아서 회복에 이르는 길이 쉽지 않다. 장애의 특성상 남성 알코올 중독자가 많아서 심리치료 시 치료자는 가족상담, 구직과 관련한 지역사회 자원 이용, 사회적 재적응 측면을 다루어 주어야 한다. 개별 심리치료가 효과적이지만, 비용 효과성을 고려하여 주로 집단치료 형태로 실시되고 있다. 집단치료에서는 직면 기법을 사용하여 알코올 중독자가 자신의 문제를 부인하거나 문제를 축소하는 경향성을 바라보게 한다. 처음에는 알코올 문제를 부인하던 사람도 집단의 압력과 치료자의 도움으로 일단 자기 문제를 인정하기 시작하면 치료는 쉬워진다. 알코올 중독자의 자녀 역시 알코올 문제의 피해자가 되므로 집단치료에 공동으로 참여하기도 하고 가족 회기를 따로 가질 수도 있다.

때로는 환경적인 개입이 필요하다. 만성적으로 알코올 문제에 노출된 사람은 직업을 잃거나 가족이 해체되어 환경적으로 열악한 상황에 놓이게 된다. 심지어 실직을 하고 노숙 상태에서 지내는 알코올 중독자도 많다. 따라서 치료적 접근이 용이하지 않은 이들에겐 지방자치단체에서 운영하는 쉼터나 센터 등에서 이들을 돌보게 하는 치료 인프라가 필요하다.

고전적인 행동치료 방법으로는 혐오 조건형성 치료가 있다. 이 방법은 독성의 자극 물질을 제시해서 알코올과 연합하여 음주 행동을 억제하는 것이다. 술을 마시는 것과 전기 충격 혹은 구토를 일으키는 물질이나 주사제의 사용을 연합할 수 있다. 구토를 유발하기 전에 술이 주어져 술을 보고, 냄새를 맡고, 맛을 보면서 심한 구토와 연합시키면 알코올의 맛과 냄새에 혐오 조건형성이 생기게 된다. 이를 반복하게 되면 고전적 조건형성이 되어 이후 알코올 사용을 억제시킬 수 있다. 하지만 혐오 조건형성 방법은 요즘에는 잘 사용하지 않는다.

알코올 중독자를 회복시키기 위해서 가장 많이 사용하는 심리치료 방법은 인지행동치료다. 인지행동 전략은 사회학습 이론, 행동 모델링이 결합된 것으로 알코올 중독자를 위한 인지행동 대처기술 훈련 등이 있다. 인지행동치료에서는 알코올 중독의 원인이 인지 왜곡이라고, 내적·외적 요인을 탐색하여 그 요인을 인식시키고 알코올에 대한 대처 능력을 훈련시킨다. 특히 인지행동치료는 나이가 많은 만성 알코올 중독자보다는 젊은 문제성 음주자에게 더욱 효과적이다. 심각한 음주 행동을 보일 가능성이 높은 젊은 알코올 중독자에게 알코올의 부정적인 효과에 대한 지식을 가르치고, 고위험 상황에서 대처 기술을 발달시키고, 술을 마시는 상황과 관련된 인지적 기대를 바꾸고, 스트레스 관리 기술을 가르쳐서 술 이외의 대안적 행동을 학습하게 도와준다.

치료 예시

알코올 중독자를 위한 인지행동 대처기술 훈련–충동 타기 기술

치료자: 음주 충동이 생겨나는 상황을 피할 수 없다면 충동이 생겨나는 것을 피해 갈 수 없다는 뜻이지요. 다음의 방법을 통해 음주 충동을 다루는 연습을 해 봅시다. 충동이란 파도와 같습니다. 처음 시작할 때는 작지만 점점 더 커졌다가 부서지고 흩어집니다. 당신이 파도타기를 하고 있다고 상상해 보십시오. 아무리 큰 파도가 오더라도 그 표면을 따라 미끄러지듯 올라타면 파도는 다시 제자리로 돌아와 잠잠해지게 됩니다. 충동 타기(urge surfing)도 마찬가지 원리입니다. 충동이 아무리 강렬하더라도, 거기에 빠지지 않고 파도를 타듯이 머물러 있게 되면 다시 평온한 상태의 마음으로 돌아가게 되어 있습니다. 이 연습은 지적인 이해로는 숙달되기 어렵습니다. 직접 체험하고 몸으로 익히는 것이 중요합니다.

〈충동 타기의 3단계〉

1. 편안한 자세로 앉아서 숨을 깊게 들이쉬고 자신의 내부로 주의를 집중하십시오. 느껴지는 충동에 대한 인상을 잡으십시오.

2. 충동을 느끼는 그대로 아무 저항 없이 경험하십시오. 충동을 느낄 때 함께 반응하는 몸의 감각, 떠오르는 생각, 기억, 이미지를 있는 그대로 살펴보면서 잠시 머물러 계십시오.

3. 충동을 있는 그대로 느끼고 경험하게 되면, 마치 파도가 정점에 올랐다가 잠잠해지듯이 강렬했던 갈망이나 충동이 약해지고 사라지는 순간이 옵니다. 이러한 과정은 수 분 이내에 이루어집니다. 만약 시간이 오래 걸리거나 충동이 더 커지기만 한다면 충동 타기를 하고 있는 것이 아니라, 다른 생각, 감정, 반응에 빠진 것일 수 있습니다.

동기 면담과 같은 자기통제 훈련 기법은 반드시 술을 끊지 않고도 알코올 충동이나 욕구를 조절하게 하는 방법으로, 어떤 음주자에겐 도움이 된다. 술을 평생 먹지 않게 하는 금주는 많은 알코올 중독자에게 치료 동기를 떨어뜨리는 요인 중의 하나다. 그래서 심각한 음주 행동을 보이기 전에 조절해서 술을 마실 수 있도록 청소년이나 초기 성인에게 동기 면담이나 기법을 가르칠 필요가 있다(Macgowan & Engle, 2010). 하지만 이미 만성화된 알코올 중독자에겐 심리적 접근이 그다지 효과적이지 않다.

추가 학습

동기 면담을 위한 변화의 단계(DiClemente et al., 2008)

- 숙고전(precontemplation) 단계: 가까운 시일 내(6개월)에 현재의 행동 양식을 변화시키는 것에 대해 전혀 고려하고 있지 않은 상태
- 숙고(contemplation) 단계: 현재의 행동 양식 및 행동 변화로 인한 위험-이익 관계를 검토하는 단계
- 준비(preparation) 단계: 행동 양식을 변화시키기 위한 실행에 전념할 것이라는 언약을 하고 변화를 위한 계획과 전략을 개발하는 단계
- 실행(action) 단계: 계획을 실행하고, 현재의 행동 양식을 변화시키고 새로운 행동 양식을 만들어 내기 위해 하나하나 실행하는 단계
- 유지(maintenance) 단계: 새로운 행동 양식이 상당한 기간(6개월 이상) 동안 유지되고, 이러한 행동 양식이 개인의 생활양식 속으로 견고하게 통합되는 단계

동기 면담에서 중요한 것은 중독자(내담자)가 변화에 대한 이야기를 하게 만드는 것이다. 변화대화란 변화하려는 욕구, 변화할 수 있는 역량, 변화의 이유나 필요성을 표현하는 말이다. 면담자는 변화대화가 나오는지 잘 경청하면서 변화대화를 촉진하거나(예: "상세히 말해 주세요."), 변화대화를 유발하기 위한 전략(예: 반영하기, 인정해 주기, 변화 의도를 직간접적으로 표현하게 하기)을 사용하여 의도적으로 변화를 이끌어 낸다.

가족의 역할이 중요하기 때문에 가족교육이나 가족치료를 병행하는 것이 좋다. 가족이 엄격한 태도를 일관성 있게 유지하는 것이 매우 중요하고, 알코올 중독자가 나머지 가족이 겪고 있는 스트레스와 정서적 고통을 알게 하여야 한다. 알코올 중독자는 도피(escape) 방어기제를 많이 사용하기 때문에 무책임하고 자신의 행동을 합리화시키는 경향이 강하다. 따라서 스스로 자기 행동에 책임을 지게 하는 것이 매우 중요하다. 그리고 가족은 자기 인생에 대해서 즐길 수 있어야 하고, 자신 때문에 가족이 알코올 중독자가 되었다고 믿으면서 자기 비난과 지나친 죄책감을 갖는 것은 문제해결에 도움이 되지 않는다. 우리나라의 경우 아직도 알코올 중독이 병이 아니라고 생각하는 가족이 많다. 알코올 중독이 가족병이라는 사실을 직시하고 어린 자녀가 있을 경우에는 이들도 부정적인 영향을 받을 수 있다는 것을 인식하여 지역사회 알코올 치료 기관에서 알코올 중독자 본인뿐만 아니라 자녀를 위한 치료적 개입을 받아야 한다. 또한 알코올 중독을 가진 가족이 모이는 자조모임인 알아넌(AL-ANON) 모임에 나가면 유용한 정보를 얻을 수 있다.

그동안 인지행동치료와 동기강화치료가 효과적으로 보고되고 있지만, 치료적 프로그램이 끝나면 알코올 중독자가 재발의 위기에 다시 노출되는 한계가 있다. 이런 단점을 보완할 수 있는 접근이 12단계 촉진치료다. 이 치료는 장기적인 모델로서 이러한 한계를 극복할 수 있게 하고, 만성적으로 재발하는 알코올 의존에 적용하는 데 적합한 치료적 접근이다. 12단계 촉진치료는 1935년 전문가의 지원 없이 물질사용장애가 있는 사람들 사이에서 자조 운동으로 시작되었다. 이 중 가장 활발한 것이 익명의 알코올 중독자모임(AA)이다. 오늘날 AA는 미국을 비롯해서 약 180개 이상의 국가에서 수백만 명의 사람들로 구성되어 있다(AA World services, 2014). AA는 윤리적·정신적 지침과 함께 같은 알코올 중독자의 지원을 통해 중독에서 벗어나도록 돕는다. 이들은 모임을 정기적으로 갖고 서로 도움을 준다. AA의 생활 지침은 정상적인 삶을 살기 위해서는 '내가 알코올 앞에 무력했다.'는 것을 시인하는 것을 시작으로 음주를 완전히 그만두어야 한다는 사실을 받아들이고 이를 실천하는 것이다.

이 외에도 거주시설과 치료공동체(therapeutic community) 같은 것이 지역사회에 생겨나서 과거에 약물에 의존했던 사람들이 공동으로 거주하면서 약물이 없는 환경에서 생활하고 일하고 같이 어울리면서 개인, 집단 및 가족 치료를 받고 다시 사회로 복귀하는 방법도 적용되고 있다.

추가 학습

AA: 익명의 알코올중독자들

AA는 '익명의 알코올중독자들(Alcoholics Anonymous)'이라는 자조 모임으로, 200만 명 이상이 활동하는 국제적인 상호 협조 활동 모임이다. AA의 목적은 술을 마시지 않고 다른 알코올 중독자가 술을 끊도록 도와주는 것이다. AA는 1935년 밥(S. Bob)과 빌(W. Bill)에 의해서 미국 오하이오 주의 애크론 시에서 시작되었다. 밥과 빌은 다른 회원들과 함께 알코올에서 회복되기 위한 영적인 프로그램을 개발했으며, 자조 모임의 규칙을 정했는데 12단계와 12전통이 그것이다. 오늘날 AA는 전 세계적으로 모임을 거느리고 있다.

⟨AA 12단계(AA, 1949, pp. 55–57)⟩

- 1단계: 우리는 알코올에 무력했으며, 우리의 삶을 수습할 수 없게 되었다는 것을 시인했다.
- 2단계: 우리는 우리보다 위대한 '힘'이 우리를 본정신으로 돌아오게 해 줄 수 있다는 것을 믿게 되었다.
- 3단계: 우리가 이해하게 된 대로 신의 돌보심에 우리의 의지와 생명을 맡기기로 결정했다.
- 4단계: 두려움 없이 우리 자신에 대한 도덕적 검토를 했다.
- 5단계: 우리의 잘못에 대한 정확한 본질을 신과 자신에게, 그리고 다른 어떤 사람에게 시인했다.
- 6단계: 신께서 이러한 모든 성격상의 결점을 제거해 주시도록 완전히 준비했다.
- 7단계: 신께서 우리의 단점을 없애 주시기를 겸손하게 간청했다.
- 8단계: 우리가 해를 끼친 모든 사람의 명단을 만들어서 그들 모두에게 기꺼이 보상할 용의를 갖게 되었다.
- 9단계: 어느 누구에게도 해가 되지 않는 한, 할 수 있는 데까지 어디서나 그들에게 직접 보상했다.
- 10단계: 인격적인 검토를 계속하여 잘못이 있을 때마다 즉시 시인했다.

- 11단계: 기도와 명상을 통해서 우리가 이해하게 된 대로 신과 의식적인 접촉을 증진하려고 노력했다. 그리고 우리를 위한 그의 뜻을 우리가 알도록 해 주시고, 우리가 그것을 이행할 수 있는 힘을 주시도록 간청했다.
- 12단계: 이런 단계들의 결과, 우리는 영적으로 각성되었고, 알코올중독자에게 이 메시지를 전하려고 노력했으며, 우리 일상의 모든 면에서도 이러한 원칙을 실천하려고 했다.

기타 물질사용장애

1. 카페인 관련 장애

카페인 물질은 커피, 차, 카페인이 함유된 소다음료, '에너지' 음료, 일반 의약품 계열의 진통제와 감기약, 에너지 보강제, 체중 감량 보조제, 초콜릿 등 다양하다. 카페인 중독의 임상적 특징은 최근 카페인을 사용하였고, 카페인 사용 동안 혹은 그 직후에 다음 증상 중에서 5가지 이상이 나타난다. 증상은 안절부절, 신경과민, 흥분, 불면, 안면홍조, 이뇨, 위장관장애, 근육연축, 사고와 언어의 두서없는 흐름, 빈맥 혹은 심부정맥, 지칠 줄 모르는 기간, 정신운동 초조 등으로 나타난다. 내성이 생기면 고용량의 카페인을 섭취해도 중독이 나타나지 않는다. 징후와 증상으로 사회적, 직업적 또는 다른 주요 기능 영역에서 임상적으로 뚜렷한 고통이나 손상이 나타난다.

고용량의 카페인 섭취 시 경미한 감각장애(예: 귀가 울림, 섬광이 비침)가 발생할 수 있다. 카페인의 반감기는 4~6시간이기 때문에 대부분의 중독 증상은 카페인 섭취 첫날에 없어진다. 하지만 매우 고용량(5~10g)의 카페인을 섭취하면 치명적일 수 있다. 나이가 들면 강한 카페인 반응이 늘어나고, 수면이나 감각 과각성에 따른 불편감이 늘어난다. 젊은 사람의 경우 고용량 카페인 제품이나 에너지 음료를 복용한 뒤 카페인 중독 증상이 관찰된다.

카페인 금단은 갑작스럽게 카페인을 끊거나 줄일 경우 두통, 피로, 졸림, 불쾌하고 우울한 기분, 과민성, 집중력 저하, 독감과 비슷한 증상으로 나타난다. 금단 증상은 마지막 카페인 섭취 후 12~24시간이 지나서 발생하고, 그로부터 1~2일 후에 절정에 달한다. 이러한 금단 증상은 일주일 이상 지속되기도 하고, 두통은 더 오래갈 수 있다.

2. 대마 관련 장애

대마 관련 장애(cannabis-related disorder)는 대마사용장애가 대표적이다. 대마초에서 추출된 물질 그리고 대마와 화학적으로 비슷한 합성 화합물로 인한 문제들이 여기에 속한다. 흔히 마리화나(marijuana)라고 불리는데, 이 외에 해시시(Hashish)라는 대마 잎에서 스며 나온 진액은 마리화나보다 훨씬 강력한 효과를 나타낸다.

대마는 주로 연기를 피워 사용하는데, 파이프, 워터파이프, 담배를 종이에 말아 피는 것 등 다양한 방법이 있다. 경구로 섭취하기도 하고 음식과 섞어 먹기도 한다. 대마 중독이라고 할 정도가 되면 대마를 사용하는 동안 혹은 그 직후에 운동실조, 다행감, 불안, 시간이 느리게 가는 느낌, 판단력 손상, 사회적 위축 등 심각한 문제 행동과 심리적 변화가 나타난다. 또한 대마 사용 2시간 이내에 결막 충혈, 식욕 증가, 입 마름, 빈맥 등이 나타난다. 대마 중독이 생기면 직장이나 학교에서 기능 손상, 사회적으로 무분별한 행동, 역할 수행 실패, 안전하지 않은 성행위, 교통사고 등과 같은 심각한 문제를 초래할 수 있다.

대마를 매일 혹은 최소한 수 개월 이상 과도하게 사용하다가 끊게 되면 일주일 이내에 금단 증상이 발생한다. 금단 증상으로는 과민성, 불안, 수면 문제, 식욕 감퇴나 체중 감소, 안절부절, 우울 기분 등이 있다.

3. 환각제 관련 장애

환각제 관련 장애(hallucinogen-related disorders)를 유발하는 대표적인 환각제로

서 펜시클리딘(phencyclidine) 혹은 펜시클리딘 유사물질은 1950년대에 해리성 마
취약으로 개발되었고, 1960년대에 길거리 마약이 되었다. 낮은 용량을 사용하면 몸
과 마음으로부터 분리되는 해리 느낌을 일으키고, 높은 용량은 혼미, 혼수를 일으킨
다. 주로 흡연을 하거나 경구로 복용하지만 코로 흡입하거나 정맥주사로 맞기도 한
다. 취약한 사람의 경우 환각 효과가 나타나기도 하고, 조현병과 비슷한 지속성 정
신병적 삽화를 일으킬 수 있다.

　펜시클리딘 중독이 생기면 안구진탕, 고혈압 또는 빈맥, 감각 이상, 실조, 구음 곤
란, 근육 경직, 발작 또는 혼수, 청각 과민 같은 증상이 생긴다. 이 밖에 환각제 지속
성 지각장애가 발생할 수 있는데, 기하학적 환각, 주변 시야에서 움직임에 대한 잘
못된 지각, 색채의 섬광, 강렬한 색감, 움직이는 물체의 잔상, 사물이 크게 보이는
거시증, 사물이 작게 보이는 미시증 등이 생긴다.

4. 흡입제 관련 장애

　흡입제(inhalant)는 환각을 유발할 수 있는 휘발성 물질을 의미하며, 본드, 부탄가
스, 가솔린, 페인트, 니스 제거제 등이 포함된다. 흡입되는 대부분의 화합물은 정신
활성 효과가 있는 여러 물질을 섞은 것이기 때문에 장애가 정확하게 어떤 물질로 인
한 것인지 구분하기 어려운 경우가 많다. 청소년은 접착제, 구두약, 톨루엔, 휘발유,
라이터 가스, 스프레이 페인트를 주로 사용한다.

　흡입제에 중독되면 현기증, 안구진탕, 운동실조, 불분명한 언어, 불안정한 보행,
졸음, 반사 감소, 정신운동 지연, 떨림, 근육 약화, 흐린 시야, 혼미나 혼수, 다행감
등의 증상이 생긴다.

5. 아편계 관련 장애

　아편계 관련 장애(opioid-related disorder)를 유발하는 아편은 양귀비라는 식물에
서 채취되는 진통 효과가 있는 물질로, 대표적인 마약 물질이다. 아편과 유사한 효

과를 내는 화학물질을 아편류라고 하는데, 모르핀과 같은 천연 아편류, 헤로인과 같은 반합성 아편류 등이 있다. 아편류는 진통제, 마취제, 기침 억제제로 처방되고, 의학적인 목적 이외의 사용은 법적으로 금지되어 있다. 헤로인은 가장 흔하게 사용되는 약물로, 주로 주사를 맞거나 흡연 또는 코를 통해 흡입한다.

아편류에 중독되면 졸음 또는 혼수, 불분명한 언어, 집중력 저하 등이 나타날 수 있다. 금단 증상으로는 불쾌 기분, 오심 또는 구토, 근육통, 동공산대, 눈물/콧물 흘림, 하품, 발열, 불면, 설사 등이 있다.

6. 진정제, 수면제 또는 항불안제 관련 장애

진정제, 수면제 또는 항불안제 관련 장애(sedative-hypnotic or anxiolytic-related disorders)를 유발하는 물질에는 벤조디아제핀, 벤조디아제핀 유사 약물, 카바메이트, 바비튜레이트 그리고 바비튜레이트 유사 수면제가 있다. 이 물질들은 처방 가능한 수면제와 거의 모든 항불안제를 포함한다.

알코올과 마찬가지로 이 약물들은 뇌 억제제로서 고용량을 사용할 경우에 치명적일 수 있다. 중독이 되면 심각한 부적응적 행동 및 심리 변화가 발생한다. 불분명한 언어, 운동실조, 불안전한 보행, 안구진탕, 인지 기능 손상, 혼미, 혼수 등이 나타난다. 또한 알코올성 일시적 기억상실(필름 끊김)과 유사한 선행성 기억상실이 나타난다.

금단 증상으로는 자율신경계 항진, 손떨림, 불면, 오심 또는 구토, 일시적인 시각적·촉각적·청각적 환각 또는 착각, 정신운동 초조, 불안, 대발작 등이 있다.

7. 자극제 관련 장애

자극제 관련 장애(stimulant-related disorder)를 유발하는 암페타민과 암페타민류 자극제는 페닐에틸아민 구조를 포함한 물질을 말하며, 암페타민, 덱스트로 암페타민, 메스암페타민이 있다. 구조적으로는 차이가 있으나 메틸페니데이트도 유사한 효과를 유발할 수 있다. 이러한 물질은 경구나 정맥으로 투여되며, 메스암페타민은

비강 내로도 투여할 수 있다. 암페타민과 기타 자극제는 비만, 주의력결핍 과잉행동 장애, 기면증의 처방을 통해 구하기도 한다. 처방된 자극제는 불법 시장으로 흘러가는 경우도 많다. 암페타민과 유사 약물의 효과는 코카인의 효과와 유사하다.

암페타민류 자극제나 코카인에 노출되면 일주일 내로 빠르게 중독된다. 금단 증상, 특히 과다수면, 식욕 증가, 불쾌감이 생길 수 있고, 이 때문에 자극제 갈망이 강화된다. 암페타민류 자극제나 코카인은 중추신경계에 강력한 영향을 미친다. 주사하거나 코로 흡입하면 자극제는 안녕감, 자신감, 유쾌한 감정을 강하게 유발하며 극적인 행동 변화를 유발한다. 그러나 중독이 될 경우 빈맥 또는 서맥, 동공 확장, 혈압 상승이나 저하, 발한 또는 오한, 오심 또는 구토, 체중 감소, 정신운동 초조, 근육 약화, 호흡 억제, 흉통, 심부정맥, 혼돈, 발작, 운동 이상, 근육긴장이상, 혼수 등 치명적인 증상이 나타난다.

장기적으로 사용하면 혼돈스러운 행동, 사회적 격리, 공격적 행동, 성기능 문제가 발생할 수 있다. 우울감, 자살 사고, 과민성, 무쾌감, 감정적 동요, 집중 장애도 금단 증상으로 흔히 나타날 수 있다. 자극제 중독의 극단적인 경우는 자극제로 유발된 정신병적 장애이며, 이때는 환각과 망상을 동반하여 조현병과 유사한 증상을 보인다.

8. 담배 관련 장애

담배 관련 장애(tobaco-related disorder)로서 담배사용장애는 궐련(cigarette)이나 무연 담배를 매일 사용하는 사람에게서 주로 나타나며, 매일 사용하지 않으면 흔하지 않다. 담배에 대한 내성은 담배를 반복적으로 사용해도 오심이나 현기증이 없는 경우와 하루 중 처음 사용한 담배가 더 강한 효과를 내는 경우를 들 수 있다. 기상 후 30분 내의 흡연, 매일 흡연, 하루당 더 많은 담배를 피우는 것, 흡연을 위해 밤에 깨는 것이 담배사용장애와 관련이 있다.

금단 증상은 담배를 끊거나 줄이고 나면 24시간 이내에 시작되고, 중단 후 2~3일 후에 정점을 이루며, 2~3주간 지속된다. 주요 금단 증상으로는 과민성, 좌절 또는 화, 불안, 집중력 곤란, 식욕 증가, 안절부절, 우울 기분, 불면 등이 나타난다.

♨ 이상심리 프리즘: 금연과 문화

문화권에 따라 담배 사용에 대한 허용 정도는 다양하다. 미국에서는 담배 사용률이 줄었지만 개발도상국의 흡연은 선진국보다 흔하다. 문화적 차이는 수입, 교육, 국가의 담배 규제 활동에 따라 다를 수 있다. 니코틴의 대사 속도는 아프리카계 미국인과 백인이 서로 다르다고 하는데, 아프리카계 미국인은 주어진 담배 수량에 비해 더 높은 혈중 니코틴 농도를 가지는 경향이 있어서 이 점이 금연을 더욱 어렵게 만든다고 알려져 있다.

우리나라에서도 예전에 비해 금연 프로그램이 국가 차원과 각 지방자치단체의 보건소를 중심으로 활발하게 이루어지고 있다.

우리나라에서는 보건복지부에서 담당하던 금연 관련 정책 시행을 2015년 7월부터 한국건강증진개발원에서 지역금연지원센터를 만들어 18개의 지역센터를 운영하며 담당하기 시작했다. 또한 국가금연지원센터에서는 담뱃값 인상과 경고 그림 의무화 등 금연 관련 법안 법제화 지원과 대국민 인지 제고, 담배 업계 모니터링 등 국민과 의료기관을 아우르는 금연 정책 컨트롤 타워 역할을 수행 중이고, 예산을 편성하여 3년 동안 운영할 계획이다.

각 지역금연지원센터에서는 무료로 금연 프로그램을 운영하는데, 4박 5일간의 전문치료형 단기금연캠프 프로그램 등 여러 가지 프로그램이 마련되어 있다. 대형 종합 병원과 연계된 금연지원센터에서는 금연 캠프 참가자를 모집해서 일반 건강검진을 비롯해 흡연자 심리평가 매뉴얼에 따른 심리검사 및 개인상담, 인지치료에 기반을 둔 집단상담 프로그램, 금연 장애요인 극복교육, 마음챙김 인지치료 프로그램, 운동치료 등 흡연자의 금연을 위해서 다각적인 노력을 기울이고 있다.

비물질 관련 장애: 도박장애

　　기수 씨는 45세 남성으로 현재 무직 상태다. 20대 후반에 유학을 가서 경영학 석사를 마쳤고, 귀국하여 외국계 회사에서 10년 이상 근무하다가 라스베이거스에 출장을 가게 되면서 도박에 처음 빠지게 되었다. 운이 좋게 두 번째 가던 날 1,000만 원을 횡재하자 이후에도 틈만 나면 도박장에 가게 되었다. 나중에는 기회를 만들어서 카지노를 드나들게 되었고 몇 번은 따고 몇 번은 조금씩 손실을 보게 되었다. 그러다가 점점 더 베팅을 크게 하면서부터 금전적 손실도 커지기 시작하였고, 도박을 위해 은행에 아파트를 담보로 빚을 내고, 나중에는 사채를 쓰기 시작하였다. 아파트도 경매로 넘어가고 자신의 월급으로는 도저히 감당이 안 될 정도로 빚이 늘어나자 회사의 공금을 횡령하게 되었고, 이로 인해 고소를 당하고 직장에서 파면을 당하게 되었다. 처음에는 빚을 갚아 주던 부모, 형제도 금전적 손실을 보게 되자 기수 씨와 의절하게 되었고, 부인과 이혼하고 혼자 원룸에서 살면서 틈만 나면 정선 카지노 근처를 배회하고 있다.

　도박중독은 대표적인 비물질 관련 장애이며, 행위 중독에 속한다. 행위 중독(behavior addiction)으로는 도박중독, 섹스중독, 쇼핑중독, 게임중독, 인터넷중독 등이 있다. 이 중 섹스중독, 쇼핑중독은 임상적인 증거 부족으로 진단 체계에 들어가지 못하고 인터넷 게임장애는 추가 연구가 필요한 진단에 들어가 있어서 도박중독만 DSM-5에 포함되었다. 물질장애처럼 병리적 도박 중독자는 개인 생활이 장기적으로는 와해되고 피폐해짐에도 불구하고 단기간의 이득을 위해서 병리적인 도박을 지속한다. 도박 중독과 알코올 중독은 공존 병리가 많은 장애이고 성격장애와도 관련이 깊다. 병적 도박은 해로운 효과나 결과에도 불구하고 도박에 집착하고 통제감을 상실해서 강박적으로 도박에 몰두하는 것을 말한다.

추가 학습

문제도박 선별척도(PGSI)

• 도박의 일반적 영향을 묻는 문항

지난 1년 동안에 대해 생각해 보고, 해당하는 번호에 ○표 하세요.

문항	없음	가끔	때때로	거의 항상
1. 귀하는 도박에서 잃어도 크게 상관없는 금액 이상으로 도박을 한 적이 있습니까?	0	1	2	3
2. 귀하는 도박에서 이전과 같은 흥분감을 느끼기 위해 더 많은 돈을 걸어야 했던 적이 있습니까?	0	1	2	3
3. 귀하는 도박으로 잃은 돈을 만회하기 위해 다른 날 다시 도박을 한 적이 있습니까?	0	1	2	3
4. 귀하는 도박 자금을 마련하기 위해 돈을 빌리거나 무엇인가를 판 적이 있습니까?	0	1	2	3
5. 귀하는 자신의 도박 행위가 문제가 될 만한 수준이라고 느낀 적이 있습니까?	0	1	2	3
6. 귀하는 도박으로 인해 스트레스나 불안 등을 포함한 어떤 건강상의 문제를 겪은 적이 있습니까?	0	1	2	3
7. 귀하는 사실 여부에 상관없이 다른 사람으로부터 도박 행위를 비난받거나 도박 문제가 있다는 이야기를 들은 적이 있습니까?	0	1	2	3
8. 귀하의 도박 행위로 인해 본인이나 가정에 재정적인 문제가 발생한 적이 있습니까?	0	1	2	3
9. 귀하는 자신의 도박하는 방식이나 도박을 해서 발생한 일에 대해 죄책감을 느낀 적이 있습니까?	0	1	2	3

• 점수별 해석 지침

구분	점수	해석
문제 없음	0점	도박에 사용하는 시간과 돈을 통제할 수 있으며, 도박의 목적을 돈을 따는 것이나 승리에 두지 않고 오락을 위해서 도박을 하는 정도다.
저위험성 도박	1~2점	도박으로 인한 부정적인 결과가 나타나지 않는 수준으로 도박을 하고 있다. 하지만 도박을 자주 한다면 도박 관련 문제에 빠질 위험성을 탐색해 봐야 한다.

중위험성 도박	3~7점	도박으로 인해 일상생활을 적절하게 유지하는 데 어려움이 나 타날 가능성이 있다.
문제성 도박	8점 이상	도박 행동을 조절하지 못하는 상태를 나타내며, 점수가 높을 수록 문제의 심각성은 더욱 크다. 전문가의 도움이 필요하다.

출처: 사행산업통합감독위원회(2011).

1. 도박장애의 임상적 특징과 경과

도박을 하는 사람은 개인, 가족 그리고 직업 문제를 초래하면서도 도박 행동을 계속한다. 그러다가 '손실을 쫓는' 패턴이 나타나고, 손실을 보상하기 위해 더 큰 내기를 걸거나 더 큰 위험을 무릅쓴다. 도박꾼은 단기간 손실을 쫓지만 도박장애 (gambling disorder)를 가진 사람은 장기적으로 '쫓는' 행동이 나타난다. 도박에 과도하게 몰두하여 도박을 하는 빈도가 증가하고 도박을 하는 시간이 증가한다. 심지어 도박을 하지 않을 때에도 도박이 주된 관심의 초점이 되며 공휴일이나 식사 시간 등 기회가 생길 때마다 도박을 한다. 이들은 도박 행위를 최소화하는 경향성이 있어 잃은 것을 최소화하고 이긴 것을 자랑한다. 도박하는 것을 감추기 위해 다른 사람에게 거짓말을 자주 한다. 도박 결과를 무시하고 은행 잔고와 투자 자금을 고갈하며 도박으로 인한 경제적 압박에서 벗어나기 위해 가족이나 친구 등 다른 사람에게 의존한다. 도박을 하거나 도박 빚을 갚기 위해 위조, 사기, 횡령 등과 같은 불법적 행동을 저지른다. 이들은 개인적, 가족적 그리고 직업적 관심 사항에 대해 흥미가 없고 잘 알지 못한다.

도박장애의 진단 기준(DSM-5)

A. 지속적이고 반복적인 문제성 도박 행동이 임상적으로 현저한 손상이나 고통을 일으키고, 지난 12개월 동안 다음 중 4가지 이상이 나타난다.

　1. 바라는 흥분을 얻기 위해 액수를 늘리면서 도박하려는 욕구

　2. 도박을 줄이거나 중지시키려고 하면 안절부절못하거나 과민해짐

3. 도박을 조절하거나 줄이거나 중지시키려는 노력이 계속 실패함

4. 종종 도박에 집착한다(예: 과거의 도박 경험을 되새기고, 다음 도박에서 승산을 예상하거나 계획하고, 도박으로 돈을 벌 수 있는 방법에 몰두함)

5. 괴로움(예: 무기력감, 죄책감, 불안감, 우울감)을 느낄 때 도박함

6. 도박으로 돈을 잃은 다음에 만회하기 위해 다음 날 도박판에 되돌아감

7. 도박을 했다는 것을 숨기기 위해 가족, 치료자 또는 타인에게 거짓말을 함

8. 도박으로 인해 중요한 관계가 위태로워지거나 일자리, 교육적 · 직업적 기회를 상실하거나 스스로를 위험에 빠뜨림

9. 도박으로 야기된 절망적인 재정 상태에서 벗어나기 위해 돈 조달을 남에게 의존함

2. 도박장애의 원인

가족력 및 쌍생아 연구에 따르면, 도박 중독자는 유전적 소인을 물려받은 데다가 뇌 보상 중추에서 도파민의 과잉활동성을 경험한다고 알려져 있다. 도박 중독에 대한 심리적 원인으로 정신분석가는 피학적이거나 강박적인 인격 성향, 흥분 추구, 권위에 대한 도전, 무의식적인 죄의식의 완화, 우울감을 없애려는 노력이 도박장애를 부추긴다고 보고 있다.

인지적 관점에서는 도박 중독자가 가지고 있는 인지 왜곡, 즉 스스로 도박 확률을 조절 가능하다고 지각하는 것이 문제라고 본다. 도박 중독자는 기억 및 회상의 편파성이 심해 잃은 것보다는 딴 것만 기억하는 경향이 있다. 또한 미신적 사고가 강하고 통제력에 대한 착각이 심해 우연한 상황과 기회를 통제할 수 있다고 과신하는 등 근거가 없는 자신감을 갖고 있는 경우가 허다하다.

학습이론에 따르면, 정적 강화 모델에 의해 돈을 따게 되면 도박 행동이 강화된다. 다른 도박자와의 사회적인 관계, 도박장의 분위기(시각적 · 청각적) 등도 강화물이 될 수 있다. 부적 강화 모델에서는 이들이 스트레스, 불안, 우울감으로부터 도피하기 위해 도박에 몰두한다고 설명하고 있다.

도박 중독자는 흔히 충동적이어서 내기의 양을 증가시키고 싶은 욕구 때문에 부

정적인 결과에도 불구하고 도박 횟수를 조절하거나 그만둘 수 없다. 잃은 것을 회복하기 위해 더 많은 돈을 거는 행동을 반복적으로 하고 도박에 소비하는 시간과 돈의한계를 정하지 못한다. 돈을 땄을 때 그만두지 못하고, 경쟁적이며, 새로운 것을 추구하는 경향(novelty seeking)이 강하고, 에너지가 넘치며, 무언가를 시도하지만 쉽게 싫증을 내는 성향이 강하다. 이들은 또한 타인으로부터 인정받는 것을 중요하게여긴다.

사회환경적 요인으로는 도박을 허용하는 문화와 도박 시설에 대한 접근의 용이성, 다른 놀이문화의 부재, 돈을 중시하는 분위기 등이 있다. 일반 인구 집단에서 도박 중독자는 0.4~1% 정도로 알려져 있다(APA, 2013). 도박장애는 흔히 청소년기 혹은 성인기 초기에 나타나지만 중년 이후 심지어 노년기에도 나타날 수 있다. 도박장애는 수년의 경과를 거치는데, 여성에게서 더 빠른 진행이 나타난다. 특정 종류의도박에 몰두하는 것(예: 복권을 매일 사는 것)과 다른 종류의 도박에 몰두하는 것(예: 매주 카지노나 슬롯머신, 블랙잭을 하는 것) 등 종류에 따라 심각도가 다르다. 매일 복권을 사는 것보다 단 한 번이더라도 카지노에 가거나 카드 도박을 해서 도박 중독자가 될 수 있다. 도박에 거는 판돈의 양이 도박장애를 의미하지는 않는다. 적은 판돈이어도 도박 관련 문제가 발생할 수 있다.

도박 패턴은 주기적·삽화적이며, 도박장애는 스트레스나 우울한 시기, 물질사용 혹은 금단기에 더 증가할 수 있다. 여성에 비해 남성의 조기 도박장애 발생율이높다. 남성은 중고등학교 시절부터 나타나지만 여성은 중년 이후에 더 많이 나타난다. 그러나 늦게 시작하여도 여성은 단기간에 도박장애로 발전하는 경향이 있다.또한 도박장애 여성은 우울장애, 양극성장애, 불안장애를 갖는 경우가 많다.

도박 중독은 가족에게 많은 정서적 문제를 일으킨다. 도박 중독은 가족으로 하여금 당혹감, 실망감, 배신감 등을 느끼게 만들고, 도박으로 인해 재산을 탕진하는 등의 경우에는 불안감, 죄책감, 우울, 분노 등이 다양한 신체적 증상을 불러일으킨다.또한 가족은 재정 문제와 공동의존 문제를 경험한다. 자녀와 관련된 문제로는 부모로서 훈육 기능을 상실하고 방임하는 경우가 많고, 좋은 부모 역할을 하지 못하다보니 이들의 자녀 역시 건강한 성인으로 자라나는 것이 쉽지 않다. 자녀 역시 사회적 기술이 부족하고, 가치관 발달에 손상을 입고, 수치심, 두려움, 타인에 대한 불신감, 성인에 대한 저항감을 갖고 성장한다. 또한 도박 중독자의 자녀는 자신의 감정을 존중하고 타인의 감정을 배려하는 능력이 결여된 성인으로 자라나게 되고, 만성적으로 낮은 자존감으로 인해 우울증과 대인관계 문제를 가질 수 있다. 이처럼 도박 중독자의 자녀도 성인이 된 후에 배우자 선택과 신뢰의 문제, 자존감 문제, 의사소통 문제, 정서적 문제 등 복합적인 문제를 가질 수 있으므로 알코올 중독과 마찬가지로 도박 중독 역시 가족병이라고 볼 수 있다.

3. 도박장애의 치료

도박장애의 치료로는 마약길항제 같은 생물학적 접근이 사용되고 있으나 그다지 효과적이지 못하다. 현재 흔히 사용되고 있는 인지행동치료는 인지교정, 문제해결 기술 훈련, 사회기술 훈련, 재발 방지 등으로 구성되어 있다. 이 중 인지교정은 중독자가 흔히 가지고 있는 도박에 대한 오해와 잘못된 신념을 바로잡아 주는 과정이다. 도박은 종류에 따라서는 기술이 필요한 경우도 있지만 일종의 확률일 뿐인데, 중독자는 자신의 능력이나 기술로 이 확률을 조절할 수 있다는 잘못된 믿음을 갖고 있는 경우가 많다. 돈을 잃으면 운이 나쁘다거나 재수가 없다고 생각하고, 이길 경우에는 자신의 능력을 과대평가하는 경향이 있다(통제력의 착각). 또한 머릿속에는 과거의 승리만을 기억하고 있기 때문에 발걸음이 늘 도박장으로 향하는 것이다(회상의 편파성). 또한 이들은 미신적인 생각을 갖고 있고 좋은 꿈을 꾸었을 때 복권을 사는 행동과 같이 특정한 상황이나 행동, 생각이 승패에 영향을 미친다고 믿고 집착하는 경향이 있다(미신적 사고). 도박 중독자가 갖고 있는 잘못된 생각과 믿음을 체계적으로 교정하여 도박 갈망과 충동을 조절할 수 있게 하는 것이 인지행동치료의 핵심이며, 이와 더불어 도박 갈망과 충동을 부추기는 상황을 피할 수 있는 기술, 스트레스나 감정 관리, 가정 및 사회 적응 훈련 등을 통해 재발을 방지하는 작업 등이 포함된다.

알코올 중독과 마찬가지로 도박 중독을 가진 사람은 대부분 치료 의지와 동기가 부족해서 자발적으로 병원을 찾지 않고 법적인 어려움과 경제적인 문제가 생겼을 때 반강제적으로 가족에 의해 병원에 오는 경우가 많다. 도박 중독이 병이라는 인식을 심어 주고 치료 동기를 고취시키는 것은 쉽지 않지만, 이때 중요한 것은 치료자가 도박 중독자의 도박 행위에 대해 비판적인 태도를 취하지 말아야 한다는 것이다.

도박 중독자는 이미 가족이나 주변 사람의 비판에 익숙해져 있고, 자기 문제를 부인하거나 은폐 또는 축소하면서 방어하는 경향이 강하다. 따라서 치료적 관계를 형성하려면 가치 판단이나 비난하는 태도를 보여서는 안 된다.

대부분의 중독자는 치료 상황에 들어오더라도 치료에 대해 회의적이거나 양가감정을 가지고 있다. 자신이 중독자임을 인정하고 치료를 받겠다고 생각하기까지 시간이 많이 걸리기도 하고, 도박으로 돈을 따서 지금까지 잃어버렸던 것을 한 번에 만회해야겠다는 막연한 희망을 가지고 있는 경우가 많다. 또한 빚으로 인한 재정적 어려움, 가족에서의 역할 문제, 직장 문제 등 현실적인 어려움에 직면하는 경우가 많기 때문에 치료에 저항하기가 쉽다.

치료의 궁극적인 목표는 도박 중독자 스스로 내적 통제력을 회복하고, 도박 충동을 조절하고, 더 나은 삶을 살게 하는 것이지만 이는 쉽지 않다. 따라서 초기에는 반드시 도박을 할 수 없는 상황이 되도록 환경을 조성하는 것이 필요하다. 환자의 동의를 얻어 지갑에 돈과 신용카드가 어느 정도 있는지 확인하고, 필요한 경우에는 가족으로 하여금 환자가 은행 등에서 대출을 받거나 신용카드를 사용하지 못하도록 조치해야 한다. 가족이 도박 중독자에게 돈을 대 주거나 빚을 해결해 주는 것을 못하게끔 가족교육을 통해 가르칠 필요가 있다.

알코올 중독과 마찬가지로 치료가 어느 정도 진행되어 일정 기간 도박을 끊게 되더라도 재발하는 경우가 많다. 치료자는 환자의 통제 능력을 인정하고 격려하되, 동시에 고위험 상황을 계속 피하도록 격려하고 언제든지 재발 위험성이 있다는 사실을 주지시켜야 하며, 완치라는 것은 없으며 회복 과정이 평생에 걸쳐 일어남을 강조하는 것이 좋다.

이 외에 AA처럼 익명의 도박 중독자 모임(Gambler Anonymous: GA)이라는 자조 집단 프로그램이 우리나라에서도 활발하게 이루어지고 있다. 단도박 가족 모임(Gam-Anon)도 도움이 되지만 그 효과에 대한 체계적인 연구는 부족하다. 도박 중독자의 가족이 공황장애, 우울증을 겪는 경우가 많아서 가족치료적인 접근도 중요하다.

🔔 언론에 비친 이상심리: 몬테카를로의 오류(도박사의 오류)

1913년 8월 18일, 프랑스 남부 지중해에 위치한 몬테카를로(Monte-Carlo) 카지노에서 도박 역사상 기록적인 이변이 벌어졌다. '카지노'하면 떠오르는 룰렛(roulette)은 검은색과 빨간색 바탕에 0부터 36까지 숫자가 쓰여 있는 회전판에 공을 떨어뜨려 숫자를 맞추는 카지노의 대표적인 도박이다. 번호 0을 제외한 1부터 36까지는 홀수, 짝수에 따라 검은색과 빨간색 (0은 녹색)이 균등하게 나뉘어 있다. 룰렛에서 공이 검은색과 빨간색 숫자에 떨어질 확률은 동일하다. 회전판을 돌리는 것은 독립(independent) 사건이므로 회전판을 몇 번째 돌리느냐는 상관이 없다. 이는 동전 던지기에서 앞면이나 뒷면이 나올 확률이 던지는 횟수에 관계없이 동일한 것과 같다. 그런데 1913년 몬테카를로 카지노에서 매우 희한한 일이 벌어졌다.

룰렛에서 15번째 연속으로 공이 검은색 숫자에 떨어진 것이다. 그러자 그곳에 있던 도박사들은 룰렛으로 모여들었고 거액의 베팅이 한 쪽으로 몰리기 시작했다. 베팅 방향은 당연히 빨간색 숫자. 모두 이제는 공이 빨간색 숫자에 떨어질 차례라고 믿었다. 도박사들이 이렇게 생각한 이유는 룰렛에서 공이 검은색과 빨간색 숫자에 떨어질 확률이 동일한데 15번 연속 검은색이 나왔으니 틀림없이 이변이고 이제는 빨간색이 나와야만 정상으로 돌아가는 것이라고 믿었기 때문이다. 하지만 앞에서 썼듯이 룰렛을 몇 번 돌리느냐에 상관없이 검은색과 빨간색에 떨어질 확률은 동일하다. 아무리 15번째 연속 검은색 숫자가 나왔더라도 16번째 회전에서 검은색이 나올 확률과 빨간색이 나올 확률은 동일하다. 따라서 도박사들이 이젠 빨간색 숫자가 나올 차례라고 믿는 것은 잘못된 논리다. 결과는 어떻게 됐을까? 16번째 룰렛에도 또 검은색 숫자가 나왔다. 도박사들의 패배. 그러자 17번째 룰렛에는 더 많은 도박사와 더 많은 베팅 금액이 빨간색 숫자에 몰렸다. '이젠 정말 빨간색 숫자 차례다.'라고 생각하면서. 그런데 결과는 또 검은색 숫자! 18번째 룰렛에서 베팅 금액은 2배로 커졌다. 하지만 또 검은색 숫자가 나왔고, 이후 25번째 룰렛이 돌아갈 때까지 공은 계속해서 검은색 숫자에만 떨어졌다.

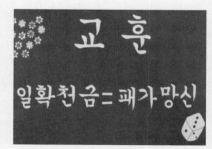

이러는 동안 도박사들은 '이번에는 정말 빨간색이 나올 차례야.'라며 계속 베팅 금액을 올려 가며 룰렛에 참가했지만 결국 막대한 손실만 안게 됐다. 이후 이 사건을 몬테카를로의 오류

(Monte Carlo fallacy) 혹은 도박사의 오류(gambler's fallacy)라고 부르게 됐다.

도박사의 오류는 룰렛뿐만 아니라 '파친코'로 불리는 슬롯머신 도박에서도 쉽게 찾아볼 수 있다. 카지노를 즐겨 가는 사람 가운데 몇 시간째 꼼짝 않고 한 슬롯머신에만 붙어 있는 사람들이 많다. 게다가 슬롯머신에서 몇 시간째 아무런 당첨이 없었다면 더욱 움직일 생각을 않는다. 이유는 단 하나. 몇 시간째 당첨이 없었다면 '이제는 당첨될 차례다.'라고 믿기 때문이다. 그러나 동전 던지기와 마찬가지로 슬롯머신도 슬롯을 당길 때마다 당첨 확률이 똑같도록 프로그램화되어 있다. 즉, 몇 시간째 당첨이 없었다고 당첨될 확률이 더 높아지는 것도 아니고 계속 슬롯을 당긴다고 당연히 당첨되지 않는다.

출처: 머니투데이뉴스(2014. 6. 1.).

이 장의 요약

1. 물질을 오랫동안 사용하게 되면 뇌회로 기전에 변화가 생겨 재발이 반복되고 자극에 노출되었을 때 강한 갈망이 나타나며 조절 능력의 상실과 사회적 기능 손상이 나타난다. 대표적인 것이 알코올 중독으로 금단, 내성, 갈망이 포함된 행동과 신체 증상 등 복합적인 증상으로 나타난다.

2. 알코올 중독은 가족병이라고 할 정도로 가족에게 좋지 못한 영향을 미친다. 알코올 중독자의 가족 역시 항상 두려움에 떨고 긴장된 채로 살아가며 열등감을 지니고 위축되어 있다. 또한 알코올 중독자로 인해 역기능적인 알코올 중독 가족체계를 형성하고 가족 구성원 전체가 의존자의 특성을 나타낸다.

3. 알코올 중독은 치료가 어렵고 다학제 간 팀 접근이 필요하다. 알코올 중독을 위한 인지치료에서는 알코올의 부정적인 효과에 대해 인식하게 하고, 고위험 상황에서 대처 기술을 습득하게 하며, 술에 대한 인지적인 기대를 바꾸고 스트레스 관리 기술을 가르친다.

4. 도박사가 가지고 있는 인지적 오류를 도박사의 오류라고 한다. 도박 중독자는 스스로도 그렇고 주변 사람으로부터 의지력이 부족하다거나 성격 파탄자라는 이야기를 들어왔기 때문에 자기 자신에 대해서도 부정적인 생각으로 가득차 있는 경우가 많다. 또한 재발 가능성이 높기 때문에 의지의 문제가 아닌, 단도박에 대한 의도를 분명히 하고 회복될 수 있다는 확신을 주어야 한다.

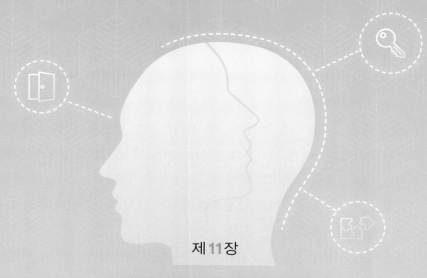

제11장

성격과 성격장애

🗨 이 장의 목표

- ▣ A군 성격장애의 종류와 특징을 이해한다.
- ▣ B군 성격장애의 종류와 특징을 이해한다.
- ▣ C군 성격장애의 종류와 특징을 이해한다.

일상생활을 하다 보면 '저 사람은 외향적이다, 내성적이다, 너무 수줍음을 많이 탄다, 너무 거침이 없다, 성격이 밝다, 성격이 어둡고 침울하다' 등 누군가의 성격에 대해 이야기할 기회가 많다. 그리고 우리는 자주 자신을 포함해서 주변 사람의 성격에 대해 '좋다/나쁘다'라고 말하며 이분법적인 판단을 하기도 한다. 성격이 '좋다/나쁘다'고 말할 때 좋은 성격이란 어떤 것이며 나쁜 성격은 어떤 것일까? 이에 대해 한마디로 답하기는 쉽지 않다. 예컨대, 외향적인 사람은 사교적이고 밝고 명랑해서 좋은 인상을 주지만 어떤 경우에는 가볍고 피상적인 느낌을 주기도 한다. 한편, 내성적인 사람은 사회적 관계에서 무관심하고 냉정하게 보이는 단점은 있지만 진중하고 깊이 있다는 평가를 받기도 한다.

대개 사람은 예측 가능하고 일관적인 방식으로 행동한다. 그러나 어떤 사람은 예측이 어렵고 매우 비일관적인 특성을 보인다. 그렇다면 비일관적이고 예측 불가능한 성격을 가진 모든 사람이 성격장애를 갖고 있는 것일까? 성격 특성은 유전적 요인과 환경적으로 학습된 반응이 조합된 결과여서 한 사람의 성격을 이해하려면 타고난 특성과 살아온 배경을 모두 살펴보아야 한다. 성격장애(personality disorder)란 성격 패턴이 완고하고 부적응적이어서 개인의 사회적 · 직업적 기능에 유의한 장애가 생기는 경우를 의미한다. 성격장애를 가진 사람은 사회적 상황에서 기대되고 요구되는 것과 달리 극단적이고 역기능적인 성격 특성과 행동 패턴을 보이고 타인과 잘 지내지 못하며 주변 사람에게 고통을 준다.

성격장애는 1980년대에 DSM-III에 처음 등장하였다. DSM에서 성격장애는 인지, 정서, 대인관계 기능, 충동 조절 중 2개 이상의 영역에서 문제가 있을 때 진단을 내린다. 성격장애는 스트레스에 대한 반응으로 갑자기 나타나는 것이 아니라 오랫동안 경직되고 왜곡된 성격 및 행동 패턴이 형성되어 지각, 사고, 세상과 관계 맺는 방식에서 지속적으로 부적응적인 방식으로 발전한다. 많은 경우 생애 초기에 겪은 역경이 성인기의 경직되고 왜곡된 성격 패턴을 발달시킨다. 성격장애는 증상의 정도와 행동 문제 면에서 다양한데, 심하지 않을 경우에는 기능상 별다른 문제가 없고 주변 사람은 그 사람이 그저 이해하기 어려운 성격을 지녔다는 정도로만 생각한다. 그러나 증상이 심할 경우 주변 사람과 친밀한 관계를 맺기도 어렵고, 설령 맺었다

하더라도 지속적으로 관계를 유지하기가 어려워진다.

　현재 DSM-5에서 성격장애는 유사성을 기준으로 3가지 군집으로 나뉜다. A군은 기이하고 괴상한 특성을 보이는 성격장애로 구성되어 있는데, 편집성 성격장애, 조현성 성격장애, 조현형 성격장애가 들어간다. B군에는 반사회성 성격장애, 경계선 성격장애, 연극성 성격장애, 자기애성 성격장애가 포함되며, 이들의 특징은 극적이고 감정적이고 변덕스럽다. C군에는 회피성 성격장애, 의존성 성격장애, 강박성 성격장애가 들어가며, 이들 성격장애는 불안하고 겁이 많은 특성을 공통적으로 갖고 있다. DSM 체계에서는 성격장애 군집에 대해 그동안 많은 논란이 있어 왔다. 따라서 초기 DSM-5 연구팀에서는 군집을 폐기하고 차원으로 성격 5요인 모델(Five Factor Model: FFM)을 접목하여 성격장애 특성을 분류하는 시도를 하였으나 결과적으로는 기존의 3가지 군집이 그대로 유지되었다. 성격장애가 역기능적인 유형보다는 역기능의 정도에 따라 연속선상에 분류되어야 한다는 견해는 DSM-5의 Section

표 11-1 DSM-5의 성격장애의 분류와 주요 특징(Weissman, 1993)

군집	군집 특성	성격장애	성격장애 특성	성차
군집 A	이상하고, 기이한, 고립된	편집성	의심이 많고 타인을 믿지 못함. 자신은 잘못이 없고 타인이 공격을 가한다고 왜곡함	남성＞여성
		조현성	사회적 관계가 손상되어 있음. 타인과 애착을 형성할 수 있는 능력도 부족하고 욕구가 별로 없음	남성＞여성
		조현형	특이한 사고 패턴을 보이고 지각이 기괴하고 사회적 상호작용과 의사소통이 어려움	남성＞여성
군집 B	극적, 감정적, 충동적이고, 변덕스러운	반사회성	도덕적·윤리적 발달이 이루어지지 않음. 타인을 조종하고 무책임감이 두드러짐. 죄책감, 공감 능력이 결여되어 있음	남성＞여성
		경계선	충동성, 부적절한 분노 표현, 극적인 기분 변화, 만성적인 공허감. 자해 시도를 많이 함	남성＜여성
		연극성	자기극화, 관심을 얻지 못하면 참을 수 없어 하고 감정적 격발을 보임	남성＜여성
		자기애성	과대성, 타인으로부터 관심을 받는 것에 몰두함. 자기과시가 심하고 공감 능력이 결여되어 있음	남성＞여성

		회피성	거절이나 사회적으로 무시당하는 것에 대해 과민함. 수줍어하고 사회적 관계를 맺는 것을 불안해함	남성=여성
군집 C	불안해하고, 두려워하는	강박성	질서, 규칙, 사소한 것에 지나치게 몰두함. 완벽주의적인 성향을 보이고 감정 표현과 따뜻함이 부족함. 이완이 잘 안 되고 즐기지 못함	남성＞여성
		의존성	혼자 있는 것을 어려워하고 타인에게 의존하고 우유부단함	남성＜여성

III(3편)에 앞으로 연구가 더 필요한 대안적인 체계로 반영되었다. 현재 DSM-5에 들어가 있는 성격장애 군집과 주요 특성은 〈표 11-1〉과 같다.

실제 임상 장면에서는 성격장애 진단을 내리기가 쉽지 않다. 성격장애 진단을 위해서는 그 사람의 기능 양상을 장기간 평가하여야 하고 특징적인 성격 특질(traits)이 성인기 초기 전까지 명백하게 나타나야 한다. 성격장애 양상은 특정 스트레스 상황 혹은 좀 더 일시적으로 나타나는 정신 상태인 양극성장애, 우울장애, 불안장애, 물질 중독에서 나타나는 개인적 특성과는 구별된다. 따라서 성격장애 진단을 내리려면 현재 나타나고 있는 양상이 일시적인 특성을 의미하는지, 아니면 오랫동안 지속되었고 상황과 무관하게 일관성 있게 나타나는 성격 특질인지를 면밀히 평가해야 한다. 다른 장애에 비해 성격장애는 단 한 번의 면담만으로 평가하기가 어렵고, 입원한 경우 병실 생활 과정에서 지속적인 관찰이 필요하다. 특히 성격장애를 가지고 있는 사람은 통찰력이 없는 데다가 그런 성격 특질이 자아동조적(ego-syntonic)이어서 주관적 고통이 크지 않기 때문에 주변 사람으로부터 보충적인 정보를 얻어야만 정확한 진단을 내릴 수 있다.

성격장애는 보통 청소년기나 성인기 초기에 두드러진다. 반사회성 성격장애나 경계선 성격장애와 같은 일부 유형은 시간이 지나면서 자연적으로 완화되거나 관해되기도 하지만 다른 성격장애는 그렇지 않은 경우가 많다. 아동기와 청소년기는 성격이 발달하는 과정에 있으므로 성격장애 징후가 있더라도 성격장애 진단을 잘 내리지 않는다. 아동기의 성격 특질이 성인기까지 지속되지 않을 수도 있다. 성인기 중반이나 노년기에 발병한 성격 변화는 뇌손상과 같은 다른 의학적 문제나 물질

사용장애로 인한 성격 변화일 가능성이 높아 감별 진단이 필요하다. 성격장애는 성차가 있어서 반사회성 성격장애는 남성이 더 많이 진단을 받고, 경계선 성격장애, 연극성 성격장애, 의존성 성격장애는 여성에게서 더 흔히 진단된다.

전반적인 성격장애의 진단 기준(DSM-5)

A. 내적 경험과 행동의 지속적인 패턴이 그 사람이 속한 문화에서 기대되는 것으로부터 현저하게 편향되어 있다. 이러한 패턴은 다음의 사항 중 2가지 이상에서 나타난다.

  1. 인지(자신과 다른 사람 및 사건을 지각하고 해석하는 방법)

  2. 정동(감정 반응의 범위, 불안정성, 적절성)

  3. 대인관계 기능

  4. 충동 조절

B. 지속적인 패턴이 개인의 사회 상황의 광범위한 범위에 걸쳐서 경직되어 있고 전반적으로 나타난다.

C. 지속적인 패턴은 사회적, 직업적 또는 다른 기능 영역에서 임상적으로 유의한 고통이나 손상을 초래한다.

D. 성격 패턴은 안정적이고 오랫동안 있어 왔으며, 청소년기 또는 초기 성인기부터 시작되었다.

---

1. A군 성격장애

1) 편집성 성격장애

50대 중반의 수만 씨는 주변 사람을 비롯해서 세상에 대해 불신과 불만이 많다. 어려서부터 힘들게 자수성가해서 조그만 사업체를 이룬 지금 주변 사람이 자신의 재산에 관심이 많아서 접근한다고 생각하고, 심지어 아내와 자식들도 한통속이 되어 자기 돈을 빼 갈지도 모른다는 의심을 갖고 있다. 자주 주변 사람을 원망하고 원한을 품고 자신에게 해코지할지도 모른다고 생각되는 사람에 대해 언젠가는 고소하여 궁지에 빠뜨릴 목적으로 그에 관한 안 좋은 자료를 축적하고 있다. 사람을 믿지 못하다 보니 늘 부하 직원들이 자기에게 하는 말을 몰래 녹음하고, 아내가 다른 남자를 만날지도 모른다는 생각이 들어서 심부름센터 직원을 고용하여 아내의 뒤를 몰래 밟기도 하였다. 자신에게 친절한 사람을 보면 회사 직원이든 친구이든 자기 돈을 빼 가려 하거나 뒤통수를 칠지도 모른다고 생각해서 언제나 경계하다 보니 주변에 친한 친구가 거의 없을 정도다.

(1) 편집성 성격장애의 임상적 특징과 경과

편집성 성격장애(paranoid personality disorder)를 가진 사람은 불신과 의심을 특징적으로 보이며, 타인의 동기를 악의적으로 해석한다. 이 장애는 성인기 초기에 시작해서 다양한 상황에서 발생한다. 충분한 근거 없이 다른 사람이 자신을 착취하고 위해를 가하고 속인다고 믿고, 이유 없이 자신을 공격할 것이라고 의심한다. 또한 친구나 동료의 충정과 신뢰에 대해 근거 없는 의심에 사로잡혀 미세하게 행동을 관찰하여 악의적 동기가 없는지 살핀다.

편집성 성격장애를 가진 사람은 자신에게 나쁘게 이용될까 봐 다른 사람에게 비밀을 털어 놓거나 다른 사람과 가까워지는 것을 꺼린다. 다른 사람이 악의 없이 던진 말이나 사건에 자신의 품위를 손상시키는 위협적인 의미가 들어 있는 것으로 해석한다. 예컨대, 물건을 사러 가서 점원이 실수로 잔돈을 주지 않으면 돈을 떼어먹기 위한 술책이라고 지각하거나 주변 사람의 일상적인 농담을 인신공격으로 받아들인다. 이들은 다른 사람에 대해 원한을 품고, 자신이 받았다고 지각하는 모욕, 상처 혹은 경멸에 대해 응징하려고 한다. 사소한 경멸도 엄청난 적의감을 불러일으키고 이런 감정이 오래가서 뒤끝이 있다는 평가를 받는다. 모욕을 받았다고 느끼면 즉각적으로 반격하고 화를 낸다. 이들은 흔히 배우자의 정절을 병적으로 의심하고 주변의 친밀한 관계를 완전히 통제하기 때문에 주변 사람을 매우 힘들게 한다.

편집성 성격장애 환자는 타인과 잘 어울리지 못하고 친밀한 관계를 맺는 것이 어렵다. 지나친 의심과 적개심이 공격적인 언쟁으로 표출되기도 하고, 주변 사람을 불편하게 만들고, 조용하면서도 노골적인 냉담함으로 표현될 수 있다. 실제 위협뿐만 아니라 가상의 위협에 대해 과잉 긴장하고, 늘 조심스럽고 비밀스럽고 모호하게 행동한다. 자신은 타인의 비판을 받아들이지 못하면서 타인에 대해 비판적이며 자신의 결점을 주변의 탓으로 돌리는 투사 방어기제를 많이 사용한다. 주변의 위협적인 단서에 대해 걸핏하면 소송을 하고 자주 법적 분쟁에 연루된다.

편집성 성격장애를 가지고 있는 사람은 스트레스를 받으면 단기적인 급성 정신 병적 삽화를 겪기도 한다. 망상장애나 조현병의 전구기 증상(prodromal symptom)으로 편집성 성격이 나타날 수 있다. 이들은 아동기와 청소년기에 외톨이로 지낸 경우가 많고, 또래관계가 원만하지 못하고, 사회불안, 과민성, 독특한 사고나 언어 그리고 특이한 환상을 보이는 경우가 많다. 편집성 성격장애를 가진 사람의 행동은 매우 괴상하고 기이해서 따돌림의 대상이 되기도 한다. 임상 장면에서는 남성에게서 더

편집성 성격장애의 진단 기준(DSM-5)

A. 타인의 동기를 악의적인 것으로 해석하는 등 타인을 전반적으로 의심하고 불신하며 증상이 주로 초기 성인기에 시작되고 여러 상황에서 다음 중 4가지(또는 그 이상) 항목으로 나타난다.

1. 충분한 근거 없이 타인이 자신을 착취하거나, 해를 끼치거나, 속이려고 한다고 의심한다.

2. 친구나 동료의 충정이나 신뢰에 대해 근거 없는 의심에 사로잡혀 있다.

3. 어떤 정보가 자신에게 나쁘게 이용될 것이라는 잘못된 두려움 때문에 타인에게 비밀 등을 털어놓기를 꺼린다.

4. 보통의 악의 없는 말을 두고 사건에 숨겨진 위협 또는 자신의 품위를 손상하는 의미가 있다고 해석한다.

5. 지속적으로 원한을 품는다. 즉, 모욕, 무례 또는 경멸을 용서하지 못한다.

6. 다른 사람이 볼 때는 분명하지 않은 자신의 성격이나 평판에 대한 공격을 지각하고, 즉시 화를 내거나 반격한다.

7. 정당한 이유 없이 배우자 또는 애인의 정절에 대해 반복적으로 의심한다.

B. 조현병, 정신병적 양상을 동반한 양극성장애 또는 우울장애, 다른 정신병적 장애 경과 중 발생한 것은 편집성 성격장애로 진단하지 않으며, 다른 의학적 상태의 생리적 효과로 인한 것이 아니다.

흔히 진단된다.

(2) 편집성 성격장애의 원인과 치료

편집성 성격장애를 가진 사람은 자신의 문제를 스스로 인식하지 못하므로 자발적으로 치료를 찾지 않는다. 치료를 받으러 온다고 할지라도 치료자를 믿지 못하기 때문에 치료적 관계를 맺기가 쉽지 않다. 유전적인 소인도 있겠지만 정확히 밝혀진 연구는 없고, 심리사회적 요인으로는 초기 부모와의 관계에서 기본 신뢰(basic trust)가 형성되지 않았기 때문이라고 볼 수 있다. 초기 양육 과정에서 돌봄이 결여되어 있고 혹독한 부모로부터 자신과 타인에 대해 좋지 못한 태도를 내재화하여 '사람들은 다 악의적이다.' '사람들은 나에게 위협이 된다.' '내가 경계하지 않으면 사람들한테 당할 수 있다.' 등과 같은 역기능적 신념을 뿌리 깊이 갖고 있어서 변화에 부정적이다.

관계를 중시하는 대상관계치료에서는 편집성 성격장애 환자의 분노를 다루어 주어 만족스러운 관계를 맺으려면 어떻게 해야 하는지, 어떻게 자신의 바람을 실제 관계에서 적용할 수 있을지 탐색하도록 한다. 인지적 접근에서는 이들이 다른 사람의 말과 행동에 대해 왜곡된 해석을 하지 않고 보다 객관적이고 현실적인 해석을 하도록 도와주고 다른 사람의 관점을 수용하고 인식할 수 있게 도와준다. 환자와 신뢰를 쌓는 것이 쉽지 않아 일단 치료자와 관계가 형성되면 치료 진척이 빨라질 수 있다. 집단치료, 사회기술 훈련과 같은 행동치료는 대체로 잘 맞지 않는다. 치료에서 가장 중요한 것은 문제나 갈등의 원인을 외부에서 찾기보다는 자신의 내부에서 찾고 해결해야 한다는 것을 알게 해 주는 것이다.

2) 조현성 성격장애

31세인 혜상 씨는 전문대학 컴퓨터학과를 졸업한 이후 컴퓨터 프로그램 업체에서 7년 정도 일하고 있다. 부모와 거의 연락을 하지 않고 회사 동료나 친구들과도 어울림 없이 단절되어 혼자 원룸에서 생활하고 있다. 부모가 치료를 받게 하자 자신은 아무 문제가 없다고 거부하다가 억지로 병원에 오게 되었다. 자신은 컴퓨터 프로그램을 개발하고 탄력 근무를 하면서 혼자 원룸에서 일도 하고 편하게 살고 있다고 하였고 전혀 병식이 없었다. 하지만 면담 동안에는 동떨어진 느낌으로 상담자와 눈 맞춤을 하지 않고 묻는 말에 짤막하게 대답하였다. 감정에 대해 질문하자 외로움, 우울감 등의 어떤 감정도 없다고 하였다. 행동적으로는 굼뜬 듯 보였고 외부 세상에 관심이 없고 동기도 없고 둔감해 보였다. 사람들과 같이 있어도 자기 안에 몰입해 있어서 외부 세상과 연결되어 있지 않은 느낌이 들었기 때문에 주변 사람은 그를 말이 없고 존재감이 없는 사람으로만 생각한다. 간간이 컴퓨터로 채팅을 하지만 채팅을 하다가 오프라인으로 만나자는 제의가 오면 언제나 거절했고 가족관계를 포함해서 사회적 관계에서 최소한의 역할만 하였다. 이렇게 스스로를 고립시키다 보니 고독하게 시간을 보내기 일쑤였으나 정작 본인은 별다른 불편감을 느끼지 않았다.

(1) 조현성 성격장애의 임상적 특징과 경과

조현성 성격장애(schizoid personality disorder)의 특징은 다양한 사회적 관계로부터 떨어져서 제한된 감정 표현을 보인다는 것이다. 이들은 친밀감에 대한 욕구가 부족하고, 친밀한 관계를 맺는 것에 대해서도 무관심하며, 가족이나 다른 사회 집단과 어울리는 것에 대해 별다른 흥미나 만족감을 느끼지 못한다. 그렇기 때문에 사회적으로 고립되어 혼자 하는 활동이나 취미를 선택한다. 사람과 교류가 필요 없는 업무, 예컨대 컴퓨터나 게임을 좋아한다. 이들은 성적인 흥미도 떨어져서 이성을 사귀거나 결혼에 성공하더라도 성적인 친밀함을 맺는 것에 관심을 보이지 않는다. 타인의 칭찬이나 비난에 관심이 없어 보이고 타인이 자신에 대해 어떻게 생각하는지 신경을 쓰지 않는다.

조현성 성격장애를 가진 사람은 사회적 관계에서 미묘한 단서나 뉘앙스를 잘 알아차리지 못하여 적절하게 반응하지 못하고, 사회기술이 부족하고 서툴며, 지나치게 자기에게 몰입되어 있다. 또한 분노 감정을 잘 표현하지 못하고, 누군가가 자극을 주고 도발을 해도 잘 반응하지 못하기 때문에 감정이 없는 사람처럼 보인다. 친구도 거의 없고 데이트도 하지 않고 결혼도 하지 않는 경우가 대부분이다. 망상장애나 조현병의 병전 전구기(prodromal stage)에 나타나기도 한다. 유병률은 임상에서 흔하지 않다. 아동기와 청소년기에 외톨이이거나 또래관계가 부족하고, 사회불안, 학습 부진을 보이며 따돌림의 대상이 된다.

조현성 성격장애의 진단 기준(DSM-5)

A. 사회적 관계로부터 동떨어져 있고, 대인관계에서 감정 표현의 범위가 제한된 패턴이 전반적으로 나타나며, 이는 초기 성인기에 시작되고, 여러 상황에서 다음 중 4가지 이상으로 나타난다.

1. 가족과의 관계를 포함해서 친밀한 관계를 바라지도 않고 즐기지도 않는다.
2. 항상 혼자서 하는 활동을 선택한다.
3. 다른 사람과의 성적 경험에 대한 관심이 거의 없다.
4. 거의 모든 분야에서 즐거움을 취하려고 하지 않는다.
5. 일차 직계 가족 이외에 친밀한 친구가 없다.
6. 다른 사람의 칭찬이나 비난에 무관심해 보인다.
7. 감정적으로 냉담하고 유리되어 있고, 단조로운 정동의 표현을 보인다.

B. 단, 조현병, 정신병적 양상을 동반한 양극성장애 또는 우울장애, 다른 정신병적 장애 혹은 자폐스펙트럼장애의 경과 중 발생한 것은 조현성 성격장애로 진단하지 않으며, 다른 의학적 상태의 생리적 효과로 인한 것이 아니다.

---

(2) 조현성 성격장애의 원인과 치료

조현성 성격장애는 사회적으로 고립되어 있어 알코올 문제와 같은 증상이 생기기 전까지는 스스로 치료기관을 찾지 않는다. 이들 역시 편집성 성격장애와 마찬가지로 인간에 대한 기본적 신뢰감이 형성되지 못하여 타인과 관계를 맺는 능력에 심각한 결함을 보인다. 조현성 성격장애를 가진 사람은 '나 혼자 있는 것이 낫다.' '다른 사람과 어울리면 골치 아픈 문제만 일어난다.' 등의 역기능적 신념을 가지고 있어서 스스로를 고립시키고 회피적인 태도로 삶을 살아간다.

이 장애를 가진 사람은 심리치료를 받으려고 하지 않기 때문에 치료적 관계를 맺기가 쉽지 않다. 심리치료자는 적극적이고 참을성 있고 비침투적이어야 하며, 환자의 사생활을 존중해야 한다. 조현성 성격장애를 가진 사람이 긍정적인 애착관계를 맺도록 상호작용을 도와주는 것이 치료의 핵심이지만 이 과정이 쉽지 않다. 이들은 대개 감정이 메말라 있고 감정 자체가 느껴지지 않으므로 감정 목록을 주고 고르게 하거나, 즐거운 경험을 부추기고 글로 적거나 기억하게 만드는 기법이 효과적이다. 행동 기법으로는 역할 연기, 노출 기법 등을 사용하여 구체적인 사회기술을 가르칠 수 있다. 사회기술을 증진시키고, 새로운 대인관계를 형성하도록 돕는 구조화된 틀을 제공하는 집단치료가 도움이 될 수 있으나 적극적으로 참여하지 않아 치료 효과는 제한적이다. 소량의 항정신병 약물, 항우울제, 정신자극제 등이 도움이 될 수 있다.

3) 조현형 성격장애

    38세의 명호 씨는 주변 사람으로부터 괴짜라는 평가를 듣는 사람이다. 조선시대 선비마냥 옷을 입고 다니기도 하고, 사람들이 묻는 말에 대해 괴상한 말을 한다. 가족을 포함해서 주변 사람과 관계를 잘 맺지 못하고, 도를 닦는다며 전국의 산과 절을 돌아다니기도 하고, 자신이 공부하고 있는 도에 대해 장황하고 모호하게 말하곤 해서 아무도 그의 말을 귀담아들으려고 하지 않는다. 간혹 마음과 몸이 분리된 느낌이 들며 천리안이나 텔레파시를 통해 사람들과 소통하고 있다고 믿는다. 가끔씩 주변 사람이 자신에 대해 수군거리고 있다고 화를 내기도 하고, 상황에 맞지 않게 부적절하게 웃고 말하기도 한다. 유체이탈을 한다고 말하고 다니기도 하고, 기이하거나 엉뚱하고 괴짜 같은 행동과 외모로 주변 사람이 그를 멀리하게 만들기도 하며, 스스로도 외부 세상이나 사람에 대해 관심이 없고 둔감하게 보인다.

(1) 조현형 성격장애의 임상적 특징과 경과

조현형 성격장애(schizotypal personality disorder)를 가진 사람은 친밀한 관계를 맺는 것을 불편해하고, 인지 및 지각의 왜곡과 기이한 행동을 특징적으로 보인다. 이로 인해 사회적·대인관계 결함이 광범위하게 나타난다. 또한 망상 수준은 아닐지라도 관계사고(idea of reference)를 보여 자신과 관련이 없는 우연한 사건이나 외부 자극에 대해 자신에게 특별한 의미가 있다고 잘못 해석한다. 이들은 초자연적인 현상에 몰두하면서 자기는 다른 사람과는 다른 특별한 능력이 있다고 믿고, 자신이 타인을 통제할 수 있는 마술적 힘을 갖고 있다고 생각한다. 또한 언어 표현이 매우 모호하고 우회적이고 지나치게 추상적이며 단어 혹은 개념을 특이한 방식으로 사용한다. 의심을 하고 동료나 주변 사람이 자신의 명예를 훼손시키려고 한다고 믿는 등 편집성 사고를 보인다. 정서 표현이 매우 단조롭고, 대인관계에서 상황적인 단서를 파악하는 능력이 떨어지며, 부적절하고 제한된 방식으로 관계를 맺는 경향이 있다. 기이한 행동을 하고 상황에 맞지 않게 부적절한 옷차림을 하고 사회적 규범이나 관습에 맞지 않는 모습을 보여 주변 사람에게 굉장히 이상하게 보인다.

이들은 대인관계를 어렵게 생각하고, 다른 사람과 사귀는 것을 불편해한다. 친밀한 관계를 맺는 것에 대하여 욕구가 감소되어 있어서 조현성 성격장애와 마찬가지로 일차 친족 외에는 친한 친구가 별로 없다. 사회적 상황에서 친하지 않은 사람들이 많으면 불안해 한다. 이들은 성격장애 자체로 상담이나 치료를 받으려고 하지 않고, 불안과 우울감 때문에 도움을 구한다. 스트레스를 받으면 매우 단기간의 정신병적 삽화(수 분에서 수 시간 지속)를 보인다. 아동기나 청소년기에 친구관계가 원만하지 못하고, 이상한 아이라고 지적을 받고 따돌림의 대상이 된다. 남성에게서 더 많이 나타난다(APA, 2013).

조현형 성격장애의 진단 기준(DSM-5)

A. 친밀한 대인관계에 대한 뚜렷한 불안감, 인간관계를 맺는 능력의 결함, 인지 및 지각적 왜곡, 기이한 행동으로 인해 생활 전반에서 대인관계 및 사회적 적응에 손상이 나타나며, 이런 증상이 성인기 초기에 시작되고, 여러 상황에서 다음 중 5가지(또는 그 이상) 항목으로 나타난다.
  1. 관계사고(심한 관계망상은 제외)
  2. 행동에 영향을 미치며 하위문화(subcultural)의 규범에 맞지 않는 이상한 믿음이나 마술적 사고(예: 미신, 천리안, 텔레파시 또는 '육감'에 대한 믿음, 아동·청소년은 기이한 공상이나 몰두)
  3. 신체적 착각을 포함하는 이상한 지각 경험
  4. 이상한 생각이나 말(예: 모호하거나, 우회적이거나, 은유적이거나, 과도하게 정교한 또는 상동적인)
  5. 의심하거나 편집증적 사고
  6. 부적절하거나 제한된 정동
  7. 기이하거나 엉뚱한 괴짜 같은 행동이나 외모

8. 일차 친척 외에 친밀한 친구나 막역한 친구가 없음
9. 친숙해져도 불안이 감소하지 않고, 자기에 대한 부정적인 판단보다는 편집증
   적 두려움과 관련된 과도한 사회불안을 보임

B. 조현병, 정신병적 양상을 동반한 양극성장애 또는 우울장애, 다른 정신병적 장
   애 혹은 자폐스펙트럼장애 경과 중 발생한 것은 여기에 해당되지 않는다.

(2) 조현형 성격장애의 원인과 치료

조현형 성격장애는 조현병과 가장 유사한 장애다. 도파민의 과활성화, 뇌실 확
장, 측두엽 축소와 회백질 손실 등과 같은 조현병의 생물학적 요인들이 조현형 성
격장애에서도 발견되고 있고, 조현병 가계에 조현형 성격장애가 많다는 점도 유전
적으로 두 장애가 유사하다는 것을 입증하고 있다(Millon & Grossman, 2007). 편집성
성격장애나 조현성 성격장애처럼 치료가 쉽지 않다. 심리치료에서는 이들이 세상
과 연결될 수 있도록 도와줄 필요가 있고, 과도한 자극을 줄여 주고 외로움, 소외감
등의 감정을 잘 인식하게끔 도와주어야 한다.

지지적인 정신치료가 적합하며 환자의 기묘한 사고방식과 행동에 대해 우습게
여기거나 판단적인 모습은 보이지 않아야 한다. 인지치료자는 조현형 성격을 가진
사람에게 비정상적인 사고나 지각을 객관적으로 평가하도록 가르치고 부적절한 것
을 무시하도록 도와준다(Beck & Weishaar, 2008). 또한 괴상하거나 마술적인 예언 혹
은 사고를 분석하면서 이것이 부정확함을 지적해 주어야 한다. 행동 기법을 이용한
말하기 연습, 사회기술 훈련, 옷입기, 예절과 같은 일상생활 기술 훈련이 도움이 된
다. 관계사고와 불안, 강박적 반추 및 신체화 등의 증상이 있을 경우에만 소량의 신
경이완제가 효과적이다.

2. B군 성격장애

1) 반사회성 성격장애

33세의 해규 씨는 사기죄로 체포되었다. 그는 반복적으로 여자 은행원, 카페 여주인 등에게 접근하여 매력적인 용모와 언변을 통해 사업 자금 명목으로 돈을 빌려가서 주지 않았고, 이로 인해 법적인 문제가 발생했지만 자신이 돈을 빌린 것이 아니라 그냥 그녀들이 자기에게 돈을 준 것이었다고 하면서 자신의 죄를 전혀 뉘우치지 않았다. 증거 불충분으로 풀려나자마자 다시 반복적으로 거짓말을 하고 이름을 바꾸어 다른 도시에 가서 여자들에게 돈을 빌리는 수법을 계속 사용하였다. 여자들 중 일부는 해규 씨와 결혼할 목적으로 돈을 대 주기도 했다. 해규 씨는 고등학교 때도 수시로 가출하였고, 학교에 안 나가고 패싸움을 벌여 학교에서 퇴학을 당했으며, 이후 직장생활을 3일 이상 하지 못하고 번번이 그만두곤 하였다. 일정한 직업이 없었지만 빌리거나 사기 행각을 벌여서 얻은 돈으로 외제차를 타고 다니며 사냥감이 될 만한 여자를 물색하고 다녔고, 많은 여성이 그의 사기 행각의 피해자가 되었다. 결국 피해자 중 한 명이 경찰에 고소하면서 해규 씨의 사기 행각이 드러났다.

(1) 반사회성 성격장애의 임상적 특징과 경과

반사회성 성격장애(antisocial personality disorder)는 다른 사람의 권리를 무시하거나 침해하는 행동 양식을 지속적으로 보이는 것으로, 아동기나 성인 초기에 시작하여 지속된다. 반사회성 성격장애와 비슷한 개념으로 사용되는 용어는 사이코패스(psychopath), 소시오패스(sociopath), 비사회성 성격장애(dyssocial personality disorder) 등이다. 이들은 거짓말과 속임수를 사용하기 때문에 이들에 대해 정확한 정보를 얻으려면 주변 사람의 면담에서 얻은 정보와 통합하는 것이 필요하다.

반사회성 성격을 가진 사람은 타인의 재산을 파괴하고, 다른 사람을 괴롭히고, 돈이나 물건을 훔치고, 불법적인 일을 지속적으로 감행하는 등의 반사회적 행동에 연루된다. 다른 사람의 감정, 권리, 소원 등을 반복적으로 무시하며, 개인적인 이익과 쾌락(돈, 성행위, 권력)을 얻기 위해 거짓말을 반복한다. 충동성이 강해 갑자기 직업,

거주지, 연인관계 등을 바꾸기도 한다. 성마르고 공격적인 성향이 강해 몸싸움과 폭력에 자주 개입한다. 과속을 반복하거나 음주운전, 사고를 일으키고 해로운 결과를 가져올 수 있는 위험한 성적 행동이나 약물, 알코올 등의 물질에 관여한다. 무책임하여 장기간 무직 상태로 지내고 경제적 책임감이 부족하고 파산하기도 하며, 가족을 제대로 부양하지 못한다.

이들은 공감 능력이 결여되어 있어 다른 사람의 감정, 권리, 고통에 둔감하고 냉소적이며, 모욕하는 경향이 있다. 또한 독선적이고 자기확신감에 차 있고 교만하다. 특히 언변이 뛰어나고 겉으로는 매력적이지만 주변 사람을 쉽게 속이며 성적으로도 무책임하고 착취적인 관계를 맺는다.

반사회성 성격장애를 가진 사람은 지루함을 잘 못 견디며 우울 기분을 포함하여 기분 부전(dysphoria)을 겪기도 한다. 불안장애, 우울장애, 물질사용장애, 신체증상장애, 도박장애, 기타 충동조절장애가 동반되기도 한다. 만성적인 경과를 보이지만 나이가 들어가면서 증상이 완화되기도 한다. 여성보다 남성에게서 더 흔하다.

반사회성 성격장애의 진단 기준(DSM-5)

A. 15세 이후에 시작되고 다른 사람의 권리를 무시하는 행동 양상을 보이고, 다음 중 3가지 이상을 충족한다.

 1. 체포의 이유가 될 만한 행위를 반복하는 등 법적 행동과 관련된 사회적 규범을 따르지 못한다.
 2. 반복적으로 거짓말을 하고, 가짜 이름을 사용하고 자기 이익이나 쾌락을 위해 타인을 기만하는 사기성이 있다.
 3. 충동적이고 미리 계획을 세우지 못한다.
 4. 신체적 싸움이나 폭력 등으로 나타나는 성마름과 공격성
 5. 자신 혹은 타인의 안전을 무시하는 무모함
 6. 일정한 직업을 유지하지 못하거나 마땅히 해야 할 재정적 의무를 책임감 있게 이행하지 못하는 등의 지속적인 무책임성
 7. 다른 사람을 해치거나 학대하거나 다른 사람의 것을 훔치는 것에 대해 아무렇지 않게 느끼거나 합리화하는 등 양심의 가책이 결여되어 있다.

B. 최소한 18세 이상이어야 한다.

C. 15세 이전에 품행장애가 시작된 증거가 있다.

(2) 반사회성 성격장애의 원인과 치료

다른 성격장애와 마찬가지로 정신분석가들은 부모의 애정 결핍에서 비롯된 기본적인 신뢰의 상실이 원인이라고 보고 있다. 특히 가정폭력, 부모의 갈등과 이혼, 빈곤 등의 환경적 스트레스가 반사회성 성격 형성에 영향을 미치는 것으로 알려져 있다.

행동주의자들은 모델링이나 모방을 통해 반사회성 행동을 학습하며, 이들의 부모 역시 반사회성 성격장애를 가진 비율이 더 높다고 보고 있다(Paris, 1999). 부모가 무심결에 자녀의 공격 행동을 강화시킬 수 있다. 인지적 관점에서는 '내 행동은 어떤 행동도 정당화될 수 있다.' '내가 공격하지 않으면 다른 사람이 먼저 공격해 올 것이다.'라는 역기능적 신념이 기저에 있다고 본다. 이들은 매우 자기중심적이어서 타인의 관점을 수용하지 못한다.

생물학적 요인에 따르면, 충동적이고 공격적인 행동을 하는 것은 낮은 세로토닌 활동 때문이다(Patrick, 2007). 또한 전두엽 기능에 결함이 있어서 뭔가를 계획하고 현실적인 책략을 실행하는 능력이 저하되어 있다. 이들은 유전적으로 자율신경계 및 중추신경계의 낮은 각성으로 인해 보통 사람에 비해 불안을 덜 느낀다고 알려져 있다. 보통 사람과는 달리 경고나 위험 단서, 스트레스 상황에서 뇌와 신체의 각성이 낮게 나타나서 위험 상황에 스스로를 빠뜨리기도 한다. 또한 경험을 통해 배우는 능력이 떨어져서 같은 실수를 반복하고 부주의한 경향이 있다(Gaynor & Baird, 2007).

반사회성 성격을 가진 사람은 치료 동기가 부족하고, 권위에 대해 불신하고, 자신의 감정을 행동적으로 발산하는 경향이 있기 때문에 치료 성공률이 떨어진다. 주로 법적인 요구에 의해, 혹은 직장이나 학교에서 반강제적으로 치료에 의뢰되며, 우울증이나 알코올장애 등의 다른 심리장애가 발생하지 않는 한 자발적으로 치료를 받으려고 하지 않는다.

인지행동치료자는 이들에게 자신의 행동에 책임을 지도록 교육하고, 타인의 감정이나 욕구를 조망해 보는 능력을 길러 주려고 하지만, 그다지 효과적이지 못하다 (Beck & Weishaar, 2011). 약물 치료가 불안, 분노, 우울 등의 증상에 도움을 줄 수 있지만, 이들은 약물을 지속적으로 복용하려고 들지 않는다.

2) 경계선 성격장애

> 25세의 직장 여성인 지우 씨는 남자를 사귈 때마다 버림받을지 모른다는 두려움 때문에 집착하곤 했다. 사귀던 남자들이 헤어지자고 할 때마다 칼로 자신의 팔에 자해를 하기도 했고 달리는 차에서 뛰어내리려고도 하였다. 대인관계에서도 사람을 사귀게 되면 극단적으로 이상화시키고 좋아하다가 하루아침에 평가절하하면서 미워하였고, 격렬하고 불안정한 관계를 맺었다. 기분이 매우 가변적이어서 기분이 좋을 때는 모든 것을 다 줄 듯이 행동하다가 기분이 나쁘면 강렬한 분노를 표출하며 폭력적인 행동을 하였다. 자주 우울하고 공허한 기분이 들어 자살 시도를 하였다. 최근 이런 지우 씨를 도저히 감당하기 힘들어한 남자 친구가 연락을 끊고 잠적해 버리자 지우 씨는 직장에 나가지 못할 정도로 우울해하였다. 급기야는 수면제를 다량 복용하고 잠이 들었다가 연락이 안 되는 것을 이상하게 여긴 가족에게 발견되어 대학병원 응급실을 통해 정신건강의학과에 의뢰되었다.

(1) 경계선 성격장애의 임상적 특징과 경과

경계선 성격장애(borderline personality disorder)의 핵심적인 특징은 대인관계, 자아상 및 정동의 불안정, 충동성이 성인기 초기에 시작되어 광범위한 형태로 여러 상황에서 나타나는 것이다. 이들은 실제 혹은 상상 속에서 버림받지 않기 위해 애쓴다. 환경적 상황에 매우 민감해서 한시적인 이별을 해야 하거나 계획을 변경해야만 하는 상황이 발생하면 버림받는 것에 대한 강렬한 고통과 부적절한 분노를 경험한다. 이들은 불안정하고 격렬한 대인관계를 보이는데, 애인이나 배우자가 자신을 충분히 돌봐 주지 않고, 사랑해 주지 않으며, 자신을 위해 있어 주지 않는다고 생각되면 상대를 이상화하던 태도를 순식간에 바꾸어 과소평가하고 폄하하는 태도를 보인다. 타인에게 보상을 기대하고 잘해 주지만 보상이 돌아오지 않으면 이상화와 평가절하의 양극단을 오가기 때문에 한시라도 떨어지지 못할 정도로 밀착된 조력자가 되었다가 더할 수 없이 잔인한 처벌자가 되기도 한다.

자아상이 급격하게 변화해서 장래 직업, 성적 정체감, 가치, 친구 등에 대한 생각과 계획이 수시로 바뀐다. 의미 있는 관계, 돌봄, 지지가 결핍되었다고 느끼면 존재감을 느끼지 못한다. 그래서 우울증이 동반되는 경우가 많다. 도박을 하고, 돈을 무책임하게 쓰고, 폭식을 하거나 물질을 남용하며, 위험한 성행위에 몰두하고, 무모한 운전을 하기도 한다.

거절 민감성(rejection sensitivity)이 높고 스트레스 상황에서 견디는 능력이 떨어져서 욕구가 좌절될 때 자살 행동이나 자살 제스처, 자해 행동을 보인다. 이들의 반복적인 자살 행동은 실제로 죽으려고 하기보다는 도움을 요청하기 위해 나타나는 것으로 이해할 수 있다. 특히 거절이나 이별의 순간에는 자기파괴적 행동을 통해 상대방을 조종하려고 한다. 기분의 불안정성이 너무 강해 분노, 공황, 절망 등의 격렬한 감정을 느낀다. 만성적인 공허감을 느끼며 쉽게 지루해하고, 뭔가 할 일을 찾아 헤매기도 한다. 강한 분노 감정을 느끼며 부적절하게 화를 내거나 감정을 조절하지 못한다. 자신이 원하는 것을 주변 사람이 알아 주지 않으면 버림받았다고 생각하고 분노를 폭발한다. 극심한 스트레스를 받으면 일시적인 편집성 사고나 해리 증상을 보이는데, 환각, 신체 이미지 왜곡, 일시적인 관계사고 등이 나타날 수 있다. 반복적으로 직업을 그만두거나 학업을 중단하고 배우자와 별거나 이혼을 한다. 흔히 우울장애, 양극성장애, 물질사용장애, 섭식장애, 특히 신경성 폭식증, 외상 후 스트레스 장애가 동반된다(APA, 2013).

경계선 성격장애는 성격장애 중에서 유병률이 가장 높다고 알려져 있는데, 정신과 외래에서는 약 10%, 입원 환자에서는 약 20%까지 나타나는 비교적 흔한 장애다. 성인기 초반에 나타나서 불안정성이 만성화되어 심각한 정서 조절의 문제, 충동 통제의 문제가 발생하여 정신과 병원을 자주 들락거린다.

경계선 성격장애의 진단 기준(DSM-5)

대인관계, 자아상 및 정동의 불안정성, 현저한 충동성이 초기 성인기에 시작되며, 다음 중 5가지 이상을 충족한다.

1. 실제적으로 혹은 상상으로 버림받지 않기 위해 필사적으로 노력함
2. 이상화와 평가절하의 양극단을 왔다 갔다 하면서 불안정하고 격렬한 대인관계 패턴을 보임
3. 정체성 장해: 자기상 혹은 자기개념이 매우 불안정함
4. 자신을 손상할 수 있는 2가지 이상의 충동성(예: 낭비, 섹스, 물질 남용, 무모한 운전, 폭식)
5. 반복적인 자살 행동, 자살 제스처, 자해 행동
6. 현저한 기분의 반응성(예: 강렬한 삽화적 불쾌감, 과민성, 불안이 보통 수 시간 지속되며 드물게 수일간 지속됨)에 기인한 정동의 불안정성
7. 만성적인 공허감
8. 부적절하고 강렬한 분노 또는 분노 조절의 곤란(자주 울화통을 터뜨리거나 늘 화를 내거나 자주 몸싸움을 함)
9. 스트레스를 받는 상황에서 일시적으로 피해 사고 혹은 해리 증상

(2) 경계선 성격장애의 원인과 치료

경계선 성격장애를 가진 사람은 유난히 버림받는 것에 대한 두려움을 갖고 있는데, 이는 초기 부모-자녀 관계에서 원인을 찾을 수 있다. 정신분석가들은 경계선 성격장애가 오이디푸스 이전의 부모와의 갈등에서 비롯된다고 보고 있다. 건강하게 부모와 분리하지 못하고 분리 개별화 단계에서 실패하여 이 단계에 고착된 경우에 의존성을 보이며, 분리에 대한 대응 능력이 떨어진다(Gunderson, 2001). 실제로 경계선 성격을 가진 사람의 부모는 이들을 제대로 돌보지 않았거나 거부하고, 언어적·신체적·성적으로 학대한 경우가 많다(Sansone et al., 2005).

생물학적으로는 뇌 편도체의 과잉 반응과 자기통제 능력을 담당하는 뇌의 전전두엽의 낮은 활성화가 원인이라고 알려져 있다. 충동적이고 자살 시도를 많이 하는 사람은 뇌의 세로토닌 활동이 낮다고 보고되고 있다(Norra et al., 2003). 인지적 관점에서는 '나는 힘이 없고 상처받기 쉬운 존재다.' '나는 원래부터 환영받지 못할 존재다.'와 같은 인지 오류가 이 장애의 핵심에 있다고 보고 있다.

경계선 성격장애를 가진 사람을 위한 심리치료는 쉽지 않다. 특히 이들의 의존성과 분노를 공감하기가 어렵고, 이들의 사고방식에 도전하는 것이 어렵다. 대상관계

에 문제가 있는 사람들이기 때문에 치료자와의 관계에서도 생산적인 관계를 맺기 어렵고, 환자-치료자 간의 경계를 위반하기도 한다. 환자의 충동, 분노 폭발의 조절, 거부에 대한 민감성 감소를 위해 행동치료가 필요하다. 분노, 적개심, 단기간의 정신병적 삽화가 있을 때 항정신병 약물을 사용한다. 이들의 우울한 기분을 호전시키는 데 항우울제가 도움이 된다. 치료 과정 시 자살 시도에 대해 항상 주의하여야 한다.

변증법적 행동치료(Dialectical Behavior Therapy: DBT)가 경계선 성격장애 환자에게 효과적인 것으로 입증되어 왔다(Linehan et al., 2001, 2006). 이 접근은 인지행동치료 모델에서 발전하였고, 인본주의적 접근, 정신분석적 접근 등을 통합한 방법이다. DBT에 따르면, 누구나 변증법적 사고, 욕구, 갈등, 감정이 있다. 또한 현실은 정체되어 있지 않고 양립하는 2개의 힘, 즉 정(thesis)과 반(antithesis)의 힘이 있는데, 이 두 힘의 통합은 또 다른 양립하는 힘으로 발전한다. DBT의 핵심 개념은 모든 말에는 그 안에 반대되는 의미를 내포하고 있다는 것이다. 따라서 변증법적으로 생각하고 행동하면 상반되는 갈등을 쉽게 알아차릴 수 있다. 습관적으로 혹은 자동적으로 고질적인 행동을 하기보다는 문제나 갈등의 원인을 잘 알아채고 보다 현명하게 의사결정을 할 수 있게 하는 것이 치료의 핵심이다. 또한 이를 통해 자신이 원하는 것을 얻기 위해 무엇을 포기하고 있는지 알게 되기 때문에 보다 효과적으로 갈등과 타협할 수 있고 양극단에서 행동하지 않을 수 있다(Linehan et al., 2001).

DBT 치료자들은 경계선 성격을 가진 사람이 초기 아동기에 수용적이지 못한 환경에서 양육된 것으로 보고 있다. 그렇기 때문에 이를 교정하기 위해서는 정서적 동요에 공감해 주면서 내담자의 불평이나 요구 사항 중에서 핵심이 되는 진실을 찾아내고 타당한 욕구를 표현할 수 있는 대안적인 방법을 함께 모색한다. 이런 치료 프로그램을 통해 스트레스 내성이 향상되고, 더 적절한 대인관계 기술을 배울 수 있으며, 정서를 인식하고 조절하는 능력 그리고 고통에 대한 감내력이 증가된다.

경계선 성격장애를 가진 사람들은 우울, 분노, 일시적인 정신병적 증상도 보이기 때문에 항우울제, 항조증 약물, 항불안제, 항정신병 약물이 이들의 강렬하고 공격적인 정서 표출을 잠재울 수 있다(Butcher et al., 2013). 증상이 심할 경우 약물 치료와 DBT를 병합하는 것이 가장 효과적이다(Linehan et al., 2006).

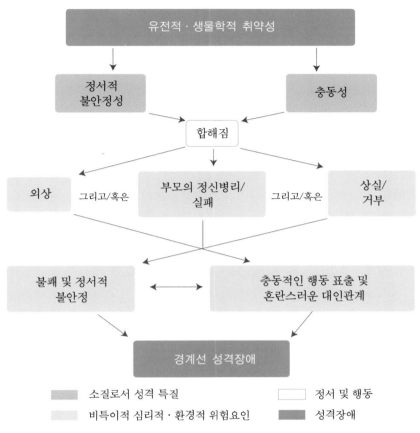

[그림 11-1] 경계선 성격장애에 대한 다차원적 소질-스트레스 이론

출처: Paris (1999).

3) 연극성 성격장애

50대 주부인 인혜 씨는 겉으로 보기에는 전혀 우울해 보이지 않았고 30대로 보일 만큼 매력적인 외모에 한껏 치장을 하고 있었으나, 늘 두통과 경미한 우울이 있고 결혼 생활이 만족스럽지 못하다고 투덜거렸다. 치료자에게 자신이 얼마나 힘들게 살아왔는지를 장황하게 이야기하였는데, 그 이야기는 핵심 주제를 파악하기가 어려울 정도였다. 면담 동안에 정서 표현이 많고 과장되게 상황을 묘사하는 일이 많았고, 간간이 훌쩍이기도 했다. 현재 가장 큰 심리적 고통은 남편이 더 이상 자신에게 관심이 없고 사랑하지 않는 것 같다는 것이었다. 한편, 남편은 그녀가 50세가 넘었는데도 만날

사랑 타령을 한다면서 아내에게 신물이 날 정도로 지쳤다고 했다. 남편은 결혼 전에
는 아내의 사교성과 생기발랄함, 신체적 매력에 반했으나 결혼 후 자신에게 너무 의
존적이고 감정 변화가 심해 비위를 맞추기가 어렵다고 호소하였다. 인혜 씨는 어려
서부터 아버지로부터 많은 사랑을 받았고 초중고등학교 시절 내내 교사나 친구들
로부터도 관심을 받았다고 주장하였다. 대학에 들어가서도 많은 남성에게 애정 공
세를 받았고, 그중의 한 명인 남편을 만나서 결혼을 했으나 남편은 밖으로만 돌고
자신에게 애정을 보여 주지 않는 것 같아 우울하고 불만스럽다고 다소 연극조로 표
현하였다.

(1) 연극성 성격장애의 임상적 특징과 경과

연극성 성격장애(histrionic personality disorder)는 과도한 정서성(emotionality)과
관심을 끄는 행동이 특징적이다. 연극성 성격장애를 가진 사람은 자신이 주목을 받
지 못하면 불편해 하고 인정을 받지 못하는 상황을 매우 힘들어한다. 이들에게는 주
식이 밥이 아니라 칭찬과 인정이라고 볼 수 있다. 연극성 성격장애를 가진 사람은
적극적으로 자신에게 관심이 모아지게 하고 개방적이며 교태적인 행동으로 사람들
을 매혹시킨다. 어떤 모임에서든 주목을 받으려고 하지만, 주변 사람의 관심을 끌려
는 행동은 오히려 주변 사람의 관심을 다른 데로 돌리게 만든다.

이들의 외모와 행동은 부적절하게 성적으로 유혹적이고 도발적이다. 성적 감정
이나 연애 감정을 느끼는 대상뿐만 아니라 사회적 · 직업적 · 전문적 관계에서도 이
런 부적절한 성적 도발이 일어날 수 있다. 감정 표현이 가변적이고 피상적이어서 좋
은 인상을 주고 싶어 옷이나 외모를 가꾸는 데 시간과 열정, 돈을 사용한다. 인지처
리 방식이 지나치게 인상적이어서 말을 할 때 세밀함과 논리가 결여되어 있고, 산만
하며 사실이나 객관적인 정보가 빠져 있다. 자기를 극적으로 표현하고, 연극조로 말
하거나 과장되게 표현하며, 사소한 감정 상황에서 통제가 안 될 정도로 흥분하고 울
면서 분노 발작을 보이기도 하는 등 주변 사람을 당황하게 만든다. 피암시성이 강해
주변 사람의 의견이나 느낌에 쉽게 영향을 받는다.

연극성 성격장애를 가진 사람은 연애 관계이든 인간관계이든 감정적인 친밀감을
공유하기 어렵기 때문에 쉽게 관계에서 피해자가 되기도 한다. 상대방을 감정적으
로 조종하거나 유혹적인 태도를 이용해서 통제하려고 하고, 또 어떤 때는 상대방에

게 지나치게 의존적인 모습을 보이기도 한다. 흔히 동성 친구와는 잘 지내지 못하는데, 그 이유는 성적으로 도발적인 태도가 친구관계를 위협하기 때문이다. 지속적으로 타인의 관심을 요구해서 사람들과 소원해지거나 관심을 받지 못하면 자주 우울해하거나 화를 낸다. 열정적으로 일을 시작했다가 흥미가 쉽게 떨어진다. 신체증상장애, 전환장애, 주요우울장애가 자주 동반되며, 경계선 성격장애, 자기애성 성격장애 등의 B군 성격장애와 의존성 성격장애도 쉽게 동반된다.

연극성 성격장애의 진단 기준(DSM-5)

지나친 감정 표현과 관심을 끌려는 행동이 성인기 초기에 시작하여 여러 상황에서 광범위하게 나타난다. 다음 중 5가지 이상의 항목을 충족시킨다.

1. 자신이 관심의 초점이 되지 못하는 상황을 불편해한다.
2. 다른 사람과의 관계에서 흔히 상황에 부적절하게 성적으로 유혹적이거나, 도발적으로 행동을 하는 특징을 보인다.
3. 감정의 변화가 급격하고 감정 표현이 피상적이다.
4. 타인의 관심을 끌기 위해 항상 자신의 외모를 이용한다.
5. 지나치게 인상적으로 말하지만 내용은 없는 대화 양식을 가지고 있다.
6. 자기극화, 연극성, 과장된 감정 표현을 한다.
7. 피암시성이 높아 타인이나 상황에 의하여 쉽게 영향을 받는다.
8. 대인관계를 실제보다 더 친밀한 것으로 생각한다.

---

(2) 연극성 성격장애의 원인과 치료

정신분석에서는 이 장애가 어린 시절의 오이디푸스 갈등을 잘 극복하지 못한 것에 기인한다고 보고 있다. 연극성 성격장애를 가진 여성의 경우, 오이디푸스 시기에 어머니에게 실망을 느끼고 아버지에게 집착하면서 아버지의 관심을 얻기 위한 유혹적이고 과장된 감정 표현 양식을 어린 시기에 습득했다는 것이다. 사랑받지 못한다는 감정과 버려지는 것에 대한 두려움을 방어하기 위해 연극적으로 행동하면서 다른 사람이 자신을 적극 도와주도록 하는 위기 상황을 만들어 내는 것을 배우게 된다(Gunderson, 1988).

인지적으로는 '모든 사람으로부터 사랑을 받아야 한다.' '다른 사람의 관심과 애정만이 나를 행복하게 해 줄 수 있다.'와 같은 역기능적 신념을 가지고 있다. 이들은 자기중심적이고 지나치게 감정적이어서 세부적인 것에 약하기 때문에 주변의 다른 사람에게 의존해야 한다. 허영심이 많고 극적이며 이기적인 이들의 성격은 어떤 면에서는 사회문화적인 면에서 강화된 부분이기도 하다. 사회가 규정한 여성성이 극대화되는 쪽으로 강화를 받기 때문이다.

다른 성격장애에 비해 연극성 성격장애 환자는 치료를 받으러 오는 경우가 많고, 알코올 문제, 섭식 문제, 우울증 문제가 동반되어 입원을 하기도 한다. 치료를 받으러 오면 치료자를 기쁘게 할 의도로 통찰을 얻은 것처럼 행동하고 변화할 것처럼 행동하지만 이것은 사실 그런 척하는 경우가 많고 실제 변화로 이어지지 않는다. 치료자는 유혹적이고 매력적인 연극성 성격장애를 가진 환자와 객관적이고 엄격한 치료적 경계를 유지하는 것이 어렵다. 인지치료자는 이들로 하여금 자신이 무기력하다는 역기능적 신념을 바꾸게 하고 객관적이고 명확한 사고방식을 가지고 문제를 해결할 수 있게 돕는다. 연극성 성격을 가진 사람은 자신의 진정한 감정을 의식하지 못하기 때문에 이들의 진정한 내적 감정을 명료화하는 것이 중요한 치료 과정이다. 또한 함께 가지고 있는 증상에 따라 항우울제나 항정신병 약물이 사용될 수 있다.

4) 자기애성 성격장애

47세의 승하 씨는 대기업의 부장으로 매우 유능한 사람으로 알려져 있다. 그러나 가까이에서 그와 같이 일하는 부하 직원들은 그의 착취적인 성향으로 인해 고통스러워하고 있다. 그는 아랫사람이 한 일도 자기 공으로 만들어 버리고 자기 윗사람에게서 늘 칭찬을 받고 싶어 한다. 자신은 명석하고 능력이 많다고 노골적으로 자랑하기도 하고, 부하 직원은 머리가 나쁘다며 비하하는 이야기도 서슴치 않는다. 부서의 모든 사람이 자신을 특별하게 대접하기를 바라고 과도하게 자신을 숭배할 것을 요구한다. 동료와 관계를 맺는 능력은 있지만 자기중심적으로 행동하기 때문에 주변 사람은 승하 씨가 매우 자기밖에 모르고 차갑다고 느낀다. 그는 자신의 생각과 감정을 타인과 잘 나누지 못하고, 자신이 특별한 대접을 받지 못하면 견딜 수 없어 한다. 세상 사람을 자기에게 호의적인 사람과 그렇지 않은 사람의 두 부류로 나누고, 자신에게 호의적인 사람에게는 예의를 갖추고 대하나 그렇지 않은 사람에게는 자신이 너무 뛰어난 능력을 가지고 있어서 시샘하고 질투하는 사람이라고 여긴다.

(1) 자기애성 성격장애의 임상적 특징과 경과

자기애성 성격장애(narcissistic personality disorder)를 가진 사람은 과대성(grandio-city), 과도한 숭배 요구, 공감의 결여를 특징적으로 보인다. 자기를 매우 과대하게 중요하다고 지각하기 때문에 자기 능력을 과대평가하고 성취를 과장하며 잘난 척하고 허세를 잘 부린다. 자신이 기대하고 예상했던 칭찬과 찬사가 돌아오지 않으면 매우 불쾌해하고 언짢아한다. 사회적으로 유명한 사람 중에서도 자기애성 성격장애를 가진 사람이 많을 것으로 추정된다. 유명하지 않은 일반인 중에도 무한한 성공과 권력, 아름다움과 같은 외적인 가치에 몰두하고 자신을 유명인이나 특권층과 대등하게 생각하는 자기애성 성격장애자가 많다.

이들의 자기지각은 부풀려져 있고, 자신에 대해 매우 특별한 사람이라고 생각하며, 다른 사람이 그렇게 인정해 주기를 기대한다. 특권의식이 강해 터무니없이 호의적인 대우를 받기를 원하고, 그런 대우를 받지 못하면 당황하거나 분노한다. 공감능력이 결여되어 있어 타인의 욕구, 느낌에는 관심이 없고 다른 사람을 의식적 · 무의식적으로 착취한다. 다른 사람이 자신에게 헌신하기를 바라기 때문에 윗사람이라면 아랫사람을 매우 혹사시키고, 타인의 삶에 대해서는 관심이 없다. 이들은 자기 목적에 도움이 되거나 자신의 자존감을 고양시켜 줄 사람하고만 관계를 맺는다. 의사, 변호사 등 사회적으로 지위가 높은 사람들과만 어울리려고 하고 최고의 기관과 관계를 맺고자 하지만, 자기를 실망시키는 사람들은 가차 없이 폄하한다.

자기애성 성격장애를 가지고 있는 사람은 자신이 다른 사람을 시샘하면서 오히려 다른 사람이 자신의 능력과 재능을 시샘한다고 느끼는 경향이 있다. 다른 사람의 성공과 경제적 성공을 시기하고 자기가 더 성취해야 하며, 숭배와 특권을 받을 자격이 있다고 생각한다. 이 때문에 오만하고 건방진 행동을 자주 보이고 속물적이며, 남을 업신여기고 생색을 내는 태도를 갖고 있다.

외적으로 드러나는 팽창된 자신감과 달리 실제로 이들의 자존감은 취약해서 비판이나 패배로 인한 상처에 매우 민감하다. 겉으로는 드러내지 않지만 비판을 계속

곱씹고 창피와 모욕, 공허감을 느끼며 상대방을 무시하고 분노 발작을 하거나 반격으로 맞서기도 한다. 야망과 자신감 때문에 성취를 이루기도 하지만, 비판이나 패배를 견디지 못해 인생의 어느 시기에 매우 힘든 경험을 할 수 있다. 지속적인 수치심과 모욕감에 동반되는 자기비판은 사회적 위축, 우울, 지속성 우울장애, 주요우울장애를 일으키기도 한다. 과대성이 지나치고 지속될 때는 경조증 상태가 되기도 한다.

자기애성 성격장애의 진단 기준(DSM-5)

과대성, 숭배 요구, 공감 결여가 광범위한 양상으로 나타나며, 초기 성인기에 시작하고, 다음 중 5가지 이상을 충족한다.

1. 자기중요성(성취와 능력을 과장, 상응하는 성취 없이 특별대우를 받는 것을 기대)에 대하여 과대한 느낌을 가짐
2. 무한한 성공, 권력, 명석함, 아름다움, 이상적인 사랑과 같은 공상에 몰두함
3. 특별한 자신, 특별한 사람이나 지위가 높은 사람에 의해서만 이해되고 교제해야 함
4. 과도한 숭배를 요구함
5. 특별한 자격을 가지고 있다고 느낌(특별히 호의적인 대접을 받고, 자신의 기대에 타인이 자동적으로 순응하기를 비합리적으로 기대함)
6. 착취적인 대인관계
7. 공감의 결여
8. 다른 사람을 시샘하거나 다른 사람이 자신을 시샘한다고 믿음
9. 거만하고 건방진 행동이나 태도를 보임

---

(2) 자기애성 성격장애의 원인과 치료

정신분석가는 자기애성 성격장애가 어린 시절 냉담하고 거부적인 부모에게 양육된 사람에게서 나타난다고 보고 있다. 자기심리학에서는 유아기에 과대한 자기상에 대한 좌절을 겪지 않았거나, 아니면 너무 심하게 좌절 경험을 한 경우에 자기애적 손상(narcissitic injury)이 일어나 병적인 자기애가 발생한다고 본다(Kernberg, 2009). 임상적으로 볼 때, 어린 시절에 결핍보다는 과도하게 긍정적으로 대접받은 사람에게

서 이 장애가 발생할 가능성이 높다. 어린 시절 아주 사소한 것에도 반복적으로 긍정적인 보상을 주고 맹목적으로 과잉보호하는 부모를 두었던 탓에 자기 가치를 지나치게 과대평가하게 되고 자신이 세상의 중심에 있다는 우월한 태도가 습득되는 경향이 있다(Millon, 2007).

사회문화적 관점에서는 가족의 가치와 사회적 기준이 없어지면서 자기중심적이고 물질만능주의인 젊은 세대를 중심으로 개인주의 및 과도한 경쟁이 두드러짐에 따라 자기애적 문제를 가진 사람이 양산된다고 보고 있다. 특히 우리나라도 이런 점에선 예외가 아니다. 아동기·청소년기에 욕구가 과잉 충족되었던 요즘의 젊은 성인 중에는 지나치게 이기적이고 자기중심적인 자기애성 성격장애를 가진 사람이 늘어나고 있는 추세다.

자기애성 성격장애를 가진 사람은 자신의 취약점을 인식하기 어렵고 타인의 평가나 피드백을 수용하지 않으려고 하기 때문에 치료하기 어려운 성격장애 중의 하나다. 우울증과 같은 정서적인 문제가 생겨 치료를 받으러 온다고 해도 치료자가 환자인 자신의 우월함을 인정하게끔 치료자를 조종하는 경향이 강하다.

정신분석 치료자는 이들이 가진 근본적인 취약성과 방어를 인식하고 통찰하게 도와준다(Kernberg, 2010). 인지치료자는 자기애성 성격장애를 가진 사람의 자기중심적인 사고와 감정에 초점을 맞추고 다른 사람의 의견을 수용하고 공감 능력을 길러 주는 것을 중요하게 생각한다. 어느 치료 방법이든 이 성격장애를 가진 사람은 자기애적 손상에 대한 취약성이 있기 때문에 이들이 가진 예민성과 취약성을 공감해 주고 치료 과정에서 생기는 좌절과 실망을 명료화시켜 주는 것이 필요하다. 점차 취약성을 직접 해석해 주고 직면시켜서 이들이 자신의 과대성과 이로 인한 부적응인 결과들을 인식할 수 있어야 성격 변화가 일어난다.

3. C군 성격장애

1) 회피성 성격장애

22세의 대학생인 희준 씨가 학교 상담실을 찾게 된 것은 대학 생활을 하는 동안 친구를 사귀기 힘들고 어떻게 대화를 이어나가야 할지, 데이트 상대를 만나도 늘 자신이 어떻게 보일지 염려되어 관계를 맺는 것을 두려워하였기 때문이다. 누군가 자신을 좋아한다는 확신감이 들지 않으면 그 사람과 어울리지 않고 피하려고 했고, 다른 사람이 자신에 대해 알면 실망할까 봐 속마음을 내보이기 싫었다. 과 모임에서도 늘 겉도는 느낌이 들었고 부적절한 느낌이 들어서 자신을 심하게 억제하였다. 초등학교 때까지 활발했던 희준 씨는 중학교에 들어가면서 친구들로부터 심하게 놀림을 받게 되었다. 그 이후로 사람들 앞에 서면 식은땀이 나고 사람들이 자신을 비난하고 거부할 것 같아 두려운 마음이 생겨서 슬그머니 무리에서 빠져나와 혼자 자기 방에서 종일 컴퓨터 게임에 몰두하였다. 대학 생활을 하면서 이런 태도는 더욱 심해져서 같은 과 여학생들이 말을 걸어 와도 심하게 당황하고 말을 더듬는 증상까지 생겼다. 혼자 있으면 허전하고 외로운 느낌이 들지만, 사람과 거리를 유지하는 것이 긴장감과 당혹감 같은 부정적인 기분을 느끼지 않아도 되고 더 편안하기 때문에 혼자 지내는 것을 택하곤 했다. 그러나 늘 대인관계가 좋고 다른 사람과 스스럼없이 친하게 지내는 친구를 보면 부러운 마음이 들어 상담실을 찾아서 자신의 회피적인 성격을 바꾸고 싶어 했다.

(1) 회피성 성격장애의 임상적 특징과 경과

회피성 성격장애(avoidant personality disorder)를 가진 사람은 사회관계를 억제하고 부정적 평가를 받는 것에 대해 지나치게 예민한 증상이 청년기에 시작되어 여러 상황에서 전반적으로 나타난다. 타인의 비난과 거절, 인정받지 못하는 것을 두려워하여 중요한 대인관계, 직업 활동을 피한다. 자신을 전적으로 받아들이고 좋아한다는 확신이 들지 않으면 쉽게 관계를 맺지 않으려고 한다. 너무 억제적이고, 자신에 대해 이야기하는 것을 어려워하며, 조롱을 당하거나 수치심을 당할 것을 두려워하여 친밀한 관계를 맺는 것을 자제한다.

회피성 성격장애 환자는 타인으로부터 거절과 거부를 받고 비난을 받으면 상처를 입는다. 이들은 수줍어하고 억제적이고 눈에 띄지 않아 주목받는 것을 매우 꺼린다. 스스로 부적절하다고 느끼고 자신감이 매우 낮기 때문에 새로운 대인관계에서 불편해하며 어색해한다. 특히 낯선 사람과 만나는 상황에서 자신은 사회성이 부족하고 인간적인 매력이 부족하며 다른 사람보다 열등하다고 믿기 때문에 당황스러운 일이 발생할까 봐 위험을 감수해야 하는 일이나 새로운 일에 관여하는 것을 꺼린다. 이들은 늘 긴장해서 평가받는 상황을 힘들어하기 때문에 직장 일이나 사회생활에서 자기 의심을 많이 하고, 그러다 보니 혼자 고립되어 지내는 경우가 많다. 낮은 자존감, 거절 민감성 때문에 인간관계를 제한한다.

이들의 발달적 경과를 살펴보면 회피 행동이 이미 유아기나 아동기에 수줍음, 고립, 낯선 사람과 상황을 두려워하는 것으로 시작된다. 아동기의 수줍음이 회피성 성격장애로 발전될 가능성이 높지만, 수줍어하는 모든 아동이 그렇게 되는 것은 아니다. 나이가 들어감에 따라 증상이 완화되기도 한다. 남녀 비율은 비슷하게 나타난다.

회피성 성격장애의 진단 기준(DSM-5)

사회적 억제, 부적절감, 부정적 평가에 대한 예민성이 광범위하게 나타나고, 초기 성인기에 시작되며, 다음의 4가지 이상을 충족한다.

1. 비판이나 거부, 인정받지 못할 것 같은 두려움 때문에 대인 접촉과 관련되는 직업 활동을 회피함
2. 자신을 좋아한다는 확신이 서지 않으면 사람들과 어울리는 것을 피함
3. 창피를 당하거나 조롱을 당할까 봐 두려워 친근한 대인관계 이내로 관계를 제한함
4. 사회적 상황에서 비난과 거절당하는 것에 대해 집착함
5. 부적절감으로 인해 새로운 대인관계 상황에서 억제되어 있음
6. 자신을 사회적으로 서투르고, 개인적으로 매력이 없고, 타인에 비해 열등한 사람으로 지각함
7. 당황스러운 일이 생길까 봐 새로운 일에 참여하거나 개인적인 위험을 감수하는 것을 몹시 꺼림

---

(2) 회피성 성격장애의 원인과 치료

회피성 성격장애를 가진 사람은 기질적으로 수줍어하고 억제적인 성향을 갖고 있다. 또한 기질적으로 위험에 대한 생리적 민감성이 높아 타고난 성향과 학습된 것이 성격 형성에 작용한다. 정신분석적으로 볼 때 회피성 성격장애의 주된 감정은 수

치심이다(Svartberg et al., 2004). 특히 아동기에 또래로부터 창피를 당하거나 거절을 받은 경험이 회피성 성격장애 형성에 영향을 줄 수 있다.

인지이론에서는 타인에게 비판받는 것에 대한 두려움에 초점을 두고 있다. 아동기에 주변 사람으로부터 거절을 경험한 사람은 거부될 것이라고 미리 예견하고 자신의 잘못된 기대에 맞추어 다른 사람의 반응을 잘못 지각하거나 해석하는 경향이 있다. 이 때문에 자신에게 주어지는 타인의 긍정적인 평가도 제대로 수용하지 못하고, 자신의 수행을 평가절하하고, 사회적 관계에 두려움을 갖는다. 행동주의 이론에서는 이들이 정상적인 사회기술을 잘 습득하지 못한 데다가 사회적 상황을 자꾸 회피하다 보니 사회적 결함이 더 굳어지는 악순환이 계속된다고 보고 있다.

정신분석 입장에서는 치료를 할 때 회피성 성격장애를 가진 사람이 자신의 무의식적 갈등을 인지하고 해소하도록 돕는 것을 중요하게 생각한다. 특히 지나친 수치심 및 당혹감과 관련된 정서를 다루어 주는 것이 좋다. 인지치료자는 불편한 신념과 역기능적 사고를 변화시켜 자기상을 높여 준다. 행동치료자는 주장 기술 훈련, 사회기술 훈련 등을 통해 사회적 상호작용을 촉진한다. 우울과 불안 증상이 동반될 경우에는 항불안제와 항우울제가 사회불안을 감소시킬 수 있다.

2) 의존성 성격장애

우진 씨는 37세 남성으로 65세의 어머니와 함께 정신과 치료에 들어왔다. 그는 직장 생활에서 잘 적응하지 못했고, 지적 능력이나 교육 수준에 비해 낮은 수준의 일을 하고 있었다. 질문에 대해 어머니가 우진 씨를 대신하여 말하였고, 치료자가 우진 씨에게 자신의 생각을 말하라고 하자 우진 씨의 어머니는 "얘는 이 나이가 되었어도 스스로 말하고 행동할 줄 몰라요. 제가 다해 줘야 해요."라면서 우진 씨가 좀처럼 말할 기회를 주지 않았다. 어려서부터 강압적이고 독단적인 어머니가 시키는 대로 다했던 우진 씨는 직장도 어머니가 골라 주는 회사에 나가게 되었고 직장 일에 대해서도 늘 어머니의 지도와 감시를 받아야 했다. 심지어 우진 씨의 어머니는 우진 씨의 직장 상사를 만나서 아들을 잘 부탁한다고 말하였고, 그 사실이 회사에 퍼지면서 '마마보이'라고 놀림을 받게 되자 우울해하고 매사에 의욕이 없어졌으며 때때로 분노 감정에 휩싸였다. 어머니를 진료실 밖으로 나가게 한 후 우진 씨와 상담을 진행하던 치료자는 우진 씨의 내면에 어머니에 대해 분노하면서도 의존하는 양가감정이 많다는 것을 알게 되었다. 우진 씨는 어머니에게 자기주장을 하고 싶지만 어머니가 자신을 내칠까 봐 두려워 여태껏 자기 생각을 표현하지 못했다고 하였다. 어머니가 자기 인생을 마음대로 주무르는 것이 화도 나지만 어머니의 도움 없이는 아무것도 할 수 없고 혼자서 무엇을 결정하고 시작하는 것이 어렵다며 우울하다고 하면서 눈물을 흘렸다.

(1) 의존성 성격장애의 임상적 특징과 경과

의존성 성격장애(dependent personality disorder)는 타인의 도움이 없이는 아무 것도 할 수 없을 것이라는 두려움 때문에 주변 사람에게 매달리며, 중요한 타인과 분리되는 것을 두려워하면서 의존적이고 복종적인 행동을 지속적으로 하는 특징이 있다. 주변의 주요 인물에게 지나치게 의존하기 때문에 자기확신감과 자기결정력이 부족해서 직장에 어떤 색깔의 옷을 입고 가야 할지, 심지어 우산을 가져가야 할지 말아야 할지 등 일상적인 판단을 어려워한다. 매우 수동적이어서 보호자나 주변 인물이 앞장서서 일을 해 주어야 하며, 자신의 가장 중요한 부분에 대해 져야 할 책임을 타인에게 전가하는 경향이 있다. 자신이 어디에서 살아야 할지, 어떤 직업을 가지고 살아가야 할지, 어떤 이웃과 친하게 지내야 하는지 등에 대한 결정을 부모나 배우자에게 지나치게 의존한다. 의존적인 성격을 가진 청소년이라면 부모가 입을 옷, 사귈 친구들, 여가 시간에 해야 할 일, 학교나 대학을 대신 선택하고 결정해 주기를 바란다. 다른 사람에게 자기가 해야 할 결정권을 넘기기 때문에 연령과 맞지 않고 부적절하며, 성인 역할을 하기가 어렵다. 타인으로부터 인정과 관심을 잃을 것을 두려워해서 자신이 의존하고 있는 주변 인물과 견해가 달라도 자기 생각을 적절하게 주장하기를 어려워한다. 혼자서 할 수 있는 일이 없다고 느끼기 때문에 스스로 위험을 감수하는 일을 하지 않으려고 하고 소극적이고 침체되어 있다.

또한 일이나 계획을 세우고 추진하는 것이 어려워 일을 개시하고 끝까지 완수하는 데 불편을 겪는다. 독립적으로 일을 못하고 미숙하며 끊임없이 도움을 구해야 한다고 믿고 의지하지만 만일 누군가가 지지하고 인정해 준다는 확신이 있으면 일을 잘해 내기도 한다. 자기확신감이 부족하다 보니 무능력하게 보이고, 스스로도 능력이 생기면 타인이 자신을 버릴 수 있다고 생각하여 성취를 하거나 능력을 획득하는 것에 대한 두려움이 많다. 주변의 중요한 타인이 비합리적인 어떤 것을 원하더라도 무조건 복종하며 이런 점 때문에 관계가 왜곡되기도 한다. 지나치게 자기희생을 하고 언어적·신체적·성적 학대를 참아내기도 한다. 혼자서는 자신을 돌볼 수 없다는 두려움 때문에 혼자 남겨지면 불편함과 절망감을 느낀다. 애인과 헤어지거나 보호자가 사망하는 등 친밀한 관계에 이상이 생기면 자신을 돌봐 주고 지원해 줄 다른 사람을 시급하게 찾는다. 자기회의가 심하고 염세주의적이며 자신의 능력을 과소평가하고 스스로를 멍청하게 여기고, 오히려 다른 사람이 자신을 과잉보호하고 지배해 주기를 원한다. 책임을 져야 하는 자리를 회피하고 결정을 내려야 할 경우에는 몹시 불안해한다. 사회적 관계는 자신이 의존할 수 있는 소수의 사람들로 제한된다.

의존성 성격장애의 진단 기준(DSM-5)

타인의 돌봄을 받고자 하는 과도한 욕구로 인해 복종적이고 매달리는 행동과 이별에 대한 두려움을 나타내며, 이러한 증상이 초기 성인기에 시작되어 다음 중 5가지 이상을 충족시킨다.

1. 타인의 충고나 확신 없이는 일상적인 결정을 내리는 것이 어려움
2. 자기 삶의 가장 중요한 부분들에 대해 타인이 책임을 져 줄 것을 필요로 함
3. 지지와 인정을 얻지 못할까 봐 두려워 타인과 의견이 다르다는 것을 표현하기 어려움
*주: 보복에 대한 현실적인 공포는 제외
4. 자기 혼자 뭔가를 시작하는 것이 어려움(동기나 에너지 결핍 때문이라기보다는 자기판단이나 능력에 대한 자신감의 결여 때문)
5. 타인의 돌봄과 지지를 얻기 위해 불쾌한 일을 자원해서 함
6. 혼자서는 자신을 돌볼 수 없다는 심한 두려움 때문에 혼자 있으면 불편해하고 무력감을 느낌
7. 친한 사람과의 관계가 끝나면 자신을 돌봐 주고 지원해 줄 다른 관계를 급하게 찾음
8. 혼자 남아 자신을 스스로 돌봐야 하는 것에 대한 두려움에 비현실적으로 집착함

(2) 의존성 성격장애의 원인과 치료

정신분석적으로 보면, 의존성 성격장애를 가진 사람은 부모의 과잉보호로 인해 구강기에 고착되어 있다. 구강기에 해결되지 않은 갈등이 평생 돌봄 욕구를 불러일으켜서 의존성에 취약하게 되며 혼자됨에 대한 불안, 비관주의, 수동성과 같은 특성을 보인다. 과잉보호가 의존성을 불러일으킬 수 있지만, 어떤 대상관계 연구자들은 초기의 부모 상실이나 거부가 정상 애착과 분리 경험을 방해하여 일부 아동의 경우 평생 지속적으로 유기 불안을 갖게 된다고 설명하고 있다(Bornstein, 2007).

행동주의 이론에서는 이들의 부모가 어린 시절에 무의식적으로, 매달리거나 부모에게 충성하는 행동은 보상해 주고 독립적으로 행동하는 것에 대해서는 사랑을 주지 않는 식의 처벌 행동을 보인 것이 의존성을 강화시킨다고 보고 있다. 인지이론에서는 '나는 이 세상을 헤쳐 나가기에는 적합하지 않다.' '나에게는 보호해 줄 사람이 언제나 필요하다.'는 식의 역기능적 사고가 의존성을 일으킨다고 본다. 심지어 '의존하려면 철저히 무력해야 한다.' '독립하면 외로울 것이고 아무것도 할 수 없을 것이다.'라는 내적 신념이 작용하기 때문에 혼자서는 아무것도 할 수 없다.

정신분석 치료자는 환자가 가지고 있는 의존 욕구와 치료자에 대한 전이 감정을 해석해 준다. 인지치료에서는 내담자가 자신의 삶을 스스로 통제할 수 있다는 자신감을 갖도록 한다. 행동주의 치료에서는 주장 훈련을 시켜 주고, 스스로 무능하다는 생각에 도전하게 하고, 결정을 내리거나 자기주장을 할 때 생기는 불안을 견디도록 지지해 준다. 집단치료에서 집단 구성원의 지지와 격려가 도움을 줄 수 있고, 행동시연 등을 통해 감정을 표현하고 문제를 해결하는 기술을 배울 수 있다. 우울증을 동반할 경우 항우울제가 도움이 된다.

3) 강박성 성격장애

40대 남성인 동주 씨는 성공한 사업가인 아버지와 고등학교 교사인 어머니로부터 엄격한 일처리와 질서정연한 모습을 보고 자랐다. 늘 하루 일과나 일주일 계획표가 책상이나 냉장고 앞에 붙어 있을 정도로 규칙적이고 질서정연한 가정에서 자란 그는 대학을 졸업하고 컴퓨터 회사에 취업하였다. 성실하고 완벽주의적인 성향이 강해 프로젝트가 있으면 밤새워 일했고 그날의 일과 내일 할 일을 꼼꼼하게 체크하여 업무 성과가 좋았다. 그러나 그는 동료들과 친하게 지내지 못했고, 늘 사소하게 일상적인 것이 엉클어지거나 하면 못 견디게 힘들어하고 긴장했다. 동료가 업무 일정이나 계획을 정확하게 따르지 않으면 긴장하고 초조한 모습을 보였고, 부하 직원에게는 그 이유를 캐묻고 다그치기까지 했다. 점차로 그의 주변에 있는 동료나 부하 직원은 그의 경직되고 완고한 업무 방식에 불만을 갖게 되었다. 늘 일에 빠져 있는 동주 씨는 휴가 때도 여가 활동을 갖지 않았고 늘 일에 몰두하여 지내면서 가족에게 돈을 쓰는 데도 인색하였다.

(1) 강박성 성격장애의 임상적 특징

강박성 성격장애(obsessive compulsive personality disorder)를 가진 사람은 정돈, 완벽함, 통제에 집착하기 때문에 유연성과 개방성, 효율성이 매우 부족하다. 이들은 세부 사항, 규칙, 목록, 순서, 조직화, 일정에 지나치게 신경을 쓰고 통제하려고 하면서 주요한 부분을 놓친다. 나무를 보면서 숲을 보지 않는 이런 특성 때문에 주변 사람으로부터 꼼꼼하다는 평가를 받지만 시야가 매우 협소한 점이 성격적 약점이다. 극도로 신중하고, 실수가 발생하면 반복적으로 확인한다. 강박성 성격장애를 가진 사람은 스스로는 불편함을 잘 못 느끼지만 주변 사람은 매우 불편해할 수 있다. 시간을 잘 배분하지 못해 꾸물거리다가 중요한 과제를 완수하지 못하기도 한다. 완벽주의와 스스로 높은 수행 기준을 가지고 있어 일상생활에서 기능의 문제와 고통을 겪는다. 세부 계획까지 지나치게 신경을 쓰기 때문에 그 계획을 잘 마치지 못한다. 여가 활동이나 대인관계를 소홀히 하고, 일이나 성과에 지나치게 몰두하며, 여가 활동이나 휴가 때에도 일거리를 가지고 가야 시간을 허비하지 않는다고 생각하고 그렇지 않으면 매우 불편해한다. 놀이 상황도 구조화된 과제로 만들어 버린다.

또한 지나치게 양심적이고, 도덕, 윤리 또는 가치관이 매우 경직되어 있고 융통성이 없다. 자신이나 다른 사람에게 엄격한 도덕적 원칙과 기준을 따르도록 강요한다. 감상적인 가치가 없는데도 낡고 불필요한 물건을 버리지 않고, 쓸모없는 것도 버리지 않고 모아 놓는다. 이 때문에 배우자나 같이 방을 쓰는 사람은 오래된 물건이나 신문, 잡지, 고장 난 가전제품 등 온갖 잡동사니 때문에 불편해한다. 일을 할 때에도 자기만 정확하게 일할 수 있다고 생각하여 고집스럽게 자기만의 방식을 고수하는 경향이 있고 일을 세세하게 지시한다.

돈에 대해 인색해서 좋게 보면 검소하지만 나쁘게 보면 실제 형편보다도 궁상맞게 생활하면서 미래에 있을지도 모르는 재앙을 대비해 돈을 쓰는 것을 지나치게 통제한다. 인지적으로 경직되어 있고 완고하며 언제나 일이 올바른 방식으로 처리되고 있는지에 관심을 보이고, 다른 사람의 의견을 잘 받아들이지 않는다.

　대인관계는 너무 형식적이고 진지해서 다른 사람과 웃고 떠드는 것도 잘하지 않는다. 또한 애정을 표현하는 것도 지나치게 통제적이고 격식을 갖추어 표현하며 정서적 표현을 달가워하지 않는다. 논리와 지적 능력에 집착하고 다른 사람의 애정 표현도 잘 감당하지 못한다. 다정다감한 감정을 표현하는 데 어려움을 느끼고 칭찬에도 인색하다. 남성에서 2배 정도 더 많은 것으로 진단된다.

강박성 성격장애의 진단 기준(DSM-5)

정리정돈, 완벽함, 정신적 통제 및 대인관계 통제에 지나치게 집착하는 행동 양상이 생활 전반에 걸쳐 나타나며, 이로 인해 융통성, 개방성, 효율성이 떨어진다. 초기 성인기에 시작되며, 다음 중 4가지 이상이 나타난다.

1. 세부, 규칙, 목록, 순서, 조직화 또는 일정에 집착하여 활동의 중요한 부분을 놓침
2. 일의 완수를 방해할 정도의 완벽함을 보임(지나치게 엄격한 기준이 충족되지 않아서 계획을 완수할 수 없음)
3. 여가 활동이나 친구 교제를 하지 않고 일이나 생산적인 것에 지나치게 헌신함
4. 지나치게 양심적이고 꼼꼼하며, 융통성이 없음
5. 감상적인 가치가 없는데도 낡고 가치 없는 물건을 버리지 못함
6. 자신의 일하는 방식에 정확히 복종하지 않는 한 타인에게 일을 위임하거나 타인과 일을 함께하지 않음
7. 자신과 타인에게 돈을 쓰는 데 매우 인색하고 돈을 미래의 재앙을 대비해서 모아야 하는 것으로 인식함
8. 경직성과 완고함을 보임

(2) 강박성 성격장애의 원인과 치료

정신분석가는 강박성 성격장애가 항문기 단계로 퇴행된 것이라고 보고 있다. 항문기 단계에 지나치게 엄격한 배변 훈련 때문에 이 단계에 고착되어 항문기 성격(anal character)을 가지게 되고, 규칙성, 완고성, 인색함, 정서적 억제, 자기회의, 강한 도덕 의식과 같은 성격을 보인다는 것이다. 통제와 독립에 대한 부모와의 초기 투쟁이 이 성격장애의 뿌리에 내재되어 있는 공격 충동을 부추긴다(Bornstein, 2007).

인지이론가는 '나는 나 자신과 주변 환경을 완벽히 통제해야 해.' '실수를 한다는 것은 실패한 것이다.'와 같은 비합리적인 생각이 강박성 성격의 기저에 있다고 주장한다. 강박성 성격장애를 가진 사람은 흑백논리를 가지고 있어 모 아니면 도 식의 사고를 하고 잠정적인 실수나 오류를 과장하는 경향이 있다.

추가 학습

성격장애와 성차

대부분의 진단은 성차가 있다. 성격장애는 어떨까? 사회화의 과정에서 여성은 어린 시절부터 의존적이 될 것을 요구받고 타인의 거부나 비난에 더 민감하게 반응하도록 교육을 받는다. 학교나 집에서도 남을 배려하고 타인에게 친절하게 행동하는 것과 같이 관계 맺음에 대해 교육을 받다 보니 관계에 민감한 것은 사실이다. 그러다 보니 의존성 성격장애와 연극성 성격장애, 경계선 성격장애가 여성에게서 보다 흔하고, 남성에게서는 강박성 성격장애, 자기애성 성격장애, 반사회성 성격장애, 분열성 성격장애, 조현형 성격장애가 더 빈번하다고 보고된다(Kessler et al., 1994). 특히 경계선 성격장애가 여성에게서 흔하듯이 반사회성 성격장애는 남성에게서 3배나 더 많이 발생한다고 알려져 있다. 그러나 요즘은 여자아이도 사회화 과정에서 남자아이와 차별을 덜 받고 있고, 주장적이고 독립적이 될 것을 교육받는다. 그렇기 때문에 앞으로는 이런 양육 태도와 사회적 분위기가 성격장애의 성차에 다른 영향을 미칠 것으로 예상된다.

이들은 우울이나 불안 등의 심리장애가 생기지 않는 한 스스로 치료를 찾지 않는다. 정신분석가는 치료 시에 기저에 깔린 불안 감정을 수용하고 자신의 한계를 받아

들이면서 강박성 성격장애를 지닌 사람이 위험을 감수하도록 도와준다. 인지치료에서는 이분법적 사고, 우유부단, 완벽주의, 인색함과 만성적인 걱정 등을 변화시키는 데 초점을 둔다. 강박성 성격장애가 심한 환자들은 세로토닌을 항진시키는 항우울제인 SSRIs에 잘 반응한다.

표 11-2 성격장애의 종류와 핵심 신념 및 주요 행동

성격장애	핵심 신념	주요 행동
편집성	'사람들을 믿을 수 없다.' '항상 조심하고 경계해야 한다.'	숨겨진 동기를 찾아내고 경계하고 예민하게 굴기
조현형	'다른 사람들과 거리를 두고 지내는 편이 낫다.'	불가사의한 힘이나 사건에 주목하기
조현성	'관계를 맺는 것은 혼란스럽고 별로 도움이 안 된다.' '사람들과 어울려 봤자 별 소용이 없다.'	다른 사람들과 거리를 두고 지내기
연극성	'사람들은 나를 흠모하고 내 명령에 따를 뿐이다.'	극적인 감정 표현으로 매혹하기
자기애성	'나는 특별하니까 특별대우를 받을 만하다.' '나는 남들보다 우월하다.'	다른 사람들을 착취하고, 이용하기
경계선	'나는 처벌받아 마땅하다.' '최악의 가능성은 누군가로부터 버림받는 것이다.'	거부 가능성에 민감하게 반응하기, 고통에서 벗어나기 위해 자살을 시도하기
반사회성	'나는 사회적 규칙을 깨도 된다.' '다른 사람들은 모두 바보 멍청이다.'	공격하기, 조종하기, 강탈하기
회피성	'사람들이 내 진짜 모습을 알게 되면 나를 싫어할 거야.' '사람들에게 거절당하는 것은 매우 끔찍한 일이야.'	평가 상황 회피하기
의존성	'내가 살아가려면 다른 사람들의 도움이 있어야 해.'	의존적 관계 형성하기
강박성	'사람이라면 매사에 더 잘해야 하고, 더 열심히 노력해야 한다.'	규칙 준수, 완벽주의, 통제하기

출처: Beck et al. (2004).

1. 성격이란 개인적·사회적 상황에 직면할 때 나타나는 환경과 자신에 대해 지각하고, 관계를 맺고 사고하는 지속적인 패턴이다. 성격 특질이 경직되고 부적응적이고 기능 손상과 주관적 고통을 야기할 때 성격장애 진단을 내릴 수 있다.

2. DSM-5에서는 성격장애 진단에 기존의 범주적 분류 방식 외에 차원적 모델, 특히 성격 5요인 모델(FFM)을 접목시키려고 하고 있다. DSM-5에 들어오면서 성격장애는 진단에 대해 논란이 가장 많은 장애 중의 하나였다. 아주 다른 성격장애를 가진 사람들이 같은 성격장애 진단을 받을 수도 있고, 일부 성격장애는 서로 유사점이 많다는 비판도 있었다. 이 때문에 성격장애를 범주가 아닌 차원으로 분류해야 한다는 목소리가 높다. 성격장애는 역기능적인 유형보다는 역기능의 정도에 따라 연속선상에 분류되어야 한다는 주장에 힘입어 DSM-5의 Section III(3편)에서는 성격 차원 분류 연구 진단으로 제시되었다.

3. A군 성격장애는 기이하고 이상한 행동 특성을 나타내는 성격장애로, 편집성, 조현성, 조현형 성격장애로 구성되어 있다. 편집성 성격장애의 핵심적인 특징은 불신과 의심이고, 타인의 동기를 악의적으로 해석하며 인간관계에서 많은 문제를 보인다. 조현성 성격장애는 사회적 관계로부터 떨어져서 제한된 감정을 보이고, 친밀감에 대한 욕구가 매우 부족하며, 사회적으로 어울리는 것에 대한 흥미나 관심을 보이지 않는다. 조현형 성격장애는 친밀한 관계를 맺는 것을 불편해하며, 인지 및 지각의 왜곡과 기이한 행동을 특징적으로 보인다.

4. B군 성격장애는 극적이고 감정적이며 변화가 많은 행동이 주된 특징으로, 반사회성, 자기애성, 연극성, 경계선 성격장애가 있다. 반사회성 성격장애를 가진 사람은 충동적이고 무책임하며 무모한 행동을 특징적으로 보인다. 경계선 성격장애는 대인관계, 자아상 및 정동의 불안정, 충동성을 보이는 장애로, 여성에게 가장 많은 장애로 거절 민감성이 높아 자신의 욕구가 충족되지 않으면 자살 시도를 많이 한다. 연극성 성격장애는 과도한 정서성과 관심을 끄는 행동이 특징적이며, 여성에게서 많이 나타난다. 자기애성 성격장애는 자기에 대한 과대한 지각을 가지고 있고, 숭배를 요구하고 공감이 결여된 양상이 광범위하게 나타난다.

5. C군 성격장애는 불안과 두려움을 지속적으로 보이는 특징이 있고, 회피성, 의존성, 강박성 성격장애가 있다. 회피성 성격장애는 사회관계를 억제하고 부정적 평가를 받는 것에 지나치게 예민한 것이 특징이다. 의존성 성격장애는 타인의 도움 없이는 아무것도 할 수 없을 것 같다는 두려움 때문에 주변의 가까운 사람에게 매달리고 의존하고 복종하는 행동을 지속적으로 보이는 특징이 있다. 강박성 성격장애는 정리정돈, 완벽함, 통제에 집착하며, 유연성과 개방성, 효율성이 매우 부족한 것이 특징이다.

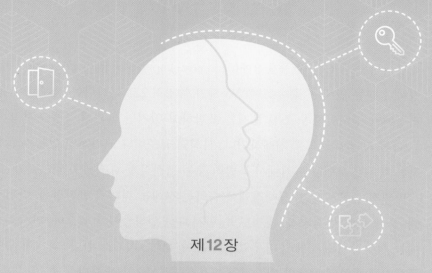

제12장

파괴적 충동조절 및 품행장애/
신경인지장애

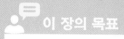
이 장의 목표

- 파괴적 충동조절 및 품행장애의 임상적 특징을 이해한다.
- 신경인지장애의 임상적 특징을 이해한다.

파괴적 충동조절 및 품행장애

파괴적 충동조절 및 품행장애(disruptive, impulse-control and conduct disorder)는 정서나 행동 면에서 자기 조절의 문제가 특징적으로 나타나는 장애들이다. 많은 심리장애가 정서 · 행동 조절 문제를 포함하고 있지만 파괴적 충동조절 및 품행장애는 다른 사람의 권리를 침해하거나, 사회적 규준이나 권위적인 인물과 갈등을 유발하는 행동을 보인다는 점에서 특별히 충동 조절의 문제를 공통적으로 가지고 있다.

파괴적 충동조절 및 품행장애에 속하는 장애는 적대적 반항장애, 간헐적 폭발장애, 품행장애, 병적방화, 병적도벽, 반사회성 성격장애가 있으나, 반사회성 성격장애는 성격장애 부분에서 다루었으므로 여기서는 빼기로 한다. 파괴적 충동조절 및 품행장애의 하위 장애와 대략적인 특징은 〈표 12-1〉과 같다.

표 12-1 파괴적 충동조절 및 품행장애의 하위 장애와 특징

하위 장애	특징
적대적 반항장애	어른에게 거부적이고 적대적이며 반항적인 행동 특성을 보임
간헐적 폭발장애	공격적인 충동 조절이 어려워 심각한 파괴적 행동을 보임
품행장애	난폭하고 잔인한 행동, 기물 파괴, 도둑질, 거짓말, 가출 등 타인의 권리를 침해하거나 사회적 규범을 위반하는 행동을 함
병적방화	불을 지르고 싶은 충동이 통제되지 않아 반복적으로 방화 행동을 함
병적도벽	남의 물건을 훔치고 싶은 충동을 조절하지 못해 반복적으로 도둑질을 함

1. 적대적 반항장애

초등학교에 다니는 11세 여자아이인 민지는 어머니 나이 39세에 얻은 늦둥이로, 태어나서부터 기질이 까다로운 아이였고 손이 많이 가는 아이였다. 유난히 잔병치레를 많이 하여 직장 생활을 하는 어머니는 아이 양육이 힘들어 2세경부터 초등학교에 들어가기 전까지 외할머니에게 맡겨서 키웠다. 초등학교에 들어가기 위해 집에 오게

된 민지는 처음에는 집을 낯설어하고 조용한 모습을 보였으나 초등학교 3학년 정도가 되면서부터 부모의 말을 잘 듣지 않고 반항하는 태도를 보였다. 학교에서나 친구들과의 관계에서는 무난하게 행동하지만 집에서는 어머니가 자기의 요구를 무시하거나 즉각적으로 들어 주지 않으면 욕을 하고 문을 발로 걷어차는 모습을 보였다. 초등학교 4학년이 되면서부터는 반항하는 행동이 더 심해져서 하루에도 수십 번씩 자기 마음에 안 드는 일이 벌어지면 어머니에게 화를 내고 방문을 걸어 잠그고 물건을 던지는 행동을 하였다. 사소한 일에도 자주 기분이 상하고 짜증을 많이 내고 잘못된 일이나 상황에 대해 어머니 탓을 많이 하였다. 어머니와 아버지가 훈육을 위해 야단을 치면 받아들이지 못하고 논쟁을 하고, 하지 말라는 행동을 무시하는 모습을 보여 어머니 역시 양육 스트레스를 호소하며 상담실을 방문하였다.

1) 적대적 반항장애의 임상적 특징과 경과

적대적 반항장애(oppositional defiant disorder)를 가진 아동은 분노와 짜증이 많고 논쟁적이며 반항적인 행동을 자주 보인다. 이들은 복수심을 자주 품고 부정적 기분 문제를 자주 드러낸다. 학교나 친구 관계에서는 문제가 없지만 집에서만 이런 문제를 보이는 경우가 많다. 증상이 조금 더 심한 경우라면 다양한 상황에서 이런 양상을 보일 수 있다. 적대적 반항장애는 흔히 어른과의 상호작용에서 나타나지만 또래 관계에서도 나타날 수 있기 때문에 검사 상황이나 임상 면담에서는 잘 드러나지 않을 수 있다.

적대적 반항장애 진단을 위해서는 지난 6개월 동안 적어도 진단적인 역치를 넘어설 정도의 증상이 있어야 한다. 또한 그 행동은 나이나 성별, 문화적 조건이 같은 보통의 다른 사람에게서 나타나는 것보다 더 지속적이고 빈번해야 한다. 미취학 아동이 분노 발작을 매주 보인다면 이것은 반항성 장애에 속하지 않는다. 다만 미취학 아동의 경우 지난 6개월 동안 거의 매일 문제행동이 관찰되고 적어도 3가지 이상의 진단 기준에 부합되는 증상과 분노 발작이 일어나서 유치원을 그만두라는 요구를 받는 경우에는 진단을 내릴 수 있다.

보호자가 자주 바뀌어 돌봄이 부족한 가정에서 자란 경우와 지나치게 엄격하거나 비일관적이고 방임적 양육을 하는 가정에서 자라난 아동의 경우에 더 자주 나타날 수 있다. 주의력결핍 과잉행동장애와 품행장애가 같이 동반되기도 한다.

　적대적 반항장애의 유병률은 1~11%이며, 청소년기 이전에는 여아보다 남아에게서 더 빈번히 발생한다. 보통 첫 증상이 취학 전에 나타나며, 초기 청소년기 이후에 발병하는 경우는 드물다(APA, 2013). 품행장애보다 발달적으로 먼저 나타나기 때문에 아동기에 발병한 품행장애의 경우에는 적대적 반항장애가 전조 증상일 수 있다. 반항적이고, 논쟁적이고, 보복적인 특성은 품행장애의 선행 위험 요인이 될 수 있고, 분노 표출이나 과도하게 짜증이 많은 기분 증상은 나중에 우울, 불안 등의 정서 장애에 대한 취약성을 높여 준다. 반항성 장애를 보이는 아동이 제대로 치료가 되지 않는 경우 성인기에는 반사회적 행동, 충동 조절의 문제, 알코올 중독, 불안, 우울 등의 수많은 심리장애 문제를 보일 가능성이 높다.

적대적 반항장애의 진단 기준(DSM-5)

A. 분노/과민한 기분, 논쟁적/반항적 행동, 복수심 등이 최소 6개월 이상 지속되고, 다음 중 적어도 4가지(또는 그 이상)가 존재한다.

분노/과민한 기분
1. 자주 버럭 화를 낸다.
2. 자주 기분이 상하거나 쉽게 짜증을 낸다.
3. 자주 화내고 원망한다.

논쟁적/반항적 행동
4. 자주 권위적인 인물과 논쟁한다.
5. 자주 적극적으로 어른의 요구나 규칙을 무시하거나 거절한다.
6. 자주 고의적으로 타인을 귀찮게 한다.
7. 자주 자신의 실수나 잘못된 행동을 남의 탓으로 돌린다.

복수심을 가짐
8. 지난 6개월 동안 적어도 2번 이상 악의에 차 있거나 앙심을 품고 있다.

※ 5세 이하 아동의 경우에는 최소 6개월 동안 거의 매일 이런 행동이 나타나고, 5세 이후에는 6개월 동안 일주일에 최소 1회 이상 상기 행동이 나타난다.

※ 현재의 심각도를 명시할 것
- 경도: 증상이 한 가지 상황(집, 학교, 직장, 또래 집단)에서만 나타나는 경우
- 중등도: 증상이 적어도 2가지 상황에서 나타나는 경우
- 고도: 증상이 3가지 이상의 상황에서 나타나는 경우

2) 적대적 반항장애의 위험 요인 및 예후

기질적으로는 높은 정서적 반응성, 낮은 욕구 좌절 인내력 등과 같은 정서 조절 문제가 원인으로 제기된다. 환경적으로는 부모의 양육 방식이 큰 원인이라고 알려져 있다. 아동의 행동 때문에 부모가 아동에게 적대적으로 대한 것인지, 부모의 적대감이 아동의 문제행동을 유발하는지 엄밀한 평가가 필요하지만 부모-자녀 간의 상호작용의 문제라고 임상 장면에서는 면밀히 파악하기가 쉽지 않다.

유전적으로는 낮은 심박률과 피부 전도 반응, 코르티솔 반응성의 감소, 전두엽피질 및 편도체 이상 등의 다양한 신경생물학적 지표가 있다. 그러나 이 장애의 특수한 생물학적 지표자는 알려지지 않은 상태다(Berman et al., 2009).

반항성 장애 아동의 경우 대부분 좌절되어 있고, 우울하고, 열등감이 많고, 참을성이 적다. 이들은 청소년기에 알코올, 담배, 약물 남용, 품행장애, 기분장애로 발전하기도 한다. 여자아이는 적대적 반항장애로, 남자아이는 품행장애로 진단되는 경향이 있다. 성장하면서 자연적으로 사라지기도 하지만 심할 경우 부모와 교사와의 관계를 악화시킬 뿐만 아니라 교우관계나 학업성취도를 저하시킨다.

3) 적대적 반항장애의 원인과 치료

부모-자녀 간의 갈등이 가장 큰 문제로 지목되고 있는데, 예컨대 부모가 지배적인 경우가 많고 아동이 기질적으로 자기주장과 독립성이 강하다면 서로 부딪힐 수밖에 없다. 정신분석 이론에서는 배변 훈련 과정에서 부모와 자녀가 힘겨루기를 하는 항문기적 문제가 적대적 반항 행동을 일으킨다고 보고 있다. 학습이론에서는 반항적인 행동이 모방학습을 통해 학습되고 조작적 조건형성을 통해 강화될 수 있다

고 설명한다. 집요한 반항이나 논쟁 행동을 통해 자신의 요구를 관철시키고 부모의 요구를 철회하게 하는 등의 보상적 결과를 통해 반항적 행동이 강화된다.

치료적인 면에서는 부모-자녀의 의사소통을 개선시키는 것이 가장 중요하다. 부모 역시 아동의 욕구 불만과 분노감을 잘 수용해 줄 필요가 있다. 부모가 수용적이지 못하면 반항 행동은 사춘기와 맞물려 점점 심해질 수 있다.

2. 간헐성 폭발장애

동영 씨는 25세의 남성으로 고등학교를 졸업한 뒤 일정한 직업을 갖지 못하고 아르바이트만 몇 개월씩 하다가 그만두곤 했다. 어려서부터 화가 나면 참지 못하고 자주 공격적인 행동을 보였고 고등학교 때는 같은 반 친구를 때려 학교로부터 정학 처분을 받기도 했다. 여자 친구를 사귈 때마다 자기 맘에 들지 않으면 심하게 욕을 하였고, 가끔씩 심하게 때려 번번이 헤어지곤 했다. 최근에는 아르바이트를 하던 가게에서 다른 아르바이트생과 시비가 붙어 심하게 몸싸움을 하다가 일을 그만두게 되었다. 하는 일 없이 집에 있다 보니 밤에는 인터넷 게임에 몰두하고 한낮에는 잠을 자는 등 밤과 낮이 바뀌는 생활을 하게 되었다.

요즘 들어 앞의 사례처럼 분노 조절을 하지 못해 법적으로 문제가 되는 경우가 많아졌다. 위층과 아래층 간의 소음 문제로 이웃집 사람을 폭행하거나 심지어 우발적으로 살해하는 경우도 있어 분노조절장애가 언론에서도 집중 보도되고 있다.

 언론에 비친 이상심리: 분노조절장애

순간적인 분노를 이기지 못해 대형 범죄로 이어지는 사례가 부쩍 늘고 있다. 층간 소음으로 위층으로 달려가서 몸싸움 끝에 칼부림을 하는 사례가 이어졌으며, 보복 운전을 하는 이들이 많아졌고 연인이 이별 통보를 했다고 찾아가서 집에 불을 지르거나 심지어 살해하는 등의 사건이 늘고 있다.

분노가 조절되지 않으면 걷잡을 수 없는 해일처럼 분출되어 끔찍한 범죄의 씨앗이 될 수 있다. 이에 대해 정신의학자들은 분노조절장애(anger disorder)가 정신장애 진단에 새롭게 들어가야 하는 것이 아닌가 하고 제안하고 있다. 분노장애에 가장 가까운 진단은 간헐적 폭발장애라는 것이다. 정신의학자 프랭크 미너스(Frank Minirth)는 "분노는 무시당하거나 자신이 무가치한 존재로 취급될 때 폭발한다."고 말한다. 자신의 가치나 욕구, 신념이 인정받지 못하고 거부당할 때 발생한다는 것이다. 생리적 반응으로 "인체 내 아드레날린의 생화학 반응과 노르아드레날린의 반응이 분노의 감정이 불타오르게 하는 연료가 된다."고 말한다. "화를 잘 내는 사람은 감정을 조절하는 전두엽의 기능이 그렇지 않은 사람과 차이를 보인다."고 말한다. 학자들은 "이런 비이성적 행위가 나오는 이유는 뇌의 변연계의 일부로서 감정을 담당하는 편도체가 과도하게 활성화되었기 때문이다."라고 말한다. 의학적으로 '편도체의 납치(Amygdala hijack)'라고 불리는 현상이 발생하는 것이다. 이는 불안과 두려움으로 크게 활성화된 편도체가 이성 뇌의 판단과 명령을 따르지 않고 기억의 중추인 해마와 두뇌 사령부 전전두엽(Pre Frontal Cortex: PFC)의 기능을 억제하고 두려움과 불안감을 증폭시켜서 현실을 직시하지 못하는 두뇌가 되는 것을 말한다. 이 편도체의 납치가 일어나면 이성적인 뇌가 마비되었기 때문에 분노가 조절되지 않는 것이 오히려 정상이다. 따라서 감정 뇌의 편도체가 활성화되면 스트레스 호르몬이 분비되어 심장박동이 증가하고, 혈류가 빨리 흐르고, 동공이 확장되고, 근육이 강직하며, 얼굴이 벌겋게 달아오르는 상태가 된다.

이렇게 스트레스 호르몬이 체내에 계속 증가해 결국 기억의 중추인 해마와 두뇌 사령부의 능력을 완전히 장악하는 두뇌 환경이 조성되면 해마와 두뇌 사령부 PFC에는 스트레스 호르몬의 반응물들이 늘어나서 편도체의 납치가 가능하다는 것이 이미 실험적으로 증명됐다.

미국 UCLA의 매튜 리버만(Matthew Lieberman)의 연구는 분노 조절의 좋은 사례를 보여 준다. 리버만은 슬프거나 화가 날 때 다른 사람에게 자신의 감정을 말하면 그 고통이 크게 줄어든다는 사실을 실험을 통해 증명했다. 그는 18~36세의 남성 12명, 여성 18명에게 화난 사람이나 공포에 질린 사람의 얼굴 사진을 보여 주면서 뇌에서 일어나는 변화를 조사했다. 이때 뇌에서 편도체가 활성화되면서 격한 감정이 일어나는 활성화 현상을 보였다.

그다음에 사진에 어울리는 단어로서 '분노한'이라는 단어를 골라 보게 한 뒤 다시 뇌를 촬영한 결과, 전전두엽이 활성화되면서 편도체가 크게 진정되는 것으로 나타났다. 즉, 화가 날 때 스스로 자신의 분노 감정을 인정하고, 솔직히 주위 동료나 심리치료사에게 말하면 감정의 뇌인 편도체를 조절하는 이성의 뇌인 전전두엽을 깨울 수 있다는 말이다.

출처: The Science Times (2015. 2. 16.).

1) 간헐성 폭발장애의 임상적 특징과 경과

간헐성 폭발장애(intermittant explosive disorder)의 임상적 특징은 급성으로 행동 폭발이 발생하며, 전조기 증상이 없다는 것이다. 한 번 행동 폭발을 하면 30분 이하로 지속되며, 흔히 친밀한 관계에 있는 사람이 유발한 사소한 촉발 자극에 대한 반응으로 일어난다. 진단 기준 A에 속하는 공격적 행동 폭발은 분노 발작, 신랄한 비난, 논쟁이나 말싸움, 기물 파괴나 동물 및 타인에게 해를 입히지 않는 공격 행동을 말한다. 그러나 심한 경우에는 폭발적 행동이 덜 빈번하더라도(1년에 3회 정도) 충동적인 행동 폭발로 인해 사람이나 동물을 때리고 상해를 입힐 수 있다.

간헐성 폭발장애는 대체로 주관적인 촉발자극(정신사회 스트레스)에 대한 반응으로 충동적인 공격 행동을 통제하지 못하는 것을 말한다. 이 행동 폭발은 사전에 미리 계획되거나 도구적으로 일어나는 것이 아니라 충동적이고 순간적인 분노에 의해 유발되며 심각한 정신사회적 기능 손상을 초래한다.

기분장애, 불안장애, 물질사용장애가 이 장애와 관련이 높다. 그러나 대개 이 장애가 발병한 후에 기분장애, 불안장애 및 물질사용장애가 발병하기도 한다. 미국에서의 유병률은 약 2.7%로 알려져 있다(APA, 2013). 50세 이상의 장년층에 비해 35~40세 이하의 사람에게서 더 자주 나타나며, 고등학교 졸업 이하의 교육 수준을 보이는 사람들에게서 더 많이 발생한다. 반복적이고 충동적이며 문제가 되는 공격 행동은 대개 아동기 후반이나 청소년기에 시작되며 이후 지속될 수 있다. 이 장애는 한 번 발생하면 수년간 지속된다.

간헐성 폭발장애의 진단 기준(DSM-5)

A. 공격적인 충동을 통제하지 못해서 반복적으로 행동 폭발을 보이며, 다음 중에서 한 가지를 특징적으로 보인다.

1. 언어적 공격(분노 발작, 신랄한 비난, 언어적 논쟁이나 싸움)과 신체적 공격(재산, 동물, 사람에 대한)이 3개월 동안 평균 일주일에 2번 정도 발생한다. 신체적 공격성은 재산 피해나 재산 파괴를 초래하지 않고 동물이나 사람에게 해를 입히지는 않는다.

2. 재산 파괴, 동물이나 사람에 대한 상해를 입히는 신체 폭행이 12개월 동안 3회
　　보인다.

B. 반복적인 행동 폭발 동안에 표현되는 공격성의 정도가 정신사회적인 요인에 의
　해 촉발되거나 유발되더라도 그 정도가 심하다.
C. 공격적인 행동 폭발이 미리 계획된 것이 아니며(예: 충동적이거나 분노로 유발
　된 행동), 뚜렷한 목표(예: 돈, 힘, 친밀감)를 얻기 위한 것이 아니다.
D. 반복적인 공격적 행동 폭발이 개인에게 현저한 직업적·대인관계 기능에 손상
　을 가져오며 경제적·법적 문제에 연루된다.
E. 생활연령이 적어도 6세 이상이다.

2) 간헐성 폭발장애의 원인과 치료

　간헐성 폭발장애는 세로토닌, 노르에피네프린과 같은 신경전달물질과 테스토스
테론 같은 호르몬이 환경적인 스트레스와 맞물려 발생한다고 알려져 있다. 유전적
취약성이 높고 스트레스에 대한 통제력이 낮은 사람이 이 장애를 보일 확률이 높다.
공격적 발작 혹은 폭발적인 행동은 과거 외상 경험이 원인이 될 수 있다. 공격적인
행동으로 인해 직업 상실, 학교 부적응, 이혼, 대인관계 문제, 사고, 입원, 수감 등의
문제가 많이 발생한다.
　간헐성 폭발장애의 치료에 대해서는 알려진 바가 별로 없고, 자발적으로 치료를
받으려고 하지 않아서 심리치료 효과 연구가 쉽지 않다. 리튬, 카바마제핀, 벤조디
아제핀 등의 약물이 공격성 완화에 도움이 될 수 있다. 일단 치료를 받게 되면 과거
에 누적된 분노나 적개심을 비공격적인 방법으로 표출하게 하는 것이 치료의 목표
가 된다. 스트레스에 대한 인내력을 증대시키는 방법이 도움이 되며 분노 조절 기법
이 필요하다. 인지적인 방법으로는 공격적인 행동화를 야기하는 촉발 요인을 확인
하고 이를 다루어 주는 것이 중요하지만 지능이 낮을 경우에는 효과가 크지 않다.
간헐성 폭발장애에 대한 통제된 연구는 매우 드물기 때문에 앞으로 예방과 치료 차
원에서 추가적인 연구가 필요하다.

분노 조절 훈련: STOP 기법

분노는 하나의 에너지이고 파도와 같이 충동으로 올라온다. 분노가 올라올 때 잠시 멈추고 파도타기를 해 본다. 유능한 서퍼가 파도에 휩쓸리지 않으려면 파도의 표면을 타야 하듯이 분노의 파도를 타기 위해서는 분노, 화, 충동이 올라올 때 일단 멈추고 심호흡을 하면서 온몸의 감각을 관찰하고 느낀다. 그리고 마지막으로 마음속에 출렁이며 올라오는 모든 감정, 생각, 충동, 욕구 등을 알아차리고 처리해 준다. 생각과 감정과 충동 그리고 욕구는 알아 주면 파도가 잠잠해지듯이 다시 가라앉는다. 화는 누구나 날 수 있지만 화를 잘 인식하고 조절하는 것은 누구나 가진 능력이 아니다. 화는 부정적인 에너지다. 부정적인 에너지가 자신의 생활이나 중요한 관계를 갉아먹지 않게 하려면 화라는 충동을 탈 수 있어야 한다.

분노가 올라올 때 다음의 STOP 기법을 사용하는 것이 도움이 된다.

- 멈추기(Stop): 화나는 순간 일단 멈춤 버튼을 작동시킨다.
- 심호흡하기(Take a breath): 3초간 들숨, 6초간 날숨 이런 식으로 깊고 느리게 호흡을 한다.
- 관찰하기(Observe): 자신의 내부 감각, 충동 혹은 외부 상황, 대상을 골고루 관찰한다.
- 처리하기(Process): 화와 더불어 올라오는 모든 복합적인 감정, 충동, 감각 등을 알아차리고 처리한다.

우선 멈추고 길게 심호흡을 하다 보면 화, 충동이 가라앉는다. 이때 자신의 생각, 감정, 충동을 잘 관찰해서 인식하고 처리하는 것이 중요하다. 분노(화)와 같은 강렬한 감정은 폭발적인 에너지를 지니고 있다. 또한 자주 화를 내다보면 습관화되기 쉽다. 격렬한 감정을 감당(contain)하고 조절하기 위해서는 의도적 '멈춤' 훈련을 반복할 필요가 있다. 의도적 멈춤 훈련을 하다보면 분노를 자주 폭발시키는 습관에서 벗어나게 된다. 이때 분노의 강도를 1점(화나지 않음)에서 10점(화가 매우 심하게 남)까지 스스로 체크해 보는 것도 효과적이다. 그리고 '나는 이 순간 화(예: 6점)를 느껴'라고 혼잣말을 하면서 분노 감정을 알아채고 그 감정이 어떻게 나타나고 사라지는지 관찰해 보면 분노의 파도를 타는 심리적 기술을 터득할 수 있다.

3. 품행장애

15세 남자 중학생인 호준이는 맞벌이 가정에서 자랐고 11세의 여동생이 있다. 아버지는 직장일로 바빠서 일주일에 한 번 같이 식사를 하기도 힘들었고 가정 형편이 넉넉하지 않아 어머니 역시 3년 전부터 아침 일찍 나가서 밤늦게 들어오는 날이 많았다. 어린이날에도 어머니, 아버지 모두 바빠서 두 아이는 방치된 상태로 지냈다. 초등학교 저학년 때는 어머니의 말을 잘 따르는 것 같았으나 고학년이 되어 가면서 어머니 말에 사사건건 말대꾸를 하기 시작했고 심하게 반항했다. 화가 나면 집 안의 물건을 부수거나 자기 방문을 걸어 잠그고 들어가 밤새 인터넷 게임을 하고 그 다음날 학교에 지각을 하거나 무단결석을 하는 일이 잦아졌다. 학교에서 친구들과의 관계뿐만 아니라 교사와의 관계도 나빠져서 싸움도 잦아지고 어머니가 학교에 불려 가는 일도 많아지면서 어머니와의 마찰은 더 심해졌다. 어머니가 강압적으로 대하면 가출을 하여 친구 집에서 며칠씩 지내다가 돌아오곤 했다. 호준이의 생활 상태에 대한 이야기를 들은 아버지가 심하게 구타를 하자 호준이는 더욱 반항적이고 공격적으로 변해 갔다. 또한 학교에서는 자기보다 약한 친구들을 골라 괴롭히고 위협하고 물건을 갈취하고, 갈등이 생기면 폭력을 사용해서 학교폭력위원회가 자주 열렸다.

1) 품행장애의 임상적 특징과 경과

품행장애(conduct disorder)는 다른 사람의 권리를 침해하고 연령에 맞지 않게 사회적 규범이나 규칙을 위반하는 행동 양상을 지속적으로 보이는 장애다. 품행장애를 가진 사람은 사람이나 동물에게 위해를 가하는 공격적인 행동, 재산 손실이나 재산 파괴를 일으키는 비공격적 행동, 사기 또는 절도 행동, 심각한 규칙 위반 등 4가지 영역에서 문제행동을 보인다. 이 중 3가지 이상이 지난 12개월 이상 동안에 존재하며 적어도 한 개 이상은 지난 6개월 동안 존재하여야 진단을 내릴 수 있다. 이러한 행동 양상이 가정, 학교, 지역사회 등 다양한 장면에서 관찰된다. 품행장애가 있는 사람은 자신의 품행 문제를 축소하는 경향이 있어서 가족이나 주변 사람의 정보를 추가로 탐색하여 판단해야 한다.

품행장애를 가진 아동 · 청소년은 흔히 공격적 행동을 취하고, 다른 사람에게 공격적으로 반응한다. 다른 사람을 괴롭히고 위협하거나 협박하며 자주 몸싸움을 걸고, 방망이, 벽돌, 깨진 병 등으로 타인을 위협하고 동물에게도 잔인하게 행동한다. 피해자가 보는 앞에서 도둑질을 하고 성적 활동을 강요기도 한다. 신체 폭력은 강간, 폭행, 드물게는 살인과 같은 형태로 나타날 수 있다. 일부러 방화를 저지르고 고의로 자동차 창문을 가격하거나 학교 기물을 파손하는 등 타인의 재산을 파괴한다. 자기가 원하는 물건을 얻거나 타인의 호의를 이끌어 내기 위해, 또는 의무를 피하기 위해 자주 거짓말을 한다.

이들은 학교나 부모와의 관계 혹은 직장에서 자주 규칙을 위반하고, 부모의 제지에도 불구하고 이미 13세 이전부터 밤늦게까지 집에 들어오지 않고 오랜 기간 가출하기도 한다. 품행장애를 가진 사람은 모호한 상황에서 타인의 의도를 실제보다 더 적대적이고 위협적인 것으로 오지각 · 오해석하는 경향이 있어서 자신의 공격적인 반응이 정당하다고 주장한다. 좌절에 대한 낮은 내성, 과민성, 분노 폭발, 의심, 처벌에 대한 둔감성, 자극 추구, 무모함 등을 포함하는 부정적 정서성과 자기조절의 어려움 같은 성격 특질이 장애의 발현에 영향을 준다.

품행장애의 진단 기준(DSM-5)

A. 다른 사람의 기본 권리를 침해하고 나이에 맞는 사회적 규범 및 규칙을 위반하는 지속적이고 반복적인 행동 양상을 보이며, 지난 1년간 다음 진단 기준 15가지 중 3가지 이상에 해당되며, 지난 6개월 동안 적어도 한 가지 이상이 기준에 해당된다.

사람과 동물에 대한 공격성
1. 자주 다른 사람을 괴롭히거나, 위협하거나, 협박한다.
2. 자주 몸싸움을 건다.
3. 다른 사람에게 심각한 신체적 손상을 일으킬 수 있는 무기를 사용한다(예: 방망이, 벽돌, 깨진 병, 칼 또는 총).
4. 사람에게 신체적으로 잔혹하게 대한다.

   5. 동물에 신체적으로 잔혹하게 대한다.

   6. 피해자와 대면한 상태에서 도둑질을 한다(예: 노상강도, 날치기, 강탈, 무장
      강도).

   7. 다른 사람에게 성적 행위를 강요한다.

재산 파괴

   8. 심각한 손상을 입히려는 의도로 일부러 불을 지른다.

   9. 다른 사람의 재산을 일부러 파괴한다.

사기 또는 도둑질

   10. 다른 사람의 집, 건물, 차를 파괴한다.

   11. 어떤 물건이나 다른 사람의 호의를 얻기 위해, 또는 의무를 회피하기 위해 거
      짓말을 흔히 한다(예: 다른 사람을 속임).

   12. 피해자와 마주치지 않은 상황에서 귀중품을 훔친다(예: 부수거나 침입하지
      않고 상점에서 도둑질하기, 문서 위조)

심각한 규칙 위반

   13. 부모의 금지에도 불구하고 13세 이전에 자주 밤늦게까지 집에 들어오지 않
      는다.

   14. 친부모 또는 양부모와 같이 사는 동안 적어도 2번 이상 가출하거나 장기간
      집에 돌아오지 않는 가출이 1회 이상이다.

   15. 13세 이전에 무단결석을 자주 한다.

B. 행동장애가 사회적·직업적 기능 영역에서 임상적으로 유의한 손상을 초래한다.

C. 18세 이상일 경우, 반사회성 성격장애의 진단 기준에 맞지 않아야 한다.

※ 다음 중 하나를 명시할 것
   • 아동기 발병형: 10세 이전에 품행장애 진단 기준 가운데 적어도 한 가지 이상
     발생
   • 청소년기 발병형: 10세 이전에는 품행장애의 진단 기준을 충족시키지 않음

2) 품행장애의 원인

품행장애를 가진 아동·청소년은 기질적으로는 까다롭고 통제하기 어려운 성향을 타고난 경우가 많고, 언어성 지능도 떨어지는 편이다. 환경적으로는 부모의 양육태도와 가정환경이 주요 원인으로 꼽히고 있는데, 폭력적이고 강압적인 부모의 양육 태도, 무관심하고 방임적인 양육 태도, 부모 불화, 가정폭력, 아동 학대, 결손 가정, 부모의 정신장애나 알코올사용장애, 부모의 범죄 등이 영향을 미치는 것으로 알려져 있다. 문제행동이 부모를 통해 모방되기도 하고, 조작적 조건형성에 의해 습득되고 유지되기도 한다. 이들은 아동·청소년기에 좌절감에 대한 내성(tolerance)이 부족해서 책임감 있는 성인으로 성장할 토대를 갖추지 못하는 경우가 많다.

품행장애는 갑자기 발병되지 않으며 시간을 두고 서서히 여러 가지 증상이 발생하다가 심각한 수준으로 발전(반사회성 성격장애로 발전되는 경우가 많고, 법적인 문제가 발생)한다. 지능이 정상이고 가족 문제가 없고 다른 정신장애가 없으면 치료 예후가 좋다. 반사회성 성격장애 혹은 알코올 중독자 자녀에게서 더 빈번하게 발생하고 사회경제적 수준이 낮은 계층에서 많이 발생한다.

흔히 ADHD와 반항성 장애가 품행장애에 동반된다. 유전적으로는 정서 조절이나 정서 처리와 관련된 뇌 영역, 특히 뇌의 복측전전두피질과 편도체를 포함하는 전두측두엽-변연계 회로에서 구조적·기능적인 차이가 있다고 알려져 있다. 그러나 뇌영상 결과만으로는 이 진단을 내리기 어렵다. 유병률은 2~10%로 추정되며, 남성이 더 흔하다(APA, 2013). 아동기에서 청소년기로 갈수록 증가하며, 범죄에 연루되어 정신 감정을 받아야 하는 기회가 아니면 좀처럼 치료를 받으려고 하지 않는다.

부모의 비난과 실망, 분노 표현이 품행장애 아동의 저항과 반발을 더 악화시킨다. 치료 시 부모-자녀 간의 상호작용 및 의사소통의 악순환을 개선하여야 하며, 부모의 태도를 변화시키는 것이 필요하다. 효과적인 분노 표출 방법이나 욕구 충족 방법을 습득하도록 하는 것이 중요하다. 일관성 있는 보상과 처벌의 규칙을 만들어 긍정적 행동을 강화하고 반사회적 행동을 약화시켜 주어야 한다.

인지치료에서는 새로운 적응 기술과 좌절에 대한 인내력을 키우고 궁극적으로 긍정적인 자아상을 회복하도록 하는 것이 중요하다. 공격 행동을 감소시키는 약물치료가 도움이 되기도 하지만 근본적인 치료는 되지 못한다. 품행장애 개선을 위한 집단 정신치료는 집단 구성원의 발달 수준에 맞추어 접근할 수 있다. 집단의 목표를 분명히 설정하고 언어적인 접근보다는 비언어적인 접근을 하는 것이 좋은데, 예컨대 사이코드라마, 소시오드라마 등과 같이 활동과 행동 위주의 접근이 때로는 효과적일 수 있다.

품행 문제를 다루려면 조기 예방 프로그램이 필요하다. 품행장애가 발달하기 전에 바람직하지 못한 사회적 환경을 변화시키는 것이 중요하다. 특히 사회경제적 수준이 떨어지는 아동에게 여가 시설과 정신건강 관리를 제공하여 빈곤에서 오는 스트레스를 경감시켜 주고 부모의 아동 양육 기술을 가르쳐 주는 것이 좋다.

4. 병적방화

1) 병적방화의 임상적 특징

병적방화(pyromania)의 필수 증상은 고의적이고 목적을 가진 수차례의 방화 삽화가 특징적이다. 방화 전에 긴장감, 정서적 흥분을 경험하며 불과 관련된 상황에 매력을 느낀다. 이웃집에 불이 나면 언제나 구경꾼이 되고 가짜 경보를 누르기도 하며, 불과 관련 있는 시설, 용품, 소방관을 보면 기쁨을 느낀다. 이들은 지역 소방서에서 시간을 보내기도 하고 소방서와 관련을 맺기 위해 일부러 방화를 지르기도 하고 심지어 소방관이 되고 싶어 한다. 불을 지르거나 그 결과를 보면 기쁨과 만족감을 느끼고 희열을 느끼고 긴장이 완화된다.

병적방화는 사회기술이 부족하고 학습에 어려움이 있는 남자아이에게서 흔하다. 미국에서는 체포된 사람들 중 약 40%가 18세 미만이라고 알려져 있다. 아동의 병적방화는 드물지만 청소년의 방화는 품행장애, ADHD, 적응장애와 관련이 있다.

병적방화의 진단 기준(DSM-5)

A. 한 번 이상의 고의적이고 목적이 있는 방화를 한다.

B. 방화 행위 직전에 긴장감, 정서적 흥분이 고조된다.

C. 불에 대한 그리고 불과 연관되는 상황적 맥락에 매료되고, 흥미, 호기심을 느낀다.

D. 불을 지르거나 목격하거나 그 결과에 참여할 때 기쁨, 만족, 안도감을 느낀다.

E. 방화는 금전적 이득, 사회, 정치적 이념의 표현, 범죄 활동의 은폐, 복수심과 분노 표현, 생활환경 개선, 망상이나 환각에 대한 반응, 또는 판단력 결여(신경인지장애, 지적장애, 물질 중독)로 행해지는 것이 아니다.

---

2) 병적방화의 원인과 치료

정신분석 이론에서는 성적 욕구를 해소할 수 있는 수단으로 불을 지른다고 보고 있다. 불은 성적인 흥분 뒤에 일어나는 감각과 비슷하며 불꽃의 모양이 남성 성기를 연상시킨다는 해석도 있다(권석만, 2013). 또한 불은 가학적이고 파괴한다는 상징적 의미가 들어 있다. 그런 의미에서 방화는 무의식적인 복수심의 발로이거나 대인관계에서 무능력한 사람이 타인과 의사소통하는 수단의 일종이라고 볼 수 있다. 뇌의 기능적 결함도 이 장애를 일으킬 수 있다. 지적장애, 알코올중독 환자, 성도착 환자가 방화 행동을 자주 저지른다. 치료에 대해 알려진 바는 거의 없고 정신분석 및 행동치료 사례가 드물게 보고되고 있을 뿐이다.

5. 병적도벽

1) 병적도벽의 임상적 특징과 경과

통상적인 도둑질은 계획적인 행위이고, 물건의 유용성과 경제적인 가치에 의해 동기화된다. 반면, 병적도벽(kleptomania)은 쓸모가 없고 금전적으로 가치가 없는 물건인데도 반복적으로 훔치려는 충동을 통제하지 못하는 데서 비롯된다. 훔치기 전에 주관적인 긴장감이 고조되고 훔친 후에는 기쁨, 만족감, 안도감을 느낀다. 병적도벽 행위는 분노나 복수를 위해서 하는 것은 아니며, 망상이나 환각에 의한 것이 아니다. 물건이 전혀 가치가 없고, 충분히 돈을 지불할 능력이 있는데도 훔치는 행동을 반복하며, 훔치고 나서 남에게 주거나 버리면서까지 훔치는 행동을 통제할 수 없다는 특징이 있다. 이들은 도벽을 미리 계획하지 않고 체포 위험에 대해서도 충분히 고려하지 않는다.

도벽 행동이 잘못되고 비상식적이라는 것을 병적도벽자 스스로도 잘 알고 있다. 따라서 도벽을 하고 나면 체포될 것을 두려워하고, 도둑질에 대해 우울해하거나 죄책감을 느낀다. 세로토닌, 도파민, 아편계를 포함한 중독 행동과 관련된 신경전달물질 경로가 병적도박과 관련이 있다. 유병률은 상점에서 물건을 훔친 사람들 중 4~25%로 나타난다(APA, 2013). 일반 인구 집단은 약 0.3~0.6%로 드물다. 주로 청소년기에 시작되며 성인기 후기에 발생하는 경우는 드물다. 남성에 비해 여성의 유병률이 1:3 정도로 더 높다.

병적도벽의 진단 기준(DSM-5)

A. 개인적으로 쓸모가 없거나 금전적으로 가치 없는 물건을 훔치려는 충동을 통제하는 데 반복적으로 실패한다.

B. 훔치기 직전 긴장감이 고조된다.

C. 훔쳤을 때 기쁨, 충족감, 안도감을 느낀다.

D. 훔치는 행동이 분노나 복수를 나타내는 것이 아니고, 망상이나 환각에 의한 것도 아니다.

E. 훔치는 것이 품행장애, 조증, 반사회성 성격장애에 의해 잘 설명되지 않는다.

---

2) 병적도벽의 원인과 치료

뇌영상 결과를 살펴보면, 병적도벽자는 뇌 부위 중 전두엽의 대뇌피질이 퇴화되어 있고 뇌측실이 커진 것으로 보고되고 있다. 이와 같은 뇌의 구조적 손상으로 인해 충동 조절 능력과 행동 억제 능력이 저하되어 있다.

정신분석적으로는 "절도는 애정을 훔치는 것이다."라는 말이 있을 정도로 '아동기에 잃어버린 애정과 쾌락에 대한 대체물을 추구하는 행위'라는 견해가 있다. 절도를 하는 행위가 억압된 성적 욕구를 분출하는 대체 수단이라는 견해도 있다. 어렸을 때 사랑하는 사람을 빼앗아간 사람에 대한 복수로 물건을 훔치는 행동이 나타난다는 견해도 있지만 어디까지나 가설에 불과하다.

병적도벽을 가진 사람은 자신이 하는 행동의 장기적인 결과보다는 즉각적인 만족을 위해 판단력이 흐려지는 행동을 하며, 종종 절도 행동에 대해 기억이 없다고 보고하기도 한다(Hollander et al., 2009).

추가 학습

생리전증후군(PMS)의 증상과 도벽

생리 기간에 충동적으로 남의 물건을 훔치는 이른바 '생리 도벽'은 일종의 정신적인 문제다. 40대 중반 주부인 미화 씨는 최근 한 백화점에서 점원이 잠깐 자리를 비운 사이에 200만 원 상당의 물건을 훔치다가 절도 혐의로 불구속 입건됐다. 경찰 조사 결과에서 미화 씨는 상당한 재력가인 남편을 두고 있어서 경제적으로 곤궁한 상태도 아닌데 절도를 수차례 한 것으로 드러났다. 변호사는 생리전증후군 증상과 도벽과의 관련성을 이유로 교도소에 가는 대신 정신 감정과 치료 감호를 주장하여 정신병원에 한 달간 입원하여 면밀한 평가가 의뢰되었다. 결국 미화 씨의 변호사는 생리와 절도의 관련성을 주장하며 자궁적출술을 받겠다고 하면서 법원에 선처를 호소하였다.

생리 도벽은 일종의 생리전증후군(premenstrual syndrome)으로, 생리 시작 직전과 직후에 일상생활에 지장을 초래할 정도로 신체적·정서적·행동적 증상이 반복적으로 발생하는 현상을 말한다. 원인은 정확히 밝혀지지 않았으나 체내 여성 호르몬의 농도 변화와 관련이 있는데, 에스트로겐과 프로게스테론의 주기적 변화가 뇌에 영향을 미치는 데서 비롯된 현상으로 알려져 있다. 생리 도벽을 가지고 있는 여성은 자신에게 당장 필요치 않은 물건들을 훔치고, 그걸 훔쳐야겠다고 계획하지 않아도 어쩔 수 없는 충동적인 성향을 보이기 때문에 병적인 충동조절장애를 가지고 있는 것이다.

신경인지장애

DSM-5에서 새롭게 명명된 신경인지장애(Neuro-cognitive Disorders: NCD)를 이해하기 위해서는 뇌의 구조와 기능에 대해 학습할 필요가 있다. 뇌의 세포체와 신경 통로는 재생력이 없어서 한 번 손상이 일어나면 영구적이다. 뇌손상이 일어나면 그 정도가 약할 경우에는 자신의 기능이 예전보다 못하다는 것을 인식하고 고통스러워하지만, 심한 손상이 일어나서 현실적인 자기 평가 능력이 없어지면 그런 손상이 일어났는지조차 인식하지 못하고 치료나 재활 의지가 없다.

정신적 손상은 뇌 부위의 손상의 정도와 관련이 있다. 병전의 능력이나 성격뿐만 아니라 뇌손상의 위치나 성질에 따라 다양한 정신장애가 나타난다. 어떤 경우는 뇌손상이 심각한데도 정신적인 변화가 미약한 경우도 있고, 뇌손상 부위가 약한데도 정신 기능의 손상이 심할 수도 있다. 손상의 위치와 정도가 그 환자가 가질 문제를 결정하는데, 뇌는 매우 전문화되어 있어 좌우 반구가 밀접하게 연결되어 있지만 정신적 처리 기능은 다르다. 대체로 뇌의 좌반구는 언어 및 수학적 처리와 같은 익숙한 정보의 연속적인 처리와 관련되어 있다. 우반구는 새로운 상황에서 전반적인 의미를 파악하는 데 특화되어 있고, 주로 비언어적이고 직관적 수준에서 정보를 처리하고 공간적 관계를 처리한다고 알려져 있다. 같은 반구 안에서도 다양한 엽(lobes)과 부위(region)의 특수한 기능을 매개한다.

전두엽 영역이 손상되면 의욕과 동기가 없고, 사고 능력이 제한되며 충동성과 산만성을 보인다. 오른쪽 두정엽의 손상은 시각-운동 협응력의 문제를 일으키며, 왼쪽 두정엽은 읽고 쓰기, 수학과 같은 언어 기능의 영역을 손상시킨다. 측두엽 내의 특정 부위의 손상은 기억 저장을 방해하고 광범위한 측두엽 손상은 장기 기억을 유지하게 하면서도 새로운 정보를 저장하지 못하게 만든다. 측두엽의 다른 부분은 섭식, 성욕, 정서와도 관련이 있다. 후두엽 손상은 다양한 시각적 손상과 시연합 결함을 일으켜 친숙한 사람을 알아보지 못하게 만든다.

[그림 12-1] 건망증과 치매의 차이

출처: 국가건강정보포털(http://health.kdca.go.kr)

전반적으로 볼 때 뇌손상이 일어나면 인지 기능의 손상이 다음과 같이 나타날 수 있다.

- 기억 기능의 손상
- 지남력 손상
- 전두엽 기능의 손상
- 통제 능력의 손상
- 수용 및 표현 언어의 손상
- 시공간 기능의 손상
- 정서 조절의 손상
- 학습 · 이해 · 판단 능력의 손상
- 정서적 둔마, 무감동

　　DSM-IV에 있던 섬망, 치매 그리고 기억상실 장애 및 기타 인지장애가 DSM-5에서는 NCD로 바뀌었다. 이 장애는 기저의 병리와 흔히 병의 원인까지도 잠정적으로 밝혀질 수 있는 증후군이라는 점에서 다른 DSM-5 진단 범주들과 다르다고 볼 수 있다.

표 12-2 신경인지장애의 종류와 특징

종류	특징
섬망	인지 변화를 동반하는 주의 및 의식의 장애로, 주의를 기울이고, 집중하고, 유지하고, 전환하는 능력이 심하게 감소하여 정보처리 능력이 손상됨
주요 및 경도 신경인지장애	알츠하이머병으로 인한 주요 또는 경도 신경인지장애: 인지 및 행동 증상들이 서서히 시작하고 점진적으로 진행되며, 전형적인 증상은 기억상실이 특정적임
	전두측두엽 주요 또는 경도 신경인지장애: 행동 및 성격 변화가 점진적으로 발생하고, 언어 손상을 특징으로 하는 증후군
	루이소체 주요 또는 경도 신경인지장애: 학습 기억보다는 복합적 주의와 실행 기능 등 점진적 인지 손상이 일어나고, 복잡한 환시가 반복적으로 나타남
	혈관성 주요 또는 경도 신경인지장애: 뇌혈관 질환이 원인이 되어 신경인지 결함 장애가 발생하는 것
	외상성 뇌손상으로 인한 주요 또는 경도 신경인지장애: 두부 충격 또는 상해를 입은 후 신경인지 결함이 나타남
	파킨슨병으로 인한 주요 또는 경도 신경인지장애: 파킨슨병 발병 이후 인지 결함이 점진적으로 진행되며 부수적으로 무감동, 우울 기분, 불안 기분, 환각, 망상, 성격적인 변화, REM 수면 행동장애, 과도한 주간 졸림이 나타남
	헌팅턴병으로 인한 주요 또는 경도 신경인지장애: 점진적 인지 손상이 특징이며, 초기에는 학습과 기억보다는 실행 기능, 즉 처리 속도, 구성 능력 및 계획 능력의 변화가 일어남

1. 섬망

섬망(delirium)은 기저에 인지 변화를 동반하는 주의 및 의식의 장애로, 주의를 기울이고, 집중하고, 유지하고, 전환하는 능력이 심하게 감소하여 정보처리 능력이 손상되며, 의식장애가 오면 자신이 누구인지도 잘 모르게 되는 심각한 질환이다. 주의 장해 및 각성 저하(환경에 대한 현실 감각의 저하), 과도한 약물 복용과 신체적 질병(간질환, 당뇨, 뇌수막염 등)의 직접적 결과로 발생하였다는 명백한 근거가 있으면 진단을 내린다. 섬망이 생기면 정신적 능력이 명료한 시기(주로 아침)와 혼란스럽고 지남력이 상실되는 시기(주로 저녁)가 번갈아 나타난다. 이 장애는 대개 몇 시간에서 며칠 정도 짧은 기간에 걸쳐 발생하고 보통 저녁과 밤에 상태가 가장 나쁘고 뒤이어 불면증이 따른다.

섬망은 기저에 NCD가 있는 상태에서 발생한다. 적어도 한 개 이상의 다른 인지영역에서 변화가 나타나는데, 기억과 학습(최신 기억), 지남력 장애(시간과 장소), 언어 변화, 지각 왜곡, 지각-운동장애를 보일 수 있다. 섬망에 동반되는 지각장애는 오해, 착각 또는 환각 등이다. 진단을 내리려면 인지 능력을 평가하여야 하는데, 검사 자극에 반응할 정도로 각성 수준이 유지되지 않으면 검사 자체가 불가능하다. 급성으로 낮은 각성 상태를 보인다면 면담만으로 진단을 내릴 수 있다.

섬망이 나타나면 수면-각성 주기의 곤란이 일어나 주간에 졸리고, 야간에 초조하고, 수면 입면이 곤란하고, 온종일 졸리고, 밤새 각성이 나타난다. 섬망이 생기면 밤-낮의 수면 각성 주기가 완전히 뒤바뀌기 때문에 수면-각성장애는 섬망의 핵심적인 임상적 특징이다. 이들은 불안, 공포, 우울, 자극 과민성, 분노, 다행감 및 무감동 같은 감정 장애를 보인다. 하나의 감정 상태에서 다른 감정 상태로 빠르게 예측이 어려울 정도로 바뀌며 큰 소리로 악을 쓰거나 욕설을 하고 투덜거리거나 신음소리를 내기도 한다.

섬망의 유병률은 입원한 노인에게서 가장 높고 개인적 특징, 치료적 환경에 따라 다양하다. 지역사회에서는 유병률이 대략 1~2%이지만 연령에 따라 증가하여 85세 이상 노인은 14% 정도로 증가한다(APA, 2013). 대부분 치료와 상관없이 완전히 회복되지만, 조기 발견과 개입이 섬망 기간을 단축시킨다. 기저의 원인이 치료되지 않은 채로 섬망이 계속된다면 혼미, 혼수, 발작 또는 사망으로 진행된다. 섬망이 있는 노인의 사망률은 높아서 약 40%는 진단 후 1년 내에 사망한다.

섬망의 위험 요인으로는 다양한 의학적 조건, 즉 두부 외상, 신진대사 장애(저혈당증 등), 전해질의 불균형, 발작장애(간질 등), 비타민 B 결핍, 뇌손상, 중추신경계 기능에 영향을 미치는 다양한 질병(파킨슨병)이 있다. 중독성 물질에 노출되어 장애가 발생하기도 한다. 약물 사용의 부작용, 약이나 알코올 중독 상태 등도 영향을 미친다. 가장 일반적인 원인은 향정신성 약물, 특히 알코올의 갑작스러운 복용 중지가 원인이 된다. 주요 신경인지장애(major neurocognitive disorder) 및 경도 신경인지장애(minor neurocognitive disorder)가 섬망의 위험성을 높이고 경과를 복잡하게 만든다. 아동기 섬망은 열성 질병 또는 일부 치료 약물(예: 항콜린제)과 관련이 있다.

섬망의 진단 기준(DSM-5)

A. 주의의 장애(주의를 기울이고, 집중, 유지, 전환하는 능력의 감퇴)와 의식의 장애(환경에 대한 지남력 감소)가 나타난다.

B. 장애는 짧은 시간에 걸쳐(대개 몇 시간이나 며칠) 발생하고 주의와 의식의 변화를 보이며 하루 중 병의 심각도가 변동한다.

C. 기억 결함, 지남력 장애, 언어, 시공간 능력 또는 지각 능력 등의 부가적 인지장애를 보인다.

D. 진단 기준 A와 C는 이미 존재하거나, 확진되었거나 다른 신경인지장애로 설명되지 않고 혼수와 같이 각성 수준이 심하게 저하된 상황에서는 일어나지 않는다.

E. 병력, 신체 검진에서 장애가 다른 의학적 상태, 물질 중독이나 금단, 독소 노출로 인한 직접적·생리적 결과이거나 다른 병인 때문이라는 증거가 있다.

2. 신경인지장애

1) 신경인지장애의 임상적 특징

신경인지장애(Neurocognitive Disorder: NCD)는 뇌의 질환 또는 손상과 관련하여 의식장애가 없이 기억장애를 포함하는 다양한 인지 기능의 장애가 지속적으로 나타나는 경우를 말한다. 인지 기능의 장애로는 기억력, 지남력, 시공간 인지력, 판단력, 추상적 사고력, 실행 능력 및 언어 능력의 장애가 있다. 다양한 인지 기능의 손상으로 인해 일상생활 및 사회적 · 직업적 기능의 저하를 겪는다. DSM-IV에서 치매로 지칭되던 진단이 DSM-5에서는 신경인지장애로 바뀌었는데, 신경인지장애는 뇌의 만성 또는 진행성 질환으로 인해서 생긴 증후군을 의미한다.

주요 신경인지장애의 진단 기준(DSM-5)

A. 한 가지 이상의 인지 영역(복합적 주의력, 실행 기능, 학습 및 기억, 언어, 지각-운동 또는 사회 인지)에서 이전 수행 수준보다 유의미하게 감퇴한다.
  1. 환자, 환자를 잘 아는 정보 제공자 또는 임상의가 현저한 인지 기능 저하를 격정함
  2. 인지 수행의 심각한 결함이 표준화된 신경심리 검사에 의해, 또는 다른 정량적 임상 평가에서 입증됨
B. 인지 결함이 일상 활동에서 독립성을 방해한다(계산서 지불이나 치료 약물 관리와 같은 일상생활의 복잡한 도구적 활동에서 도움을 받아야 함).

경도 신경인지장애의 진단 기준(DSM-5)

A. 한 가지 이상의 인지 영역(복합적 주의력, 실행 기능, 학습 및 기억, 언어, 지각-운동 또는 사회 인지)에서 인지 저하가 이전 수행 수준보다 경미하게 있다는 증거가 다음과 같다.

1. 환자, 환자를 잘 아는 정보 제공자 또는 임상의가 현저한 인지 기능 저하를 걱정함

2. 인지 수행의 경미한 손상이 표준화된 신경심리 검사에 의해, 또는 다른 정량적 임상 평가에서 입증됨

B. 인지 결함이 일상 활동에서 독립성을 방해하지 않는다(계산서 지불이나 치료 약물 관리와 같은 일상생활의 복잡한 도구적 활동은 보존되지만 더 많은 노력, 보상 전략 및 조정이 필요할 수 있음).

※ 병인에 따라 다음 중 하나를 명시할 것
알츠하이머병, 전두측두엽변성증, 루이소체병, 혈관 질환, 외상성 뇌손상, 물질/치료 약물 사용, HIV 감염, 프라이온 병, 파킨슨병, 헌팅턴병, 다른 의학적 상태, 다중 병인, 명시되지 않은 경우

(1) 알츠하이머병으로 인한 주요 또는 경도 신경인지장애

66세의 경희 씨는 매우 정확하고 꼼꼼한 성격으로 30년간 초등학교 교사로 근무하다가 정년을 채우고 은퇴하였다. 은퇴 후 경희 씨는 친구들과 활발하게 여행도 하고 지역 문화센터에서 요리와 그림을 배우는 등 즐겁게 생활해 왔다. 그러다가 최근 5개월 전부터 자주 약속을 잊어버렸고 늘상 해 오던 요리법을 잊어버려 부엌에서 허둥대는 모습을 보였다. 물건을 사러 마트에 가서도 무엇을 사야 할지 몰라 그냥 오기도 했다. 최근 들어서는 옆집에 사는 사위를 잘 알아보지 못하고, 사위를 만나면 타인을 대하는 것처럼 인사를 하는 모습이 관찰되었으며, 길을 잘 찾지 못하는 등 시공간 기억력에 문제를 보였다.

알츠하이머병으로 인한 주요 또는 경도 NCD의 핵심 특징은 NCD 이외에 인지 및 행동 증상이 서서히 시작하고 점진적으로 진행된다는 것이다. 전형적인 증상은 기억상실이다. 기억상실이 아닌 시공간적·논리적 결함을 띤 실어증 변형이 나타나기도 한다. 경도 NCD 단계에서 알츠하이머병은 기억과 학습의 손상이 전형적으로 나타나며, 때로는 실행 기능이 손상된다. 주요 NCD 단계, 즉 중등도 내지 고도인 경

우에는 시각 구조적/지각-운동 능력과 언어 능력 역시 손상된다. 이와 달리, 사회
인지 능력은 질환의 말기까지 유지될 수도 있다.

알츠하이머병으로 인한 주요 NCD가 있는 사람의 약 80%는 행동 및 정신 증상을
가지고 있다. 경도 단계 또는 주요 NCD의 경한 단계에서는 우울증, 무감동이 자주
관찰된다. 고도의 심각한 상태가 되면 정신병적 양상, 과민성, 초조, 공격성, 배회
등이 관찰된다. 말기에는 보행장애, 연하곤란, 실금, 간대성 근경련, 발작 등이 나타
난다.

알츠하이머병으로 인한 NCD의 유병률은 60세 이후에 급격히 증가한다고 하는
데, 60대에 5~10%, 이후 25%까지 증가한다. 경과는 점진적으로 진행하며 때로는
짧은 안정기와 심한 치매를 거쳐 사망에 이른다. 진단 후 평균 생존 기간은 10년인
데, 비교적 이른 시기에 알츠하이머병으로 인한 NCD가 발생할 경우에는 20년 이상
생존하기도 한다. 70대와 80대에 가장 많이 발생하는데, 만일 40대나 50대에 조기
발병할 경우에는 유전자 돌연변이와 관련이 있다. 남성보다는 여성에게서 알츠하
이머병으로 인한 NCD가 더 많이 발생한다고 해서 성별이 위험 요인으로 생각되어
왔으나, 여성의 평균 수명이 남성보다 훨씬 길다는 점을 감안한다면 성차보다는 연
령 변인이 더 큰 위험 요인이라는 견해도 있다.

위험 및 예후 요인으로는 환경적으로는 외상성 뇌손상이 알츠하이머병으로 인한
주요 또는 경도 NCD 위험을 높인다. 유전적 · 생리적으로는 연령이 가장 강력한 위
험 인자다. 유전적 감수성이 있는 다형태아포지질단백질 E4는 위험성을 높이고 발
병 연령을 낮추는데, 특히 동종 접합 유전자를 갖는 사람들의 경우에 더 그렇다. 다
운증후군(21번 상염색체성)이 있는 사람이 중년까지 생존한다면 알츠하이머병으로
발병할 가능성이 높다(APA, 2013).

알츠하이머병의 진단적 표지자는 피질의 위축, 아밀로이드 우세 신경판, 타우 우
세 신경원섬유매듭이다. 뇌 양전자 단층촬영(Positron Emisson Tomogrphy: PET) 검
사에서 아밀로이드 영상 및 뇌척수액에서 아밀로이드 베타-42의 농도 감소가 나타
는 것으로 보아 아밀로이드 기반 검사가 진단적인 가치가 있다(APA, 2013). 현재는
진단적으로 확실한 생체표지자(biomarker)가 완전히 입증되지 않고 있지만 일부는
앞으로 임상 진료에서 활용될 전망이다.

(2) 전두측두엽 주요 또는 경도 신경인지장애

조그만 중소기업을 운영하던 53세의 화수 씨는 1년 전 전두측두엽 신경인지장애
에 걸렸다. 원래 성격이 활발하고 아랫사람을 잘 배려해서 회사 직원들 사이에서도
인기가 많았던 그는 갑자기 사소한 일에도 직원들에게 화를 내는 일이 잦아졌다. 흥
도 많고 언변이 유창했던 그는 갑자기 언어 능력이 떨어지면서 상황에 맞는 정확한
단어를 떠올리지 못하고 "그거… 그거 있잖아… 그거."라고 말하다가 옆에 있는 사람
이 못 알아들으면 심하게 화를 내곤 했다. 지인들과 내기 골프 모임에 나가서도 게임
에 지고서는 어린아이처럼 막무가내로 자기가 이겼다고 우기는가 하면 회사의 여직
원에게는 평소에는 잘하지 않던 성적인 농담을 했다. 갑자기 식탐(食貪)이 늘어 점심
시간이나 회식 때 직원들과 식사를 하러 가면 음식에 과도하게 탐을 내는 모습도 보
였다. 이 때문에 주변 사람도 화수 씨에 대해 "예전에는 안 그러더니 나이 들면서 점
점 성격이 포악해지고 고약해진다."고 수군거리기 시작했고, 급기야는 '전두측두엽
신경인지장애'라는 드문 진단을 받게 되었다.

전두측두엽 NCD(fronto temporal NCD)는 앞의 사례처럼 행동 및 성격 변화가 점
진적으로 발생하고, 언어 손상을 특징으로 하는 증후군 변형이다. 행동 변형과 3가
지 언어 변형(의미적, 비어법적/비유창성, 논리 결핍)이 나타나는 등 독특한 형태의 뇌
위축과 신경병리를 보인다. 진단을 내리려면 반드시 행동이나 언어 변형 중 어느 하
나의 기준을 충족해야 한다.

전두측두엽 주요 또는 경도 NCD가 있는 사람은 다양한 정도의 무감동이나 탈억
제 행동을 보인다. 사회성, 자기돌봄 능력 및 개인적 책임감이 떨어지고 상황에 맞
지 않게 부적절한 행동을 보인다. 전두측두엽 NCD의 주된 증상은 반복적 동작, 물
건 저장하기, 식사 행동의 변화, 과탐식, 사회적·종교적·정치적 믿음의 변화다.
초기에는 인지 변화가 덜 뚜렷해서 검사에서도 인지 결함이 드러나지 않는다. 신경
인지 증상으로는 계획성과 구성력의 부족, 주의 산만 및 판단력 부족이 나타난다.
사고 유연성, 추상적 추론 및 반응 억제 검사에서 저조한 수행을 보이는 등 실행 기
능의 손상을 보인다. 그러나 알츠하이머병과 달리 기억 및 학습은 상대적으로 손상
되지 않고, 지각-운동 능력 역시 초기에는 보존된다. 알츠하이머병은 기억력, 사고
력, 학습을 담당하는 측두엽에서 뇌손상이 시작되는데, 전두측두엽 치매는 판단, 충

동 조절, 계획 등을 담당하는 전두엽이 먼저 손상된다. 전두측두엽 치매에 걸리면 단순히 성격이 바뀌거나 우울증 혹은 조울증에 걸린 것처럼 보여 스스로도 치매라는 생각을 하기가 어렵다.

전두측두엽 NCD의 유병률은 65세 미만의 사람에게서 나타나는 조기 발병 NCD다. 이 중 20~25%는 65세 이후에 발병한다. 행동 변화와 언어 변형의 유병률은 남성이 더 높고, 비유창성 언어 변형은 여성에게서 더 많이 나타난다. 발달적 경과를 살펴보면, 발병 연령이 20대에서 80대까지 다양하지만 흔히 50대에 처음 나타난다. 점진적으로 진행하고, 평균 생존은 증상이 시작된 후 6.11년, 진단 후 3.4년으로 알츠하이머병보단 생존 기간이 더 짧고 기능 저하가 더 빨리 일어난다(APA, 2013).

전두측두엽 주요 또는 경도 신경인지장애의 진단 기준(DSM-5)

A. 주요 또는 경도 신경인지장애 기준을 충족한다.

B. 장애는 서서히 시작하고 점진적으로 진행한다.

C. 1 또는 2를 충족

    1. 행동 변형

        a. 다음 중 3가지 이상을 충족

           i . 탈억제된 행동

           ii . 무감동 또는 무기력

           iii. 동정 또는 공감의 상실

           iv. 반복적, 상동적 또는 강박적/의례적 행동

           v . 과탐식과 식이 변화

        b. 사회 인지 그리고/또는 실행 기능의 뚜렷한 저하

    2. 언어 변형

        a. 언어 생산, 단어 찾기, 물건 이름 대기, 문법, 또는 단어 이해에서 언어 능력의 분명한 저하

D. 학습, 기억 그리고 지각-운동 기능의 상대적 보존

E. 장애는 뇌혈관 질환, 다른 신경퇴행성 질환, 물질 효과 또는 다른 정신·신경학적·전신(systemic) 질환으로 설명되지 않는다.

언론에 비친 이상심리: 필름 자주 끊기는 당신… 치매 환자 10명 중 1명은 '젊은 치매'

보통 치매는 노인성 질환으로 고령층에서 발병한다고 생각하기 쉽지만 40대나 50대에 발병하는 경우가 있다. 바로 65세 미만 환자에게서 발병하는 '초로기 치매'다. 초로기 치매는 알츠하이머병과 전두측두엽 치매가 대표적이다.

초로기는 중장년기~초기 노년기에 이르는 나이대를 말한다. 노인성치매 연령보다 빨리, 심하게 나타나는 질환으로 역시 알츠하이머병이 가장 흔한 원인이다. 초로기 치매는 인지 기능과 일상생활 수행 능력의 저하가 생산 활동이 가능한 연령대에 나타남에 따라 환자는 직업 경력이 단절되고, 이로 인한 경제적인 어려움에 처하게 될 가능성이 높다. 또 노년기 치매에 비해 초로기 치매에 대한 사회 안전망이 미비해 환자와 보호자가 경험하는 스트레스와 좌절감이 더 클 수 있다.

영화 〈내 머리속의 지우개〉에서 여주인공 수진(배우 손예진)은 젊은 치매 환자로 서서히 기억을 잃어 간다.

초로기 치매의 증상은 잘 다녔던 길이 갑자기 기억이 나질 않거나 물건을 둔 곳이 기억나지 않아 한참 뒤에 찾게 되는 등 노인성 치매와 크게 다르지 않다. 하지만 나이가 젊다는 이유로 초기에 알아채지 못하고 이미 치매가 많이 진행된 뒤에 병원을 찾는 경우가 많다. 만일 발생한 상황 자체를 기억하지 못하거나, 어떤 상황을 인지하지 못하고 지나가는 경우가 있다고 하면 반드시 전문가와 상담을 받아 보는 것이 좋다. 초로기 치매가 진행 중이라면 점차 기억 · 이해 · 판단 · 계산 능력이 둔감해지는 등 일상적인 생활이 어려워진다. 일반적으로 노년기 알츠하이머 치매는 기억력 저하로 증상이 시작돼 이후 주의력, 언어, 시공간 능력이 떨어지고, 마지막에 전두엽 행동장애가 나타난다. 하지만 초로기 알츠하이머 치매는 초기에 언어 능력 저하 같이 비전형적인 증상이 나타나는 비율이 22~64%로 진단이 어려운 경우가 많다. 특히 초로기 치매의 경우 젊은 나이에 치매에 걸렸다는 생각에 정신적으로 위축되고, 퇴행성 뇌 변화가 빠르게 올 수 있어 주변의 관심과 도움이 필요하다.

출처: 중앙일보(2019. 6. 26.).

(3) 루이소체 주요 또는 경도 신경인지장애

루이소체(Lewy body) NCD는 학습 기억보다는 복합적 주의와 실행 기능 등에서 점진적 인지 손상이 일어나고 복잡한 환시가 반복적으로 나타난다. 동시에 REM 수면 행동장애 증상이 발생하고 다른 감각 형태의 환각, 우울증 및 망상이 나타난다. 섬망과 유사하게 밤낮에 따라 증상이 변동하지만 기저의 원인을 파악하기가 어렵다. 증상이 다양하게 나타나 병원에 방문해서 모든 증상을 관찰하기가 어렵기 때문에 보호자가 관찰한 내용을 철저하게 평가해야 한다. 루이소체가 신경전달물질인 '도파민'을 만드는 세포를 공격하기 때문에 도파민이 부족해서 생기는 병인 파킨슨병 증상도 나타난다. 인지 변화 후에 이런 증상들이 나타나는데, 운동 증상들이 나타나기 최소 1년 전부터 주요 인지 결함이 관찰된다. 얼굴이 가면처럼 굳거나 손을 떨고 다리에 힘이 빠져 자주 넘어진다. 루이소체 치매에는 특별한 치료제가 없어 알츠하이머 치료제를 쓰기도 하지만 치료법을 둘러싸고 논란도 많다.

일반 노인 인구에서 유병률은 0.1~5%다(APA, 2013). 치매로 사망한 사람의 약 20~30%에서 사후 부검 시 루이소체로 알려진 병리학적 병변을 발견할 수 있다. 이 질환은 서서히 발병하며 점진적으로 진행한다. 흔히 질병이나 수술에 의해 촉발되며 급성 섬망의 전구 증상이 과거력 상에 있다. 이 질환은 운동 증상이 나타나기 최소 1년 전에 인지 기능 저하가 시작된다는 점에서 파킨슨병과 차이가 있다. 한 번 증상이 발생하면 안정기가 있기는 하지만 결국 심각한 상태를 거쳐 사망에 이른다. 평균 생존 기간은 5~7년이고 증상은 50대에서 80대에 걸쳐 발견되는데, 대부분 70대 중반에 발병한다.

(4) 혈관성 주요 또는 경도 신경인지장애

혈관성 주요 또는 경도 신경인지장애(vascular NCD)는 뇌혈관 질환이 원인이 되어 신경인지 결함 장애가 발생하는 것이다. 뇌혈관 질환으로는 대혈관 뇌졸중부터 미세혈관 질환까지 다양하다. 다발경색증이 존재하며 인지 저하는 급격한 계단식 혹은 변동성을 보인다.

뇌혈관 질환의 유무는 병력, 신체검진, 뇌영상 검사에 의존한다. 병인을 확실히 하려면 뇌영상 검사에서 이상을 입증해야 한다. 신경인지 손상이 잘 입증된 뇌졸중과 시간적으로 연관이 있다면 뇌영상이 없어도 거의 확실한 진단을 내릴 수 있다.

뇌혈관 질환의 임상 증거로는 뇌졸중이라는 분명한 과거력이 있다. 과거력으로는 뇌졸중과 시간적으로 연관된 인지 결함과 신체적 징후(반신 불완전 마비, 가성연수 증후군, 시야 결손)가 있다. 뇌혈관 질환의 뇌영상은 대혈관 경색이나 출혈, 주요 부위의 단일 경색이나 출혈, 뇌간 밖에서 2개 이상의 열공 경색, 백질 병변 등으로 나타난다. 신경학적 평가에 의해 뇌졸중, 일과성 허혈 삽화 과거력 및 뇌경색을 시사하는 징후를 밝힐 수 있다. 또한 혈관성 NCD에서는 성격 및 기분 변화, 의지력 결여, 우울증, 감정 변동도 나타난다.

혈관성 NCD는 알츠하이머병으로 인한 NCD에 이어 두 번째로 흔한 신경인지장애다. 65~70세에서 0.2%이며, 80세 이상이면 16%에 이른다(APA, 2013). 뇌졸중 이후 3개월 이내에 20~30%의 사람에서 혈관성 치매가 진단된다. 65세 이후에 급격히 증가하지만 어느 연령이든 발병할 수 있다. 혈관성 NCD 양상은 증상이 좋아지는 급성 발병부터 다양한 기간 동안 변동과 안정기를 보이면서 계단식 저하 혹은 점진적 저하를 보이는 것에 이르기까지 다양하다. 순수한 피질하 주요 혈관성 NCD는 알츠하이머병으로 인한 주요 NCD처럼 느리게 진행하는데, 이 경우 뇌졸중 자체와 뇌졸중의 위험요인들, 즉 고혈압, 심장병, 당뇨, 고지혈증 그리고 혈중 호모시스테인 농도 외에도 비혈관성 요인들, 즉 음주, 정신적 스트레스, 낮은 교육 수준 등이 영향을 미친다.

(5) 외상성 뇌손상으로 인한 주요 또는 경도 신경인지장애

외상성 뇌손상(Traumatic Brain Injury: TBI)으로 인한 주요 또는 경도 NCD는 두부 충격 또는 상해를 입은 후에 생긴다. 뇌 외상은 의식상실, 외상 후 기억상실, 지남력 장애와 혼돈, 신경학적 징후들(뇌영상 이상 소견, 발작, 시야 결함, 후각 상실, 반신 불완전 마비 등)이 나타난다. 외상성 뇌손상으로 인한 NCD는 뇌손상 발생 직후 또는 손상 후 의식을 회복한 직후에 나타나며 손상 후 급성기가 지나서도 지속된다. 정보처리 속도 감소와 사회인지장애뿐 아니라 복합적 주의, 집행 능력, 학습 및 기억 영역의 장애가 흔히 나타난다.

외상성 뇌손상으로 인한 경도 NCD는 과민성, 쉽게 좌절함, 긴장과 불안, 정동의 불안정성과 같은 감정 기능의 장애가 나타나며, 탈억제, 무감동, 의심, 공격성의 성격 변화, 두통, 피로, 수면장애, 어지럼증, 후각상실증 등과 같은 신체장애가 동반된다. 고도의 TBI에서는 신경학적 증상과 징후들이 심하다.

　외상성 뇌손상으로 인한 NCD의 원인으로는 낙상이 가장 흔한 것으로 꼽히고 있고 뒤이어 자동차 사고로 인한 뇌손상이 흔히 보고된다. 스포츠 활동으로 인한 뇌진탕은 아동기 후기와 10대 그리고 초기 성인기에 흔히 나타난다. 반복되는 뇌진탕은 지속적인 NCD를 일으키고 외상성 뇌병변의 신경병리학적 소견을 분명하게 만든다. 경도의 TBI는 일반적으로 수 주에서 수 개월 내에 해소되지만 반복되는 TBI일 경우에는 쉽게 좋아지지 않는다. 중등도 혹은 고도의 TBI는 40세 이상, 글래스고 혼수 척도(Glasgow coma scale)의 낮은 점수, 좋지 않은 운동 기능, 동공의 무반응성, CT에서 지주막하 출혈, 제3뇌실의 소실 등과 같은 뇌손상의 증거가 있을 때 특히 예후가 좋지 않다.

표 12-3 외상성 뇌손상의 심각도 평가(DSM-5)

손상의 특징	경도 TBI	중등도 TBI	고도 TBI
의식상실	<30분	30분~24시간	>24시간
외상 후 기억상실	<24시간	24시간~7일	>7일
첫 평가에서 지남력 장애와 혼돈 (글래스고 혼수 척도, Glasgow coma scale)	13~15	9~12	3~8

(6) 파킨슨병으로 인한 주요 또는 경도 신경인지장애

　파킨슨병으로 인한 주요 또는 경도 신경인지장애에서 필수적인 증상은 파킨슨병 발병 이후의 인지 저하다. 파킨슨병이 확증된 상황에서 일어나며 인지 결함은 점진적으로 진행된다. 부수적인 특징은 무감동, 우울 기분, 불안 기분, 환각, 망상, 성격적인 변화, REM 수면 행동장애, 과도한 주간 졸림 등이 있다.

　미국에서 파킨슨병의 유병률은 나이가 들면서 꾸준히 증가하여 65~69세에 약 0.5%에서 86세 이상에서는 약 3%로 증가한다(APA, 2013). 파킨슨병은 여성보다 남성에게서 더 흔하게 나타난다. 파킨슨병이 있는 사람의 약 75%에서 질환의 경과 중 언젠가 주요 신경인지장애로 발전한다. 파킨슨병은 50대와 80대 사이에 처음으로 발병하는데, 주로 60대 초반에 가장 많이 나타난다. 경도 NCD는 파킨슨병 초기에 발생하지만 주요 손상은 후기까지도 나타나지 않는다. 주요 위험요인으로는 제초제와 살충제에 노출되는 것이라고 알려져 있다(APA, 2013).

(7) 헌팅턴병으로 인한 주요 또는 경도 신경인지장애

헌팅턴병으로 인한 주요 또는 경도 신경인지장애는 점진적 인지 손상이 특징이며, 초기에는 학습과 기억보다는 실행 기능, 즉 처리 속도, 구성 능력 및 계획 능력의 변화가 일어난다. 인지적 변화와 부수적 행동 변화가 수의적 운동의 지연과 무도병(불수의적인 갑작스러운 움직임이나 동작)보다 선행한다. 확진을 내리려면 가족력이 있거나 유전자 검사상 4번 염색체에 위치한 HTT 유전자에서 CAG 삼핵산 반복 확장을 보이는 사람에게서 분명한 추체외로 운동 이상이 존재해야 한다(APA, 2013).

헌팅턴병에서는 우울증, 과민한 기분, 불안, 강박 증상 및 무감동이 흔히 나타나며, 이 증상들이 운동 증상보다 더 일찍 나타난다. 대략 40대에 발병하는데, 헌팅턴병의 표현형 발현은 운동, 인지, 정신의학적 증상들의 존재에 따라 다양하다. 정신의학적 혹은 인지 결함은 운동 이상보다 최소 15년 앞서서 나타난다. 치료를 필요로 하는 첫 번째 증상은 과민성, 불안 또는 우울 기분이다. 행동장애로는 현저한 무감동, 탈억제, 충동성, 병식의 결여 등이 있다. 초기 사지의 안절부절 외에도 경도의 실행증이 출현하는데, 미세한 운동 과제에서 특히 심하다. 장애가 진행되면 보행 손상과 자세 불안정이 나타나고 운동 손상이 발음에도 영향을 미쳐 구음 곤란, 수용성 언어 곤란이 나타나고 의사소통에도 장해가 생긴다(APA, 2013).

2) 신경인지장애의 치료

신경인지장애는 기본적으로 뇌의 장애이므로 약물 치료가 우선이다. 콜린성 약물, 단가아민성 및 펩타이드성 약물, 이 밖에 글루타메이트, 칼슘 통로 차단제, 면역 치료, 항산화제와 비타민, 항아밀로이드제, 신경영양요소 등이 증상이 더 악화되는 것을 막을 수 있다. 비인지장애 및 행동 증상을 치료하기 위해서는 사고장애나 공격 행동의 치료제인 항정신병 약물 치료(할로페리돌, 클로자핀, 레스페리돈), 항조증 및 항경련제, 항불안제, 항우울제를 사용한다. 흥미 저하, 사고나 집중력의 저하, 무감동증, 정신운동성 지체, 수면장애 등 우울증이 동반될 경우에 삼환계 항우울제가 효과적이다.

정신사회적 치료로는 정확한 진단과 환자의 신경인지 기능 정도 및 환자를 돌볼 수 있는 가족의 능력을 고려하여 현실적인 목표를 세워야 한다. NCD 환자에게 적용할 수 있는 정신사회적 프로그램에는 기본적인 치료 원칙을 토대로 하여 정신치료 프로그램 외에 보건·의료 측면의 서비스, 위기관리 서비스, 간호 측면의 서비스, 심리사회 측면의 서비스 등이 있다.

인지훈련(cognitive training)은 저하된 인지 영역의 향상을 위한 기능 회복 훈련을 적용하는 것이 도움이 된다. 예컨대, 알츠하이머로 인한 NCD의 경우 기억력의 저하 양상을 살펴보면 초기에는 일화기억(episodic memory)의 저하가 먼저 시작되고 절차기억(procedural memory)은 유지되는 경향을 보인다. 따라서 이러한 특성을 반영하여 기능 회복 훈련 및 보완 훈련 방법을 선택하는 것이 유리하다. 환자 개개인의 목표, 수준, 사회 및 가족 환경 등에 맞추어 다양한 인지재활의 방법이 사용될 수 있다. 심각한 NCD는 인지재활 훈련이 효과가 없으므로 주로 경도 NCD를 보이는 사람들을 대상으로 인지재활을 적용할 수 있다. 인지재활 훈련은 기억 훈련, 주의 및 집중 훈련, 스트레스 관리, 가족개입 등의 치료 모듈로 구성할 수 있다. 이 밖에 NCD 환자를 위한 인지회상치료, 미술치료, 음악치료 등도 심리사회적인 서비스의 일환으로 적용되고 있지만 증상이 심할 경우에는 효과가 미미하다.

이 장의 요약

1. 적대적 반항장애는 어른에게 거부적이고 적대적이며 반항적인 행동을 지속적으로 나타내는 것으로 기질적으로는 높은 정서적 반응성, 낮은 욕구 좌절 인내력 등과 같은 정서 조절 문제가 기저에 있는 것으로 알려져 있다. 환경적으로는 부모의 억압적인 양육 방식이 원인으로 제기되고 있다. 이 장애를 가진 아동은 대부분 좌절되어 있고 우울하며 열등감이 있고 참을성이 적다. 치료를 위해서는 부모-자녀 간의 상호작용을 도와주는 것이 필요하다.

2. 간헐성 폭발장애는 공격적 행동을 하기 전에 긴장감이나 각성 상태를 느끼고 행동 후 즉각적인 안도감을 느낀다. 이 장애는 정신사회적 스트레스에 대한 반응으로 충동적인 공격 행동을 통제하지 못하는 것으로 행동 폭발은 미리 계획하거나 도구적이기보다는 충동적이고 분노에 의해 유발되며 정신사회적 기능을 심각하게 손상시킨다.

3. 품행장애는 다른 사람의 권리를 침해하고 나이에 맞는 사회적 규범 및 규칙을 위반하는 지속적이고 반복적인 행동 양상을 보인다. 품행장애를 가진 아동·청소년의 경우 까다롭고 통제하기 어려운 기질을 타고난 경우가 많고 환경적으로는 부모의 양육 태도와 가정환경이 주요 원인으로 꼽히고 있다.

4. 섬망은 갑자기 생기며 노인에게서 흔하다. 특히 밤과 낮 사이에 증상의 변화가 심하고 자각의 정도가 각성에서 혼수 상태로까지 왔다 갔다 한다. 정신적 능력이 천천히 퇴보하는 NCD와 달리, 기저에 있는 약물과 관련된 원인이 제거되면 금방 해소된다. 섬망의 과정은 상대적으로 짧고, 통상 일주일간 지속된다. 그러나 원인이 계속 남아 있다면 상태는 더욱 악화되고, 혼수 상태나 죽음에 이를 수도 있다.

5. DSM-5에서는 치매라는 용어가 새로운 명명인 신경인지장애(Neurocognitive Disorders: NCD)로 바뀌었다. 주요 신경인지장애는 뇌의 영구적인 손상을 가져오고 회복이 어렵다. 주요 신경인지장애는 이전에 습득된 많은 기능이 상실되고 원인에 따라 경과가 다르다. 알츠하이머병으로 인한 NCD가 가장 흔한 장애이며, 뇌세포의 점진적인 파괴로 인해 발생하며 신경인지 증상이 서서히 진행되는 것이 주된 특성이다.

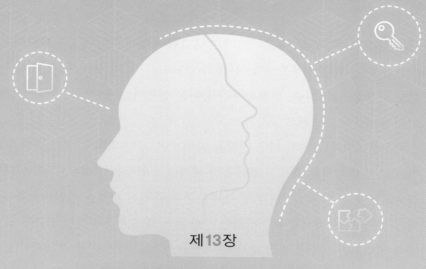

제**13**장

이상심리의 최신 동향

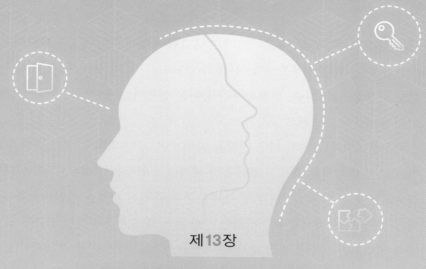 이 장의 목표

- ▣ 새로운 정신병리의 출현을 이해한다.
- ▣ 이상심리의 예방적 접근을 이해한다.
- ▣ 이상심리와 관련된 법적인 문제를 이해한다.
- ▣ 사이버 상담 및 원격 심리상담을 이해한다.

최근 들어 이상심리에 대한 관심이 일반인 사이에서도 매우 높아졌다. 각종 방송이나 언론에서도 이상심리를 다룬 다큐멘터리 프로그램이 앞다투어 제작·보도되고 있고, 일반인을 위한 힐링 열풍도 우리 사회의 키워드가 된 지 오래다. 불과 몇 십 년 전만해도 이상심리, 정신증, 신경증이란 용어는 전문적인 용어였지만, 이제는 일반인도 이런 용어들에 익숙해졌다.

이상심리학과 관련된 최근 경향을 살펴보면, 우선 과학 기술의 발달과 복잡한 인간 사회를 반영하는 새로운 장애들이 생겨나고 있다는 점이다. 특히 인터넷 기술이 급속하게 발전하면서 인터넷 및 스마트폰과 관련된 새로운 정신장애들이 출현하고 있다. 다음으로 정신장애가 심각한 사람을 치료하는 통상적인 접근법 외에도 정신장애에 취약한 사람을 발굴해 내고 적절한 개입을 하기 위한 예방적인 노력으로 옮겨 가고 있다는 것이다. 이 때문에 정신건강 서비스가 필요한 실무 분야가 전통적인 정신건강의학과 병원에 국한되지 않고 병무청, 법원, 교도소, 일반 회사 등으로 점차 영역이 확대되고 있다. 이 장에서는 이런 최신의 동향을 반영하여 추가 연구가 필요한 새로운 진단, 이상심리의 예방, 법적 문제 등에 대해서 살펴보고자 한다.

1. 추가 연구가 필요한 새로운 정신병리의 출현

추가 연구가 필요한 진단적 상태는 현재 임상적으로 사용되지 않고 있지만 앞으로 나올 DSM 개정판에 반영될 수 있는 새로운 장애들로, 임상적 실제와 통제된 연구가 더 필요한 장애들이다.

1) 성격장애에 대한 대안적인 DSM-5 모델

성격장애는 현재 진단 범주에 따라 분류되지만, 종류의 문제라기보다는 정도의 문제로 간주된다. 그렇기 때문에 다른 장애에 비해 성격장애는 범주보다는 차원 (dimension)으로 분류해야 한다는 견해가 대두되었다. 차원적 입장에서는 성격장애를 정상적인 성격 차원의 극단적인 형태 혹은 심리적으로 건강한 행동(범주)과는 다른 관계 방식이라고 본다(Widiger & Trull, 2007). 성격은 여성, 남성과 같이 이분법적인 범주로 분류될 수 있는 것이 아니라 같은 성격 내에서도 다양한 스펙트럼이 존재할 수 있다. 많은 임상가와 연구자는 성격장애를 한 가지 이상의 성격 차원의 극단적인 형태로 보고 있다. 진단 기준에 해당되는 증상이 단순히 있느냐 없느냐에 따라 진단을 내리는 기존의 DSM-IV 체계의 문제점이 가장 극명하게 나타나는 것이 성격장애 부분이다. 예컨대, 기존의 DSM 체계에서는 편집성 성격장애 진단을 내리려면 진단 기준 중에 몇 가지 증상이 있는지 여부를 가지고 판단하는데, 사실 편집성 성격장애 진단을 내릴 정도는 아니지만 편집성 성향 혹은 특성을 가진 사람은 얼마든지 있다. 범주적으로 진단을 내리면 단순하고 명확하기는 하지만 성격장애는 다른 진단 범주와 달리 그렇게 간단하지 않다. DSM-5에서는 이런 문제점을 감안해서 성격장애 분야에서는 차원 모델이 고려되었다. 하지만 차원 모델은 정식 진단 체계에 반영된 것은 아니고 앞으로 추가 연구가 필요한 대안적인 모델로 제안된다(APA, 2013).

대안적인 DSM-5 모델에서 성격장애는 성격 기능 손상과 병리적 성격 특질을 강조한다. 이 모델을 통해 도출되는 특정 성격장애 진단은 반사회성 성격장애, 회피성 성격장애, 경계선 성격장애, 자기애성 성격장애, 강박성 성격장애, 조현형 성격장애 등 6가지다. 특정 성격장애 진단 기준을 충족하지 않으면 '특질에 따라 명시된 성격

성격장애-제안된 진단 기준(DSM-5)

A. 성격(자기/대인관계) 기능에서 중등도 이상의 손상이 있다.
B. 하나 이상의 병리적 성격 특질이 있다.
C. 성격 기능의 손상과 개인의 성격 특질의 표현이 잘 변화되지 않고, 광범위하게 개인 및 사회적 상황에 만연해 있다.
D. 성격 기능의 손상과 개인의 성격 특질 표현이 시간에 따라 비교적 안정적이며, 발병 시점은 적어도 청소년기나 성인기 초기로 거슬러 올라간다.
E. 성격 기능의 손상과 개인의 성격 특질 표현이 다른 정신질환으로 설명되지 않는다.
F. 성격 기능의 손상과 개인의 성격 특질 표현이 물질의 생리적 효과나 다른 의학적 상태에 의한 것이 아니다.

장애(Personality Disorder-Trait Specified: PD-TS)'를 고려한다. 대안적인 모델에서는 성격장애 진단의 일반적인 기준을 다음과 같이 정하고 있다.

(1) 성격 기능 수준

성격 기능 수준은 자기와 대인관계 기능에서 장애가 나타나는 것을 말하며, 성격 정신병리의 핵심으로 DSM-5에서 제안된 진단 모델에서는 이것을 연속선상에서 평가한다. 자기 영역에서는 정체성과 자기주도성이 핵심 기능이며, 대인관계 영역에서는 공감과 친밀감이 핵심 기능이다. 성격 기능의 수준을 평가하기 위해 만들어진 '성격 기능 수준 척도(Level of Personality Functioning Scale: LPFS)'에서는 건강하고 적응적 수준인 수준 0부터 극도의 손상된 수준인 수준 4까지 모두 5가지 손상 수준으로 구분하고 있다.

성격 기능의 손상은 성격장애가 있는지를 예측할 수 있고, 손상의 심각도는 한 가지 이상의 성격장애를 가지고 있는지, 또는 전형적으로 심각한 한 가지 성격장애를 갖고 있는지를 알 수 있다.

추가 학습

성격 기능 요소

〈자기〉

- 정체성(identity): 자기를 독특한 존재로 경험하고, 자기와 타인 간에 경계가 분명함. 자존감의 안정성과 자기 평가의 정확성, 다양한 정서 경험을 조절하고 수용할 수 있는 능력
- 자기방향성(self-direction): 일관성 있고 의미 있는 단기 및 장기 목표를 추구함. 건설적이고 친사회적인 내적 기준을 활용하고, 생산적으로 자기성찰을 할 수 있는 능력

〈대인관계〉

- 공감(empathy): 타인의 경험과 동기를 이해하고 인식하며, 관점이 서로 다른 것을 포용하고 자신의 행동이 다른 사람에게 미칠 영향을 이해하는 능력
- 친밀함(intimacy): 타인과 깊이 있는 관계를 맺고 지속하며, 친밀한 관계를 맺기 위한 욕구와 능력, 대인관계 시 상호성을 기반으로 행동할 수 있는 능력

(2) 병리적 성격 특질

성격의 기본 구조는 성격 5요인 모델(FFM)의 주요 요인인 신경증, 외향성, 경험 개방성, 우호성, 성실성으로 구성된다. 이 5가지 특질 영역 안에는 25개의 특정한 특질 양상이 있으며, 모든 사람의 성격은 5개의 주요 특질의 조합으로 요약된다. 예컨대, 높은 수준의 신경증과 우호성, 중간 정도의 외향성과 낮은 성실성 등의 조합이 있을 수 있다. FFM을 주장하는 사람들은 현재 DSM에서 사용하고 있는 성격장애 범주를 폐기하고 대신 이 5개 특질의 조합으로 성격장애를 설명할 수 있다고 주장한다. 예컨대, 회피성 성격장애는 높은 수준의 신경증으로, 중간 정도의 우호성과 성실성으로, 낮은 수준의 외향성과 경험 개방성으로 바꾸어 설명이 가능하다는 것이다.

(3) 특정 성격장애

대안적인 모델에서 제시하고 있는 다음의 6가지 성격장애는 앞서 언급한 성격 기능의 손상과 특징적인 병리적 성격 특질로 정의한다.

- 반사회성 성격장애: 법적 · 윤리적 행동을 따르지 못하고, 기만, 무책임, 조종, 위험 감수, 자기중심성, 냉담, 타인에 대한 관심 부족이 특징적이다.
- 회피성 성격장애: 대처 능력이 떨어지고 부적절감을 많이 느낀다. 부정적 평가와 거절에 대해 불안해하고 집착하며, 조롱받거나 당황스러운 상황에 대한 두려움 때문에 사회적 상황을 회피하고 억제된 대인관계를 맺는다.
- 경계선 성격장애: 충동성, 위험 감수, 적개심, 불안정한 자기상, 개인적 목표, 대인관계, 정동의 불안정성을 특징적으로 보인다.
- 자기애성 성격장애: 변동이 크고 취약한 자존감, 주의를 끌거나 인정받고자 하면서 이를 조절하려는 시도, 외현적 또는 내재적 과대성을 특징적으로 보인다.
- 강박성 성격장애: 친밀한 관계를 형성하고 유지하는 데 어려움이 있고, 경직된 완벽주의, 융통성 결여, 제한된 감정 표현을 보인다.
- 조현형 성격장애: 사회적이고 친밀한 관계를 형성하는 능력의 결함, 인지, 지각 그리고 행동의 기이함, 왜곡된 자아상과 비일관적인 개인적 목표, 의심과 제한된 감정 표현이 특징적이다.

추가 학습

성격장애의 5개 영역과 25개 특질

① 부정적 정동(negative affectivity) vs. 정서적 안정성:

정서적 불안정, 불안, 분리불안, 순응성, 적대감, 보속증(perseveration)

② 초연함(detachment) vs. 외향성(extraversion):

철수, 친밀감 회피, 무쾌감(anhedonia), 우울, 제한된 정서, 의심성

③ 적대감(antagonism) vs. 우호성(agreeableness):

조종, 기만, 과대함, 관심 추구, 냉담함

④ 탈억제(disinhibition) vs. 성실성(conscientiousness):

무책임, 충동성, 주의산만, 위험 감수, 경직된 완벽주의

⑤ 정신증(psychoticism) vs. 명료함(lucidity, 정상 상태):

기이한 믿음과 경험, 기괴함, 인지 및 지각 조절 불능

2) 약화된 정신병 증후군

성지는 18세의 여고생으로 유치원 때부터 검은 옷을 입은 남자가 자신을 지켜보는 증상을 경험해 왔다. 이 증상은 고등학교에 들어오면서부터 심해지기 시작해서 학교 수업 시간에 칠판에 적혀 있는 내용을 필기하려고 하면 검은 옷을 입은 사람이 칠판을 가로막아 글씨가 보이지 않아서 학습에 지장을 느꼈다. 성지는 이러한 사실을 아무에게도 말하지 않고 혼자 고민하고 혼란스러워하다가 최근 들어서는 검은 옷을 입은 사람이 자신에게 말을 걸기 시작하여 대화를 주고받는 모습을 어머니에게 보이게 되면서 정신건강의학과에 오게 되었다. 성지는 이러한 경험이 이상한 현상이라는 것을 알고 있고 현실적인 판단력을 유지하고 있지만 오랫동안 검은 옷을 입은 남자가 눈에 보이고 자기에게 말까지 걸고 있다고 느끼면서 현실감이 매우 약화되었다.

DSM-5에서 조현병 스펙트럼장애와 관련되어 많이 논의되고 있는 장애 중의 하나가 약화된 정신병 증후군(attenuated psychosis syndrome)이다. 이 장애는 앞의 사례처럼 환청이나 망상 같은 한두 가지의 조현병 진단 증상을 경험하고 있지만 이런

증상들이 매우 드물고 특이한 경험이라는 것을 알고 있고, 현실검증력이 상대적으로 손상되지 않은 사람에게 적용될 수 있다. 그러나 약화된 정신병 증후군은 제대로 치료가 이루어지지 않을 경우 조현병 스펙트럼장애로 발전할 위험이 높다. 이 장애는 비교적 초기 단계의 정신증적 증상을 조기에 발견하여 더 악화되기 전에 개입을 할 수 있다는 점에서 필요한 진단이라는 의견도 있지만, 임상적인 연구 자료는 부족한 상태다. 공중 정신보건 관점에서는 약화된 정신병 증후군을 보이는 사람 외에도 일반 대중의 정신건강 상태에 대해서 보다 광범위하게 임상적 주의를 기울여야 한다는 견해도 있다. 이런 논란을 감안하여 약화된 정신병 증후군은 앞으로 더 연구가 필요한 진단으로 들어가게 되었고, 정식 진단으로 들어갈지 여부는 치료 과정이나 효과 연구를 통해 정보가 더 축적되어야 한다.

약화된 정신병 증후군-제안된 진단 기준(DSM-5)

A. 다음 증상 중 적어도 한 가지 증상의 약화된 형태가 임상적 주의가 필요한 정도 또는 빈도로 존재하고, 현실검증력은 비교적 양호하다.

    1. 망상   2. 환각   3. 와해된 언어

B. 증상이 지난 1개월 동안 적어도 일주일에 1회 이상 나타난다.

C. 증상이 전년도에 시작되었거나 악화되었다.

D. 증상이 임상적 관심을 요할 만큼 고통과 장해를 초래한다.

E. 증상이 정신병적 양상을 동반한 우울장애 혹은 양극성장애 등의 다른 질환에 의해 설명이 잘 되지 않고 물질이나 다른 의학적 상태에 의한 것이 아니다.

F. 다른 정신병적 장애의 진단 기준을 충족하지 않는다.

---

3) 지속성 복합 애도장애

지속성 복합 애도장애(persistent complex bereavement disorder)는 생후 1년부터 어떤 연령대에서든 발생할 수 있다. 애도 반응은 주로 사별 후에 나타나지만, 12개월(아동의 경우 6개월) 이상 지속되지 않는 한 지속성 복합 애도장애로 진단내리지 않

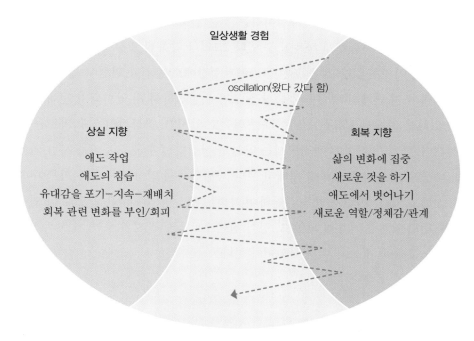

[그림 13-1] 이중처리 모델

출처: Stroebe & Schut (2010).

는다. 어린 아동은 주 보호자의 죽음을 외상성 사건으로 경험할 수 있다. 아동은 반응적 고통을 놀이와 행동, 발달적 퇴행, 분리 및 재회 시의 불안이나 저항적 행동으로 표현할 수 있다. 연령이 좀 더 높은 아동이나 청소년일 경우 사회적/정체성 붕괴와 동반이환으로 우울증 위험이 증가된다.

이중처리 모델에 따르면(Strobe & Schut, 2010), 사별을 겪게 되면 상실 중심(loss-oriented) 대처와 회복 중심(restoration-oriented) 대처라는 두 가지 지향점이 번갈아 나타난다. 상실 중심 대처가 사별에 따른 슬픔, 상실감을 극복하는 것이라면, 회복 중심 대처는 그 대상 없이 새로운 삶을 이어 가면서 삶을 재조정하고 새 정체성을 회복하는 것을 의미한다. 애도자는 이 두 가지 주요 과업을 순환하다가 사별에 적응해 나간다([그림 13-1] 참조).

이 장애는 죽은 사람에 대한 의존성이 높을수록 증가한다. 사별을 겪은 사람이 여성일 경우 이 장애의 위험성이 더 증가하며 자주 자살 사고를 보고한다. 복합 애도 반응이 적어도 12개월(아동은 6개월) 이상 지속적으로 존재한다는 점에서 정상적

[그림 13-2] 지속성 복합 애도장애와 관련된 영화
〈그녀의 조각들〉(2020)

집에서 아기를 낳고 싶었다. 괜찮을 거라 믿었다. 하지만 그녀를 집어삼킨 슬픔의 나락. 가족도 남편도 함께할 수 없다. 홀로 남아, 그녀는 깊은 어둠을 응시한다. 출산을 하다 아이를 잃게 되면서 겪게 되는 감정과 상황. 이를 다시 극복하려는 주인공의 이야기를 다룬 영화이다.

출처: 네이버 영화

인 애도 반응과 차이가 있다. 지속성 복합 애도장애는 주요우울장애 및 지속성 우울장애와 비슷하지만 지속성 복합 애도장애의 경우에는 상실에 초점이 맞추어져 있다. 주요우울장애, 외상 후 스트레스장애, 물질사용장애가 동반되는 경우가 많다(Cohen et al., 2006). 만일 죽음이 외상성이거나 폭력적인 환경에서 발생했다면 외상 후 스트레스장애가 동반될 가능성이 높다.

지속성 복합 애도장애-제안된 진단 기준(DSM-5)

A. 개인은 친밀한 관계에 있던 사람의 죽음을 경험한다.

B. 죽음 이후 다음 중 적어도 한 가지 이상을 임상적으로 유의한 수준에서 경험하는 날이 그렇지 않은 날보다 더 많고, 죽음 이후 성인의 경우 적어도 증상이 12개월 이상, 아동은 6개월 이상 지속된다.

　1. 죽은 사람에 대한 지속적인 갈망/그리움(아동의 경우 그리움이 놀이와 행동에 표현될 수 있는데, 보호자 또는 기타 애착 대상으로부터 분리되거나 이들과 재회하는 것을 반영하는 행동이 나타날 수 있음)

　2. 죽음에 대한 반응으로 강렬한 슬픔과 정서적 고통

　3. 죽은 사람에 대한 집착

　4. 죽음을 둘러싼 상황에 대한 집착

C. 죽음 이후 다음 중 적어도 6가지 이상을 임상적으로 유의한 수준에서 경험하는 날이 그렇지 않은 날보다 더 많고, 죽음 이후 성인의 경우 적어도 증상이 12개월 이상, 아동은 6개월 이상 지속된다.

죽음에 대한 반응적 고통

1. 죽음을 받아들이는 것에 대한 분명한 어려움이 있음
2. 죽음을 믿지 않거나 정서적 마비를 경험함
3. 죽은 사람을 긍정적으로 추억하지 못함
4. 죽음과 관련된 비통함 또는 분노를 느낌
5. 죽은 사람 또는 죽음과 관련하여 자신에 대해 부적응적 평가(자기비난)를 함
6. 죽음을 상기시키는 것들에 대한 과도한 회피(죽은 사람과 관련된 사람, 장소, 상황에 대한 회피)를 보임

사회적/정체성 붕괴

7. 죽은 사람과 함께하기 위해 죽고자 하는 소망
8. 죽음 이후 타인을 신뢰하기 어려움
9. 죽음 이후 혼자라고 느끼거나 타인으로부터 분리된다고 느낌
10. 죽은 사람 없이는 인생이 무의미하거나 공허하다고 느낌, 또는 죽은 사람 없이 자신이 적응적으로 기능할 수 없다는 믿음
11. 인생에서 자신의 역할에 대한 혼란, 자신의 정체감이 감소된 느낌(자신의 일부가 죽은 사람과 함께 죽어 버렸다고 생각)
12. 죽음 이후 흥미를 추구하거나 미래를 위한 계획을 세우는 것이 어렵거나 꺼려짐

D. 장애가 사회적, 직업적 또는 다른 중요한 기능 영역에서 임상적으로 유의한 고통이나 손상을 초래한다.

E. 애도 반응이 문화적, 종교적 또는 연령에 따른 기대 수준에 부합하지 않거나 과도하다.

※ 다음의 경우 명시할 것

• 외상성 사별: 살인 또는 자살로 인한 사별로, 죽음의 외상성 성질에 대한 지속적인 고통스러운 집착을 동반한다(흔히 죽음을 상기시키는 것들에 대한 반응으로 발생함). 외상성 특성에는 죽은 사람의 마지막 순간, 고통과 상해의 정도, 또는 죽음의 악의성이나 의도성이 포함될 수 있다.

4) 인터넷 관련 장애

IT 기술이 발달하면서 인터넷이나 스마트폰 중독 관련 장애도 현재 임상 진단에서 공식적 지위를 얻기 위해 대기 중이다. 의사소통, 게임, 쇼핑 등 과거에는 오프라인 현장에서 일어나던 활동들이 인터넷이라는 가상의 공간에서 이루어짐에 따라 인터넷 중독, 스마트폰 중독, 인터넷 사용 문제 등 통제 불능의 중독 상태가 늘어나고 있다. 눈만 뜨면 스마트폰 문자나 트위터, 페이스북, 온라인 도박, 인터넷 검색, 이메일 보내기, 블로그 활동, 가상 활동, 온라인 쇼핑, 온라인 포르노 등 인터넷 관련 활동에 중독되어 있는 사람이 점차로 늘고 있다. 인터넷 게임장애는 인터넷 사용이 불가능할 때 금단 반응까지 일어나기 때문에 물질사용장애나 도박장애 증상과 비슷하다(APA, 2013). 이 때문에 직장, 학업, 우정, 낭만적 사랑 등 사회생활과 인간관계에서 문제가 생기는 경우가 늘어나고 있다.

디지털 세상은 새로운 이상행동을 촉발하기도 한다. 충동 통제 문제를 가진 사람이 오프라인 도박과는 별도로 인터넷상으로 접근하고, 나이가 어린 청소년이 인터넷 게임을 넘어서 도박에 몰두하기도 한다. 또한 인터넷과 스마트폰 문자 등을 통해 성적 노출증이나 소아성애를 표출하고 성도착 행동 역시 은밀하게 표현되고 있다(Tayor & Quayle, 2010). 폭력적인 비디오 게임이 반사회적 행동이나 품행장애를 부추기기도 한다. 쉴 새 없이 주고받는 문자나 트위터, 밴드, 카톡 메시지, 인터넷 브라우징이 사람들의 주의력을 감소시키며 주의 산만, 관계의 문제를 일으키기도 한다. 평균적으로 SNS를 하는 사람은 심리적 부적응을 일으킬 가능성이 적으나 인터넷 중독, 스마트폰 중독, SNS 과잉 사용이 문제가 되어 인간관계를 방해하기도 한다.

청소년들 사이에서는 인터넷이나 스마트폰을 통한 사이버 괴롭힘(cyberbullying)도 일어나고 있어 오프라인 형태로 일어나던 또래 괴롭힘이 온라인상으로도 확산되고 있다.

우리나라는 인터넷 기술의 발달이 앞서고 있어 앞으로도 인터넷 관련 장애가 더 심각할 것으로 추정된다. 임상가와 일반 대중, 교육자, 학부모들은 인터넷 중독에 관심을 갖고 있고, DSM-5에서도 인터넷 게임장애(internet gaming disorder)가 향후 개정판에 추가되어야 할지 관련 연구 및 임상 증거가 필요하다는 견해를 표명하고 있다. 인터넷 게임장애가 후속판에 포함될 것이라는 전망과 함께 인터넷을 통해 이상행동에 노출되는 새로운 형태의 장애가 나타나고 있다. 예컨대, 유튜브를 통해 자해 행동을 공개하는 것도 이런 이상행동의 새로운 형태라고 볼 수 있다.

인터넷 게임장애-제안된 진단 기준(DSM-5)

게임을 하기 위해, 다른 사용자들과 함께 게임을 하기 위해 지속적이고 반복적으로 인터넷을 사용하는 행동이 임상적으로 현저한 손상과 고통을 일으키며, 다음 중 5가지 이상의 증상이 12개월 동안 나타난다.

1. 인터넷 게임에 몰두함(이전 게임 내용을 생각하거나 다음 게임 실행에 대해 미리 예상함. 인터넷 게임이 하루 일과 중 가장 두드러진 활동)
2. 인터넷 게임을 못하게 할 경우 금단 증상(과민성, 불안 또는 슬픔으로 표현)
3. 내성(더 오랜 시간 동안 인터넷 게임을 하려는 욕구)
4. 인터넷 게임 참여를 통제하려고 시도하지만 실패함
5. 인터넷 게임을 제외하고 이전의 취미와 오락 활동에 대한 흥미 감소
6. 정신사회적 문제에 대해 알고 있음에도 불구하고 과도하게 인터넷 게임을 지속함
7. 가족, 치료자 또는 타인에게 인터넷 게임 시간을 속임
8. 부정적인 기분(무력감, 죄책감, 불안 등)에서 벗어나거나 이를 완화하기 위해 인터넷 게임을 함
9. 인터넷 게임 참여로 인해 중요한 대인관계, 직업, 학업 또는 진로 기회를 위태롭게 하거나 상실함

---

5) 자살과 관련된 새로운 장애

자살 및 자해와 관련된 새로운 진단은 자살행동장애와 자살 의도가 없는 자해(Nonsuicidal Self-Injury: NSSI)다. 이 진단은 아직 DSM-5에 직접 들어오지 않았지만 앞으로 추가적인 임상 연구가 필요한 진단의 예에 해당된다.

추가 학습

DSM-5 연구 진단

• 자살행동장애

  A. 지난 24개월 내에 자살 시도를 한 적이 있다.

  B. 자살 의도가 없는 자해 진단 기준을 충족하지 않는다.

  C. 자살 사고나 준비 행위에는 적용되지 않는다.

  D. 자살 행동이 섬망이나 혼돈 상태에 의한 것이 아니다.

  E. 자살 행동이 정치적 또는 종교적 목적으로 이행되지 않는다.

• 자살 의도가 없는 자해

  A. 지난 1년간 5일 또는 그 이상 신체 표면에 고의적으로 출혈, 상처, 고통을 유발
     하는 행동(칼로 긋기, 불로 지지기, 찌르기, 과도하게 문지르기 등)을 자신에
     게 하고 자살 의도가 없는 상태에서 신체 손상을 유발하는 자해 행동을 한다.

  B. 다음 중 한 가지 이상의 기대하에 자해 행동을 한다.

     1. 부정적 느낌 또는 인지 상태로부터 안도감을 얻기 위해

     2. 대인관계의 어려움을 해결하기 위해

     3. 긍정적인 기분 상태를 유도하기 위해

  C. 다음 중 최소한 한 가지와 연관된 고의적 자해 행동을 한다.

     1. 우울, 불안, 긴장, 분노, 전반적인 고통, 자기비하와 같은 부정적 느낌 또는
        생각이 자해 전에 일어남

     2. 자해 행위에 앞서 의도한 행동에 몰두하는 기간이 있고 이를 통제하기 어려움

     3. 자해 행위를 하지 않을 때에도 자해 생각이 빈번함

  D. 행동은 사회적으로 제재되는 것이 아니며(예: 피어싱, 문신, 종교적 혹은 문화
     적 의례의 일부), 딱지를 뜯거나 손톱을 물어뜯는 것에 국한되지 않는다.

  E. 행동 또는 그 결과가 대인관계, 학업 또는 다른 중요한 기능 영역에서 임상적으
     로 현저한 고통이나 방해를 초래

  F. 행동은 정신병적 삽화, 섬망, 물질 중독 또는 물질 금단 기간에만 일어나는 것이
     아니다. 신경발달장애가 있는 사람의 반복적인 상동증의 일부로 나타나는 것은
     아니다. 또한 자해 행동이 다른 정신질환이나 의학적 상태로 잘 설명되지 않는다.

🔔 언론에 비친 이상심리: **청소년 자해 대유행**

최근 자해 문제로 정신건강의학과 진료를 받는 청소년과 청년들의 수가 급증하고 있다. 학교 상담실이나 지역사회의 청소년을 위한 기관에서도 비슷한 현상이 나타나 정신보건 전문가들의 우려가 커지고 있는 상황이다. 다른 국가에 비해 국내에서 두드러지게 주요 인터넷 포털 사이트의 자해 관련 검색이 갈수록 늘어나고 있으며, 자해 경험 게시물이 폭발적으로 증가하여 하나의 문화 증후군과 같이 전파되는 양상을 보이고 있다. 또 청소년이 매일 접하는 소셜 네트워크 서비스를 통해 자해 인증 사진과 영상이 무차별적으로 게재되면서 초등학생조차도 간단한 검색으로 자해 도구나 방법을 쉽게 접할 수 있어 자해 행동이 확산되는 통로가 된다는 지적을 받고 있다. 정신보건 전문가들을 중심으로 자해 유행의 심각성에 대한 인식과 더불어 자해 방법이나 사진, 영상을 담은 게시물을 인터넷에서 모니터링하고 차단할 수 있는 국가 차원의 기구나 조직을 구성해 달라는 청와대 국민청원을 올린 바도 있다. 청소년과 청년들의 자해 행동은 우리 사회 모두가 고민해야 할 심각한 문제이다. 외면과 방관, 억압으로는 자기파괴적인 자해 행동 문제가 해결되지 않을 것이다. (중략)

출처: 메디컬월드뉴스(2018. 9. 18.).

6) 학대와 관련된 문제

가까운 관계에서 받은 상처는 피해자에게 심각한 신체적·심리적 후유증을 남긴다. 관계 갈등이나 관계 문제는 정신질환의 예후나 치료에도 중요한 영향을 미치기 때문에 임상적으로 주목할 필요가 있다. 가족관계 문제에는 부모-자녀 문제, 부부 문제, 형제자매 문제 등이 포함된다. 이 중 형제자매 간의 경쟁은 임상에서 그다지 주목하고 있지 않지만 형제나 자매로부터의 성폭력이나 언어폭력, 신체폭력 등의 폭력에 노출된 경우 트라우마 못지 않은 상처를 지니고 있는 경우도 있다. 부부간의 불화 역시 당사자는 물론 자녀에게까지 심각한 영향을 미치기 때문에 문제가 있는 경우 부부상담을 적극적으로 받는 것이 좋다. 요즘 우리나라에서도 부부간에 갈등이 있을 경우 상담을 자청해서 받으려고 하는 사람이 늘어나고 있는 것은 고무적인 일이다.

가족 문제 중에서 가장 심각한 것이 아동 학대 및 방임이다. 최근 우리나라에서는 부모에 의한 자녀 살해와 같은 극단적인 사례들이 자주 일어나고 있어서 학대받는 아동의 문제에 관심이 주목되고 있다. 아동 학대 및 방임은 취약한 아동을 대상으로 벌어진다는 점에서 매우 심각한 문제다. 주 보호자는 생물학적 부모나 입양 부모 혹은 양육 부모일 수 있고, 아동에게 부모 역할을 하는 친척(조부모 등)이 될 수도 있다. 부모-아동의 관계 문제는 행동·인지·정서 영역의 기능 손상과 밀접한 관련이 있다. 행동 문제의 예로는 부모가 아동을 부적절하게 통제하고 간섭하고 과잉보호하거나 지나친 압박을 가하고 학대하는 것이다. 인지 문제는 타인의 의도에 대해 부정적으로 해석하고, 타인에 대해 적대감을 갖고, 희생양이 되었다는 생각을 하는 것들이 해당된다. 정서 문제는 관계를 맺고 있는 타인에 대한 비애감, 무감각, 분노 등과 같은 느낌이다.

아동이 부모와 떨어져서 보호시설에 있거나, 친족 위탁, 일반 위탁 보육에 맡겨져 있거나 법원으로부터 위임 및 인가를 받지 않은 부모 외의 친척 혹은 친구 집에 살고 있거나, 공동 주거시설, 고아원에 살고 있는 경우 특히 정신적인 문제에 취약한 상태다. 친부모의 알코올 중독이나 약물 중독, 정신적 문제, 경제적 문제로 친부모에게 양육되지 않고 보육원이나 보호시설에서 자라는 아동은 정신적인 문제를 안고 성장할 가능성이 높다. 이들은 버림받음, 방치, 거부, 신체적·정서적·성적 학대 문제를 가지고 있는 경우가 많다. 아동의 연령, 가정환경, 보호시설에 들어간 특정한 사유에 따라 다양하지만, 이들은 여러 가지 정서적 문제에 노출되어 있고, 특히 초기에 버림받은 아동은 의존성 우울(anaclitic depression)에 취약하다. 이들이 초기에 지속적인 양육을 통해 안정 애착을 형성할 기회를 갖지 못하면 평생 애착 문제가 지속될 수 있다.

보호시설에서 자란 아동은 주 양육자와의 이별과 분리가 갑작스럽게 반복적으로 일어나기 때문에 초기 양육자와의 분리는 큰 외상이 되고 이후 살아가면서 2차적 외상에 취약한 상태에 놓이게 된다. 그리고 이 집 저 집으로 거처를 옮겨 돌봄을 받게 된 아동은 생애 초기에 기본 신뢰를 쌓지 못해 타인과 지속적인 정서적 애착을 맺는 것이 어렵고, 평생 삶의 큰 도전에 놓이게 된다. 이들은 성인기에 들어가면 성격적 문제가 흔히 나타나며, 자기애적 욕구가 충분히 충족되지 못하다 보니 병리적 자기애를 가진 비공감적인 성인이 되어 범죄와 자주 연루되기도 한다.

보호시설에서 자라거나 아동기에 외상적인 성적·신체적 학대를 받게 되면 위협적이고 적대적인 세상과 협상하기 위한 시도에서 세상을 불신하고, 공격적이고 충동적이며, 반항적이거나 회피적인 어른이 된다. 공감 어린 보살핌을 받지 못한 환경에서 성장하게 되면 아동은 나중에 자신과 타인에 대한 폭력의 씨를 품고 자라나게 된다. 특히 보호시설이나 위탁 가정에서 자란 아동은 ADHD, 애착장애, 반항장애, 품행장애, 충동통제장애, PTSD, 해리장애, 기분장애, 불안장애, 수면장애 등을 겪을 가능성이 높다. 이들에게 가장 만연된 문제는 행동 조절의 문제, 불안정한 정서, 주의력 결핍 등이다. 뇌는 가소성이 있어서 어린 시절에 심리적 개입을 한다면 신경생물학적 수준에서 수정 및 교정이 가능하지만, 개입 시기가 늦어지거나 개입이 이루어지지 않는다면 평생 돌이킬 수 없는 뇌의 문제 혹은 마음의 문제를 갖고 살아가게 된다.

2. 이상심리의 예방: 지역사회 정신건강

지금까지의 정신병리, 즉 이상심리에 대한 접근은 증상이 생겼을 때 치료하는 것이 최선이었다면, 요즘은 병이 진행되기 전에 미리 확인해서 예방하는 것으로 초점이 바뀌고 있다. 치료와 예방은 질적으로 다르다고 볼 수 있다. [그림 13-3]과 같이 예방 노력은 치료 및 유지 개입과는 분명히 구별된다. 정신장애를 예방하기 위한 노력은 다음의 3가지 하위 유형으로 분류할 수 있다(Reyes & Jacobs, 2006).

- 보편적 개입: 일반 인구 집단을 대상으로 예방 노력이 이루어진다.
- 선택적 개입: 정신건강 문제를 가질 위험이 높은 특정 집단을 대상으로 예방 노력을 기울인다. 예컨대, 청소년이나 다문화 가정이나 실직자를 위한 개입이 있다.
- 표적 개입: 약간의 증상을 갖고 있지만 임상 진단을 충족시키지 않는 사람으로 확인된 고위험 집단을 대상으로 예방 노력을 기울인다. 홍수나 다른 재해를 당한 사람들이 그 예다.

지역사회 정신보건 접근은 장애의 예방이라는 정신건강 서비스의 중요한 원칙을 부각시켰다. 예전에는 병이 만성적으로 경과할 때까지 방치되는 경우가 많았다면,

요즘에는 심리장애가 생길 때까지 기다리기보다는 위험요인이 되는 것을 찾아내고 고위험 집단에게 예방 차원에서 심리 서비스를 확대하고 있는 추세다. 10대 미혼모를 위한 프로그램, 학교폭력 예방 프로그램, 알코올 중독자나 도박 중독자의 자녀를 위한 프로그램, 사회 극빈층 자녀를 위한 심리지원 프로그램 등은 예방 차원에서 이루어질 수 있는 프로그램의 예에 해당된다.

또한 최근 들어 심리학 분야에서는 긍정심리학에 대한 관심이 증가하면서 전통적으로 장애나 증상을 없애는 치료보다는 긍정 정서를 함양하고 장애를 예방하는 쪽으로 탄력을 받고 있다. 낙관주의, 행복감 등의 긍정 정서, 근면과 지혜 같은 긍정적인 특성, 사회기술 능력, 관대함, 인내심과 같은 덕목을 연구하고 증진시키는 방향이 임상가의 폭넓은 관심을 얻고 있다. 이상심리 영역에서 긍정심리학은 단순히 증상을 제거하는 것을 벗어나서 긍정적인 발달과 심리적 안녕감을 향상시키는 것을 강조한다. 긍정심리 이론을 바탕으로 치료적 활동을 하는 임상가들은 스트레스와 역경으로부터 보호해 줄 수 있는 개인의 대처 기술과 역량을 가르치고, 의미 있고 재미있는 활동과 대인관계에 더 많이 참여할 수 있도록 도와준다(Druss et al., 2010).

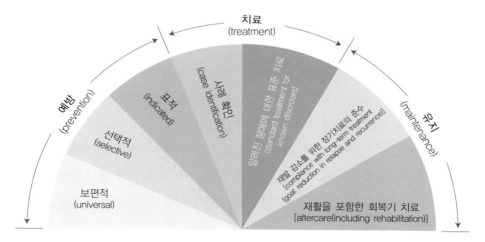

[그림 13-3] 예방 전략, 치료 및 유지

출처: Mrazek & Haggerty (Eds.) (1994).

3. 이상심리와 법적인 문제

기수 씨는 38세의 남성으로 30대에 신학교를 졸업하고 현재 낮에는 지방의 조그만 교회에서 전도사로 활동하고 있다. 20대 후반에 결혼하여 1남 1녀를 두고 있고 부인과의 관계도 좋은 편이라고 한다. 하지만 그는 약 1개월 전 밤에 자신의 차에 여성들을 태우고 유사 성행위를 하다가 경찰에 붙잡히게 되었고, 판사에 의해 정신 감정이 의뢰되었다.

40세 남성인 창민 씨는 30세에 조현병 진단을 받고 10년 정도 치료를 받고 있다. 변변한 직업 없이 일용직으로 떠돌던 그는 술을 마시고 옆자리에서 술을 마시던 남자와 시비가 붙어서 몸싸움을 하다가 상대 남성이 뒤로 넘어지면서 뇌진탕으로 죽게 되었다. 살인범으로 재판을 받던 그는 과거 병력을 알게 된 판사의 판결에 의해 정신 감정이 의뢰되었다.

1) 정신병으로 인한 무죄항변

많은 중요한 문제가 정신적으로 이상이 있는 사람의 법적 상태와 연결된다. 이 주제는 법심리학과 법정신의학과도 통하는 분야다. 환자의 치료받을 권리와 정신적으로 혼란스러운 개인을 보호하려는 사회 구성원에 관한 권리가 강화되고 있지만, 한편으로는 이것을 이용해서 죗값을 제대로 받지 않고 법망을 교묘히 빠져나가려는 수단이 될 위험도 있다. 그렇기 때문에 법정 장면에서 일하는 정신건강의학과 의사나 임상심리 전문가들은 범죄를 저지른 피고인들 중에 진짜 정신질환자와 꾀병환자를 가려내야 할 때가 있다. 한편으로는 정신건강 전문가들이 직접 법정에 서서 전문가 증언을 해야 하는 경우도 늘고 있다.

법과 관련된 정신이상 문제는 다음 몇 가지가 있다. 우선, 정신질환을 가진 사람의 권리 보호와 관련된 것으로 성폭행이나 살인과 같은 범죄 행위를 저지른 후 정신병을 이유로 무죄를 주장하는 것이다. NGRI(Not Guilty by Reason of Insanity, 정신병으로 인한 무죄) 간청이라고 하는 무죄항변(insanity defense)은 1981년 미국의 레이건 대통령을 저격했던 힝클리(Johng Hinckley) 사건에서 비롯되었다. 영화배우 조디 포스터를 흠모했던 그는 조디 포스터의 관심을 끌기 위해 레이건을 저격하였고, 자기애성 성격장애 등의 정신적인 문제를 갖고 있다는 이유로 교도소가 아닌 정신병원에 수감되었다. 이후 힝클리의 정신적인 문제가 개선되었다고 판단하여 1999년 슈퍼바이저를 대동하여 일시적으로 고향을 방문하게 하기도 했으나 조디 포스터의 사진이 그의 방에서 발견되면서 계속 구금 상태에 놓이게 되었고(Butcher et al., 2013) 최근 석방되었다.

그러나 NGRI의 부작용으로 정신이상을 가장한 사례들이 등장함에 따라 논란의 여지가 많아졌다. 죄가 있지만 정신적인 질환이 있다는 판결(즉, Guilty But Mentally Ill: GBMI)이라고 판단되면 구형은 하되, 교도소가 아닌 치료 시설로 보내진다. 치료 시설은 정신적으로 문제가 있는 피고인이 치료받을 권리를 보장하고 지역사회에 거주하는 일반인을 보호하기 위해서 범죄 행동을 어떤 식으로든 통제해야 하는 명분이 균형감 있게 적용한 것이다.

이처럼 법은 정신건강 문제에 강한 영향력을 가진다. 법 분야와 정신건강 분야는 밀접한 관련성을 갖고 개인의 권리를 보호하고, 혹시 있을지 모르는 문제 있는 개인과 사회 전반의 안녕감을 유지하려고 애를 쓰며, 또 어떤 때는 의견이 상충할 수 있다. 최근 들어 우리나라에서도 정신건강의학과 의사나 임상심리 전문가 같은 정신건강 전문가가 죄를 저지른 피의자의 정신건강 상태에 대해 평가하고 형사사법 제도에서 점점 더 중요한 역할을 담당하게 되었다. 법심리학이나 교정심리학 분야에서 일하는 법심리학자나 정신건강의학과 의사는 목격자 증언의 신뢰도에 대한 연구를 하고 연쇄살인범의 성격 프로파일을 분석하고, 범죄 당시의 심신미약과 심신상실 여부 등을 평가하고 법정에서 증언하는 등 다양한 활동을 한다.

심리장애를 겪고 있는 사람은 증상이 심각할 경우 자신과 타인에게 해로운 행동을 하기 때문에 보호적인 감금이 필요하다. 범죄를 저지르는 사람은 우선적으로 재판을 받아야 하지만, 심리적인 장애로 인해 그런 범죄를 저지른 경우에는 치료감호(civil commitment)를 받는다. 우리나라에는 "심신장애 상태, 마약류·알코올이나 그 밖의 약물 중독 상태, 정신성적(精神性的) 장애가 있는 상태 등에서 범죄 행위를 한 자로서 재범(再犯)의 위험성이 있고 특수한 교육·개선 및 치료가 필요하다고 인정되는 자에 대하여 적절한 보호와 치료를 함으로써 재범을 방지하고 사회 복귀를 촉진하는 것을 목적으로 한다.”라는 취지의「치료감호 등에 관한 법률」(2008. 6. 13. 제정)이 있다. 예컨대, 지적장애가 있는 사람이 범죄에 연루되었다면 일반 정상적인 사람과는 다르게 보호를 받아야 한다는 취지다.

정신이상에 의한 무죄항변은 이 제도를 이용해서 처벌을 받아야 할 범죄자가 법망을 피하게 만들 수 있다는 한계가 있다. 그러나 연구에 따르면 정신이상으로 무죄항변을 주장한 피고인의 비율은 1% 미만이며, 소수만이 증상을 과장하거나 가짜로 만들어 내는 것으로 알려져 있고(Resnick & Harris, 2002), 미국에서는 정신이상에 의한 무죄항변 사례들의 경우에 장기 수감된다. 자신의 자녀 5명을 목졸라 살해한 2001년 ‘예이츠 사건’의 당사자인 예이츠의 경우 산후우울증과 산후정신이상으로 인해 자신이 악마이기 때문에 자녀들을 양육할 수 없다고 판단해서 자녀들을 죽였는데, 이후 정신질환에 의한 무죄 판결을 받아 정신의료시설에 보내졌다. 우리나라에서도 산후정신증 상태에서 자녀를 살해한 여성이나 약물 중독 상태에서 살인을 한 사람이 정신병원에서 정신 감정을 받고 최종적으로는 판사에 의해 치료감호시설로 보내질지 여부를 판결받게 된다.

2) 위험성 평정

위험성 평정이란 정신장애가 있는 사람의 권리도 중요하지만 혹시 있을지 모르는 무고한 희생자를 막기 위해서 위험하다고 판단되는 정신질환자를 평가하고 적당한 조치를 취하는 일이다. 자발적인 입원과 비자발적인 보호나 구금은 큰 차이가 있다. 정신과적 문제가 있는 사람은 자발적인 입원을 거부하는 경우가 많다. 그러나 자신의 입원에 대해 책임감 있는 의사결정을 할 수 없거나 자해 및 타해 가능성이 있어 병원 치료가 필요한 경우에는 강제로 입원시킬 수 있다.

자신과 타인에게 얼마나 위험이 될 것인지 그 위험성을 판단하는 것은 매우 어렵다. 대부분의 정신과 환자는 위험하지 않지만 어떤 환자는 매우 위험하고 면밀한 관찰을 요한다. 정신장애 중에서 가해 행동을 가장 많이 하는 환자의 비율은 조현병, 반사회성 성격장애, 알코올사용장애 순으로 알려져 있다(Steadman et al., 1998). 그래서 임상가는 한 개인이 공격적으로 행동하고 타인에게 위해를 가할 가능성을 평정해야 할 때가 있다. 특히 범죄심리와 법심리 분야에서 일하는 임상심리학자와 범죄심리학자들은 위험성 평정을 요청받을 수 있다. 그러나 한 사람이 어느 시기에 공격적인 행동을 할 가능성을 평가하는 것이 쉽지 않다. 폭력이 예측되는 시간, 장소, 실제 폭력을 저지를 확률을 정확하게 예측하기 어려운 이유는 그 사람이 처한 심리적 상태와 처한 환경 등 다양하고 복합적인 요인이 작용하기 때문이다. 간혹 가정폭력의 가해자가 인질극을 벌여 가족이나 주변의 타인을 살해할 가능성이 높은 것으로 판단되지만, 그가 어떤 상황에서 언제 그런 행동을 할지 예측하는 것은 쉽지 않다. 연구자들은 날씨를 예측하는 것만큼이나 위험성 평정이 어렵다고 한다 (Monahan & Steadman, 1997). 특히 한 개인의 행동의 원인에 대해 약물이나 알코올을 섭취하였는지, 공격적인 성향을 가진 사람인지, 상황적으로 극심한 스트레스와 분노 유발 상황에 노출되었는지, 아니면 장시간 왕따나 시달림을 겪으며 공격성을 억압해 왔는지 등 복합적인 요인을 파악하기가 쉽지 않다. 가장 중요한 위험 예측 요인은 과거 폭력을 저지른 역사다(Burke, 2010). 특히 정신장애 중에서 조현병이나 조증, 망상을 가진 사람이 타해 가능성이 높다고 알려져 있다. 정신건강전문가들은

추가 학습

타라소프 판례(Tarasoff case)

1969년 버클리 대학교의 학생상담소에서 상담을 받던 포다르는 자신을 상담하는 심리학자에게 여자 친구인 타라소프를 죽일 계획이라고 말했다. 상담자는 학교 경찰에 알려 이 사실을 말하면서 그가 위험 인물이니 병원에 입원시켜 감시해 달라고 하였다. 학교 경찰은 포다르를 구금하기 위해 질문하였으나 멀쩡하다는 판단하에 풀어 주었다. 상담자는 계속해서 학교 경찰 책임자에게 협조를 요청하는 편지를 보냈으나 상담자의 슈퍼바이저는 상담자로 하여금 편지를 회수하게 하고 편지와 상담 사례 기록을 없애도록 하였으며, 그 일에서 손을 떼게 했다. 그로부터 2개월 후 포다르는 타라소프를 죽였다. 타라소프의 부모는 학생상담소가 자신의 딸에 대한 신변 위협을 알려 주지 않았다고 항의하며 대학의 상담자를 상대로 고소하였고, 지방법원은 이를 기각하였다. 그러나 1976년 캘리포니아 대법원은 부모의 상소를 받아들여 의도된 희생자에게 경고해 주지 않은 것은 무책임하다는 판결을 내렸다(Mills et al., 1987).

정신장애인이 공격적인 범죄를 저지를 가능성을 실제 비율보다 더 높게 예측한다 (Megargee, 2009). 폭력적인 사람을 길거리에 돌아다니게 하면 심각한 결과가 초래될 수 있으니 그렇게 조심스럽게 예측하는 것이 실익이 있기는 하지만, 자칫하면 무고한 사람의 인권을 침해할 수 있는 소지 역시 분명히 있다.

4. 새로운 심리치료: 사이버 상담 및 원격 심리상담

최근 들어 이상심리치료 분야에 새로운 치료 모듈이 등장하고 있다. 면대면으로 하는 전통적인 심리치료와 달리 온라인 매체를 활용한 사이버 상담 또는 사이버 치료가 점차로 활발해지고 있는 추세다. 사이버 상담이란 컴퓨터를 매개로 의사소통이 이루어지는 가상의 공간에서 심리치료가 이루어지는 것이다. 인터넷상담, 온라인상담, 웹상담, 넷상담 등으로 불리는데, 요즘 들어 사이버 상담, 사이버 치료라는 말로 통용되고 있다. 우리나라는 인터넷이 서구의 다른 나라에 비해 그 발전 속도가 빠르기 때문에 인터넷을 통한 상담 및 치료 서비스 접근성이 매우 좋을 것으로 보인다. 특히 젊은 층일수록 사이버 치료가 이용 가능한 서비스가 될 전망이다.

1) 사이버 상담의 특징

사이버 상담 및 치료는 시간 제약을 초월해서 24시간, 언제나 서비스(이메일 · 게시판 · 데이터베이스 상담)를 이용할 수 있다는 장점이 있다. 내담자가 상담 시간을 선택할 수 있고, 비실시간 상담서비스의 경우에도 편리한 시간에 도움을 요청하는 내용을 올리면 상담자는 자기가 편한 시간에 답장을 작성해서 발송할 수 있으며, 내담자 역시 자신이 편리한 시간에 답장을 열어 볼 수 있다.

사이버 상담은 예방적 차원의 심리지원 서비스를 제공할 수 있다는 점에서 나름대로 장점이 있다. 또한 상담을 올리는 내담자의 익명성이 보장되기 때문에 내담자도 자신이 원하는 방식으로 상담에 접근할 수 있고, 상담자도 편견과 선입견 없이 필요한 도움을 제공할 수 있다. 물론 면대면으로 진행되지 않기 때문에 상담자와 내담자 간에 라포 형성이 이루어지지 않아 단독 회기로 끝날 가능성이 많으므로 연속

회기 진행에는 어려움이 있다.

2) 상담자와 내담자의 역할

사이버 상담은 인터넷 접속과 종료도 내담자의 주도하에 이루어지고, 내담자가 자기 신상에 대한 정보를 선택적으로 개방하기 때문에 내담자가 주도권을 많이 가지고 있다는 특징이 있다. 이런 점 때문에 자신의 신상 노출을 꺼리는 사람이나 면대면의 상담을 꺼리는 청소년에게는 매력적인 치료 모듈이 될 수 있다.

상담자에게는 전통적인 심리치료 장면과 달리 간결하고 명확한 문장 표현으로 사이버 상담을 구조화시키는 능력이 필요하다. 상담의 목표를 좀 더 구체화하고, 비밀보장에 대해 미리 알려 주며, 인터넷 기기 장애 발생으로 인한 접속 중단과 이에 대한 대비책 등을 알려 주는 것이 좋다.

3) 국내 사이버 상담 현황

국내에서도 인터넷으로 하는 사이버 상담 사이트가 많이 늘어났는데, 요즘 들어서는 모바일 앱을 이용한 실시간 상담도 구현되고 있다. 대학교의 학생생활연구소나 학생상담센터에서 발빠르게 사이버 상담을 실시하고 있고, 정부기관이 주도하는 정신건강 센터와 심리지원 센터 등도 웹사이트에서 온라인 상담을 실시간으로 진행하는 경우가 많다.

최근 들어 대규모의 상업적인 e-클리닉도 생겨나고 있다. 국내 사이버 상담 사이트 운영자들은 주로 상담자, 의사, 임상심리학자 등의 정신건강 전문가로 구성되어 있다. IT 기술의 발달로 인터넷상의 많은 활동이 모바일 매체에서도 구현 가능해지고 있기 때문에 앞으로는 인터넷이나 모바일 기반 심리치료가 활성화될 전망이다. 사이버 상담은 상담 및 심리치료 서비스에 대해 부정적인 인식을 가지고 있는 우리 사회의 내담자에게 특히 효과적일 수 있다. 물론 사이버 상담이 면대면으로 이루어지는 전통적인 심리치료를 대체할 수는 없다. 하지만 사이버 상담이 현실에서 이루어지는 치료는 아니라고 할지라도 매우 유익하다는 점에는 의문의 여지가 없다.

4) 사이버 상담이 활용 가능한 심리장애 영역

사이버 상담은 여러 가지 심리적 문제에 적용할 수 있으나 진단별로 살펴보면 다음과 같다. 우선 외상 후 스트레스장애(PTSD)를 가진 사람은 외상 자극을 피하는 경향이 있어서 집 안에서의 인터넷을 통한 사이버 상담이 효과적일 수 있다. 사이버 상담상에서 외상에 대한 심리교육, 구조화된 글쓰기 숙제 그리고 자기감찰 등을 통해 외상 후 스트레스 증상을 줄여 줄 수 있다.

웹기반 인지행동치료 등도 불안장애 문제에 적용되고 있다. 불안장애 중 공황장애와 사회공포증을 가진 사람은 집을 나가는 것을 꺼리기 때문에 사이버 상담이 효과적으로 적용될 수 있다. 자신의 집에서 안전하고 안락하게 상담을 받을 수 있기 때문에 사이버 상담은 불안한 내담자가 심리치료를 하게 만드는 유일한 방법일 수 있다. 이들에게 인지적 과제와 온라인 처치를 함께 사용하여 사회불안을 다루어 줄 수 있다.

자살 의도가 있는 내담자 역시 사이버 상담을 통해 도움을 받을 수 있다. 사이버 상담은 위기에 처해 있거나 자살을 고려하는 내담자에게 심리적 지지를 제공할 수 있다. 시간과 장소에 구애받지 않고 인터넷 채팅과 메신저를 통해 직접적이고 즉각적인 의사소통을 할 수 있다는 점에서 사이버 혹은 모바일 상담은 위기 전화 상담과도 같은 기능을 할 수 있다. 불면증을 위한 인터넷 기반 개입의 효과 연구 결과, 인터넷 치료를 받은 환자들은 수면 시간, 침대에서의 각성 시간, 수면 효율성을 포함하는 많은 성과 측정치에서 의미 있는 증상 개선을 보였다(Espie et al., 2013).

비만 문제 역시 사이버 상담을 적용한다면 비용 대비 효과성이 높다. 실시간 채팅과 게시판을 통해 영양사 및 정신건강 분야 전문가들에게 계속적으로 접근할 수 있는 기회를 얻게 되면 유용한 정보를 공유할 수 있다. 면대면 상담과 인터넷상으로 하는 사이버 상담을 혼용하여 적용한다면 오프라인 회기 사이에 이메일 상담과 심리적 지지를 받을 수 있기 때문에 내담자는 안정감을 얻을 수 있고 치료자로부터 긍정적인 관심을 받는다는 느낌을 가질 수 있다. 매 회기를 면대면으로 진행하는 것보다 온라인을 적절하게 활용하게 되면 안전감을 주어 개인적인 정보를 좀 더 개방적으로 공유할 수 있다는 장점도 있다.

마지막으로, 교정 분야에서도 웹기반 정신건강 서비스를 제공할 수 있다. 특히 행동주의에 기반을 둔 사이버 원격 정신건강 서비스는 수감자, 교도관, 교도소 및 지역사회에 실질적으로 도움을 줄 수 있다.

5) 사이버 상담 및 원격 심리상담의 전망

기술이 발달하면서 우리 모두가 예전보다 더 편리한 세상에 살고 있는 것은 분명하지만, 복잡해지고 다양한 사회가 된 만큼 그 속에서 내적인 소외감과 외로움, 갈등을 겪으며 살아가는 사람들도 많아지고 있다. 그렇기 때문에 앞으로 인터넷으로 심리적 문제에 대한 조언을 찾는 사람들도 점점 더 많아질 것이다. 자격을 갖춘 오프라인 상담자에게 접근하기 어렵다면 그 대안으로 사이버 공간에서 자기에게 맞는 상담자를 찾을 수 있다. 도서 지방이나 산간 지방에 살고 있어 온라인 상담 이외의 다른 방법으로는 상담을 받을 수 있는 기회가 없는 사람들도 많이 있다. 이러한 현실 때문에 전문성과 윤리 의식을 갖춘 심리치료자가 인터넷에서 새로운 방식의 상담서비스를 제공할 기회를 가질 수 있다(Edwards-Stewart et al., 2019).

우리나라는 IT 기술 면에서 앞서가고 있기 때문에 앞으로 사이버 상담의 수요도 자연스럽게 증가하게 될 것이다. 미국에서는 많은 상담자가 사이버 상담자로서의 직업을 갖고 있으며, 이들 개인 상담자에게 상담 소프트웨어를 제공하는 회사가 등장하고 있다. 현재 빠른 속도로 발전되고 있는 가상현실의 3차원 영상과 음성 투입 기술 또한 사이버 상담에 큰 영향을 미칠 것이다. 아바타(avatars)나 인공지능(AI)도 컴퓨터가 만들어 낼 수 있는 자기표상의 하나로 정신건강 분야에서 적용 가능성이 높아졌다. IT 기술 발달의 가속화는 상담과 심리치료 분야에서 새롭고 창의로운 방식으로 심리지원 서비스를 제공해 줄 수 있는 발판을 마련해 줄 것이다.

이상심리 프리즘: COVID-19 상황과 비대면 원격 심리(telepsychology)상담

1990년대 이후 의료 장면에서는 원격의료(telemedicine)에 대한 연구가 지속되어 왔고 최근 IT 기술의 발달로 심리치료 및 상담 분야에서도 원격 심리상담 매체 사용이 급속도로 늘고 있다. 특히 2020년 초에 시작한 COVID-19로 인해 비대면 상담에 대한 관심이 정신건강 전문가들은 물론이고 일반인들 사이에서도 높아지고 있다. 앞으로 COVID-19가 종식이 된다고 하더라도 변종 바이러스가 계속 생겨날 가능성이 높다고 전망되고 있어서 비대면 심리상담에 대한 사회적 수요가 높아질 것이다. COVID-19 확산으로 집에서 머무르는 시간이 길어지면서 우울, 무력감을 호소하는 사람들이 많아지면서 코로나블루를 해결하기 위해 앱, 유튜브, IPTV로 진행되는 명상 플랫폼(예: calm, headspace, 코끼리 명상)이 활발해진 상태다. 그러나 이런 원격, 비대면 상담 서비스를 제공하기 위해서는 상담 및 심리치료 전문가들이 새로운 기술에 대한 전문성과 유능성(technology proficiency)을 확보해야 할 것이다. 또한 전문가 윤리를 잘 지킬 필요가 있는데, 특히 상담 및 심리치료의 기본인 비밀보장 원칙이 비대면 플랫폼 상에서 잘 유지될 수 있도록 자료 유출이나 해킹 등 보안 관련 문제도 신경을 써야 한다.

1. 사회가 복잡해지고 인간의 문제 양상이 다양해지면서 추가 연구가 필요한 새로운 정신병리가 출현하고 있다. 성격장애는 진단 범주 외에도 차원에 따라 분류되어야 한다는 견해를 반영하여 연구 진단으로 제시되었다. 망상과 환각이 있기는 하지만 현실검증력이 양호한 상태를 반영하는 약화된 정신병 증후군과 이 밖에 지속성 복합 애도장애, 인터넷 게임장애가 추가 연구를 통해 향후 DSM-5 개정판에서 정식 진단으로 들어올 전망이다.

2. 현재 인터넷 게임장애가 DSM-5의 연구 진단으로 들어가 있지만 이 장애 못지않게 SNS가 활발해지면서 그에 따른 부작용도 심각해지고 있다. 인터넷 음란물, 인터넷 브라우징, 포르노, 유튜브를 통한 자해 등도 생겨나고 있다. 기술의 변화와 경향, 그리고 이것이 우리의 삶에 주는 영향은 이상심리 분야에서도 새로운 경향성을 일으키고 있다. 정신건강 분야의 초점이나 도구, 연구 방향은 점점 더 급격하게 확장되어 가고 있다.

3. 가까운 관계에서 받은 상처는 피해자에게 엄청난 신체적·심리적 후유증을 안긴다. 가족관계에서 흔히 발생하는 학대는 부모-자녀 문제, 부부 문제, 형제자매 문제도 포함할 수 있다. 최근 들어 가족 문제 중에서 가장 심각한 것이 아동 학대 및 방임이다. 우리나라에서도 부모에 의한 자녀 살해와 같은 극단적인 사례들이 자주 일어나고 있어서 학대받는 아동·청소년의 문제에 대한 사회적 관심과 심리치료적 관심이 필요하다.

4. 정신장애를 예방하기 위한 노력은 3가지 하위 유형으로 분류된다. 보편적 개입은 일반인구 집단을 대상으로 예방 노력이 이루어진다. 선택적 개입은 정신건강 문제를 가질 위험이 높은 특정 집단을 대상으로 예방 노력을 기울인다. 표적 개입은 임상 진단을 충족시키지 않는 사람으로 확인된 고위험 집단을 대상으로 예방 노력을 기울인다.

5. 정신적인 질환을 가진 사람에 대한 법적인 지위와 관련된 많은 중요한 문제가 일어나고 있다. 이는 법심리학, 법정신의학의 중요한 주제이기도 하지만 이상심리와 밀접한 관련이 있다. 이 문제는 크게 보면 하나는 정신질환을 가진 사람의 권리 보호와 관련이 있고, 또 다른 하나는 혼란스러운 상태에 있는 정신질환자로부터 사회 구성원들을 보호하기 위한 것이다.

6. 최근 들어 COVID-19의 영향으로 온라인 매체를 활용한 사이버 상담, 디지털치료, 원격 심리상담 등의 비대면 상담 및 심리치료가 활발해지고 있다. 우리나라는 IT 기술 면에서 앞서가고 있기 때문에 앞으로 사이버 상담의 수요도 자연스럽게 증가할 것이다. 현재 빠른 속도로 발전되고 있는 가상현실의 3차원 영상과 음성 투입 기술 또한 사이버 상담에 큰 영향을 미칠 것이다. 아바타나 인공지능도 컴퓨터가 만들어 낼 수 있는 자기표상의 하나로 정신건강 분야에서 적용 가능성이 유망하다.

참고문헌

강옥려(2016). 경계선급 지능 아동의 교육: 과제와 해결방안. 서울교육대학교, 27(1), 361-378.

권석만(2013). 현대 이상심리학(제2판). 서울: 학지사.

김빛나(2019). Evidence based treatment of bipolar disorder. *Korean Journal of Clinical Psychology, 38*(4), 427-444.

박상규(2006). 정신재활의 이론과 실제. 서울: 학지사.

박지연, 장문선, 곽호완, 박형규(2018). 성인 ADHD 성향군의 억제결함: 안구운동 연구. 한국심리학회지: 임상심리 연구와 실제, 4(1), 27-48.

사행산업통합감독위원회(2011). 사행산업이용 실태 및 국민 인식 조사 결과 보고서. 서울: 사행산업통합감독위원회.

신성만, 강상경, 이영문, 정숙희 역(2018). 정신사회재활의 실제. 서울: 시그마프레스.

신주영, 김정민(2018). 성인 ADHD 대학생을 위한 인지행동치료(CBT)와 마음챙김기반 스트레스 감소 개입(MBSR)의 효과 비교: 인지, 정서 및 실행기능을 중심으로. 정서 · 행동장애연구, 34(4), 213-236.

이가영, 차윤지, 서호준, 최기홍(2016). 우울증을 위한 행동활성화 치료의 적용가능성. 인지행동치료, 16(3), 299-322.

정영철(2008). 결정적 시기의 정신분열병 환자를 위한 정신사회적 중재. 서울: 학지사.

AA World Services (2014). AA fact file. New York: AA World Services.

Abraham, K. (1911). Notes on the psychoanaylytic investigation and treatment of manic-depressive insanity and allied conditions. *In Selected papers on Psychoanalysis* (pp. 137-156). New Yrok: Basic Books. (Work republished 1960).

Abraham, K. (1916). The first pregenital stage of the libido. *In Selected papers on Psychoanalysis* (pp. 248-279). New Yrok: Basic Books. (Work republished 1960).

Abramowitz, J. S. (2008). Is nonparaphilic compulsive sexual behavior a variant of OCD?.

In J. S. Abramowitz, D. McKay, & S. Taylor (Eds.), *Obsessional-compulsive disorder: Subtypes and spectrum conditions.* Oxford, England: Elsevier.

Abramowitz, J. S., McKay, D., & Taylor, S. (Eds.). (2008). *Obsessive-compulsive disorder: Subtypes and spectrum conditions.* Oxford, England: Elsevier.

Abramson, L. Y., Alloy, L. B., Hankin, B. L., Haeffel, G. J., MacCoon, D. G., & Gibb, B. E. (2002). Cognitive vulnerability stress models of depression in a self-regulatory and psychobiological context. In I. H. Gotlib, & C. L. Hammen (Eds.), *Handbook of depression* (pp. 268-294). New York: Guilford.

Alloy, L. B., Bender, R. E., Whitehouse, W. G., Wagner, C. A., Liu, R. T., Grant, D. A., & Abramson, L. Y. (2012). High Behavioral Approach System (BAS) sensitivity, reward responsiveness, and goal-striving predict first onset of bipolar spectrum disorders: A prospective behavioral high-risk design. *Journal of Abnormal Psychology, 121*(2), 339-351.

American Psychiatric Association (2015). 정신질환의 진단 및 통계 편람 제5판[*Diagnostic and Statistical Manual of Mental Disorder-5th edition* (DSM-5)]. 권준수 외 공역. 서울: 학지사. (원저는 2013년에 출판).

Arch, J. J., & Craske, M. G. (2009). First-line treatment: A critical appraisal of cognitive behavioral therapy developments and alternatives. *Psychiatry Clinical North America, 32*(3), 525-547.

Barlow, D. H., Durand, V. M., & Hofmann, S. G. (2017). *Essentials of abnormal psychology* (8th ed.). Boston, MA: Cengage Learning.

Bateson, G. (1960). Minimal requirement for a theory of schizophrenia. *Archives General Psychiatry, 2*, 477-491.

Bateson, G. (1995). Cultural problems posed by a study of schizophrenic process. In A. Auerback (Ed.), *Schizophrneia: An integrated approach.* New York: Ronald.

Beck, A. T. (1967). *Depression: Clinical, experimental and theoretical aspects.* New York: Harper & Row.

Beck, A. T. (1976). *Cognitive therapy and emotional disorders.* New York: International Universities Press.

Bergman, R. L., Gonzalez, A., Piacentini, J., & Keller, M. L. (2013). Integrated behavior therapy for selective mutism: A randomized controlled pilot study. *Behaviour Research and Therapy, 51*, 680-689.

Berman, M. E., McCloskey, M. S., Fanning, J. R., Schumacher, J. A., & Coccaro, E. F. (2009). Serotonin augmentation reduces response to attach in aggressive individuals. *Psychological Science, 20*(6), 714-720.

Bin-na, K., Youngjin, L., & Seokman, K. (2010). The role of decentering in the relationship between rumination and depressive symptoms. *Korean Journal of Clinical Psychology, 29*(2), 573-596.

Black, D. W., & Grant, J. E. (2014). *DSM-5 Guidebook: The essential companion to the Diagnostic and Statistical Manual of Mental Disorders* (5th ed). Arlington, VA: American Psychiatric Publishing.

Block, S. H., & Block, C. B. (2015). 외상후 스트레스 장애 심신 워크북[*Mind body workbook for PTSD*]. 정도운, 정성수 역. 서울: 시그마프레스. (원저는 2010년에 출판).

Bouman, T. K. (2008). Hypocondriasis. In J. S. Abramowitz, D. McKay, & S. Taylor (Eds.), *Obsessive-compulsive disorder: Subtypes and spectrum conditions*. Oxford, England: Elsevier.

Bowlby, J. (1959). Separation anxiety. *International Journal of Psycho-Analysis, XLI*, 1-25.

Bowlby, J. (1980). Attachment and loss: *Loss, sadness, and depression*. New York: Basic Books.

Brent, D. A., & Mann, J. J. (2005). Family genetic studies, suicide, and suicidal behavior. *American Journal of Medical Genetics, 133*(1), 13-24.

Brown, G. W. (1985). The discovery of expressed emotion. In J. Leff & C. Vaughn (Eds.), *Expressed emotions in families* (pp. 7-25). New York: Guilford.

Bruch, H. (2001). *The Golden cage: The enigma of anorexia nervosa*. Cambridge, MA: Harvard University Press.

Burijon, B. N. (2007). *Biological bases of clinical anxiety*. New York: W. W. Norton & Company.

Burke, T. (2010). Psychiatric disorder: Understanding violence. In A. Battlett & G. McGauley (Eds.), *Forensic mental health: Concepts, systems, and practice* (pp. 35-51). New York: Oxford University Press.

Butcher, J. N., Hooley, J. M., & Mineka, S. M. (2013). *Abnormal psychology* (16th ed.). Boston, MA: Pearson.

Buzzella, B. A., Ehrenreich-May, J. T., & Pincus, D. B. (2011). Comorbidity and family factors associated with selective mutism. *Child Development Research, 2011*, 1-9.

Cahn, W., Hulsoff Pol, H. E., Lems, E. B., van Haren, N. E., Schnack, H. G., van der Linden, J. A., Schothorst, P. F., van Engeland, H., & Kahn, R. S. (2002). Brain volume changes in first episode schizophrenia: A 1-year follow-up study. *Archives General Psychiatry, 59*, 1002-1010.

Campbell, J. M., Herzinger, C. V., & James, C. L. (2008). Evidence based therapies for autistic disorder and pervasive developmental disorders. In R. G. Steele, T. D. Elkin, & M. C. Roberts (Eds.), *Handbook of evidence-based therapies for children and adolescents: Bridging science and practice.* New York: Springer.

Campbell, N. C. (2010). Multiple paths to partial truths: A history of drug use etiology. In L. Scheier (Ed.), *Handbook of drug use etiology: Theory, methods, and empirical findings* (pp. 29-50). Washington, DC: American Psychological Association.

Campbell-Sills, L., Ellard, K. K., & Barlow, D. H. (2014). Emotion regulation in anxiety disorders. In J. J. Gross (Ed.), *Handbook of assessment and treatment planing for psychological disorders* (pp. 224-266). New York, NY: Guilford.

Capriotti, M. R., Ely, L. J., Snorrason, I., & Woods, D. W. (2014). Acceptance-enhanced behavior therapy for excoriation (skin-picking) disorder in adults: A clinical case series. *Cognitive and behavioral practice, 22*, 230-239.

Carey, K. B., Henson, J. M., Carey, M. B., & Maisto, S. A. (2007). Which heavy drinking college students benefit from brief motivational intervention?. *Journal of Consulting and Clinical Psychology, 75*, 663-669.

Carlson, G. A., & Fish, B. (2005). Longitudinal course of schizophrenia spectrum symptoms in offspring of psychiatrically hospitalized mothers. *Journal of Child Adolescence Psychopharmacology, 15*(3), 362-383.

Carlson, N. R. (2008). *Foundations of physiological psychology* (7th ed.). Boston, MA: Pearson.

Cassidy, J., & Shaver, P. R. (Eds.). (2008). *Handbook of attachment: Theory, research, and clinical applications* (2nd ed.). New York: Guilford.

Chang, S. W., Piacentina, J., & Walkup, J. T. (2007). Behavioral treatment of Tourete syndrome. *Clinical Psychology and Science Practice, 14*, 268-273.

Choy, Y., Fyer, A. J., & Lipsitz, J. D. (2007). Treatment of specific phobia in adults. *Clinical Psychology Review, 27*(3), 266-286.

Christopher, P. P., Foti, M. E., Roy-Bujnowski, K., & Appelbaum, P. S. (2007). Consent form readability and mental health research. *Psychiatric Service, 58*(2), 227–232.

Christophersen, E. R., & Purvis, P. C. (2001). Toiletting problems in children. In C. E. Walker & M. C. Roberts (Eds.), *Handbook of clinical child psychopathology* (3rd ed., pp. 453–469). New York: Wiley.

Clark, D. A., & Beck, A. T. (2012). Cognitive theory and therapy of anxiety and depression: Convergence with neurobiological findings. *Trends in Cognitive Sciences, 14*(9), 418–424.

Clark, D. A., Beck, A. T., & Alford, B. A. (1999). *Scientific foundations of cognitive theory and therapy of depression.* New York: Wiley.

Clark, D. M., Ehlers, A., Hackmann, A., McManus, F., Fenell, M., Grey, N., Waddington, N., & Jennifer, L. W. (2006). Cognitive therapy versus exposure and applied relaxation in social phobia: A randomized controlled trial. *Journal of Consuling and Clinical Psychology, 71*(6), 568–578.

Cloitre, M. (2009). Effectiveness psychotherapies for post traumatic stress disorder: A review and critique. *CNS Spectrums, 14*(suppl. 1), 32–43.

Cohen, J. A., Mannarino, A. P., & Deblinger, E. (2006). *Treating trauma and traumatic grief in children and adolescents.* New York: Guilford.

Collins, N. L., Dunkel-Schetter, C., Lobel, M., & Scrimshaw, S. C. M. (2004). Social support in pregnancy: Psychosocial correlates of birth outcomes and postpartum depression. In H. T. Reis & C. E. Rusbult (Eds.). *Close relationships: Key readings* (pp. 35–55). Philadelphia: Taylor & Fransis.

Comer, R. J. (2017). *Fundamentals of abnormal psychology* (10th ed.). New York: Worth.

Cornblatt, B. A., Lenzenweger, M. F., & Erlenmeyer-Kimling, L. (1989). The continuous performance test, idential paire version: II. Contrasting attentional profiles in schizophrenic and depressed patients. *Psychiatry Research, 29*, 65–85.

Cougle, J. R., Salkovskis, P. M., & Wahl, K. (2007). Perception of memory ability and confidence in recollections in obsessive-compulsive checking. *Journal of Anxiety Disorder, 21*(1), 118–130.

Craske, M. G., & Barlow, D. H. (2014). Panic disorder and agoraphobia. In D. H. Barlow (Ed.), *Clinical handbook of psychological disorders: A step by step treatment manual* (5th ed.). New York: Guilford.

Cutting, J. (1985). *The psychology of schizophrenia.* Edinburgh, Scotland: Churchill-

Livingstone.

Day, N. (2007). Critical incident stress management and TIR. In V. R. Volkman (Ed.), *Traumatic incident reduction and critical incident stress management.* Ann Arbor, MI: Loving Healing.

Densato, K. M., & Diener, D. (1986). Effectiveness of cognitive relaxation therapy and study-skills training in reducing self-reported anxiety and improving academic performance of test-anxious student. *Journal of counseling psychology, 16,* 162-165.

Didie, E. R., Tortolani, C. C., Pope, C. G., Menard, W., Fay, C., & Phillips, K. A. (2006). Childhood abuse and neglect in body dysmorphic disorder. *Child Abuse and Neglect, 30,* 1105-1115.

Dimberg, U., & Ohman, A. (1996). Behold the wrath: Psychophysiological responses to facial stimuli. *Motivation and Emotion, 20,* 149-182.

Druss, B. G. (2010). The changing face of U.S. mental health care. *American Journal of Psychiatry, 167,* 1419-1421.

Durkheim, E. (1951). *Suicide: A study in sociology.* (J. A. Spaulding & G. Simpson, Trans.). New York: Free.

Edwards-Stewart, A., Alexander, C., Armstrong, C. M., Hoyt, T., & O'Donohue, W. (2019). Mobile applications for client use: Ethical and legal considerations. *Psychological Services, 16*(2), 281-285.

Ehlers, A., & Clark, D. M. (2003). Early psychological interventions for adult survivors of trauma: A review. *Biological Psychiatry, 53,* 817-826.

Ekers, D., Richards, D., McMillanm, D., Bland, J. M., & Gilbody, S. (2014). Behavioral activation for depression: An update of meta-analysis of effectiveness and sub-group analysis. *Plos One, 9*(6), e100100.

Ellis, A. (1962). *Reason and emotion in psychotherapy.* Secaucus, NJ: Lyle Stuart.

Ellis, A. (1989). The history of cognition in psychotherapy. In A. Freeman, K. M. Simon, L. E. Beutler, & H. Arkowitz (Eds.), *Comprehensive handbook of cognitive therapy* (pp. 5-19). New York: Plenum.

Erikson, E. (1963). *Childhood and society.* New York: Norton.

Escalante, P. R., Minshew, N. J., & Sweeney, J. A. (2003). Abnormal brain lateralization in high-functioning autism. *Journal of Autism Developmental Disorders, 33,* 539-543.

Espie, C. A., Hames, P., & McKinstry, B. (2013). *Use of the internet and mobile media for delivery of cognitive behavioral insomnia therapy, sleep medicine clinics, 8*(3), 407–419.

Etkin, A. (2010). Functional neuroanatomy of anxiety: A neural circuit perspective. *Behavioral Neurobiology of anxiety and its treatment.* New York: Springer.

Eunhee, K. (2007). Development and validation of the revised clining scale. *The Korean Journal of Counseling and Psychotherapy, 19*(1), 153–170.

Fairburn, C, G., Cooper, Z., Shafran, R., & Wilson, G. T. (2008). Eating disorders: A transdiagnostic protocol. In D. H. Barlow (Ed.), *Clinical handbook of psychological disorders: A step by step treatment manual* (4th ed.). New York: Guilford.

Farmer, R. F., & Chapman, A. L. (2008). *Behavioral interventions in cognitive behavior therapy: Practical guidance for putting theory into action.* Washington, DC: American Psychological Association.

Fenichel, O. (1945). *The psychoanalytic theory of neurosis.* New York: Norton.

Feusner, J. D., Townsend, J., Bystritsky, A., & Bookheimer, S. (2007). Visual information processing of faces in body dysmorphic disorder. *Archives General Psychiatry, 64*(12), 1417–1426.

Fisher, P. L., & Wells, A. (2009). Psychological models of worry and generalized anxiety disorder. In M. M. Antony & M. B. Stein (Eds.), *Oxford Handbook of anxiety and related disorders* (pp. 225–237). New York, NY: Oxford University Press.

Foa, E., B., Liebowitz, M. R., Kozak, M. J., Davis, S., Campeas, R., Franklin, M. E., & Tu, X. (2005). Randomized, placebo-controlled trial of exposure and ritual prevention, clomipramine, and their combination in the treatment of obsessive-compulsive disorder. *American Journal of Psychiatry, 162*, 151–161.

Frank, E., Kupfer, D., M., Mallinger, A., Swartz, H., Eagiolini, A., & Monk, T. (2005). Two-year outcomes for interpersonal and social rhythm therapy in individuals with bipolar I disorder. *Archives of General Psychiatry, 62*, 996–1004.

Freud, S. (1905). Three essays on the theory of sexuality. In J. Strachey (Ed. & Trans.), *The standard edition of the complete psychological works of Sigmund Freud* (Vol. 7, pp. 125–245). London: Hogarth Press.

Fromm-Reichmann, F. (1943). Psychotherapy of schizophrenia. *American Journal of Psychiatry, 111*, 410–419.

Furr, J. M., Tiwari, S., Suveg, C., & Kendall, P. C. (2009). Anxiety disorders in children and adolescents. In M. M. Antony & M. B. Stein (Eds.), *Oxford handbook of anxiety and related disorders* (pp. 636–656). New York: Oxford University Press.

Gao, Y., Raine, A., Venables, P. H., Dawson, M. E., & Mednick, S. A. (2010). Association of poor childhood fear conditioning and adult crime. *American Journal of Psychiatry, 167*(1), 56–60.

Gazzaniga, M. (2006). *Psychological science* (2nd ed.). New York: W.W. Norton & Company, figure 4-2.

Goldin, P. R., Manber, T., Hakimi, S., Canli, T., & Gross, J. J. (2009). Neural bases of social anxiety disorder: Emotional reactivity and cognitive regulation during social and physical threat. *Archives General Psychiatry, 66*(2), 170–180.

Goodman, S. H., & Brand, S. R. (2009). Depression and early adverse experiences. In I. H. Gotlib & C. L. Hammen (Eds.), *Handbook of depression* (2nd ed., pp. 249–274). New York: Guilford.

Greenberg, J. R., & Mitchell, S. (1983). *Object relations in psychoanalytic theory.* Cambridge, MA: Harvard University Press.

Gregory, J. (2007). 병든 아이[*Sickened: The memoir of Münchausen*]. 김희정 역. 서울: 소담출판사. (원저는 2003년에 출판).

Grillon, C. (2008). Models and mechanisms of anxiety: Evidence from startle studies. *Psychopharmacology, 199*(3), 421–437.

Hammen, C. (2005). Stress and depression. In S. Nolen-Hoeksema (Ed.), *Annual Review of Clinical Psychology, 1*, 293–319.

Harkness, K. L., & Lumley, M. N. (2008). Child abuse and neglect and the development of depressin in children and adolescents. In J. R, Z. Abela & B. L. Hankin (Eds.), *Handbook of depression in children and adolescents.* New York: Guilford.

Harlow, H. F., & Zimmermann, R. R. (1958). The development of affective responsiveness in infant monkeys. *Proceedings of the American Philosophical Society, 102*, 501–509.

Harlow, H. F., & Zimmermann, R. R. (1996). Affectional responses in the infant monkey. In L. C. Drickamer & L. D. Houck (Eds.), *Foundations of animal behavior: Classic papers with commentaries* (pp. 376–387). Chicago, IL: Universit Press/Thomson Gale.

Harrison, P. J., & Weinberger, D. R. (2005). Schizophrenia genes, gene expression, and neuropathology: On the matter of their convergence. *Molecular Psychiatry, 10*(8), 804.

Higgins, E. S., & George, M. S. (2007). *The neuroscience of clinical psychiatry: The pathophysiology of behavior and mental illness.* Philadelphia, PA: Wolters Kluwer/ Lippincott Williams & Wilkins.

Hirsch, C. R., Clark, D. M., & Mathews, A. (2006). Imagery and interpretations in social phobia: Support for the combined cognitive biases hypothesis. *Behavior Therapy, 37*(3), 223-236.

Hirshfeld-Becker, D. R., Biederman, J., Henin, A., Faraone, S. V., Davis, S., Harrington, K., & Rosenbaum, J. F. (2007). Behavioral inhibition in preschool children at risk is a specific predictor of middle childhood social anxiety: A five-year follow-up. *Journal of Developmental & Behavioral Pediatrics, 28*(3), 225-233.

Hollander, E., Berlin, H. A., & Stein, D. J. (2009). Impulse control disorders not elsewhere classified. In J. A. Bourgeois, R. E. Hales, J. S. Young, & S. C. Yudofsky (Eds.), *The American psychiatric publishing board review guide for psychiatry* (pp. 469-482). Arlington, VA: American Psychiatric.

Hooley, J. M., Gruber, S. A., Parker, H., Guillaumor, J., Rogowska, J., & Yurgelun-Todd, D. A. (2009). Cortico-limbic response to personally-challenging emotional stimuli after complete recovery from major depression. *Psychiatry Research: Neuroimaging, 171*(2), 106-119.

Houts, A. C. (2003). Behavioral treatment for enuresis. In A. E. Kazdin & J. R. Weisz (Eds.), *Evidence-based psychotherapies for children and adolescents.* New York: Guilford.

Jenike, M. A., Baer, L., Ballantine, H. T., Martuza, R. L., Tynes, S., Giriunas, I., & Cassem, N. H. (1991). Cingulotomy for refractory obsessive-compulsive disorder: A long term follow-up of 33 patients. *Archives of General Psychiatry, 48,* 548-555.

Joiner, T. E. (2002). Depression in its interpersonal context. In I. H. Gotlib & C. L. Hammen (Eds.), *Handbook of depression* (pp. 295-313). New York: Guilford.

Julien, R. M. (2005). *A prime of drug action* (10th ed.). New York: Worth.

Julien, R. M. (2008). *A primer of drug action* (11th ed.). New York: Worth Publishers.

Kabat-Zinn, J. (1990). *Full catastrophe living: Using the wisdom of your body and mind to face stress, pain, and illness.* New York: Delta.

Kabat-Zinn, J. (1994). *Wherever you go, there you are: Mindfulness meditation in everyday life.* New York : Hyperion.

Kagan, J., & Snidman, N. (1999). Early childhood predictors of adult anxiety disorders. *Biological Psychiatry, 46*(11), 1536-1541.

Kagan, J., Snidman, N., McManis, M., & Woodward, S. (2001). Temperamental contribution to the affect family of anxiety. *Psychiatric Clinical North America, 2*, 677-688.

Kampmann, I. L., Emmelkamp, P. M. G., & Morina, N. (2016). Meta-analysis of technology-assisted interventions for social anxiety disorder. *Journal of Anxiety Disorders, 18*(42), 71-84.

Kanner, L. (1943). Autistic disturbances of affective contact. *Nervous Child, 2*, 217.

Karoutzou, G., Emrich, H. M., & Dietrich, D. E. (2008). The myelin-pathogenesis puzzle in schiozphrenia: A literature review. *Molecular Psychiatry, 13*, 245-260.

Kaye, W. H., Frank, G. K., Bailer, U. F., Henry, S. E., Meltzer, C. C., Price, J. C., Mathis, C. A., & Wagner, A. (2005). Serotonin alteration in anorexia and bulimia nervosa: New insights from imaging studies. *Psysiology Behavior, 85*(1), 73-81.

Kendler, K. S., Gardner, C. O., Gatz, M., & Pedersen, N. L. (2007). The sources of comorbidity between major depression and generalized anxiety disorder in a Swedish national twin sample. *Psychological Medicine, 37*(3), 453-462.

Kernberg, O. F. (2009). Narcissistic personality disorders: Part 1. *Psychiatric Annals, 39*(3), 105-166.

Kessler, R. C., McGonagle, K. A., Zhao, S., Nelson, C. B., Hughes, M., Eshleman, S., Wittchen, H. U., & Kendler, K. S. (1994). Lifetime and 12-month pervalence of DSM-III-R psychiatric disorders among persons aged 15-54 in the United States: Results from the national comorbidity survey. *Archives of General Psychiatry, 51*(1), 8-19.

Keuthen, N. J., Deckersbach, T., Wilhelm, S., Hale, E., Fraim, C., Baer, l., O'Sullivan, R. L., & Jenike, M. A. (2000). Repetitive skin-picking in a student population and comparison with a sample of self-injurious skin pickers. *Psychosomatics, 41*(3), 201-215.

Kilbey, M. M., & Downey, K. K. (1994). Co-dependence on nicotine and alcohol: A descriptive characterization. *Pharmacology Biochemistry and Behavior, 48*(3), 837.

Klonsky, E. D., Kotov, R., Bakst, S., Rabinowitz, J., & Bromet, E. J. (2012). Hopelessness as a predictor of attempted suicide among first admission patients with psychosis: A 10-year cohort study. *Suicide and Life threatening Behavior, 42*(1), 1-10.

Kosof, J. (2009). Cultural variation in seasonal depression: Cross-national differences in winter versus summer patterns of seasonal affective disorder. *Journal of Affective Disorders, 115*(1-2), 79-86.

Kotov, R., Gamez, W., Schmidt, F., & Watson, D. (2010). Liking 'big' personality traits to anxiety, depressive, and substance use disorder: A meta-analysis. *Psychological Bulletin, 136*(5), 768-821.

Kremen, W. S., Koenen, K. C., Boake, C., Purcell, S., Eisen, S. A., Franz, C. E., Tsuang, M. T., & Lyons, M. J. (2007). Pretrauma cognitive ability and risk for posttraumatic stress disorder: A twin study. *Archives General Psychiatry, 64*, 361-368.

Kulkarni, J., de Castella, A., Fitzgerald, P. B., Gurvich, C. T., Bailey, M., Bartholomeusz, C., & Burger, H. (2008). Estrogen in sever mental illness: A potential new treatment approach. *Archives General Psychiatry, 65*, 955-960.

Kurtz, M. M., & Mueser, K. T. (2008). A meta-analysis of controlled research on social skills training for schizophrenia. *Journal of Consulting and Clinical Psychology, 76*(3), 491-504.

Levine, P. A. (2014). 몸과 마음을 잇는 트라우마 치유[*Healing trauma*]. 서주희 역. 서울: 학지사. (원저는 2008년에 출판).

Levine, P. A. (2019). 트라우마와 기억: 살아 있는 과거를 찾아서[*Trauma and memory*]. 권승희 역. 서울: 학지사. (원저는 2015년에 출판).

Linehan, M. M., Cochran, B. N., & Kehrer, C. A. (2001). Dialectical behavior therapy for borerline personality disorder. In D. H. Barlow (Ed.), *Clinical handbook of psychological disorders* (3rd ed., pp. 470-522). New York: Guilford.

Linehan, M. M., Comtois, K. A., Murray, A. M., Brown, M. Z., Gallop, R. J., Heard, H. L., et al. (2006). Two-year randomized trial follow-up of dialectical behavior therapy vs. therapy by experts for suicidal behaviors and borderline personality disorder. *Archives of General Psychiatry, 63*, 757-766.

Lonsdorf, T. B., Weike, A. I., Nikamo, P., Schalling, M., Hamm, A. O., & Ohman, A. (2009). Genetic gating of human fear learning and extinction: Possible implications for gene-environment interaction in anxiety disorder. *Psychological Science, 20*(2), 198-206.

Lowrence, A. A. (2007). Becoming what we love: Auto-gynephilic transsexualism conceptualized as an expression of romantic love. *Perspective Biological Medicine, 50*(4), 506-520.

Luborsky, L., Rosenthal, R., Diguer, L., Andrusyna, T. P., Levitt, J. T., Seligman, D. A., Berman, J. S., & Krause, E. D. (2003). Are some psychotherapies much more effective than others?. *Journal of Psychoanalysis Studies, 5*(4), 455-460.

Macgowan, M., & Engle, B. (2010). Evidence for optimism: Behavior therapies and motivational interviewing in adolescent substance abuse treatment. *Child and Adolescence Psychiatry Clinic North America, 19*(3), 527-545.

Maddock, R. J., Buonocore, M. H., Kile, S. J., & Garrett, A. S. (2003). Brain regions showing increased activation by threat-related words in panic disorder. *Neuroreport: For rapid communication of neuro-Science Research, 14*(3), 325-328.

Maldonado, J. R., & Spiegel, D. (2007). Dissociative disorders. In S. C. Yudofsky & R. E. Hales (Eds.), *The American Psychiatric Publishing textbook of clinical psychiatry* (4th ed., pp. 709-742). Washington, DC: American Psychiatric Publishing.

Manji, H. K., & Lenox, R. H. (2000). The nature of bipolar disorder. *Journal of Clinical Psychiatry, 61*, 42-58.

Marshall, T., Jones, D. P. H., Ramchandani, P. G., Stein, A., & Bass, C. (2007). Intergenerational transmission of health benefits in somatoform disorders. *British Journal of Psychiatry, 191*(4), 449-450.

Masters, W. H., & Johnson, V. E. (1970). *Human sexual inadequacy*. Boston, MA: Little, Brown.

McNally, R. J. (2000). Information processing abnormalities in obsessive-compulsive disorder. In. W. K. Goodman, M. V. Rudorfer, & J. D. Maser (Eds.), Obsessive-compulsive disorder: Contemporary issues in treatment. *Personality and clinical psychology series* (pp. 106-116). Mahwah, NJ: Erlbaum.

McNally, R. J. (2013). Posttraumatic stress disorder and dissociative disorder. In P. H. Blaney, T. Millon, & S. Grossman (Eds.), *Oxford textbook of psychopathology* (3rd ed.). Oxford, UK: Oxford University Press.

McNaughton, N. (2008). The neurobiology of anxiety: Potential for comorbidity of anxiety and substance use disorders. In S. H. Stewart & P. J. Conrod (Eds.), *Anxiety and substance use disorders: The vicious cycle of comorbidity* (pp. 19-33). New York: Springer Science + Business Media.

Medda, P., Perugi, G., Zanello, S., Ciuffa, M., & Cassano, G. B. (2009). Response to ECT in bipolar I, bipolar II and unipolar depression. *Journal of Affective Disorders, 118*(1-3), 55-59.

Megargee, E. I. (2009). Understanding and assessing aggressin and violence. In J. N.

Butcher (Ed.), *Oxford handbook of personality and clinical assessment* (pp. 542–566). New York: Oxford University Press.

Meongso, K., Hyewon, K., & Kyoungho, C. (2001). Analyses on the construct of Psychological Well-Being (PWB) of Korean male and female adults. *Korean Journal of Social and Personality Psychology, 15*(2), 19-39.

Michel, A., Ansseau, M., Legros, J.-J., Pitchot, W., & Mormont, C. (2002). The transsexual: What about the future. *European Psychiatry, 17*(6), 353-362.

Mikulincer, M., & Shaver, P. R. (2007). *Attachment in adulthood: Structure, dynamics, and change.* New York: Guilford.

Miller, W. R., & Rollnick, S. (2002). *Motivational interviewing: Lessons preparing people for change.* New York: Guilford.

Millon, T., & Grossman, S. (2007). *Moderating sever personality disorders: A personalized psychotherapy approach.* Hoboken, NJ: Wiley.

Mills, M. J., Sullivan, G., & Eth, S. (1987). Protecting third parties: A decade after Tarasoff. *American Journal of Psychiatry, 44*(1), 68-74.

Monahan, J., & Steadman, H. J. (1997). Violent storms and violent people: How meteorology can inform risk communication in mental health law. *American Psychologist, 51*(9), 931-938.

Monzani, B., Rijsdijk, F., Anson, M., Iervolino, A. C., Cherkas, L., Spector, T., & Mataix-Cols, D. (2012). A twin study of body dysmorphic concerns. *Psychological Medicine, 42*(9), 1949-1955.

Morein-Zamir, S., Fineberg, N. A., Robbins, T. W., & Sahakian, B. J. (2010). Inhibition of thoughts and actions in obsessive-compulsive disorder: Extending the endophenotype?. *Psychological Medicine, 40*(2), 263-272.

Morey, L. C., Skinner, H. A., & Blashfield, R. K. (1984). A typology of alcohol abusers: Correlates and implications. *Journal of Abnormal Psychology, 93*, 408-417.

Morrison, A. P., & Baker, C. A. (2000). Intrusive thoughts and auditory hallucinations: A comparative study of intrusions in psychosis. *Behavior Research Theraphy, 38*(11), 1097-1104.

Mowrer, O. H. (1947). On the dual nature of learning: A reinterpretation of 'conditioning' and 'problem-solving'. *Harvard Education Review, 17*, 102-148.

Mrazek, P. J., & Haggerty, R. J. (Eds.). (1994). *Reducing risks for mental disorder: Frontiers for prevention intervention research.* Washington, DC: National Academy.

Mueser, K. T., & Berenbaum, H. (1990). Psychodynamic treatment of schizophrenia: Is there a future?. *Psychological Medicine, 20,* 253-262.

Nock, M. K., Cha, C. B., & Dour, H. J. (2011). Disorders of impulse control and self-harm. In D. H. Barlow (Ed.), *Oxford handbook of clinical psychology* (pp. 504-529). New York: Oxford University Press.

Nock, M. K., Hwang, I., Sampson, N. A., & Kessler, R. C. (2010). Mental disorders, comorbidity and suicidal behavior: Results from the national comorbidity survey replication. *Molecular Psychiatry, 15,* 868-876.

Nolen-Hoeksema, S., & Hilt, L. (2009). Gender differences in depression. In I. H. Gotlib & C. L. Hammen (Eds.), *Handbook of depression and its treatment* (2nd ed.). New York: Guilford.

O'Connor, B. P., McGuire, S., Reiss, D., Hetherington, E. M., & Plomin, R. (1998). Co-occurrence of depressive symptoms and antisocial behavior in adolescence: A common genetic liability. *Journal of Abnormal Psychology, 107*(1), 27-37.

Ortin, A., Lake, A. M., Kleinman, M., & Gould, M. S. (2012). Sensation seeking as risk factor for suicidal ideation and suicide attempts in adolescence. *Journal of Affective Disorders, 143,* 214-222.

Paris, J. (1999). Borderline personality disorder. In T. Millon, P. H. Blaney, & R. D. Davis (Eds.), *Oxford textbook of psychopathology* (pp. 628-652). New York: Oxford University Press.

Parsons, T. D., & Rizzo, A. A. (2008). Affective outcomes of virtual reality exposure therapy for anxiety and specific phobias: A meta-analysis. *Journal of Behavior Therapy, 39*(3), 250-261.

Patrick, C. J. (2007). Antisocial personality disorder and psychopathy. In W. O'Donohue, K. A. Fowler, & S. O. Lilienfeld (Eds.), *Personality disorders: Toward the DSM-V.* Los Angeles, CA: Sage.

Paul, G. L. (1967). The strategy of outcome research in psychotherapy. *Journal of Counseling Psychology, 31,* 109-118.

Perich, T., Manicavasagar, V., Mitchell, P. B., & Ball, J. R. (2013). The association between meditation practice and treatment outcome in mindfulness-based cognitive therapy for bipolar disorder. *Behaviour Research and Therapy, 51*(7), 338-343.

Prince, M. (1906). Hysteria from the point of view of dissociated personality. *Journal of Abnormal Psychology, 1*, 170-187.

Putnam, F. W. (1991). Dissociative phenomena. In A. Tasman & S. M. Goldinger (Eds.), *American psychiatric press review of psychiatry* (Vol. 10). Washington, DC: American Psychiatric.

Putnam, F. W. (1992). Altered states: Peeling away the layers of a multiple personality. *Sciences, 32*(6), 30-36.

Putnam, F. W. (1997). *Dissociation in children and adolescents: A developmental perspective*. New York: Guilford.

Rachman, S. J., Shafran, R., & Riskind, J. (2006). Cognitive vulnerability to obsessive compulsive disorders. In L. B. Alloy & J. H. Riskind (Eds.), *Cognitive vulnerability to emotional disorders* (pp. 235-249). Hillsdale, NJ: Lawrence Erlbaum.

Rapoport, J. L., Leonard, H. L., & Swedo, S. E.(1993). Childhood onset obsessive compulsive disorder. *European Neuropsychopharmacology, 3*(3), 226.

Redmond, D. E. (1981). Clonidine and the primate locus coeruleus: Evidence suggesting anxiolytic and anti-withdrawal effects. In H. Lal & S. Fielding (Eds.), *Psychopharmacology of clonidine*. New York: Alan R. Liss.

Reger, G., & Gahm, G. A. (2008). Virtual reality exposure therapy for active duty soldiers. *Journal of Clinical Psychology: In session, 64*, 1-7.

Resick P. A., Williams, L. F., Suvak, M. K., Monson, C. M., & Gradus, J. L. (2012). Longterm outcomes of cognitive behavioral treatments for posttraumatic stress disorder among female raper survivors. *Journal of Consulting and Clinical Psychology, 80*, 201-210.

Resnick, P. H. J., & Harris, M. R. (2002). Retrospective assessment of malingering in insanity defense cases. In R. I. Simon & D. W. Schuman (Eds.), *Retrospective assessment of mental states in litigation: Predicting the past* (pp. 101-134). Washington, DC: American Psychiatric.

Reyes, G., & Jacobs, G. A. (Eds.). (2006). *Handbook of international disaster psychology: Interventions with special needs populations* (Vol. 4). Westport, CT: Praeger.

Rothschild, A. J., Williamson, D. J., Tohen, M. F., Schatzberg, A., Andersen, S. W., Van Campen, L. E., Sanger, T. M., & Tollefson, G. D. (2004). A double-blind, randomized study of olanzapine and olanzapine/ fluoxetine combination for major depression with psychotic features. *Journal of Clinical Psychopharmacology, 24*(4), 365-373.

Roy, A. (2009). Characteristics of cocaine dependent patients who attempt suicide. *Archives of Suicide Research, 13*(1), 46-51.

Santos, M. M., Puspitasari, A. J., Nagy, G. A., & Kanter, J. W. (2021). Behavioral activation. In A. Wenzel (Ed.), *Handbook of cognitive behavioral therapy: Overview and approaches* (p. 235-273). American Psychological Association.

Schneider, S., Blatter-Meunier, J., Herren, C., Adornetto, C., In-Albon, T., & Lavallee, K. (2011). Disorder-specific cognitive-behavioral therapy for separation anxiety disorder in young children: A randomized waiting-list controlled trial. *Psychotherapy and Psychosomatics, 80*(4), 206-215.

Schulze, T. G., & McMahon, F. J. (2009). The genetic basis of bipolar disorder. In C. Zarate Jr. & H. K. Manji (Eds.), *Bipolar depression: Molecular neurobiology, clinical diagnosis and pharmachotherapy* (pp. 59-76). Cambridge, MA: Birkhauser.

Segal, Z. V., Williams, J. G., & Teasdale, J. D. (2018). 우울증 재발 방지를 위한 마음챙김 기반 인지치료[*Mindfulness-based cognitive therapy for depression*]. 이우경, 이미옥 역. 서울: 학지사. (원저는 2002년에 출판).

Segrin, C. (2000). Social skills deficits associated with depression. *Clinical Psychology Review, 20*(3), 379-403.

Seligman, M. E. P. (1971). *Phobias and preparedness. Behavior Therapy, 2*, 307-320.

Seligman, M. E. P. (1974). Depression and learned helplessness. In R. J. Friedman & M. M. Katz (Eds.), *The psychology of depression: Contemporary theory and research*. Washington, DC: Hemisphere.

Seligman, M. E. P. (1975). *Helplessness: On depression, development, and death*. San Francisco, CA: Freeman.

Seligman, M. E. P. (1990). Why is there so much depression today?: The waxing of the individual and the waning of the commons. In R. E. Ingram (Ed.), *Contemporary psychological approaches to depression*. New York: Plenum.

Selling, L. S. (1943). *Men against madness*. New York: Garden City Books.

Sharma, V., Burt, V. K., & Ritchie, H. L. (2009). Bipolar II postpartum depression: Detection, diagnosis, and treatment. *American Journal of Psychiatry, 166*(11), 1217-1221.

Shneidman, E. S. (1989). Approaches and commonalities of suicide. In R. F. W. Diekstra, R. Mariss, S. Platt, A. Schmidtke, & G. Sonneck (Eds.), *Suicide and its prevention: The* role of attitude and imitation. *Advances in Suicidology* (Vol. 1). Leiden, Netherlands: E. J. Brill.

Slavich, G. M., Monroe, S. M., & Gotlib, I. H. (2011). Early parental loss and depression history: Associations with recent life stress in major depressive disorder. *Journal of Psychiatric Research, 45*(9), 1146-1152.

Spiegel, D., Lewis-Fernandez, R., Lanius, R., Vermetten, E., Simeon, D., & Friedman, M. (2013). Dissociative disorders in DSM-5. *Annual Review of Clinical Psychology, 9*, 299-326.

Spitz, R. A. (1946). Anaclitic depressin. *The psychoanalytic study of the child* (Vol. 2). New York: International Universities Press.

Sporn, A., Greenstein, D., Gogtay, N., Sailer, E., Hommer, D. W., Rawlings, R., & Rapoport, J. L. (2005). Childhood-onset schizophrenia: Smooth pursuit eye tracking dysfunction in family members. *Schizophrenia Research, 73*, 243-252.

Steadman, H. J., Mulvey, E. P., Monahan, J. Robbins, P. C., Appelbaum P. S., Grisso, T., Klassen, D., Mulvey, E. P., & Roth, L. H. (1998). Violence by people discharged from acute psychiatric inpatient facilities and by others in the same neighborhoods. *Archives of General Psychiatry, 55*, 393-401.

Stein, D. J., & Fineberg, N. A. (2007). *Obsessive-compulsive disorder*. Oxford: Oxford University Press.

Stevenson, R. W. D., & Elliott, S. L. (2007). Sexuality and illness. In S. R. Leiblum (Ed.), *Principles and practice of sex therapy* (4th ed., pp. 313-349). New York: Guilford.

Stoller, R. J. (1985). *Observing the erotic imagination*. New Haven, CT: Yale University Press.

Stroebe, M, & Schut, H. (2010). The dual process model of coping with bereavement: A decade on. *Omega (Westport) 61*, 273-289.

Sue, D. W., & Sue, D. (2012). 다문화상담: 이론과 실제[*Counseling the Culturally Diverse: Theory and Practice*]. 하혜숙, 김태호, 김인규, 이준호, 임은미 역. 서울: 학지사. (원저는 2008년에 출판).

Sullivan, H. S. (1953). *The interpersonal theory of psychiatry*. New York: Norton.

Svartberg, M., Stiles, T. C., & Seltzer, M. H. (2004). Randomized, controlled trial of the effectiveness of short-term dynamic psychotherapy and cognitive therapy for cluster C personality disorders. *American Journal of Psychiatry, 161*, 810-817.

Townsley, R., Turner, S., Beidel, D., & Calhoun, K. (1995). Social phobia: An analysis of possible developmental factors. *Journal of Abnormal Psychology, 104,* 526-531.

Vahia, I. V., & Cohen, C. I. (2009). Psychopathology. In K. T. Mueser & D. V. Jeste (Eds.), *Clinical handbook of schizophrenia* (pp. 82-90). New York: Guilford.

van Orden, K. A., Witte, T. K., Cukrowicz, K. C., Braithwaite, S. R., Selby, E. A., & Joiner, T. E. Jr. (2010). The interpersonal theory of suicide. *Psychological Review, 117*(2), 575-600.

Walters, G. D. (2002). The heritability of alcohol abuse and dependence: A metaanalysis of behavior genetic research. *American Journal of Drug and Alcohol Abuse, 28*(3), 557-584.

Wells, A. (2005). The metacognitive model of GAD: Assessment of meta-worry and relationship with DSM-IV generalized anxiety disorder. *Cognitive Therapy Research, 29*(1), 107-121.

Wells, A. (2009). *Metacognitive therapy for anxiety and depression.* New York: Guilford.

Wenzel, M. V. C., Hirschmuller, S., & Kubiak, T. (2015). Curb your neuroticism mindfulness mediates the link between neuroticism and subjective well-being. *Personality and Individual Differences, 80,* 68-75.

Widiger, T. A., & Trull, T. J. (2007). Plate tectonics in the classification of personality disorder: Shifting to a dimensional model. *American Psychologist, 62*(2), 71-83.

Williams, T. M. (2008). *Black pain: It just looks like we're not hurting.* New York: Scribner.

Wilson, G. T. (2008). Behavior therapy. In R. J. Corsini & D. Wedding (Eds.), *Current psychotherapies* (8th ed.). Belmont, CA: Thomson Brooks/Cole.

Wilson, K. A., & Hayward, C. (2005). A prospective evaluation of agoraphobia and depression symptoms following panic attacks in a community sample of adolescents. *Journal of Anxiety Disorder, 19*(1), 87-103.

Wolpe, J. (1990). *The practice of behavior therapy* (4th ed.). Elmsford, NY: Pergamon.

Wolpe, J., & Rachman, S. J. (1996). Psychoanalytic evidence: A critique based on Freud's case of Little Hans. *Journal of Nervous Mental Disease, 131,* 135-145.

Woods, E. R., Lin, Y. G., Middleman, A., Beckford, P., Chase, L., & DuRant, R. H. (1997). The associations of suicide attempts in adolescents. *Pediatrics, 99,* 791-796.

Wookyeong, L. (2013). Effectiveness of computerized cognitive rehabilitation training on symptomatological, neuropsychological and work function in patients with schizophrenia. *Asia-Pacific Psychiatry, 5*(2), 90-100.

Woolfolk, R. L., & Allen, L. A. (2011). Somatoform and physical disorders. In D. H. Barlow (Ed.), *Oxford handbook of clinical psychology* (pp. 334-358). New York: Oxford University Press.

Wykes, T., Huddy, V., Cellard, C., McGurk, S. R., & Czobor, P. (2011). A meta-analysis of cognitive remediation for schizophrenia: Methodology and effect sizes. *American Journal of Psychiatry, 168*, 472-485.

강석기(2013. 9. 18.). 특별한 자폐증, 서번트 증후군. NDSL 과학향기: KISTI 과학기술정보 메일 매거진.

머니투데이뉴스(2014. 6. 1.). 주가 계속 올랐으니 이젠 떨어지겠지: 도박사의 오류.

메디컬월드뉴스(2018. 9. 18.). 자해로부터 청소년을 지켜라 "자해 대유행, 대한민국 어떻게 할 것인가?"

중앙일보(2019. 6. 26.). 필름 자주 끊기는 당신… 치매 환자 10명 중 1명은 '젊은 치매'

코리아데일리(2014. 6. 24.). 뮌하우젠증후군, 알고 보니 스티븐 호킹 박사도 당해… 싸이코패스보다 무서워.

JTBC(2012. 10. 28.). 탐사코드 J: 자기색정사의 실체.

SBS(2013. 4. 21.). SBS 스페셜 321회: 죽어도 못 버리는 사람들.

The Science Times (2015. 2. 16.). 분노 조절 장애… 해답은 있다: 감정 인정하고 말하는 것만으로 고통 감소.

http://goodreads.com

http://health.kdca.go.kr

http://medicalworldnews.co.kr/m/view.php?idx=1510927426

https://movie.naver.com

https://news.joins.com/article/23506841

http://newspim.com

http://salem.wikia.com

http://tmssandiego.com

http://vitalaire.co.kr

http://www.kfsp.org/

http://www.psyauto.or.kr/

찾아보기

저자 소개

이우경(Woo Kyeong Lee)
가톨릭대학교 심리학 석사(임상심리학 전공)
이화여자대학교 심리학 박사(발달심리학 전공)
전 용인정신병원 임상심리과장
현 서울사이버대학교 상담심리학과 교수

〈자격증〉
임상심리전문가(한국임상심리학회)
정신건강임상심리사 1급(보건복지부)

〈관심 연구 주제〉
마음챙김(mindfulness), 자기자비(self-compassion), 이상심리학(abnormal psychology),
심리평가(psychological evaluation)

〈주요 저서〉
아버지의 딸: 가깝고도 먼 사이, 아버지와 딸의 관계심리학(휴, 2015)
SCT 문장완성검사의 이해와 활용(학지사, 2018)
심리평가의 최신 흐름(2판, 공저, 학지사, 2019)
청소년을 위한 마음챙김 기술(공저, 학지사, 2021) 외 다수

〈주요 역서〉
로샤 검사에 대한 정신분석적 접근(공역, 학지사, 2003)
마음챙김 기반 인지치료(공역, 학지사, 2018) 외 다수

e-mail: wisemind96@naver.com

DSM-5에 의한 최신 이상심리학(2판)
Abnormal Psychology: DSM-5 update (2nd ed.)

2016년 8월 30일 1판 1쇄 발행
2021년 2월 25일 1판 7쇄 발행
2021년 8월 30일 2판 1쇄 발행
2023년 1월 20일 2판 4쇄 발행

지은이 • 이 우 경
펴낸이 • 김 진 환
펴낸곳 • (주) **학지사**

　　　　04031 서울특별시 마포구 양화로 15길 20 마인드월드빌딩 5층
대표전화 • 02) 330-5114　　　팩스 • 02) 324-2345
등록번호 • 제313-2006-000265호
홈페이지 • http://www.hakjisa.co.kr
페이스북 • https://www.facebook.com/hakjisabook

ISBN 978-89-997-2492-3 93180

정가 23,000원

출판미디어기업 **학지사**

간호보건의학출판 **학지사메디컬** www.hakjisamd.co.kr
심리검사연구소 **인싸이트** www.inpsyt.co.kr
학술논문서비스 **뉴논문** www.newnonmun.com
원격교육연수원 **카운피아** www.counpia.com